Deutsche
Forschungsgemeinschaft

Perspektiven der Forschung und ihrer Förderung

Aufgaben
und Finanzierung
1997–2001

WILEY-VCH

Deutsche
Forschungsgemeinschaft

Perspektiven der Forschung und ihrer Förderung

Aufgaben und Finanzierung 1997–2001

WILEY-VCH

DFG

Deutsche Forschungsgemeinschaft
Kennedyallee 40
D-53175 Bonn
Telefon: (0228) 885–1
Telefax: (0228) 8852221
E-mail (Internet RFC822): postmaster@dfg.d.400.de
internet: http://www.dfg-bonn.de

Die Deutsche Bibliothek – CIP-Einheitsaufnahme
Perspektiven der Forschung und ihrer Förderung : Aufgaben und Finanzierung 1997 – 2001 / Deutsche Forschungsgemeinschaft. – Weinheim ; New York ; Chichester ; Brisbane ; Singapore ; Toronto : Wiley-VCH, 1997
ISBN 3-527-27036-1

Gedruckt auf säurefreiem und chlorfrei gebleichtem Papier.

Umschlaggestaltung und Typographie: Dieter Hüsken
Satz: Hermann Hagedorn GmbH, D-68519 Viernheim
Druck: Passavia Druckerei GmbH, D-94116 Hutthurm
Printed in the Federal Republic of Germany

INHALT

VORWORT

Ausgerechnet dem Putschversuch des ostpreußischen Generallandschaftsdirektors Wolfgang Kapp und seines Mitverschwörers, des Generals von Lüttwitz, verdankt offenkundig die „Notgemeinschaft der deutschen Wissenschaft", die Vorläuferorganisation der Deutschen Forschungsgemeinschaft, ihre Gründung. So jedenfalls berichtet Winfried Schulze, gestützt auf die Erinnerungen eines der Gründer, des preußischen Staatsministers Friedrich Schmidt-Ott.[1] Dieser mußte am 13. März 1920 wegen des Putsches, zusammen mit dem Chemiker Fritz Haber, auf einer Treppenstufe in Berlin längere Zeit (vielleicht auf einen der nicht verkehrenden Busse) warten, und beide entwickelten in diesem Zustand unfreiwilliger Ruhe den Gedanken, daß es jetzt in Deutschland darauf ankomme, „die gesamte Wissenschaft, auch die technische Wissenschaft, zu einem Bunde zu vereinigen". Die Idee, eine Gemeinschaft der Forschung in Deutschland zu gründen, größer und einflußreicher als eine National-Akademie, eine Gemeinschaft, in der alle Fächer und Disziplinen, von den Geisteswissenschaften bis zu den Ingenieurwissenschaften, vereint sein und die Förderung der Forschung in eigene Hände nehmen sollten, stand auch am Anfang der Neugründung der „Notgemeinschaft" im Januar 1949. Der Gedanke der Solidargemeinschaft dominierte von Anfang an den einer Notgemeinschaft, obwohl die Situation nach dem Ersten und dem Zweiten Weltkrieg durchaus vergleichbar war. Die Wissenschaft war durch wirtschaftliche Nöte und durch die Isolation vom internationalen Umfeld in schwere Bedrängnis geraten. Die „Notgemeinschaft der deutschen Wissenschaft" wurde 1949 noch vor der Verabschiedung des Grundgesetzes für die Bundesrepublik Deutschland (im Mai 1949) neu gegründet, in dem dann in Artikel 5 III die Freiheit von „Kunst und Wissenschaft, Forschung und Lehre", in selbstverständlicher Bindung an die „Treue zur Verfassung", festgeschrieben sind. Beide Ereignisse, die Neugründung und die Zuerkennung des Verfassungsranges für die Freiheit von Wissenschaft und Forschung, entspringen dem gleichen Wertimpuls – Kunst und Wissenschaft, Forschung und Lehre von politischem Einfluß freizustellen. Formal folgte zwar die Neugründung der „Notgemeinschaft" den Strukturen der in der Zeit der nationalsozialistischen Herrschaft „gleichgeschalteten" und wie alle Institutionen der Weimarer Republik dem Führerstaat einverleibten alten Notgemeinschaft, die den Klammerzusatz „Deutsche Forschungsgemeinschaft" trug, inhaltlich aber reagierten die Gründer auf den dämonischen Mißbrauch von Forschung und Wissenschaft

[1] Winfried Schulze: Der Stifterverband für die Deutsche Wissenschaft 1920-1995. Berlin 1995, S. 50.

durch den Nationalsozialismus und versuchten, sich organisatorisch und finanziell von der Übermacht des staatlich-politischen Einflusses freizuhalten. Der Stifterverband für die Deutsche Wissenschaft, dem bis heute deshalb zwei Sitze im Hauptausschuß der DFG und fünf in deren Kuratorium zugeordnet sind, hat von Anfang an diese Bestrebungen gestützt. Die Deutsche Forschungsgemeinschaft – wie sie seit der Vereinigung von Deutschem Forschungsrat und Notgemeinschaft 1951 dann genannt wurde – sollte durch ihre Satzung de jure, aber durch ihre Finanzierung auch de facto dem politischen Einfluß entzogen werden. In den Gremien der DFG haben satzungsgemäß die wissenschaftlichen Mitglieder die Mehrheit gegenüber der Gesamtheit der Geldgeber (Bund, Länder und Stifterverband zusammen), „zumindest im Anspruch war der Stifterverband bestrebt, der Notgemeinschaft und ihrer Nachfolgerin, der Deutschen Forschungsgemeinschaft, einen den öffentlichen Zuwendungen gleichhohen Betrag zur Verfügung zu stellen"[2]. Der Stifterverband gab so zunächst 60 Prozent, seit 1955 sogar 70 Prozent seiner freien Mittel an die DFG (W. Schulze)[3], ohne freilich auf Dauer den Zustrom staatlicher Mittel balancieren zu können. Deshalb, nicht weil das Instrument für untauglich gehalten wurde, hat sich die DFG zunächst (wie später noch häufiger) gegen die Einrichtung von Sonderforschungsbereichen gewehrt. Mit ihrer Etablierung begann der Zuwachs öffentlicher Mittel den privater Spenden weit zu übersteigen. Heute (1997) beträgt der Anteil der Mittel des Stifterverbandes am Gesamthaushalt der DFG gerade noch 0,25 Prozent, doch ist diese eher symbolische Summe das an die Gründungsjahre erinnernde Signal der Unabhängigkeit, das sich die DFG und der Stifterverband gemeinsam bewahren sollten.

Die Gründungsintention einer weitgehend gesicherten Staatsferne, also die Intention, daß die Wissenschaft selbst über die Vergabe von Forschungsmitteln bestimmt, ist nicht nur durch den vom Stifterverband finanziell gestützten Start der DFG verstetigt worden, sondern vor allem durch demokratische Gewöhnung, die eine große, in der Geschichtsschreibung weit unterschätzte Macht in der Entwicklung der Völker ist. Das in der Satzung festgelegte Prinzip der Selbstverwaltung der DFG-Mittel durch die Wissenschaft meint nämlich die gesamte Prozeßkette von der Forschungsidee über die ausschließlich von der Wissenschaft verantwortete inhaltliche und methodische Beurteilung der Anträge bis zu der mehrheitlich von Wissenschaftlern getragenen Entscheidung über Bewilligung oder Ablehnung oder Teilbewilligung der Projekte und zur wiederum ausschließlich Wissenschaftlern anvertrauten Ergebnisbewertung. Die Länder der Bundesrepublik und der Bund, die heute im Verhältnis von etwa 40 Prozent : 60 Prozent an der Finanzierung des DFG-Haushaltes beteiligt sind, kontrollieren sich dabei ständig gegenseitig auf Satzungstreue und bewachen eifersüchtig das gemeinsame Prinzip der Nichteinmischung in die wissenschaftlich zu beurteilenden Methoden, Themen, Problemfelder etc. der zu entscheidenden Anträge. Die Wissenschaftler, niemals die Administratoren haben in allen Sitzungen der Entscheidungsgremien der DFG das letzte, meist klaglos akzep-

[2] Schulze, S. 159.

[3] Ebd.

tierte Wort. Insofern ist es fast symbolisch, daß der Gründungsgedanke einer Deutschen Forschungsgemeinschaft am Tag des ersten diktatorischen Zugriffs auf die junge deutsche Republik gefaßt wurde, der dann nicht nur durch den Generalstreik der Gewerkschaften, sondern auch durch die Weigerung der Ministerialbürokratie abgewehrt wurde, den neuen Herren zu dienen.

Das seither akzeptierte und funktionierende System der DFG, mit periodisch gewählten und abgelösten Fachgutachtern, mit der beratenden und betreuenden Rolle der Geschäftsstelle (die schon 1952 von Überlast bedroht war), mit der strikten Trennung von Begutachtung und Entscheidung, mit der Mischung von ehrenamtlichen und hauptamtlichen Mitarbeiterinnen und Mitarbeitern, mit der weisen Bestimmung, daß der Präsident in den von ihm geleiteten Gremien für die Förderentscheidungen keine Stimme hat (also bei Stimmengleichheit auch nicht den Ausschlag geben kann), und insgesamt mit einem – trotz staatlicher Alimentierung – „einzigartigen privatrechtlichen Organisationsstatus" (F. Letzelter)[4], hat nicht nur die Funktionsfähigkeit der Forschungsförderung in der Bundesrepublik Deutschland, über die Turbulenzen der deutschen Einigung hinweg, sichergestellt, sondern demokratisches und föderales Bewußtsein gestärkt; dies im Kreise jener Wissenschaft, die in der Weimarer Republik und in den Jahren der nationalsozialistischen Herrschaft in Europa – von wenigen Ausnahmen, wie dem Kreis der „Weißen Rose" etwa, abgesehen – nicht gerade ein Hort der Demokratie und des Widerstandes gegen Verfolgung und Gewalt gewesen ist. Eine Gemeinschaft der Wissenschaft bildet der Senat der Deutschen Forschungsgemeinschaft ab, denn nur in diesem Senat sind die Präsidenten der Hochschulrektorenkonferenz, der Max-Planck-Gesellschaft und der Konferenz der Akademien der Wissenschaften stimmberechtigte Mitglieder, die Vorsitzenden des Wissenschaftsrates und der Helmholtz-Gemeinschaft Deutscher Forschungszentren und der Präsident der Fraunhofer-Gesellschaft ständige Gäste.

Der strukturnotwendige Streit zwischen dem Bund und den Ländern, der in einem föderalen Staat auch zu heftigen politischen Konflikten um Prärogativen und Finanzierungspflichten führen kann, ist in den Gremien der DFG so kanalisiert, daß er immer als ein Wettbewerb um Qualität erscheint. Das zwischen den Ländern bei Berufungen durch Finanznot längst suspendierte Werben um die beste Person (durch die beste Ausstattungs-Zusage) findet in den Gremien und bei den Begutachtungssitzungen der DFG seit vielen Jahrzehnten in ungebrochener Kontinuität statt. Es ist ohnehin fast ein Wunder, daß 97 Prozent des DFG-Haushaltes voll in die Forschungsförderung fließen, daß sechzehn unterschiedlich finanzstarke oder auch finanzschwache Länder bedingungslos, nach einem festgelegten und vereinbarten Schlüssel ihre Beiträge zur Kasse der DFG leisten, so daß dann die besten Forscherinnen und Forscher des ganzen Landes im Wettbewerb miteinander ausschließlich qualitätsorientiert unterstützt werden können, ohne daß die Länder – hier freilich stimuliert durch die Aussicht auf die jeweilige „Bundesmark" – den Streit darum eröffnen, wer nun Nettozahler sei oder nicht, wer in diesem Wettbewerb nachrangige oder vorrangige Positionen

[4] Vgl. Schulze, S. 159.

halte. Die Verteilungs- und Prüfungsverfahren der DFG, der selbstverständliche, eingeübte, nie endende Prozeß der Evaluation, der periodische Seitenwechsel zwischen Gutachtern und Antragstellern sind, idealiter, in der Praxis keineswegs immer, ein Modell für die Funktion föderalen, demokratischen und solidarischen Handelns unter dem strengen Diktat einer Sachautorität – der Wissenschaft.

Die in Deutschland traditionelle Teilung von Projektförderung und institutioneller Forschung (im Bereich der Grundlagenforschung vor allem auf DFG und Max-Planck-Gesellschaft verteilt) hat sich gegenüber Mischformen in den USA und in den europäischen Partnerländern bewährt, in denen Projektförderungs-Agenturen gleichzeitig auch Verantwortung für große forschende Institutionen tragen. Diese Trennung zu erhalten und zugleich die Verbindungen im ausdifferenzierten Forschungssystem Deutschlands zu stärken, ist die nie endende Gemeinschaftsaufgabe der Wissenschaftsorganisationen. Gerade weil die deutsche Stimme im Konzert der europäischen und der internationalen Organisationen gefragt ist und gerne gehört wird, sollte sie als eine gemeinsame deutsche Stimme hörbar werden. Bisher hat das staatsferne Zusammenspiel von innerdeutscher Allianz und außerdeutschen Allianzen (ESF, ICSU, EUROHORCs etc.) funktioniert, vor allem seit die „internationale Allianz" in Deutschland regelmäßig zu Abstimmungsgesprächen zusammenkommt. Diese wenigen freiwilligen Abstimmungsgremien kommen mit einem Mindestmaß an Organisation und ohne jede Infrastruktur aus, weil die Verantwortung für die Sitzungsleitung und -organisation unter den Mitgliedern der Allianzen wandert. Es könnte sein, daß die immer rascher voranschreitende Internationalisierung der Wissenschaften, die Bildung immer stärkerer und weitergespannter Forschungsnetze die Aufmerksamkeit der Organisationsentwicklung in Zukunft noch stärker auf kontinentale und transkontinentale Aufgabenfelder lenken wird als bisher. Wir versuchen dabei, die Vorzüge des deutschen Organisationsmodells zu erklären, die Balance zwischen Ausdifferenzierung und Harmonisierung zu gewinnen und ohne Missionsdrang das deutsche Modell mit dem der europäischen Partner (in der Union) abzugleichen. Die DFG ist auf diese Aufgabe gut vorbereitet.

Im ersten Jahresbericht der aus Forschungsrat und „Notgemeinschaft" vereinten DFG (1. April 1952 bis 31. März 1953) wird darüber berichtet, daß der Senat der DFG vom Deutschen Forschungsrat die Aufgabe übernommen habe, „sich Gedanken über die ‚Verantwortung der Wissenschaft' zu machen, d. h. über ihre ethischen Verpflichtungen und ihre ‚Grenzen'". Das Thema sei aufrüttelnd, auch wenn jeder dabei zunächst an andere Probleme denke, „an die Gefahren, die dem Menschen durch Medikamente drohen können, an die Atomwaffen, an die Vermassung, an den Schutz des Menschen vor weiterer Entseelung, an die Erhaltung der psychischen Gesundheit, an die Festigung des sozialen Friedens, an die Lärmverhütung etc.". Die Diskussion hat der Senat – nach Anhörung einer Unterkommission – damals (1952) dahingehend entschieden, daß er keine „Charta der Wissenschaft" ausarbeiten wolle, daß an einen „Areopag der Wissenschaft" oder an ein „Szientifizierungskuratorium" nicht gedacht werden solle, daß er selbst die Verantwortung für die Gemeinschaft tragen und – sofern die Verantwortung dem einzelnen für sein Forschungsvorhaben überhaupt abgenommen werden könne – er die Verantwortung nicht auf eine Kommission abschieben wolle. Im Zusammenhang mit den 1997 bekannt gewordenen Fälschungen wissenschaftlicher Arbeiten und der weltweit zunehmenden Diskussion um Möglichkeiten und Grenzen der Biomedizin ist an die DFG immer wieder die Frage gestellt worden, ob sie nicht Kontrollkommissionen, Ethikausschüsse einsetzen müsse, um die Standards und das Ansehen der Wissenschaft in Deutschland zu schützen. Sogar an die Einrichtung eines „Office of Research Integrity", das in den USA nicht besonders erfolgreich war, wurde gedacht. Die DFG wird ohne Zweifel, als Konsequenz aus Fälschungsvorwürfen bisher in Europa unbekannter Dimension, die Standards der Begutachtung, die Transparenz von Ergebnisbeschreibungen, die Validität von bloßer Forschungsmessung und die gleichsam natürlichen Ausschlußfaktoren vom Verständnis hochkomplexer Experimente, auch den in unseren Labors zunehmenden Wettbewerbsdruck zu prüfen haben. Insgesamt aber werden Senat und Hauptausschuß auch jetzt die Verantwortung für die Gemeinschaft, für die sie leitenden ethischen Standards und für Sanktionen gegen Fehlverhalten in der Wissenschaft nicht delegieren wollen.

Die finanziellen Möglichkeiten werden knapper, die „fetten" Jahre sind offenkundig vorüber. Angesichts steigender Antragswellen und sinkender Erfolgsraten, angesichts von sich länger dehnenden Entscheidungsfristen und überlasteten Gutachtern wird von vielen Seiten der leise Ruf hörbar, die Deutsche Forschungsgemeinschaft wieder in eine „Notgemeinschaft der deutschen Wissenschaft" zu verwandeln. Gegenüber solchen Bedenken erinnere ich gerne an die ersten Berichte der tatsächlichen „Notgemeinschaft" aus den Jahren der Inflation. Von den damaligen „härtesten Daseinsproben", über die Friedrich Schmidt-Ott im Bericht der Jahre 1923/24 sprach, als ein Forschungs-Jahres-Stipendium auf 500 000 bis 1 000 000 Millionen Mark festgesetzt wurde, was einem Wechselkurs zwischen 25 und 100 US-Dollar entsprach, ist die DFG heute sehr weit entfernt. Auch der hier vorgelegte „Graue Plan", der schon den Beginn des neuen Jahrhunderts streift, zeigt die Fähigkeit der Wissenschaft zu Perspektiven und zu Flexibilität, zeigt den Willen aller Beteiligten, den friedlichen und ehrlichen Wettbewerb zu festigen, die friedenstiftende Kraft der Wissenschaft auf allen Feldern neu zu erproben.

Allen, die an der Entstehung dieses Buches mitgewirkt haben, danke ich herzlich, insbesondere den Autoren der Beiträge über die einzelnen Forschungsgebiete. Sie haben sich ausnahmslos spontan und ohne Vorbehalt bereit erklärt, diese zusätzliche Mühe für „ihre" DFG auf sich zu nehmen.

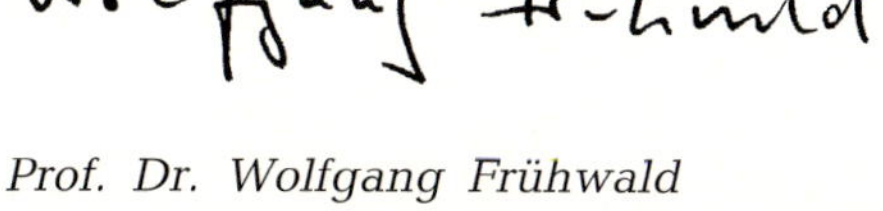

Prof. Dr. Wolfgang Frühwald
Präsident der Deutschen Forschungsgemeinschaft

1

Die DFG auf dem Weg ins 21. Jahrhundert

Der zehnte Band „Perspektiven der Forschung und ihrer Förderung" umfaßt die Jahre 1997 bis 2001. In diese Zeit fällt der 50. Jahrestag der (Wieder-)Gründung der Notgemeinschaft der deutschen Wissenschaft am 11. Januar 1949, die seit dem 15. August 1951 nach der Verschmelzung mit dem Deutschen Forschungsrat unter dem Namen „Deutsche Forschungsgemeinschaft" tätig ist. Diese Zeitmarke stellt einen besonderen Anlaß dar, über die Aufgaben der DFG nachzudenken und sich über die Ziele ihrer Tätigkeit in den nächsten Jahren Klarheit zu verschaffen.

§ 1 der Satzung der DFG definiert ihre Aufgaben: „Die Deutsche Forschungsgemeinschaft dient der Wissenschaft in allen ihren Zweigen durch die finanzielle Unterstützung von Forschungsaufgaben und durch die Förderung der Zusammenarbeit unter den Forschern. Sie berät Parlamente und Behörden in wissenschaftlichen Fragen und pflegt die Verbindungen der Forschung zur Wirtschaft und zur ausländischen Wissenschaft. Der Förderung und Ausbildung des wissenschaftlichen Nachwuchses gilt ihre besondere Aufmerksamkeit."

1.1 Die DFG im deutschen Forschungssystem

1.1.1 Die Struktur des Forschungssystems

Grundlage des Forschungssystems in Deutschland sind die Universitäten, wobei der Begriff pars pro toto für alle Einrichtungen mit Universitätsrang verwendet wird. Dies ist ein stabiles, Deutschland von vielen anderen Ländern unterscheidendes Merkmal. Nach der Wiederherstellung der staatlichen Einheit zählt Deutschland 113 Einrichtungen mit Universitätsrang, an denen rund 140 000 Wissenschaftler hauptberuflich tätig sind. Da nur die Universitäten den Doktorgrad verleihen und Habilitationen durchführen können, liegt bei ihnen die Verantwortung für die Qualität der Ausbildung des wissenschaftlichen Nachwuchses für alle Bereiche der Wissenschaften.

Auch außerhalb der Universitäten gibt es im öffentlichen Bereich eine Vielzahl und Vielfalt von Institutionen, für die Forschung die alleinige Widmungsaufgabe oder eine von mehreren Aufgaben ist. Zur ersten Gruppe gehören vor allem die Institute der Max-Planck-Gesellschaft und der Fraunhofer-Gesellschaft, die in der Helmholtz-Gemeinschaft zusammengeschlossenen Forschungszentren sowie Institute der Blauen Liste, die ganz überwiegend der Wissenschaftsgemeinschaft Blaue Liste angehören. In zahlreichen vom Bund und von den einzelnen Bundesländern getragenen Instituten ist Forschung eine von mehreren Aufgaben, etwa in der Physikalisch-Technischen Bundesanstalt, der Bundesanstalt für Materialforschung, der Bundesanstalt für Geowissenschaften und Rohstoffe oder den Geologischen Landesämtern.

Eine Sonderrolle innerhalb der außeruniversitären Forschung spielen die sieben in der Konferenz der Akademien der Wissenschaften zusammengeschlossenen Akademien. Einerseits tragen viele von ihnen Forschungsunternehmen von Bedeutung, vor allem in den Geisteswissenschaften. Andererseits sind die gewählten Mitglieder der Akademien, die auch die von ihnen getragenen Forschungsvorhaben verantwortlich leiten, zumeist Hochschullehrer und/oder Leiter außeruniversitärer Forschungseinrichtungen.

Im quantitativen Vergleich ist das Forschungspotential der außeruniversitären Forschungseinrichtungen mit über 70000 hauptberuflichen Wissenschaftlern kleiner als das der Universitäten; freilich ist der Anteil der Forscher in außeruniversitären Institutionen, die zugleich Aufgaben in der Lehre haben, definitionsgemäß geringer als in den Universitäten, und soweit sie Aufgaben in der Lehre wahrnehmen, ist deren Anteil an ihrer gesamten Tätigkeit geringer als bei Hochschullehrern. Fachlich sind in der außeruniversitären Forschung deutliche Schwerpunkte gesetzt, zum Beispiel in der Beschleunigerphysik, aber auch in interdisziplinär arbeitenden Bereichen wie der Physik der Erde, der molekularen Medizin und der Umweltforschung.

Der größte Teil der Mittel für Forschung und Entwicklung wird in Deutschland im privaten Sektor ausgewiesen; im Jahr 1993 waren in Unternehmen etwas mehr als 128000 akademisch ausgebildete Personen in Forschung und Entwicklung tätig. Quantitativ haben sich die drei Sektoren unterschiedlich entwickelt:

Die Universitäten sind vor allem im Zeitraum von 1960 bis 1975 stark ausgebaut worden; in diesen 15 Jahren vervierfachte sich im Durchschnitt die Zahl des wissenschaftlichen Personals. Seit 1975 sind die Veränderungen des gesamten Stellenbestandes gering; einen Zuwachs hatten vor allem noch die Hochschulkliniken zu verzeichnen. In den Jahren von 1995 bis 2005 wird ein sehr großer Teil (durchschnittlich die Hälfte, in manchen Disziplinen bis zu zwei Drittel) der in der Wachstumsphase berufenen Hochschullehrer altersbedingt ausscheiden. An vielen Standorten sind zeitgleich mit dieser Entwicklung größere Kapazitätsreduktionen geplant.

In einzelnen Bereichen der öffentlich finanzierten außeruniversitären Forschung war der Stellenbestand auch nach 1975 noch gewachsen. Reduktionen setzten bereits Mitte der 80er Jahre ein.

Im privaten Sektor ist vor allen Dingen im Zeitraum 1991 bis 1995 das Forschungs- und Entwicklungspersonal – bei Unterschieden nach Branchen – erheblich reduziert worden, zum Teil bei gleichzeitigem Aufbau neuer Kapazitäten im Ausland.

1.1.2 Institutionen der Forschungsförderung

Der Bund und die Länder stellen teils je für sich, teils gemeinsam, die Grundfinanzierung der Universitäten und der anderen öffentlich finanzierten Forschungseinrichtungen bereit („institutionelle Förderung"). Forschung wird aber in Deutschland (wie in allen Industrieländern) in diesen Institutionen zu einem erheblichen Teil aus Mitteln finanziert, die ergänzend zur Grundfinanzierung zweckgebunden und jeweils auf Zeit gewährt werden („Drittmittel"). Grundlage der Förderung ist in der Regel ein Antrag der beteiligten Forscher an eine Projektmittel verteilende Institution.

Der größte Projektmittelgeber ist in Deutschland das Bundesministerium für Bildung, Wissenschaft, Forschung und Technologie. 1955 als Bundesministerium für Atomfragen gegründet, entwickelte es sich in den 60er Jahren zum Bundesministerium für Bildung und Wissenschaft weiter; eine eigene Projektfinanzierung begann in den 70er Jahren seit der Teilung dieses Ressorts und der Errichtung eines eigenständigen Bundesministeriums für Forschung und Technologie. Das Volumen der Projektförderung lag im Jahr 1995 bei etwa 3,8 Milliarden DM. Grundlage der Mittelvergabe durch den BMBF (bis Ende 1994 BMFT) sind Förderprogramme der Bundesregierung. Sie wenden sich an die öffentlich finanzierte Forschung ebenso wie an die Wirtschaft und sind oft auf Kooperationen zwischen beiden Bereichen angelegt. Auch die Länder setzen, wenngleich in deutlich geringerem Umfang, Mittel zur Forschungsförderung auf der Grundlage von Projekten ein. Einer der größten Projektmittelgeber auf Landesebene ist die Bayerische Forschungsstiftung mit etwa 35 Millionen DM jährlichen Fördermitteln. Auch universitätsintern werden Forschungsmittel auf Projektbasis aus Haushaltsmitteln vergeben. Solche Verfahren, in den 60er Jahren an einzelnen Universitäten (Konstanz, FU Berlin) eingeführt, breiten sich in jüngster Zeit vor allem in den medizinischen Fakultäten aus, wo ein Teil des Zuführungsbetrags, den das Land für Lehre und Forschung zur Verfügung stellt, zur Entwicklung und Verstärkung von Forschungsschwerpunkten und -projekten eingesetzt wird.

Große Bedeutung haben – bei im Vergleich zum Ausland eher geringem Mittelvolumen – für die Projektfinanzierung in Universitäten und öffentlichen Forschungsinstituten auch private Stiftungen. Die größte unter ihnen ist die 1960 gemeinsam vom Bund und vom Land Niedersachsen errichtete VW-Stiftung (Fördervolumen im Jahr 1996 180 Millionen DM). Wie diese, so orientieren auch die kleineren privaten Stiftungen ihre Förderung an definierten Programmen, die wechseln können, soweit sie nicht durch den Stifterwillen auf Dauer festgelegt sind; letzteres gilt vor allem für die rund 220 vom Stifterverband für die Deutsche Wissenschaft betreuten Stiftungen (Fördervolumen im Jahr 1994 rund 138 Millionen DM).

1.1.3 Die Aufgaben der DFG

Die DFG ist, wie ihre 1920 gegründete Vorgängerorganisation, die „Notgemeinschaft der deutschen Wissenschaft", die sich ab Beginn der dreißiger Jahre auch „Deutsche Forschungsgemeinschaft" nannte, ein Verein nach bürgerlichem Recht, dem Universitäten, größere Forschungseinrichtungen und wissenschaftliche Akademien als Mitglieder angehören. Eine Besonderheit besteht darin, daß die Mitglieder keine finanziellen Beiträge leisten, vielmehr erhalten sie – vor allem die Universitäten – von dem Verein, der heute nahezu vollständig von Bund und Ländern im Verhältnis von etwa 6:4 finanziert wird, für die von ihren Wissenschaftlern initiierten Forschungsvorhaben finanzielle Unterstützung. Im Durchschnitt der ersten zehn Jahre nach der (Wieder-)Gründung betrug das Fördervolumen rund 30 Millionen DM für rund 2300 bewilligte Projekte. Im Jahre 1996 wurden für rund 6000 Einzelprojekte allein im Normalverfahren (doppelt so viele wie zehn Jahre zuvor) rund 776 Millionen DM bewilligt. Hinzukommen noch über 900 Millionen DM für die einzelnen Projekte in Forschungsverbünden wie insbesondere Schwerpunktprogrammen und Sonderforschungsbereichen, zusammen rund 5500 Projekte, sowie weitere 8000 geförderte Vorhaben in allen anderen Programmen und Verfahren der DFG, alles in allem also rund 20000 Vorhaben.

Die „finanzielle Unterstützung von Forschungsaufgaben", wie § 1 der Satzung es ausdrückt, ist die Hauptaufgabe der DFG. Rund 97 Prozent der ihr von Bund und Ländern zur Verfügung gestellten Finanzmittel setzt sie dafür ein.

Wie erfüllt sie diese ihre Aufgabe im einzelnen? Welche Verfahren mit jeweils besonderen Antrags-, Begutachtungs- und Entscheidungsmodalitäten hat sie dafür entwickelt? Und welche Instrumente stehen ihr zur Verfügung, um möglichst zielgenau den jeweiligen Bedürfnissen der Forscher und ihrer Projekte gerecht werden zu können? Die folgende Übersicht soll das veranschaulichen:

Ziele	Verfahren	Instrumente
1. Forschungsförderung		
a) von Einzelprojekten	Normalverfahren	„Sachbeihilfe" (auf Personal, Geräte, Verbrauchsmittel, Reisen in besonderen Fällen Mittel für Gäste, Forschungssemester)
b) von Forschungskooperationen in Form von:		
aa) Schwerpunktprogrammen	Schwerpunktverfahren	Sachbeihilfe (zusätzlich für Kolloquien und Koordination)
bb) Forschergruppen	Normalverfahren	Sachbeihilfen (zusätzlich für Gäste und wissenschaftliche Veranstaltungen)
cc) Klinischen Forschergruppen	Sonderverfahren	Sachbeihilfen (zusätzlich für Gäste und wissenschaftliche Veranstaltungen)

Ziele	Verfahren	Instrumente
dd) Innovationskollegs	Sonderverfahren	Sachbeihilfen (zusätzlich für Stiftungsprofessuren und Industriekooperationen)
ee) Geisteswissenschaftlichen Zentren	Sonderverfahren	Sachbeihilfen
ff) Sonderforschungsbereichen (einschl. Kulturwissenschaftlichen Kollegs) und Transferbereichen	SFB-Verfahren	SFB-Bewilligungen Teilprojekte (entsprechend Sachbeihilfen), Zentrale Verfügungsmittel sowie Mittel für Druckbeihilfen, Kongreß-, Vortrags-, Kontakt- und Informationsreisen, Gäste, Forschungssemester
2. Nachwuchsförderung		
a) Einzelpersonen		
aa) für Forschungsvorhaben	Normalverfahren	Forschungsstipendien
bb) im Postdoktorandenprogramm	Normalverfahren	Postdoktorandenstipendien
cc) für Habilitationsvorhaben	Normalverfahren	Habilitationsstipendien und Sachbeihilfen
b) Graduiertenkollegs	Sonderverfahren	(mittelbar) Doktoranden-Stipendien, Mittel für Reisen, Gäste, Kolloquien, Sekretariat und Koordination
c) Nachwuchsgruppen	Normalverfahren	Sachbeihilfe mit Stelle des Projektleiters
	SFB-Verfahren	Teilprojekt-Bewilligung mit Stelle des Projektleiters
3. Auszeichnungen für herausragende Forschungsleistungen		
a) Heisenberg-Programm	Sonderverfahren	Heisenberg-Stipendien und Sachbeihilfen im Normalverfahren
b) Gottfried Wilhelm Leibniz-Programm	Sonderverfahren	frei verfügbare Bewilligungen
c) Gerhard Hess-Programm	Sonderverfahren	spezielle Sachbeihilfe mit großer Dispositionsfreiheit
4. Infrastrukturförderung		
a) Großgeräte und Rechenanlagen	Normalverfahren/ Schwerpunktverfahren; Mitwirkung im HBFG-Verfahren	Sachbeihilfe, SFB-Bewilligung
b) Bibliotheken	Normalverfahren	Sachbeihilfe
c) Hilfseinrichtungen	Normalverfahren	Sachbeihilfe
5. Förderung der wissenschaftlichen Zusammenarbeit		
a) Kongreß- und Vortragsreisen	Sonderverfahren	spezielle Bewilligungen

Ziele	Verfahren	Instrumente
b) Tagungen und Kongresse	Sonderverfahren	spezielle Bewilligungen
c) Gastprofessuren	Sonderverfahren	spezielle Bewilligungen
6. Sonstiges		
a) Publikationsförderung	Normalverfahren/ SFB-Verfahren	Druckbeihilfen
b) Förderung von Kommissionsarbeit	Normalverfahren	Sachbeihilfen

1.1.3.1 Einzelprojektförderung/Nomalverfahren

Ursprung und Grundlage der Tätigkeit der DFG ist nach wie vor die Förderung einzelner, von einzelnen Forschern allein oder gemeinsam mit Kollegen initiierter Forschungsvorhaben, für deren Finanzierung Anträge gestellt werden. Mit der Einführung des ersten auf die Förderung bestimmter Schwerpunktgebiete gerichteten besonderen Förderungsinstruments, den Schwerpunktprogrammen im Jahr 1952, erhielt dieses Einzelantragsverfahren den in andere Sprachen nicht sinnvoll zu übersetzenden Namen „Normalverfahren", der ihm bis heute eigen ist.

Für die Einzelprojektförderung gelten einige einfache Verfahrensgrundsätze, die, mutatis mutandis, für alle später hinzugekommenen Förderinstrumente der DFG angewendet werden:

- Die Initiative geht vom einzelnen Wissenschaftler aus, der einen Antrag formulieren muß, in dem sein Projekt, soweit er dafür Mittel beantragt, detailliert beschrieben wird.
- Mit dem Antrag stellt sich der Wissenschaftler einem Wettbewerb.
- Alle Anträge werden begutachtet (Peer Review). In der Regel werden im Normalverfahren schriftliche Gutachten abgegeben. Daneben sind aber auch mündliche Begutachtungen möglich, meistens bei Forschungskooperationen, häufig an dem Ort, wo das Vorhaben durchgeführt werden soll, und in der Regel durch Gutachtergruppen.
- Die Gutachter werden aufgrund ihrer Fachkompetenz zur Beurteilung des Vorhabens und ihrer Neutralität gegenüber dem Antragsteller ausgewählt. Die Auswahl treffen die Fachreferentinnen und Fachreferenten der Geschäftsstelle der DFG nach bestem Wissen und Gewissen. Die Auswahl ist insbesondere bei Einzelanträgen im schriftlichen Verfahren jedoch nicht ihrem freien Belieben überlassen, weil nach der Satzung der DFG die gewählten Fachgutachter obligatorisch zu beteiligen sind. Die Fachgutachter bilden den Kern des Begutachtungssystems. Sie werden alle vier Jahre von allen seit mindestens drei Jahren promovierten, in der öffentlich finanzierten Forschung tätigen Wissenschaftlerinnen und Wissenschaftlern in freier und geheimer Wahl gewählt. Sie sind ehrenamtlich tätig und ihre Tätigkeit wird von ihren Dienstherren als Teil ihres Amtes akzeptiert. Die Fachgutachterinnen und Fachgutachter (in der bis zum Jahr 2000 laufenden Wahlperiode insgesamt

523) bilden Fachausschüsse, die ihre Vorsitzenden, denen grundsätzlich das abschließende Votum obliegt, selbst wählen. Die gewählten Fachgutachter tragen die Hauptlast der Begutachtung der im Normalverfahren gestellten Anträge. Wegen ihrer besonderen Legitimation werden sie häufig auch zur Mitwirkung bei der Begutachtung in anderen Verfahren der DFG, zum Beispiel in Prüfungsgruppen für Schwerpunktprogramme oder Sonderforschungsbereiche, herangezogen und darüber hinaus von anderen Institutionen und Organisationen um Gutachten gebeten. Im Einzelfall, vor allem um für spezifische Fragestellungen der Projekte eine fachlich kompetente Begutachtung zu gewährleisten, bittet die Geschäftsstelle weitere anerkannte Forscher des In- und Auslandes um ihre Mithilfe.

Es gilt der Grundsatz, daß die Anträge ausschließlich nach wissenschaftlichen Kriterien begutachtet werden, vor allem nach Qualität und Originalität des Projekts und nach Qualifikation des Antragstellers. Daß das Begutachtungssystem, das auf diesem Grundsatz aufbaut, funktionsfähig ist, ist eine der wichtigsten Gundlagen für die Förderungstätigkeit der DFG und ihre Akzeptanz in Wissenschaft und Gesellschaft. Die DFG kann dieses Begutachtungssystem nur aufrechterhalten, weil alle Gutachterinnen und Gutachter ohne Honorare tätig werden und der Grundkonsens darüber, daß jeder Gutachter in dem Bewußtsein tätig wird, daß er als Forscher selbst ein zu begutachtender Antragsteller ist, unangefochten gilt. Den Begutachtungsprinzipien drohen jedoch Gefahren: Zum einen kann die ständig wachsende Belastung vor allem der Fachgutachter die Bereitschaft, dieses Amt auf sich zu nehmen, mindern. Zum andern führt die Diskrepanz zwischen den immer größer werdenden beantragten Mitteln und den Bewilligungsmöglichkeiten dazu, daß das Prinzip der Begutachtung ausschließlich nach wissenschaftlichen Kriterien Schaden zu nehmen droht.

Zwar sind die Gutachter bei der Prüfung der ihnen vorgelegten Anträge, die ja eine Prüfung der beantragten Mittel einschließt, immer noch frei von finanziellen Vorgaben der Geschäftsstelle, damit die fachliche Bewertung nicht beeinträchtigt wird. Die auf diese Weise bei Anlegung strenger Maßstäbe erzielten Bewilligungsempfehlungen der Gutachter waren bis Mitte der 80er Jahre mit den verfügbaren Mitteln finanzierbar. Seither übersteigt jedoch von Jahr zu Jahr mehr das von den Gutachtern insgesamt zur Förderung empfohlene Finanzvolumen den Gesamtrahmen der verfügbaren Mittel, so daß zusätzliche Anpassungsmechanismen entwickelt werden mußten.

Die in der Graphik 1 angegebene Bewilligungsquote liegt noch niedriger, wenn ausschließlich die Einzelprojekte im Normalverfahren zugrunde gelegt werden: 1996 betrug diese Bewilligungsquote nur 41,7 Prozent, und sie liegt nach dem ersten Halbjahr 1997 bei 40,7 Prozent.

Die Anpassung geschieht in Form von quantitativen Orientierungsdaten für die antragsbearbeitenden Fachreferate, die sowohl von der Bewilligungs- als auch von der Antragsentwicklung des jeweiligen Fachgebietes in den zurückliegenden zwei Jahren abgeleitet werden. Übersteigt das im Einzelfall empfohlene Bewilligungsvolumen den jeweiligen Bewilligungsrahmen, werden ergän-

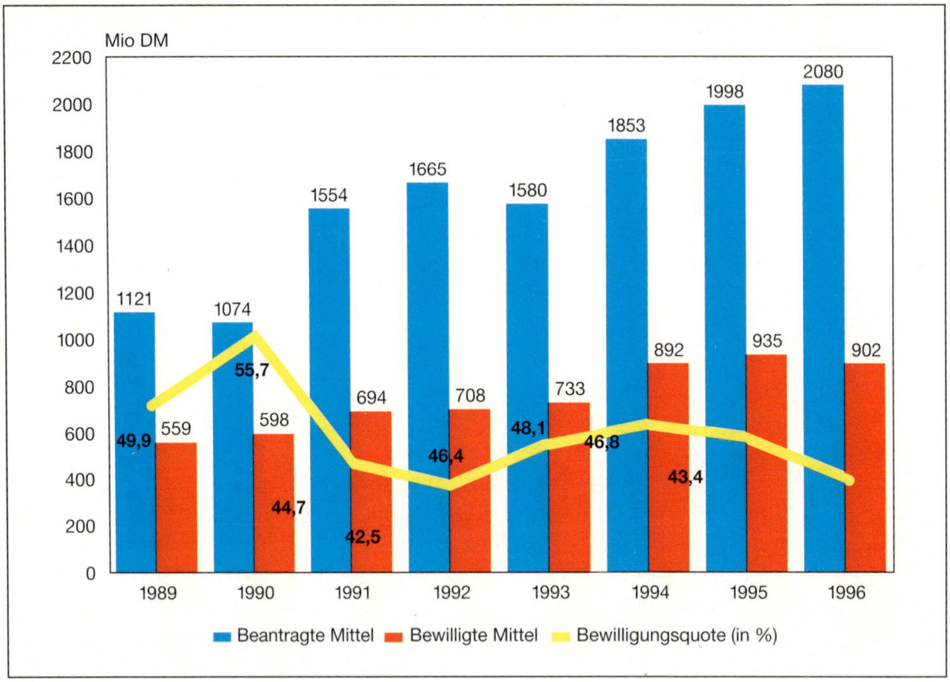

Graphik 1: Anträge und Bewilligungen im Normalverfahren.

zende Begutachtungsformen erforderlich. Beispielsweise wird die ohnehin vorgesehene abschließende Begutachtung durch den Fachausschußvorsitzenden in vielen Fällen erweitert zu einer vergleichenden Begutachtung einer größeren Anzahl von Anträgen, sei es durch den Fachausschußvorsitzenden selbst oder durch Gutachtergruppen. Es wird versucht, durch diese zusätzlichen Prüfungsprozeduren die Flexibilität und Individualisierung des Normalverfahrens möglichst wenig zu beeinträchtigen.

Der dadurch entstehende administrative Mehraufwand kann aber nicht ohne Auswirkungen auf die Bearbeitungsdauer bleiben, die sich von früher drei bis vier Monaten auf inzwischen fast sieben Monate im Durchschnitt erhöht hat. Es sind Maßnahmen eingeleitet, zum Beispiel durch Zusammenfassung von fachlich verwandten Einzelprojekten eines Antragstellers oder durch Erweiterung der sogenannten Eilverfahren (bei denen Ermächtigungen des Präsidenten an die Stelle von Hauptausschußentscheidungen treten), um sowohl eine Entlastung von Gutachtern und Mitgliedern des Hauptausschusses zu erreichen als auch die durchschnittliche Bearbeitungszeit zu verkürzen. Daneben sollen Rationalisierungsspielräume in den Geschäftsabläufen noch stärker als bisher genutzt werden.

Mit einem weiteren Absinken der durchschnittlichen Bewilligungsquote von derzeit etwa 41 Prozent muß gerechnet werden. Noch ist die unter Wissenschaftlerinnen und Wissenschaftlern allgemein verbreitete Grundstimmung, daß gute Anträge eine faire Förderungschance haben, nicht gefährdet. Das Normalverfahren als disponibler Förderraum für neue Ideen lebt von dieser Grundstimmung. Deshalb müssen sich alle Anstrengungen in den nächsten Jahren darauf richten, im Normalverfahren angemessene Bewilligungsquoten zu erreichen. Eine Begrenzung der Antragstätigkeit, zum Beispiel durch Festschreibung einer maximalen Antragszahl pro Antragsteller, würde das bewährte Konzept des Normalverfahrens verlassen. Allerdings ist innerhalb des Finanzrahmens für die Allgemeine Forschungsförderung darauf zu achten, daß geplante Verfahren (zum Beispiel Schwerpunktprogramme) oder längerfristig zugesagte Förderungsmöglichkeiten (zum Beispiel Forschergruppen) in einem Verhältnis gehalten werden, das den Spielraum für die Einzelprojektförderung nicht unangemessen einschränkt. Die 1995 eingeführte Möglichkeit, Anträge im Normalverfahren auch für drei statt für bisher nur zwei Jahre stellen zu können, die zur Verfahrensvereinfachung und Entlastung der Gutachter beiträgt, muß so gehandhabt werden, daß die finanzielle Flexibilität nicht beeinträchtigt wird.

Ein weiterer wichtiger Grundsatz ist, daß weder die Gutachter noch die Geschäftsstelle die Entscheidung über den Antrag treffen. Dafür ist bei der Einzelprojektförderung der Hauptausschuß zuständig. Der Hauptausschuß ist ein Kollegialorgan, das aus 19 vom Senat aus seiner Mitte delegierten Wissenschaftlern und 18 Vertretern der Geldgeber besteht, wodurch stets – für den weitestgehend theoretischen Streitfall – eine Mehrheit für die „Bank" der Wissenschaftler sichergestellt ist.

Der Hauptausschuß entscheidet – von den Ausnahmen abgesehen, in denen er seine Entscheidungsbefugnis auf den Präsidenten delegiert hat – aufgrund von schriftlichen Entscheidungsvorschlägen, die in konzentrierter Fassung die Anträge und die Gutachten enthalten und von der Geschäftsstelle formuliert werden. Die Vorschläge, Bewilligungen oder Ablehnungen, sind beschlossen, wenn kein Mitglied des Hauptausschusses innerhalb von drei Wochen widerspricht. Jedes Mitglied des Hauptausschusses kann Einsicht in die vollständige Antragsakte verlangen. Wird ein Einspruch eingelegt, wird über den Antrag im Hauptausschuß mündlich verhandelt und entschieden. Von vornherein gilt dies für Anträge ab einem bestimmten Finanzvolumen und für solche, deren Begutachtung Widersprüche enthält oder die grundsätzliche Probleme aufwerfen.

Ähnlich wie für das Begutachtungssystem kann die sich immer weiter öffnende Schere zwischen den Anforderungen an die DFG und ihren Finanzierungsmöglichkeiten die Entscheidungsfindung des Hauptausschusses dadurch beeinträchtigen, daß er Gefahr läuft, entweder die Rolle eines Obergutachters zu übernehmen oder auf sachfremde Argumente zurückzugreifen. Letztlich kann dies negative Rückwirkung auf die Objektivität der Begutachtungen haben: Wenn jede nur entfernt als abwertend interpretierbare Formulierung in einem Gutachten einem Antrag zum Verhängnis werden kann, könnten Gutachter versucht sein, dem durch „wasserdichte" Gutachten gegenzusteuern.

Die Entscheidungen des Hauptausschusses werden von der Geschäftsstelle umgesetzt. Die Bewilligungsschreiben erhalten in der Regel die Universitäten (sogenannte „Drittmittelregelung") und parallel dazu die Antragsteller. Das vorrangige Förderinstrument des Normalverfahrens ist die Sachbeihilfe. Der Begriff stammt aus den Anfängen der Notgemeinschaft, als Personalmittel nicht gewährt wurden. Heute umfaßt die Sachbeihilfe, die im übrigen nicht auf die Einzelprojektförderung beschränkt ist, im Sinne von „Research Grants" Mittel für wissenschaftliches und nichtwissenschaftliches Personal, zur Beschaffung von Geräten und Verbrauchsmitteln, für Reisen und sonstige Kosten. Der Finanzierung von wissenschaftlichen Publikationen, soweit sie nicht kostendeckend hergestellt werden können, dienen Druckbeihilfen, die nahezu ausschließlich von den Geisteswissenschaften in Anspruch genommen werden. Wachsende Bedeutung haben die Mittel für den Wissenschaftleraustausch, also für Gastprofessuren, zur Durchführung von Rundgesprächen oder Reisemittel für Forschungs- und Archivaufenthalte. Stipendien, das originäre Instrument der Nachwuchsförderung, werden ebenfalls größtenteils im Normalverfahren bewilligt.

Die Anträge auf Förderung von Projekten können Finanzierungszusagen für ein, zwei oder – seit kurzem – maximal für drei Jahre enthalten. Für Vorhaben, die längere Zeit brauchen, muß rechtzeitig vor Verbrauch der bewilligten Mittel, die nicht an Haushaltsjahre gebunden sind, ein Fortsetzungsantrag gestellt werden, dem ein Arbeitsbericht über die bisherigen Ergebnisse und die aus dem Vorhaben entstandenen Veröffentlichungen beiliegen müssen. Analog wird bei Anträgen eines bereits geförderten Wissenschaftlers zu einem neuen Thema verfahren. Somit geschieht ein großer Teil der Ergebnisbewertung innerhalb der DFG im Zuge der Begutachtung von Förderungsanträgen auf „neues Geld". Wird nach Ende der Förderung kein weiterer Antrag gestellt, so hat der Wissenschaftler, wozu er sich durch Annahme der Bewilligung verpflichtet hat, die Ergebnisse in einem Abschlußbericht – ebenfalls mit Publikationen – nachzuweisen. Dieser wird von Gutachtern bewertet.

Im Jahre 1996 bewilligte die DFG für rund 6000 Einzelprojekte im Normalverfahren 776 Millionen DM. Mit einem Anteil von 40 Prozent am Gesamtvolumen der DFG-Förderungsmittel bilden die im Normalverfahren geförderten Einzelprojekte den größten Förderungssektor. Sie sind nach wie vor der Kernbereich der Forschungsförderung der DFG und die Grundlage ihrer gesamten Förderungstätigkeit – und dies vor allem wegen der folgenden Merkmale:

Thematische Offenheit

Jede Wissenschaftlerin, jeder Wissenschaftler, die oder der durch die Promotion zu selbständiger Forschung qualifiziert ist, kann jederzeit zu einem selbstgewählten Thema in jeder wissenschaftlichen Disziplin einen Antrag auf Förderung stellen. Er oder sie muß lediglich die Voraussetzungen für die Durchführbarkeit des Projekts entweder an der Institution, an der er/sie seinen/ihren Arbeitsplatz hat, oder an einer gastgebenden Institution, wo er oder sie als Stipendiat oder Stipendiatin arbeiten möchte, klären.

Eigenverantwortung

Die Verantwortung für die Durchführung des Vorhabens liegt allein beim Antragsteller, auch wenn formal die Universität oder eine andere Institution Adressat der Bewilligung ist. Dies bedeutet, daß der antragstellende Wissenschaftler selbst über den Einsatz der bewilligten Mittel bestimmt, insbesondere seine Mitarbeiter selbst unter rein wissenschaftlichen Gesichtspunkten auswählt.

Institutionelle Offenheit

Die Berechtigung zur Antragstellung ist nicht an die Zugehörigkeit zu einer bestimmten Institution oder an eine bestimmte Dienststellung gebunden. Für die Berechtigung zur Antragstellung ist es ohne Bedeutung, ob die Institution des Antragstellers Mitglied der DFG ist, und Nachwuchswissenschaftler können ebenso Anträge stellen wie Professoren. Ausgenommen sind allerdings Mitarbeiter von gewinnorientierten Unternehmen im Rahmen ihrer vertraglichen Aufgaben. Für Forscher an öffentlich finanzierten außeruniversitären Instituten gilt zur Vermeidung von Doppelfinanzierungen im allgemeinen der Grundsatz, daß die DFG Vorhaben innerhalb der Hauptarbeitsrichtung des Instituts, für die ihm die öffentliche Hand die Grundfinanzierung gewährt, nicht finanziell unterstützt.

Flexibilität

Für die Durchführung eines Forschungsvorhabens können alle Mittel beantragt werden, die nicht aus der Grundfinanzierung der Institution, in der das Vorhaben durchgeführt werden soll, zu tragen sind. Anträge können jederzeit gestellt werden, sind also nicht an bestimmte Termine gebunden. Dies erlaubt schnelle Reaktionen auf aktuelle Entwicklungen und Herausforderungen in der Forschung. Über die Anträge entscheidet der Hauptausschuß fortlaufend während des ganzen Jahres, und die Geschäftsstelle tut alles, die Bearbeitungsdauer für die Anträge so kurz wie möglich zu halten.

Innovation

Wesentliches Kriterium für die Förderungswürdigkeit eines Vorhabens ist sein potentieller Beitrag zur Erweiterung der wissenschaftlichen Erkenntnis. Anwendungsorientierte Forschung kann gefördert werden, wenn sie verallgemeinerbare Ergebnisse verspricht, die für die wissenschaftliche Öffentlichkeit von Interesse sind und ihr frei zugänglich gemacht werden sollen.

1.1.3.2 Förderung von Forschungskooperationen

Die moderne Wissenschaftsentwicklung ist durch zwei scheinbar gegenläufige, in Wahrheit aber komplementäre Prozesse bestimmt, eine immer weiter fortschreitende disziplinäre Differenzierung einerseits und eine zunehmende transdisziplinäre Integration andererseits. Dies hängt mit der zunehmenden Komplexität vieler wissenschaftlicher Fragestellungen zusammen. Gerade besonders innovative Forschungsideen ergeben sich oft an der Schnittlinie oder in der Schnittmenge sich überlappender klassischer Disziplinen. Viele solche Fragestellungen erfordern einen Untersuchungsaufwand, der nach Umfang, Organisationsrahmen und Mitteleinsatz über die Möglichkeiten eines Einzelprojekts hinausgeht und nur in einer Zusammenarbeit mehrerer Arbeitsgruppen realisiert werden kann.

Alle heute dafür eingesetzten Förderinstrumente der DFG bauen auf den soeben dargestellten Prinzipien auf und sind letztlich aus der Einzelprojektförderung im Normalverfahren abgeleitet. Die meisten der zusätzlichen Instrumente haben über das Grundmotiv, die beste Forschung im Wettbewerb zu fördern, vor allem zwei weitere Ziele, teils separat, meist aber gemeinsam, nämlich Kooperation und Strukturbildung.

1.1.3.2.1 Schwerpunktprogramme

Hauptziel der Schwerpunktprogramme ist, überregionale Kooperationen auf aktuellen Forschungsgebieten, die in der Regel die Grenzen der traditionellen Fachdisziplinen überschreiten, zu fördern.

Schwerpunktprogramme entstehen aus Initiativen von Forschern, die, obwohl an verschiedenen Orten tätig, zusammenarbeiten möchten. Bei der Definition des Arbeitsgebietes und bei der Sondierung der Kooperationsbereitschaft kann die DFG durch Veranstaltung von Rundgesprächen Hilfe leisten. Das fertige Programm, das ähnlich wie ein Einzelprojektantrag die wissenschaftliche Zielsetzung, die Vorleistungen insbesondere der Initiatoren und die Motive der angestrebten Kooperation beschreiben muß, wird als Einrichtungsantrag dem Senat der DFG vorgelegt, der einmal jährlich über die Aufnahme neuer Schwerpunktprogramme in die Förderung entscheidet. Der Senat versucht bei seiner vergleichenden Prüfung, diejenigen Schwerpunktprogramme zu identifizieren, die besonders zukunftsträchtige Forschungsfelder zu erschließen versprechen, nicht selten auch solche, deren stärkere Entwicklung in Deutschland im Hinblick auf die internationale Wettbewerbsfähigkeit der deutschen Forschung wünschenswert ist. Etwa ein Drittel der Einrichtungsanträge hatte im Durchschnitt der letzten fünf Jahre Erfolg und führte zu einer Förderung von in der Regel sechs Jahren.

Hat der Senat die Einrichtung eines Schwerpunktprogramms beschlossen, fordert die DFG zur Vorlage von Einzelanträgen im Rahmen des Schwerpunktthemas zu einem bestimmten Termin auf. Diese Aufforderung richtet sich in erster Linie an die Wissenschaftlerinnen und Wissenschaftler, die im Einrichtungsantrag genannt sind, ohne jedoch weitere Interessenten auszuschließen, die sich an dem in allen Universitäten und Forschungsinstituten bekanntgemachten Schwerpunktprogramm beteiligen wollen. Die im Schwerpunktprogramm antragstellenden Wissenschaftler sind im Rahmen des Gesamtthemas in der Wahl ihres Forschungsprojektes, ihres Arbeitsplans und ihrer Methoden frei.

Alle eingegangenen Einzelanträge werden gemeinsam einer Prüfungsgruppe vorgelegt. Ihrer Urteilsfindung geht in aller Regel ein Kolloquium voraus, in dem die Antragsteller ihre Projekte zur Diskussion stellen. Für die Zusammensetzung der Prüfungsgruppen, deren Vorsitzender immer ein Wissenschaftler ist, gelten dieselben Grundsätze zur Sicherung von Sachverstand und Neutralität wie bei der Einzelförderung im Normalverfahren. Da ein Schwerpunktprogramm jedoch viele Anträge – zu Anfang oft 50 und mehr – zusammenführt, sind diese Grundsätze hier schwerer zu erfüllen. Deshalb werden häufiger als im Normalverfahren ausländische Gutachter um Mitwirkung gebeten. In Einzelfällen, wenn Gutachter von außerhalb des deutschen Sprachraums gewonnen werden müssen, sind Anträge in englischer Sprache obligatorisch.

Der vom Senat für jedes der etwa 115 gleichzeitig geförderten Schwerpunktprogramme festgelegte Finanzierungsrahmen zwingt die Prüfungsgruppen zu strenger Begutachtung mit dem Ergebnis, daß der Teilnehmerkreis auf diejenigen Antragsteller eingegrenzt wird, die über die Qualität hinaus zum Schwerpunktthema spezifische Ergebnisse beitragen können. Neben der üblichen Projektfinanzierung werden in Schwerpunktprogrammen auch Mittel zur Veranstaltung von Kolloquien und Arbeitstreffen sowie für Kooperationsbesuche zur Verfügung gestellt.

Die Zahl der pro Jahr neu bewilligten Einzelprojekte in Schwerpunktprogrammen wuchs von 1941 im Jahr 1992 auf 2091 im Jahr 1996, also um acht Prozent. Das Bewilligungsvolumen stieg in derselben Zeit um 22 Prozent von 245 auf 299 Millionen DM. Gleichwohl ist die Relation zur Einzelprojektförderung im Normalverfahren mit etwa 1:3 und der Anteil an den gesamten Fördermitteln der DFG mit rund 15 Prozent weitgehend stabil geblieben.

Die international abgestimmte Form der Schwerpunktförderung wird in den kommenden Jahren verstärkt. Die bereits im letzten Band beschriebenen Abstimmungsmechanismen mit den Förderorganisationen einiger Nachbarländer haben sich bewährt. Einige Programme wurden themengleich in mehreren Ländern parallel gefördert; die Anträge wurden aber von einer gemeinsamen Gutachtergruppe aus den beteiligten Ländern geprüft und die Arbeiten in gemeinsamen Kolloquien vorgestellt. Eine neue Kooperation dieser Art hat sich in Fortführung des Schwerpunktprogramms „Strömungssimulation mit Hochleistungsrechnern" auf dem Gebiet der numerischen Strömungsmechanik in Zusammenarbeit mit französischen Forschern ergeben. Auch aus dem Schwerpunktprogramm „Schnelle molekulare Prozesse in Flüssigkeiten" ist eine kontinuierliche Zusammenarbeit mit einer auf ähnlichem Gebiet arbeitenden Gruppe französischer Wissenschaftler entstanden.

1.1.3.2.2 Forschergruppen, Klinische Forschergruppen und Innovationskollegs

Dienen Schwerpunktprogramme vor allem der überregionalen Zusammenarbeit und Strukturbildung durch Entwicklung und Konsolidierung neuer Arbeitsrichtungen, so dienen Forschergruppen neben der meist, aber nicht mehr zwingend auf einen Ort konzentrierten Zusammenarbeit auch der Strukturbildung in den beteiligten Institutionen. Die Förderung von Forschergruppen begann in den 60er Jahren unter dem Einfluß von Erfahrungen mit den Research Units in Großbritannien. Anders als bei den Research Units wird die Förderung von Forschergruppen jedoch nur auf eine festgelegte Zeit (sechs Jahre) gewährt. Forschergruppen werden aus Mitteln der Einzelprojektförderung im Normalverfahren finanziert, stehen also im Wettbewerb mit Einzelanträgen, aus denen sie sich durch die Größe und Bedeutung der Aufgabe, aber auch durch die Qualität der nachzuweisenden wissenschaftlichen Vorleistungen und durch den wissenschaftlichen Rang der beteiligten Forscher herausheben müssen. Das Antragsverfahren ist daher prinzipiell zweistufig: In einer Antragsskizze werden die allgemeinen Ziele, die Vorarbeiten und die Grundzüge des wissenschaftlichen Programms dargelegt. Die Antragsskizze wird unter Beteiligung von Mitgliedern des Präsidiums und des Senats auf allgemeine Schlüssigkeit hin geprüft. Erst wenn diese Prüfung zu einem positiven Ergebnis führt, soll ein vollständiger Antrag ausgearbeitet werden. Dieser Antrag wird in aller Regel vor Ort durch eine Prüfungsgruppe bewertet, nachdem die einzelnen Projekte von den Antragstellern in einem Kolloquium erläutert wurden. Vorsitzender des Kolloquiums ist der Wissenschaftler, der auch den Vorsitz der Prüfungsgruppe innehat. Da Forschergruppen in der Regel über sechs Jahre mit einem Fördervolumen unterstützt werden, das dem Finanzaufwand für drei bis zehn durchschnittliche Einzelprojekte entspricht, müssen die Folgen der Eingliederung von Forschergruppen in die sie tragenden Universitäten, in seltenen Einzelfällen auch außeruniversitären Institute, und ihre Entwicklungsplanung regelmäßig mit deren gewählten Vertretern (Rektor, Dekan) und ihrer Verwaltung eingehend diskutiert werden.

Zuständig für die Entscheidung über die Einrichtung von Forschergruppen sind Senat und Hauptausschuß. Die Hochschulen haben in den letzten Jahren verstärkt die Möglichkeit genutzt, ihr Profil durch die Bildung solcher internen Forschungsschwerpunkte zu schärfen. Um ihren Wissenschaftlern die Einrichtung von Forschergruppen zu ermöglichen, müssen sie allerdings bei der Zuweisung von Grundausstattungsmitteln dieser Prioritätensetzung Rechnung tragen. Die Zahl der geförderten Forschergruppen hat seit 1992 deutlich zugenommen und zwar von 55 auf 72 Forschergruppen im Jahr 1996.

Bemerkenswert ist dabei, daß einige Fachgebiete oder auch fachübergreifende Bereiche das Förderungsinstrument „Forschergruppe" erst in jüngerer Zeit für sich entdeckt haben, um es dann um so intensiver in Anspruch zu nehmen. Mit dem Abrücken von dem früher streng praktizierten Ortsprinzip war auch die Hoffnung verknüpft, daß die traditionell hauptsächlich in Einzelprojekten forschenden Geistes- und Gesellschaftswissenschaften diese Möglichkeit zu Forschungskooperationen nutzen würden (vgl. Graphik 2).

Besonders augenfällig ist der auf die Institution bezogene Aspekt der Förderung in zwei gesondert (ausschließlich vom BMBF) finanzierten Programmen, die als Varianten des Instruments „Forschergruppe" betrachtet werden können, den Klinischen Forschergruppen und den Innovationskollegs.

Beide Programme haben als wesentliches Ziel, durch die Unterstützung besonders qualifizierter Gruppen von Forschern die Institution, in denen diese Forscher arbeiten, in ihrer internen Struktur und in ihrem wissenschaftlichen Profil zu stärken. Das wird vor allem dadurch erreicht, daß die Förderung die Schaffung neuer, forschungsbezogener Professuren und Einheiten gezielt unterstützt, wobei die Universitäten als Gegenleistung für die gewährte Förderung die Weiterfinanzierung der strukturwirksamen Elemente nach Ablauf der auf fünf Jahre

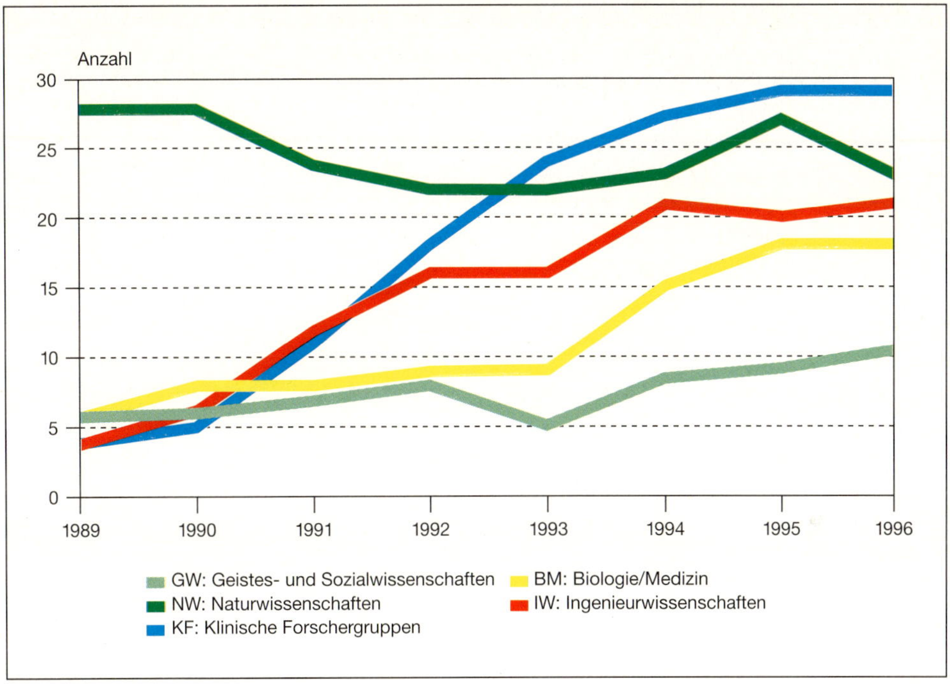

Graphik 2: Entwicklung der Zahl der Forschergruppen.

(bei Innovationskollegs) oder auf sechs Jahre (bei Klinischen Forschergruppen) bemessenen Finanzierung zusagen müssen.

Eine Zwischenauswertung des seit 1988 laufenden Programms „Klinische Forschergruppen" zeigt, daß einerseits die Förderung am Ort in der Tat zur Bildung neuer Strukturen mit einer deutlichen Qualitätsverbesserung für die Forschung führt, daß aber darüber hinaus das Programm als solches vielfältige Eigeninitiativen der Fakultäten und Hochschulen, die institutionellen Bedingungen für die Forschung zu verbessern, angestoßen und unterstützt hat.

Das Programm „Innovationskollegs" hat 1994 begonnen und ist auf acht Jahre angelegt. Es ist auf die Hochschulen der neuen Länder beschränkt. Eines seiner spezifischen Ziele ist neben dem Aufbau leistungsfähiger Forschungsstrukturen die Kooperation mit Forschern außerhalb der Universitäten einschließlich des Unternehmensbereichs. Eine erste Bewertung durch die Gutachter der 1997 eingereichten Fortsetzungsanträge zeigt, daß das Programm im Hinblick darauf wie auf die wissenschaftliche Qualität erfolgreich ist. Über die bisher finanzierten Kollegs hinaus werden keine weiteren gefördert, wenn nicht die Finanzierung über die bisher zugesagten Mittel hinaus ausgeweitet wird.

1.1.3.2.3 Geisteswissenschaftliche Zentren

Ebenso wie die Innovationskollegs sind die Geisteswissenschaftlichen Zentren ein Förderungsinstrument der DFG, das nur für die neuen Länder gilt. Auf der Grundlage einer Empfehlung des Wissenschaftsrats mit dem Ziel, sechs aus Instituten der Akademie der Wissenschaften der DDR hervorgegangene Geisteswissenschaftliche Forschungsschwerpunkte zu erhalten und zugleich ein spezielles Förderinstrument zu schaffen, das der inhaltlichen und methodischen Zersplitterung der Geisteswissenschaften abhelfen soll, wurde Anfang 1995 die Gründung der Geisteswissenschaftlichen Zentren vereinbart. Die daraufhin der DFG vorgelegten Anträge wurden eingehend vor Ort begutachtet. Der Hauptausschuß hat für alle sechs Anträge Bewilligungen ausgesprochen. Die Bewertung der 1997 anstehenden Fortsetzungsanträge wird Auskunft über die Zukunft der Geisteswissenschaftlichen Zentren geben.

1.1.3.2.4 Sonderforschungsbereiche

Sonderforschungsbereiche sind fächerübergreifende Forschungskooperationen mit wissenschaftlich weitreichender Perspektive. Sie entstehen auf Initiative der Forscher und sind in der Regel auf die Dauer von zwölf bis 15 Jahren angelegt. Die Hochschulen stellen für Sonderforschungsbereiche eine angemessene personelle und materielle Grundausstattung zur Verfügung; sie sind Antragsteller und Empfänger der Förderung durch die DFG.

Sonderforschungsbereiche ermöglichen die Bearbeitung wissenschaftlich anspruchsvoller und materiell aufwendiger Forschungsvorhaben durch Konzentration und Koordination der in einer Hochschule vorhandenen Kräfte. Die Förderung des wissenschaftlichen Nachwuchses gehört zu ihren besonderen Aufgaben. Sonderforschungsbereiche sind gekennzeichnet durch Kooperation über die Grenzen der Fächer, Institute, Fachbereiche und Fakultäten hinweg. Sie können unter der Voraussetzung der Schwerpunktbildung in einer Hochschule auch Projekte aus benachbarten Hochschulen und außeruniversitären Forschungseinrichtungen sowie die Zusammenarbeit mit Industrie und Wirtschaft in ihre Forschungsprogramme einbeziehen. Sonderforschungsbereiche pflegen wissenschaftliche Beziehungen zu Hochschulen, anderen Forschungseinrichtungen und Forschern im Ausland.

Die an einem Sonderforschungsbereich beteiligten Wissenschaftler entscheiden über die wissenschaftliche Entwicklung und die laufenden Angelegenheiten des Sonderforschungsbereichs. Dazu geben sie sich im Einvernehmen mit der Hochschule und in Abstimmung mit der DFG eine Ordnung. Die DFG führt eine Begutachtung der Programm- und Finanzplanung jedes Sonderforschungsbereichs einschließlich einer Bewertung der bis dahin geleisteten Forschungsarbeit in Abständen von in der Regel drei Jahren durch. Auf der Grundlage dieser Begutachtung, die mit Hilfe ehrenamtlich als Gutachter tätiger Wissenschaftler am Ort des Sonderforschungsbereichs stattfindet, entscheidet der aus Wissenschaftlern und Vertretern der zuständigen Bundes- und Landesministerien zusammengesetzte Bewilligungsausschuß der DFG jährlich über die Förderung der Sonderforschungsbereiche. Vor der Entscheidung über den ersten Finanzierungsantrag eines Sonderforschungsbereichs (Einrichtungsantrag) nimmt der Wissenschaftsrat unter wissenschaftspolitischen Gesichtspunkten zu dem Antrag Stellung.

Die DFG erhält die Mittel zur Förderung der Sonderforschungsbereiche zu 75 Prozent vom Bund (Bundesministerium für Bildung, Wissenschaft, Forschung und Technologie) und zu 25 Prozent von allen Ländern gemeinsam.

Anfang 1997 wurden insgesamt 236 (alte Länder: 215, neue Länder: 21) Sonderforschungsbereiche gefördert. Die staatliche Zuwendung für Sonderforschungsbereiche beträgt im Haushaltsjahr 1997 rund 556 Millionen DM. Die finanzielle Ausgangsbasis zur Förderung der Sonderforschungsbereiche hat sich in den letzten Jahren erheblich verbessert. Dazu haben neben der kontinuierlich stringenten Begutachtung vor Ort wesentlich zwei Faktoren beigetragen: die seit 1990 jährliche Steigerung der Haushaltsmittel um fünf Prozent ohne nachträgliche Sperren oder Kürzungen und die seit 1994/1995 starke Zunahme der Beendigung von Sonderforschungsbereichen, die in den achtziger Jahren gegründet worden waren. Beides hat zu einer Kombination von Planungssicherheit und Gestaltungsweite bei der Einrichtung von Sonderforschungsbereichen geführt, die in den Jahren zuvor nicht vorhanden war. Da die Beendigungszahlen in den nächsten Jahren infolge zunehmender Verjüngung des Programms abnehmen werden, wird es um so mehr auf die finanzielle Kontinuität ankommen.

Erfahrungsgemäß entstehen 20 bis 25 Prozent der neuen Sonderforschungsbereiche durch thematische Evolution im Anschluß an beendete Sonderforschungsbereiche. Die weitaus meisten Initiativen erwachsen neu aus einem durch Technik- und Erkenntnissprünge beflügelten synergetischen Denken, das allein in der Lage ist, den Widerspruch zwischen fachlichem Spezialistentum und hochkomplexen Forschungszielen zu überwinden. Vorbereitet werden solche Gründungen in der Regel durch erfolgreiche Förderung in anderen Verfahren (Einzelprojekte, Forschergruppen).

Die herkömmliche Fachgliederung zwingt zu einer disziplinären Etikettierung der Sonderforschungsbereiche, die statistischer Kontinuität mehr genügt als der weit fortgeschrittenen Wirklichkeit kooperativer Vernetzung spezialisierten Wissens und Könnens. Mit diesem Vorbehalt waren Anfang 1997 24 Sonderforschungsbereiche (zehn Prozent) den Geistes- und Gesellschaftswissenschaften, 89 (38 Prozent) den Biowissenschaften, 64 (27 Prozent) den Naturwissenschaften und 59 (25 Prozent) den Ingenieurwissenschaften zugeordnet. Betrachtet man die entsprechenden Daten zum Stichtag 1. Januar 1992 im letzten „Grauen Plan", so zeigen sich nur geringfügige Veränderungen im Verhältnis der Wissenschaftsbereiche zueinander; sie liegen im Bereich von ein bis zwei Prozent. Auf der Ebene einzelner Fächer ergibt sich das gleiche Bild nur geringer Veränderungen der Anteile.

Blickt man auf die im Jahr 1997 vorliegenden Anmeldungen zur Einrichtung neuer Sonderforschungsbereiche, so läßt sich – auch wenn Antrag und

Begutachtungsergebnis hier noch ausstehen – mit einiger Wahrscheinlichkeit voraussehen, daß die für die nächsten Jahre beschlossenen oder zu erwartenden Beendigungen von Sonderforschungsbereichen durch neue Sonderforschungsbereiche aus den davon berührten Fachgebieten zahlenmäßig ausgeglichen werden, und zwar im Verhältnis sowohl zwischen den vier großen Wissenschaftsbereichen als auch zwischen den zugehörigen Einzelfächern innerhalb dieser Bereiche. Es ist also zu erwarten, daß die seit vielen Jahren fast konstante Teilhabe der Fächer an der Förderung von Sonderforschungsbereichen – wahrscheinlich mit einer positiven Veränderung bei den Kulturwissenschaften – auch in den nächsten Jahren unverändert bleiben wird.

Der erste Sonderforschungsbereich in den neuen Ländern ist am 1. Juli 1992 eingerichtet worden. Seither hat sich die Zahl der Sonderforschungsbereiche in diesen Ländern und dem ehemaligen Ostberlin auf 21 erhöht (Stichtag: 1. Januar 1997). Fachlich verteilen sich diese Sonderforschungsbereiche überwiegend auf die Ingenieurwissenschaften (6) und die Physik (5), gefolgt von Medizin (4), Biologie (2) sowie Mathematik, Chemie, Wirtschaftswissenschaften und Geschichtswissenschaft (je 1). In der üblichen Aufteilung nach den vier großen Wissenschaftsbereichen entfallen damit auf die Geistes- und Gesellschaftswissenschaften neun Prozent, die Biowissenschaften 29 Prozent, die Naturwissenschaften 33 Prozent und die Ingenieurwissenschaften 29 Prozent. Vor dem Hintergrund der forcierten Förderung der naturwissenschaftlich-technischen Fächer in der Zeit der DDR überrascht diese im Vergleich mit den alten Ländern deutlich andere Akzentuierung nicht. Weitere Sonderforschungsbereiche sind an den Hochschulen der neuen Länder in Vorbereitung. Es ist also auch dort in den nächsten Jahren mit einer kontinuierlichen Verstärkung dieser Förderungsform zu rechnen.

Die DFG hat sich seit 1991 mit einer Reihe besonderer Förderungsmaßnahmen am Aufbau der Forschung in den neuen Ländern beteiligt. So war die Möglichkeit geschaffen worden, den Erfahrungsmangel, der dort anfangs im Umgang mit dem fachlich komplexen sowie konzeptionell und organisatorisch anspruchsvollen Verfahren der Sonderforschungsbereiche noch vorherrschte, durch gemeinsame Projektarbeit mit Sonderforschungsbereichen in den alten Ländern abzubauen. Ergänzend zur Förderung derartiger Kooperationsprojekte wurde für den wissenschaftlichen Nachwuchs der neuen Länder die Finanzierung zeitlich begrenzter Mitarbeit in Sonderforschungsbereichen der alten Länder angeboten.

Insgesamt sind 116 Kooperationsprojekte zwischen Sonderforschungsbereichen in den alten und Wissenschaftlern in den neuen Ländern eingerichtet worden; 31 davon werden noch bis 1998 gefördert. 33 Doktoranden und Postdoktoranden haben zwischen 1991 und 1994 von der Möglichkeit gastweiser Mitarbeit in Sonderforschungsbereichen der alten Länder Gebrauch gemacht. Diese besonderen Fördermaßnahmen konnten inzwischen eingestellt werden.

Bei einigen außeruniversitären Forschungsinstituten der neuen Länder ist jedoch mit Ablauf des Jahres 1996 ein Strukturproblem entstanden, das durch den Abbau zeitlich begrenzter zusätzlicher Personalmittel (sogenannter Verstärkungsfonds) verursacht worden ist. Diese Maßnahme, zur Stärkung der Wettbewerbsfähigkeit auf dem „Drittmittelmarkt" bestimmt, hat ihren Zweck schon wegen der Befristung nicht voll erreichen können. Der Fonds wird nicht verlängert. Betroffen sind zehn Institute. Die DFG hat sich jedoch unter der Voraussetzung einer in den nächsten Jahren entsprechenden Mittelausstattung bis auf weiteres bereit erklärt, bei Projektbeteiligungen dieser Institute an Sonderforschungsbereichen im Ausnahmefall zeitlich befristet auch Mittel für Projektleiterstellen zu bewilligen. Voraussetzungen sind wie immer angemessene Grundausstattung und überzeugende wissenschaftliche Qualität.

Am 1.1.1997 wurden an 58 Hochschulen insgesamt 236 Sonderforschungsbereiche gefördert, die sich regional wie folgt verteilen:

Land	Anzahl SFB	in Prozent	an Hochschulen
Baden-Württemberg	45	19,1	9
Bayern	39	16,5	6
Berlin	15	6,4	3
Bremen	4	1,7	1
Hamburg	4	1,7	2
Hessen	21	8,9	4
Mecklenburg-Vorpommern	1	0,4	1
Niedersachsen	23	9,7	7
Nordrhein-Westfalen	50	21,2	12
Rheinland-Pfalz	8	3,4	3
Saarland	5	2,1	1
Sachsen	10	4,2	4
Sachsen-Anhalt	5	2,1	2
Schleswig-Holstein	4	1,7	2
Thüringen	2	0,9	1

Sonderforschungsbereiche sind für die forschungsbezogene postgraduale Ausbildung sowie die selbständige Forschungsarbeit promovierter Nachwuchswissenschaftler von überragender Bedeutung. Aus einer Erhebung der DFG liegen erstmals für einen längeren Zeitraum, für die Jahre 1988 bis 1992, und damit über eine Momentaufnahme hinausgehende Daten zu den im Rahmen von Sonderforschungsbereichen beendeten Promotionen DFG-finanzierter Mitarbeiter vor. In diesem Zeitraum sind nach den Angaben der Sonderforschungsbereiche 2718 Promotionen, davon allein 2058 in den Bio- und in den Naturwissenschaften, erfolgreich abgeschlossen worden. Die durchschnittliche Promotionsdauer lag im Mittel bei 4,2 Jahren in den Naturwissenschaften, 4,3 Jahren in den Biowissenschaften (ohne Medizin), bei fünf Jahren in den Geistes- und Gesellschaftswissenschaften und bei 5,6 Jahren in den Ingenieurwissenschaften. Als durchschnittliches Alter bei Abschluß der Promotion ergab sich für den genannten Zeitraum über alle Fachgebiete hinweg ein Alter von 30,9 Jahren. Der früheste Abschluß der Promotion wurde mit durchschnittlich 30,6 Jahren in den Bio- und in den Naturwissenschaften erreicht, der späteste mit durchschnittlich 32,0 Jahren in den Ingenieurwissenschaften. Verglichen mit den Daten des Statistischen Bundesamtes für alle 1991 an deutschen Hochschulen abgeschlossenen Promotionen schneiden Sonderforschungsbereiche gut ab (durchschnittliche Altersangaben aus

Sonderforschungsbereichen jeweils zuerst genannt): Biologie 30,6/32,0 Jahre – Physik 30,9/31,6 Jahre – Chemie 30,2/30,6 Jahre – Mathematik 29,1/30,9 Jahre – Geowissenschaften 32,1/32,8 Jahre – Ingenieurwissenschaften 32,0/33,3 Jahre – Wirtschaftswissenschaften 30,8/32,0 Jahre – Sozialwissenschaften 31,5/35,4 Jahre – Geisteswissenschaften (Fächerkombination nur eingeschränkt vergleichbar) 31,4/34,3 Jahre. Wie bei den Graduiertenkollegs mit ihrer allerdings spezifischen Zielsetzung läßt sich diesen Daten entnehmen, daß das durchschnittliche Promotionsalter in Sonderforschungsbereichen günstig beeinflußt wird.

Der Anteil weiblicher Promovierter betrug – fast konstant in allen Erhebungsjahren – 21 Prozent (582 Promotionen, davon allein 500 in den Bio- und in den Naturwissenschaften). Das durchschnittliche Promotionsalter lag um knapp ein Jahr (30,3) unter dem Alter männlicher Promovierter (31,1); dies entspricht in etwa dem Altersabstand zum Zeitpunkt des ersten akademischen Abschlusses. Bei der Dauer der Promotion zeigten sich keine Unterschiede zwischen den Geschlechtern.

Nach dem Stand vom 1. Januar 1997 waren in den einzelnen Projekten der geförderten Sonderforschungsbereiche Mittel für insgesamt etwa 4 000 Doktoranden und 1 000 Postdoktoranden bewilligt. Dieser Personenkreis trägt in ganz erheblichem Umfang die konkrete Forschungsarbeit. Vor allem von den promovierten Mitarbeitern gehen immer wieder neue Ideen aus, die in kooperativer Verbindung mit der Erfahrung älterer Wissenschaftler den Kernbereich der Innovationsfähigkeit von Sonderforschungsbereichen bilden.

Die DFG hat daraus den Gedanken abgeleitet, neben der Förderung der jungen Wissenschaftlerinnen und Wissenschaftler in der bloßen Mitarbeiterrolle auch Projektleitungsfunktionen im Rahmen sogenannter *Nachwuchsgruppen* zu finanzieren. Die auf maximal fünf Jahre begrenzte Förderung solcher Gruppen im Projektverbund von Sonderforschungsbereichen umfaßt neben den persönlichen Bezügen für die Gruppenleitung eine Personal- und Sachmittelausstattung und setzt die Bereitstellung der im übrigen notwendigen Grundausstattung wie beispielsweise Laborraum durch die Hochschule voraus. Die Gruppenleiterposition wird international ausgeschrieben. Die Altersgrenze liegt bei 35 Jahren zum Zeitpunkt der Antragstellung. Diese Förderungsmöglichkeit, die in Einzelfällen schon in den Anfangsjahren der Sonderforschungsbereiche sehr erfolgreich erprobt worden ist, ist in einem doppelten Sinne als Exzellenzprogramm zu verstehen. Das wissenschaftlich Herausragende ist als Bedingung an die Gruppenleitung, aber auch an den Rang des Sonderforschungsbereichs gebunden, in den die Gruppe integriert wird. Nachwuchsgruppen sind daher eine Auszeichnung gleichermaßen für die Geförderten wie für die Sonderforschungsbereiche. Anfang 1997 befanden sich sieben Nachwuchsgruppen in der Förderung. Es ist beabsichtigt, ihre Zahl in den nächsten Jahren erheblich zu vergrößern.

Als fruchtbar erweist sich weiterhin die kooperative Verbindung zwischen Sonderforschungsbereichen und Graduiertenkollegs. Etwa 30 Prozent der geförderten Graduiertenkollegs stehen im Umfeld von Sonderforschungsbereichen.

Aus den seit 1988 regelmäßig durchgeführten Umfragen bei den Sonderforschungsbereichen ergeben sich auch Daten zu Fragen der im Interesse von Sonderforschungsbereichen vorgenommenen Berufungen, der Beteiligung auswärtiger Gastwissenschaftler an Sonderforschungsbereichen und der internationalen Kooperationsbeziehungen von Sonderforschungsbereichen.

In den Jahren 1988 bis 1994 sind gezielt auf die Bedürfnisse geförderter Sonderforschungsbereiche insgesamt rund 200 C3- und 250 C4-Berufungen vorgenommen worden, im Mittel – die jährlichen Schwankungen sind sehr gering – also zwischen 60 und 70 C3-/C4-Berufungen pro Jahr. Die Daten sind, besonders in ihrer Konzentration biowissenschaftlicher und naturwissenschaftlicher Sonderforschungsbereiche, ein starkes Indiz für die erwünschte und auch seit langem erkennbare berufungspolitische Bedeutung von Sonderforschungsbereichen. Die regionale Verteilung solcher Berufungsvorgänge entspricht im wesentlichen der Verteilung der Förderung der Sonderforschungsbereiche auf die einzelnen Länder.

Die Beteiligung von Gastwissenschaftlern ist heute ein fester Bestandteil der Förderung von Sonderforschungsbereichen. Die Gutachter bestätigen in ihren Äußerungen kontinuierlich die für Sonderforschungsbereiche konstruktive und ideengenerierende Funktion der Gastforscher. Die für diesen Zweck insgesamt bewilligten Mittel liegen seit langem konstant zwischen zwei und drei Prozent der Jahresbewilligung. Von der Möglichkeit, mit Gastwissenschaftlern zusammenzuarbeiten, machen regelmäßig rund 90 Prozent aller Sonderforschungsbereiche Gebrauch. Im Jahre 1994 – dies sind die jüngsten verfügbaren Daten hierzu – haben sich insgesamt etwa 1100 Gastwissenschaftler an Sonderforschungsbereichen beteiligt (Kurzbesuche auswärtiger Wissenschaftler, die nur einige Tage dauern, sind hierbei nicht berücksichtigt). Regionale Anteile (einschließlich Gäste in mathematischen Sonderforschungsbereichen): Ost- und Mitteleuropa (35 Prozent; über mehrere Jahre gesehen: mit zunehmender Tendenz), Westeuropa einschließlich Israel (22 Prozent; ebenfalls mit zunehmender Tendenz), Asien (15 Prozent; gleichbleibend) und Nordamerika (15 Prozent; mit abnehmender Tendenz). Gastwissenschaftler arbeiteten durchschnittlich zwischen drei und vier Monate an einem Sonderforschungsbereich mit. Der weitaus größte fachliche Anteil entfiel auf die Naturwissenschaften (61 Prozent, einschließlich Mathematik; Mathematik allein: 15 Prozent), gefolgt von den Biowissenschaften (20 Prozent), den Ingenieurwissenschaften (12 Prozent) sowie den Geistes- und Gesellschaftswissenschaften (7 Prozent). Die Gäste des Jahres 1994 sind zu 38 Prozent einem C3-/C4- und zu 62 Prozent einem C1-/C2-Status (einschließlich wissenschaftlicher Mitarbeiter) zuzuordnen.

Ebenfalls rund 90 Prozent der Sonderforschungsbereiche unterhalten Kooperationsbeziehungen mit ausländischen Arbeitsgruppen. Diese erstrecken sich vor allem auf gemeinsame Untersuchungen, Publikationen, Experimente oder den Austausch von Methoden. Die meisten gemeinsamen Projekte entfielen 1994 auf die Zusammenarbeit mit Wissenschaftlern aus Westeuropa einschließlich Israel (50 Prozent) und den USA (29 Prozent). Die größten fachlichen Anteile nehmen hier – wie bei den Gastwissenschaftlern und auch hier zunächst nur den entsprechend größeren Anteil an geförderten Sonderforschungsbereichen abbildend – die Naturwissenschaften (44 Prozent) und die Biowissenschaften (37 Prozent) ein. Die durchschnittlich vom einzelnen Sonderforschungsbereich angegebene Zahl von Kooperationen mit ausländischen Kollegen ist von 1991 auf 1994 um rund 40 Prozent gestiegen, was (auch unter Berücksichtigung von Einflüssen der Umfrage selbst auf das Berichtsverhalten der Sonderforschungsbereiche) eine deutliche Zunahme der internationalen Kooperationsaktivität anzeigt.

Sonderforschungsbereiche sind als interdisziplinäre Förderungsform inzwischen auch selbst zum Exportartikel geworden. Sie sind das Modell für die in Österreich eingeführten „Spezialforschungsbereiche".

Das Jahr 2001, mit dem die Perspektive dieser Schrift endet, wird das Programm zur Förderung der Sonderforschungsbereiche am Beginn seines vierten Jahrzehnts sehen. Es gibt bei der DFG andere und ältere Förderungsverfahren mit besonderer Zielsetzung, aber keines von ihnen ist gleichermaßen wissenschaftlich wie wissenschaftspolitisch so sehr im Bewußtsein der Gemeinschaft der Forscher, der Hochschulen und anderer Forschungsstätten und auch der damit befaßten Bundes- und Landesressorts verankert wie diese Förderungsform, die der Wissenschaftsrat vor langer Zeit in einer gewissen Begriffsverlegenheit „Sonderforschungsbereiche" genannt hat, ein Synonym inzwischen für fachübergreifende Forschungskooperation schlechthin und ein exponierter Profilierungsfaktor der Hochschulen im Wettbewerb untereinander und infolgedessen ein Gegenstand anhaltender Nachfrage. Der vom Ortsprinzip der Förderung ausgehende Identifikationseffekt zwischen Hochschule und Sonderforschungsbereich ist in diesem Zusammenhang ein starkes, gar nicht zu überschätzendes Motiv. Seit der Geburt der zweiten Generation von Sonderforschungsbereichen Ende der siebziger Jahre wächst das Programm langsam, aber stetig. Die Phase starker Fluktuation um die Mitte der achtziger Jahre mit vielen Beendigungen und noch mehr Einrichtungen wiederholt sich in der zweiten Hälfte der neunziger Jahre mit einem deutlichen Überhang der Gründung neuer Sonderforschungsbereiche gegenüber den Beendigungen, gleitender Übergang also zur dritten Generation, wenn man die Metapher nicht zu wörtlich nimmt.

Eine quantitative Prognose für die nächsten Jahre ist mit Ungewißheiten behaftet. Sie ist überhaupt nur möglich, wenn man annimmt, daß die über lange Zeit konstanten Rahmenbedingungen erhalten bleiben. Der zur Zeit erkennbare politische Wille aller Beteiligten, insbesondere der Geldgeber, spricht für diese Annahme. Die Anzahl der Beendigungen von Sonderforschungsbereichen läßt sich wegen der Schwankungsbreite der Förderungszeit, die sich zwischen mindestens neun und höchstens 15 Jahren mit einer Konzentration bei 13/14 Jahren bewegt, nicht für das einzelne Jahr, wohl aber für den Perspektivzeitraum im ganzen mit bis zu 60 Sonderforschungsbereichen ziemlich genau vorhersagen. Eine Abschätzung der Anzahl neuer Sonderforschungsbereiche für den gleichen Zeitraum ist dagegen schwieriger. Geht man vom gegenwärtig herrschenden Zustrom der Gründungsinitiativen aus und legt man die langjährigen Erfahrungswerte aus den Ergebnissen der informellen Beratungsgespräche und der formellen Begutachtungen zugrunde, also die voraussichtliche Erfolgsquote nach diesen fachlichen und strukturellen Bewertungsstufen, so ist mit bis zu 120 neuen Sonderforschungsbereichen zu rechnen. Die Anzahl der im Jahre 2001 geförderten Sonderforschungsbereiche läge dann, nach Abzug der Beendigungen, bei 300. Im Vergleich mit den Anfang 1997 bestehenden 236 Sonderforschungsbereichen wäre dies eine Steigerung um etwa 60 Sonderforschungsbereiche.

Zu dieser möglichen Entwicklung sind einige kritische Fragen zu stellen. Die erste betrifft die Grundausstattung. Sie ist in den Hochschulen generell defizitär. Für jeden Sonderforschungsbereich müssen gleichwohl langfristige Anstrengungen unternommen werden, um angemessene Förderungsbedingungen herzustellen und zu erhalten. Dies geschieht fast immer auch mit Unterstützung zentraler Mittel des Landes. Man stützt sich dabei auf die Detailergebnisse der Begutachtung vor Ort. Universitäten, vor allem die großen unter ihnen, deren Forschungs- und Ideenpotential an sehr viele Sonderforschungsbereiche denken läßt, sehen sich aber immer häufiger an der Grenze ihrer materiellen Leistungsfähigkeit. Hier liegen zwar unerwünschte und bei grundsätzlich anderer Prioritätensetzung vermeidbare, aber dennoch reale Grenzen des Wachstums, deren hemmende Wirkung sich mit zunehmender Schwäche der öffentlichen Haushalte verschärfen wird. Es könnte sein, daß Wunsch und Wirklichkeit immer weniger zur Deckung zu bringen sind. Die DFG kann Grundausstattung nicht substituieren, bei Sonderforschungsbereichen schon wegen des hohen Anteils der Bundesmittel nicht, der gerade auf der Grundausstattungsseite besondere Eigenleistungen der Länder voraussetzt. Sie kann dieses Problem nur immer wieder ins allgemeine Bewußtsein rücken.

Eine zweite Frage verbindet sich mit dem anscheinend unbegrenzten Antragseifer und seiner Ausprägung in großer thematischer Vielfalt. Gibt es hier absehbare Grenzen, die sich neben materiellen Randbedingungen aus einer endlichen Zahl forschender Köpfe ergeben könnten? Offenbar nicht, jedenfalls nicht im Bereich fachübergreifender Forschungsziele. Auf den medizinisch-naturwissenschaftlichen und den technischen Forschungsfeldern ergeben sich immer neue synergetische Fragestellungen, die zugleich dem wissenschaftlichen Nachwuchs zum Ideenreservoir für weitere, eigene Forschungsvorstöße werden. Die prinzipielle Unerschöpflichkeit innovativer Ressourcen bei allem, was kombinatorisches Erkenntnisstreben hervorbringt, findet ihr inneres Maß deshalb nur in Fähigkeiten, Kompetition, Motivlagen, persönlichem Beispiel und ein äußeres Maß im verschärften Wettbewerb um begrenzte materielle Ressourcen, der auch die Sorge um den Nachwuchs einschließt. Man kann hier die weitere Frage anschließen, ob eine Perspektive von 300 Sonderforschungsbereichen im Jahre 2001 trotz dieser kreativen Vielfalt nicht auch eine Verpflichtung zur quantitativen Konzentration bedeutet, die zugleich den Exzellenzgedanken des Förderprogramms betont. Sonderforschungsbereiche sollen der Idee nach Auswahlförderung, nicht Regelförderung sein. Ihr Längenwachstum darf außerdem nicht auf Kosten des Tiefenwachstums gehen, mit anderen Worten, auch notwendige Strukturakzente und qualitative Verdichtungen des einzelnen Sonderforschungsbereichs wie beispielsweise Nachwuchsgruppen müssen sich ausreichend entwickeln können. Daraus ergeben sich Konsequenzen für eine zweckentsprechende Verteilung der jährlich verfügbaren Haushaltsmittel.

In den geistes- und gesellschaftswissenschaftlichen Disziplinen, die sich bisher vorzugsweise der Einzelförderung bedienten oder in institutioneller Form außerhalb der Universitäten zu verbinden suchten, hat eine Bewußtseinsveränderung begonnen. Sie läßt sich an einer wachsenden Zahl von Forschungsthemen ablesen, die zur Förderung als Sonderforschungsbereiche angemeldet werden, weil ihre fachliche Komplexität getrenntes Arbeiten nicht zuläßt und längerfristige Förderkontinuität erfordert, die ein Sonderforschungsbereich bietet. Themen dieser Art liegen seit langem in einer allgemeinen Erwartung, die sich bisher mit rituellen Formeln öffentlichen Bedauerns über die Abstinenz der Geistes- und Gesellschaftswissenschaften bei kooperativen Förderungsverfahren begnügen mußte. Die Prognose eines in den nächsten Jahren deutlich stärkeren Zugriffs dieser Disziplinen auf die großen Möglichkeiten von Sonderforschungsbereichen, vielleicht sogar in Kombination mit naturwissenschaftlichen oder technischen Fragestellungen, sollte jetzt kein Wagnis mehr sein. Sie gewinnt noch an Wahrscheinlichkeit durch einen zusätzlichen Strukturimpuls, der aus der Mitte der Forschenden und Lehrenden kommt und vom Senat der DFG am 30. Januar 1997 gebilligt worden ist: die Einrichtung von Sonderforschungsbereichen in Form von „Kulturwissenschaftlichen Forschungskollegs". In ihnen sollen sich bei im übrigen gleichen Förderbedingungen wie für Sonderforschungsbereiche konkrete Projektarbeit mit Elementen der forschungsbezogenen Lehre für den besonders begabten wissenschaftlichen Nachwuchs verbinden.

Für alle anwendungsnahen Fächer, aber auch für solche, bei deren Forschungsarbeiten zunächst nicht an Anwendungsmöglichkeiten gedacht wird, stellt sich seit je die Frage nach der Umsetzung von Forschungsergebnissen in die Praxis. Anwendungsfelder reichen von der industriellen Produktion über Methoden- und Verfahrensentwicklungen bis zum Bereich der Dienstleistungen. Dementsprechend kommen als Anwender von Forschungsergebnissen neben Industrieunternehmen auch Banken und Versicherungen ebenso wie Behörden, Kliniken oder auch die Hochschulen selbst in Betracht. Es gibt einen breiten Konsens darüber, daß der Transfer innovativer Ideen aus der Grundlagenforschung in die Anwendung, insbesondere in das Denken und Handeln der Industrie, unterentwickelt ist. Der herkömmliche Transfer vollzieht sich über den Wechsel von Personen zwischen Wissenschaft und Praxis, über Veröffentlichungen, über Auftragsforschung und ähnliche industriedominierte Forschungsformen, in geringerem – zu geringem – Umfang über die Patentierung und Vermarktung von Forschungsergebnissen, am wenigsten aber dort, wo er am wirksamsten sein kann: in Kooperationsprojekten zwischen Forschern und Anwendern als gleichberechtigten Partnern.

Die DFG hat sich deshalb entschlossen, die Umsetzung von Ergebnissen der von ihr geförderten Grundlagenforschung in industrielle Nutzung oder andere Anwendungsbereiche durch besondere Maßnahmen zu fördern. Sie sieht ihren Satzungsauftrag unverändert in der Förderung der alle Wissenschaftszweige umfassenden Grundlagenforschung. Aus den mit ihrer Unterstützung erzielten Grundlagenergebnissen ergibt sich aber auch die Verpflichtung, einen qualitativen Beitrag zum Transfer dieser Ergebnisse zu leisten, wenn Anwendungseignung offenkundig ist und ein Anwendungspartner zur Verfügung steht. Die in den neuen Ländern eingerichteten Innovationskollegs sind bereits ein erster Schritt in diese Richtung, weil sie neben anderen Zielen auch den projektbezogenen Brückenschlag zwischen Wissenschaft und Wirtschaft vorsehen. Unter den Förderungsmöglichkeiten der DFG fehlte aber bisher ein Angebot mit einer speziell auf den Innovationstransfer gerichteten Zielsetzung. Diese Lücke soll durch *„Transferbereiche"* (TFB) geschlossen werden. Die Förderung von Transferbereichen beginnt mit einer Pilot- und Erprobungsphase im Rahmen des Programms „Sonderforschungsbereiche". Die Ausdehnung auf andere Förderverfahren der DFG ist möglich.

Transferbereiche lassen sich zusammengefaßt wie folgt beschreiben: Gedacht ist an eine projektförmig konzipierte, sachlich und zeitlich definierte Kooperation zwischen Forschungsinstituten und Industrieunternehmen oder anderen Anwendern, die der Umsetzung von Ideen und Erkenntnissen der Grundlagenforschung in die Praxis dient. Transferbereiche arbeiten im vorwettbewerblichen Feld; ihre Arbeit endet mit dem Erreichen prototypischer Ergebnisse.

Transferbereiche stehen allen Wissenschaftsgebieten offen. Sie bauen auf Projekten der Grundlagenforschung auf, deren wissenschaftliche Qualität und Anwendungseignung nach Begutachtung und Förderung durch die DFG erwiesen sind. Solche Projekte können sich während der Laufzeit eines Sonderforschungsbereichs aus dem Verbund aller Projekte herauslösen und zu einem Transferbereich entwickeln, während der Sonderforschungsbereich im übrigen fortgesetzt wird. Eine andere Möglichkeit ist die Einrichtung eines Transferbereichs nach der Beendigung eines Sonderforschungsbereichs, soweit sich aus dem Projektverbund des Sonderforschungsbereichs anwendungsrelevante Erkenntnisse ergeben. An einem Projekt können mehrere Forschungsinstitute und Anwender beteiligt sein. Wie viele Projekte ein Transferbereich umfaßt, bleibt von Fall zu Fall variabel. Auch einzelne Projekte können in Form von Transferbereichen gefördert werden. „Transferbereich" meint also nicht eine bestimmte Zahl von Projekten, sondern steht begrifflich für die Idee des Innovationstransfers aus der Wissenschaft in die Anwendung.

Antragsteller ist die Hochschule, in der der Sonderforschungsbereich, aus dem die Transferprojekte erwachsen, angesiedelt ist oder war. Die DFG erwartet von jedem Kooperationspartner die Bereitstellung einer angemessenen Grundausstattung für die Projektdauer. Bewilligte Mittel gehen an die Hochschule. Der Anwender trägt die auf ihn entfallenden Projektkosten selbst; für ihn liegt der Anreiz im Transfer anwendungsreifer wissenschaftlicher Ideen. Es findet also keine Substitution notwendiger Eigenleistungen des Anwendungspartners aus öffentlichen Mitteln statt. Die Transferergebnisse sollen, unter Beachtung des speziellen Anwendungsinteresses des Partners, durch Rückfluß in die weitere Grundlagenforschung der beteiligten Hochschule und Veröffentlichung auch bei anderen potentiellen Anwendern Verbreitung finden.

Erste Bewilligungen sind mit Wirkung ab 1. Juli 1996 ausgesprochen worden. Es handelt sich um die Transferbereiche „Die Montage im flexiblen Produktionsbetrieb" (Stuttgart), „Montageautomatisierung durch Integration von Konstruktion und Planung" (TU München) und „Ortung und Führung von Vermessungsschiffen" (Stuttgart). Anwendungspartner sind überwiegend kleine und mittlere Unternehmen sowie, beim letztgenannten Transferbereich, Wasser- und Schiffahrtsämter. Die DFG strebt im Interesse eines breiten Erfahrungszuwachses gerade in der Pilotphase eine möglichst große Vielfalt der Anwendungspartner an.

Und noch eine Frage stellt sich. Das Konzept des Wissenschaftsrats zur Förderung von Sonderforschungsbereichen ist Mitte der sechziger Jahre entworfen und 1967 als Empfehlung an die DFG veröffentlicht worden. Aus der inzwischen großen zeitlichen Distanz kann man – wiederum mit Blick auf das Jahr 2001 – fragen, ob die Orte solcher Forschungskonzentration immer noch so unbestritten die Universitäten sein können und müssen, wie es damals der allgemeinen Überzeugung entsprach und wie es auch für die jahrzehntelange Wirklichkeit erfolgreicher Sonderforschungsbereiche, die ganz wesentlich Hochschulwirklichkeit ist, als selbstverständlicher Grundkonsens galt. Gilt er noch, dieser Konsens? Seit der erheblichen Ausdehnung der Zahl außeruniversitärer Forschungseinrichtungen in den neuen Ländern hat die Gesamtheit dieser Einrichtungen bei aller Heterogenität deutlich an Gewicht, auch an wissenschaftspolitischem Gewicht, gewonnen. Die Forschungslandschaft hat sich verändert. Die Hochschulen – von Studentenmillionen, Finanznöten und Kassandrarufen aus den eigenen Reihen bedrängt – haben Anlaß, sich auf ihre Stärken zu besinnen. Welche Rolle können die Sonderforschungsbereiche in dieser Entwicklung spielen?

Wissenschaftlich verstärkt sich schon jetzt die Kooperation über die Hochschulgrenzen hinaus, weil Forscher vor allem den fachlich kompetenten Partner suchen und weniger nach institutionellen Unterschieden fragen. Strukturell erhält der mit Sonderforschungsbereichen verknüpfte Verbundgedanke des Wissenschaftsrats neuen Auftrieb. Ein typisches Beispiel ist die überaus vielfältige Forschungsregion Berlin, in der immer mehr Sonderforschungsbereiche durch thematisch definierte Zusammenarbeit mehrerer Universitäten und anderer Forschungseinrichtungen gegründet werden. Der Forschungsverbund wird begünstigt, wenn Universitäten und außeruniversitäre Einrichtungen Hochschullehrer gemeinsam berufen. Besonders die Institute der Blauen Liste in den neuen Ländern sind außerdem bestrebt, Drittmittelprojekte in enger Zusammenarbeit mit Hochschulen zu beantragen und durchzuführen.

Stellen sich darüber hinaus prinzipielle Fragen? Irgendwelche Öffnungsbeschlüsse müssen nicht gefaßt werden, weil die Beteiligung außeruniversitärer Forschungseinrichtungen bereits im Gründungskonzept des Programms gewollt war und in großem Umfang verwirklicht worden ist. Solche Einrichtungen, zum Beispiel Max-Planck-Institute, Institute der Blauen Liste oder Forschungseinrichtungen der Helmholtz-Gemeinschaft werden im Rahmen von Sonderforschungsbereichen seit jeher wie Universitätsinstitute behandelt. Ihre Beteiligung, in freier Themenwahl aus dem Aufgabenbereich eines solchen Instituts und vorzugsweise unter der Leitung jüngerer Wissenschaftler und Wissenschaftlerinnen, hat sich immer wieder als großer Gewinn für die Gesamtleistung von Sonderforschungsbereichen erwiesen. Der finanzielle Anteil außeruniversitärer Forschungseinrichtungen an den Bewilligungen für Sonderforschungsbereiche liegt seit langem bei sieben Prozent pro Jahr, ein ungeplanter, gewachsener Wert, den man sich bei Berücksichtigung des zur Verfügung stehenden Forschungspotentials und entsprechender Finanzausstattung der DFG auch größer vorstellen kann. Die Anzahl beteiligter Institute ist in den letzten sechs Jahren und keineswegs nur durch Beiträge aus den neuen Ländern um etwa 60 Prozent gestiegen. Eine Grenze ist nur dort zu denken, wo das alleinige Antragsrecht der Universitäten durch einen unverhältnismäßig hohen nichtuniversitären Projektanteil im einzelnen Sonderforschungsbereich zur bloßen Formel würde. Hier sind Individualbetrachtung, Pragmatismus und Augenmaß aller Beteiligten gefragt.

Wer demgegenüber grundsätzliche Akzentverschiebungen weg vom Universitätscampus wollte und an Sonderforschungsbereiche dächte, der müßte widerlegen, daß die Hochschulen heute ihre besten Kräfte gerade in der Forschung entfalten und auf diesem Feld, fachweise und regional gewiß unterschiedlich, international in erfolgreichem Wettbewerb stehen. Sie werden diese Position aus ihrem eigenen Nachwuchsquell schöpfend auch langfristig halten, sofern ein politischer Wille sie stützt und solange die Gemeinschaft der Forschenden entschlossen bleibt, die ihr anvertrauten Mittel ausschließlich qualitätsgerecht zu vergeben. Sonderforschungsbereiche sind ein Teil dieses Willens, auch über die magische Zahl 2000 hinaus.

1.1.3.3 Förderung des wissenschaftlichen Nachwuchses

Die Aufgabendefinition in § 1 der Satzung der DFG schließt mit der Feststellung: „Der Förderung und Ausbildung des wissenschaftlichen Nachwuchses gilt ihre besondere Aufmerksamkeit."

Ursprünglich, 1952, aufgrund eines Monitums des Rechnungshofes zur Rechtfertigung der Vergabe von Habilitandenstipendien in die Satzung aufgenommen, hat sich dieser Satz zu einem Eckpfeiler der Arbeit der DFG entwickelt, was schon dadurch zum Ausdruck kommt, daß rund 58 Prozent der Fördermittel, alle Verfahren zusammengenommen, für die Vergütung von wissenschaftlichen Mitarbeitern in Projekten, sowohl Doktoranden als auch Postdoktoranden, sowie für Stipendiaten verwendet werden, 1996 1,14 Milliarden DM von insgesamt 1,963 Milliarden DM.

Stipendien sind das direkteste Instrument der Nachwuchsförderung. Nimmt man alle Stipendienprogramme (Forschungsstipendien, Postdoktoranden-Programm, Habilitandenstipendien, Heisenberg-Programm) zusammen, so bewilligt die DFG jährlich rund 2000 Stipendien an promovierte, zum Teil habilitierte junge Wissenschaftlerinnen und Wissenschaftler. Während Postdoktoranden- und Forschungsstipendien ganz überwiegend für Auslandsaufenthalte zur Erfahrensmehrung und als Schritt auf dem Weg zur wissenschaftlichen Eigenständigkeit genutzt werden, bleiben Heisenberg-Stipendiaten und vor allem geförderte Habilitanden überwiegend in Deutschland.

Doktorandenstipendien kennt die DFG erst seit 1990. Sie vergibt diese Stipendien allerdings nicht unmittelbar an die Doktoranden, sondern hat ihre Vergabe in die Verantwortung von Graduiertenkollegs gelegt, die als solche von der DFG gefördert werden (vgl. dazu Seite 51 ff.).

Von den Zahlen und vom aufgewendeten Finanzvolumen her stellt die Projektförderung in allen Verfahren der DFG den größten Bereich der Nachwuchsförderung dar. Etwa 12000 Stellen für wissenschaftliche Mitarbeiter werden überwiegend für Doktoranden, aber auch für Postdoktoranden finanziert. Diese Stellen für Projektmitarbeiter (ganze Stellen für Promovierte, grundsätzlich halbe Stellen für Doktoranden) werden in der Regel mit jüngeren Wissenschaftlerinnen und Wissenschaftlern besetzt. Der langjährige Trend vor allem in der Einzelprojektförderung, lediglich Mittel zur Beschäftigung von Doktoranden auch dann zu bewilligen, wenn Personalmittel für Promovierte beantragt waren, stößt in einer Reihe von Disziplinen auf zunehmende Skepsis und Kritik, vor allem dort, wo der deutsche Arbeitsmarkt Promovierte immer zögerlicher annimmt. In kooperativen Forschungsprojekten mit längerfristiger Perspektive hat sich die Finanzierung von Postdoktoranden-Stellen teilweise sehr gut bewährt. Dies ist für die Sonderforschungsbereiche nachgewiesen (vgl. Seite 38). Auch die kürzlich abgeschlossene Auswertung von Berichten aller Klinischen Forschergruppen zeigt, daß diese für aus dem Ausland zurückkehrende Stipendiaten gute Möglichkeiten bieten, ihre wissenschaftliche Karriere in einer hochqualifizierten Umgebung fortzusetzen, und daß zunächst von der DFG finanzierte „Rotationsstellen" zur Freistellung ärztlicher Mitarbeiter der Klinischen Forschergruppen von ihren Routineaufgaben in der Krankenversorgung sogar über ursprüngliche Zusagen hinaus von den Sitzländern der Gruppen übernommen werden, weil sie sich als Instrument zur Förderung des klinisch-wissenschaftlichen Nachwuchses in besonderer Weise bewähren.

Um wenigstens den besten dieser Rückkehrer die Möglichkeit zu geben, in Deutschland Arbeitsmöglichkeiten auf ihrem Gebiet zu erhalten, und um ihre Erfahrungen für neue wissenschaftliche Entwicklungen zu nutzen, hat die DFG 1997 das Förderinstrument „Nachwuchsgruppen in den Biowissenschaften" geschaffen. Das Besondere an dieser Förderung, die im Verfahren der Sonderforschungsbereiche bereits seit langem praktiziert wird (vgl. Seite 38), ist, daß der Nachwuchswissenschaftler, der das Forschungsvorhaben durchführen will, eine Personalstelle für sich selbst beantragen kann. Nach einer extrem scharfen Auslese unter den Anträgen (es sind in der Anfangsphase nur drei Bewilligungen pro Jahr möglich) eröffnet diese Förderung die Chance zum Aufbau einer eigenen Arbeitsgruppe für fünf Jahre. Dieses Instrument enthält aufgrund seiner begrenzten Zahl starke Elemente der Auszeichnung (vgl. Seite 55 f.).

1.1.3.3.1 Forschungsstipendien

Das Forschungsstipendium wird für ein umgrenztes Forschungsvorhaben, das nach Zielsetzung und Methode im Antrag beschrieben wurde, vergeben. Das Vorhaben kann auch so angelegt sein, daß es mit der Aneignung bestimmter neuer Methoden oder der Weiterbildung in einem auf diesem Gebiet anerkannten Institut, insbesondere auch im Ausland, verbunden ist. Die bislang zu diesem Zweck vergebenen besonderen Ausbildungsstipendien wurden durch Beschluß des Hauptausschusses im Oktober 1996 in die Forschungsstipendien integriert. Dadurch sollen Aus- und Weiterbildungsvorhaben den gleichen strengen Begutachtungsstandards wie Forschungsvorhaben unterworfen sein. Die beschlossene Vereinheitlichung der Stipendienförderung dient auch der Verfahrensvereinfachung. Die Laufzeit der Forschungsstipendien beträgt in der Regel zwei Jahre, mit Verlängerungsmöglichkeit für ein drittes Jahr im Ausnahmefall. 1996 wurden 803 Stipendien (einschließlich Ausbildungsstipendien) vergeben.

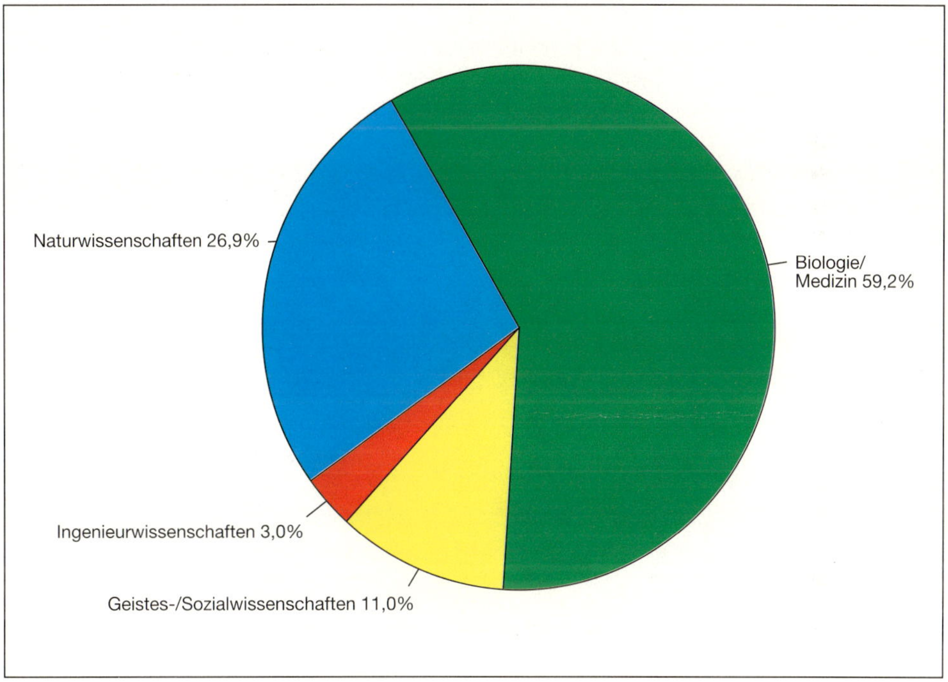

Graphik 3: Forschungs- und Ausbildungsstipendien 1996.

1.1.3.3.2 Postdoktoranden-Programm

In dem seit 1985 aus Sondermitteln des Bundes durchgeführten Programm werden junge Wissenschaftlerinnen und Wissenschaftler gefördert, die durch die Qualität ihrer Promotion als besonders befähigt ausgewiesen sind. Das Postdoktoranden-Stipendium soll ihnen ermöglichen, sich durch eine zeitlich begrenzte Mitarbeit in der Forschung auch für eine Tätigkeit außerhalb der Hochschule weiterzuqualifizieren. Leitgedanke des Programms ist mithin der Wissenstransfer in die Berufswelt. Daher können seit Anfang 1995 mit den Stipendien auch Forschungs- und Entwicklungsvorhaben in Industrie- und sonstigen Unternehmen durchgeführt werden. Die Bewerberinnen und Bewerber sollen bei Antragstellung das 30. Lebensjahr noch nicht vollendet haben. Erwartet wird von ihnen der Wille zur Mobilität, der sich insbesondere durch den Wunsch nach einem Auslandsaufenthalt dokumentiert. Habilitierte und Habilitanden können in dem Programm nicht gefördert werden. Die Stipendien sind auf zwei Jahre begrenzt; sie können um maximal ein Jahr verlängert werden.

Während zunächst nur die Hochschulen die Anträge stellen konnten, können seit 1996 die jungen Wissenschaftlerinnen und Wissenschaftler selbst die Postdoktoranden-Stipendien beantragen. Diese Umstellung erfolgte im Interesse einer bedarfsorientierten Durchführung des Programms und bringt den Grundsatz, daß jeder Wissenschaftler freien Zugang zu den Förderungsmöglichkeiten der DFG hat, besser zur Geltung. Durchschnittlich 26 Prozent der Anträge stammten von Frauen; der Anteil an den bewilligten Stipendien lag in der gleichen Höhe. Dem Ziel des Programms, sich insbesondere im Ausland weiterzuqualifizieren, trugen in den letzten fünf Jahren etwa 86 Prozent der Stipendiatinnen und Stipendiaten Rechnung. Dabei wählte der Großteil von ihnen eine Arbeitsgruppe in den USA aus. Die Verteilung auf die Wissenschaftsbereiche zeigt die folgende Graphik.

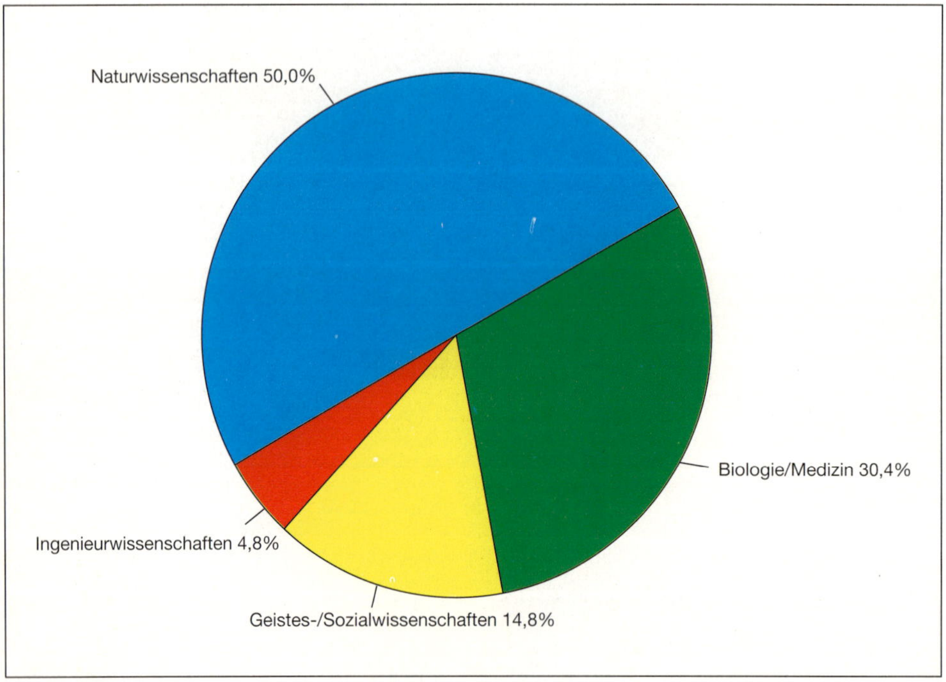

Graphik 4: Postdoktoranden-Programm.

Das Postdoktoranden-Programm findet nach wie vor großes Interesse. Die Zielsetzung, eine Weiterqualifizierung für eine außeruniversitäre Tätigkeit zu ermöglichen, wird geschätzt, so daß das Programm als Ergänzung des Spektrums personenbezogener Förderinstrumente weitergeführt, aber im Hinblick auf den Berufsübergang evaluiert werden sollte.

1.1.3.3.3 Habilitationsförderung

Im Hinblick auf den ab Mitte der 90er Jahre verstärkten Hochschullehrerbedarf sind der DFG erstmals 1991 Mittel des Zweiten Hochschulsonderprogramms beziehungsweise des Hochschulerneuerungsprogramms für eine zusätzliche Förderung des Hochschullehrernachwuchses zur Verfügung gestellt worden. An die Stelle der aus DFG-Mitteln finanzierten Habilitandenstipendien sind seitdem die – höher dotierten – Stipendien des „Programms zur Förderung von Habilitationen" getreten. Das Programm zielt darauf ab, die Zahl der Habilitationen deutlich zu vermehren und insbesondere Wissenschaftlerinnen zur Habilitation zu ermutigen, um eine Anhebung des Frauenanteils an den Hochschulen und anderen wissenschaftlichen Einrichtungen zu erreichen.

Um eine Förderung bewerben können sich Wissenschaftlerinnen und Wissenschaftler, die sich nach einer qualifizierten Promotion durch weitere selbständige wissenschaftliche Arbeiten ausgewiesen haben und die Habilitation im Rahmen der in der Regel zweijährigen, maximal dreijährigen Förderdauer anstreben. Die Abgrenzung zu den Forschungsstipendien liegt im Habilitationszweck, der in einer Befürwortung der betroffenen Fakultät beziehungsweise dem Fachbereich dokumentiert und auch von dem DFG-Gutachter explizit geprüft wird. Die Stipendien können bis zum Abschluß aller im Habilitationsverfahren notwendigen Arbeiten sowohl im In- wie auch im Ausland in Anspruch genom-

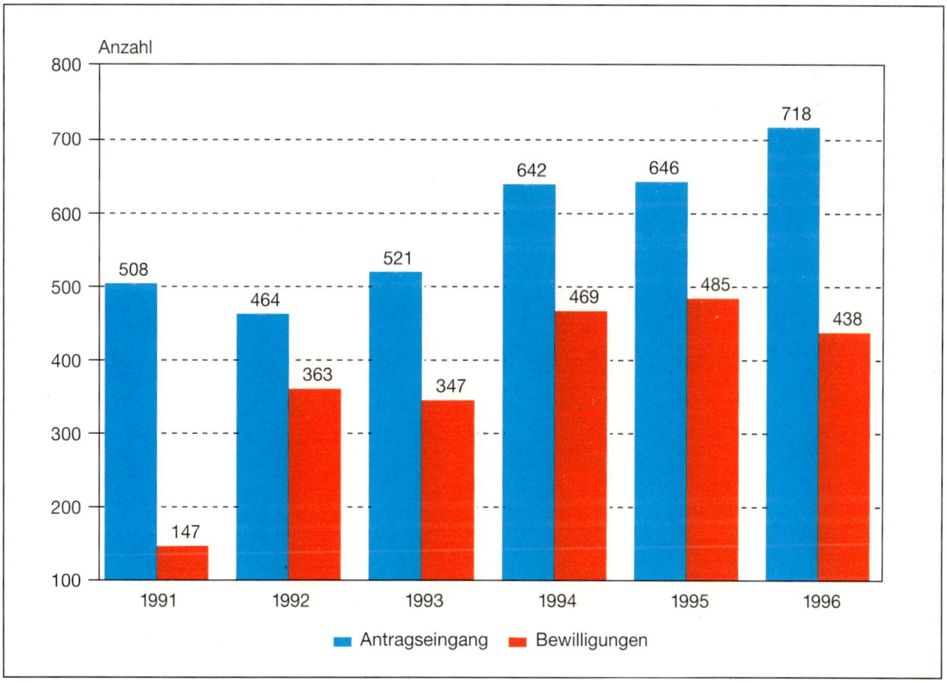

Graphik 5: Habilitationsstipendien – Trend.

men werden. Die für das Habilitationsprojekt erforderlichen Personal-, Sach- und Reisemittel können im Rahmen einer ergänzenden Sachbeihilfe bereitgestellt werden. Um insbesondere Wissenschaftlerinnen mit Kindern die Fortsetzung ihrer wissenschaftlichen Arbeit zu ermöglichen, können Teilstipendien gewährt werden. Ferner wird ein Zuschlag für die Kinderbetreuung gezahlt. Diese frauenspezifischen Modalitäten sind inzwischen auch in die anderen Stipendienprogramme übernommen worden.

Seit Beginn des Programms zur Förderung von Habilitationen im Sommer 1991 ist ein deutlich gestiegenes Interesse an der Habilitandenförderung der DFG festzustellen: Während in den Jahren 1988 bis 1990 durchschnittlich lediglich 148 Anträge pro Jahr auf ein Habilitandenstipendium (alter Art) eingereicht wurden, stieg der Antragseingang bereits 1991 auf mehr als das Dreifache an; die Entwicklung des Programms nach Antragseingang und ausgesprochenen Bewilligungen (Neu- und Fortsetzungsanträge) im Zeitraum 1991 bis 1996 ist in Graphik 5 dargestellt.

Die im Zeitraum 1991 bis 1996 geförderten Stipendiatinnen und Stipendiaten kommen zu 52,3 Prozent aus den Geistes- und Sozialwissenschaften, zu 19,3 Prozent aus den Biowissenschaften und der Medizin, zu 24,5 Prozent aus den Naturwissenschaften und zu 3,9 Prozent aus den Ingenieurwissenschaften und der Informatik. 31 Prozent der Stipendien im Jahr 1996 wurden Wissenschaftlerinnen bewilligt.

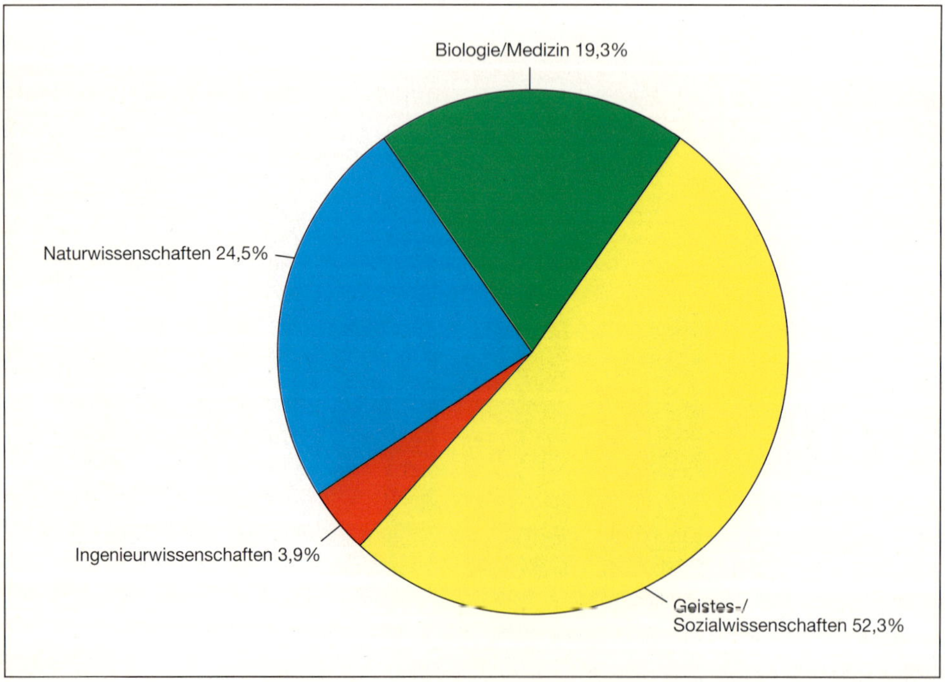

Graphik 6: Habilitationsstipendien nach Wissenschaftsbereichen.

Das Programm zur Förderung von Habilitationen ist bis zum Jahr 2000 befristet und wird ab 1997 degressiv auslaufen. Im Hinblick auf die anhaltende Nachfrage haben der Senat und der Hauptausschuß der DFG deshalb beschlossen, die Habilitandenförderung aus Mitteln der Allgemeinen Forschungsförderung fortzuführen, als ein exzellenzbezogenes Stipendienprogramm mit attraktiver Dotierung, die der derzeitigen Stipendienausstattung (3200 DM monatlich) entspricht, jedoch mit einer deutlich reduzierten Anzahl (etwa 200 Stipendien pro Jahr).

1.1.3.3.4 Graduiertenkollegs

Graduiertenkollegs eröffnen Doktorandinnen und Doktoranden die Möglichkeit, ihre Arbeit im Rahmen eines koordinierten, von mehreren Hochschullehrern getragenen Forschungsprogramms durchzuführen. Das zusätzliche Angebot eines systematisch angelegten Studienprogramms gewährleistet darüber hinaus eine fundierte Einführung in und ein breiteres Verständnis für den Wissenschaftszweig, in dem ihre Arbeit entsteht.

Das Instrument „Graduiertenkolleg" ist vom Wissenschaftsrat bewußt als Element der Reform der Promotionsphase vorgeschlagen worden. Darin, ebenso wie in der daraus sich ergebenden zusätzlichen Akzentuierung der Ausbildungskomponente, unterscheidet sich das Programm von anderen Fördermaßnahmen der DFG, die im wesentlichen auf die Forschungsförderung konzentriert sind.

In einem Graduiertenkolleg arbeiten in der Regel zehn bis 15 Hochschullehrer und 20 bis 25 Doktoranden, von denen etwas mehr als die Hälfte ein Graduiertenstipendium aus Mitteln der DFG erhält. Bei der Einrichtung eines Kollegs wird erwartet, daß

- sich eine Gruppe von sehr gut ausgewiesenen, in Lehre und Forschung engagierten Professoren mit einem kohärenten Forschungsprogramm zusammengefunden hat,
- innovative, häufig interdisziplinäre Forschungsfelder bearbeitet werden und
- ein Studienprogramm für die Doktoranden angeboten wird, das erkennbar über bisherige Aktivitäten der Doktorandenbetreuung hinausgeht.

Daran, daß ein Doktorand in üblicher Weise hauptverantwortlich von einem (einzigen) Hochschullehrer („Doktormutter/-vater") betreut wird, soll sich durch die Zugehörigkeit zu einem Graduiertenkolleg nichts ändern. Zahlreiche Kollegs haben allerdings mit Erfolg Modelle erprobt, in denen für jede Dissertation ein „Zweitbetreuer" aus dem Kreis der Hochschullehrer des Graduiertenkollegs benannt wird. Diese Betreuung soll aber ergänzt werden durch die Einbettung der Arbeit in ein übergreifendes Forschungsprogramm und die Teilnahme am Studienprogramm. Neben traditionellen Elementen wie dem Doktorandenkolloquium werden hier häufig auch neuartige Veranstaltungs- und Betreuungsformen angeboten, etwa spezielle Ringvorlesungen, gemeinsame Praktika, Blockseminare, Doktorandentagungen, Sommer- und Herbstschulen. In diese Veranstaltungen können auch Gastwissenschaftler einbezogen werden, denn den Kollegs stehen nicht nur Mittel für Stipendien zur Verfügung, sondern auch für die Einladung auswärtiger Wissenschaftler, Reisen der Stipendiaten, Verbrauchsmaterial sowie zur Veranstaltung von Tagungen, die oft von den Doktoranden selbst organisiert werden.

Ein Graduiertenkolleg wählt seine Doktoranden in eigener Verantwortung aus, im Rahmen einiger allgemeiner Vorgaben. Danach soll

- das grundständige Studium zügig durchgeführt und mit einem überdurchschnittlichen Ergebnis abgeschlossen worden sein,
- der besondere wissenschaftliche Wert der geplanten Doktorarbeit erkennbar und die Annahme als Doktorand erfolgt, das heißt ein Betreuer benannt sein,
- die Kandidatin beziehungsweise der Kandidat zur aktiven Mitarbeit im Kolleg bereit und
- in der Regel nicht älter als 28 Jahre sein.

Besondere Bedeutung mißt die DFG der bundesweiten Ausschreibung der Stipendien und der Beteiligung möglichst vieler Doktoranden bei, die von anderen Hochschulen kommen.

Die weitere Ausgestaltung des Auswahlverfahrens liegt ganz bei dem jeweiligen Kolleg. Das von den Hochschullehrern zuvor erarbeitete gemeinsame Forschungsprogramm wird letztlich erst durch die Festlegung der einzelnen Dissertationsprojekte implementiert.

Einem Graduiertenkolleg können auch einige Stipendien für Postdoktoranden bewilligt werden. Neben ihrer eigenen Forschungstätigkeit im Rahmen des Kollegs haben diese die Aufgabe, zusätzliche Betreuungsmöglichkeiten anzubieten, etwa die Organisation von Praktika, Vermittlung spezieller Methoden, Übernahme von Koordinationsaufgaben und indviduelle Beratung der Doktoranden.

Ein Graduiertenkolleg wird zunächst für drei Jahre eingerichtet und kann bei Bewährung für zwei weitere Förderungsperioden, insgesamt also für höchstens neun Jahre gefördert werden.

Bei der Einrichtung des Programms im Jahre 1990 hat sich die DFG klar dafür ausgesprochen, es als ein Exzellenzprogramm mit Modellcharakter aufzufassen. Sie hat sich deswegen auf eine obere Grenze von 300 Kollegs festgelegt, in denen etwa zehn Prozent der Doktoranden eines Jahrgangs als Stipendiaten oder Kollegiaten mitarbeiten. Dementsprechend selektiv waren von Anfang an die Förderentscheidungen: Von insgesamt fast 800 Einrichtungsanträgen wurde weniger als der Hälfte entsprochen, immerhin 32 Kollegs wurden bis 1997 vorzeitig beendet.

Graduiertenkollegs sind Einrichtungen der Hochschulen. Daher werden die Einrichtungs- und Finanzierungsanträge von den Hochschulen und den beteiligten Wissenschaftlern gemeinsam gestellt und über das Wissenschaftsministerium des Sitzlandes der DFG zugeleitet. Zur Begutachtung der Anträge hat sich ein differenziertes Verfahren entwickelt, das den Besonderheiten des Programms, also der Beurteilung eher von Konzepten als von Projekten sowie der erforderlichen Selektivität Rechnung trägt und den Begutachtungsaufwand in vertretbaren Grenzen hält. Bei der Beurteilung des Einrichtungsantrags ist die Notwendigkeit zur Auswahl am größten. Der Bewilligungsausschuß für die Graduiertenkollegs hat deswegen von Anfang an Begutachtungsformen favorisiert, die den Vergleich mehrerer fachlich benachbarter Initiativen ermöglichen, sei es durch Begutachtung vor Ort durch Gutachtergruppen, sei es durch vergleichende schriftliche Beurteilung mehrerer Anträge durch dieselben Gutachter. Nur wenn ein Vergleich mit anderen, zum gleichen Termin vorgelegten Einrichtungsanträgen nicht realisierbar ist oder nicht sinnvoll erscheint, wird ein Antrag individuell schriftlich begutachtet.

Der erste Fortsetzungsantrag wird in der Regel zwei Jahre, nachdem ein Kolleg seine Arbeit aufgenommen hat, begutachtet. Die Begutachtung erfolgt im Rahmen eines Kolloquiums am Ort des Graduiertenkollegs. Die Gutachter haben so Gelegenheit, sich ein Bild von der Arbeit des Kollegs, den Doktoranden und der dort herrschenden Atmosphäre zu machen und im Gespräch sowohl auf Fehlentwicklungen hinzuweisen als auch verallgemeinerbare Innovationen aufzugreifen. Über 200 Kollegs sind auf diese Weise bis 1996 evaluiert worden. Die Begutachtung des zweiten und letzten Fortsetzungantrags wird schriftlich durchgeführt.

Das Ergebnis der Begutachtung wird dem Bewilligungsausschuß für die Graduiertenkollegs zugeleitet, der die Förderentscheidung trifft. Ihm gehören 28 wissenschaftliche Mitglieder aus allen Disziplinen sowie Vertreter von Bund und Ländern an. Die durchschnittliche Bewilligung je Graduiertenkolleg beträgt 420 000 DM jährlich.

Sieben Jahre nach dem Start des Programms arbeiteten 1997 mehr als 6 000 Doktorandinnen und Doktoranden in 295 Kollegs an ihrer Promotion, davon über 3 500 durch ein Stipendium der DFG geförderte. Neben den oben geschilderten Begutachtungen wurden zur begleitenden Bewertung des Programms regionale und überregionale Kolloquien nur mit Stipendiaten und Diskussionsveranstaltungen mit Sprechern von Graduiertenkollegs durchgeführt.

Die Ergebnisse von zirka 100 Einzelevaluationen von Kollegs lagen der Stellungnahme des Wissenschaftsrats zur Weiterführung des Programms „Graduiertenkollegs" vom 20. Mai 1994 zugrunde. Danach sieht der Wissenschaftsrat die ursprünglich an die Graduiertenkollegs gerichteten Erwartungen weitgehend bestätigt, hinsichtlich der Nachfrage nach Graduiertenkollegs aus den Hochschulen, wie sie in nahzu 800 Einrichtungsanträgen seit 1990 zum Ausdruck kommt, sogar übertroffen. Durch das strenge Auswahlverfahren, sowohl bei der Entscheidung über die Einrichtungsanträge als auch bei der Aufnahme von Kollegiaten, entsteht mit dem Kolleg eine für die Hochschule neue Forschungs- und Ausbildungseinrichtung, in der als Forscher besonders ausgewiesene und engagierte Hochschullehrer mit besonders qualifizierten Doktoranden zusammentreffen. Daraus ergibt sich eine ungewöhnliche wissenschaftliche Lebendigkeit vieler Kollegs, die sich nicht nur in Arbeiten von überdurchschnittlich hoher Qualität, sondern auch in einem wissenschaftlich stimulierenden Klima ausdrückt, wie von den Gutachtern bei den Berichtskolloquien festgestellt wurde.

Aber nicht nur die angestrebte wissenschaftliche Intensivierung der Promotionsphase wird, wie der Wissenschaftsrat festgestellt hat, in den Graduiertenkollegs erreicht, sondern auch die erhoffte zeitliche Straffung. Lag das mittlere Alter von Doktoranden zum Zeitpunkt der Promotion nach Angaben des Statistischen Bundesamtes 1992 bei 31,8 Jahren, betrug der entsprechende Wert in Graduiertenkollegs 29,9 Jahre. Die Promotionsdauer liegt mit einem Mittelwert von 3,6 Jahren in den Graduiertenkollegs deutlich unter den Vergleichswerten in allen Fächern. Auch die Abschlußquoten in Graduiertenkollegs liegen infolge der intensiven Betreuung höher als in anderen Formen der Promotionsförderung. Weit mehr als die Hälfte der Stipendiaten in Graduiertenkollegs hat die Promotion bei Förderungsende, das heißt in der Regel innerhalb von drei Jahren, erreicht. Die übrigen promovieren nach Einschätzung der Kollegs innerhalb des vierten Jahres, also alsbald nach ihrem Ausscheiden aus dem Kolleg.

Nach der Empfehlung des Wissenschaftsrats zur Fortführung des Programms „Graduiertenkollegs" von 1994 haben sich Bund und Länder im Herbst 1995 darauf verständigt, die gemeinsame Finanzierung dieses Programms fortzusetzen. Der jetzt noch geltende Finanzierungsschlüssel von 65 Prozent Bund und 35 Prozent Länder soll ab 1999 durch einen Schlüssel von 50 Prozent : 50 Prozent abgelöst werden. Die von der DFG stets vorgeschlagene Zielgröße von 300 Kollegs für das Programm – der Wissenschaftsrat hatte eine Zielgröße von 1000 Kollegs vorgeschlagen – wurde akzeptiert. Um einen erneuten Antragsstopp zu vermeiden – erst 1999 laufen Kollegs in größerer Zahl nach neunjähriger Laufzeit aus –, kann die Zahl der Kollegs kurzfristig sogar auf zirka 330 ansteigen, um dann – bei konstanter Erneuerungsrate – bei 300 zu bleiben.

Die Mitte 1997 geförderten 296 Graduiertenkollegs verteilen sich zu jeweils rund einem Drittel auf die Geistes- und Sozialwissenschaften sowie die Naturwissenschaften, während ein Viertel den Biowissenschaften und ein Sechstel den Ingenieurwissenschaften zuzurechnen sind (vgl. Graphik 7).

Die für Graduiertenkollegs typische Arbeitsweise in der Promotionsphase wird sich tendenziell auch außerhalb der Kollegs in der Doktorandenbetreuung allmählich auswirken. Wie der Wissenschaftsrat festgestellt hat, hat es den Anschein, als wirkten die Kollegs in ihren Fachbereichen als Vorbild, Anreger und Katalysatoren für eine verbesserte Betreuung der Doktoranden, die nicht einem Kolleg angehören. Dies hängt damit zusammen, daß die Graduiertenkollegs über die Doktoranden, die, ohne ein Graduiertenstipendium der DFG zu erhalten, an Kollegs mitwirken, aber auch über die Diplomandenbetreuung durch Kollegiaten mit ihrem Hochschulumfeld eng verbunden sind. Diese Entwicklung dürfte durch die Empfehlungen des Wissenschaftsrats vom Mai 1995 zur „Neu-

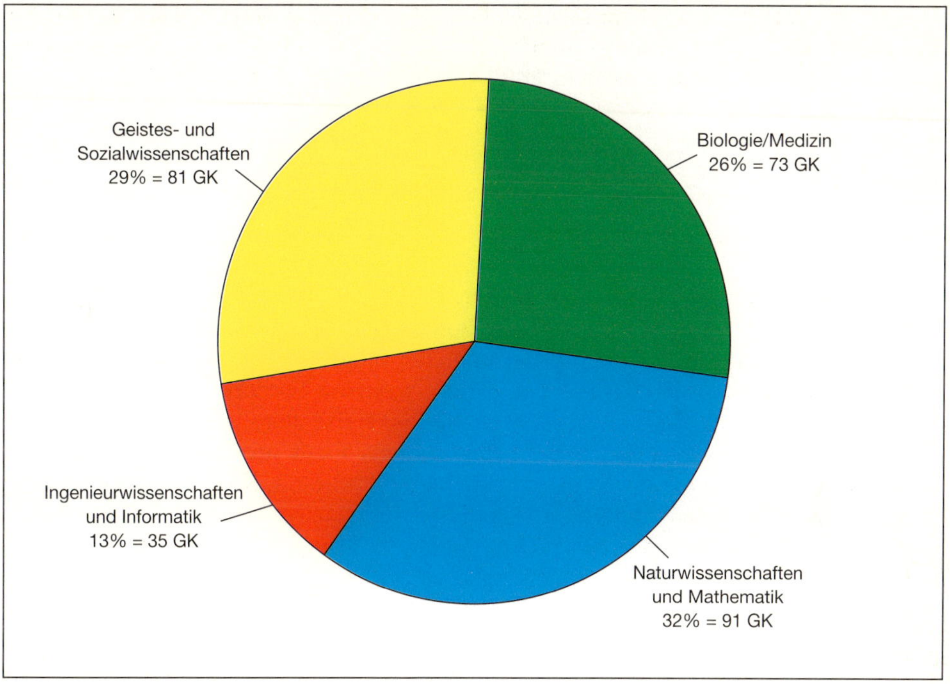

Graphik 7: Aufteilung der Kollegs nach Wissenschaftsbereichen.

strukturierung der Doktorandenausbildung und -förderung" sowie die Empfehlungen der Hochschulrektorenkonferenz zum Promotionsstudium vom 9. Juli 1996 noch weiter verstärkt werden.

Auch im internationalen Vergleich gibt es einen beachtlichen Trend zu mehr „course work" in der Promotionsphase bis hin zu institutionalisierten Formen des Promotionsstudiums: etwa die „écoles doctorales" in Frankreich, die „onderzoekscholen" in den Niederlanden sowie in Belgien und in den skandinavischen Ländern schaffen ähnliche, allerdings netzwerkartig auf mehrere Orte verteilte Strukturen. Eine internationale Verflechtung sollte angestrebt werden, wofür eine Standardisierung der Kurse und Abschlüsse und deren gegenseitige Anerkennung hilfreich wäre.

1.1.3.4 Auszeichnungen für herausragende Forschungsleistungen

Der Überblick über die Aufgaben der DFG wäre unvollständig ohne einen Blick auf die Programme zur Förderung wissenschaftlicher Spitzenleistungen, das Gottfried Wilhelm Leibniz-Programm, das Gerhard Hess-Programm und das Heisenberg-Programm. Gemeinsam ist allen drei Programmen, daß in strengem Wettbewerb herausragende Qualifikation belohnt wird, sei es – wie im Heisenberg-Programm durch eine angemessene Absicherung des Lebensunterhalts, sei es durch die Gewährung von Mitteln zur Durchführung von Forschung; denn nur dazu können Gottfried Wilhelm Leibniz-Preise und Gerhard Hess-Preise, insofern anders als die meisten wissenschaftlichen Preise, verwendet werden. Hier gehen das Element der Auszeichnung durch Preise und die Förderungselemente eine Synthese ein, die stimulierend für die Ausgezeichneten und für die Forschung wirkt.

1.1.3.4.1 Heisenberg-Programm

Das älteste unter den Programmen zur Förderung von Exzellenz, das Heisenberg-Programm, das 1977 aufgrund von Empfehlungen des Wissenschaftsrats als Programm zur Sicherung des habilitierten wissenschaftlichen Nachwuchses über eine Periode stark eingeschränkter Berufungsmöglichkeiten in den Universitäten ab Ende der 70er Jahre konzipiert wurde, hat sich rasch in Richtung auf hohe Auslesewirkung und Sichtbarkeit entwickelt, weil die Förderkriterien seit Anbeginn darauf angelegt waren, nur wissenschaftliche Exzellenz gelten zu lassen. So ist die Bewilligung eines Heisenberg-Stipendiums nicht nur eine außergewöhnliche Chance, für fünf Jahre in großer Freiheit eigene Forschungsideen verwirklichen zu können, sondern auch ein Qualitätsausweis, der bei Berufungen viel wiegt. Seit 1978 sind rund 1200 Stipendien bewilligt worden. Mehr als 70 Prozent der Heisenberg-Stipendiaten konnten vor Ablauf der Förderung ihre Stipendien zurückgeben, in der Regel, weil sie eine Professur erhalten haben. Bis Ende 1996 haben 236 Stipendiaten eine C4-Stelle und 357 Stipendiaten eine C3-Stelle erreicht.

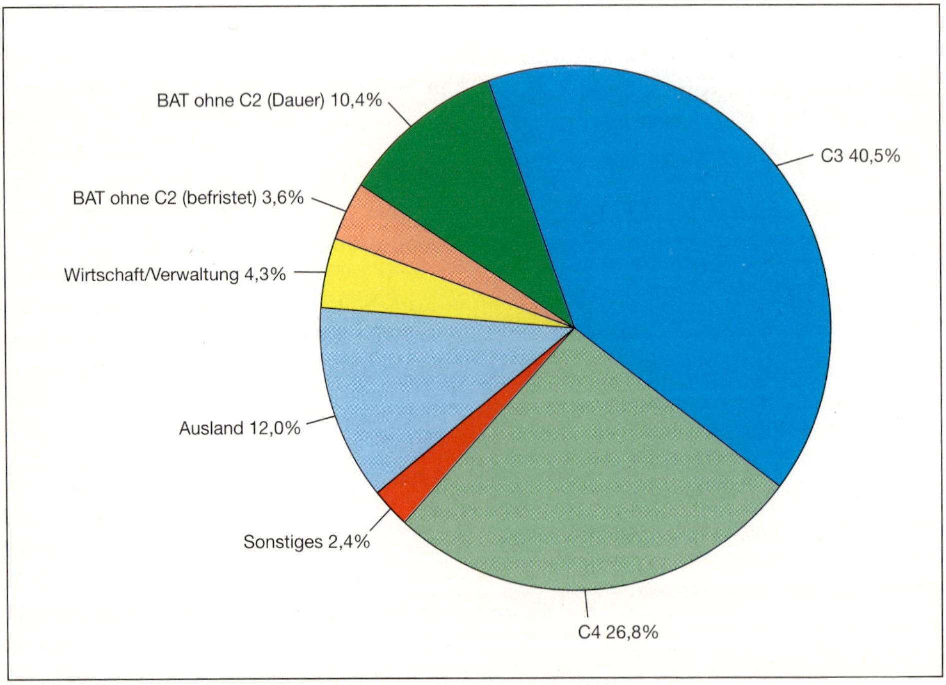

Graphik 8: Berufliche Situation der Heisenberg-Stipendiaten nach Ende beziehungsweise Rückgabe des Stipendiums.

Dies zeigt, daß die Zielsetzung des Heisenberg-Programms erfüllt wurde. Es besteht aber nach wie vor Bedarf. Seit 1991 hat sich die Zahl der Habilitationen – nicht zuletzt aufgrund der gezielten Förderung durch das Hochschulerneuerungsprogramm und das Hochschulsonderprogramm II – deutlich erhöht, von rund 1100 im Jahr 1990 auf rund 1530 im Jahr 1995. Parallel zu diesem Anstieg nahmen auch die Bewerbungen um ein Heisenberg-Stipendium von rund 130 auf 230 zu. Die Sonderentwicklung in den neuen Bundesländern hat zwar die Zahl der vorzeitigen Stipendienrückgaben ansteigen lassen, den Anstieg der Bewerbungszahlen jedoch allenfalls verlangsamt. Trotz eines Anziehens bei der Bewertung der Exzellenzkriterien durch den Heisenberg-Ausschuß seit 1993 stieg die Zahl der bewilligten Stipendien von 74 im Jahr 1991 auf 99 im Jahr 1996.

Verfolgt man die Antragszahlen und die Rufe in den einzelnen Fächern über die Jahre hinweg, wird offenkundig, daß sich die Nachfrage nach einer Übergangsfinanzierung auf seiten des qualifizierten wissenschaftlichen Nachwuchses und das Interesse der wissenschaftlichen Institutionen, die angebotenen Stellen mit qualifizierten Kräften besetzen zu können, immer wieder in seinen Schwerpunkten verschiebt und natürlich nicht immer miteinander korreliert ist. Die Prognosen zum zukünftigen Stellenangebot in einzelnen Fächern sind deshalb mit großen Unsicherheiten belastet. Deshalb ist die DFG von der Notwendigkeit überzeugt, den hochqualifizierten Nachwuchswissenschaftlern eine Struktur bieten zu müssen, die sie gerade in einer entscheidenden Phase ihrer wissenschaftlichen Entwicklung von zufälligen Konjunkturtälern im Stellenangebot einzelner Fächer unabhängig macht. Das Heisenberg-Programm ist somit von einem Überbrückungsprogramm zu einem dauerhaften Qualitätssicherungsprogramm für den Hochschullehrernachwuchs geworden. Senat und Hauptausschuß haben daher beschlossen, das Heisenberg-Programm, für das ab 1998 die Mittel des Hochschulsonderprogramms III planmäßig reduziert werden, aus Mitteln der Allgemeinen Forschungsförderung fortzuführen. Dabei sind etwa 80 Stipendien pro Jahr vorgesehen. Die Stipendien sollen in gleicher Weise wie bisher ausgestattet sein.

1.1.3.4.2 Gottfried Wilhelm Leibniz-Programm

Seit 1986 wird der Gottfried Wilhelm Leibniz-Förderpreis von der DFG verliehen. Voraussetzung für die Einbeziehung in das Auswahlverfahren ist eine Nominierung durch Dritte. Der Leibniz-Preis, mit bis zu drei Millionen DM für fünf Jahre dotiert, gewährt den Empfängern große Freiheit in der Verwirklichung ihrer wissenschaftlichen Pläne. Wichtigstes Kriterium für die Zuerkennung ist neben dem Nachweis herausragender schon erbrachter wissenschaftlicher Leistungen die begründete Erwartung, daß die auch im internationalen Vergleich außergewöhnliche Förderung eine weitere Phase noch gesteigerter wissenschaftlicher Leistungen und Produktivität initiiert. So versucht das Auswahlgremium, vor allem solche Preisträgerinnen und Preisträger auszuwählen, die sich, ohne im strengen Sinne noch zum wissenschaftlichen Nachwuchs zu zählen, durch ein besonders großes Entwicklungspotential auszeichnen. Ein Indikator für den Erfolg der Auswahl ist, daß den meisten jüngeren deutschen Nobelpreisträgern der letzten Jahre zuvor der Leibniz-Preis verliehen worden war. Als Erfolg des Gottfried Wilhelm Leibniz-Programms ist auch zu werten, daß es inzwischen in europäischen Nachbarländern unter den Namen Wittgenstein (in Österreich) und Spinoza (in den Niederlanden) „Geschwister" bekommen hat. Die DFG hat sich gemeinsam mit europäischen Partnerorganisationen auch dafür eingesetzt, daß ein derartiger Preis auf europäischer Ebene unter dem Namen René Decartes geschaffen wird.

Seit dem Beginn dieses Programms im Jahre 1986 sind bis 1997 139 Preise an einzelne Wissenschaftler oder Wissenschaftlergruppen aus allen Wissenschaftsbereichen verliehen worden, zehn davon an Wissenschaftlerinnen. Die Preise verteilen sich wie folgt auf die vier großen Wissenschaftsbereiche:

Geistes- und Sozialwissenschaften	30 Preise
Biologie und Medizin	37 Preise
Naturwissenschaften	51 Preise
Ingenieurwissenschaften/Informatik	21 Preise

Diese Zahlen zeigen, daß es gelungen ist, unter Anlegung gleich hoher Qualitätskriterien alle Wissenschaftsbereiche in einem ausgewogenen Verhältnis zu fördern.

Alle im Gottfried Wilhelm Leibniz-Programm geförderten Wissenschaftlerinnen und Wissenschaftler loben die Freiheit des Mitteleinsatzes in diesem Programm. Die Möglichkeit, die Mittel den jeweiligen Erfordernissen des Forschungsvorhabens entsprechend – ohne ein förmliches Verfahren – rasch und flexibel einsetzen und, falls erforderlich, auch kurzfristig umdisponieren zu können, fördere die Arbeit außerordentlich.

Das Gottfried Wilhelm Leibniz-Programm war ursprünglich nur für fünf Jahre eingerichtet worden. Durch Beschlüsse der Bund-Länder-Kommission für Bildungsplanung und Forschungsförderung aus den Jahren 1990 und 1995 wurde das Programm um jeweils fünf Jahre (derzeit also bis zum Jahr 2000) verlängert. Angesichts des Erfolgs des Leibniz-Programms wird eine weitere Verlängerung angestrebt. Voraussetzung dafür ist allerdings, daß weiterhin Sondermittel für dieses Programm bereitgestellt werden. Wenn auch in Zukunft zehn Preise pro Jahr verliehen werden sollen, muß das Programm im bisherigen Umfang mit 30 Millionen DM jährlich ausgestattet bleiben.

1.1.3.4.3 Gerhard Hess-Programm

In diesem Programm versucht die DFG seit 1988, herausragende wissenschaftliche Leistungen, die in besonders jungen Jahren erbracht wurden, auszuzeichnen. Ziel ist es, Nachwuchswissenschaftlerinnen und Nachwuchswissenschaftlern, die nicht älter als 33 Jahre sein sollen, zu ermöglichen, durch eine Förderungszusage für fünf Jahre abgesichert, eine eigene Arbeitsgruppe aufzubauen. Das Gerhard Hess-Programm ist nach dem Vorbild der Einzelprojektförderung als

Antragsverfahren mit regulärer Begutachtung konzipiert. Durch die Begrenzung der möglichen Bewilligungen auf grundsätzlich maximal zehn pro Jahr und die Ausgestaltung als Wettbewerb (jährliche Ausschreibung, Entscheidung über alle Anträge zum gleichen Zeitpunkt) ist diesem Programm, in dem von 1988 bis 1997 insgesamt 81 Nachwuchswissenschaftlerinnen und Nachwuchswissenschaftler gefördert werden, im Laufe der Jahre mehr und mehr der Charakter einer wissenschaftlichen Auszeichnung („Gerhard Hess-Preis") zugewachsen. Dies eröffnet der DFG die Möglichkeit, die so geförderten Forschungsarbeiten auch einer breiteren Öffentlichkeit vorzustellen.

1.1.3.5 Förderung der Infrastruktur

Die Förderung von Forschern und Forschungsvorhaben bedarf in vielen Bereichen der Ergänzung durch Maßnahmen zur Verbesserung der Forschungsinfrastruktur. Die DFG unterstützt dies durch zentral koordinierte Förderungsmaßnahmen für

- Großgeräte und Rechenanlagen,
- Wissenschaftliche Bibliotheken und
- Hilfseinrichtungen der Forschung.

1.1.3.5.1 Großgeräte und Rechenanlagen

Das Wort „Apparate" stand 1920 an der Spitze einer Aufzählung von notleidenden Bereichen der Forschung, mit der das Reichsministerium des Inneren zum ersten Mal eine Zuwendung in Höhe von 20 Millionen Mark „zur Förderung der von der Notgemeinschaft für die deutsche Wissenschaft verfolgten Zwecke" begründete. Eine leistungsfähige apparative Ausstattung ist für weite Bereiche der naturwissenschaftlichen und ingenieurwissenschaftlichen Spitzenforschung heute wie damals lebenswichtig.

Was die Finanzierung der Geräteausstattung der Hochschulen betrifft, ist eine Aufteilung der Verantwortung zu beachten:

In erster Linie ist die (Grund-)Ausstattung der Hochschulen mit Geräten Aufgabe der Bundesländer, wobei sich der Bund allerdings nach Hochschulbauförderungsgesetz (HBFG) mit 50 Prozent an den Beschaffungskosten von Großgeräten beteiligt. Dies sind Geräte, die bis zum 31. Dezember 1996 mehr als 150 000 DM kosteten. Seit dem 1. Januar 1997 ist diese sogenannte „Bagatellgrenze" auf 250 000 DM angehoben worden.

Aus Mitteln der DFG können demgegenüber nur die Geräte (unabhängig von der Höhe ihrer Beschaffungskosten) finanziert werden, die für die Durchführung bestimmter Forschungsprojekte notwendig sind. Die Aufteilung der Verantwortung und Zuständigkeit hat sich in der Vergangenheit im großen und ganzen bewährt. Seit etwa 1994 beginnt das Bild sich jedoch einzutrüben. Defizite in der Ausstattung entstehen.

Anlaß zur Sorge gibt vor allem der deutliche Rückgang der Großgeräteinvestitionen im Finanzierungsverfahren nach dem HBFG wegen seiner langfristig negativen Auswirkungen auf die Ausstattung der Hochschulen. So ist das von den Ländern in diesem Verfahren angemeldete Gesamtvolumen seit 1991, als es sich auf 1,345 Milliarden DM belief, kontinuierlich gesunken: Im Jahr 1996 wurden nur noch 1511 Großgeräte für 765 Millionen DM angemeldet. Die Anhebung der „Bagatellgrenze" auf 250000 DM hat dieser Entwicklung zusätzliche Dynamik verliehen. Mit der Investitionszurückhaltung der öffentlichen Hand im Hochschulbereich korrespondiert eine deutliche Zurückhaltung bei apparativen Investitionen auch in den industriellen Forschungslabors. Die Hochschulforschung hatte sich bisher häufig der in diesen Labors stehenden modernen Spezialgeräte bedienen können. Werden auch diese Möglichkeiten reduziert, verschärft sich die Mangelsituation der Hochschulforschung zusätzlich und bedroht ihre Konkurrenzfähigkeit gegenüber außeruniversitären Forschungseinrichtungen und im internationalen Wettbewerb.

Großgeräte

Ein Teil der Problematik entsteht auch durch die technische und finanzielle Dynamik in der Geräteentwicklung selbst. Neu entwickelte Geräte sind in der Regel nicht nur leistungsfähiger, sondern auch teurer als ihre Vorgänger. Die rechtzeitige Planung von Investitionen wird also zunehmend wichtiger. Dies gilt sowohl in finanzieller als auch in organisatorischer Hinsicht. Wenn die Beschaffungskosten über einer Million DM liegen, wird man ein solches Hochleistungsgerät in der Regel nicht mehr nur einer Arbeitsgruppe zur Verfügung stellen können, sondern muß neue Organisationsformen der gemeinsamen Nutzung finden, die es gestatten, sowohl Kreativität und Spontanität als auch die erforderliche Koordinierung mehrerer Nutzer zu gewährleisten.

Bei wichtigen, aber kostspieligen Geräte-Neuentwicklungen muß der wachsenden Investitionszurückhaltung einerseits und der steigenden Komplexität und den höheren Kosten der Geräte andererseits durch besondere Förderaktivitäten begegnet werden. Die Deutsche Forschungsgemeinschaft hat aus diesem Grund in den letzten Jahren auf Anregung ihres Apparateausschusses mehrfach in Form einer Ausschreibung zu Anträgen auf solche Hochleistungsgeräte aufgefordert und die nach sorgfältiger Begutachtung und Auswahl bewilligten Geräte mit der Auflage gemeinsamer Nutzung durch mehrere Arbeitsgruppen versehen. Dabei handelt es sich um die zur Zeit leistungsfähigsten Kernresonanzspektrometer, Elektronenspektrometer und höchstauflösende Photoelektronenspektrometer. Um den auch ökonomisch rationellen Einsatz dieser Geräte zu gewährleisten, sind künftig zu ihrer Betreuung zunehmend Inhaber von längerfristigen Zeit- oder Dauerstellen einzusetzen. Die dadurch entstehenden Verpflichtungen übersteigen aber zusammen mit den beträchtlichen technischen Unterhaltskosten für solche Geräte in vielen Fällen schon jetzt die Möglichkeiten von Institutsetats in Universitäten. Die Folgekosten müssen daher von allen Beteiligten bereits bei der Beschaffungsentscheidung mitbedacht werden.

Aus Mitteln der Deutschen Forschungsgemeinschaft wurden im Jahr 1996 136 Anträge auf Großgeräte im Werte von 22,3 Millionen DM bewilligt. 189

Anträge im Wert von 43 Millionen DM konnten nicht bewilligt werden. Sowohl der um das 15- bis 20fach größere finanzielle Umfang der Geräteanmeldungen im HBFG-Verfahren als auch das Verbot, aus Mitteln der DFG Grundausstattung zu finanzieren, schließen angesichts dieser Zahlen eine Kompensation des zurückgehenden HBFG-Verfahrens durch stärkere Förderung aus Mitteln der DFG aus.

Im folgenden werden einige schon jetzt erkennbare künftige Entwicklungslinien bei Großgeräten angesprochen.

Die zukünftige Entwicklung in den Ingenieurwissenschaften wird gekennzeichnet durch zunehmende Miniaturisierung, verstärkte Digitalisierung, durch Multifunktionalität und Multisensorik, das heißt eine wachsende Geräteintelligenz mit zunehmendem Softwareanteil sowie höheren Auflösungen und Genauigkeiten bei der Analyse, aber auch bei der Modellierung und Simulation. Besondere Aufmerksamkeit wird der Gewinnung und Verwaltung von Informationen und der Pflege des Informationsflusses zu widmen sein, dies besonders im Hinblick auf arbeitsteilige Prozesse und die Gleichzeitigkeit von Verfahrensschritten (simultaneous engineering).

In den Naturwissenschaften wird die Massenspektrometrie mit den neuen Ionisierungstechniken, wie matrixassistierter Laserdesorptionsionisation (MALDI), Elektrospray (ESI) oder Atmospheric-Pressure-Ionisation (API), neue Anwendungsfelder in Biochemie und Biologie finden. Flugzeit-Massenspektroskopie und hochauflösende Fourier-Transform-Massenspektroskopie werden künftig verstärkt die Sequenzierung von Peptiden, Proteinen und Nukleinsäuren vorantreiben. In der Röntgendiffraktometrie wird die Entwicklung moderner Flächenzähler beziehungsweise ortsempfindlicher Detektoren den Einsatz der Pulver- und Einkristalldiffraktometer revolutionieren. Insbesondere durch die drastische Reduktion der Meßzeiten können labile Moleküle und Festkörper künftig besser untersucht werden.

Wichtig werden Geräte zur Oberflächenanalytik sowie zur Herstellung qualitativ hochwertiger Materialien, zur Strukturierung von Festkörpern in atomaren Dimensionen sowie Lasersysteme für hochauflösende Spektroskopie und Echtzeitbeobachtungen von elektronischen Zuständen. Im Bereich der Kernresonanzspektroskopie (NMR) hält der Trend zu höheren Magnetfeldern und damit zu größerem Auflösungsvermögen an. Durch die Entwicklung der mehrdimensionalen Multiquantenspektroskopie wird die Bedeutung der Festkörper-NMR in Biophysik und Materialforschung stark steigen. Die neuen W-Band-Spektrometer (96Ghz) für Elektronenspinresonanzspektroskopie werden in Festkörperphysik, Physikalischer Chemie und Biophysik breiter eingesetzt. Für die Geräte der Höchstfeld-NMR und -ESR kann angesichts der Kosten je Gerät eine flächendeckende Versorgung nicht mehr in Betracht kommen. In den biochemisch und molekularbiologisch orientierten Instituten wird ein starker Zuwachs bei Geräten zur Sequenzbestimmung (DNA-Sequenzer, Proteinsequenzer, Amminosäureanalysatoren) sowie zur Synthese (DNA-Synthesizer, Proteinsynthesizer) erwartet. Bei sinkenden Anschaffungskosten verdrängen solche Automaten rasch die manuell zu bedienenden Geräte. Ein ähnlicher Trend ist bei den Imaging-Systemen zu verzeichnen, die die qualitative und quantitative Auswertung von vielen biochemischen Untersuchungen deutlich erleichtern.

In der Biologie werden Schwerpunkte bei Elektronenmikroskopen, lichtmikroskopischen Meß- und Bildanalysesystemen, Aufzuchtkammern mit vollständig regelbaren Außenbedingungen (Fermenter, Mikrokosmen, Pflanzenwuchskammern) und chemisch-analytischen Instrumenten liegen. In der operativen Medizin wird es in den kommenden Jahren zur Weiterentwicklung von Roboter- und Navigationssystemen und deren vermehrtem klinischem Einsatz kommen. Auf dem Gebiet der Diagnostik wird sich der Trend zu nichtinvasiven Untersuchungsmethoden mittels neuer Technologien fortsetzen. Andererseits werden mit der Entwicklung neuer intelligenter Mikrobiosensoren kontinuierliche In-vivo-Analysesysteme auf den Markt kommen. In der Anästhesie und Notfallmedizin ist für Ausbildungszwecke der Einsatz von mit elektronischen Systemen und Sensoren hochinstallierten Trainingspuppen zu erwarten. In der Anästhesie ist mit der Entwicklung neuer umweltschonender Narkosegase oder -methoden zu rechnen, die neue Applikations- oder Verwertungssysteme notwendig machen. Im Bereich der klinischen Chemie wird die Automatisierung der Probenverarbeitung perfektioniert werden.

Die Entwicklung grundsätzlich neuer bildgebender Verfahren hat eine gewisse Konsolidierung erreicht. Aufmerksamkeit verdient der Einsatz der Magnetresonanztomographie (MRT) unter Zuhilfenahme weiterer signalliefernder Atomkerne (Xenon/Helium). Die Untersuchungszeiten der MRT werden weiter verkürzt und die Bildauflösung wird gesteigert werden. Der Bedarf an konventionellen Röntgengeräten wird zurückgehen zugunsten von Sonographiegeräten. Die klassischen Röntgenanlagen werden auf digitale Technik umgestellt werden. Das ermöglicht eine Verknüpfung mit EDV-gestützten Organisationssystemen.

Rechenanlagen

Die Struktur der Rechnerversorgung an den Hochschulen ist von der Kommission für Rechenanlagen der Deutschen Forschungsgemeinschaft in den letzten Jahrzehnten maßgeblich beeinflußt worden. Zunächst geschah dies über ein eigenes Rechenanlagenprogramm der DFG, danach über Begutachtungen und Beratungen im HBFG-Verfahren. Seit 1980 gibt die Kommission alle vier Jahre Empfehlungen „Zur Ausstattung der Hochschulen der Bundesrepublik Deutschland mit Datenverarbeitungskapazität" heraus. In der letzten Empfehlung aus dem Jahr 1995 mit dem Titel „Informationsverarbeitung und Rechner für Hochschulen 1996–2000" wurden Konzepte für die Versorgung aller Bereiche der Hochschulen mit Rechnern entwickelt sowie der dazu erforderliche Finanzbedarf abgeschätzt. Erstmals im Jahr 1987 hat die Kommission ein Memorandum zur Bedeutung der elektronischen Kommunikationsnetze an den Hochschulen verfaßt und anschließend in den zitierten Empfehlungen deren Ausbau angemahnt. In ihrer jüngsten Stellungnahme aus dem Jahr 1997 macht die Kommission auf die Notwendigkeit aufmerksam, dem Ausbau der inneruniversitären Kommunikationsnetze größere Aufmerksamkeit zu widmen.

Die von der Kommission angeregte Ausstattung der Hochschulen mit Computern für die Lehre (CIP-Programm) und mit Arbeitsplatzrechnern für die Wissenschaftler (WAP-Programm) soll auch künftig als wesentlicher Teil der DV-Versorgung der Hochschulen erhalten bleiben. Bei Universitäten und Technischen Hochschulen wird allerdings die Finanzierung der CIP-Anträge nach Erhöhung der Bagatellgrenze im HBFG-Verfahren im wesentlichen aus Mitteln der Grundausstattung finanziert werden müssen. Generell sollen nach Auffassung der Kommission die für den wissenschaftlichen Bereich zur Verfügung stehenden Finanzmittel zu einem Viertel zentral und zu drei Vierteln dezentral in den Instituten investiert werden.

Hinsichtlich der weiteren Entwicklung läßt sich folgendes sagen: Die immer engere Verschmelzung von Rechentechnik und Kommunikationstechnik eröffnet neue Einsatzbereiche, wie etwa die interaktive Problemlösung mittels visualisierter Prozeß- und Ergebnisdarstellung. Als Resultat dieser Fortschritte ergeben sich für die Informations- und Datenverarbeitung immer neue Anwendungsfelder. Von zentraler Bedeutung für die Entwicklung der Informationstechnologie werden künftig die elektronischen Kommunikationsnetze sein.

Die Silicium-Halbleitertechnik ist weiterhin die Basis der Prozessor- und Speichertechnik. Die Entwicklung der letzten Jahre – jeweils Verdoppelung von Geschwindigkeit und Speicherkapazität in weniger als zwei Jahren – wird mittelfristig anhalten. Zur Zeit können bis zu zehn Millionen Transistoren pro Chip realisiert werden, in vier Jahren werden es voraussichtlich etwa 50 Millionen sein. Gleichzeitig sollten sich die Taktfrequenzen von derzeit 300 MHz bis auf 1 GHz steigern lassen. Bis zum Jahr 2001 werden Hauptspeicherbausteine, die derzeit von 1 Mbit bis 16 Mbit verfügbar sind, einen Speicherplatz von 256 Mbit haben. Die Entwicklung der Arbeitsplatz-Rechner ist geprägt durch die wachsende Leistung der Mikroprozessoren. Deren derzeitige Spitzenleistung von zirka 500 Millionen komplexen Operationen pro Sekunde könnte bis zum Jahr 2001 den Wert von einer Milliarde komplexer Operationen pro Sekunde überschreiten.

Eine neue Qualität des Höchstleistungsrechnens wird durch die kommenden massiv parallelen Systeme erreicht werden, in denen leistungsfähige Knotenrechner durch Kommunikationsprozessoren in einem Verbindungsnetz zunehmender Bandbreite und Flexibilität verbunden werden. Die Leistung dieser Systeme wird voraussichtlich schon 1999 1 000 Milliarden Operationen pro Sekunde erreichen. Eine intensive Nutzung dieser Architekturen entwickelt sich allerdings zögernd. Die effiziente Programmierung ist schwierig, und es zeichnet sich noch kein allgemein akzeptiertes Programmier-Paradigma für Systeme mit verteiltem Speicher ab.

Die Übertragungstechnik für hohe Bandbreiten wird derzeit durch Lichtwellenleiter geprägt. Weitere Fortschritte sind sowohl hinsichtlich der Übertragungsraten (bis zu 10 Gbit/s) als auch der Verstärkerabstände (mehrere 100 km) zu erwarten. Im Nahbereich werden sich wahrscheinlich Kunststoffasern für den kostengünstigen Anschluß einzelner Endeinrichtungen etablieren.

Hochgeschwindigkeitsnetze ab 100 Mbit/s werden die Campus-Versorgung übernehmen, aber auch vereinzelt bereits auf Bereichsebene zur Vernetzung von Compute-Servern und Workstations mit Hochleistungsgraphik dienen. Campusübergreifend zeichnen sich Hochgeschwindigkeitsnetze mit 155 Mbit/s beziehungsweise 622 Mbit/s Verkehrsleistung ab. Prototypische Netze mit 1,2 Gbit/s sind bereits in Erprobung.

Zusammenfassend ist festzuhalten:

- Die dezentral in Form von PCs, Workstations, Mehrprozessorsystemen und kleinen Parallelrechnern verfügbare Rechenkapazität wächst auch im Planungszeitraum unvermindert weiter.
- Im Zusammenspiel von Hardware und Software ist die Skalierbarkeit von Rechnern von zentraler Bedeutung. Der Benutzer soll bei gegebener Bedienoberfläche ohne Probleme zwischen Arbeitsplatzrechner und Superrechner wechseln können, da nur so das mehrschichtige Versorgungssystem effizient genutzt werden kann.
- Basis eines abgestuften mehrschichtigen Versorgungssystems ist eine leistungsfähige Vernetzung.
- Neue Anwendungsformen wie interaktive Bearbeitung mit Online-Visualisierung, Multimediakommunikation, verteilte Verarbeitung oder rechnerunterstützte Teamarbeit gewinnen zunehmend an Bedeutung.
- Bei Betriebs-, Anwendungs- und Management-Software setzen sich zunehmend standardisierte Produkte durch, die offene heterogene Systeme unterstützen.

Ein Großteil des Leistungszuwachses der letzten Jahre ist nicht der Rechenleistung zugute gekommen, sondern hat das Zusammenwirken von Mensch und Maschine verbessert. Das war eine notwendige Voraussetzung für die breite Akzeptanz der Informationsverarbeitungstechniken. Dieser Trend wird anhalten. Die Akzeptanz des Rechners als Arbeitsmittel nimmt in allen Wissenschaftsbereichen zu. Dabei ebnen sich allmählich Unterschiede in der Ausstattung der Fächer bei Systemen am Arbeitsplatz ein.

Die Geschäftsstelle der DFG nutzt diese Erkenntnisse dankbar für ihren internen und – zunehmend – externen Kommunikationsbedarf.

1.1.3.5.2 Bibliotheksförderung

Die Zuständigkeiten für die wissenschaftlichen Bibliotheken sind entsprechend der föderalistischen Struktur der Bundesrepublik geteilt. Die von den Trägern unterstützten Dienstleistungen der Bibliotheken konzentrieren sich auf deren primäre Aufgaben: etwa die Informations- und Literaturversorgung der eigenen Hochschule oder Forschungseinrichtung oder die Versorgung einer Kommune mit wissenschaftlichen Informationen. Darüber hinausgehende überregionale Aufgaben liegen nicht primär in ihrem Blickfeld. In dieser durch unterschiedliche Zuständigkeiten und bestimmte Aufgabenstellungen geprägten Bibliothekslandschaft hat es sich die Deutsche Forschungsgemeinschaft zur Aufgabe gemacht, zur Entwicklung des wissenschaftlichen Bibliothekswesens unter überregionalen

Gesichtspunkten beizutragen, indem sie Gemeinschaftsunternehmen der Bibliotheken, Einrichtungen und Dienstleistungen von zentraler Bedeutung oder Modellversuche mit dem Ziel technischer und organisatorischer Innovation fördert. Mit den Förderungsmaßnahmen sollen strukturbildende Effekte erzielt werden, sei es für das Forschungsprofil einer Universität mit der Einrichtung von Sondersammelgebieten in den neuen Bundesländern, die Organisation eines kooperativen Großunternehmens wie die Verzeichnung von im deutschen Sprachbereich erschienenen Drucken des 17. Jahrhunderts oder die Einrichtung von Kompetenzzentren im Zusammenhang mit dem Aufbau einer verteilten digitalen Forschungsbibliothek.

Allerdings beschränkt sich die Bibliotheksförderung der DFG nicht allein auf die finanzielle Unterstützung der Vorhaben. Die überregionale Aufgabenstellung erfordert auch Zielvorgaben für angestrebte Entwicklungen. Derartige Planungsaufgaben finden ihren Niederschlag in Empfehlungen, Gutachten und Arbeitspapieren, die sich sowohl nach außen – wenn sie bestimmte Entwicklungen anstoßen oder beschleunigen wollen – als auch nach innen – wenn Entwicklungen durch eigene Förderungsprogramme initiiert oder gestützt werden sollen – richten.

Wissenschaftliche Kommunikation und Publikation wandeln sich bekanntlich rapide. Es zeichnen sich grundlegende Strukturveränderungen ab, ohne daß die Auswirkungen im einzelnen bereits abzusehen sind. Für die wissenschaftlichen Bibliotheken wird es darauf ankommen, ihre Serviceangebote den neuen Anforderungen effizient anzupassen. Die DFG hat auf diese Veränderungen bereits mit Empfehlungen[1] sowie mit einer Initiative zu einer gemeinsam von Bund, Ländern und ihr selbst zu tragenden Verbundförderung reagiert[2]. Schwerpunkte der Bibliotheksförderung werden in den nächsten Jahren vor allem sein:

- Ausbau von Sammlungen und Dienstleistungen bei Sondersammelgebietsbibliotheken in den alten und neuen Ländern,
- Elektronische Publikationen im Literatur- und Informationsangebot wissenschaftlicher Bibliotheken, verbunden mit neuen benutzungsorientierten Serviceleistungen,
- Digitalisierung von Bibliotheksbeständen und deren Bereitstellung über Datennetze sowie
- EDV-gestützte Dokumentlieferung für Wissenschaft und Forschung.

---

[1] Deutsche Forschungsgemeinschaft „Dokumentlieferung für Wissenschaft und Forschung. Perspektiven zur weiteren Entwicklung." In: „Zeitschrift für Bibliothekswesen und Bibliographie", 41 (1994), Heft 4 – Deutsche Forschungsgemeinschaft „Elektronische Publikationen im Literatur- und Informationsangebot wissenschaftlicher Bibliotheken." In: „Zeitschrift für Bibliothekswesen und Bibliographie", 42 (1995), Heft 5.

[2] Deutsche Forschungsgemeinschaft „Neue Informations-Infrastrukturen für Forschung und Lehre. Empfehlungen des Bibliotheksausschusses und der Kommission für Rechenanlagen." In: „Zeitschrift für Bibliothekswesen und Bibliographie", 43 (1996), Heft 2.

Diese Schwerpunkte der Bibliotheksförderung lassen sich in bestimmte Förderungskomplexe einordnen:

- Weiterentwicklung des Systems der überregionalen Literaturversorgung (Sondersammelgebiete an Universalbibliotheken, Spezialbibliotheken),
- Maßnahmen zur Bestandserhaltung,
- Verteilte digitale Forschungsbibliothek,
- Auf- und Ausbau universeller Gesamtkataloge einschließlich Normdateien,
- Erschließung alter und wertvoller Bestände.

Hierfür sind Förderungsmittel für die Erwerbung von Literatur und die Finanzierung von Personalstellen, in geringerem Umfang auch für die Beschaffung von Geräten und für Reisen erforderlich.

Wie die Entwicklung der Ausleihzahlen zeigt, steigt der Literaturbedarf von Wissenschaft und Forschung weiterhin an. Das für die überregionale Literaturversorgung aufgebaute System (Zentrale Fachbibliotheken, deren Finanzierung durch Bund und Länder nach Art. 91b GG erfolgt, von der DFG getragene Sondersammelgebiete an Universalbibliotheken, Spezialbibliotheken) umfaßt definierte Sammelschwerpunkte für Fächer und Regionen, daneben Nachweisinstrumente und Verfahren des Zugriffs auf die betreffenden Bestände. Es hat die Aufgabe, einen möglichst hohen Anteil hochspezieller in- und ausländischer Literatur, die von anderen Bibliotheken in der Bundesrepublik in diesem Umfang nicht gesammelt wird, für die Forschung zur Verfügung zu stellen. Der Weiterentwicklung dieser „Schwerpunktbibliotheken" kommt heute um so größere Bedeutung zu, als die Etats vieler wissenschaftlicher Bibliotheken stagnieren oder rückläufig sind und zahlreiche Abbestellungen wissenschaftlicher Zeitschriften sowie die Reduzierung des Monographienkaufs erzwingen. Die Möglichkeiten des Rückgriffs auf zentrale Ressourcen werden damit immer wichtiger.

Das Sondersammelgebietsprogramm erfüllt im wesentlichen Aufgaben der überregionalen Versorgung der Geistes-, Rechts- und Sozialwissenschaften sowie der Biologie und der Geowissenschaften. Wissenschaftliche Bibliotheken der neuen Bundesländer werden in das Programm einbezogen. Bei der Berechnung der notwendigen Aufwendungen, die sich in der Hauptsache auf Sachmittel für die Erwerbung von Literatur beziehen, sind die Faktoren Produktionszuwachs, Preissteigerungen und Wechselkursentwicklungen zu berücksichtigen. Außer der umfassenden Erwerbung der Neuerscheinungen (Zeitschriften, Monographien, Mikroformen) sind weiterhin ältere Quellenliteratur und einschlägige CD-ROMs durch Sondersammelgebietsbibliotheken zu beschaffen. Für die Bibliotheken der neuen Bundesländer zusätzlich einzuplanen sind Mittel für Lückenergänzungen sowie für Personalstellen als Starthilfen.

Auch wenn der Anteil digitaler Medien zunehmen wird, ist für den Planungszeitraum nicht davon auszugehen, daß papiergebundene Medien stark zurückgehen. Dies gilt insbesondere für die Geistes-, Rechts- und Sozialwissenschaften, auf die sich der Sondersammelgebietsplan im wesentlichen bezieht. Allerdings werden die Schwerpunktbibliotheken sich intensiv mit der Vermittlung und Bereitstellung elektronischer Medien auseinandersetzen müssen. Entsprechende Projekte sollen mit DFG-Mitteln gefördert werden.

Leistungsfähige hauptsächlich geisteswissenschaftliche Spezialbibliotheken werden von der DFG unter dem Gesichtspunkt gefördert, daß sie überregionale Funktionen anstelle von Sondersammelgebieten wahrnehmen und für bestimmte Fachgebiete beziehungsweise Literaturkategorien ergänzende Aufgaben zu den Sondersammelgebieten erfüllen (zum Beispiel Beschaffung nichtkonventioneller Materialien) oder als Arbeitsinstrumente der Forschung eine herausragende Bedeutung besitzen. Hierfür sind insbesondere Sachmittel zur Literaturerwerbung vorzusehen.

Durch säurehaltiges Papier sind viele Millionen Bände in Bibliotheken vom Zerfall bedroht. Seit diese Gefahr in den frühen 80er Jahren in ihrem Ausmaß erkannt wurde, sind in vielen Industrieländern Anstrengungen unternommen worden, um Quellenbestände und Sekundärliteratur auf dauerhafte Träger, insbesondere Mikrofilm, zu überführen.

Um in der Bundesrepublik entsprechende Aktivitäten zu ermöglichen, hat die Deutsche Forschungsgemeinschaft 1993 ein Förderprogramm für bestandserhaltende Maßnahmen in Bibliotheken entwickelt. Dabei stand zunächst der Aufbau einer Infrastruktur im Vordergrund (zum Beispiel international kompatible Nachweissysteme für Verfilmungen, bibliographische Erfassungsformate). Die vorbereitenden Maßnahmen sind weitgehend abgeschlossen. Förderungsschwerpunkte der DFG bei der Bestandserhaltung, wofür insbesondere Sachmittel, zum Teil auch Personalmittel erforderlich sind, werden im Planungszeitraum in den folgenden Bereichen liegen:

- Maßnahmen zur Sicherung, das heißt Verfilmung oder Entsäuerung ausgewählter Bestände unter Gesichtspunkten der überregionalen Literaturversorgung,
- Weiterentwicklung neuer technischer Bestandserhaltungsverfahren für Bibliotheksmaterialien,
- Verbindung der Bestandserhaltungsmaßnahmen mit dem Aufbau digitaler Bibliotheken.

Neue Entwicklungen in der Informations- und Kommunikationstechnik führen zu weitreichenden Veränderungen wissenschaftlicher Kommunikation und Publikation. In wachsendem Maße werden internationale Wissenschaftsnetze zum Austausch von Informationen, Forschungsdaten und Arbeitsergebnissen genutzt. Dokumentserver halten weltweit immer mehr Informationen vor. Wissenschaftliche Publikationen erscheinen zunehmend in elektronischer Form und sind über Netze zugänglich. Gleichzeitig werden gedruckte, in der Regel urheberrechtsfreie Texte in elektronische Form überführt und so digital zur Verfügung gestellt.

Die wissenschaftlichen Bibliotheken stehen vor der Aufgabe, die neuen Medien- und Informationsangebote in ihr Servicespektrum aufzunehmen. Die

DFG mißt dieser Entwicklung große Bedeutung zu. Sie hat deshalb ihre Förderungsprogramme erweitert und in einem eigenen Förderungsbereich „Verteilte Digitale Forschungsbibliothek" zusammengefaßt.

Hiervon dient das Förderungsprogramm „Modernisierung und Rationalisierung" der gezielten Förderung innovativer technischer und organisatorischer Verfahrenslösungen zum Einsatz von Datenverarbeitungs-, Kommunikations- und Publikationstechniken in wissenschaftlichen Bibliotheken. Es unterstützt besonders die rasche Umsetzung von neuen Forschungsergebnissen der Informationswissenschaften und der Informatik zugunsten von Aufgabenstellungen der wissenschaftlichen Bibliotheken.

Das zweite, 1996 entwickelte Programm „Elektronische Publikationen im Literatur- und Informationsangebot wissenschaftlicher Bibliotheken" trägt der starken Zunahme elektronischer Publikationen im Netz oder auf Datenträgern Rechnung. Die in den einzelnen Fächern mit unterschiedlicher Dynamik voranschreitende Entwicklung stellt neue Anforderungen an wissenschaftliche Bibliotheken, die Lösungswege in Zusammenarbeit mit anderen Informationsanbietern (Rechenzentren, Fachbereichen, Verlagen) finden müssen. Ziel dieser Initiative der DFG ist es, die Integration elektronischer Publikationen in das Servicespektrum wissenschaftlicher Bibliotheken zu unterstützen und strukturbildende Maßnahmen anzustoßen. Hierfür vorzusehen sind vorwiegend Personalmittel.

Das dritte Förderungsprogramm bezieht sich auf die „Retrospektive Digitalisierung von Bibliotheksbeständen". Angesichts der großen Materialmengen und der erforderlichen erheblichen Finanzmittel ist eine gezielte Bestandsauswahl unumgänglich. Bibliothekare und Wissenschaftler müssen Auswahlkriterien für die Entscheidung erarbeiten, welche Bestände vorrangig digitalisiert und bereitgestellt werden sollen. Die Versorgung einzelner Wissenschaftsgebiete mit wichtiger Forschungsliteratur, Quellen und Textsammlungen bedeutender Autoren wird dabei ebenso wichtig sein wie die Sicherung kulturhistorisch herausragender Dokumente. Ein Beitrag zu dieser Entwicklung ist insbesondere durch die Bereitstellung von Sach- und Personalmitteln zu leisten.

Der gesamte Förderbereich „Verteilte Digitale Forschungsbibliothek" hat mit dem Fachgebiet Informatik eine enge Zusammenarbeit vereinbart. Realisiert werden konnte die Integration anwendungsorientierter bibliothekarischer Projekte in das Schwerpunktprogramm „Verteilte Verarbeitung und Vermittlung digitaler Dokumente". Ziel ist es, diese Kooperation auszubauen. Zusätzliche Bedeutung kommt dem Förderbereich darüber hinaus durch die Förderinitiative der Europäischen Union „Telematikanwendungen in besonderen Einsatzbereichen" zu, in der internationale bibliothekarische Kooperationsprojekte mit dem Schwerpunkt innovativer Informationstechniken unterstützt werden. Eine erfolgreiche Beteiligung von Bibliotheken an internationalen Vorhaben ist oft nur mit paralleler nationaler Förderung von Entwicklungsprojekten möglich. Hier sind verstärkt Initiativen erforderlich.

Das dezentral organisierte Bibliothekswesen in der Bundesrepublik setzt zentrale Nachweisinstrumente voraus, um die Ermittlung gesuchter Literatur zu erleichtern. Die DFG unterstützt deshalb kooperative überregionale Katalogunternehmen und bibliothekarische Normdateien. Diese vorwiegend Personalmittel umfassende Förderung soll fortgesetzt werden. Dies gilt für die Zeitschriftendatenbank, eine Reihe von Normdateien sowie den Verbundkatalog maschinenlesbarer Monographiendaten. Die Unterstützung der DFG wird sich künftig vornehmlich auf die Fortentwicklung und Adaption der Instrumente an veränderte Anforderungen beziehen.

Die Forschung, insbesondere in den Geisteswissenschaften, ist in hohem Maße auf historische Quellen- und Literaturbestände angewiesen. Hierzu ist die bibliographische Erschließung der einschlägigen Sammlungen nach modernen Anforderungen und einheitlichen Qualitätsmaßstäben notwendig. Entsprechende Förderungsprogramme bestehen für die Erschließung von Handschriften, Nachlässen, Spezialbeständen, Archivmaterialien und Karten sowie für die retrospektive bibliographische Erschließung der nationalen Literatur in definierten zeitlichen Epochen. Diese in der Hauptsache Personalmittel umfassenden Programme sollen auch künftig fortgesetzt werden. Dabei soll der Einsatz der elektronischen Datenverarbeitung weiter ausgebaut werden, um für den Benutzer den Netzzugriff auf die Dokumente selbst und damit eine über bibliographische Fragestellungen hinausgehende fach- und materialspezifische Erschließung zu ermöglichen.

Diesen Anforderungen trägt das 1996 begonnene Unternehmen zur „Verzeichnung von im deutschen Sprachraum erschienenen Drucken des 17. Jahrhunderts" durch die bibliographische Erfassung der Titel und die Verknüpfung der Aufnahmen mit digitalisierten Schlüsselseiten Rechnung. Beide Elemente der Erschließung werden über Netz überregional zur Verfügung stehen und dem Forscher besondere Recherchemöglichkeiten bieten. Fortgesetzt werden der maschinenlesbare Incunabelcensus der in deutschen Bibliotheken verfügbaren Wiegendrucke sowie die Digitalisierung und Indexierung der im Gesamtverzeichnis der Wiegendrucke erfaßten Nachweise, weiterhin die maschinenlesbare Konversion ausgewählter Altbestandskataloge für Titel bis 1850. Diese Nachweise bisher nur unzulänglich erschlossener historisch bedeutender Altbestände von insgesamt 15 Bibliotheken in den alten und neuen Bundesländern werden im überregionalen Verbundkatalog maschinenlesbarer Monographiendaten zusammengeführt.

Die große Zahl bedeutender Nachlässe aus den Bereichen Wissenschaft, Kunst, Literatur, Politik, Geschichte und Technik macht den hohen Förderbedarf für die Erschließung dieser wichtigen Quellenmaterialien deutlich. Die Katalogisierung wird inzwischen EDV-gestützt durchgeführt. In diesem Zusammenhang soll auch die Konversion der Zentralkartei der Autographen der Staatsbibliothek zu Berlin gefördert werden.

Die Erschließung von Spezialbeständen, die sich jeweils auf ein konkretes Thema oder eine besondere Provenienz beziehen, ermöglicht den Wissenschaftlern die Nutzung von Quellen für speziellere Untersuchungen. Inhaltlich sind die in diesem Förderprogramm erschlossenen Literaturbestände verschiedenen Fachdisziplinen zuzuordnen. Zur Aufbereitung derartiger für die Forschung sonst nicht nutzbarer Quellen soll das Programm fortgeführt werden.

Auch bei der Katalogisierung mittelalterlicher Handschriften ergibt sich ein besonderer Förderbedarf – neben der Fortsetzung der langfristig angelegten laufenden Erschließung von Beständen – durch die Überführung der vorhandenen konventionellen Handschriftenkataloge in eine Handschriftendatenbank, für die derzeit ein technisches Lösungskonzept entwickelt wird. Auch soll mit der Digitalisierung wichtiger Handschriftenbestände selbst begonnen werden, damit der Forscher direkt von seinem Arbeitsplatz Bilddarstellungen der Originale abrufen kann.

Um vor 1850 erschienene gedruckte Karten Wissenschaftlern als Quellenmaterial zugänglich zu machen, wird beim Deutschen Bibliotheksinstitut die IKAR-Datenbank aufgebaut, in der die Karten von Bibliotheken mit sehr umfangreichen Altbeständen nachgewiesen werden. Eine gegenwärtig erarbeitete Topographie soll einen Überblick über sämtliche Bestände gedruckter Altkarten in deutschen Bibliotheken ermöglichen. Sofern diese Topographie weitere Kartensammlungen nachweist, die nach ihren Beständen eine wesentliche Titelergänzung der Datenbank erwarten lassen, soll auch in den kommenden Jahren die Förderung der Erschließung gedruckter Altkarten fortgesetzt werden.

Die Förderung von Vorhaben der Archive rechnet zu den langfristig angelegten Programmen. Bisher hatten solche Projekte vor allem die Erschließung überregional bedeutender Archivbestände zum Ziel. Darüber hinaus sollen künftig Fragestellungen zur archivischen Methodik und zur Infrastruktur vor dem Hintergrund des Einsatzes der elektronischen Datenverarbeitung berücksichtigt werden. Gefördert werden sollen Projekte, die neue Verfahrensweisen und Organisationsstrukturen im Zusammenhang mit der Erschließung und Bereitstellung von Archivalien erproben.

Neben der Förderung wissenschaftlicher Bibliotheken in der Bundesrepublik stellt die DFG ausländischen wissenschaftlichen Einrichtungen wissenschaftliche Literatur deutscher Autoren zur Verfügung. Vor allem in devisenschwachen Ländern wird dadurch ein Beitrag zur Anbahnung oder Festigung internationaler wissenschaftlicher Beziehungen geleistet. Für die jährlich eingehenden 800 bis 1000 Anträge werden Sondermittel des Bundes für den Kauf der Literatur eingesetzt. Besonderes Gewicht haben die Anträge aus den mittel- und osteuropäischen Staaten zur Aufstockung der dortigen Zeitschriftenbestände. Dieses Programm soll auch in den folgenden Jahren fortgesetzt werden.

1.1.3.5.3 Hilfseinrichtungen der Forschung

Die derzeit von der DFG finanzierten Hilfseinrichtungen der Forschung

- Seismologisches Zentraloberservatorium Gräfenberg, Erlangen (seit 1967),
- Zentrallaboratorium für Geochronologie, Münster (seit 1976),
- Forschungsschiff „Meteor" (seit 1986),
- Koordinierungsstelle EG der Wissenschaftsorganisationen (KoWi), Brüssel/Bonn (seit 1990) zusammen mit dem Chinesisch-deutschen Zentrum für wissenschaftliche Zusammenarbeit (ChiWi), Koordinierungsstelle Bonn (seit 1996)

haben – wie schon aus ihren Bezeichnungen ersichtlich – ganz unterschiedliche wissenschaftliche Aufgaben. Gemeinsam ist diesen Einrichtungen,

- daß nicht unmittelbar Forschungsaufgaben, sondern für die Forschung in größeren Wissenschaftsbereichen notwendige zentrale Serviceaufgaben wahrgenommen werden,
- die aber durchaus unmittelbar mit Forschungsarbeiten unterschiedlicher Nutzer – unabhängig von einer Förderung durch die DFG – verknüpft sein können;
- daß sie ihrer überregionalen Bedeutung entsprechend personelle und infrastrukturelle Ressourcen an einem Ort konzentrieren und
- deshalb langfristig angelegt sind.

Entsprechend der unterschiedlichen Zielsetzung der Einrichtungen fällt die Gewichtung von Service- und wissenschaftlichen Leistungen im engeren Sinne unterschiedlich aus: Zum Beispiel bietet KoWi einen vielfach mit nationalen und internationalen Einrichtungen vernetzten Koordinationsrahmen an, der Hochschulen und außeruniversitärer Forschung in Deutschland die Fördermöglichkeiten der EU-Förderprogramme erschließt. Mit Einrichtungen wie dem Forschungsschiff „Meteor" sind Forschungsaktivitäten verknüpft, deren unmittelbare Auswirkungen auf innovative Methodenentwicklung oder transdisziplinäre Untersuchung komplexer Fragestellungen ohne eine solche Hilfseinrichtung nicht zustande kämen.

So gesehen sind Hilfseinrichtungen das einzige Element langfristiger institutioneller Förderung in der sonst durchgängig auf kurz- bis mittelfristige Projektfinanzierung angelegten DFG-Förderlandschaft. Dies kann auch zu Problemen führen. Deshalb war die Einrichtung und Unterhaltung solcher Hilfseinrichtungen durch die DFG stets von der Idee geleitet, sie zu gegebener Zeit in andere Trägerschaften zu überführen, was in unterschiedlicher Weise gelungen ist. Beispielsweise ist das von der seinerzeitigen Kommission zur Erforschung der Luftverunreinigung seit 1964 aufgebaute Meßstellennetz 1974 in die Zuständigkeit des Umweltbundesamtes übergegangen. Es mußten aber auch Einrichtungen geschlossen werden, wie das Institut für Versuchstierforschung in Hannover. Andere behalten eine langfristige Förderperspektive.

1.1.3.6 Wissenschaft als öffentliche Aufgabe (Beratung)

Nach der finanziellen Unterstützung von Forschungsaufgaben nennt § 1 der Satzung der DFG als Aufgabe die Beratung von Parlamenten und Behörden in wissenschaftlichen Fragen. Diese Bestimmung ist historisch aus der Fusion der vor allem auf Initiative der Universitäten und der Länder 1949 (wieder) gegründeten „Notgemeinschaft der deutschen Wissenschaft" und des auf Initiative von Werner Heisenberg entstandenen, in den ersten Nachkriegsjahren einflußreichen „Deutschen Forschungsrats" im Jahr 1951 zu erklären. Während langer Jahre hat die DFG diese Beratungsaufgabe vor allem in der Tradition der in den 50er Jahren auf Initiative von Adolf Butenandt eingesetzten Kommissionen des Senats für Lebensmittel-, Arbeits- und Umwelttoxikologie betrieben. So bestehen auch heute nach einer Neuordnung des Beratungswesens zum Ende der 80er Jahre Senatskommissionen zur

- Prüfung gesundheitsschädlicher Arbeitsstoffe,
- Beurteilung der gesundheitlichen Unbedenklichkeit von Lebensmitteln („Lebensmittelkommission"),
- Beurteilung von Stoffen in der Landwirtschaft.

Diese Kommissionen wirken auf unterschiedliche Weise mit an wichtigen öffentlichen Aufgaben. Die „Lebensmittelkommission" und die Kommission zur Beurteilung von Stoffen in der Landwirtschaft können sich vor allem mit Grundsatzfragen (jüngere Veröffentlichungen sind „Gentechnik und Lebensmittel" und „Ökotoxikologie von Pflanzenschutzmitteln") befassen und Forschungsdesiderate identifizieren, weil nach deutschem Recht für jeden neuen Lebensmittelzusatz und jedes neue Verfahren die gesundheitliche Unbedenklichkeit und die technologische Nützlichkeit nachgewiesen werden müssen und der Gesundheits- und der Landwirtschaftsminister über zahlreiche eigene Beratungsgremien verfügen. Die Kommission zur Prüfung gesundheitsschädlicher Arbeitsstoffe dagegen, die jährlich eine aktualisierte Liste maximaler Arbeitsplatzkonzentrationen (MAK) und biologischer Arbeitsstoff-Toleranzwerte (BAT) veröffentlicht, widmet sich in zunehmend enger Zusammenarbeit mit gleichartigen Kommissionen in anderen europäischen Staaten und mit dem TLV-Komitee des American Institute of Industrial Hygienists in breitem Umfang der Bewertung einzelner in der Arbeitswelt verwendeter Stoffe. Grundsätzliche Erwägungen etwa zum krebserzeugenden Potential bestimmter Arbeitsstoffe oder zur Verhaltenstoxikologie begleiten und unterstützen diese Arbeit.

Neben diese unterschiedlichen Bereiche der „executive toxicology" sind in den letzten Jahren allgemeinere Aufgaben getreten, wie sie die DFG zuletzt in den frühen 60er Jahren noch ohne große öffentliche Resonanz behandelt hatte. Von der Senatskommission für tierexperimentelle Forschung, der Senatskommission für Grundsatzfragen der Genforschung und in der 1996 auf Initiative des Präsidiums veröffentlichten Denkschrift „Forschungsfreiheit" werden grundlegende Fragen des Verhältnisses von Wissenschaft, Ethik und Recht behandelt. Diese Aktivitäten finden in der Politik zunehmend Aufmerksamkeit. Der 1996 neu konstituierte Ausschuß für Angewandte Forschung hat damit begonnen, die seit einiger Zeit in Deutschland ähnlich intensiv wie in Japan, in den USA und in den europäischen Nachbarländern diskutierten Fragen der Überführung von Forschungsergebnissen aus dem öffentlichen Sektor in die Anwendung mit dem Ziel eines Maßnahmenkatalogs für die DFG zu diskutieren. Auch den herkömmlich vor allem mit der Koordination von Forschung in institutionell weit verzweigten Bereichen wie den Erdwissenschaften, der Wasser-, Meeres- und Klimaforschung befaßten Kommissionen wachsen neue Aufgaben zu. So versucht ein 1996 neu gebildetes Nationalkomitee für die internationalen Programme der „Global Change"-Forschung eine kohärente deutsche Strategie für die künftige Beteiligung an diesen Programmen zu entwickeln, und die Senatskommission für Ozeanographie ist involviert in die Bemühungen, nach Stillegung nicht mehr finanzierbarer Forschungsschiffskapazitäten allen qualifizierten deutschen Meeresforschern einen an Kriterien der wissenschaftlichen Qualität ihrer Arbeit orientierten fairen Zugang zu den verbleibenden Schiffen zu sichern und in Kooperation mit Partnern in anderen europäischen Staaten Neubaupläne für das kommende Jahrzehnt vorzubereiten.

Eine 1995 gegründete Senatskommission für Kulturwissenschaften soll die Möglichkeit eines fruchtbaren Zusammenwirkens der geistes- und gesellschaftswissenschaftlichen Fächer erörtern und Formen einer dies unterstützenden Förderung entwickeln. Als erstes Ergebnis der Arbeit ist die zunächst probeweise Einführung der „Kulturwissenschaftlichen Forschungskollegs" im Rahmen der Förderung von Sonderforschungsbereichen zu sehen (vgl. Seite 42).

Die DFG versucht auf diese Weise, ihrer Rolle gerecht zu werden, die Selbstorganisation der Wissenschaft in ihren unterschiedlichen Funktionen der kooperativen Ordnung ihrer Arbeit, der Wahrnehmung ihrer legitimen Interessen, aber auch der auf immer mehr Feldern wichtig werdenden Politikberatung wirksam zu unterstützen. Sie tut dies in dem Bewußtsein, daß Wissenschaft nicht nur als Faktor in der Ausbildung junger Menschen, als Quelle neuer Erkenntnisse und als Grundlage von wirtschaftlich relevanten Innovationen, sondern auch in ihrem Einfluß auf die Rationalität politischer Entscheidungen zu einem wesentlichen Faktor im globalen Wettbewerb geworden ist.

1.1.3.7 Internationale Wissenschaftsbeziehungen

Im unmittelbaren Zusammenhang mit der Hauptaufgabe der Deutschen Forschungsgemeinschaft, dem Dienst an der Wissenschaft durch finanzielle Unterstützung von Forschungsaufgaben, verpflichtet ihre Satzung sie

- zur Förderung der Zusammenarbeit unter den Forschern und
- zur Pflege der Verbindungen der Forschung zur ausländischen Wissenschaft.

Forschung ist zwar ein wesentlicher Teil jeder nationalen Kultur und findet in „nationalen", also einzelstaatlichen, Institutionen statt. Aber so wenig wie sie seit jeher ohne Zusammenarbeit ausgeübt werden kann, so wenig ist sie – ebenfalls seit jeher – an Staatsgrenzen gebunden. Internationale Zusammenarbeit ist von der Natur der Sache her ein notwendiger Bestandteil der Forschung.

Für die Förderung der DFG macht es keinen prinzipiellen Unterschied, ob die für ein Vorhaben notwendige Kooperation mit deutschen oder mit ausländischen Partnern oder diesseits oder jenseits der Grenzen stattfinden soll. Bewilligte Personalmittel können für Deutsche ebenso wie für Ausländer eingesetzt werden. Es gibt Reisemittel für Zusammenarbeit im Inland wie im Ausland. In allen Programmen, in denen Mittel für die Einladung von Gästen zur Verfügung gestellt werden, sind sie für Inländer wie für Ausländer verwendbar. Seit einiger Zeit können Mittel für die Vorstellung der Forschungsergebnisse auf ausländischen Kongressen und Tagungen als Teil der Projektmittel bewilligt werden; daneben gibt es weiterhin besondere – vom Auswärtigen Amt zur Verfügung gestellte – Mittel für die Teilnahme an Kongressen und Tagungen in Übersee. Wo die DFG selbst wissenschaftliche Veranstaltungen finanziert, ist die Teilnahme von Ausländern selbstverständlich, teils sogar obligatorisch.

Die Vorstellung und der Austausch von Forschungsergebnissen auf wissenschaftlichen Veranstaltungen sind, wie in zahllosen Berichten über die Teilnahme daran immer wieder bestätigt wird, eine der wichtigsten Möglichkeiten, Partnerschaften zu knüpfen und lebendig zu erhalten. Eine weitere, ebenso wichtige Grundlage ist der zeitlich ausgedehnte Aufenthalt in einem wissenschaftlichen Arbeitskreis in einem anderen Land. Von den fast 2000 Stipendien, die die DFG jährlich an promovierte junge Wissenschaftlerinnen und Wissenschaftler bewilligt, werden weit über 1000 zu einem Auslandsaufenthalt genutzt. Die persönlichen Kenntnisse und Verbindungen, die so entstehen, sind die Basis künftiger Zusammenarbeit; zugleich dienen sie der Wettbewerbsfähigkeit der Forschung in Deutschland.

Die Verbindungen, Erfahrungen und Methodenkenntnisse, die Stipendiaten aus dem Ausland mit zurückbringen, sind eine der Gegenleistungen des Auslands für unsere Investition in internationale Partnerschaft. Ausländische Wissenschaftler stellen sich der DFG auch – ebenso unentgeltlich wie ihre deutschen Kolleginnen und Kollegen – als Gutachter zur Verfügung. In Gutachtergruppen für größere kooperative Projekte – zum Beispiel Schwerpunktprogramme, Forschergruppen, Sonderforschungsbereiche – sind regelmäßig ausländische Wissenschaftler beteiligt. Größere kooperative Projekte sind auch vielfach Anlaß für die Entwicklung zumindest auf Zeit belastbarer organisatorischer Vorkehrungen und Absprachen für grenzüberschreitende Unternehmungen. So hat die DFG in den letzten Jahren eine Anzahl von Schwerpunktprogrammen gemeinsam mit Partnerorganisationen in Nachbarländern – Frankreich, Großbritannien, Österreich und der Schweiz – organisiert. Eine wachsende Anzahl von Graduiertenkollegs pflegt Kooperationen mit Einrichtungen in Nachbarländern, und grenzüberschreitende Sonderforschungsbereiche sind als Förderungsmodell im Gespräch.

Für jede derart grenzüberschreitende Kooperation sind besondere Anstrengungen erforderlich. Denn selbst in den Ländern, für deren „nationale" Förderungsinstitutionen internationale Kooperation ebenso selbstverständlich ist wie für die DFG, sind die Systeme der Förderung, der Entscheidungsfindung und der Finanzierung anders als bei uns. Zudem ist internationale Kooperation (noch) bei weitem nicht in allen Ländern gleichermaßen eine Selbstverständlichkeit. Deshalb unterhält die DFG mit Partnerorganisationen in einer großen und nach wie vor wachsenden Zahl von Ländern bilaterale Vereinbarungen. Sie regeln den Austausch von Informationen und die Modalitäten für die Unterstützung wissenschaftlicher Zusammenarbeit, in der Regel auf der Basis der Gegenseitigkeit, und enthalten zumeist auch Vorkehrungen für den Austausch von Wissenschaftlern außerhalb förmlicher Projekte und zu deren Vorbereitung.

Viele wissenschaftliche Disziplinen haben ihren Forschungsgegenstand überwiegend oder vollständig im Ausland. So waren zum Beispiel Archäologie, Völkerkunde, Rechtsvergleichung, biologische Systematik, alle Erdwissenschaften, Meeres- und Klimaforschung und ein erheblicher Teil der Agrarwissenschaften schon immer auf besondere Unterstützung angewiesen. Solche Forschungsarbeiten werden regelmäßig in Zusammenarbeit mit Wissenschaftlern in dem jeweiligen Land durchgeführt. Absprachen und Abkommen der DFG mit Partnerorganisationen in den gastgebenden Ländern dienen dazu, die Kooperation zu erleichtern und die regelmäßig erforderliche Mitwirkung staatlicher Stellen vorzubereiten. Dafür arbeitet die DFG auch mit den zuständigen deutschen Auslandsvertretungen zusammen.

Bei Forschungsarbeiten im Ausland kann die DFG grundsätzlich nur die Kosten finanzieren, die den Arbeitsgruppen aus Deutschland unmittelbar entstehen. Eine Vereinbarung mit dem Bundesministerium für wirtschaftliche Zusammenarbeit und der Gesellschaft für Technische Zusammenarbeit (GTZ) eröffnet jedoch die Möglichkeit, daß innerhalb bestimmter Richtbeträge bei Forschungsvorhaben, die zugleich im entwicklungspolitischen Interesse eines gastgebenden Entwicklungslandes liegen, auch Kosten übernommen werden, die den dortigen Kooperationspartnern deutscher Arbeitsgruppen entstehen; sie werden aus Mitteln finanziert, die der GTZ zur Verfügung stehen.

Viele Fragen im Zusammenhang mit der Durchführung von Forschungsarbeiten und mit der Verbreitung ihrer Ergebnisse bedürfen der Diskussion und der Abstimmung auf internationaler Ebene. Das reicht von Problemen der wissenschaftlichen Nomenklatur bis zu grundlegenden Fragen der Ethik in den Wissenschaften und der Informations- und Meinungsfreiheit. Viele international arbeitsteilig durchgeführte Forschungsarbeiten, allen voran die großen Programme zum globalen Wandel, brauchen eine belastbare organisatorische Infrastruktur und akzeptierte Mechanismen der Planung und der Konsensfindung über Programmziele. Um dies zu gewährleisten, haben sich die nationalen Wissenschaftsorganisationen vieler Länder und eine große Zahl internationaler wissenschaftlicher Fachgesellschaften zum International Council of Scientific Unions (ICSU) zusammengeschlossen. Die DFG ist nationales Mitglied im ICSU und unterstützt die Mitwirkung deutscher Forscher in den Gremien der ICSU und in den internationalen Fachunionen.

ICSU wurde in seiner jetzigen Form 1931 gegründet. Seitdem ist eine Anzahl weiterer internationaler Organisationen entstanden, in denen die DFG ebenfalls mitwirkt – großenteils gemeinsam mit der Max-Planck-Gesellschaft und zum Teil auch weiteren deutschen Organisationen. 1974 entstand die European Science Foundation (ESF), die inzwischen 62 Forschungsorganisationen aus 20 Ländern als Mitglieder zählt und sich als „Stimme der Wissenschaft" in der europäischen Forschungspolitik wachsenden Ansehens erfreut. Seit 1979 gibt es regelmäßige Treffen der Präsidenten der Wissenschaftsorganisationen aus den „G-7-Ländern". Nach ihrem Vorbild entstanden 1994 die EUROHORCs als informeller Gesprächskreis der Präsidenten europäischer Forschungsorganisationen (HORCs steht für Heads of Research Councils).

Alle diese Zusammenschlüsse, zu denen weitere – wie etwa die unter dem Akronym D.A.CH. firmierenden regelmäßigen Treffen der Forschungsorganisationen in Deutschland, Österreich und der Schweiz – aufgezählt werden könnten, dokumentieren den wachsenden Bedarf an internationaler Abstimmung in der Forschungsförderung und die Versuche, ihm Rechnung zu tragen. Regelmäßig wird in den vergleichenden Betrachtungen, zu denen diese Treffen stets Anlaß bieten, die Stellung der DFG mit ihrem einzigartigen System der alle vier Jahre frei und geheim gewählten Fachgutachter und dem Zusammenwirken von Staat und Wissenschaft bei allen Finanzierungsentscheidungen als beispielhaft hervorgehoben. So ist es kein Zufall, daß die Förderungsprinzipien und -verfahren der DFG in einer wachsenden Zahl von Ländern zum Vorbild für den Aufbau eigener nationaler Forschungsförderungsinstitutionen genommen wurden. Die Korean Science and Engineering Foundation (KOSEF), die Russische Stiftung für Grundlagenforschung (RFFI), die ihrerseits Nachahmung in anderen Nachfolgestaaten der UdSSR findet, und die National Natural Science Foundation of China (NSFC) sind prominente Beispiele dafür.

Wie bereits mehrfach erwähnt, liegt ein Schwerpunkt der kooperativen Bemühungen der DFG bei den Nachbarstaaten Westeuropas. Die traditionell intensiven Aktivitäten haben in dem Maße noch zugenommen, wie die Europäische Union mit dem zweiten, dritten und vierten gemeinschaftlichen Rahmenprogramm für Forschung und Entwicklung unter dem allgemeinen Ziel der Steigerung der Wettbewerbsfähigkeit der Industrie in den Mitgliedstaaten eigene Förderungsprogramme entwickelt und zunehmend profiliert hat. Nach dem Vorbild mehrerer anderer Mitgliedstaaten der EU unterstützt die DFG mit der „Koordinierungsstelle EG der Wissenschaftsorganisationen" (KoWi) seit 1991 eine Hilfseinrichtung der Forschung, die durch Beratung und Informationsvermittlung die Beteiligung von Wissenschaftlern in Deutschland an den Förderungsprogrammen der EU unterstützt.

Besondere Aufmerksamkeit widmet die DFG seit Jahrzehnten der wissenschaftlichen Zusammenarbeit mit Israel. Eine 1972 getroffene Verabredung eröffnet die Möglichkeit, in der Förderung kooperativer Projekte in begrenztem Umfang auch Arbeiten der israelischen Partner zu unterstützen. Mit der Ausdehnung dieser Form der Unterstützung auch auf trilaterale Kooperationen deutscher, israelischer und palästinensischer Forscher ist 1996 eine viel beachtete Initiative ergriffen worden, auf die sich auch wegen des möglichen Beitrags zum Friedensprozeß in der Region zahlreiche Hoffnungen richten.

Wachsende Bedeutung gewinnen die Beziehungen zu den Nachbarstaaten in Mittel- und Osteuropa und auf dem Gebiet der ehemaligen UdSSR. Die DFG hat in den letzten Jahre alle – zum Teil seit den sechziger Jahren bestehenden – Kooperationsabkommen mit Partnerorganisationen in diesen Ländern auf eine neue Basis gestellt. Sie wirkt auch – wie zum Beispiel in Tschechien auf dem Gebiet der medizinischen Forschung – aktiv am Aufbau neuer Förderungsstrukturen und Begutachtungssysteme mit.

Nordamerika ist mit den Forschungsuniversitäten und -instituten der Vereinigten Staaten und Kanadas seit Jahrzehnten Ziel der meisten Auslandsstipendiaten der DFG und damit ein Magnet für Kooperationsbeziehungen in der Forschung, die mit einem absoluten Minimum an formalen Absprachen ohne Reibungsverluste größten wissenschaftlichen Gewinn erbringen.

Eine kontinuierliche Aufwärtsentwicklung kennzeichnet die Beziehungen zu den Partnerorganisationen in Lateinamerika, aber auch in Afrika, in vielen asiatischen Ländern und nicht zuletzt in Australien, Neuseeland und im pazifischen Raum. Besondere Erwähnung verdienen hier die traditionell engen Beziehungen zur Japan Society for the Promotion of Science und die stark expandierende Kooperation mit der National Natural Science Foundation of China. Diese 1986 gegründete „chinesische DFG", die sich bis in Einzelheiten der Förderungsmechanismen am Vorbild der DFG orientiert, ist in der Volksrepublik China als staatlich finanzierte, aber eigenständige Einrichtung der Förderung der naturwissenschaftlichen Forschung inzwischen zu großem Ansehen gelangt. Mit dem nach zweijährigen Verhandlungen 1996 in die Gründungsphase eingetretenen Projekt eines gemeinsam mit der NSFC getragenen chinesisch-deutschen Zentrums für wissenschaftliche Zusammenarbeit (ChiWi) betritt die DFG, was die Intensität bilateraler Kooperation angeht, Neuland. Sie hofft, daß diese Gründung das Fundament für eine dauerhaft positive Entwicklung der Beziehungen werden kann.

1.2 Entwicklungen im System der Forschung und ihre Bedeutung für die DFG

1.2.1 Alte und neue Länder

Den stärksten Einfluß auf die Entwicklung des Forschungssystems in Deutschland hatte – wie auf viele andere Lebensbereiche – die Wiederherstellung der staatlichen Einheit im Jahr 1990. Auch für die kommenden Jahre wird dieses historische Ereignis ein bestimmender Faktor für das Forschungssystem als Ganzes ebenso wie für die Arbeit der DFG bleiben.

Von Anfang an vollzog sich die Transformation des Wissenschaftssystems der früheren DDR als Wiedereingliederung in die internationale wissenschaftliche Gemeinschaft mit ihren Prinzipien der Wissenschaftsfreiheit und des Wettbewerbs. Bereits in den ersten Tagen nach Öffnung der Berliner Mauer erreichten die DFG aus Ostberlin und anderen Städten Anfragen nach Möglichkeiten, Mittel zur Durchführung laufender oder geplanter Forschungsvorhaben zu erhalten, vor allem aber nach Wegen, von der endlich eröffneten Möglichkeit der Kommunikation, der Zusammenarbeit und des Kräftemessens mit der Wissenschaft in der freien Welt Gebrauch zu machen. Auch nach acht Jahren ist der Prozeß der Umstrukturierung und des Neuaufbaus der Universitäten und außeruniversitären Forschungseinrichtungen noch nicht abgeschlossen.

Die DFG hat – neben einigen rasch ins Werk gesetzten Initiativen zur Förderung von wissenschaftlichen Kontakten, Austausch und Reisen und intensiver Mithilfe bei der Evaluation und der Umgestaltung des Forschungssystems der früheren DDR – von Anfang an versucht, ihre Förderangebote und, damit untrennbar verbunden, ihre Förderungsgrundsätze bekanntzumachen und zur Wirkung zu bringen. Ein besonderes Maß an Beratung ist, mit abnehmender Tendenz, bis heute erforderlich.

Unterstützt durch eine vor allem in der ersten Phase große Zahl von Informationsveranstaltungen und Einführungsgesprächen von Gremienmitgliedern und Mitgliedern der Geschäftsstelle gelang es recht schnell, mit den Möglichkeiten und Bedingungen der Einzelprojektförderung vertraut zu machen. Diese Form der Förderung wird in den neuen Ländern nach wie vor am stärksten und erfolgreichsten genutzt. Daneben werden jedoch zunehmend auch die Instrumente zur Förderung kooperativer Vorhaben erfolgreich in Anspruch genommen: Am 1. Januar 1997 förderte die DFG 21 Sonderforschungsbereiche und 42 Graduiertenkollegs in den neuen Ländern. Darüber hinaus hat die DFG mit den Innovationskollegs und den Geisteswissenschaftlichen Zentren spezifische Förderangebote für die neuen Länder entwickelt. Dabei eröffnen vor allem die Innovationskollegs mit ihren besonderen Möglichkeiten der Kooperation mit außeruniversitären Forschungseinrichtungen und der Industrie hoffnungsvolle Erfolgsperspektiven.

Gleichwohl sollen fortbestehende Schwierigkeiten nicht verschwiegen werden. Anträge aus den neuen Ländern erreichen nur in einigen Fachgebieten überdurchschnittliche Begutachtungsergebnisse; dazu zählen einige Bereiche der Chemie und der Polymerwissenschaften, zeitweilig auch die Biochemie und die Mathematik. Leider gibt es aber nach wie vor zahlreiche Anträge, die thematisch interessant, oft auch anwendungsorientiert sind, die jedoch Defizite in der Rezeption des Forschungsstandes erkennen lassen und die Erkenntnisziele und den Weg dorthin nach den anzulegenden professionellen Kriterien nicht so darlegen, daß die Gutachter sich ein Bild davon machen können. Tendenziell ist jedoch eine Angleichung festzustellen. Ein Anzeichen dafür kann darin gesehen werden, daß im Mai 1997 erstmals die Bewilligungsquote im Normalverfahren für Anträge aus den neuen Ländern höher lag als die der alten Länder.

1.2.2 Strukturen des Forschungssystems

Die Finanzierung ist der Steuerungsansatz des Staates, der unmittelbarer noch als die Organisationssteuerung auf das Wissenschaftssystem einwirkt. Das Verhältnis von institutioneller Finanzierung durch langfristig garantierte (in der Regel aber auch innerhalb der Institution langfristig verplante) Finanzmittel auf der einen und Projektfinanzierung auf der anderen Seite ist in Deutschland nicht anders als in anderen Ländern der Ansatzpunkt, Veränderungen im Forschungssystem herbeizuführen und Strukturen der Forschungslandschaft neu zu gestalten.

Die DFG hat in der zurückliegenden Dekade eine Verdoppelung ihrer Fördermittel erfahren. Aber auch wenn man die darin enthaltenen, ihr zusätzlich gewährten Mittel zur Unterstützung der Forschung im neuen Bundesgebiet unberücksichtigt läßt, ist die seit 1987 ununterbrochene Folge jährlicher Steigerungen der gemeinsamen Zuwendungen von Bund und Ländern an die DFG für die Allgemeine Forschungsförderung und die Förderung der Sonderforschungsbereiche eine auch im internationalen Vergleich bemerkenswerte Entwicklung. Grundlage dafür war von 1991 bis 1995 der sogenannte 5x5 Prozent-Beschluß vom Dezember 1989; mit Wirkung von 1996 an gelten die in ihrer Verbindlichkeit allerdings schwächeren Absichtserklärungen von Bund und Ländern, der DFG bis einschließlich 1999 jährlich einen Mittelzuwachs von fünf Prozent für die genannten Fördersektoren zu gewähren.

Diesem – bisher jedenfalls – Planungssicherheit ermöglichenden Mittelzuwachs der DFG steht eine insgesamt abnehmende Grundfinanzierung der Universitäten und eines großen Teils der außeruniversitären Forschungseinrichtungen gegenüber. So erklärt sich auch leicht, daß etwa im Zeitraum von 1989 bis 1996 zwar die Mittel allein für die Allgemeine Forschungsförderung von 764 Millionen DM auf 1 278 Millionen DM, also um 67 Prozent angewachsen sind, in demselben Zeitraum aber das Antragsvolumen von 1 384 Millionen DM auf knapp 3 192 Millionen DM, also um 130 Prozent gestiegen ist.

De facto kann man den Mittelzuwachs der DFG auch als eine Umschichtung von Teilen der Grundfinanzierung der Universitäten und außeruniversitärer Forschungsinstitute in die Projektfinanzierung betrachten. Eine daraus unmittelbar abzuleitende Folge ist die Verschärfung des Wettbewerbs um Drittmittel der DFG. Ein Indikator dafür ist das Absinken der Bewilligungsquote im Normalverfahren auf 43,4 Prozent im Jahr 1996 und das Ansteigen des Anteils erfolgloser Anträge im Normalverfahren auf 33 Prozent im Jahr 1996. Im Jahr 1989 lag die Bewilligungsquote noch genau fünf Prozent höher, und nur 21,4 Prozent der Anträge wurden total abgelehnt.

Mit der Verschärfung des Wettbewerbs wächst auch die Abhängigkeit der Universitäten und außeruniversitären Forschungsinstitute von der Projektfinanzierung. Der Wissenschaftsrat hat schon früher die auseinanderstrebende Entwicklung der Grundausstattungsmittel und der Drittmittel aufgezeigt. In seiner 1993 veröffentlichten Untersuchung „Drittmittel der Hochschulen 1970 bis 1990" stellt er eine Verschiebung der Relation zwischen Grundfinanzierung und Drittmitteln von 6:1 im Jahr 1980 und auf 4,5:1 im Jahr 1990 fest. Aus dem damals noch berichteten realen Zuwachs der Grundfinanzierungsmittel der Hochschulen um vier Prozent in den untersuchten zehn Jahren ist aber seither eine reale Abnahme geworden, deren genauer Umfang noch nicht ermittelt worden ist. Der Präsident der Hochschulrektorenkonferenz hat in letzter Zeit mehrfach von einer Abnahme der Mittel der Hochschulen um zwei Milliarden DM im Zeitraum von 1995 bis 1997 berichtet.

Mit dieser Entwicklung wird sich ein Prozeß beschleunigen, der bereits mit der Einführung der Sonderforschungsbereiche eingeleitet worden ist, mit dem Ziel einer stärkeren Differenzierung des Hochschulsystems auch innerhalb des Universitätssektors. Schon jetzt unterscheiden sich die Universitäten deutlich nach ihrem Fächerangebot und nach ihrer Größe, nach Dauer und Erfolg der angebotenen Studiengänge und selbstverständlich auch nach ihrer Forschungsleistung: Sonderforschungsbereiche, Graduiertenkollegs, Forschergruppen, Klinische Forschergruppen, Innovationskollegs und – last but not least – Zahl und Volumen der Bewilligungen im Normalverfahren und im Schwerpunktverfahren verteilen sich keineswegs gleichmäßig auf alle Universitäten. Eine Untersuchung der DFG hat ergeben, daß rund 50 Prozent ihrer an Universitäten bewilligten Fördermittel auf nur 15, rund 90 Prozent auf etwa 45 von insgesamt 113 wissenschaftlichen Hochschulen entfallen. Während früher die Universitäten selbst und die Länder als ihre Träger alle Universitäten als grundsätzlich gleichrangig ansahen und Unterschiede in Leistung und Erfolg nicht öffentlich diskutiert wurden, hat hier in jüngster Zeit ein Umdenken eingesetzt. Einzelne Universitäten oder Gruppen von ihnen fordern ebenso wie Wissenschaftspolitiker in Bund und Ländern eine Differenzierung nach Leistungskriterien. Zahl und Umfang der von der DFG bewilligten Projekte werden dabei als ein maßgebliches Kriterium herangezogen.

Eine vergleichbare Entwicklung vollzieht sich auch im Bereich der außeruniversitären Forschung. Der Wissenschaftsrat hat in seinen 1991 veröffentlichten Empfehlungen zur Zusammenarbeit zwischen Großforschungseinrichtungen und Hochschulen und in allen seinen Empfehlungen zur Neuordnung des Forschungssystems der ehemaligen DDR das Prinzip vertreten, daß auch die Finanzierung der außeruniversitären Forschung stärker als bisher leistungsabhängig erfolgen sollte. In seinen „Leitlinien zur Neustrukturierung der deutschen Forschungslandschaft" vom Juli 1996 hat der Bundesminister für Bildung, Wissenschaft, Forschung und Technologie seinerseits gefordert, daß Teile der Grundfinanzierung von außeruniversitären Forschungsinstituten, insbesondere der in der Helmholtz-Gemeinschaft (HGF) zusammengeschlossenen Forschungszentren und der Forschungsinstitute der Blauen Liste, künftig im Wettbewerb vergeben werden sollten. Dies kann, wie bei der HGF inzwischen geschehen, durch Einrichtung eines internen „Strategiefonds" realisiert werden. Ein Teil der Haushaltsmittel von Instituten der Blauen Liste soll nach diesen Plänen ab 1998 der Deutschen Forschungsgemeinschaft zugewiesen werden, die ihrerseits den Wettbewerb dieser Institute um Fördermittel in allen ihren Verfahren ermöglichen soll.

Diese Entwicklungen sind für die DFG Anlaß, ihr Selbstverständnis, das grundsätzlich an der Förderung einzelner Forscher und der von ihnen selbst gewählten Projekte orientiert ist, zu überdenken. Gleiches gilt für ihre Verfahren. Unstreitig wird es auch in Zukunft für die DFG konstitutiv sein, ihrem Satzungsauftrag gemäß allen qualifizierten Forschern und allen wissenschaftlichen Anliegen gegenüber offen zu sein. Daneben tritt aber deutlicher als bisher die ordnungspolitische Aufgabe der DFG, die im Wettbewerb um Förderung stehenden Initiativen im Gefüge innerhalb der Universitäten und Forschungsinstitute richtig anzusiedeln und diesen zu helfen, ihren jeweiligen wissenschaftlichen Stärken entsprechende Schwerpunkte zu bilden und spezifische Profile zu entwickeln.

1.2.3 Probleme der Nachwuchsförderung

Wenn der Zukunft Priorität zu geben ist und der wissenschaftliche Nachwuchs für die Zukunft der Forschung essentiell ist, liegt der Schluß nahe, daß die Förderung des wissenschaftlichen Nachwuchses eine vorrangige Aufgabe der Forschungsförderung ist. Der vor 45 Jahren in den § 1 der DFG-Satzung aufgenommene Zusatz, wonach der Ausbildung und Förderung des wissenschaftlichen Nachwuchses die besondere Aufmerksamkeit der DFG gilt, gewinnt so ein neues Gewicht. Weltweit wird in der Förderung des wissenschaftlichen Nachwuchses heute eine Schlüsselaufgabe der Bildungs- und Wissenschaftspolitik gesehen, die ihrerseits immer stärker in das Zentrum der politischen Zukunftsplanung überhaupt rückt, was nicht nur in Deutschland nun auch führende Politiker immer wieder betonen.

Parallel zu Initiativen in anderen Ländern gibt es auch in der Bundesrepublik Programme und Empfehlungen, die dem Ziel einer Nachwuchsförderung, die den zukünftigen Anforderungen besser gerecht werden kann, dienen. Zu nennen sind hier insbesondere die Empfehlungen des Wissenschaftsrats zur Neustrukturierung der Doktorandenausbildung (1995) und zur Förderung des Hochschullehrernachwuchses (1996). Über die mobilitätsfördernden Programme des 4. EU-Rahmenprogramms hinaus, in denen über 20 000 Stipendienjahre, verteilt auf vier Jahre, zur Verfügung stehen, sind auf deutscher Seite vor allem die nachwuchsbezogenen Komponenten des Hochschulsonderprogramms II und des Hochschulerneuerungsprogramms zu nennen, die im Hochschulsonderprogramm III mit Modifikationen fortgeführt werden.

Welche Instrumente der DFG zur Förderung des wissenschaftlichen Nachwuchses zur Verfügung stehen, ist im Rahmen ihrer Aufgabenbeschreibung bereits dargestellt worden (siehe Seite 45 ff.). Wesentliche Elemente der Auszeichnungen für herausragende Forschungsleistungen (siehe Seite 55 ff.) gehören ebenfalls dazu. Auch wenn damit ein in der heutigen Situation effektives Instrumentarium vorhanden ist, schließt dies nicht aus, über mögliche Verbesserungen nachzudenken. Es ist darauf hingewiesen worden, daß die Mitarbeit junger Wissenschaftler an Projekten erfahrener Forscher quantitativ den größten Bereich der Nachwuchsförderung der DFG ausmacht. Diese erhält um so mehr Gewicht, als die aus der Grundfinanzierung der Hochschulen zur Verfügung stehenden Nachwuchsstellen nur noch zum kleineren Teil Qualifikationsmöglichkeiten durch aktive Beteiligung an der Forschung bieten. Wenn andererseits die ganz überwiegende Zahl von Mitarbeiterstellen in Projekten, nicht selten in der guten Absicht, sparsam mit den knappen DFG-Mitteln umzugehen, für Doktoranden bewilligt wird, so stellt sich die Frage nach der beruflichen Perspektive der jungen Wissenschaftler nach ihrer Promotion. Selbst wenn man den vielzitierten „Generationenwechsel" bei den Hochschullehrern berücksichtigt, sind Zweifel angebracht, ob der öffentlich finanzierte Sektor allein in der Lage sein wird, den promovierten Nachwuchswissenschaftlern, insbesondere im naturwissenschaftlich-technischen Bereich, eine berufliche Perspektive zu bieten, nachdem der Bedarf der Industrie an Nachwuchswissenschaftlern reduziert worden ist. Auch die Tatsache, daß es wegen des seit Anfang der 90er Jahre festzustellenden starken Rückgangs der Zahl der Studienanfänger in den genannten Disziplinen zu Beginn des 21. Jahrhunderts zu einem Mangel an hochqualifizierten Nachwuchswissenschaftlern kommen könnte, entbindet nicht davon, nach besseren Möglichkeiten für die Postdoktoranden der nächsten drei bis vier Jahre zu suchen.

Ein Programm, wie etwa in Japan, zur Verdoppelung der Postdoktoranden-Stellen aufzulegen, ist angesichts der öffentlichen Finanzlage a priori auszuschließen. Die Fördermöglichkeiten der DFG durch Projektstellen und Stipendien können nur im sehr begrenzten Umfang zur Lösung des Problems beitragen. Eine weniger restriktive Bewilligungspraxis für Postdoktoranden-Stellen in Projekten, wobei in einigen Bereichen auch durch eine Substitution von Doktorandenstellen durch Stipendien in Graduiertenkollegs denkbar erschiene, kann nur partiell Entlastung bringen. Auch die Gefahr, daß die Beantragung von Stellen für Promovierte zur Lösung sozialer Probleme gewählt wird, darf nicht übersehen werden.

Die jetzt über die Sonderforschungsbereiche hinaus ermöglichte Förderung von Nachwuchsgruppen (zunächst beschränkt auf die Biowissenschaften, siehe Seite 46) hat eine so ausgeprägte Exzellenzkompomente, daß sie selbst bei einer Ausweitung zur Lösung des Gesamtproblems wenig beitragen kann.

Kann die DFG somit auch kein Patentrezept anbieten, so glaubt sie, beispielsweise im Rahmen der Transferförderung Chancen für den wissenschaftlichen Nachwuchs zu sehen, die stärker genutzt werden könnten. In erster Linie ist an Maßnahmen zu denken, die eine Verselbständigung junger Wissenschaftler vorbereiten und unterstützen. Der „Transfer über Köpfe", der in den Transferbereichen schon praktiziert wird, zählt hierzu. Der Senatsausschuß der DFG für Angewandte Forschung erwägt, Initiativen zu fördern, die eine – beispielsweise in den USA erfolgreich praktizierte – Unternehmensgründung junger Wissenschaftler erleichtern. Von seiten des Staates müssen dafür allerdings die notwendigen Randbedingungen geschaffen werden, und die Bereitschaft von Investoren, Risikokapital einzusetzen, muß wachsen.

Frauenförderung steht für die DFG in engem Zusammenhang mit der Förderung des wissenschaftlichen Nachwuchses. Vor allem in diesem Sektor ihrer Tätigkeit ist eine stetige Zunahme seit Beginn der 90er Jahre zu verzeichnen, wozu spezielle Frauenförderungskomponenten der Hochschulsonderprogramme zweifellos beigetragen haben. So ist der prozentuale Anteil der Bewilligung von Projektmitteln und Stipendien an Frauen in der Allgemeinen Forschungsförderung von knapp sieben Prozent im Jahr 1990 auf über elf Prozent im Jahr 1996 gestiegen. Dabei ist zu berücksichtigen, daß der Frauenanteil im Stipendienbereich allein für alle Fächer zusammen bei etwa 30 Prozent liegt, in den Geistes- und Sozialwissenschaften sogar bei knapp 50 Prozent. Diese Zahlen gelten auch für Stipendien in Graduiertenkollegs und für Habilitationsstipendien. Bei letzteren ist eine deutliche Zunahme in absoluten Zahlen seit 1990 festzustellen: Erhielten 1990 Frauen 21 von insgesamt 97 Habilitationsstipendien (21,6 Prozent), waren es 1996 136 von 438 Habilitationsstipendien (31,1 Prozent). Die Zahlen belegen einen positiven Trend. Dennoch darf in den Anstrengungen, Frauen vor allem in der Lebensphase der beruflichen und familiären Orientierung die Option für die Wissenschaft zu erhalten, nicht nachgelassen werden.

1.2.4 Forschung und Anwendung

Die DFG „pflegt die Verbindungen der Forschung zur Wirtschaft"; auch dies bestimmt § 1 der Satzung. Gleichwohl haben Fragen der Anwendung von Forschungsergebnissen lange Zeit nicht im Vordergrund des Interesses der Gremien der DFG gestanden. Dies ist nicht zuletzt darauf zurückzuführen, daß es in Deutschland ein breites Spektrum von Instrumenten, Institutionen und Programmen zur Förderung der Angewandten Forschung im Übergang zur Entwicklung gibt. Neben den Programmen des BMBF, die großenteils gezielt auf Kooperationen zwischen wissenschaftlicher Forschung und Industrie angelegt waren und sind, sind hier zu nennen:

- die Arbeitsgemeinschaft industrieller Forschungsvereinigungen (AiF), die über lange Jahre erhebliche Mittel des Bundesministers für Wirtschaft in einem eigenen anwendungsorientierten Förderungsprogramm vergab,
- die Fraunhofer-Gesellschaft (FhG) mit ihren Vertragsforschungsinstituten auf allen wichtigen Technologiefeldern,

- die Förderprogramme und -institutionen der Länder, von denen die Bayerische Forschungsstiftung und die Steinbeis-Stiftung in Baden-Württemberg die bekanntesten sind,
- die traditionell engen Kontakte zwischen Hochschulinstituten und Industrie vor allem in der Chemie und im Maschinenbau und
- last but not least die in einigen Branchen (zum Beispiel Informationstechnik und Luftfahrtindustrie) auskömmlich dotierten Programme der Europäischen Union.

Umgekehrt ist diese Aufgabenverteilung gewiß mitursächlich dafür, daß Förderung durch die DFG verbreitet mit Förderung ausschließlich der Grundlagenforschung gleichgesetzt wird.

In den letzten Jahren haben sich jedoch wichtige Randbedingungen geändert. Fördermittel fließen insgesamt spärlicher. Hier ist an erster Stelle der deutliche Rückgang in der Projektförderung des BMBF seit 1995 zu nennen. Nach der staatlichen Vereinigung sind die industriellen Forschungskapazitäten der ehemaligen DDR großenteils ersatzlos weggebrochen. Vor allem aber hat die deutsche Industrie die internen wie die externen Aufwendungen für Forschung und Entwicklung zurückgefahren. Auch dort, wo dies nicht der Fall war, haben die Unternehmen ihre Forschungs- und Entwicklungsausgaben vor allem im Ausland, nahe an expandierenden Märkten, erhöht, ohne daß Investitionen ausländischer Unternehmen im gleichen Umfang in den Aufbau neuer Forschungs- und Entwicklungskapazitäten in Deutschland geflossen wären.

In dieser gewiß verkürzt dargestellten Situation ist der DFG entgegengehalten worden, die Förderung der Grundlagenforschung trage zu wenig zur Innovation und zur wirtschaftlichen Leistungsfähigkeit der Bundesrepublik bei. Abgesehen davon, daß es keine allgemein verbindliche Definition der Grundlagenforschung gibt, hat die DFG sich insofern schon bisher pragmatisch verhalten und die in den verschiedenen Fachkulturen entwickelten Grenzziehungen zur Grundlage ihrer Förderungstätigkeit gemacht. Dabei sollte außer Streit stehen:

- daß die DFG keine unmittelbare Produktentwicklung fördern kann und darf und
- daß sie insbesondere die ausschließlich erkenntnisorientierte Grundlagenforschung fördern muß, weil, wenn sie hier Einschränkungen machen würde, ganze Bereiche der wissenschaftlichen Kultur in Deutschland zu „versteppen" drohten.

Am Rande ist wieder einmal daran zu erinnern, daß aus „Spin-offs" der Grundlagenforschung nicht selten wirtschaftliche Erfolge entstehen.

Daß der Eindruck, die DFG nehme eine abwehrende Haltung gegenüber der anwendungsorientierten Forschung ein, der Korrektur bedarf, zeigt sich schon daran, daß die Wissenschaftler selbst zahlreiche Initiativen in die Gremien der DFG hineingetragen haben, sie möge sich – unter den oben dargestellten veränderten Randbedingungen – dem Anwendungsaspekt wieder stärker zuwenden, insbesondere dem Transfer von Forschungsergebnissen in die industrielle Nutzung. Die DFG hat darauf folgende Maßnahmen ergriffen oder ist dabei, sie zu ergreifen:

- Mit den Transferbereichen fördert die DFG gezielt aus Sonderforschungsbereichen auf Initiative der dort mitwirkenden Wissenschaftler in Gang gesetzte Transferprozesse. Über diese Maßnahme ist in dem Abschnitt über die Sonderforschungsbereiche (siehe Seite 42 ff.) das Wesentliche gesagt.
- Die bereits praktizierte Beteiligung von Wissenschaftlern aus Unternehmen als „ideelle" Teilnehmer an Schwerpunktprogrammen wird auf eine breitere Basis gestellt. So werden zum Beispiel in einem Schwerpunktprogramm aus dem Bereich der Strömungsphysik eigenfinanzierte Aktivitäten der Deutschen Forschungsanstalt für Luft- und Raumfahrt und von Industrieunternehmen einerseits sowie von der DFG geförderte Forschungsprojekte der Hochschulen andererseits koordiniert und von ein und derselben Gutachtergruppe beurteilt. Weitere Initiativen dieser Art, die der Bildung von Netzwerken zwischen Forschern und Anwendern förderlich sein können, sind eingeleitet oder in Vorbereitung.
- Die an Universitäten in den neuen Ländern eingerichteten Innovationskollegs sind gezielt auf die Zusammenarbeit zwischen Hochschulforschung und potentiellen Anwendern in Unternehmen angelegt.

Neben diesen relativ leicht greifbaren Aktivitäten muß in einem eher langfristig angelegten Prozeß eine Umorientierung stattfinden, auf der einen Seite bei den Gutachtern, was die Bewertung der Förderungswürdigkeit anwendungsorientierter Forschungsvorhaben betrifft, auf der anderen Seite bei den Forschern selbst, was deren Sensibilisierung für die Anwendungsrelevanz ihrer Ergebnisse angeht. Die DFG hat mit der von ihrer Senatskommission für Grundsatzfragen der Genforschung erarbeiteten Stellungnahme „Genforschung und Patentierung" versucht, den Wissenschaftlern insofern eine Handreichung zu geben. Es wird an weiteren praktischen Hinweisen für die Forscher gearbeitet.

1.2.5 Forschung in Staat und Gesellschaft

Forschung braucht ein stimulierendes Umfeld, das Freiräume gewährleistet und Einschränkungen auf das Notwendige reduziert. Forschungsförderung, die Hauptaufgabe der DFG, schafft einen solchen Freiraum, der aber nur dann voll zum Tragen kommt, wenn auch die „immateriellen" Rahmenbedingungen stimmen. Deshalb muß die Diskussion bereits bei diesen ansetzen: Nur ein Staat und eine Gesellschaft, die der Forschung aufgeschlossen gegenüberstehen und ihre Bedeutung für die Zukunft erkennen und anerkennen, werden das politische und rechtliche Umfeld forschungsfreundlich gestalten.

Die Regelungsdichte der deutschen Rechtsnormen, die die Forschung betreffen, und die nicht selten inflexible Anwendung der Normen durch Verwaltungsbehörden sind oft beklagt worden. Die Einsicht, daß dies der Forschung in Deutschland und ihrer internationalen Wettbewerbsfähigkeit nicht förderlich ist, scheint aber zu wachsen, zum Teil allerdings nur deshalb, weil die Kausalität erfolgreicher Forschung für den materiellen Wohlstand erkannt wird.

Ansätze, die rechtlichen Rahmenbedingungen forschungsfreundlicher zu gestalten, sind erkennbar. Die DFG hat die Problematik 1996 in ihrer Denkschrift „Forschungsfreiheit – Ein Plädoyer für bessere Rahmenbedingungen der Forschung in Deutschland" aufgegriffen. Dort wird in der Summe der rechtlichen und tatsächlichen Behinderungen der Forschung eine Aushöhlung des Grundrechts der Forschungsfreiheit (Art. 5 Abs. 3 GG) konstatiert, zugleich werden Vorschläge zur Verbesserung der Gesetzgebung und einzelner Gesetze gemacht. Für die DFG wichtig ist, daß sie mit dieser Denkschrift Position bezogen und der Diskussion um die rechtlichen Rahmenbedingungen neue Impulse gegeben hat. Wenngleich einige Verbesserungen der rechtlichen Rahmenbedingungen bereits realisiert wurden, bleibt noch ein weites Feld von revisionsbedürftigen Regelungen. Dabei ist zu beachten, daß europäische Rahmenvorgaben zunehmende Bedeutung für das einzelstaatliche Recht erlangen. Bei deren Umsetzung sollten aus Gründen der europäischen Rechtseinheitlichkeit wie der internationalen Chancengleichheit nur dort strengere deutsche Rechtsvorschriften erlassen werden, als die europäischen Richtlinien verlangen, wo es aus übergeordneten Gründen, zum Beispiel aufgrund von Verfassungsgeboten oder von ethischen Grundwerten, notwendig ist.

Die Rechtsordnung wird jedoch letztlich von den gesellschaftlichen Grundanschauungen geprägt. Unstreitig herrscht in Deutschland verbreitete Skepsis gegenüber den Risiken moderner Forschung. Wenn die berechtigten Sorgen der Menschen nicht in irrationale Wissenschaftsfeindlichkeit einmünden sollen, müssen möglichst weltweit einheitlich Grenzen der Forschung identifiziert und entsprechende Regeln entwickelt werden. Ebenso unabdingbar müssen die ethischen Standards der Forschung, ihre Transparenz und Überprüfbarkeit aufgearbeitet werden. Die DFG ist bereit, sich im Rahmen ihrer Möglichkeiten diesen Aufgaben zu stellen.

1.3 Finanzielle Perspektiven

Die Hauptaufgabe der DFG, Forschung zu fördern, ist mit Aussicht auf Erfolg nur zu erfüllen, wenn die zur Verfügung stehenden Mittel so bemessen sind, daß in der Begutachtung als förderungswürdig beurteilte Vorhaben nicht aus finanziellen Gründen abgelehnt werden müssen.

Bund und Länder haben anerkannt, daß moderne Forschung eine wenigstens mittelfristige Planungssicherheit voraussetzt. Der sogenannte „5 x 5 Prozent-Beschluß" der Regierungschefs von Bund und Ländern vom 21. Dezember 1989 hat der DFG für die Jahre 1991 bis 1995 diese Planungssicherheit weitgehend gegeben. Die nachfolgende Übersicht verdeutlicht den Zuwachs:

	Ist			
	1993	1994	1995	1996
Allgemeine Forschungsförderung	959,4	1039,7	1115,6	1170,0
Sonderforschungsbereiche	438,9	467,9	504,3	529,6
Leibniz-Programm	26,0	27,0	27,0	26,2
Graduiertenkollegs	66,6	74,5	77,8	95,3
Habilitationsförderung	38,9	57,4	65,1	64,0

Eine Erneuerung des „5 x 5 Prozent-Beschlusses" mit gleicher Verbindlichkeit und Sicherheit für die DFG hat es leider nicht gegeben. Die DFG erkennt aber dankbar an, daß die Regierungschefs der Länder am 25. Oktober 1995 einer Steigerung der Zuwendungen für 1996 um fünf Prozent zugestimmt und gleichzeitig beschlossen haben, für die Jahre 1997 bis 1999 im Hinblick auf die Förderung der Geisteswissenschaftlichen Zentren und der zehn sogenannten Lebenswissenschaftlichen Institute in den neuen Ländern von weiteren Steigerungen der Mittel für die Allgemeine Forschungsförderung und die Sonderforschungsbereiche um jeweils fünf Prozent auszugehen. Dieser Absichtserklärung hat sich der Bund angeschlossen. Ihr entsprechend weist der Wirtschaftsplan 1997 der DFG für die genannten Fördersektoren Steigerungen um fünf Prozent aus. Im Entwurf des Wirtschaftsplans für 1998 ist wiederum ein Zuwachs um fünf Prozent in Ansatz gebracht. Die Bund-Länder-Kommission hat den Wirtschaftsplan 1998 am 2. Juni 1997 verabschiedet. Sie hat darüber hinaus beschlossen, daß bei Öffnung auch des Normalverfahrens für Anträge aus der Hauptarbeitsrichtung von Blaue Liste-Instituten der DFG-Haushalt erhöht werden soll. Diese zusätzliche Zuwendung ist allerdings derzeit noch mit Unsicherheiten behaftet.

Dem beachtlichen Zuwachs von Mitteln für die Allgemeine Forschungsförderung im Zeitraum zwischen 1992 und 1996 von 885,5 Millionen DM auf 1170,0 Millionen DM, also um 32,1 Prozent, steht allerdings im gleichen Zeitabschnitt ein Anstieg des Antragsvolumens von 1849,6 Millionen DM auf 3191,6 Millionen DM, also um 72,6 Prozent gegenüber. Die nachfolgende Tabelle weist diese Steigerungen im einzelnen aus:

	1993	1994	1995	1996
Antragssumme				
– in Millionen DM	2209,1	2403,0	2757,5	3191,6
Steigerung gegenüber dem Vorjahr				
– in Millionen DM	359,5	193,9	354,5	434,1
– in Prozent	19,4	8,8	14,6	15,7

Über die Gründe der nach wie vor ungebrochenen Antragsflut ist bereits gesprochen worden (siehe Seite 79 f.).

Dem deutlichen Auseinanderdriften zwischen verfügbaren und beantragten Fördermitteln konnte nur durch eine spürbare Reduzierung der Bewilligungsquote begegnet werden. 1996 ist die Bewilligungsquote im Normalverfahren auf 43,4 Prozent abgesunken, legt man ausschließlich die Einzelprojektförderung zu Grunde, sogar auf 41,7 Prozent. Wenn man gleichzeitig in Rechnung stellt, daß 1996 mehr als jeder dritte Antrag im Normalverfahren vollständig abgelehnt wurde, ist nachzuvollziehen, daß Entmutigung unter den Wissenschaftlern, insbesondere unter den jüngeren Wissenschaftlern um sich greift.

Wie kann dem begegnet werden? Die DFG will in der bekannten finanziellen Situation keine unrealistischen Forderungen geltend machen. Allerdings muß sie wieder einmal darauf hinweisen, daß nur durch Investition in die Forschung die Zukunftsfähigkeit dieses Landes im globalen Wettbewerb gesichert werden kann. Die DFG ist davon überzeugt, daß sie ihre bisherigen und zukünftigen Aufgaben, beispielsweise in der Nachwuchsförderung durch Weiterführung des Heisenberg- und des Habilitationsprogramms, erfüllen kann, wenn die bisherige Linie der jährlichen Steigerungen der Mittel für die Allgemeine Forschungsförderung und die Sonderforschungsbereiche um fünf Prozent mittelfristig eingehalten wird. Dies würde sich für die gemeinsamen Zuwendungen von Bund und Ländern wie folgt darstellen:

	Soll				
	1997	1998	1999	2000	2001
Allgemeine Forschungsförderung[1]	1229,9	1289,5	1354,0	1421,7	1492,8
Sonderforschungsbereiche	556,0	583,9	613,1	643,8	676,0
Leibniz-Programm[2]	24,0	30,0	30,0	30,0	30,0
Graduiertenkollegs	124,3	133,2	137,1	136,7	138,2
Habilitationsförderung[3]	64,0	45,0	25,0	12,6	–

1 Unter Zugrundelegung des derzeitigen Antragstellerkreises.
2 Unter Berücksichtigung einer Verlängerung des Programms ab dem Jahre 2001.
3 Nach Maßgabe des Hochschulsonderprogramms III (HSP III).

Die DFG ersucht Bund und Länder, Möglichkeiten zu finden, um der DFG auch in Zukunft Stetigkeit des Förderhandelns und Planungssicherheit zu garantieren. Eine gesicherte Steigerungsrate des Haushalts um etwa fünf Prozent jährlich wäre – die Teuerungsrate abgezogen – ein geringfügiger (und preiswerter) Ausgleich für die großen Opfer, die die Einsparungsmaßnahmen in Bund und Ländern der Forschung in Deutschland gleichzeitig auferlegen.

2

WISSENSCHAFTLICHE PERSPEKTIVEN – AUSGEWÄHLTE FORSCHUNGSFELDER

Blickt man auf die bisher erschienenen Bände der „Perspektiven der Forschung und ihrer Förderung" zurück, so ist festzustellen, daß spätestens seit dem 5. Band (1976 bis 1979) die Darstellung alles dessen, was die DFG fördert und im Planungszeitraum zu fördern beabsichtigt, großen Raum einnimmt. Gleichwohl konnte Vollständigkeit bei der Beschreibung der Forschungsarbeiten und -desiderate nie erreicht werden, aber auch das im Titel angesprochene perspektivische Element des Buches kam nicht, jedenfalls nicht voll, zum Tragen. Die Gefahr, mit einer gewissen Routine nahezu alles zusammenzutragen, was in der Forschung bereits geschieht, und dies durch einen mehr oder weniger validen Katalog von Forschungsdesideraten zu ergänzen, ist nicht nur von professionellen Lesern des letzten „Grauen Plans", sondern auch von der DFG selbst erkannt worden. Wenn im Vorwort des vorhergehenden Bandes einerseits von einem „Findebuch" der Ziele und Aufgaben einer freien, selbstverwalteten Grundlagenforschung gesprochen, andererseits jedoch der „exemplarische Charakter der Feststellungen und der Ausblicke" eingestanden wird, so zeigt dies das Dilemma, in dem die DFG sich bei jeder Vorlage eines neuen „Grauen Plans" befindet. Vor die Wahl gestellt, in dem jetzt vorgelegten Band erneut ohne Aussicht auf Erfolg Vollständigkeit anzustreben oder unter Verzicht auf dieses Ziel einen anderen Weg einzuschlagen, um „Perspektiven der Forschung" erkennbar zu machen, haben sich Präsidium und Senat der Deutschen Forschungsgemeinschaft nach eingehender Diskussion für die zweite Alternative entschieden. Unter bewußter Inkaufnahme von Unvollständigkeit soll nicht mehr der Versuch einer flächendeckenden Bestandsaufnahme der Grundlagenforschung in Deutschland unternommen werden, sondern es soll nur eine begrenzte Zahl von besonders wichtig erscheinenden und zukunftsträchtigen Forschungsfeldern dargestellt werden. Dies bedeutet Subjektivität in doppelter Hinsicht:

Zum einen ist die Auswahl der Themen und der Autoren insofern subjektiv, als Präsidium und Senat der DFG sie nach bestem Wissen und Gewissen getroffen haben und verantworten, was selbstverständlich nicht bedeutet, daß alles, was ungenannt geblieben ist, nicht förderungswürdig wäre. Im Gegenteil: Auf viele Themen, die in der Diskussion standen, hat das Präsidium nur schweren Herzens verzichtet, wobei sowohl der Umfang des Bandes als auch der Blick auf mögliche und sich bereitfindende Autoren eine Rolle spielte. Trotzdem ist die getroffene Auswahl sowohl im europäischen wie im internationalen Kontext repräsentativ für hochkompetitive, in den kommenden Jahren zunehmend dichter besetzte Forschungsfelder. Nicht das also ist auffallend, was hier weggelassen werden mußte, sondern das, was unter dem Gesichtspunkt der neuen Paradigmabildung hier hervorgehoben wird. Zum anderen spiegeln die Darstellungen ausschließlich die Einschätzung und Meinung der jeweiligen Autoren beziehungsweise der Autorengruppen, die für die Inhalte ihrer Beiträge persönlich einstehen, wider.

Ob der gewählte Weg der bessere ist, muß sich zeigen. Gewiß werden nicht wenige das „Findebuch" vermissen. Andere werden die Auswahl der Forschungsfelder kritisieren. Dem kann nur entgegengehalten werden, was die Auswahl nicht sein soll: eine prospektive Entscheidung nur für diese und gegen alle anderen Forschungsfelder in der betrachteten Zeitperspektive. Es ist selbstverständlich, daß, wenn das neue Konzept Zustimmung findet, der nächste Band andere Forschungsgebiete beschreiben wird. Positiv gewendet, die subjektive Auswahl der Themen und die subjektive, von den Autoren der einzelnen Beiträge verantwortete Darstellung sollen einen anregenden Einblick in das, was in der Forschung geschieht und geschehen wird, geben und hoffentlich davon überzeugen, daß es sich lohnt – nicht nur auf den dargestellten Forschungsfeldern – mit Blick auf die Zukunft zu investieren.

2.1 Historische Anthropologie

Aleida Assmann, Universität Konstanz, Johannes Fried, Universität Frankfurt, und Horst Wenzel, Berlin

2.1.1 Was heißt „Historische Anthropologie"?

Die Wortverbindung „Historische Anthropologie" birgt Komplexitäten und Widersprüche in sich. Mit dem Begriff des „Historischen" assoziieren wir die Vorstellung des Gemachten, Gewordenen und Bedingten, mit dem der „Anthropologie" dagegen die Vorstellung des Naturgegebenen, beziehungsweise zeit- und kulturübergreifend Allgemeinen. Um diese Widersprüche zu entfalten, soll hier in aller Kürze an die Vorgeschichte dieser Forschungsrichtung erinnert werden, die ja nicht gänzlich neu ist. Anthropologie entstand im 18. Jahrhundert als eine *historische* Wissenschaft, als man begann, durch den biblischen Text hindurch oder auch an ihm vorbei nach den Ursprüngen der Menschheit in der Dimension der Geschichte zu fragen. Die überzeitliche heilige Urkunde über die Geschichte der Menschheit wurde in diesem Zuge historisiert. Vico und Herder gehören zu den Gründerfiguren dieses Projekts; ihr Anliegen war die Historisierung des Wissens vom Menschen und die Verlängerung seiner Geschichte in eine Vorzeit hinein, die nicht über Texte, sondern allenfalls noch über Spuren, im wesentlichen jedoch über Spekulationen zugänglich ist. Diese historische Forschungsrichtung wurde im 19. Jahrhundert verwissenschaftlicht. Mit dem neuen Paradigma der Evolution wurde aus imaginativen Intuitionen und poetischen Rekonstruktionen ein Diskurs mit dem Anspruch einer stringenten Methode, der sich in „Spezialdisziplinen für dunkle Vorzeit" wie Paläontologie, Biologie, Urgeschichte, Sprachwissenschaft und Religionsgeschichte aufgliederte.

Um die Jahrhundertwende kam es auf einigen dieser Gebiete zu einer folgenreichen methodologischen Wende, die bis über die Mitte unseres Jahrhunderts bestimmend blieb. Aus einer emphatisch *zeithaltigen* Forschungsperspektive, die vermeintlich Stabiles historisierte, die Frage nach Genesis und Ursprüngen stellte und in einem evolutionsgeschichtlichen Rahmen argumentierte, wurde eine emphatisch *zeitlose*. Diese Wende der Entzeitlichung erlaubte es, Phänomene der Vorzeit als überzeitliche Strukturen zu erforschen. Hierher gehören in der Sprachwissenschaft etwa F. de Saussure mit seiner Gegenüberstellung von Diachronie und Synchronie und in der Religionsgeschichte Sir James Frazer mit seiner Ethnologisierung der klassischen Texte und seinem Panorama von Parallelen aus allen Zeiten und Räumen der Menschheitsgeschichte. Wenig später verbreiterte die Tiefenpsychologie C.G. Jungs dieses neue anthropologische Paradigma mit ihrer Suche nach Archetypen. Unter diesem weit über die Psychologie hinaus und bis in die 50er Jahre einflußreichen Modell (man denke etwa an die einflußreichen Arbeiten des kanadischen Literaturwissenschaftlers Northrop Frye) verstand man feste Muster in Bildern und Gattungen, die zum Basis-Repertoire sogenannter „primitiver" Kulturstufen gehören, jedoch im langen Evolutionsprozeß der Geschichte sich nicht etwa auflösten, verlorengingen, ersetzt wurden, sondern auch in späteren und späten Kulturstufen mit großer

Beharrlichkeit wiederkehren. Die Rekurrenz solcher Elemente wurde zum Argument gegen ihre Geschichtlichkeit; was dazu disponiert ist wiederzukehren, so folgerte man, steht außer und über der Zeit. In den 20er Jahren stellte der Religionswissenschaftler G. van der Leeuw dem genetischen Modell des 19. Jahrhunderts die Methode der Phänomenologie gegenüber, die durch Vertreter wie Mircea Eliade und Geo Widengren bis in die 70er Jahre das Feld beherrschte. In den 50er Jahren baute C. Lévi-Strauss die sprach- und literaturwissenschaftlichen Modelle des Strukturalismus zu einer umfassenden anthropologischen Methodik aus. Anthropologie wurde in dieser Perspektive *geschichtsfeindlich*; sie wurde zum Studium dessen, was dem Wandel in der Zeit explizit widersteht: der Archetypen, der Konstanten, der Universalien.

Nach dieser wissenschaftsgeschichtlichen Phase, die bis in die 60er Jahre reichte, markiert die Wortfügung „Historische Anthropologie" abermals eine Wende. Daß dies keine Rückwendung zum Vorzustand des 19. Jahrhunderts bedeuten kann, versteht sich nach der Verwerfung des Evolutionsmodells als kolonialer und imperialer Denkform von selbst. „Historische" Anthropologie führt aus dem Niemandsland der Konstanten und Universalien zurück in die Geschichte in ihren verschiedenen Epochen und in die spezifischen Kulturen. Sie erarbeitet ein Wissen nicht vom Menschen schlechthin, der in dieser Abstraktion eine gutgemeinte Erfindung der Aufklärung war, sondern von Menschen in der besonderen Ausprägung ihrer sozialen und historischen Umwelt. Gegenüber einer historisch materialistischen Forschungsausrichtung (wie etwa dem „statistischen Flügel" der Annales-Schule) kommt zur Historischen Anthropologie eine entscheidende Voraussetzung hinzu, nämlich die von der kulturellen Form der Welt. Das bedeutet, daß alles, womit Menschen umgehen, womit sie konfrontiert sind, was sie prägt und bestimmt, einschließlich ihres Geschlechts, kultureller Formung unterliegt. Historische Anthropologie fragt deshalb nicht mehr nach unveränderlichen und unvergänglichen Mustern (nach *Natur-in-Kultur*), sondern nach spezifischen Weisen der Zurichtung, Disziplinierung und technischen Implementierung des Körpers (nach *Kultur-in-Natur*). Dieser Körper ist niemals reine Natur, sondern immer schon geformt, markiert und klassifiziert. Die Herausforderung der Historischen Anthropologie besteht heute nicht zuletzt darin, zu konkretisieren, was die Abstraktion der Aufklärung ausblendete, und zu bilanzieren, was die Hegelsche Erfolgsgeschichte des kolonialisierenden Geistes geflissentlich übersah.

Die folgenden Abschnitte illustrieren Projekte einer Historischen Anthropologie auf verschiedenen Gebieten und von unterschiedlichen Standpunkten aus. Der erste Abschnitt zeigt, wie in der Neuzeit die Grenzen zwischen den Wissenschaften mit Hilfe einer Landkarte des Gehirns gezogen wurden. Ein bestimmtes Bild vom Menschen wurde so zur Grundlage weitreichender institutioneller Neuerungen in der Abgrenzung und Konturierung verschiedener Wissenschaftsformen. Der zweite Abschnitt geht von den sogenannten drei „inneren Sinnen" zu den bekannteren fünf äußeren Sinnen über, von denen hier besonders die beiden Fernsinne des Auges und Ohres im Mittelpunkt stehen. Die Fragen, die sich stellen, betreffen eine Historische Anthropologie der Zeichen und Medien, die vom menschlichen Körper ausgeht und auf diesen – bei allem Wandel technischer Implementierungen – bezogen bleibt. Der dritte Abschnitt wendet sich aktuellen Problemen zu, wie sie derzeit am Horizont eines Faches als Signale einer Orientierungskrise und -wende auftauchen. Mit diesem letzten Abschnitt wird die Reflexion auf das, was Historische Anthropologie sein und unter gegenwärtigen Bedingungen leisten kann, an die Schwelle aktuellster Problemstellungen herangeführt.

2.1.2 Die Einheit des Gehirns und die Einteilung der Wissenschaften

Im 19. Jahrhundert war der Traum von der Einheit des Wissens ausgeträumt. Unter dem Druck zunehmender Arbeitsteilung und Spezialisierung in den einzelnen Disziplinen verblaßte die Idee eines übergreifenden Zusammenhangs unter den Wissenschaften. Die Sehnsucht nach Einheit wurde unter diesen Bedingungen anrüchig und aus den Universitäten verbannt; die pansophischen Traditionen des 18. Jahrhunderts erhielten den Stempel der Esoterik, unter dem sie bis heute als eine inoffizielle Strömung latent geblieben sind. An die Stelle der „universitas" trat die „diversitas" der Wissenschaften, genauer: jene Zweiteilung des Fächerkanons, die der Leitopposition von Natur und Geist folgte und die Einheit des Wissens in „zwei Kulturen" spaltete. Die gegenwärtige Tendenzwende, die den Begriff der Geisteswissenschaften durch den der Kulturwissenschaften ersetzt, hat nach wie vor teil an dieser ebenso grundsätzlichen wie folgenreichen Scheidelinie zwischen Wissenschaften, die einerseits bestimmte „harte" Standards methodischer Objektivität erfüllen, und andererseits „weichere" Standards erfordern, weil sie zeithaltiger, subjektiver und deutungsintensiver sind. Dieser uns so vertrauten und von postmodernen Theoretikern inzwischen in Frage gestellten Zweiteilung der Wissenschaften geht ein dreiteiliges Gliederungsprinzip voraus, an das hier erinnert werden soll, weil es auf anthropologischen Voraussetzungen beruhte. Die Anthropologie, die dabei maßgeblich war, ist inzwischen selbst historisch geworden, was an diesem Punkt soviel heißt wie „überholt" oder „obsolet". Da zum Gegenstand einer Historischen Anthropologie unter anderem auch historische Anthropologien gehören, darf an dieser Stelle ein Blick auf die (Vor-)Geschichte des Systems unserer Wissenschaften geworfen werden.

Dieser Exkurs konfrontiert uns mit folgendem Befund: Bis zur Aufspaltung des Wissenskosmos in zwei Wissenschaftskulturen war die Einheit des Wissens in der Struktur des menschlichen Gehirns verankert. Die Vorstellung vom Aufbau des Gehirns war vom Mittelalter bis in die Neuzeit hinein geprägt von der Lehre von den drei inneren Sinnen, die im Anschluß an Aristoteles und Galen von christlichen, jüdischen und arabischen Philosophen entwickelt und von Autoren der Renaissance übernommen wurde. Die drei inneren Sinne wurden den fünf äußeren gegenübergestellt und in drei Gehirnkammern lokalisiert (Abb. 2.1.1). Im Gegensatz zu den äußeren Sinnen operieren die inneren ohne direkten Kontakt mit der Außenwelt; es handelt sich um kognitive Fähigkeiten oder „Fakultäten", die die von den äußeren Sinnen zugeleiteten Informationen weiterverarbeiten. Über fünf Jahrhunderte hinweg bleiben die Formulierungen erstaunlich konstant, die den Ort und die einzelnen Funktionen dieser inneren

Abb. 2.1.1: Lokalisierung der Inneren Sinne im menschlichen Gehirn auf dem Deckblatt der *Ars Memoriae* von Robert Fludd von 1619, das in der ersten der drei Gehirnkammern das innere Auge der Imagination markiert. (Nachweis: Robertus de Fluctibus, Utriusque Cosmi ... Historia, Tomus Secundus, Oppenheim 1619.)

Sinne festlegen. In der vorderen Gehirnkammer befindet sich die *Imagination*, die die Sinnesdaten in mentale Bilder übersetzt, aber auch unabhängig von den Sinnen, zum Beispiel im Traum, selbständig Bilder produziert. In der mittleren Gehirnkammer befindet sich der *Common Sense*, der die verschiedenen Sinnesdaten verarbeitet und auf dieser Basis Meinungen prüft, Aussagen unterscheidet und Urteile formt. In der hinteren Gehirnkammer ist die *Erinnerung* aufgehoben, die in ihrem Speicher alles sammelt und zur Wiederbesichtigung bereithält. Entscheidend bei diesem Modell des Gehirns ist, daß die unterschiedlichen Kammern und Fakultäten miteinander interagieren und ihre Funktionen in *gegenseitiger Abstimmung* und *Kontrolle* wahrnehmen. Abspaltungen und Vereinseitigungen führen zu Problemen; wenn zum Beispiel die Bilder der Phantasie nicht durch den Common Sense reguliert werden, kann es zu Manifestationen von Geisteskrankheit kommen.

Einen wichtigen Schritt unternahm Francis Bacon, als er in seiner Schrift *Über den Fortschritt der Wissenschaften* (1605) eine Verbindung zwischen Anthropologie und Wissenschaft, das heißt zwischen Gehirnfunktionen und Wissensformen herstellte. Er schrieb: „Die Gebiete des menschlichen Wissens beziehen sich auf die drei Sektoren des menschlichen Geistes, welcher der Sitz allen Wissen und Forschens ist: Geschichte bezieht sich auf die Erinnerung, Dichtung auf die Imagination und Philosophie auf die Vernunft." (2. Buch, I. 1) Zweierlei ist an dieser These bemerkenswert: zum einen die Korrelation von menschlichem Organismus und der Organisation des Wissens, zum anderen die Einteilung der Wissensformen mit Hilfe eines „natürlichen" Strukturmodells. Und an dieser neuen Gliederung des Wissens, die die traditionelle Form der Bildungsorganisation (man denke an die sieben artes liberales und ihre Hierarchie) mit Hilfe des physikalischen Gehirnmodells außer Kraft setzt, ist Bacon besonders gelegen. Was er damit erreicht, ist eine Ausdifferenzierung der Wissensformen und damit verbunden eine Vervielfältigung der Wahrheit. Denn Bacon denkt bei seiner Übertragung der Dreigliederung vom Gehirn auf die Wissenschaften nicht mehr an wechselseitige Angewiesenheit und Interaktion, sondern in erster Linie an *Arbeitsteilung* und *disziplinäre Autonomie*. So wird das antike und mittelalterliche Modell in Bacons Anwendung zu einem modernen Instrument, mit dessen Hilfe er einen neuen Plan der Wissenschaften entwickelt. Er kartographiert eine Ordnung des Wissens, bei der die einzelnen Wissenschaftszweige gegeneinander ausdifferenziert sind, das heißt je eigene Wahrheitsansprüche erheben und vor dem unmittelbaren Einspruch der anderen geschützt sind. Die Geschichte und die Kunst stehen in dieser Ordnung der Philosophie gegenüber, zu der Bacon auch die Naturwissenschaften zählt. Hier deuten sich – verfremdet unter der Dreigliederung – moderne Weichenstellungen also durchaus schon an. Als im Jahre 1751 Denis Diderot unter dem Titel „Système Figuré des Connoissances Humaines" seinen Plan der Einteilung der Wissenschaften im Enzyklopädie-Projekt vorlegte, übernahm er dafür Bacons Modell und schrieb damit die mittelalterliche Lehre von den drei inneren Sinnen noch einmal fort (Abb. 2.1.2).

Die Lehre von den drei inneren Sinnen ist noch heute von Bedeutung, weil sie eine besondere Rolle in der folgenreichen Geschichte der Modernisierung-durch-Ausdifferenzierung gespielt hat. Während Anfang des 17. Jahrhunderts der Renaissance-Enzyklopädist Robert Burton noch das Gehirn mit den Kammern der drei inneren Sinne als gegliederten aber einheitlichen Funktionszusammenhang beschrieb, lagen die Gewichte in einer entsprechenden Beschreibung hundert Jahre später bereits deutlich anders. Alexander Pope, der Anfang des 18. Jahrhunderts wiederum die drei inneren Sinne zur Grundlage einer Einteilung der Wissenschaften machte, betonte nunmehr die Ausschließlichkeit und Unvereinbarkeit der einzelnen Bereiche:

> Thus in the soul while memory prevails,
> The solid pow'r of understanding fails;
> Where beams of warm imagination play,
> The memory's soft figures melt away.
> One science only will one genius fit;
> So vast is art, so narrow human wit:
> Not only bounded to peculiar arts,
> But oft in those confin'd to single parts.
> Like kings we lose the conquests gain'd before,
> By vain ambition still to make them more;
> Each might his sev'ral province well command,
> Would all but stoop to what they understand.
> *Essay on Criticism* (1711), 56-67.

Wir stellen fest, daß die Grenzziehungen, die im Raum des Gehirns wie des Wissens Einteilung und Gliederung ermöglichen sollten, immer härter geworden sind. Bei Pope sind es autonome Provinzen mit klar differenzierten Profilen geworden, die keinen informellen und unkontrollierten Grenzverkehr mehr zulas-

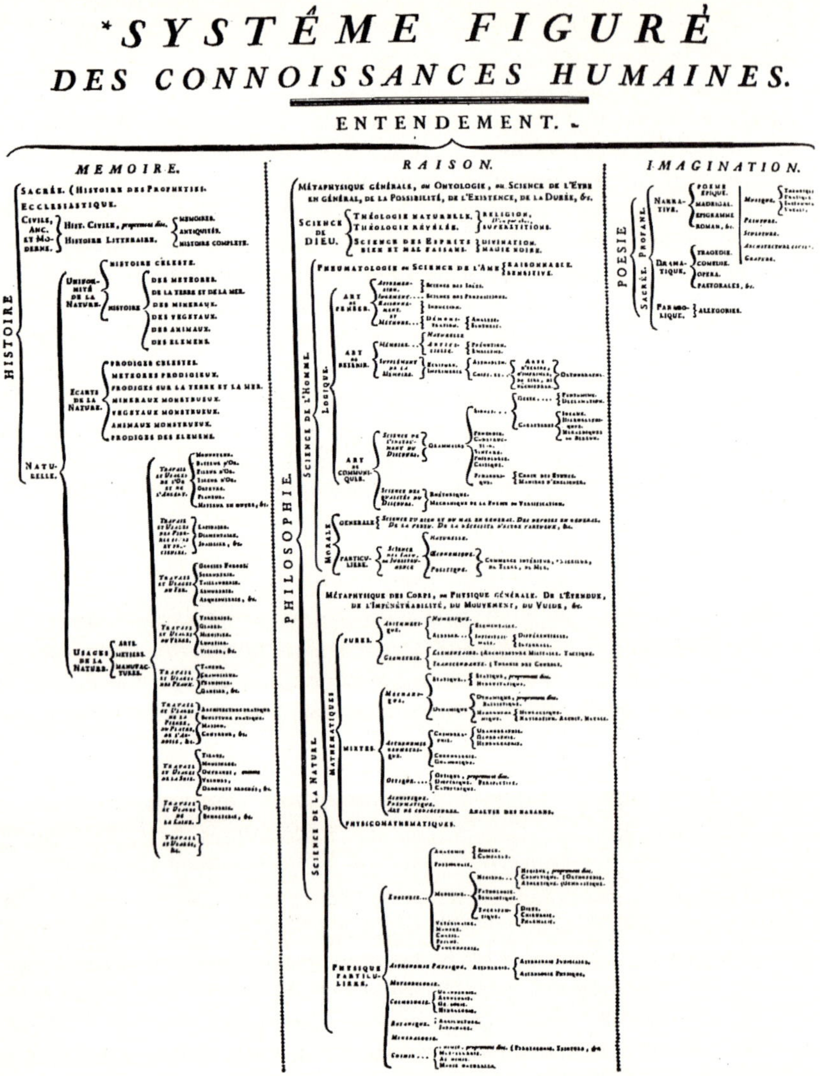

Abb. 2.1.2: Diderots enzyklopädisches System der Wissenschaften aus dem Jahre 1751, das der überlieferten Dreiteilung des menschlichen Gehirns folgt.

sen. Die Disziplinierung des Geistes erzwingt Arbeitsteilung, diese fordert Beschränkung auf eine Domäne, wenn nicht sogar auf einen Problemzusammenhang. Diese Entwicklung ist für Pope nach wie vor in der Natur des menschlichen Geistes begründet, nur daß seine Anthropologie nicht mehr vom einheitlichen Funktionszusammenhang des Gehirns ausgeht, sondern von der Beschränktheit des menschlichen Geistes angesichts eines ins Unermeßliche gewachsenen Wissenskosmos: „One science only will one genius fit; So vast is art, so narrow human wit".

Das Beispiel sollte zeigen, wie grundsätzlich und langfristig die institutionelle Organisation unserer Wissenschaften von anthropologischen Grundannahmen bestimmt war. Von Bacon bis Diderot wurde die Architektur des Wissens vom Körper her entworfen. Wie Caesars Gallien, so war auch das traditionelle Modell des menschlichen Gehirns in drei Teile unterteilt, und diese Landkarte des Gehirns wiederum erwies sich für die moderne Geschichte der Ausdifferenzierung unterschiedlicher Wissensformen, Wahrheitsgestalten, Wertsphären als äußerst folgenreich. Auf Bacons Rechtfertigung einer Pluralisierung von Wissenschaftsformen folgte ein Jahrhundert später Popes Plädoyer für Beschränkung und Spezialisierung. „Divide et impera!" bedeutet in der Wissenschaftsgeschichte, daß Forschungsprogression nur durch Aufgabe holistischer Ansprüche möglich ist. Ohne Grenzziehungen kein Fortschritt, wobei eine immanente Logik zur stetigen Verengung des Gegenstandsbereichs führt: „Not only bounded to peculiar arts, But oft in those confin'd to single parts." Dieser Modernisierungsschub konnte mit einem antiquierten Gehirnmodell durchgesetzt werden, wobei sich die Gewichte allerdings signifikant verschoben: existierten vormals drei Kammern in einem Kopf, so entstanden jetzt drei Kammern mit je einem Kopf. Die Geschichte dieser Ausdifferenzierung läßt sich nicht rückgängig machen, schon gar nicht mit einem Appell zu Integration und Entdifferenzierung. Dagegen kann die Erinnerung an diese Geschichte das Bewußtsein schärfen für die historische Kontingenz von Grenzziehungen sowie Reflexionen anstoßen über ihre Überschreitbarkeit und Verschiebbarkeit. Auch das gehört zum Projekt einer Historischen Anthropologie.

Aleida Assmann

2.1.3 Ohren und Augen – Schrift und Bild. Zur Repräsentation der audiovisuellen Wahrnehmung im Mittelalter

„Das gesprochene oder gesungene Wort, zusammen mit dem visuellen Bild des Sprechers oder Sängers ist auf dem besten Wege, durch die Elekrotechnik seine alte Bedeutung wiederzugewinnen." So schrieb einleitend der kanadische Medienexperte Marshall McLuhan in seinem Buch „Die Gutenberg-Galaxis. Das Ende des Buchzeitalters" (1963). Seine Studien zur elektronischen Oralität verstand er als Ergänzung von Untersuchungen, die die Altphilologen Milman Parry und Albert B. Lord in den dreißiger Jahren über die mündliche Epik durchgeführt haben. Sie studierten auf dem Balkan die spezifischen Formen der Aufführung und Weitergabe oraler Dichtung unter den Bedingungen einer noch lebendigen Tradition körpergebundener Memorialkultur. McLuhan bezieht sich kontinuierlich auf ihre Forschungen, vergleicht immer wieder das Zeitalter nach dem Buchdruck mit dem Zeitalter vor dem Buchdruck, die Audiovisualität der technisch vermittelten Bilder und Töne mit der Audiovisualität der körpergebundenen performance, die sekundäre Oralität, den sekundären Analphabetismus mit der primären Oralität, dem primären Analphabetismus. Er gibt damit den Auftakt für eine Forschung, die das semi-orale Mittelalter und die Neuzeit unter mediengeschichtlicher Perspektive aufeinander bezieht, die technisch vermittelten Bilder seines *global village* mit den Selbstdarstellungen einer *local community*, die sich ihrer selbst in den multisensorischen Inszenierungen von Ritual und Zeremonien vergewissert.

Die Mediengeschichte McLuhans bezieht sich also nicht nur auf die elektronischen Medien, sondern verwendet einen umfassenderen Medienbegriff, der auch das Buch, die Handschrift und den menschlichen Körper als Träger der Kommunikation im Raum der wechselseitigen Wahrnehmung einbegreift. Dieser Medienbegriff erscheint zwar extrem weit in der Verbindung biologischer, physikalischer, technologischer und soziologischer Aspekte, bleibt aber im Rahmen der allgemeinen Definition, die Roland Posner aufgestellt hat:

> „Jede Kommunikation ist auf Kommunikationsmittel angewiesen. Sie werden gewöhnlich Medien genannt und lassen sich nur im Systemzusammenhang definieren. Geht man von dem üblichen Wortgebrauch aus, so ist ein Medium ein System von Kommunikationsmitteln, das wiederholte Kommunikation eines bestimmten Typs ermöglicht. Etwas genauer und zugleich allgemeiner formuliert, ist ein Medium jeweils ein System von Mitteln für die Produktion, Distribution und Rezeption von Zeichen, das den in ihm erzeugten Zeichenprozessen bestimmte gleichbleibende Beschränkungen auferlegt."

Die Übertragung nachrichtentechnischer Modelle auf die hochkomplexe menschliche Kommunikation ist gewiß nicht unproblematisch, aber unter historischer Perspektive auch besonders produktiv. Aus der Perspektive eines erweiterten Medienbegriffes sind auch die Techniken der körperlichen Mitteilung Speicher- und Nachrichtentechniken, die Informationen über und durch die Leiber fließen lassen und sie in sozial eingeübten Handlungen, Gesten und Gebärden verfestigen. Neben den psychischen Systemen stehen also auch sensomotorische Speicher zur Verfügung, eine Art Körpergedächtnis mithin, das für orale Gemeinschaften konstitutiv ist (Abb. 2.1.3). In Schrift und Bild manifestieren sich zwei Dimensionen sensorischer Wahrnehmung, das Hören und das Sehen, die in der alltäglichen Kommunikation und im menschlichen Gedächtnis nicht getrennt sind. *Das Ohr* richtet die Augen aus auf die Quellen akustischer Wahrnehmung, *das Auge* unterstützt das Hören durch die optische Erfassung der akustischen Quellen. *Das Gedächtnis* speichert Ton und Bild als audiovisuelle Wahrnehmung. In diesem Sinne hat auch Herder im anthropologisch-empirischen Teil seiner Antwort auf die „Preisfrage nach dem Ursprung der Sprache" gegen die Isolierung eines Sinnes die notwendige Koordination aller Sinne und den besonderen Vorrang von Gesichtssinn und Gehör ins Feld geführt. Demnach beweist der Mensch ja nicht schon Reflexion, indem er das Blöken des Schafes bloß nachahmt und somit sich Sprache erfunden hätte. Das Tier muß auch „als Bild" vor seinem Auge vorbeigehen, damit aus beidem, aus Anblick und Ton, ein „Merkmal" im inneren Sinne, ein „innerliches Merkwort" oder schlicht ein sprachliches Zeichen gebildet werden kann, mit dem der Mensch das Schaf bei seinem erneuten Auftreten wiedererkennen und das er als dessen Namen aussprechen kann (Abb. 2.1.4).

Abb. 2.1.3 (rechts): Augen und Ohren (München Clm 3801, Bl. 12 v. Cyrillus-Fabeln, Oberrheinische Sammelhandschrift von 1436).

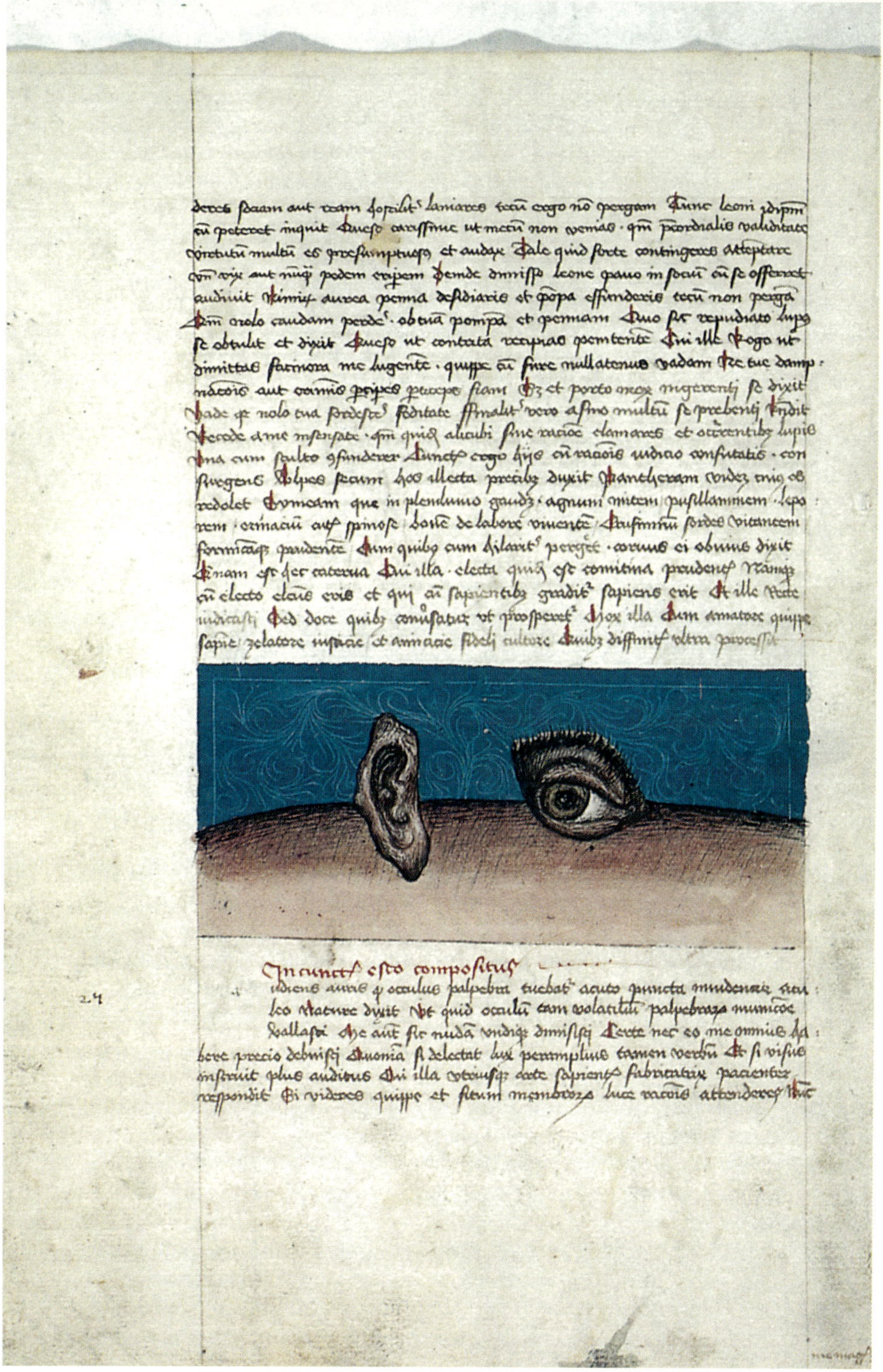

Die Neuropsychologie hält bis heute daran fest, daß unsere Gehirnstruktur es uns ermöglicht, Zeichen (Bilder) und Laute (Worte) mit gedanklichen Entwürfen (Strukturen) zu verbinden. Die Leistung der Erinnerung ist demnach die entscheidende Voraussetzung der „Wiederholung" und Vermittlung audiovisueller Wahrnehmung. Deshalb spielt in schriftlosen Kulturen und auch im Spannungsfeld von Mündlichkeit und Schriftlichkeit, das prägend zu sein scheint für die Zentren höfischer Kultur im Mittelalter, die Signifikanz der nonverbalen Zeichen und ihre kollektive Sicherung eine herausragende Rolle. So heißt es bei Thomasin von Zerclaere (1215):

ein ieglîch edel kint mac
sich selben meistern alle tac.
sehende, hoerende, *ob er wil,*
und gedenkent *lernt man vil.*
er sol ouch haben den muot,
merke waz der beste tuot,
wan die vrumen liute sint
und suln sîn spiegel *dem kint.*
(Der Welsche Gast, 613 ff.)

(Jeder adlige Jüngling ist imstande, sich selbst jeden Tag zu meistern. *Sehend, hörend,* wenn er will, und *erinnernd* lernt man viel. Er soll auch darauf achten, was der Beste tut, denn die tüchtigen Leute sind und sollen sein ein *Spiegel* für die Heranwachsenden.)

Die sprachliche Belehrung bleibt demnach eingebunden in die szenische Erfahrung, die den Lernprozeß weitgehend dominiert. Die Orientierung an einem bedeutenden Gegenüber, das die höfischen Normansprüche vor-bildlich verkörpert, eröffnet den jungen Adligen die Möglichkeit, die überindividuell in Geltung stehenden Verhaltensformen „durch Anschauung" einzuüben, dieses Wissen zu erinnern und in signifikanten Handlungszusammenhängen richtig anzuwenden (Abb. 2.1.5). Dauerhaftigkeit und Stabilität gewinnt ein solches Vor-Bild allerdings erst durch die Unterstützung der Memoria, wenn es also als Gedächtnisbild für die Vorstellungskraft verfügbar bleibt. Dementsprechend heißt es in einer aufschlußreichen Studie zur Gebärdensprache Giottos: „In einer Gesellschaft, in der die Fähigkeit zum Lesen keineswegs selbstverständlich war, mußten viele Funktionen der Bewahrung und Tradierung (*archival functions*) durch die lebendige Erinnerung (*living memory*) übernommen werden. In einer solchen Gesellschaft", heißt es weiter, „wurden die Kinder an die Höfe gegeben, um später im Leben für die Verhaltensformen einzustehen, die sie am Hof erfahren hatten. Diese Kinder konnten jedoch sehr viel leichter die erlebten *Handlungen* erinnern als die gesprochenen *Sätze*". (Moshe Barasch, Giotto and the Language of Gesture, Cambridge 1987, S. 7.) Die Dominanz der bildhaften Erinnerung war Stütze und Garant dafür, daß die lebendigen Modelle vorbildlichen Handelns für die Erinnerung bewahrt und handlungsorientierend wirksam werden konnten. Grundsätzlich aber wirken Bild und Ton zusammen. Mündlichkeit ist stets multisensorisch (multimedial), und das Gedächtnis bewahrt Geruch und Geschmack mit dem Wort und der Szene.

Abb. 2.1.4: Auge und Ohr: Pforten zum Haus der Memoria (Paris, Bibliothèque nationale, s. fr. 1951, fol. 1).

Mit der Durchsetzung von schriftlichen Aufzeichnungen wird das kulturelle „Gedächtnis" abgespalten von den personalen Wissensträgern, werden Schrift und Bild zunehmend selbst zu Medien der *memoria* und die weisen Alten marginalisiert. Bücher sind Stützen der Erinnerung und übernehmen damit die Funktion des vor-bildlichen Anderen. Dafür gibt es viele Beispiele. So lautet die Inschrift des prachtvollen Widmungsbildes (etwa 1000 n. Chr.) aus dem Aachener Ottonen-Evangeliar: *Hoc Auguste Libro Tibi Cor Deus Induat Otto Quem De Liuthario Te Suscepisse Memento* (Mit diesem Buch, das dich an Lothar erinnern soll, von dem du es empfangen hast, möge Dir, Kaiser Otto, Gott das Herz bekleiden). Die bildhafte Formulierung „mit einem Buch das Herz bekleiden" steht in direktem Zusammenhang mit den Sprüchen Salomonis VI, 20-23, die den Sohn ermahnen, die Vorschriften seines Vaters und die seiner Mutter für ewig „auf das Herz zu binden". Träger des Wortes sind zunächst Vater und

Abb. 2.1.5: Körpersprache: König Tirol und sein Sohn Friedebant (Codex Manesse cjpg. 848, III).

Mutter, dann aber das Buch, das die Gestalt des vor-bildlichen Anderen, des Vaters, der Mutter oder auch des Lehrers metaphorisch bewahrt und fortsetzt. Dieser Sachverhalt hat sich in anthropomorphen Metaphern des Buchwesens bis heute bewahrt. Ein Buch ist ein „Corpus" mit „Caput" und „Fußnoten". Bücher sind Spiegel, die erzählend vor Augen führen, was an kulturellen Vorstellungen in Geltung steht, erinnert werden muß und wirksam werden soll in außerliterarischen Zusammenhängen. Das Buch rückt ein in die Funktion des Erziehers und stellt sich dar als „*spiegel*", als ein bildhaftes Gegenüber, das zur Ausarbeitung und zur Korrektur eines konformen Selbstbildes anleitet.

Im „Magezoge" (der Erzieher) wird dieses Verhältnis schon im Titel programmatisch formuliert: *Ditz buchel ist geheizen ein spigel aller tugent unde ein maitzoge aller jugent.* So weist die Schrift zurück auf die Strukturen vor- und außerschriftlicher Kommunikation. Diese Sprachregelung korrespondiert einer lateinischen Tradition, der unschwer zu entnehmen ist, daß auch die Lehrbücher und exemplarischen Erziehungslehren, die den Begriff „*Speculum*" im Titel tragen (*Speculum puerorum, Speculum virginum, Speculum ecclesiae*) auf die außerliterarische Spiegelung des Ich im vorbildlichen Anderen, des Lernens in der partizipierenden Wahrnehmung, zurückverweisen. Die Erzählungen von Heiligen, Königen und Fürsten zählen zu den exemplarischen Spiegeln und „schließlich können all jene Sterblichen, die sich durch Frömmigkeit, Tugend, und außergewöhnliches Wissen oder Tun ausgezeichnet haben" (Herbert Grabes) zu Spiegeln für die korrigierende Selbstbeobachtung werden. In einer bilderreichen, oft metaphorischen Sprache werden Heilige und Sünder, *ritter unde vrouwen* vorgeführt, als wären sie sichtbar und hörbar. Aufschlußreich dafür erscheint die häufige Verwendung der Verben des Sehens und Hörens in vielen mittelalterlichen Texten. *Sehen* und *hoeren* sind als Termini der sensorischen Erfahrung in der Sprache der höfischen Literatur besonders häufig formelhaft verklammert und als Wahrnehmungsformen so stark an das Körperschema gebunden, daß die Trennung des literarisch vermittelten Wissens von der Person des Wissenden nicht explizit wird. So reklamiert Wolfram von Eschenbach im „Parzival", dem schon im Mittelalter anerkannten Höhepunkt höfischer Epik, daß sein ritterlicher Status (*reht*) für jede Dame, die sich davon überzeugen wolle, „sichtbar und hörbar" wahrzunehmen sei:

> *swelhiu mîn reht wil schouwen,*
> *beidiu* sehen und hoeren,
> *die ensol ich niht betoeren.*
> *schildes ambet ist mîn art.*
> (Parz. 115,8 ff.)

(Einer jeden, die *sehen* und *hören* möchte, wer ich wirklich bin (welchen Stand ich habe), sei ohne Trug gesagt: Dem Rittertum gehöre ich an (dem Schild bin ich verpflichtet) durch Geburt und Erziehung.)

Diese Form der Sprachregelung, die in der Tradition der Mündlichkeit verankert ist, verweist uns darauf, daß die Schrift auch noch im 12. und im 13. Jahrhundert eine subsidiäre Funktion gegenüber der Kommunikation im Raum der wechselseitigen Wahrnehmung hat. Die narrative Inszenierung von Körpern und Konfigurationen, die „anschauliche" Vorführung von gesellschaftlichen Standards und gesellschaftlichem Status, erscheint deshalb für die volkssprachliche Manuskriptkultur der Höfe als konstitutiv. Die breite Schilderung von Festen, von Kämpfen, Waffen und Kleidern demonstriert die Aufgabe der Texte, mit der Schrift als Repräsentation der Sprache zugleich den szenischen Vollzug eines idealen höfischen Lebens vorzustellen. Dabei treten jedoch neben die agierenden Personen die „Verbildlichungen" vorgestellter Sachverhalte, die für die Vermittlungs- und Darstellungsleistung von Literatur besonders charakteristisch sind und die „historischen" Erzählungen ergänzen um die anschauliche Darstellung wichtiger Wissens- und Vorstellungsbereiche: gezeigt werden die Tugenden, die Laster, die Künste und die Jahreszeiten. Bildhafte Tableaus, die Personalisierung von Abstrakta (*frou minne, frou êre, frou huote*), Metaphern und Allegorien bestätigen das Prinzip der szenischen Vergegenwärtigung und damit die Fähigkeit der Schrift, das Kollektivgedächtnis zu entlasten. Die Wahrnehmung des „inneren Auges" kann die symbolische Weltdeutung sehr viel prägnanter und umfassender gestalten, als die Augenwahrnehmung im höfischen Zeremonialzusammenhang das ermöglichen würde. Die Literatur erweist sich so als vorzügliches Medium zur Vergegenwärtigung sozialer Verhältnisse und zur Darstellung elementarer Lehren über die Welt und den Menschen.

Korrespondierend dazu ist die *Bild*wahrnehmung der *illitterati* keine distanzierte Musterung, sondern involvierte Teilhabe – im Modus der Gegenwart ablaufende Kommunikation. Bilder führen vor Augen, was in Geltung steht, wie etwa die Taten der Vorfahren, deren Tapferkeit und Tugend wirksam bleiben, oder die Taten der Heiligen, deren Leiden und Sterben als gegenwärtiges Leiden beeindrucken. So berichtet der französische „Floreroman" von Deckenmalereien im Jungfrauenturm in Babylon, die mit den Bildern der Vergangenheit auch die Tüchtigkeit der Vorfahren wachhalten:

Moult a apris de l'escripture
Qui puet savoir de la painture:
Li fait i sont des ancissours,
Les prouesses et les estours.
(1657 ff.)

(Vieles hat von der Schrift gelernt, wer die Malerei zu deuten versteht: Die Taten dort sind die der Vorfahren, ihre Tapferkeit und ihre Kühnheit.)

Der französische „Alexanderroman" erzählt von der Wirkung solcher Bilder, daß sie den Betrachtern wie lebendig erscheinen:

cou est vis á tous caus qui bien les esgardoient
que fust cose vivant le painture que voient.
(445,7 f.)

(das ist sichtbar für alle jene, die gut hinschauten, daß die Malerei, die sie sehen, eine lebendige Sache war.)

In den Illustrationen des „Sachsenspiegel" fungieren die Rechtsgebärden als kinästhetische Szenarien, die ein immer wieder gültiges Zeremoniell vergegenwärtigen, das geltende Recht „realisieren". Das Recht ist nicht nur dargestellt, sondern anwesend gemacht. Dazu heißt es bei Michael Curschmann, der sich als Literarhistoriker mit dem Verhältnis von Text und Bild besonders eingehend beschäftigt hat: „Die Bilder der *codices picturati* machen die Kodifizierung einer mündlichen Rechtstradition überhaupt erst im vollen Umfang möglich, denn sie stellen dar, was der Text eben nicht vermitteln kann: die prozedurale Praxis und überhaupt die Wirklichkeit des Rechts im Vollzug. Gesellschaftliche Integration bedeutet hier, den Lebensraum des Rechts in der gestisch-mündlichen Formalisierung visuell gegenwärtig halten. Das Bild fängt das Fluidum der Mündlichkeit ein, in dem das Wort sich auch nach seiner Verschriftlichung noch bewegt."

In diesem Sinne äußert sich auch Hans Belting, dem wir eine grundlegende Studie zu „Bild und Kult" im Mittelalter danken: „Die Bilder enthalten ein Moment der Erzählung, auch wenn sie keine Erzählung sind. Das Kind auf dem Schoß der Mutter und der tote Mann am Kreuz laden ein zur Erinnerung an die zwei Angelpunkte eines historischen Lebens. Die Unterschiede zwischen ihnen sind durch historische Fakten bedingt und ermöglichen folglich Erinnerung im Bild oder Erinnerung durch das Bild. Das Bild ist aber nur verständlich, wenn man es von der Schrift her wiedererkennt. Es erinnert daran, was die Schrift erzählt, und erlaubt zusätzlich den Kult der Person und der Erinnerung." Derart beziehen sich die Schreiber auf die Maler, während umgekehrt die Maler gern auf den Vorrang der Schrift verweisen. Diese wechselseitige Referentialität der Künste hält fest am Zusammenhang des Sehens und Hörens, der den Medien der Erinnerung schon immer vorausgeht als Charakteristikum der Kommunikation im Raum der wechselseitigen Wahrnehmung.

Zur besonderen Nähe der „Bilder sowohl als der Wörter" im Sinne von „Nachahmungen" äußert sich bereits Platon im Kratylos (Kap. 39). Aristoteles zufolge ist der Dichter ein Nachahmer der Wirklichkeit, „genau wie der Maler oder ein anderer Bildner". Wie jene „in Farben und Formen vielerlei abbilden und nachahmen", so er „mit dem Worte". Schrift und Bild sind demnach wechselseitig nicht vollständig austauschbar, tendieren aber jeweils dazu, die Simultaneität der audiovisuellen Wahrnehmung zu wiederholen. Diese Tendenz setzt sich fort im *Zusammenwirken beider Künste*. In der mittelalterlichen Manuskriptkultur tendiert die Schrift zum Bild, wie andererseits das Bild zur Schrift. Die Bildhaftigkeit der Initialen ist dafür ein hervorragendes Beispiel, wie umgekehrt auch die im Text inkorporierten Miniaturen vielfach Schriftleisten und Sprechbänder enthalten. Zur Illumination gotischer Apokalypsehandschriften heißt es bei Suzanne Lewis: „The Gothic experience of the book thus inheres in a tension between two worlds, between reading texts and reading images." (Abb. 2.1.6)

Zu den Bilderhandschriften des „Sachsenspiegel" formuliert Schmidt-Wiegand ähnlich: „Text und Bild ergänzen sich in Form einer Symbiose und wollen miteinander gelesen und interpretiert werden." Schließlich stützt auch Belting aus der Sicht des Kunsthistorikers die enge Bindung beider Medien: „Bild und Text wurden im Zeitalter Dantes als komplementäre Medien verstanden. Illustrationen traten in den Büchern mehr und mehr als ‚visuelle Glossen' der Texte auf. Andererseits wurden die Inschriften auf den gemalten Bildwänden der Kirchen und Rathäuser in immer größerem Umfang als ‚verbale Glossen' der Malereien eingesetzt." Die Unzulänglichkeit der Einzelkünste ergibt sich, so könnte es scheinen, aus der Komplexität der sensorischen Wahrnehmung: „Da unser Auge von Natur taub und unser Ohr blind ist", gehören Hören und Sehen für das sprachliche Handeln notwendig zusammen (Johann Georg Hamann). Die nachahmenden Künste zielen darauf ab, diesen Zusammenhang medial präsent zu halten. Dementsprechend heißt es noch bei Harsdoerffer (1607-1658) im „Poetischen Trichter": „*es wird die Poeterey ein redendes Gemähl/ das Gemähl aber eine stumme Poeterey genennet.*" Die Formeln „*redendes Gemähl*" für Dichtung und „*stumme Poeterey*" für Malerei setzen die besondere Affinität von Wort und Bild voraus, verweisen aber zugleich auf die Grenzen jeder Einzelkunst. Wie es der Schrift grundsätzlich mangelt an der Klarheit der bildlichen Anschauung, so fehlt dem Bild die Präzision der sprachlichen Begriffe. Deshalb „bildet“ die Schrift ab, verlangt aber nach dem gemalten Bild, der Miniatur oder dem Holzschnitt zu ihrer Ergänzung. Das Bild seinerseits „beschreibt“ und verwendet dennoch Titel, Devisen und Schriftbänder. In diesem Sinne fordert Dürer ganz ausdrücklich eine wechselseitige Ergänzung beider Künste:

> *Ein idlich Ding, das du sichst, das ist dir gelaublicher, denn das du hörst.*
> *So aber beede, gehört und gesehen würd, fass wir das dest*
> *kräftiger und beleibt uns beständiger.*
> *Deshalb will ich das Wort und das Werk zammentan,*
> *auf daß mans dest baß merken müg.*

Abb. 2.1.6: Sprechbänder – Audiovisualität im Mittelalter (Evangeliar Herdhausen 1165/66, Landesbibliothek Kassel, theol. fol. 59, verschollen).

Die Verwendung von Schriftbändern in „alten Bildern" ist deshalb auch nicht notwendig ein Versagen der Kunst, sondern Ausdruck einer Darstellungsabsicht, die eine audiovisuelle Wahrnehmung anstrebt. Die umgekehrte Praxis, Handschriften mit Bildern zu verzieren, bestätigt diese Einschätzung: Bild und Schrift tendieren von verschiedenen Seiten zur vollständigen Repräsentation der audiovisuellen Wahrnehmung. Dennoch ist zu insistieren auf der Differenz der beiden Medien: Das Bild repräsentiert die optische Wahrnehmung und über diese auch das Sprechen; Schrift repräsentiert die Sprache und über diese auch das Sehen. Grundsätzlich zielen beide Medien ab auf eine ganzheitliche Repräsentation der audio-visuellen Wahrnehmung, aber der Primat des Hörens oder Sehens ändert sich mit dem Wechsel von der Schrift zum Bild und umgekehrt vom Bild zur Schrift. Deshalb tendieren beide Medien auch zu ihrer wechselseitigen Ergänzung – zur Verbindung von Schrift und Bild in einem „Schrift-Bild-Gewebe", für das es keinen eigenen Begriff zu geben scheint. Der Grund dafür könnte darin liegen, daß diese Korrespondenz im Laufe der Geschichte nicht immer als gleich zwingend empfunden wurde.

Versuchen wir ein abschließendes Resümee: Die semantische Interferenz von *schrîben* und *mâlen*, *schrift* und *gemeld*, *gedicht* und *gemeld*, die auch im neuhochdeutschen Sprachstand nachwirkt („beschreiben" für Bilder, „aufzeichnen" für Texte, „schildern", „ausmalen", „entwerfen" für Texte und Bilder), bezeugt eine besondere Nähe bis hin zur Austauschbarkeit von Bild und Schrift im Mittelalter, die sich zum einen auf die handwerkliche Grundlage bezieht, zum andern auf die Theorie der Wahrnehmung, auf die bildnerische Kraft der *imaginatio*, die als Einbildungskraft (in ihrer passiven Dimension) und als Vorstellungskraft (in ihrer aktiven Dimension) mit der *memoria* immer schon verbunden ist. Augen und Ohren sind in diesem Sinne nur verschiedene Fenster (Kanäle), die den höheren Kräften der Seele Anschauung und Erkenntnis ermöglichen. Bei den *illitterati* (den Laien) ist diese theoretische Dimension nicht grundsätzlich vorauszusetzen, sie korrespondiert jedoch der Dominanz des „Hörens und Sehens" in der vor- und außersprachlichen Kommunikation, die sich im prozessualen Vollzug der Text- und der Bildrezeption fortsetzt. Text und Bild sind für die Laien Medien der Memoria und Repräsentation, der Wiederholung und Vergegenwärtigung welthaltiger Erfahrung.

Vieles spricht dafür, daß die antiken und die mittelalterlichen Wissenstheorien selbst auf den Primat der audiovisuellen Wahrnehmung zurückzuführen sind. Griechisch geht „Wissen" (*eidénai, oida* = ich weiß) „auf die Vorstellung des ‚Sehens' zurück, und zwar so, daß es im Wort noch lebendig ist. ‚Wissen' ist der Zustand, der resultiert aus dem Seh-Akt", verweist auf ein Gesehen-Haben im wörtlichen Sinn, wie Wolfgang Schadewaldt formuliert: „daß man etwas, das man gesehen hat, auch wirklich ‚hat' und ‚besitzt'. Wenn jemand sehr viel gesehen hat und dies Gesehene besitzt, hat er Wissen. Wissen gehört also in den Bereich der Sicht und ist als resultierender Zustand ein Verfügen über Sichten."

Auch das deutsche Wort „Wissen" gehört in diesen Zusammenhang. Es ist verwandt mit dem lateinischen *videre* „sehen" und geht zurück auf eine idogermanische Wurzel *uid-* „sehen" mit dem Perfekt *(u)oida* „ich habe gesehen, ich weiß". Hier erschließt sich ein Zusammenhang, der nicht nur aus der Antike rekonstruiert werden muß, sondern auch im Mittelalter faßbar wird – der Zusammenhang des „Lernens" durch Hören und Sehen mit der Partizipation an Text und Bild –, oder in der Sprache der Zeitgenossen, an *schrift* und *gemeld.* Die Auseinandersetzung mit den neuen Medien und der „neuen Visualität" (Tele-Vision, Video) könnte uns dazu verhelfen, die Repräsentation der audiovisuellen Wahrnehmung im Mittelalter und der frühen Neuzeit als einen Zusammenhang des bildhaften Erzählens und erzählender Bilder zu verstehen und die systematische Abgrenzung von Kunst- und Literaturgeschichte als historisches Zwischenspiel, das von den neuen Medien neu relativiert wird.

Horst Wenzel

2.1.4 Frauengeschichte, Körpergeschichte – neue Perspektiven der Geschichtswissenschaft

„Die Erde war bewohnbar geworden und wurde bewohnt; die Völker waren geschieden und standen in mannigfachen Beziehungen untereinander; sie besaßen Anfänge der Kultur, lange bevor die Schrift erfunden war: und auf diese allein ist doch die Geschichte angewiesen. Wie könnte sich der Geschichtsschreiber zutrauen, das Geheimnis der Urwelt, also das Verhältnis der Menschen zu Gott und der Natur, zu enthüllen?" Mit diesen Worten beginnt die „Vorrede", die Leopold von Ranke seiner 1881 erstmals erschienenen „Weltgeschichte" vorausschickte. In biblisches Pathos gekleidet gibt sie sich ganz objektiv: die Erde bewohnbar, die Völker geschieden, das Geheimnis der Urwelt verhüllt. Der Autor selbst, das schreibende Ich, verschwindet hinter der Pose des Geschichtsschreibers. Realist, der er ist, sieht er sich vor Grenzen gestellt und deshalb auf ein einziges großes Thema verwiesen: „Die Weltgeschichte würde in Phantasien und Philosopheme ausarten, wenn sie sich von dem festen Boden der Nationalgeschichten losreißen wollte; aber ebensowenig kann sie an diesem Boden haften bleiben. In den Nationen selbst erscheint die Geschichte der Menschheit." Von Anthropologie war hier wenig zu spüren, allenfalls ging es um die philosophisch-idealistische Wesensbestimmung des Menschen, der seinerseits in nationaler Vielfalt in Erscheinung trat.

Ganz anders heutige Historiker. Ihr Zugang gibt sich subjektiv. So eröffnet Caroline W. Bynum, eine bedeutende und angesehene amerikanische Mediävistin, das Vorwort ihres jüngsten, im Jahr 1995 erschienenen Buches über „die Auferstehung des Leibes" in der westlichen Theologie der Spätantike und des Mittelalters mit fast bekenntnishaften Sätzen. Der Ton ist persönlich. Allein in den ersten drei Absätzen gebraucht sie fünfzehn Mal das Wörtchen „ich". Sie erzählt, wie das Buch zustande gekommen ist, was sie mit ihm intendierte, was sie dabei empfand. „Ich beabsichtigte, ... mein fortwährendes Vertrauen in ein (heute wiederholt infragegestelltes oder abgelehntes) Unterfangen zu beteuern, nämlich zu versuchen, Texte aus der Vergangenheit in, wie wir gewöhnlich sagen, ‚ihren eigenen Worten' zu lesen." Kein Pathos des großen Themas, statt dessen die Bescheidenheit des auf sich selbst verwiesenen Forschers.

Doch erhebt, an anderer Stelle, auch Bynum die Forderung nach „Weltgeschichte".

Nichts verdeutlicht wohl den Wandel in der Geschichtswissenschaft von der Höhe des 19. zum Ende des 20. Jahrhunderts besser als das Aufkommen und die Verbreitung derartigen Subjektivismus. Wer erzählt die Geschichte? „Der Geschichtsschreiber" oder „ich"? Sind beide nicht identisch? Zur Antwort verweise ich auf ein anderes im Jahr 1996 erschienenes Buch: „Geschmack und Macht: Die Möblierung des Modernen Frankreich". In dessen Vorwort schreibt die Autorin, Leora Auslander: „Tatsächlich erwuchs dieses Buch aus meiner eingehenden Beschäftigung mit der Dimension des Politischen im Alltag und aus meinem eigenen Alltag heraus, also: Modezeitschriften, Romanen, Zeitungen, Gesprächen, Städten, Musik, Möbeln, Gebäuden, Werbung, Gemälden, Unterrichtsräumen, Konferenzen, Tagungen und wissenschaftlichen Büchern". Das erste, die politische Position des Historikers als Quelle seiner Forschungsinteressen, klingt altvertraut; man könnte auf Max Weber verweisen. Das zweite aber, die Wirkung des Alltags auf sein Erkennen, daß, wie Auslander andernorts formulierte, „Geschlecht, Sexualität und Rasse ... großen Einfluß auf unsere Erfahrungen mit der Welt haben" und „daß ... die Erfahrung der Arbeit, des Gebärens, des Essens, des Ankleidens, des Laufens auf der Straße, des Musikhörens" die Ansichten über die Welt und damit auch von der Geschichte durchsetzen, ist allenfalls mit jenem ersten implizit gemeint, doch insgesamt noch wenig reflektiert oder systematisiert. Es fällt aus dem Rahmen jeder wissenschaftlichen Quellenkunde und historischen Methodologie, wie sie heute auf dem Markt sind.

Auslanders Statement ist schonungslos ehrlich. Doch ist es seriös? Geht solche Privatheit der Historikerin bis in Psyche und Körper hinein nicht zu weit? Ist nicht gerade sie auszuschalten? Zweifel kommen auf. Hat nicht Johann Gustav Droysen schon, der Zeitgenosse Rankes, bekannt für seine „Historik", die grundlegende Methodologie der modernen Geschichtswissenschaft, die nötigen Klarstellungen vor über einem Jahrhundert getroffen? „Denn", so wußte auch er, „mein Ich wie dein Ich ist ein lebendig Bewegliches, wird durch neue Eindrücke, Bedingungen, Anreizungen, die uns begegnen, in neuer Weise erregt und bestimmt". Den „großen Wert" aber, den solche Einflüsse von Ich zu Ich „für unsere Forschungen" haben, bestimmte Droysen in ihrem Einwirken auf den „Verlauf der Dinge", sah in ihnen mithin Gegenstände seines Erkennens, nicht Bedingungen desselben. Die Geschichte des Journals ließe sich also schreiben. Doch die Lektüre des Journals als Faktor im Erforschen Alexanders des Großen, als konstitutiver Faktor im Erfassen des gegenwartsentrückten Forschungsgegenstandes – solches zu postulieren verstößt gegen die Regeln der „Historik". Auslander irrt demnach.

Ablehnende Urteile gegen ihren „feministischen" Ansatz sind denn auch rasch zur Hand, allzu rasch. Mangelnde Methodenschärfe, Differenzierungsverlust, Verrat an kritischer Wissenschaft mögen sie lauten, auch: modernistische Modetorheit, unzulässige „persönliche Note", wie sie Max Weber bereits verdammt hatte, alle Vorurteile gegen experimentelle Geschichtswissenschaft können aufgerufen werden. Doch woher die Berechtigung dazu? Solche Sicherheit? Woher meine Werte und Fragen? Wie angemessen ist mein Stolz auf die Methode? Wie bedingt die Richtung meiner Antworten? Woher meine Interessen, meine Parameter, meine ganze Herangehensweise an Vergangenheit, mein Wahrnehmen, mein Erfassen der Gegenstände, mein Verstehen und Aussagen, meine Kritik- und Konzessionsbereitschaft? Wann und wie werden sie aktualisiert? Quellen nicht bei aller kollektiven Bedingtheit von Wissen, Wahrnehmen und Verstehen die jeweiligen Wissens-, Wahrnehmungs- und Verstehensprozesse von Subjektivität über? Welche Rolle also spielen meine Erfahrung in meinem Alltag, mein So-sein-wie-ich-bin für meine Einsicht in die Vergangenheit, eine mir stets fremde Welt? Kann ich in meinem Tun, dem Forschen, von mir abstrahieren? Ganz oder in Teilen? Handelt es sich bei derartigem Ansinnen um ein unsinniges, weil schlechthin unmögliches Postulat?

In der Tat, ich kenne keine zwei Historiker, die mehr zu sein beanspruchen als bloße Epigonen und die, selbst wenn sie aus derselben Schule hervorgegangen sind, sich demselben Gegenstand zuwenden (wenn es denn derselbe ist) und sich derselben Methoden in prinzipiell derselben Weise bedienen, auch dasselbe erkennen, erzählen oder schreiben; keine zwei, die die nämlichen Begründungen liefern, identische Urteile fällen. Gewiß, bei einer Frage wie beispielsweise nach der Mutter des Kaisers Friedrich Barbarossa stoßen alle auf dieselbe Antwort: „Judith". Doch damit ist nichts gewonnen, solange unbekannt ist, „wer" Judith „war". Die Anwort auf diese Frage aber impliziert die Kenntnis der ganzen Kultur; und dieser Umstand bringt divergierende Antworten hervor. Ich sehe denn auch trotz unbestreitbarer Verwandtschaft einzelner Ergebnisse und ohne, daß die jeweilige Wissenschaftlichkeit infrage gestellt wäre, Unterschiede über Unterschiede unter Historikern und Historikerinnen und Divergenzen bis hin zu offenem Streit – quellenverbunden, methodenscharf, differenzierend und kritisch.

Auslanders Bekenntnis aber ist, gestehen wir Geschichtsforscher und Geschichtsschreiber es uns ein, höchst irritierend, weil „eigentlich" seit langem bekannt, doch stets verdrängt und den gewohnten Umgang mit Geschichte paralysierend. Es nimmt Max Webers Einsicht, daß das Leben mit seinen Werturteilen die wissenschaftliche Frage konstituiere, in einer Weise ernst, die weit über Weber hinausführt. Denn an die Niederungen der Modejournale oder Werbung, des ganz banalen Alltags diesseits aller politischen, ethischen oder weltanschaulichen Wertungen, an den Körper als Bedingung und Instrument des eigenen Erkennens hat auch der Soziologe nicht gedacht; und „in sachliche Facherörterungen persönliche Angelegenheiten zu mischen", hielt er für „stilwidrig". Ist derartige Stilwidrigkeit nun als unaufhebbar einzustufen? Betroffen ist keineswegs nur das Erkennen, vielmehr darüber hinaus auch die Akzeptanz des jeweils Erkannten, mithin der Aussage; auch sie ist kulturell bedingt. Wir sind, das dürfte deutlich geworden sein, mit derartigen Überlegungen längst beim Thema: Geschichte und Anthropologie. Es umfaßt offenbar zwei Seiten: uns (die Historiker) und unseren Gegenstand (die Geschichte). Es ist sowohl inhaltlich als auch erkenntniskritisch orientiert.

Beide, Max Weber und die Anthropologie in der Geschichte, stoßen in Deutschland auf kein altes Interesse; lange wich man ihnen aus oder stieß sie schroff zurück. Noch vor wenig mehr als zwanzig Jahren hatte man die fortgesetzte Zurückhaltung der deutschen Historie in der Rezeption systematischer anthropologischer Erkenntnisse zu konstatieren, man denke zum Beispiel an K.-G. Fabers Verweis auf Thomas Nipperdey in seiner „Theorie der Geschichtswissenschaft" von 1972. Zur selben Zeit sollte eine mehrbändige Publikation „Neue Anthropologie" mit Einschluß der „Kulturanthropologie", herausgegeben von H.-G. Gadamer und P. Vogler, für eine Wende sorgen. Auch einzelne Historiker waren beteiligt. Gleichwohl war es kein Durchbruch auf breiter Front; die erwähnten Historiker repräsentierten nicht den Hauptstrom damaliger deutscher Geschichtswissenschaft. Mediävisten zögerten ohnehin länger und ausgiebiger als Neuzeithistoriker; Germanisten sind den Fachhistorikern wiederholt enteilt. Noch in der jüngsten „Einführung in die Geschichtswissenschaft" gibt es kein Stichwort „historische Anthropologie"; und eine deutschsprachige Fachzeitschrift dieses Titels erscheint erst seit 1993.

Die Ursachen solcher Aversion wird man in dem latent noch immer virulenten Postulat von der Einmaligkeit historischen Geschehens, von der Einzigartigkeit jeder handelnden Person, auch in einem allzu simplen, linear gedachten Fortschrittsglauben zu suchen haben. Zutiefst erfüllt war man in Wissenschaftskreisen (und ist es teilweise noch immer) vom Glauben an Aufklärung, daran nämlich, daß Vernunft sich selbst durchsetze, sobald man sie ins Spiel bringe, mit überwältigender Macht die Akzeptanz der von ihr begründeten Wahrheit im Gefolge führe. Das korrespondierte mit der uneingestandenen Subjektivität des Erkennens. Historische Anthropologie indessen lehrt, daß „Vernunft", „Wahrheit" oder „Akzeptanz" kulturell bedingte, keine absoluten Größen und nur in einem spezifischen Kontext wirksam sind. Kollektive Phänomene wurden von der Historie zwar nicht, zunächst jedenfalls nicht, zu erwähnen vergessen, dennoch in der Praxis der Geschichtsschreibung und Geschichtsforschung kaum beachtet. „Die historische Forschung ist nicht gemeint", schrieb der Altmeister Droysen, „jedem ersten besten in seinem Tun und Leiden nachzugehen, sie wählt sich nur die aus, welche, wie der Ausdruck ist, eine geschichtliche Bedeutung haben (...)". Bedeutung aber, Einmaligkeit, Individualität und Fortschritt schienen mit allgemeinen Prägungen aller Menschen schwer vereinbar zu sein, so als ob unser Tun dem Alltag und unser Forschen dem Menschsein, irgendein „erster bester" zu sein, entrückt sei. Die Historiker akzeptierten, in aristotelischer Tradition, zwar eine biologische und philosophische Anthropologie, mit denen sie nichts oder wenig zu schaffen hatten, aber keine historische. Man glaubte, auf eine solche ganz verzichten zu können, jedenfalls setzte sich in Deutschland diese Haltung durch. Man wappnete sich statt dessen, methodologisch gesprochen, mit Blindheit gegen die jeweilige Person der Forschenden, die in ihrem Erkennen und in ihrem Vermögen, fremde Erkenntnisse zu akzeptieren, eben jenen Faktoren ausgesetzt ist, die die historische Anthropologie erforscht. Maßgebliche Bedingungen der Wissenschaft wurden somit aus der Geschichtswissenschaft ausgeklammert.

Die Historie war schon immer eine herrschaftsnahe Disziplin. In der Folge verengte sie sich, wenn auch nie ganz, noch weiter zur Geschichte des Staates und dessen, was ihm frommt: Recht, Verfassung, Ordnung, staatliche Steuer oder Wirtschaft wurden die bevorzugten Themen, mit einer scharfen Spitze gegen Kulturgeschichte. Der „Historiker schlechthin" bleibe „stets der politische Historiker", hatte Georg von Below, der einflußreichste Repräsentant dieser Richtung, verkündet; selbst die meisten seiner nicht eben wenigen wissenschaftlichen Gegner akzeptierten diese Position. Sie war Ranke entlehnt, wenn auch in Rechtspositivismus verpackt. Damit hatte ein abstraktes Konstrukt die lebendigen Menschen als Objekt und Subjekt aus der Geschichte verdrängt. Der Blick wandte sich vom Zusammenhang des Individuellen mit dem Allgemeinen, des noch so herausragenden Genies mit seiner kulturellen Bedingtheit, ab. Historische Methoden zu dessen Erforschung wurden nicht gesucht oder, wurden sie andernorts entwickelt, nicht rezipiert. Die übrigen „geisteswissenschaftlichen" Disziplinen, nicht zuletzt die Philosophie, haben es geduldet.

Historische Anthropologie aber rückt gerade jenen Zusammenhang in das Zentrum ihrer Forschungen und macht dabei auch vor dem erkennenden Forscher nicht halt. Sie intendiert „die Geschichte der Menschheit", aber losgerissen von Nationalgeschichten; und sie will in „das Geheimnis der Urwelt" eindringen, das für Ranke verhüllt erschien, indem sie den Menschen, jeden einzelnen, Frau und Mann, auch Kinder, alle Kollektive, Zentral- und Randgruppen, Verbände und Außenseiter, sowie die von ihnen gemeinsam geprägte Kultur wieder in den Mittelpunkt rückt. Natur und Kultur, Einzelmensch und Umwelt, Individuum und Kollektiv werden nicht als Gegensätze begriffen, sondern als unterschiedliche Ansichten desselben Gegenstandes. Historische Anthropologie ist damit nicht das Ergebnis eines plötzlichen Paradigmenwechsels. Was sich änderte, hat sich langsam über die Zuwendung zu Sozial- und Strukturgeschichte, in Auseinandersetzung mit der Soziologie und der französischen Geschichtsschreibung im Umkreis der Zeitschrift „Annales ESC", mit der Wissenssoziologie, überhaupt über das Verstehen und Akzeptieren von Geschichte als einer Sozial- und Kulturwissenschaft vorbereitet. Die anthropologische Betrachtung der Vergangenheit verwirft dabei ältere Zugangsweisen zur Geschichte ebensowenig, wie sie neue und ungewohnte Themen und Fragestellungen diskriminiert. Im Gegenteil, sie sucht sich, wo nötig und möglich, ihrer aller zu bedienen.

Der Gegenstandsbereich historischer Anthropologie ist entsprechend umfassend. Er orientiert sich locker an der Ethnologie (die in angelsächsischen Ländern ohnehin „anthropology" heißt) und hat dadurch etwas Holistisches an sich. Er umfaßt prinzipiell alles, was die Lebensweisen menschlicher Individuen und Gruppen, ihre Zivilisation oder Kultur, bestimmt: vom Zählen der Wurmeier in mittelalterlichen Latrinen mit dem Ziel, Parasitenbefall und Gesundheit, Lebensumstände und Lebensqualität früherer Bevölkerungen zu erfassen, über den Gebrauch der Sinne, das Wirken der Gefühle oder den Umgang mit Körper und Sexualität, weiter über soziale Verhaltensweisen wie Heiratsalter, Sterberituale oder die Marginalisierung und Diskriminierung von sozialen Gruppen und Minderheiten, über Sozialdisziplinierung, bis hin zu Mentalitäten, Glaubenswelten, Vorstellungsweisen, religiöser Praxis, Ängsten, geistigen Attitüden, Begriffs- und

Deutungsschemata und Vernunftgebrauch. Selbstverständlich sind auch die „klassischen" Arbeitsgebiete der Geschichtswissenschaft nicht ausgeschlossen, die politische Geschichte, die Siedlungs-, Wirtschafts- oder Geistesgeschichte, um jetzt nur sie zu erwähnen, soweit derartige Geschichten eben mit jenen anthropologischen Fragen in Zusammenhang stehen. Ausweitung und Vernetzung der Perspektiven ist intendiert, nicht Ausschluß von Themen.

Kultur ist also in dem weitest denkbaren Sinne genommen. Es komme dieser historischen Anthropologie darauf an, „die conditio humana in ihrer kontextuellen Veränderlichkeit und Vielfalt aufzuschlüsseln", heißt es im Editorial der jungen Zeitschrift „Historische Anthropologie"; damit grenze sie sich gegen herkömmliche philosophische wie gegen biologische Anthropologie ab. Die Beachtung der „kulturellen Praxis" unterscheide sie von der traditionellen Geistes- und Kulturgeschichte, das Ganze der Kultur, so ist zu ergänzen, von der bloßen Sozialgeschichte. Der interkulturelle Vergleich öffnet das Blickfeld über alle Ländergrenzen und kontinentale, tatsächlich sogar über alle zivilisatorischen Grenzen hinweg. „Totale Geschichte" heißt also das Ziel, Totalität freilich nicht als eine allumfassende Einheit der menschlichen Welt verstanden, sondern als das systemische Zusammenspiel jeweils über sich hinausweisender Faktoren, die von gleichfalls über sich hinausweisenden Faktoren bedingt sind. Tatsächlich treten mehrere Welten nebeneinander. Jeder Gegenstand gilt der Untersuchung für wert, weil er stets Faktor eines umfassenderen Wirkungsgeflechts ist. Nichts ruht allein in sich, auch nicht die Geschichte des „Ich", der „Person" oder des „ganzen Menschen". Politik, Kunst oder Wissenschaft, jede herausragende Einzelleistung und das menschliche Selbstverständnis sind in ihren jeweiligen Kontext eingebettet und aus ihm hervorgewachsen. Ihre Einzigartigkeit bedarf ihrer Durchschnittlichkeit, um erkannt, der Allgemeinbegriffe, um ausgesagt, verstanden und rezipiert zu werden.

Die Wirkung derartiger Geschichtskonzepte soll an zwei Forschungsfeldern verdeutlicht werden, die in jüngster Zeit erschlossen wurden: der Geschichte der Geschlechterbeziehung, der gesellschaftlichen Stellung der Frau und ihrer sozialen Rollen; sowie der Geschichte des Körpers. Beide drängten sich nicht mit Selbstverständlichkeit auf; die Vorurteile, die es zu überwinden galt, waren jahrtausendealt. Geschichtsschreibung und Geschichtsforschung wenden sich ihnen, von vereinzelten Vorläufern abgesehen, jetzt erstmals in großem Stile zu. Viele Faktoren und keineswegs nur fachimmanente mußten zusammenkommen, um den Wandel zu ermöglichen. Der Glaube an die Möglichkeit von Geschichtswissenschaft, unter Zurückstellung der eigenen Person des Forschers objektive Tatsachen feststellen zu können, die für seinen Gegenstand von Bedeutung seien, machte sich hemmend bemerkbar. Die Autorität Max Webers, der gegen eine wachsende Politisierung der Wissenschaften an der objektivistischen Trennung von Werturteilen und Forschungsgegenstand festgehalten hatte, stützte und stützt ihn bis heute – ein Standpunkt übrigens, der, was nicht immer beachtet wird, selbst ein Werturteil ist und sich somit selbst untergräbt.

Statt dessen zeigt sich mehr und mehr, daß Geschlecht, Erziehung, Vorstellungs- und Sprachhorizont, das Lebensalter der am Forschungsprozeß Beteiligten, ihr Lebensalltag, ihre Begegnungen mit anderen und fremden Menschen, die Zufälle ihres Daseins, kurz, daß die „außerwissenschaftlichen" Faktoren zum Wandel der historischen Wissenschaften ebenso beitragen und ihn sich entfalten lassen wie Quellenkritik und Methodenstrenge. Beide Bereiche auseinanderzudividieren, mag theoretisch denkbar sein, aber praktisch realisierbar ist es nicht. Der Forscher bleibt stets Mensch, was immer ihm auch die Methodologien suggerieren. Die geforderte Trennung des Lebens vom Forschen bedeutete Verlust an Inhalt, an Relevanz und Akzeptanz der Geschichte und vor allem eine Verzerrung der Wahrheit. Denn das Erkenntnismedium, Kultur und Körper, war diskriminiert. Daß anderes möglich ist, zeigen die Arbeiten des amerikanischen, bis zu seinem Tod in Yale, einer der Eliteuniversitäten des Landes, lehrenden Mediävisten John Boswell über gleichgeschlechtige Liebe. Sie schärften aus Erfahrung den Blick für die kulturelle Befindlichkeit der jeweiligen Gesellschaft, ohne deshalb bereits eine allgemeine Akzeptanz derartiger Forschungen erreicht zu haben. In anderer Weise innovativ wirkten Historikerinnen. Auch sie brachten zuvor ungewohnte Fragestellungen, Problemformulierungen und Einsichten in den wissenschaftlichen Diskurs ein. War Einfühlungsvermögen nötig (eine Kategorie, auf die Droysen großen Wert gelegt hatte), fühlten sie sich anders ein; waren Assoziationen gefragt, assoziierten sie anders; ging es um Erwartungen und Intentionen, hegten sie andere Ziele als ihre Kollegen. Frauen hatten und haben überhaupt an der ganzen Erneuerungsbewegung einen erheblichen Anteil.

Die Geschichte einzelner Frauen, einer Hildegard von Bingen, Christine de Pisan oder Rachel Varnhagen beispielsweise, gehört nicht hierher, es sei denn als Typus für eine ganze Reihe von Geschlechtsgenossinnen. Wohl aber die kollektive Biographie, das typische Leben der Frauen von damals. Selbstverständlich spielten Kinder eine erhebliche Rolle im Leben einer Frau. Wer sollte sich sonst, in einer Zeit, in der Kinder die wichtigste Altersvorsorge und die Muttermilch die wichtigste Kleinkindnahrung darstellten, um die Reproduktion der Gesellschaft kümmern? Im Mittelalter starben 50 Prozent der Kinder ohnehin bald nach der Geburt, und die Mortalitätsrate der Mütter in Folge von Schwangerschaft und Niederkunft ist für dasselbe Zeitalter auch nicht annähernd zu bestimmen. Immerhin starben von den vier legitimen oder legitimierten Gemahlinnen Kaiser Friedrichs II. (1212-1250) drei in Kindsnöten. Gebärfähigen Frauen galt in den frühmittelalterlichen Volksrechten denn auch der höchste Schutz. Die Geschichte der Mutter ist freilich noch nicht geschrieben. Söhne erhöhten gewöhnlich den Status einer Frau, Kinderlosigkeit senkte ihn. Auch das Ammenwesen harrt, obwohl von hoher Bedeutung, noch einer abschließenden Behandlung.

Im übrigen ist die Themenpalette groß und bunt: Frauen in sprachlicher und imaginativer Repräsentation; die Bezeichnungen für sie und ihre Darstellung waren mannigfach: Herrin, Hausfrau, Ehefrau, Vertraute, Geliebte ... Frauen auf dem Lande und in den kleinen oder großen Städten, im eigenen Haus, in der herrschaftlichen Familia, am Hof und in der höfischen Gesellschaft; Frauen im weltlichen und kanonischen Recht, in den Theorien der Juristen seit dem 12. Jahrhundert, in der höfischen und nachhöfischen Literatur, etwa in Giovanni

Boccaccios „Decamerone"; Frauen, wahrgenommen von Frauen und von Männern. Und von Kindern? Frauen und Kinder bei Arbeit und Spiel; Frauen als Kriminelle. Frauen waren hier in den Produktionsprozeß, dort in die Herrschaftsrepräsentation integriert. Frauen besaßen Grund und Boden, machten Schulden, Bäuerinnen waren gleich Fürstinnen und Städterinnen erbfähig, verfügten als Eigentümerinnen testamentarisch über ihren Besitz, bewirkten als Gemahlinnen Legitimität für neue Herren. Besondere Aufmerksamkeit fanden in der Forschung die Frauenbildung und ihre Grenzen, die ihnen seit dem 12. Jahrhundert beispielsweise den Besuch der jetzt entstehenden Universitäten verwehrten; seltene Ausnahmen fallen nicht ins Gewicht. Frauen begegneten gleichwohl als Erzieherinnen, im 10. Jahrhundert mitunter sogar von Knaben, als Trägerinnen der Volksreligiosität, als Religiosinnen und Mystikerinnen, als Stifterinnen von Klöstern, als Ketzerinnen, selten als eigenständige Herrscherinnen. Der allgemeine soziale Wandel sorgte für mehr oder weniger tiefe Umbrüche in Status und Stellung der Frauen vom Früh- zum Hoch- und weiter zum Spätmittelalter, auch in der Neuzeit. Die Prostitution breitete sich aus und wurde zumal in den Städten, im Umkreis der Fürstenhöfe und Hoftage geduldet und geregelt.

Auch der menschliche Körper ist, wie könnte es anders sein, zum Gegenstand historisch-anthropologischer Studien geworden. Gemeint ist damit weniger der Leib als Objekt ärztlicher Kunst oder der Chirurgie. Seiner hat sich die Medizinhistorie längst angenommen. Es geht vielmehr um das Bewußtwerden des eigenen Körpers und der Körperlichkeit im Prozeß der Zivilisation, um das Sehen, Riechen oder Tasten, um den Wandel von Blick oder Geruch, um die Weise des Gebrauchs aller Sinne und Gliedmaßen, um körperbetontes und körpervernachlässigendes Verhalten, um das Erfassen und Reflektieren körperlicher Bedürfnisse, um den Umgang mit dem Körper als Instrument und als Objekt der Wahrnehmung, der Lust, des Leides und der Erkenntnis (Abb. 2.1.7). Unterlag der Körper der Mißachtung oder wurde er akzeptiert? Welche Rolle spielten Körpergefühl, Körpersprache, Körpersignale? Ohne historische Relevanz sind sie jedenfalls nicht; man denke nur, um ein Beispiel aus dem früheren Mittelalter anzuführen, an König Ludwigs des Deutschen Verbergen seiner gebrochenen Rippen vor seinem königlichen Bruder Karl dem Kahlen aus Sorge um politische Nachteile. Die Zusammenhänge von Körper und Lebenskraft, von Leib und Seele, die Bereiche der Körpermagie waren betroffen. Höchst signifikante Faktoren sind das Verhüllen des Körpers, sein Schmücken, sein Zurschaustellen, Entblößen, seine Pflege, sein Beschreiben. Freizeithemd oder Frack bedeuten auch heute mehr als lediglich den Schutz vor Kälte oder Wärme. Selbstverständlich hat die Körperbewegung – im Ritual, bei der Ernte, im Kampf, im Sport, im Zusammenstimmen mit der Umwelt – ihre Geschichte und kulturelle Aussagekraft. Überhaupt, der menschliche Körper im Raum und die Räume, die für ihn bestimmt sind, auch die Geschichte der Intimität lohnen der Betrachtung. Der höfische, bäuerische oder bürgerliche Körper zeichnen sich ab; ihre Behandlung in der Literatur und im Leben, im Fest und im Tod divergiert. Kurzum, alles, was mit und um den Körper geschieht und das nach Reflexion verlangt, verdient die Aufmerksamkeit des Historikers. Alles unterliegt kultureller Formung und kulturellem Wandel. Der Körper hat seine Geschichte. Mode, Kunst, Handwerk, Wirtschaft, die soziale Ordnung, das politische Handeln, das philosophi-

Abb. 2.1.7: Gruppe dreier wildbewegter Hexen (Neujahrsblatt 1514. Federzeichnung von Hans Baldung Grien). (Nachweis: Carl Koch, Die Zeichnungen des Hans Baldung Griens, Berlin 1941, 62. (Wien, Albertina.))

sche Denken, das Turnier wie das Duell, das Gefängnis wie das Krankenhaus profitieren davon; Verhalten und Kommunikation reagieren darauf. Das ganze menschliche Dasein ist eine Auseinandersetzung mit dem eigenen Körper.

In der mittelalterlichen Kunst (doch keineswegs nur in ihr) manifestiert sich der Wandel, den die Geschichte des Körpers preisgibt. Die Wiedergeburt weltlicher (nicht kirchlicher) Vollplastik beispielsweise seit dem 12. Jahrhundert ist das Ergebnis eines langwierigen Prozesses, in dessen Verlauf die antike Plastik erst als heidnisch und teuflisch verworfen, dann in religiösem Gewand wiedergeboren und schließlich säkularisiert wurde; die Reiterbilder in Reims oder Bamberg oder die körperrepräsentierenden Memorialbilder – wie etwa das Grabmal Heinrichs des Löwen und seiner Gemahlin Mathilde im Braunschweiger Blasius-Dom – künden davon. Doch sie hätten schwerlich nur aus technischen oder ikonographischen Gründen nicht früher ausgeführt werden können; sie setzen vielmehr eine andere Beachtung und Betrachtung des Körpers voraus, als es zuvor der Fall war. Für die Malerei ließe sich Entsprechendes aufweisen. Im Umgang mit dem Körper spiegelt sich die Entfaltung einer Kultur, ihrer äußeren Bedingungen, der ihr eigenen Techniken, ihrer religiösen Vorstellungen und geistigen Werte, ihrer Interaktionen mit Anderem und Fremdem.

Auswirkungen auf die Religion waren und sind unvermeidlich. Das Christentum verehrt den „Leib des Herrn". Seine religiöse Sprache ist vielfach körperbezogen, seine Theologie steckt voll von Körpermetaphern. Die religiöse Phantasie entzündet sich immer wieder aufs Neue am „Corpus Christi", am „Fronleichnam", am „Haupt voll Blut und Wunden". Der triumphierende Gottkönig, der vor dem Kreuz mehr schwebte denn hing, der tote Christus am Kreuz, der leidende, gegeißelte, blutende, der nackte, der pestbefallene, geschundene Gottmensch, die „Ecce Homo"-Bilder – all dies hatte seine Zeit und war Auseinandersetzung nicht zuletzt mit dem eigenen, menschlichen Leib. Die Geschichte des Kruzifixes und der Auferstehung, der Gregormesse (der wunderbaren Erscheinung Jesu als Schmerzensmannes statt der Hostie während der Meßzelebration des hl. Papstes Gregor d.Gr.) ist eine Geschichte auch der Betrachtung des Körpers. Die Darstellung nackter oder bekleideter Körper oder Körperteile hielt im Spätmittelalter Einzug in die religiöse Kunst, keineswegs auf Adam und Eva beschränkt. Die entblößte Brust Mariens, die das Jesuskind stillte oder den himmlischen Richter zur Milde mahnte, der ewigen Jungfrau reizend verhüllter Körper, der erotische Phantasien wecken konnte, die faltenreich drapierten Prunkgewänder, die ihren Leib umflossen, sie inszenieren nicht zuletzt die neue Lust an der Körperlichkeit und am Betrachten des Leibes. Die Körper der Heiligen wurden im früheren Mittelalter in kostbaren Reliquiaren verborgen und allenfalls dezent gewiesen. Doch mit der Zeit wurde ihre Leiblichkeit betont, wurden die Körperreliquien unverhüllt als Knochenhaufen und mumifizierte Schädel im gläsernen Reliquiensarg zur Schau gestellt – makaber nur für ein anderes Sehen. Auch hier werden Etappen eines Kulturwandels sichtbar, der sich im Blick auf den Körper äußerte und die religiöse Praxis änderte.

Das Vorgestellte sind Daten zu Frau und Körper in der Vergangenheit. Doch Datenerhebung allein macht noch keine Geschichte. Zu einer solchen bedarf es eines Zusammenhangs; ihn stiften Historiker und Historikerin; keine Quelle und keine bloße Objektsammlung und Ausschüttung von Quellen vermag ihnen dies abzunehmen. Historische Anthropologie hat derartige Kontextualisierung durchaus im Sinn, auch wenn einstweilen nur wenige literarische Muster entwickelt oder erprobt wurden, in welcher Weise die Geschichtsschreibung darauf zu reagieren habe. Die überzeugendsten Beispiele entstammen der Mikrohistorie oder sind Fallanalysen. Anthropologisch ausgerichtete Weltgeschichten sind einstweilen noch nicht in Sicht, aber gewiß nicht unmöglich und im höchsten Maße erstrebenswert.

Der Relevanz entsprechender Forschung tut das keinen Abbruch; sie zeichnet sich jetzt schon ab. Auf drei Aspekte sei abschließend hingewiesen: Vordergründig, weil rein wissenschaftsintern nützlich ist derartige Historie gewiß, um die Fehler, die sich über die kulturellen Prädispositionen der Historiker in ihre Aussagen eingeschlichen haben, zu durchschauen, um Verbesserungsvorschläge und Korrekturverfahren zu begründen, um die Vergangenheit plausibler konstruieren zu können. Sodann aber auch, weil jede gegenwärtige Gesellschaft aus ihrer Erfahrung lebt, weil sie durch das Gewordensein ihrer Ordnung, ihrer Verhaltensmuster und kollektiven Prägungen, ihrer Vernunft, Denk-, Entscheidungs- und Handlungsweisen, ihrer Gefühlshaushalte und ethischen Werte fortgesetzt Vergangenheit mit sich schleppt, weil jedes kollektive oder individuelle Wissen sich eben dieser Vergangenheit verdankt. Schließlich und nicht zuletzt, weil jede wissenschaftliche Analyse, auch diejenige des Bedingtseins ihrer Verfahren, in ihren Analyseverfahren selbst den in der Vergangenheit entwickelten Denkstrategien verpflichtet ist, über ihre eigenen Verfahren also nur kulturell vermittelt verfügt. Jede Einsicht ist das Produkt einer Mischung aus Erlerntem und Eigenem, die in schwer zu durchschauender Interaktion aufeinander wirken und ineinander fließen. Jedes Problem der Gegenwart kann stets nur über intellektuelle Verfahren angegangen werden, die zu weit überwiegendem Teil einer anderen Zeit und einer anderen Gesellschaft als der eigenen entsprungen sind. Auch die aktuellste Entscheidung muß, insofern sie planvoll und durchdacht geschieht und nicht besinnungsloses Taumeln ist, prinzipiell auf der Grundlage überkommener und den Analyseverfahren einer selbstkritischen Kulturwissenschaft zugänglicher Kriterien erfolgen. Unser diskursives und analytisches Denken ist vergangenheitsgetönt und kann nicht anders sein. Selbst die Ablehnung überkommener Werte und Verhaltensweisen geschieht vor der Folie des Überkommenen und mit Hilfe einer Phantasie, die durch dasselbe gelenkt ist. Zu seiner Kontrolle, Kritik und Anpassung an die gewandelten Lebensbedingungen immer neuer Gegenwart bedarf es, da beide, Denken und Kritik, kulturell vermittelt sind, stets auch der historischen Anthropologie.

Johannes Fried

2.2 Transformationsforschung*

Max Kaase, Wissenschaftszentrum für Sozialforschung Berlin,
und M. Rainer Lepsius, Universität Heidelberg

2.2.1 Prolegomenon

Die Moderne hat für Flächenstaaten lediglich eine begrenzte Zahl politischer und wirtschaftlicher Ordnungsoptionen hervorgebracht, die sich in einer groben Dichotomie jeweils politisch in demokratische und nichtdemokratische beziehungsweise ökonomisch in markt- und planwirtschaftliche Formen aufgliedern lassen. Innerhalb jeder dieser Optionen gibt es eine Reihe von wichtigen Differenzierungsmöglichkeiten und -notwendigkeiten; darauf muß für den Zweck dieses Beitrags aber nicht weiter eingegangen werden.

Das Europa des 19. und 20. Jahrhunderts hat einerseits einen kontinuierlichen Prozeß des Übergangs zu demokratischen Verfassungsformen, andererseits aber auch gravierende Rückfälle zu autoritären oder totalitären Systemen und deren erneuten Wandel zu Demokratien erlebt. Samuel Huntington spricht in diesem Zusammenhang von den drei Wellen der Demokratisierung im 20. Jahrhundert. Während bis zum Ersten Weltkrieg ein Prozeß evolutionärer Demokratisierung in Europa stattfand, traten nach dessen Ende zwei prinzipielle Gegenentwürfe auf, der Kommunismus in der Sowjetunion und die verschiedenen faschistischen Regime in Mittel-, Ost- und Südosteuropa, die mit der Etablierung des Nationalsozialismus in Deutschland ihre schärfste Ausprägung gefunden haben. Nach dem Ende des Zweiten Weltkrieges konnten sich die betreffenden europäischen Länder westlich des Eisernen Vorhanges wieder demokratisieren, wenn sich auch die autoritären Regime in Spanien und Portugal und während der Militärdiktatur in Griechenland noch bis 1974 hielten. Nach dem Zerfall des Sowjet-Imperiums 1989/90 begann die Demokratisierung des östlichen Teils Europas, jene Phase, auf die sich die gegenwärtige Transformationsforschung richtet.

Schon ein Blick auf die durch Faschismus und Kommunismus direkt wie indirekt verschuldeten Opfer an Menschenleben sowie die Zerstörung von moralischen Normen der Zivilität reicht aus, um das sozialwissenschaftliche Forschungsinteresse an der Untersuchung von politischen Systemwechseln nachvollziehen zu können. Dabei galt die Aufmerksamkeit nach dem Zweiten Weltkrieg den Bedingungen für die dauerhafte Errichtung von Demokratien ebenso wie den Umständen, die vor allem in Deutschland und Italien zum Rückfall von einer – wenn auch instabilen – Demokratie in den Faschismus führten. In diesem Zusammenhang ist eine Vielzahl von Forschungsarbeiten entstanden, die sich dem als zentral angesehenen Zusammenhang zwischen Marktwirtschaft,

*Die Deutsche Forschungsgemeinschaft und die Autoren danken dem Presse- und Informationsamt der Bundesregierung für die Überlassung des Bildmaterials für diesen Beitrag.

Sozialstaatlichkeit und Demokratie zugewendet haben. Erwähnt werden soll hier nur die von Gary Marks und Larry Diamond 1992 herausgegebene Festschrift für Seymour Martin Lipset.

Die ab 1974 einsetzende dritte Demokratisierungswelle, die zunächst vor allem vormals autoritäre politische Systeme in Südeuropa und in Südamerika erfaßte, setzte dann neue Forschungsakzente, darunter nicht zuletzt den Übergang von einer vorwiegend strukturellen Betrachtungsweise zu einer Verbindung von Struktur und Akteur. Die resultierenden politikwissenschaftlichen Arbeiten besitzen auch für die aktuelle Forschung zum Regimewandel in Mittel- und Osteuropa Bedeutung.

2.2.2 Transformation und Transition

Bedenkt man, daß noch Ende der achtziger Jahre das sozialistische Gesellschaftsmodell als eine dauerhafte Herausforderung der westlichen Demokratie galt, wird vielleicht ein wenig verständlicher, warum der Zusammenbruch der kommunistischen Systeme in Mittel- und Osteuropa Ende der achtziger Jahre die Mehrzahl der Beobachter in Politik, Öffentlichkeit und Wissenschaft so unvorbereitet traf. Der epochale Charakter dieser Systemübergänge mußte vor diesem Hintergrund auch als eine Herausforderung der hiervon besonders berührten Sozialwissenschaften verstanden werden. Dieser Herausforderung ist seither sowohl durch die Entwicklung umfassender Forschungsprogramme als auch durch eine große Zahl von einzelnen Projekten Rechnung getragen worden.

Für dieses Arbeitsgebiet hat sich in Deutschland inzwischen die Bezeichnung „Transformationsforschung" als Kürzel weitgehend eingebürgert. Diese Forschung macht, im weitesten Sinne, die Untersuchung von Systemwechseln mit allen ihren politischen, rechtlichen, wirtschaftlichen, sozialen und kulturellen Facetten zum Thema. Bei „Transformation" handelt es sich allerdings nicht um ein theoretisch eindeutig verankertes Konzept. Vielmehr hat der Begriff vor allem in der Frühphase der einschlägigen Forschungen die wichtige Funktion gehabt, zunächst einmal überhaupt einen Kommunikationszusammenhang zwischen den zahlreichen in diesen Bereich hineindrängenden Forschern herzustellen. Dies ist durchaus gelungen, jedoch um den Preis des Verzichts auf analytische Trennschärfe. Aus diesem Grund spricht zum Beispiel unter politikwissenschaftlichem Blickwinkel vieles dafür, dem von Guillermo O'Donnell, Philippe C. Schmitter und Lawrence Whitehead 1986 entwickelten Konzept der „Transition" den Vorzug zu geben, das in einen konkreteren Forschungszusammenhang eingebettet ist. Der wesentliche Unterschied beider Betrachtungsweisen liegt darin, daß Transition einen in Phasen untergliederten und auf die Veränderung der politischen Ordnung gerichteten Prozeß bezeichnet, an dessen Beginn („Liberalisierung") die Destabilisierung des „alten" autoritären totalitären politischen Systems, in dessen Mitte („Demokratisierung") die institutionelle Transformation in ein pluralistisch-demokratisches System und an dessen (in seiner zeitlichen Dimension unbestimmtem) Schluß die Phase der „Konsolidierung" der neuen Demokratie steht. Transition weist so gegenüber Transformation, die sich allgemein mit Systemübergängen, auch mit solchen außerhalb der politischen Ordnung, befaßt, eine zeitlich wie sachlich eingrenzende Qualität auf. Wenn in diesem Beitrag der Ausdruck Transformationsforschung dennoch weiter benutzt wird, so hat das zwei Gründe: Wie weiter unten noch angesprochen werden wird, zeichnen sich die Systemübergänge in Mittel- und Osteuropa durch die Gleichzeitigkeit des grundlegenden Wandels einer Mehrzahl gesellschaftlicher Teilsysteme aus, neben der Politik vor allem des Wirtschaftssystems. Insofern erscheint der umfassendere, wenn auch theoretisch diffusere Transformationsbegriff sachlich vertretbar. Hinzu tritt der oben erwähnte Umstand, daß dieser Begriff für die hier zu behandelnde Thematik als eingeführt und allgemein akzeptiert gelten kann und somit die sprachliche Wiedererkennung erleichtert.

2.2.3 Systemwandel und Sozialwissenschaften

Vor einiger Zeit hat Hubert Markl die Frage „Sind die Sozialwissenschaften Naturwissenschaft?" in der ihm eigenen Feinsinnigkeit mit „Ja selbstverständlich nein!" beantwortet. Ohne diese Frage im einzelnen aufnehmen zu wollen, ist daran zu erinnern, daß in den Sozialwissenschaften die Suche nach Gesetzmäßigkeiten im Verlauf gesellschaftlicher Prozesse entscheidend durch den Umstand behindert ist, daß für eine Vielzahl von Fragestellungen ein Standardinstrument der naturwissenschaftlichen Forschung, das kontrollierte Experiment, nicht zur Verfügung steht. Nicht zuletzt aus diesem Grund hat das Verfahren der Simulation, das heißt der Modellierung eines Gegenstandsbereichs durch algebraische Gleichungssysteme unter größtmöglicher Annäherung an die gesellschaftliche Realität (zum Beispiel mit den entsprechenden Daten), seit langem Interesse gefunden und Hoffnungen auf eine verbesserte Prognosefähigkeit der Sozialwissenschaft geweckt. Diese Hoffnungen sind bis heute jedoch kaum in Erfüllung gegangen (man denke nur an den Niedergang der sogenannten Weltmodelle), so daß das oben festgestellte Experimentierdefizit geradezu als ein Strukturelement der Sozialwissenschaften, sofern sie sich nicht mit individuellen Merkmalen wie vor allem in der Psychologie befassen, gekennzeichnet werden kann.

Dieses Defizit betrifft insbesondere die gesamtgesellschaftlich orientierten Sozialwissenschaften und deren Erkenntnisinteresse an Institutionen, das heißt von auf Dauer gestellten Handlungs- und Beziehungsmustern. Die Wirkungen auf den Verlauf des politischen Prozesses von unterschiedlichen Wahlsystemen oder beim Übergang von einem parlamentarischen zu einem präsidentiellen Regierungssystem lassen sich eben nicht hinreichend präzise ermitteln, weil der Sozialwissenschaftler nicht die Chance hat, solche realen Größen unter kontrollierten Bedingungen systematisch zu variieren. So kann es nicht überraschen, daß der internationale Vergleich, in der Regel zwischen Nationalstaaten, die Stelle der nicht verfügbaren Methode des Experiments einnimmt. Aus vielen hier nicht weiter zu erörternden Gründen stößt der internationale Staatenvergleich jedoch immer wieder an seine Grenzen; die geringe Zahl der verfügbaren Analyseeinheiten (= Nationalstaaten) und die große Zahl der im Prinzip in die Analysen einzubeziehenden Variablen kann hierbei als „klassisches" Problem gelten.

Von besonderem Interesse für die Forschung ist stets die Frage, in welchem Maße und in welcher Weise Institutionen (die Makroebene), intermediäre Organisationen (die Mesoebene) und Individuen (die Mikroebene) miteinander in Beziehung stehen und sich über die historische Zeit gegenseitig beeinflussen. Denn offensichtlich sind, je nach Problembereich, äußerst enge Abhängigkeiten genauso vorstellbar wie Beziehungen einer vollständigen oder weitgehenden Indifferenz.

Gerade die Unmöglichkeit, unter normalen Bedingungen die institutionellen Rahmenbedingungen von Gesellschaften zum Zweck der Forschung zu variieren, hat viele Sozialwissenschaftler voller Faszination und Hoffnung auf die Systemwechsel in Mittel- und Osteuropa blicken lassen. Ergab sich doch in ihren Augen die einmalige Chance, die genannten Abhängigkeitsverhältnisse zwischen den Systemebenen unter der Bedingung einer relativ schnellen und überschaubaren Veränderung der politischen und wirtschaftlichen Rahmenbedingungen zu untersuchen. Für den Fall der deutschen Vereinigung mit seinem zeitpunktbezogenen (3. Oktober 1990) umfassenden Institutionentransfer von West- nach Ostdeutschland bei gleichzeitiger Aufgabe der eigenständigen völkerrechtlichen Identität der DDR wurden dann auch bald entsprechende Hoffnungen für die Forschung formuliert. So heißt es in dem von Bernd Giesen und Claus Leggewie herausgegebenen Buch „Experiment Vereinigung": „Aus der Unübersichtlichkeit des Zusammenwachsens, vor allem aber aus der Spannung zwischen System und Lebenswelt, die selten so dramatisch ausfällt wie im Prozeß der deutschen Vereinigung, ergibt sich ein unvergleichliches Forschungsfeld für eine Soziologie, die das Verhältnis zwischen Institutionen und Alltagshandeln thematisiert. Während jetzt der institutionelle Anpassungsprozeß rasch und radikal erfolgt, wird sich das Alltagshandeln nur langsam und allmählich umstellen. In welcher Weise wird dann angesichts zusammenbrechender oder grundlegend veränderter Institutionen noch Sicherheit und situationsübergreifendes Vertrauen erzeugt?"

2.2.4 Wirtschaftsordnung

Der deutsche „Fall" wie auch die ehemals kommunistisch verfaßten Staaten Mittel- und Osteuropas zeichnen sich durch eine doppelte Herausforderung aus. Umfaßte in diesen Ländern der institutionelle Wandel doch nicht nur das politische System in der Transformation vom Totalitarismus zur Demokratie, sondern auch das ökonomische System in seinem Übergang von einer staatlichen Plan- und Kommandowirtschaft zu Varianten von Marktwirtschaft.

Die Überwindung des Kapitalismus und der ihm zugeschriebenen Deformation der menschlichen Lebensführung (ihre nach Marx dreifache Entfremdung) war die grundlegende Intention des Kommunismus. Im Gegensatz zu den autoritären und faschistischen Regimen, die das Prinzip der Marktwirtschaft, wenn auch unter erheblichen nationalpolitischen Einschränkungen, aufrechterhielten, konstituierte der Kommunismus eine neue Wirtschaftsordnung durch die zentral geleitete Planwirtschaft und die Überführung des Eigentums an den Produktionsmitteln auf den Staat. Während die Demokratisierung Spaniens und Portugals im Rahmen von weltwirtschaftlich verflochtenen und schon seit längerem liberalisierten Marktwirtschaften erfolgte, ist für die Länder, die sich bis 1989/90 hinter dem Eisernen Vorhang befanden, der Umbau der Wirtschaftsordnung ein zentrales Element auch der Demokratisierung. Die Transformationsforschung muß daher systematisch die Veränderungen in der Wirtschaftsordnung und damit das Verhältnis von politischen und wirtschaftlichen Ordnungsvorstellungen thematisieren. Dazu gehören die Konstitution neuer Wirtschaftssubjekte durch die Auflösung des Staatseigentums, die Umbildung der wirtschaftlichen Entscheidungsstrukturen durch die Abschaffung der Planwirtschaft, die Durchsetzung neuer Rationalitätskriterien durch die über Marktbeziehungen sanktionierten Kosten- und Ertragskalkulationen und die globale Einbindung der nationalen Wirtschaften durch den Zusammenbruch der kommunistischen Autarkiepolitik.

Der deutsche Fall weist insofern Besonderheiten auf, als das Modell für die neue Wirtschaftsordnung vorgegeben war. Die hierfür nötigen Institutionen konnten übertragen, die Experten bereitgestellt und kurzfristig angelernt sowie der Umbau der Wirtschaftsordnung durch erhebliche Investitionsmittel und Übertragungen von Mitteln für den Konsum gestützt werden. Die Folgen des Umbaus der Wirtschaftsordnung waren und sind gravierend und haben erheblichen Einfluß auf den Prozeß der Demokratisierung. Der Zerfall der Produktionsstruktur, die rasch anwachsende Arbeitslosigkeit, der Zwang zu einer grundlegenden Umorientierung der Berufskarrieren und des privaten Lebenslaufes sind eben weniger durch die politische Neuordnung als durch die wirtschaftlichen Umbrüche bewirkt. Durch die Trennung von Staat und Wirtschaft und den Abbau von Sozialversorgungssystemen des totalitären Systems müssen sich alte Erwartungen und Verhaltensweisen grundlegend wandeln. Die Erfassung dieser Dimensionen des Transformationsprozesses eröffnet die Chance der Analyse der Zusammenhänge zwischen Änderungen der Institutionenordnung auf der Makroebene und der Verhaltens- und Erwartungsstrukturierung auf der Mikroebene.

Die Transformationsforschung steht damit vor einer neuen Aufgabe. Konnte bisher der Wandel der politischen Ordnung bei prinzipieller Gleichartigkeit der wirtschaftlichen Ordnung untersucht werden, so verändern sich nun beide Ordnungen gleichzeitig. Ordnungsprinzipien und -gestaltungen von Politik und Wirtschaft treten auseinander, Steuerungsinstitutionen und Steuerungschancen differenzieren sich, führen zu neuen Spannungen und Konflikten und müssen miteinander in Beziehung gebracht werden. Mit anderen Worten: Grundannahmen der bisherigen sozialwissenschaftlichen Gesellschaftsanalyse, die stets vom westlichen Modell der institutionellen Differenzierung von Staat und Markt, von Politik und Wirtschaft ausgingen, müssen neu bedacht werden. Effekte und Konflikte, die sich aus diesen Bipolaritäten ergeben, können nun empirisch erforscht und in ihrem systematischen Zusammenhang analysiert werden. Dies wird, so ist zu hoffen, zu einer Theorie der institutionellen Differenzierung und deren Implikationen für die Lebensführungschancen von Menschen unter verschiedenen Institutionenordnungen hinführen.

2.2.5 Prognostisches Versagen der Sozialwissenschaften?

Neben der wissenschaftlichen Herausforderung der Sozialwissenschaften, den Systemwechsel in Mittel- und Osteuropa beschreibend zu begleiten und systematische Erläuterungen zumindest zu versuchen, ist diesen Disziplinen auch der Vorwurf nicht erspart geblieben, ihre Unfähigkeit, die angesprochenen Entwicklungen zumindest in Ansätzen zu erkennen und auf dieser Grundlage zu prognostizieren, sei ein erneuter Beleg für ihren zweifelhaften Wissenschaftlichkeitsstatus; gleichsam ihr „schwarzer Freitag". Dies gelte in besonderer Weise für jenen Teil der Sozialwissenschaften, der sich des Etiketts des Szientismus – als Methode der Dignitätsbeschaffung über Analogien zu den Naturwissenschaften – bediene, das heißt einer konsequenten Theoriebildung und -entwicklung über Falsifikationsstrategien im Sinne des Popperschen kritischen Rationalismus einschließlich der Notwendigkeit theoriegeleiteter empirischer Forschung das Wort rede.

Klaus von Beyme zählt eine Reihe von Gründen auf, warum die Sozialwissenschaften Prognosen über den Systemwandel in Mittel- und Osteuropa nicht zustande gebracht hätten, darunter vor allem ideologische Voreingenommenheiten in der Forschung auf allen Seiten und Unterkomplexität der theoretischen Perspektiven. Beides kann kaum bestritten werden. Bemerkenswerterweise setzt er sich jedoch gerade nicht mit einer strukturellen Beschränkung der Sozialforschung in totalitären Systemen auseinander, deren Einfluß auf die als unzureichend betrachtete Prognose- oder Diagnosefähigkeit der Sozialwissenschaften erheblich gewesen sein dürfte. Denn die empirische Forschung in diesem Feld lebt von der Grundvoraussetzung einer offenen Gesellschaft. Die Forscher unterliegen zwar in allen Fällen auch hier moralischen, rechtlichen (Datenschutz) und professionellen Handlungsbeschränkungen, und sie sind darüber hinaus auf die freiwillige Mitwirkung der Personen und Einrichtungen angewiesen, deren Daten sie benötigen. Für die sozialistischen Gesellschaften (in unterschiedlichem Maße) und besonders für die DDR war jedoch typisch, daß sie selbst ihren eigenen Sozialwissenschaftlern, ganz zu schweigen von Sozialwissenschaftlern aus demokratisch verfaßten Ländern, den Zugang zur Sammlung theoretisch wie praktisch relevanter Daten versagte. Datenbedürfnisse wurden in der Regie der Führungskader nach ideologischen oder herrschaftsbezogenen Kriterien definiert, die Daten für Außenstehende unzugänglich erhoben und geheimgehalten. Im günstigsten Fall durften Gegenstandsbereiche behandelt werden, die als einigermaßen unverfänglich galten – zum Beispiel Informationen zu den Zeitbudgets und deren Verwendung durch die Bürger oder zur Arbeitszufriedenheit der Werktätigen – und aus deren Erforschung keine Systemkritik abgeleitet werden konnte.

Unter solchen Restriktionen ist es natürlich schwer bis unmöglich, Theorien, die auf diese Art von Daten angewiesen sind, auf ihre Prognosefähigkeit hin zu überprüfen. Nur am Rande sei bemerkt, daß das Fehlen solcher Dateninformationen in der DDR vor 1990, etwa als kontinuierliche Erhebung von Antworten bei repräsentativen Bevölkerungsquerschnitten alle zwei Jahre wie im bundesdeutschen ALLBUS (Allgemeine Bevölkerungsumfrage der Sozialwissenschaften), die Analyse der politischen Orientierungen der DDR-Bürger bis zum Beginn der Liberalisierungsphase im Herbst 1989 weitgehend ausschließt.

Nun kann man, wie dies Renate Mayntz tut, die Zweifel an der Prognosefähigkeit der Sozialwissenschaften durchaus noch viel grundsätzlicher formulieren. Die Überraschung über die Systemübergänge in Mittel- und Osteuropa wäre unter einem solchen Blickwinkel nicht mehr als negatives Argument gegen die genannten Fächer zu instrumentalisieren. Vielmehr ginge es dann um die grundsätzliche Reflexion der Bedingungen, unter denen in den Sozialwissenschaften überhaupt wirksame Erklärungen und Prognosen artikuliert werden können.

Renate Mayntz nennt hier drei Bedingungen, die nach ihrer Auffassung die Prognostizierbarkeit sozialer Ereignisse grundsätzlich einschränken: Multikausalität (abhängige Variablen werden durch komplexe und kontextabhängige Kombinationen von Wirkungsgrößen bestimmt), Nichtlinearität (die Beziehungen zwischen Variablen folgen anderen als linearen Mustern, so zum Beispiel in der Chaostheorie oder in Schwellenwerttheorien) und Interferenz (zu beachten sind stets die ungeplanten Wechselwirkungen zwischen Entwicklungsprozessen in unterschiedlichen Teilsystemen).

Sich dieser strukturellen Grenzen der Prognosefähigkeit der Sozialwissenschaften bewußt zu sein, bedeutet nun allerdings nicht, daß sich soziale Erscheinungen jeder Erklärung und Berechenbarkeit entziehen. Vielmehr gibt es eine Vielzahl von Bereichen, in denen durchaus Gesetzmäßigkeiten und Regelhaftigkeiten menschlichen Verhaltens identifiziert worden sind. Auf diese Möglichkeit und Chance hat übrigens Robert K. Merton schon vor mehr als fünfzig Jahren mit seinem Begriff der Theorien mittlerer Reichweite hingewiesen.

Insgesamt erscheint also der im Zusammenhang mit der Transformationsforschung geäußerte Vorwurf eines Versagens der Sozialwissenschaften nicht überzeugend begründet. Sicher ist jedenfalls, daß sich die diagnostizierte Situation durch eine empirische Enthaltsamkeit der Forschung nicht verbessern wird. Erfreulicherweise sind für diese Forschung nach 1989 überraschend schnell günstige Voraussetzungen geschaffen worden. Davon soll im nächsten Abschnitt kurz die Rede sein, wobei die deutsche Situation im Mittelpunkt stehen wird.

2.2.6 Die Ressourcen der deutschen Transformationsforschung

Bekanntlich war dem Wissenschaftsrat in Artikel 38 Einigungsvertrag die Aufgabe zugewiesen worden, die Einrichtungen der DDR-Akademien der Wissenschaften sowie für Landwirtschaftswissenschaften und der Bauakademie zu begutachten und auf dieser Grundlage die „Einpassung von Wissenschaft und Forschung" der DDR „in die gemeinsame Forschungsstruktur der Bundesrepublik Deutschland (zu) gewährleisten". Die zu diesem Zweck für das Gebiet der Wirtschafts- und Sozialwissenschaften eingesetzte Arbeitsgruppe des Wissenschaftsrates hat ihre Empfehlungen im Februar 1991 vorgelegt; sie wurden auf einer Sitzung des Wissenschaftsrates am 13. März 1991 verabschiedet. Zu dieser Empfehlung liegt eine ausführliche Dokumentation und Einordnung vor. Darüber hinaus ist der Gesamtprozeß von der Entstehung des Artikels 38 Einigungsvertrag bis zur Erarbeitung der Empfehlungen und deren Umsetzung im einzelnen analysiert worden.

An diesen Vorlauf wird, obwohl er weitgehend bekannt ist, hier noch einmal erinnert, weil die Empfehlung des Wissenschaftsrats auch den Vorschlag enthielt, zur sozialwissenschaftlich begleitenden Untersuchung des Transformationsprozesses umgehend eine „Kommission zur Erforschung des sozialen und politischen Wandels in den neuen Bundesländern" (KSPW) ins Leben zu rufen. In der Arbeitsgruppe (der die beiden Autoren angehört haben) bestand seinerzeit Konsens, daß wichtige Veränderungen in der DDR bereits mit der Öffnung der Berliner Mauer am 9. November 1989 eingesetzt hatten und damit ein Forschungsbedarf entstanden war, der praktisch sofort in entsprechende Projekte umgesetzt werden müsse. Daher wurde für die Etablierung dieser Forschung in bewußter Abwägung eine flexible Organisationsform – eine Kommission als eingetragener Verein – gewählt und auf die Gründung eines mit viel längerem administrativem Vorlauf versehenen, prinzipiell als Option aber durchaus vorstellbaren Instituts der Blauen Liste verzichtet.

Insgesamt ist die Kommission mit ihrer Beendigung am 30. Juni 1996 ein halbes Jahr unter der vom Wissenschaftsrat vorgesehenen Laufzeit von fünf Jahren und mit rund 25 Millionen DM etwa fünf Millionen DM unter der anvisierten Finanzierung von 30 Millionen DM geblieben. Trotz ihrer Probleme ist die KSPW ein wichtiger Träger von Vorhaben der Transformationsforschung gewesen. (Eine große Zahl von Arbeitsberichten liegt bereits seit längerem vor; ab Herbst 1996 sind die abschließenden Analysen in einer Größenordnung von mehr als 30 Bänden veröffentlicht worden.)

Die KSPW hat ihre Tätigkeit zu einem Zeitpunkt beendet, zu dem die Transformation in Ostdeutschland noch keineswegs abgeschlossen war; sie dauert weit länger, als 1991 vorgesehen worden war. Probleme, die zu Verzögerungen und Abbrüchen von bereits eingeleiteten Entwicklungen führten, traten insbesondere im Hinblick auf die ökonomische Reproduktion und auf die Herstellung einer lebensfähigen Wirtschaftsstruktur auf. Es stellte sich ferner heraus, daß dem schlagartigen Austausch der Institutionen auf der Makroebene noch nicht die entsprechende Reorganisation des intermediären Bereichs mit seinen zahlreichen Agenturen (Interessengruppen, Verbänden, Vereinen usw.) gefolgt ist. Nicht zuletzt wurde mit der zunehmenden zeitlichen Distanz zum Institutionenaustausch immer deutlicher, daß sich das Forschungsinteresse künftig stärker auf das Verhältnis von Beharrung und Veränderung der kognitiven Strukturen richten muß. Während die Überführung in neue institutionelle Ordnungen rasch erfolgte, dauern die Veränderung der Erwartungssysteme sowie die soziale Stützung und kulturelle Prägung von Verhaltensstrukturen weit länger, vollziehen sich häufig erst in der Generationenfolge.

Der Wissenschaftsrat hatte in seiner Begründung für die Einrichtung der Kommission auch argumentiert, daß die deutsche Sozialwissenschaft durch die Vereinigung nicht nur eine einmalige wissenschaftliche Chance erhalten habe, sondern daß sie gegenüber der internationalen Gemeinschaft der Sozialforscher in der Verantwortung stehe, die Transformationsprozesse in Ostdeutschland und die Rückwirkungen der Vereinigung auf die alte wie die neue Bundesrepublik forschend zu begleiten und durch Daten zu dokumentieren. Neben dem Wissenschaftsrat haben auch andere große deutsche Einrichtungen der Forschungsförderung diesen Impetus aufgenommen. Die Deutsche Forschungsgemeinschaft beschloß im Januar 1991 ein Schwerpunktprogramm „Sozialer und politischer Wandel im Zuge der Integration der DDR-Gesellschaft", das de facto bis Ende 1997 läuft. Die Max-Planck-Gesellschaft richtete an der Humboldt-Universität zu Berlin eine bis 1996 terminierte Arbeitsgruppe „Transformationsprozesse in den neuen Bundesländern" ein, und die Volkswagenstiftung gründete 1991 einen Schwerpunkt „Diktaturen im Europa des 20. Jahrhunderts: Strukturen, Erfahrungen, Überwindung, Vergleich" mit einer voraussichtlichen Laufzeit bis 1999.

Das bisher gezeichnete Bild wäre freilich unvollständig, wenn nicht auch kurz der Beitrag der privatwirtschaftlich verfaßten Sozial- und Marktforschung zur Sprache käme. In wenigen Monaten wurden seitens der westdeutschen Institute durch die Entwicklung von fachgerechten Stichprobenplänen und die Einrichtung von leistungsfähigen Interviewerstäben die Grundlagen für die zuverlässige Durchführung repräsentativer Bevölkerungsumfragen geschaffen, wie zum Beispiel die wahlsoziologischen Untersuchungen zur Volkskammerwahl am 18. März 1990 belegen. Auch das Zweite Deutsche Fernsehen dehnte bereits im April 1990 seine monatlichen Repräsentativbefragungen in der alten Bundesrepublik „Politbarometer" in Form des „Politbarometer in der DDR" beziehungsweise nach der Vereinigung „Politbarometer Ost" auf das Gebiet der DDR aus; gleiches gilt übrigens auch für das mit Sondermitteln des damaligen Bundesministeriums für Forschung und Technologie von der Deutschen Forschungsgemeinschaft geförderte sozioökonomische Panel. Insgesamt liegt also auch für den Bereich der politischen und wirtschaftlichen Orientierungen und Verhaltensweisen der ostdeutschen Bevölkerung ab Frühjahr 1990 ein kontinuierlicher Strom von Untersuchungen sowohl für die Phasen der Demokratisierung in der DDR als auch für die Konsolidierung der neuen demokratischen politischen Ordnung vor.

2.2.7 Die deutsche Vereinigung – ein Sonderfall?

Seit dem Anlaufen der Transformationsforschung in Deutschland steht bereits die Frage auf der Tagesordnung, ob die deutsche Vereinigung im Reigen der Systemübergänge eine Sondersituation darstellt, die einen Vergleich mit den anderen „Fällen" sehr erschwert, wenn nicht gar ausschließt. Sicherlich besteht ein grundlegender Unterschied zwischen Deutschland und den anderen Übergangsgesellschaften darin, daß die Transformationen in Mittel- und Osteuropa prinzipiell ergebnisoffen sind. Samuel Huntington hat ja – daran sei noch einmal erinnert – darauf hingewiesen, daß in diesem Jahrhundert Wellen der

Demokratisierung mehrfach durch solche der Entdemokratisierung gebrochen worden sind. Eine solche Möglichkeit ist für die neuen Demokratien Mittel- und Osteuropas, die sich noch in der Phase der Konsolidierung befinden, zumindest nicht prinzipiell auszuschließen. Sie besteht für das vereinigte Deutschland jedoch nicht oder nur unter kaum vorstellbaren Bedingungen der völligen Destabilisierung. Dies würde also für die Einordnung Deutschlands als eines „Ausreißers" sprechen.

Auf der anderen Seite ist die Frage nach den Möglichkeiten und Grenzen vergleichender Analysen zwischen Deutschland und den Übergangsstaaten Mittel- und Osteuropas von erheblichem systematischem Interesse. Nur über einen Vergleich mit der Transformation in anderen osteuropäischen Gesellschaften ist der Übergangsprozeß in Ostdeutschland in seiner strategischen Ausrichtung, in seinen Effekten und in seinen Kosten zu beurteilen. Ebenso aber verspricht die vergleichende Analyse unterschiedlicher Transformationsprozesse wesentliche Einsichten in die Bedeutung von Konstellationsvariationen und Institutionenalternativen für die Strukturierung von Gesellschaften. Transformationsforschung, die die sich bietenden einmaligen Chancen der Faktorenvarianzen nutzen will, muß komparativ vorgehen. Bedauerlicherweise fehlen hierzu bislang weitgehend die erforderlichen Untersuchungen, insbesondere soweit sie systematisch angelegt sind und mehr darstellen als die Deskription von Einzelfällen. Der Verwirklichung der Forderung nach systematischen Ländervergleichen steht freilich die Vielzahl der Probleme entgegen, die der internationalen und interkulturellen Forschung zumal dann zu eigen ist, wenn sie sich in noch wenig erschlossene Felder begibt. Daher stellen der Aufbau von Netzwerken zu osteuropäi-

MACHEN

schen Forschern, die Verknüpfung mit den Forschungsanstrengungen anderer westlicher Länder, insbesondere der USA, und die Aktivierung der deutschen Osteuropaforschung dringliche Desiderate der sozialwissenschaftlichen Transformationsforschung dar. In diesem Zusammenhang sollte man sich auch noch einmal daran erinnern, daß die Empfehlung des Wissenschaftsrates ausdrücklich den internationalen Vergleich als unabdingbar und als mögliche weiterführende Aufgabe der KSPW angemerkt hatte.

2.2.8 Transformationsforschung als komplexe Sozialforschung

Zum Prozeß der deutschen Vereinigung liegen Untersuchungen bereits in großer Zahl vor. Allerdings steht noch Material in einer Größenordnung aus, die den Versuch einer abschließenden Bewertung nicht angeraten sein läßt, ganz abgesehen von der dringenden Notwendigkeit der Systematisierung und Integration der Befunde. Schon jetzt wird jedoch ein methodologisches Dilemma erkennbar, dessen sich die moderne Sozialforschung bereits vor den Transformationen zunehmend bewußt geworden war, das mit ihnen jedoch eine weitere Akzentuierung erfuhr: die Notwendigkeit von Untersuchungen, die mehr als eine Ebene der Gesellschaft systematisch und dynamisch verschränken.

Durchgesetzt hat sich inzwischen die Erkenntnis, daß die Untersuchung des sozialen und politischen Wandels ganz allgemein längsschnittlicher, also die historische Zeit überbrückender Forschungsansätze bedarf – selbst wenn diese nicht ebenenübergreifend angelegt sind, weil sie sonst zu komplex und zu teuer würden. So ist es kein Zufall, daß in den letzten 20 Jahren in Deutschland und anderswo eine Reihe von Längsschnittuntersuchungen institutionalisiert worden ist. Hierbei handelt es sich bislang überwiegend um Mikroanalysen, das heißt um regelmäßige stichprobenbasierte Befragungen definierter Bevölkerungsgruppen oder der Gesamtbevölkerung. Entsprechende Forschungen und Datensammlungen existieren sogar vergleichend auch für die Makroebene der Gesamtgesellschaften und für den intermediären Bereich.

Das Erfordernis der Längsschnittlichkeit gilt in besonderem Maße für die Transformationsforschung, befinden sich doch diese Gesellschaften – und das schließt den ostdeutschen Teil der Bundesrepublik ein – in der bezüglich ihres zeitlichen Endes nicht eindeutig bestimmbaren Phase der politischen Konsolidierung. Samuel Huntington betrachtet zum Beispiel eine Demokratie erst nach zwei friedlichen Regierungswechseln durch freie Wahlen als konsolidiert. Längsschnittliche Forschung ist theoretisch, methodologisch, methodisch und praktisch sehr voraussetzungsreich, wobei diese Probleme beim Gesellschaftsvergleich noch schärfer hervortreten. Darüber hinaus verlangt sie Wissenschaftlern, die mit ihren Ergebnissen verständlicherweise so schnell wie möglich auf den wissenschaftlichen Markt kommen wollen, viel Geduld ab.

Erfreulicherweise ist im Zusammenhang mit der deutschen Vereinigung auch eine Reihe von Längsschnittstudien durchgeführt worden; von deren Ergebnissen wird im nächsten Abschnitt in Ausschnitten kurz die Rede sein. Eine offe-

ne, im Augenblick noch nicht zu beantwortende Frage ist hingegen, inwieweit der hohe Anspruch, die deutsche Vereinigung theoretisch als Mehrebenenproblem zu konzeptualisieren, durch entsprechende Forschungen tatsächlich eingelöst worden ist. Von der Antwort auf diese Frage wird nicht zuletzt abhängen, inwieweit die Sozialwissenschaften durch die Transformationsprozesse theoretisch und substantiell weitergebracht worden sind.

2.2.9 Zur politischen Kultur im vereinigten Deutschland

Gabriel A. Almond und Sidney Verba haben 1963 ihre bahnbrechende, fünf Nationen vergleichende Studie zur politischen Kultur (The Civic Culture) vorgelegt. Für die Bundesrepublik Deutschland diagnostizierten die Autoren – in vielen späteren Untersuchungen zunächst bestätigt – eine sehr starke Abhängigkeit der Einstellungen zur Demokratie vom wirtschaftlichen Output des Systems. Sie knüpften an diese Beobachtung seinerzeit die kritische Frage nach der Stabilität der bundesrepublikanischen Demokratie, eine Frage, die angesichts der erheblichen Distanz der Westdeutschen zu dieser ihnen von außen oktroyierten Regierungsform zum Zeitpunkt der Gründung der Bundesrepublik durchaus berechtigt erschien. Tatsächlich dauerte es danach rund 20 Jahre, bis nicht zuletzt durch den Regierungswechsel 1969 eine Abkopplung der Systemunterstützung von den *konkreten* Leistungen der Politik begann.

In der wissenschaftlichen Auseinandersetzung mit der Civic-Culture-Untersuchung machte Erwin K. Scheuch 1968 auf ein Problem aufmerksam, das in der Transformationsforschung in der Forderung nach Mehrebenenanalysen seinen

Niederschlag findet. Er wies nämlich darauf hin, daß es theoretisch und methodologisch unzulässig sei, individuelle, durch Befragungen gewonnene Merkmale durch Aggregierung auf die Ebene der Gesamtgesellschaft so zu deuten, als handele es sich um Elemente der institutionellen (Makro-) Struktur (der sogenannte individualistische Fehlschluß). Konkret bedeutet dies für die Transformationsforschung, daß sie bei Aussagen zum Beispiel über die Konsolidierungschancen der neuen Demokratien stets das Wechselverhältnis zwischen institutionellen Arrangements (etwa die Form des Regierungssystems, das Wahlrecht, eine föderalistische oder zentralistische Organisation) und individuellen Einstellungen und Verhaltensweisen im Auge haben muß. Denn nur in dieser Interaktion zwischen politischer Struktur und politischer Kultur entfalten sich die konkreten Bedingungskonstellationen für die Dauerhaftigkeit (Persistenz) politischer Ordnungen.

Für die Frühphase der Bundesrepublik erwies sich das Grundgesetz als stabilisierender Rahmen der Entwicklung zu einer pluralistischen Demokratie, der die ursprünglichen Vorbehalte der Bürger konstruktiv kanalisierte und langsam neutralisierte. Daß hierbei das Erhardsche „Wirtschaftswunder" eine ausschlaggebende Voraussetzung war, ist unbestritten. Insofern kann nicht überraschen, daß in den neuen Ländern die Akzeptanz der westdeutschen Demokratie nach der erfahrungslosen ersten Phase der Vereinigungseuphorie eng mit der Einschätzung der allgemeinen und persönlichen wirtschaftlichen Lage durch die Ostdeutschen verbunden ist. Schon im zweiten Halbjahr 1991 zeigte sich im ZDF-Politbarometer eine leichte Mehrheit (etwa 52 Prozent) mit der westdeutschen Demokratie unzufrieden, selbst im stimmungsmäßig wegen der Bundestagswahl günstigeren zweiten Halbjahr 1994 betrug dieser Anteil 57 Prozent und schließlich im April 1996 sogar 58 Prozent, stets in enger Abhängigkeit von einer negativen Bewertung der wirtschaftlichen Situation. (Die entsprechenden Zahlen für die alte Bundesrepublik sind 34 Prozent 1991, 32 Prozent 1994 und 37 Prozent im April 1996.) Auf der Bürgerseite in Ostdeutschland braucht offenbar die Akzeptanz der konkreten Demokratie, ähnlich wie seinerzeit in Westdeutschland, ihre Zeit. Damit stellt sich natürlich um so mehr die Frage, wie der Prozeß der Konsolidierung in den anderen Transformationsgesellschaften ablaufen wird, die nicht ähnlich günstige Rahmenbedingungen wie Deutschland aufweisen.

Frühe Forschungen zum Demokratieverständnis der Ostdeutschen erbrachten den erstaunlichen Befund einer hohen Konvergenz zwischen Ost und West, obgleich schon zu dieser Zeit im Osten die plebiszitäre Dimension von Demokratie stärker als im Westen ausgeprägt war. Es schien, als ob vier Dekaden sozialistisch-ideologischer Indoktrination kaum Spuren hinterlassen hätten. In einer zusammenfassenden Analyse hat Dieter Fuchs jedoch zeigen können, daß prägnante Elemente des sozialistischen Demokratieverständnisses in den politischen Orientierungen der Ostdeutschen durchaus noch auffindbar sind: eine deutliche Bevorzugung von Gleichheit vor Freiheit, die Betonung plebiszitärer Verfassungselemente (zum Beispiel Volksabstimmungen) und ein höher als in allen anderen Transformationsgesellschaften ausgebildetes Bedürfnis nach sozialer Absicherung durch den Staat. So kann denn auch nicht überraschen, daß die Idee des Sozialismus (was immer darunter verstanden wird) in den neuen Län-

ALLIED
CHECKPOINT CHARLIE
THE AMERICAN SECTOR
ВЫ ВЫЕЗЖАЕТЕ ИЗ
AMERICAIN

dern immer noch eine mehrheitliche Unterstützung findet. Die Daten lassen allerdings keinen Zweifel daran, daß auch in den neuen Ländern die Demokratie zumindest grundsätzlich als die beste Staatsform angesehen wird.

Die hier kurz und unvollständig berichteten Unterschiede zwischen den beiden deutschen Bevölkerungen bezüglich des Verständnisses und der Akzeptanz der Demokratie zeigen, daß die Integration zweier lange Zeit so grundsätzlich verschieden verfaßter Staaten kein triviales Problem darstellt, das sich gleichsam von selbst nur über die Zeitdimension erledigt. Abschließend soll daher eine Frage angesprochen werden, die die einschlägige Forschung als eine zentrale Bestimmungsgröße für den Verlauf und das Ergebnis von Transformationsprozessen identifiziert hat: die Rolle der gesellschaftlich-politischen Eliten.

Nicht zuletzt der durch westdeutsche Akteure dominierten Umstrukturierung des DDR-Wissenschaftssystems ist die vor allem unter Intellektuellen längere Zeit populäre These von der Kolonialisierung Ostdeutschlands durch den Westen zu verdanken. Verschiedene empirische Untersuchungen gestatten es inzwischen, die sektorübergreifende Gültigkeit der These auf zuverlässiger empirischer Grundlage zu überprüfen.

Wenn Kolonialisierung die Übernahme von Führungspositionen in Ostdeutschland durch Westdeutsche bedeutet, dann erbringt die erste gesamtdeutsche Elitestudie nach der Vereinigung, die übrigens aus Mitteln des einschlägigen DFG-Schwerpunktprogramms gefördert worden ist, hierzu folgende Befunde: Von den insgesamt befragten 2341 Inhabern von Führungspositionen in Deutschland waren rund 17 Prozent – das entspricht etwa dem Anteil der Ostdeutschen an der Gesamtbevölkerung – in den neuen Ländern plaziert. Von diesen Positionen kamen – bei erheblichen sektorspezifischen Unterschieden – rund 60 Prozent aus den neuen Ländern; zusätzlich hatten rund zwölf Prozent der ostdeutschen Eliten seit der Vereinigung Führungspositionen im Westen übernommen. Diese Zahlen gewähren, bedenkt man die für bestimmte Führungspositionen zu erbringenden und von Ostdeutschen kurzfristig nicht zu erfüllenden Voraussetzungen (zum Beispiel ein juristisches Studium), der Kolonialisierungsthese in ihrer pauschalen Variante wenig Unterstützung. Die bisher vorliegenden Veröffentlichungen aus der gesamtdeutschen Elitestudie geben allerdings noch keinen Aufschluß über die wichtige Frage, in welchen Positionen sich die ostdeutschen Herkunftseliten vor 1989 befunden haben.

Hierzu liegen erfreulicherweise Analysen aus verschiedenen Erhebungen bei politisch-administrativen lokalen Eliten vor. Daraus folgt, daß rund 60 Prozent der Positionen von Personen besetzt sind, die vor 1989 nicht im „Staatsapparat“ tätig waren (Neupersonal). „Altpersonal“ in diesem Sinne sind 25 bis 30 Prozent dieser Eliten, und bei lediglich zehn bis 15 Prozent handelt es sich um „Westimporte“.

Insgesamt ist also zunächst festzustellen, daß sich für die Kolonialisierungsthese – wird sie so wie in diesem Beitrag konzeptionalisiert – allenfalls in Teilbereichen, insgesamt aber wenig Belege finden lassen. Wie die Positionsbesetzungen auch im einzelnen zu beurteilen sind – letzten Endes handelt es sich ja um

Funktionseliten –, diese Frage ist sicherlich differenziert zu beantworten. Der offensichtlich doch recht hohe Anteil von Neupersonal unter den Osteliten läßt jedenfalls eine starke Belastung des Integrationsprozesses durch möglicherweise ressentimentgeladenes Altpersonal nicht erwarten. Außerdem hat sich mit der PDS eine Partei in Ostdeutschland etabliert, über die man, falls gewünscht, seine Kritik an den neuen Verhältnissen unmittelbar und öffentlich zum Ausdruck bringen kann.

Mit diesen Überlegungen soll zum Ausgangspunkt, der Frage nach dem Demokratieverständnis, zurückgekehrt werden, diesmal jedoch unter der Elitenperspektive. Hier zeigen sich zwischen ost- und westdeutschen Herkunftseliten im Prinzip die gleichen wie schon bei den Bevölkerungen beobachteten Unterschiede, vor allem in bezug auf die Hervorhebung plebiszitärer Demokratieelemente. Die Differenzen im Vergleich der West- und Ost-Eliten sind jedoch wesentlich prononcierter als zwischen den beiden Bevölkerungen. Auch und gerade bei den Osteliten sind also deutliche Effekte der Sozialisation in einer anderen politischen Ordnung erkennbar, über deren Einfluß auf die Entwicklung der deutschen Demokratie hier allerdings nicht spekuliert werden soll. Im übrigen wären für diese Art von Fragestellung Befunde aus den anderen Transformationsgesellschaften von allergrößtem Interesse.

2.2.10 Das Ende der Geschichte?

Es entbehrt nicht einer gewissen Ironie, daß just mit dem Niedergang der einzigen im 20. Jahrhundert gewichtigen Alternative zur liberalen Demokratie westlicher Prägung die unter dieser Staatsform verfaßten Staaten Westeuropas in eine krisenhafte Situation geraten zu sein scheinen: Massenarbeitslosigkeit und das Ende des Wohlfahrtsstaats dominieren die öffentliche Diskussion. Zwar sollte man mit der Veralltäglichung des Krisenszenarios etwas vorsichtiger umgehen, als dies in dem durch massenmediale Kommunikation bestimmten öffentlichen Diskurs moderner offener Gesellschaften geschieht. Als ein bezeichnendes Beispiel kann die in der Sache wenig fundierte westliche Legitimationskrisenrhetorik der siebziger Jahre gelten. Dennoch kann nicht bestritten werden, daß die glückliche Ehe zwischen einem sozialstaatlich gemäßigten Kapitalismus und der liberalen Demokratie – der demokratische Wohlfahrtsstaat – durch endogene Verkrustungen, äußerst folgenreiche demographische Entwicklungen und durch Prozesse der technischen, wirtschaftlichen und politischen Globalisierung erheblich unter Druck geraten ist.

Dieses Problemfeld kann im Zusammenhang dieses Beitrages nicht weiter entfaltet werden. Allerdings erscheint zumindest der Hinweis angebracht, daß gerade – und nur – die westlichen Demokratien es über das sie zentral steuernde Markt- und Wettbewerbsprinzip nach dem Zweiten Weltkrieg immer wieder verstanden zu haben scheinen, aus ihren Bedrohungen neue Kraft zu schöpfen und sich aus sich selbst heraus zu verändern. Es steht jedoch außer Frage, daß ihre Problemagenda noch für längere Zeit von der Auseinandersetzung über den richtigen Umgang mit den oben genannten Schwierigkeiten bestimmt werden wird. Dies hat für die Transformationsforschung vor allem zwei Folgen:

Zum einen wendet sich die Aufmerksamkeit der westlichen „Vorbildgesellschaften" – und dies schließt auch und nicht zuletzt finanzielle Ressourcen ein – wieder verstärkt sich selbst zu. Die Transformationen werden nur dann zum Thema, wenn, wie in Rußland, eine Rückkehr zu totalitären oder der Übergang in autoritäre Strukturen wahrscheinlich oder möglich scheint. Für den Umgang mit den Folgen der deutschen Vereinigung für die primär und geradezu umwälzend betroffene ostdeutsche Bevölkerung bedeutet dies zum Beispiel, daß der emotionale Vereinigungsbonus in Westdeutschland sechs Jahre nach der Vereinigung fast aufgezehrt zu sein scheint. Unabhängig von objektiven Problemlagen gewinnt langsam die gesamtdeutsche Perspektive und hier vor allem die Frage nach der internationalen Position Deutschlands in bezug auf die wirtschaftliche, technologische und wissenschaftliche Wettbewerbsfähigkeit sowie die Außenpolitik wieder die Oberhand über vereinigungsbedingte Themen. Wenn auch die finanziellen Lasten der Vereinigung weiter drücken und zunehmend bewußt werden, so gilt dies inzwischen nur noch als „Altlast", die nicht mehr in Frage zu stellen, sondern abzuarbeiten ist.

Zum zweiten konnte in der Phase der Demokratisierung in den mittel- und osteuropäischen Staaten zunächst beobachtet werden, daß in großem Umfang Institutionen der pluralistischen Demokratie und der Marktwirtschaft imitiert wurden und daher westliche Beratung und Berater gefragt waren, die bei der Umgestaltung von Politik und Wirtschaft die „bewährten" westlichen Vorbilder vor Ort adaptieren sollten. Mit der Infragestellung dieser Vorbilder just in ihren Ursprungsländern ist die Hoffnung, auf diese Weise schnell das Stabilitätsniveau westlicher Gesellschaften erreichen zu können, geschwächt worden und hat Unsicherheiten, ja nicht selten Verzweiflung und Frustration Platz gemacht. Aus der distanzierten Perspektive des Beobachters von außen kann allerdings die Frage gestellt werden, ob nicht gerade diese Entwicklung den Weg von schon aus grundsätzlichen Erwägungen problematischen Imitationen – gewachsene Strukturen können nicht ohne weiteres aus ihrem Zusammenhang gerissen und auf andere Gesellschaften übertragen werden – hin zu wirklichen Innovationen ermöglichen wird. Erst der Versuch, westdeutsche Verwaltungsstrukturen schematisch in Ostdeutschland zu implementieren, hat einerseits den Blick für die Vielzahl der in der alten Bundesrepublik existierenden Verwaltungsmodelle – als Option – geschärft. Es wurden aber andererseits auch, über die Implementation neuer Gemeindeverwaltungsstrukturen in Ostdeutschland, die in über vierzig Jahren Bundesrepublik entstandenen Verkrustungen und Überregulierungen im Westen ins Bewußtsein gehoben und damit, im Wettbewerb zwischen Ost- und Westdeutschland, zumindest Chancen für Erneuerungen auch in den alten Bundesländern eröffnet.

2.2.11 Bilanz

Eine Bilanz der Transformationsforschung kann angesichts der Offenheit der Prozesse und der noch laufenden oder in der Auswertung befindlichen Untersuchungen nichts anderes als eine Zwischenbilanz sein. Blickt man nur auf die deutsche Vereinigung, so läßt sich erstens, anders als nach dem Ende des Zweiten Weltkrieges in bezug auf die Weimarer Republik und das Dritte Reich, feststellen, daß die Sozialwissenschaften die in der Erforschung der Vereinigung liegende Chance und Verpflichtung schnell erkannt haben und bei deren Wahrnehmung mit ausreichenden öffentlichen Forschungsressourcen unterstützt worden sind.

Zweitens ist der Systemwandel in Mittel- und Osteuropa von den Sozialwissenschaften frühzeitig auch als Gelegenheit für theoretische und methodologische Innovationen gekennzeichnet worden. Ob diese Chance erfolgreich wahrgenommen worden ist, wird sich erst noch erweisen. Allerdings muß als ein mögliches Ergebnis der Forschung auch gelten können, daß – wie zum Beispiel in der Wahlforschung – etablierte Analysekonzepte auch unter Bedingungen epochaler Veränderungen Bestand haben. Ein wichtiger Ertrag der Transformationsforschung könnte also beispielsweise darin bestehen, daß existierende Theorien sich unter „Streß" bewährt und so ihren Geltungsbereich erweitert haben.

Drittens erscheint es analytisch wenig fruchtbar, den Systemwandel in Mittel- und Osteuropa unter die allgemeine Klasse von Erscheinungen des sozialen Wandels zu subsumieren. Es handelt sich vielmehr um relativ seltene, abrupte und grundsätzliche Veränderungen von politischen und wirtschaftlichen Rahmenbedingungen. Gerade in diesem Element liegt ihre Besonderheit und ihr wissenschaftliches Potential. Daraus folgt, daß der Transformationsprozeß trotz des zeitoffenen Endes der Konsolidierungsphase nach Kriterien der Abgrenzung zur Normalität des Wandels in modernen Gesellschaften verlangt. Einige Überlegungen hierzu liegen auf der Hand.

Ein Merkmal totalitärer Ordnungen ist die tiefe ideologische Penetration in alle Bereiche der Gesellschaft hinein. So sind Mentalitäten und Überzeugungssysteme entstanden, die in grundlegendem Widerspruch zu denen in pluralistischen Demokratien stehen. Es ist schon viel darüber geschrieben worden, daß durch den plötzlichen Abbruch der für totalitäre Systeme typischen paternalistischen Strukturen, die ihren Ausdruck in der engen Verbindung von Gefolgschaft und staatlicher Fürsorge gefunden hatten, ein für die mentale Befindlichkeit vieler Bürger im Osten bedrohliches Vakuum entstanden sein dürfte, das erst langsam durch ein sich entwickelndes Gefühl für Eigenverantwortung gefüllt werden kann. Hier mag im übrigen die Gemeinschaftlichkeit dieser Erfahrung in der früheren DDR langfristig sogar, zum Beispiel über die Nutzung und Reaktivierung sozialer Netzwerke, einen besseren Umgang mit dieser Problematik ermöglichen als in Westdeutschland, wo die Notwendigkeit der Rückführung des Sozialstaates noch nicht durch die Erfahrung einer kollektiven Krise nachdrücklich vermittelt worden ist.

Auch das Verständnis für so mühsame wie zeitaufwendige, der Demokratie aber immanente Aushandlungsprozesse in Politik (Koalitionsproblematik; Föderalismus) und Wirtschaft (Tarifautonomie) kann bei einer Sozialisation in ein obrigkeitsstaatliches, auf Entscheidungen und nicht auf Legitimation zentriertes System nicht selbstverständlich erwartet werden. Konsensprozesse, Nichtentscheidungen und Kompromisse sind denn auch häufig Gegenstand der Kritik in Ostdeutschland an der westdeutschen Demokratie. Die bisherige Schwäche des neuen intermediären Systems in den neuen Bundesländern deutet dabei auf eine besondere Integrationsproblematik hin, auf die in Mittel- und Osteuropa unter dem Etikett der civil society schon früh hingewiesen worden ist.

Ähnlich problematisch ist der Umstand, daß die Bürger in den Transformationsgesellschaften seit der Demokratisierung mit dem abrupten Gesellschaftswandel und mit den liberal verfaßten Gesellschaften immanenten Problemen (zum Beispiel Kriminalität) leben müssen, für deren Bearbeitung ihnen ein bewährtes Reaktionsmuster (noch) nicht zur Verfügung steht. Insgesamt begünstigt der Zerfall der kollektiven sozialistischen Identität einen Rückfall – wie in Jugoslawien – in partikularistische Orientierungen und kann nicht einfach über eine institutionelle Neuordnung von Politik und Wirtschaft „von oben" mit neuen Inhalten gefüllt werden.

Solche Überlegungen, aber auch die Ergebnisse bisheriger Untersuchungen in Deutschland und in anderen Übergangsgesellschaften lassen keinen Zweifel daran, daß die Transformationsprozesse, nicht zuletzt in bezug auf die Analyse kulturspezifischer Mentalitäten und deren Einfluß auf die Handlungsweisen der Menschen, noch keinesfalls abgeschlossen sind. In diesem Sinne ist auch die Transformationsforschung weiter gefordert. Nach den großen Brüchen der vergangenen Jahre besteht nun die Chance, aber auch die Notwendigkeit, das Wechselverhältnis zwischen Institutionen, intermediären Organisationen und den Bürgern unter mittel- bis langfristiger Perspektive zum kontinuierlichen Gegenstand der wissenschaftlichen Erkundung zu machen, die auch über die konkreten Tranformationsprozesse in Mittel- und Osteuropa hinausweist. Zwar beziehen sich diese zunächst einmal auf die besondere Situation des gleichzeitigen Bruchs der politisch-institutionellen Ordnung, der Wirtschafts-, Sozial- und Rechtsordnung sowie der politischen Kultur in Gesellschaften, die einerseits durch ihre Ausgangslage, das sowjetische Ordnungsmodell, und andererseits durch die Orientierung an westlichen Gestaltungsvorstellungen enge Bezüge zueinander besitzen. Dennoch sind weder die Bedingungen noch die Strategien für die Transformation gleich. Sie weisen vielmehr Eigenschaften auf, die im Spannungsverhältnis von Ähnlichkeit und Unterschiedlichkeit einen Vergleich methodisch besonders aussichtsreich und inhaltlich vielversprechend erscheinen lassen. Die Ergebnisse dieser Forschungen werden daher auch für die Analyse des Systemwandels unter anderen Konstellationsbedingungen fruchtbar sein. So wie in der Vergangenheit die aktuelle Transformationsforschung von den Arbeiten zum Wandel von Regimen in Lateinamerika profitiert hat, so sind von den laufenden Untersuchungen etwa wichtige Anregungen für die Analyse von Wandlungsprozessen in den sich modernisierenden Ländern Asiens und Afrikas zu erwarten, selbst wenn sich die jeweiligen kulturellen und historischen Bedingungen in diesen Erdteilen von denen in den mittel- und osteuropäischen Ländern erheblich unterscheiden.

2.3 Kognitionswissenschaften

Wolfgang Prinz, Max-Planck-Institut für Psychologische Forschung, München, und Gerhard Strube, Universität Freiburg

Als „Kognitionswissenschaft(en)" wird ein Forschungsverbund bezeichnet, dessen Gegenstand die Beschreibung und Erklärung kognitiver Leistungen ist, und zwar unter dem Gesichtspunkt der Informationsverarbeitung. Im ersten Abschnitt erörtern wir, was unter kognitiven Leistungen zu verstehen ist und was es bedeutet, sie wissenschaftlich zu analysieren. Im zweiten Abschnitt untersuchen wir Status und Perspektiven der kognitiven Neurowissenschaften (*cognitive neuroscience*). Neurowissenschaftliche Kognitionsforschung bildet den ersten von zwei größeren Teilverbänden innerhalb der Kognitionswissenschaften. Gegenstand ist hier die Analyse des Zusammenhangs zwischen kognitiven Leistungen und Gehirnfunktionen. Den zweiten größeren Teilverband bildet die algorithmisch orientierte Kognitionsforschung, deren Status und Perspektiven wir im dritten Abschnitt untersuchen. Gegenstand sind hier die formale Analyse kognitiver Leistungen und ihre Modellierung durch algorithmische Prozesse und Strukturen; insbesondere werden hier auch technische Systeme betrachtet („Künstliche Intelligenz"). Im abschließenden vierten Abschnitt fassen wir Empfehlungen für die Förderung der Forschung in den kommenden Jahren zusammen.

2.3.1 Kognitive Leistungen

Gemeinsames Ziel der Kognitionswissenschaften ist die Beschreibung und Erklärung kognitiver Prozesse in natürlichen und künstlichen Systemen. Forschungsleitend ist dabei die Perspektive, daß es sich bei kognitiven Prozessen um solche der Informationsverarbeitung handelt.

Bei näherer Betrachtung zeigt sich allerdings, daß die Kognitionswissenschaft beziehungsweise der multidisziplinäre Gesamtverband der Kognitionswissenschaften aus zwei Teilverbänden besteht, die sich folgendermaßen benennen und charakterisieren lassen: Zum Teilverband der Kognitiven Neurowissenschaften zählen einschlägige Forschungen insbesondere aus Neurobiologie (Neuroanatomie, Neurophysiologie, Neurologie) und Psychologie (Kognitionspsychologie und Psychologie der kognitiven Entwicklung, Psychophysiologie und Neuropsychologie) sowie Neurolinguistik. Zum Teilverband der algorithmisch orientierten Kognitionswissenschaft zählen einschlägige Forschungen aus der Informatik, vor allem der Künstlichen Intelligenz und Robotik, der theoretischen Linguistik und der kognitiven Psychologie.

Daß diese beiden Teilverbände weitgehend nebeneinander bestehen, ist zunächst eine wissenschaftsorganisatorische Tatsache: Innerhalb der Teilverbände ist die Kommunikationsdichte hoch, zwischen ihnen dagegen gering. Der Sache nach ist die Zweiteilung unproduktiv. Denn die sachlichen Überlappungen sind erheblich, und zudem sind beide Forschungstraditionen in unterschiedlicher, aber jeweils essentieller Weise aufeinander angewiesen: Auf der einen Seite spielen die Modellierungsverfahren, zumal der Künstlichen Intelligenz, eine immer wichtigere methodische (und auch forschungsleitende) Rolle in der neurowissenschaftlichen Kognitionsforschung. Auf der anderen Seite steht mit den Erkenntnissen, die sich aus Funktionsanalysen natürlicher Intelligenz ergeben, nicht nur eine wichtige Grundlage zur Überprüfung der empirischen Angemessenheit von Computermodellen zur Verfügung, sondern auch ein wesentliches heuristisches Potential für die Entwicklung technischer „intelligenter" Systeme.

Trotz aller Überschneidungen zeichnen sich diese beiden Forschungsverbände durch unterschiedliche Schwerpunkte im Gegenstandsbereich und in der Zielsetzung aus, und sie haben dementsprechend auch eigene theoretisch-methodische Traditionen ausgebildet. Die kognitiven Neurowissenschaften konzentrieren die Analyse natürlicher Intelligenz im Schwerpunkt auf elementare kognitive Funktionen wie Wahrnehmung, Bewegungssteuerung, Aufmerksamkeit und dergleichen, und sie tun dies mit der Zielsetzung, die Funktionsarchitektur natürlicher kognitiver Systeme zu verstehen, die in Gehirnen implementiert sind. Im Unterschied dazu konzentriert sich die algorithmisch orientierte Kognitionswissenschaft mehr auf die Analyse komplexer kognitiver Leistungen (zum Beispiel Denken, Entscheiden, Textverstehen) mit dem Ziel der Computermodellierung und teils auch mit dem Ziel, technische Systeme zu entwickeln, die in der Lage sind, solche Leistungen hervorzubringen (kognitionswissenschaftlich orientierte Künstliche Intelligenz).

Die rasante Entwicklung, die die Kognitionswissenschaften in den letzten zwanzig Jahren erfahren haben, ist nicht zuletzt durch technische Entwicklungen gefördert, wenn nicht gar ermöglicht worden. Das gilt zum einen für die Methoden zur direkten Registrierung von Gehirnaktivität im Tier- und Humanversuch. Im Tierversuch ist die Forschung seit einigen Jahren in der Lage, mit Hilfe implantierter Elektroden die Aktivität mehrerer oder vieler Neuronen gleichzeitig zu registrieren. Ferner stehen seit einigen Jahren neue Verfahren zur Registrierung von Hirnaktivität an der Schädeloberfläche zur Verfügung, die es erlauben, auch im Humanversuch die Aktivität größerer Zellverbände im Gehirn mit hoher zeitlicher und räumlicher Auflösung zu beobachten. Diese bildgebenden Verfahren gewinnen derzeit eine zunehmende Bedeutung, nicht zuletzt in der Experimentellen Psychologie, der Kognitiven Psychophysiologie und der Neuropsychologie. Noch stärker ist die Forschung durch die technische Entwicklung der Computer befördert und inspiriert worden, und zwar gleich auf dreierlei Weise:

- Leistungsfähige Rechner sind ein unentbehrliches technisches Hilfsmittel für die schnelle und effiziente Analyse der voluminösen Datenkörper, wie sie beispielsweise in modernen hirnphysiologischen Untersuchungen erzeugt werden.
- Rechner sind und waren zugleich auch (implizite oder explizite) Modellsysteme für die Entwicklung theoretischer Vorstellungen darüber, wie kognitive Prozesse in natürlichen Systemen (Gehirnen) organisiert und implementiert sind.
- Effiziente Rechner sind ein notwendiges Instrument für die kognitive Modellierung, also die Simulation kognitiver Prozesse.

2.3.1.1 Was sind kognitive Leistungen?

Kognitive Leistungen werden von kognitiven Systemen erbracht. Kognitive Systeme haben eine Eingangsseite und eine Ausgangsseite, und eines ihrer definierenden Merkmale besteht darin, daß sie in der Lage sind, regelhafte und konsistente Zuordnungen zwischen Eingangsinformation und Ausgangsinformation herzustellen. Diese Fähigkeit allein begründet aber noch keine kognitive Leistung. Von kognitiven Leistungen ist erst dann die Rede, wenn das Ergebnis dieses Zuordnungsprozesses nützlich oder richtig ist, das heißt, wenn es einem externen Gütemaßstab entspricht und wenn die Eingangs-Ausgangs-Koppelung nicht starr, sondern flexibel (zum Beispiel lernfähig oder allgemein adaptiv) ist.

Die Leistung natürlicher kognitiver Systeme wird überwiegend unter dem Gesichtspunkt der Nützlichkeit analysiert, und zwar der Nützlichkeit des Verhaltens, das diese Systeme auf der Ausgangsseite hervorbringen. Was aus dieser biologischen (letztlich: evolutionsbiologischen) Perspektive zählt, ist die *fitness* des jeweiligen Verhaltens. Sie wird im Durchschnitt um so größer sein, je präziser und umfassender die Informationen sind, die dem System auf der Eingangsseite zur Verfügung stehen (das heißt über die aktuelle Situation informieren) und je präziser und umfassender das im System gespeicherte Wissen über zweckmäßige und erfolgreiche Kopplungen von Situation und Verhalten ist.

Vielfach werden die Leistungen natürlicher und künstlicher kognitiver Systeme auch unter dem Gesichtspunkt der Richtigkeit analysiert, also danach, wieweit sie in der Lage sind, vorgegebenen Regeln zu folgen. In psychologischen Experimenten wird der Zusammenhang zwischen Richtigkeit und Nützlichkeit deutlich. Wenn zum Beispiel eine Versuchsperson nach entsprechender Instruktion eine linke Taste betätigt, sobald ein grüner Reiz erscheint, und eine rechte Taste, sobald ein roter Reiz erscheint, folgt sie damit einer vorher vereinbarten Regel (Richtigkeit). Das Befolgen dieser Regel ist zugleich aber auch zweckmäßig, wenn sie sich zuvor verpflichtet hat, der Versuchsinstruktion zu folgen und beispielsweise entsprechend bezahlt wird (Nützlichkeit). Mit anderen Worten: Nützlich ist, was (qua sozialer Konvention) richtig ist.

Für die Beschreibung kognitiver Leistungen stehen grundsätzlich zwei Perspektiven zur Verfügung: die Erste Person und die Dritte Person. Für die wissenschaftliche Analyse nimmt die kognitionswissenschaftliche Forschung ganz überwiegend die objektive Perspektive der Dritten Person ein. Das heißt, sie sieht von der Tatsache ab, daß diejenigen, die diese Leistungen untersuchen, auch selbst natürliche kognitive Systeme sind und deshalb zu bestimmten kognitiven Prozessen auch aus der Innenperspektive der Ersten Person Zugang haben. Dementsprechend gehört es nicht zu den vorrangigen Zielen kognitionswissenschaftlicher Forschung, Sachverhalte des subjektiven Erlebens zu erklären.

Eine der Konsequenzen, die sich aus dieser Selbstbeschränkung ergibt, ist ein schwieriges Verhältnis zwischen empirischen Kognitionswissenschaften und Teilbereichen der Philosophie. Zentrale Debatten der gegenwärtigen Philosophie des Geistes beschäftigen sich mit Fragen der Intentionalität und des Bewußtseins

– mit Problemen also, die in ihrem vollen Umfang nur aus der Perspektive der Ersten Person entwickelt werden können. Daß trotz dieser schwierigen Beziehung die Philosophie eine wichtige Rolle im Verbund der Kognitionswissenschaften spielt, ist zum einen dem Umstand zu verdanken, daß die Abgrenzung auf beiden Seiten nicht hermetisch ist: Bisweilen greift die kognitionswissenschaftliche Theoriebildung eben doch auf die Perspektive der Ersten Person über, und bisweilen beziehen philosophische Untersuchungen durchaus auch die Perspektive der Dritten Person ein. Hinzu kommt zum anderen, daß die Fundierung der in der Kognitionsforschung verwendeten formalen Modelle vor allem in der philosophischen und mathematischen Logik, der logischen Semantik usw. zu suchen ist.

2.3.1.2 Ebenen der Analyse

Die Logik kognitionswissenschaftlicher Forschung läßt sich anhand eines klassischen Schemas explizieren, das in den 70er Jahren von David Marr (am *Vision Lab* des Massachusetts Institute of Technology) entwickelt wurde. Eine ähnliche Drei-Ebenen-Unterscheidung hat auch Allen Newell, einer der Väter der *cognitive science* und Künstlichen Intelligenz, vorgelegt. Marrs Schema unterscheidet drei Analyseebenen, und auch wenn es heute Gründe gibt, die von ihm postulierte Unabhängigkeit der Ebenen in Zweifel zu ziehen, hat ihre begriffliche Unterscheidung dennoch Bestand.

Kognitive Systeme können danach charakterisiert werden: (1) durch die Leistungen, die sie erbringen beziehungsweise erbringen sollen (*computational level*); (2) durch die formalen Strukturen und Prozesse, die diese Leistungen generieren (*level of representations and algorithms*) und schließlich (3) durch die physikalischen Strukturen und Prozesse, auf denen die formalen Algorithmen implementiert sind (*level of implementation*).

Die Forschungslogik der algorithmisch orientierten Kognitionsforschung richtet sich vorwiegend auf die Erforschung der Beziehung zwischen den Ebenen 1 und 2, das heißt zwischen den kognitiven Leistungen und den formalen Strukturen und Prozessen, die sie generieren. Wieviel solche Analysen zum Verständnis natürlicher Intelligenz beitragen können, hängt von der Beantwortung der vieldiskutierten Frage ab, ob und wie die physikalischen Eigenschaften des Systems, auf dem die Prozesse implementiert sind (Ebene 3), die Informationsverarbeitungsprozesse bestimmen und eingrenzen, die auf Ebene 2 möglich sind. In den letzten Jahren hat sich vor allem in der neurowissenschaftlich orientierten Kognitionsforschung zunehmend die Überzeugung durchgesetzt, daß die von Marr formulierte Unabhängigkeitsannahme nicht uneingeschränkt gilt, und daß zum Beispiel Gehirne von Tieren andere Klassen von Algorithmen und Repräsentationen erfordern beziehungsweise zulassen als die Hardware konventioneller oder auch massiv parallelverarbeitender Computer, doch fehlt es hierbei an konkreten Vorschlägen. Hingegen kann die kognitive Modellierung sehr wohl so organisiert werden, daß biologienahe Algorithmen zum Einsatz kommen – Algorithmen also, deren Verwendung durch bereits bekannte Hardware-Eigenschaften natürlicher Systeme nahegelegt wird. Derartige Algorithmen spielen in der

Forschung der letzten Jahre eine zunehmend wichtige Rolle, nicht nur in der neurowissenschaftlich orientierten Forschung.

Die Forschungslogik der Kognitiven Neurowissenschaften läßt sich ebenfalls anhand von Marrs Schema explizieren. Ziel und Vorgehen dieser Forschung werden vielfach in der Kurzformel dargestellt, daß es um die Aufklärung der Gehirnmechanismen geht, die kognitiven Leistungen zugrunde liegen – das heißt der Beziehungen zwischen den Ebenen 1 und 3. Diese Kurzformel übersieht Ebene 2, sie übersieht also die Tatsache, daß das Forschungsprogramm in Wahrheit zwei Schritte umfaßt: einen ersten Schritt, in dem kognitive Leistungen unter Nutzung von Modellen der algorithmisch orientierten Kognitionsforschung durch Mechanismen der Informationsverarbeitung erklärt werden, und einen zweiten Schritt, in dem diese zunächst formal beschriebenen Mechanismen durch ihre physische Implementation im Gehirn erklärt werden. Der erste Erklärungsschritt ist von psychologischen, der zweite von neurobiologischen Disziplinen zu leisten, und erst aus der Verbindung der beiden Ansätze kann eine Beantwortung der Frage erwachsen, wie kognitive Leistungen durch das Gehirn realisiert werden.

Daß bei der Analyse natürlicher kognitiver Leistungen eine derartige Zweigleisigkeit des Vorgehens notwendig ist, kann nicht nur aus Marrs Schema theoretisch abgeleitet werden, sondern ist inzwischen auch längst das Ergebnis vieler praktischer Erfahrungen der einschlägigen Forschung. Daß psychologische Forschung ohne neurobiologische Ergänzung nicht weiterkommt, sobald sie sich auch für Implementationsfragen interessiert, ist offenkundig. Die Einsicht, daß umgekehrt auch neurobiologische Forschung auf psychologische Forschung und Berechnungsmodelle angewiesen ist, wenn sie die Informationsverarbeitungsprozesse, die sie erklären will, präzise beschreiben will, ist demgegenüber noch weniger verbreitet. Sie hat sich zwar an den im angelsächsischen Bereich tätigen Forschungszentren inzwischen durchgesetzt, in Deutschland aber noch kaum. Hier ist dieser Prozeß noch im Gange und wird zur Zeit durch Schwerpunktprogramme und Sonderforschungsbereiche der DFG unterstützt.

2.3.2 Kognitive Neurowissenschaften

2.3.2.1 Themen und Methoden

Das Erkenntnisinteresse der Kognitiven Neurowissenschaften (*cognitive neuroscience*) richtet sich auf das Verständnis natürlicher Intelligenz. Wie lassen sich kognitive Leistungen von Tieren und Menschen erklären, und wie können die Informationsverarbeitungsprozesse, die für ihre Erklärung erforderlich sind, wiederum durch physiologisch beschriebene Prozesse im Gehirn erklärt werden?

Entsprechend dieser zweigeteilten Fragestellung bilden psychologische und neurobiologische Disziplinen die *Leitdisziplinen* der Kognitiven Neurowissenschaften; Aufgabe der psychologischen Forschung ist die Funktionsanalyse kognitiver Leistungen, Aufgabe der neurobiologischen Forschung die Funktionsanalyse von Gehirnprozessen, das heißt die Identifizierung und Charakterisierung solcher Vorgänge im Gehirn, in denen diejenigen Algorithmen implementiert sind, die kognitiven Leistungen zugrunde liegen. Neben diesen beiden Leitdisziplinen sind weitere Disziplinen am Verbund der Kognitiven Neurowissenschaften beteiligt, wie zum Beispiel Informatik, Robotik, Mathematik und Festkörperphysik. Sie sind in den letzten Jahren immer mehr ins Spiel gekommen, weil es in beiden Leitdisziplinen zunehmend üblich geworden ist, experimentelle Forschung durch Simulationsforschung zu ergänzen. Dabei haben nicht nur methodische, sondern auch theoretische Anleihen aus den genannten Gebieten an Bedeutung gewonnen, insbesondere was die Simulation massiv paralleler, verteilter Verarbeitung in konnektionistischen Netzwerken betrifft.

Die *Leitdomänen* der kognitiv-neurowissenschaftlichen Forschung liegen im Bereich der elementaren kognitiven Funktionen. Im Vordergrund stehen Fragen der Sensorik und der Motorik (Wahrnehmung und Bewegung), der Informationsselektion (Aufmerksamkeit) und der sensomotorischen Integration (Handlungsplanung und Handlungssteuerung). Die Beschränkung auf diese Funktionen hat allerdings keine prinzipiellen Gründe, sondern ergibt sich vor allem daraus, daß über diese Funktionen nicht nur am Menschen, sondern auch an einer großen Zahl von Tiermodellen geforscht wird – mit der Folge, daß hier auf der neurobiologischen Seite sehr viel mehr und sehr viel detaillierteres Wissen zur Verfügung steht als über „höhere" kognitive Funktionen, die nur am Menschen untersucht werden können (Denken, Problemlösen, Sprachverstehen usw.). Allerdings finden mit dem zunehmenden Einsatz bildgebender Verfahren in den letzten Jahren auch diese Funktionen, über die in der Psychologie ein umfangreicher Wissensvorrat besteht, immer stärker auch in die neurobiologische Forschung Eingang.

Experiment und Simulation sind die entscheidenden *Leitmethoden* der Forschung. Experimentelle Methoden bilden in beiden Leitdisziplinen den klassischen Kernbestand des methodischen Instrumentariums. Die technischen Möglichkeiten des Experimentierens sind in letzter Zeit durch die Entwicklung neuer bildgebender Verfahren erheblich erweitert worden. Zugleich setzt sich in der Forschung zunehmend die Tendenz durch, experimentelle Untersuchungen durch Simulationsstudien zu ergänzen. Allerdings ist für beide Erweiterungen des methodischen Instrumentariums – Bildgebung und Simulation – die Frage ihres intelligenten Einsatzes durchaus noch strittig.

Was die Bildgebung betrifft, ist die technische Entwicklung zur Zeit noch in vollem Gange. Gegenwärtig ist noch nicht absehbar, ob es gelingen wird, handhabbare Verfahren zu entwickeln, deren räumliche und zeitliche Auflösung ausreicht, um die Topographie und Dynamik von Gehirnvorgängen abzubilden, die als Trägerprozesse kognitiver Leistungen in Betracht kommen. Für die Erkenntnisziele der neurowissenschaftlichen Kognitionsforschung reicht es nämlich nicht aus, lediglich nachzuweisen, daß bei Vorgabe bestimmter Aufgaben bestimmte Aktivierungsfoci zu beobachten sind und daß die Makrotopographie dieser Aktivierungen mit bestimmten Aufgabeneigenschaften kovariiert. Solange ihre Mikrotopographie nicht aufgeklärt werden kann und solange nicht gleichzeitig die Zeitauflösung denjenigen Feinheitsgrad erreicht, der erforderlich ist, um auch die Mikrodynamik dieser Prozesse zu erfassen, besteht nur begrenzte Aussicht, mit Hilfe dieser Methoden die Funktionsanalyse kognitiver Leistungen und ihrer Realisierung durch Gehirnprozesse wirksam voranzutreiben. Erfolgversprechend erscheint aus gegenwärtiger Sicht am ehesten eine Kopplung von jeweils zwei Verfahren, von denen eines zeitlich hochauflöst (Elektroenzephalographie – EEG/Magnetoenzephalograpie – MEG) und das andere gleichzeitig hinreichend auflösende und zuverlässige topographische Information liefert (Positionenemissionstomograhpie – PET, functional magnetic resonance imaging – fMRI).

Was die Simulation betrifft, sind nach wie vor Mißverständnisse über ihre Leistungsfähigkeit und ihren Erkenntniswert verbreitet. So kann zum Beispiel aus der Lauffähigkeit einer Simulation noch keineswegs die Tauglichkeit als Modell empirischer Sachverhalte gefolgert werden. Simulationsmethoden sind in erster Linie als Instrumente zur Präzisierung von Theorien anzusehen – zur Klärung ihres Aussagegehalts und ihrer empirischen Implikationen – und damit als Voraussetzung für die Überprüfung der Validität des jeweiligen theoretischen Modells mit empirischen Methoden.

2.3.2.2 Status der Forschung

In beiden Leitdisziplinen ist die gegenwärtige Lage durch einen Paradigmenwechsel gekennzeichnet, und in beiden Fällen ist der Wechsel erst halb vollzogen. Ein klassisches Paradigma, das über zwei Jahrzehnte hinweg tonangebend war, hat abgedankt, ohne daß ein neues Paradigma schon voll ausformuliert wäre. Allerdings sind seine Konturen bereits erkennbar, und in jedem Fall steht fest, daß das neue Paradigma um eine Größenordnung komplexer sein wird als das alte. Natürlich ist es kein Zufall, daß in Neurobiologie und Psychologie zeitgleich eine entsprechende theoretische Umorientierung stattgefunden hat. Es läßt sich leicht zeigen, daß die einschlägigen theoretischen Metaphern der Psychologie direkt von der theoretischen Entwicklung der Neurobiologie und von der jeweils aktuellen Computertechnik beeinflußt wurden.

Die klassische Vorstellung, die zahlreiche Befunde neurobiologischer Forschung der letzten 50 Jahre integriert – vor allem Befunde, die auf Einzelzellableitungen beruhen –, lautet wie folgt: Neuronale Verarbeitungsprozesse im Gehirn können als eine Abfolge seriell und hierarchisch organisierter Filteroperationen aufgefaßt werden, die im Ergebnis dazu führen, daß singuläre Reizereignisse letztlich durch singuläre lokale Aktivierungen einzelner Neuronen repräsentiert werden. Derartige Systeme sind modular in dem Sinne, daß die Kodierung bestimmter Informationen auf jeder Stufe der Hierarchie an bestimmte Orte gebunden ist, das heißt, Inhalt wird durch Ort kodiert. Aus der Rückschau betrachtet war es sicher kein Zufall, daß diese Vorstellung zu der gleichen Zeit an Boden gewann, in der Rechner mit von-Neumann-Architektur und mit ortsadressierter Speicherung in den Labors Verbreitung fanden, und ebensowenig mag es ein Zufall sein, daß diese Vorstellung allmählich obsolet zu werden begann, als Rechner mit Parallelverarbeitung und verteilter Speicherung entwickelt wurden.

Entscheidender als die Veränderung in den Rechnerarchitekturen war allerdings die Erweiterung von Registriermöglichkeiten durch die gleichzeitige Ableitung mehrerer Neuronen. Die Befunde, die auf diese Weise erhoben wurden, haben die einfache Vorstellung einer Hierarchie von Filtern, die sequentiell abgearbeitet werden, nachhaltig diskreditiert und ersetzt durch die Vorstellung hochkomplexer, distributiv organisierter Netze, die Information nicht durch Orte kodieren, sondern durch Aktivierungsverteilungen. Auf diesem Hintergrund sind neuronale Verarbeitungsprozesse als hochgradig interaktive Operationen anzusehen, die in funktionaler Hinsicht parallel und in zeitlicher Hinsicht simultan ablaufen. Das Antwortverhalten einzelner Nervenzellen, das durch Mittelungsverfahren erfaßt wird, verliert bei dieser Sichtweise an Bedeutung; in den Vordergrund treten statt dessen raumzeitliche Relationen in hochdimensionalen Vektorräumen.

Wenn diese abstrakte Behauptung zutrifft, ergeben sich aus ihr zugleich die Konturen für ein Forschungsprogramm, das das Ziel verfolgt, die beteiligten Mechanismen konkret auszuarbeiten. Es kommt darauf an, Methoden zu entwickeln beziehungsweise zu verfeinern, die es erlauben, die Aktivität vieler Elemente gleichzeitig zu beobachten und die raumzeitliche Relation ihrer Aktivität zu bewerten. Hierzu müssen Multielektroden-Ableitungen vorgenommen und komplexe Verarbeitungsalgorithmen entwickelt werden, die es gestatten, diese relationalen Kodes zu erfassen. Einflußreiche theoretische Überlegungen sprechen ebenso wie zahlreiche experimentelle Befunde dafür, daß vor allem die zeitlichen Beziehungen der Aktivität einzelner Elemente und Element-Verbände für die Kodierung von Information kritisch sind, zum Beispiel in dem Sinne, daß Kohärenz von Orten oder Merkmalen durch Synchronizität der Aktivität von Neuronen kodiert wird. Wenn diese Vorstellung zutrifft, ist es erforderlich, Meßverfahren anzuwenden, die die Aktivität mehrerer Neuronen mit hoher zeitlicher Auflösung gleichzeitig erfassen. Hierfür kommen in erster Linie Tiefenableitungen mit Multielektroden in Betracht – eine Methode also, die nur an Tiermodellen eingesetzt werden kann. Einzelzellableitungen sind allerdings weiterhin notwendig. Da nämlich Multielektrodenableitungen über Gruppen von Neuronen integrieren, ist es nach wie vor erforderlich, die Beiträge einzelner Zellen zu untersuchen, die vor allem in Gehirngebieten mit hoher funktioneller Heterogenität sehr unterschiedlich sein können.

Seit einigen Jahren ist eine weitere Linie von Befunden hinzugekommen, die die Abdankung des linearen Filterparadigmas zusätzlich beschleunigt haben. In verschiedenen Labors konnte gezeigt werden, daß die Antworten neuronaler Systeme hochgradig flexibel sind und daß diese Flexibilität sich bis auf die Ebene einzelner Neuronen erstreckt – mit der Folge, daß sie als elementare Bausteine formaler hierarchischer Filtersysteme kaum in Betracht kommen. Dabei ist von besonderer Bedeutung, daß die Antworteigenschaften von Neuronen in verschiedenen Zeitmaßstäben moduliert werden können: im Verlauf der Ontogenese (also über Monate oder Jahre), im Verlauf langfristigen oder auch kurzfristigen Gebrauchs (über Tage oder Stunden) und nicht zuletzt auch im Verlauf attentionaler oder intentionaler Modulationen, die im Rahmen definierter experimenteller Aufgaben kurzfristig entstehen und vergehen (Minuten oder Sekunden). Die speziellen Mechanismen, die dieser umfassenden neuronalen Plastizität zugrunde liegen, sind derzeit noch ebensowenig verstanden wie die allgemeinen Prinzipien kortikaler Verarbeitungsprozesse selbst. In jedem Fall stellen die Befunde eine wichtige Randbedingung für die Formulierung neuer Theorien dar und sind mit der linearen Filtertheorie unvereinbar.

Wie immer die nächste Generation von neuronalen Kodierungstheorien im einzelnen aussehen mag – fest steht, daß angesichts der enormen Komplexität der dabei zum Einsatz kommenden Algorithmen die Bedeutung von Simulationsmethoden zunehmen wird. Der Einsatz von Simulationen wird dann nicht mehr, wie vielfach bisher, schmückende Ergänzung, sondern notwendiger Bestandteil der Darstellung des Zusammenhangs zwischen Theorie und Daten sein. In der Psychologie hat sich insofern eine ganz ähnliche Entwicklung abgespielt, als auch hier Grundpositionen geräumt werden mußten, die lange Zeit als selbstverständlich galten. Eine dieser Grundpositionen betrifft das lineare Stufenmodell der Informationsverarbeitung, in dem zahlreiche Forschungsergebnisse der 60er und 70er Jahre zusammengefaßt und integriert wurden. Es wurde in der zweiten Hälfte der 60er Jahre konzipiert und beherrschte dann eine Zeitlang die theoretische Szene, bis es in neuerer Zeit zunehmend in Mißkredit geriet.

Die lineare Stufentheorie beschreibt die hypothetische Abfolge von Stufen der Informationsverarbeitung, die sich in einer gegebenen Aufgabe zwischen Reizdarbietung und Reaktion abspielt. Im allgemeinen werden fünf Stufen unterschieden, von denen die beiden ersten auf die Reizverarbeitung bezogen sind (Vorverarbeitung, Identifikation), die beiden letzten auf die Reaktionsverarbeitung (Programmierung und Reaktionsausführung) und die mittlere auf die Vermittlung zwischen Reiz und Reaktion (Reaktionsauswahl). In der klassischen Fassung nimmt das Modell an, daß die Stufen streng sequentiell organisiert sind, das heißt eine spätere Stufe erst beginnen kann, wenn die vorausgehende abgeschlossen ist. Ein Grundpostulat dieser Theorie ist die Annahme, daß zu einem Zeitpunkt immer nur eine Operation stattfinden kann und Parallelverarbeitung ausgeschlossen ist. In zahlreichen Experimenten hat sich indessen gezeigt, daß unter bestimmten Bedingungen sehr wohl verschiedene Verarbeitungsprozesse parallel durchgeführt werden können und daß vor allem auch Verarbeitungsstufen, die in der Theorie aufeinander folgen müssen, einander zeitlich überlappen. Hinzu kommen – analog den Beobachtungen zur neuronalen Plastizität – zahlreiche Befunde, die zeigen, daß das Ausmaß, in dem die Funktionsarchitektur von Informationsverarbeitungsprozessen durch Übung und durch gezielte Instruktionen moduliert werden kann, mit der rigiden Funktionsarchitektur des linearen Stufenmodells nicht in Einklang gebracht werden kann.

Diese Befunde haben im Verein mit dem parallel-distributiven „Zeitgeist", der aus den Neurowissenschaften und der Informatik in die Psychologie gleichsam hinüberschwappte, inzwischen zu einer weitgehenden theoretischen Erosion geführt, in der das alte Paradigma nicht mehr gilt und ein gültiges neues noch nicht formuliert ist. Allenfalls lassen sich einige Bestimmungsstücke für ein neues Paradigma ausmachen: Es wird die Kooperation von parallel und gleichzeitig arbeitenden Modulen betonen und Raum geben für ein hohes Maß an aufgaben- und übungsabhängiger Flexibilität dieser Kooperation.

Ferner wird es vermutlich weitgehend auf die klassische Trennung zwischen Daten und Operationen verzichten und sie durch Architekturen ersetzen, bei der Operationen als Merkmale der Daten gespeichert sind und sich aus ihrem Abruf emergent ergeben. Damit ist die zweite theoretische Grundposition angesprochen, die neuerdings zunehmend ins Wanken gekommen ist. Die klassische Auffassung, die über diesen Zusammenhang in der Psychologie verbreitet war, nahm an, daß Informationsverarbeitung dadurch zustande kommt, daß bestimmte formale Operationen (Algorithmen) auf gegebene Inhalte (Daten) angewendet werden, und zwar derart, daß der Zusammenhang zwischen Algorithmen und Daten im Prinzip beliebig ist. Oft wurde die Unabhängigkeit von Inhalten und Operationen sogar durch die Annahme ihrer getrennten Speicherung zum Ausdruck gebracht (zum Beispiel in der Unterscheidung zwischen deklarativem und prozeduralem Wissen).

In Frage gestellt wird diese Auffassung seit einiger Zeit durch Befunde, die die Inhaltsspezifität kognitiver Operationen belegen und damit Funktionsarchitekturen nahelegen, in denen Inhalte und Prozesse nicht prinzipiell voneinander getrennt sind. Damit folgt die Psychologie einer Entwicklung, die in der Künstlichen Intelligenz bereits in den 70er Jahren vollzogen wurde. Empirische Belege für die Inhalts- beziehungsweise Domänen-Spezifität kognitiver Prozesse stammen aus so unterschiedlichen Bereichen wie der Entwicklungspsychologie, der Neuropsychologie und der Denkpsychologie. Ihr gemeinsames Merkmal besteht darin, daß sie zeigen, daß bestimmte kognitive Leistungen an bestimmten inhaltlichen Materialien möglich sind, an anderen dagegen nicht. Bisweilen werden diese Beobachtungen mit dem evolutionspsychologischen Kommentar versehen, daß die kognitiven Fähigkeiten, über die Tiere und Menschen verfügen, offenbar nicht einem Universalmechanismus zuzuschreiben sind, in dem Prozesse und Inhalte frei kombinierbar sind, sondern einer Batterie von Einzelmechanismen, für die die freie Kombinierbarkeit von Prozessen und Inhalten nicht gilt – und die im Laufe der Evolution als Spezialwerkzeuge zur Lösung spezifischer Probleme entwickelt worden sind.

Die Parallelen zwischen der Situation der Neurobiologie und der Kognitionspsychologie sind offensichtlich. Die Tatsache, daß in beiden Feldern ein neues geschlossenes Paradigma noch nicht gefunden ist, darf jedoch keineswegs als ein Umstand gewertet werden, der den Fortgang der Forschung behindert. Eher ist das Gegenteil der Fall. Die experimentelle Einzelforschung ist nicht auf ein gültiges theoretisches Paradigma für die funktionale Architektur des Gesamtsystems angewiesen. Sie nimmt ungehindert ihren Gang, und ihre Ergebnisse liefern Bausteine für eine neue Theorie. Und für die theoretisch orientierte Forschung gilt, daß sie durch die labile Übergangssituation, die zur Zeit gegeben ist, stärker motiviert und angeregt wird, als es in einer stabilen paradigmatischen Phase der Fall wäre. Dies ist jedenfalls die Stimmungslage, die das gegenwärtige intellektuelle Klima in den Kognitiven Neurowissenschaften kennzeichnet: Man ist sich zwar darüber im klaren, daß man auf fundamentale Fragen noch keine Antworten gefunden hat, aber man hat dennoch das deutliche Gefühl, schon viele Bruchstücke des Puzzles in der Hand zu haben, so daß es „nur noch" darauf ankommt, sie richtig zusammenzusetzen.

2.3.2.3 Perspektiven und Notwendigkeiten

Perspektiven der Forschung: Wenn diese Situationsdiagnose zutrifft, fällt es nicht schwer, sie in die Zukunft hinein zu extrapolieren und einige zentrale Fragen zu formulieren, die die Forschung in den nächsten Jahren leiten werden. Diese Fragen lassen sich zu drei großen Themen bündeln:

1) *Topographie und Dynamik verteilter Aktivierung*
Das Gehirn ist ein hochgradig komplexes System, in dem Information in parallelen und interagierenden Strömen auf unterschiedlichen Komplexitätsebenen verarbeitet wird. Welche Kodierungsprinzipien sind in den involvierten neuronalen Netzen wirksam? Wie wird die Nutzung dieser Information koordiniert? Wie wird sichergestellt, daß auf Teile dieser verteilten Information objekt- oder ereignisbezogen zugegriffen wird, das heißt so, daß objektive Zusammenhänge in der Außenwelt durch funktionale Zusammenhänge der entsprechenden Information abgebildet werden?

2) *Inhaltsspezifität kognitiver Leistungen*
Wieweit trägt die traditionelle Konzeption der Unabhängigkeit von Inhalten und Prozessen beziehungsweise wieweit muß sie durch die Vorstellung einer integrierten Repräsentation von Inhalten und Prozessen ersetzt werden? Welche Konsequenzen ergeben sich daraus für die Architektur einzelner Module, die durch eine derart integrierte Repräsentation gekennzeichnet ist, und was folgt daraus für die funktionelle Architektur des Gesamtsystems? Wieweit spiegelt sich der modulare Aufbau des Systems in der Topographie und Dynamik von Gehirnprozessen?

3) *Neuronale und kognitive Plastizität*
Wie werden kognitive Prozesse und die ihnen zugrundeliegenden neuronalen Mechanismen im kurzfristigen und langfristigen Zeitmaßstab moduliert, und welche Faktoren sind dabei wirksam? Wann sind Veränderungen reversibel, wann irreversibel? Zu den langfristigen Veränderungen rechnen entwicklungsbedingte und gebrauchsabhängige Modulationen. Zu den kurzfristigen Veränderungen rechnen Modulationen, die vom aktuellen Aufmerksamkeitszustand oder der aktuellen Handlungsabsicht abhängen. Wie ist die Wirksamkeit dieser Faktoren implementiert, und wie greifen sie in das aktuelle Verarbeitungsgeschehen ein?

Die Erfolgsaussichten der Forschung zu diesen Themen werden wesentlich davon bestimmt sein, ob es gelingt, die angesprochenen Fragestellungen auf verschiedenen Analyseebenen gleichzeitig anzugehen und unterschiedliche Methoden miteinander zu verbinden. Forschung zum Thema 1) erfordert eine Verbindung von Multielektrodenableitungen am wachen Tier, geeigneten Simulationsmethoden und vielleicht in absehbarer Zeit auch mit räumlich hochauflösenden Oberflächenableitungen von Massenaktivität. Thema 2) erfordert die Verbindung von experimentalpsychologischer Forschung mit bildgebenden Verfahren und gleichfalls die Ergänzung durch Simulationsmethoden. Thema 3) verlangt schließlich die Verbindung psychologischer Experimente und Theorien zur

Modulation kognitiver Prozesse mit neurobiologischen Experimenten und Theorien zur neuronalen Plastizität, das heißt die Verbindung von humanpsychologischer Forschung mit Forschung an geeigneten Tiermodellen.

Notwendigkeiten der Forschung: Wie ist es schließlich um das Potential der einschlägigen Forschung in Deutschland bestellt? Ist sie in der Lage, sich diesen Perspektiven zu öffnen und bei der Verfolgung dieser Fragen eine aktive Rolle zu spielen? Die Antwort lautet: ja und nein.

Einerseits ja, und zwar deshalb, weil die deutsche Forschung besonders im Bereich der Neurobiologie über eine große Zahl ausgezeichneter Gruppen verfügt, die schon seit geraumer Zeit an den genannten Themen arbeiten und hierzu viele wichtige Beiträge geleistet haben. Daß dabei nicht alle kognitiven Funktionsbereiche gleichmäßig vertreten sind, muß kein Nachteil sein. Vielmehr sollte zum Beispiel die starke Konzentration auf visuelle Funktionen, die die deutsche Neurobiologie auszeichnet, durchaus als Chance verstanden werden. Jedenfalls ist man angesichts des beträchtlichen Potentials der deutschen Forschung zunächst versucht, die Frage mit Ja zu beantworten.

Andererseits nein. Ausgesprochen ungünstig sind unter den in Deutschland gegebenen Bedingungen nämlich die Chancen für die konkrete Zusammenarbeit verschiedener Disziplinen in einzelnen experimentellen Projekten. Wie Erfahrungen in den USA und in England, neuerdings auch in Frankreich und Italien zeigen, kann wirksame Zusammenarbeit nur an größeren, multidisziplinär organisierten Forschungszentren erreicht werden – Zentren, an denen das gesamte Methodenarsenal der Kognitiven Neurowissenschaften kompetent vertreten und für kooperative Projekte verfügbar ist. Der Erfolg der Forschung wird in den kommenden Jahren immer stärker davon abhängen, ob und wieweit es gelingt, Verhaltensuntersuchungen, Untersuchungen mit hochauflösenden Oberflächenableitungen sowie Experimente mit multiplen Tiefenableitungen am wachen Tier zu koordinieren, sie aufeinander zu beziehen und sie durch umfassende Simulationsstudien zu ergänzen.

2.3.3 Kognitionswissenschaft und Künstliche Intelligenz

Wir wenden uns jetzt dem zweiten Forschungsverbund innerhalb der Kognitionswissenschaften zu, den algorithmisch orientierten Kognitionswissenschaften. Hier richtet sich das Erkenntnisinteresse darauf, das Verständnis kognitiver Leistungen durch Anwendung von Methoden der Künstlichen Intelligenz zu fördern. Die Verbindung der empirischen (das heißt kognitionspsychologischen und neurowissenschaftlichen) Analysen kognitiver Leistungen mit den synthetischen Methoden der sogenannten Künstlichen Intelligenz durch ein Mitte der 70er Jahre durch die Sloan Foundation in den USA eingerichtetes Forschungsprogramm *Cognitive Science* stellte die Geburtsstunde der Kognitionswissenschaft dar, wie wir sie heute kennen. Der Grundgedanke der *Cognitive Science* war, daß kognitive Prozesse (als die naturwissenschaftlich faßbare Entsprechung zu „Gedanken", „Vorstellungen" usw.) ihrem Charakter nach nichts anderes als

Berechnungsprozesse seien. Aus dieser Perspektive resultiert die in der Folgezeit beobachtbare enge Verbindung von Kognitionswissenschaft und Künstlicher Intelligenz als dem Fachgebiet, das mit Hilfe informatischer Methoden und verfügbarer Computertechnologie die Konstruktion technischer Systeme zum Ziel hat, die kognitive Leistungen erbringen. Die heute als klassisch angesehene theoretische Konzeption ist die Mitte der 70er Jahre von Allen Newell und Herbert A. Simon (beide an der Carnegie-Mellon University, Pittsburgh) formulierte Symbolverarbeitungsthese, derzufolge ein kognitives System als formales System zu charakterisieren ist, das auf der Grundlage eines Zeichenalphabets und syntaktischer Regeln komplexe Symbolstrukturen erzeugt, transformiert und zerlegt – und dadurch kognitive Prozesse und Leistungen realisiert. Dieser Ansatz hat mindestens bis in die Mitte der 80er Jahre dominiert, als mit der Weiterentwicklung der schon einmal, nämlich in den 60er Jahren, viel beachteten künstlichen neuronalen Netze ein alternatives Modell der Informationsverarbeitung, der sogenannte Konnektionismus, als Konkurrent zur Symbolverarbeitung entstand. Heute werden beide Richtungen eher als einander ergänzend betrachtet, wobei Gegenstandsbereiche wie sensorische Verarbeitung und motorische Steuerung eher die Domäne des Konnektionismus, Denken und Sprache eher die Domäne des Symbolverarbeitungsansatzes darstellen.

Die dominierenden Forschungsinteressen der algorithmisch orientierten Kognitionsforschung sind (1) die Analyse kognitiver Prozesse in natürlichen (biologischen) kognitiven Systemen auf der Ebene abstrakter Anforderungen nach Marr (*computational level*) bis hin zur Spezifikation von kognitiven Repräsentationen und Algorithmen (*algorithmic level*) sowie (2) die Modellierung und Synthese kognitiver Prozesse auf Computern (kognitionswissenschaftlich orientierte Künstliche Intelligenz). Charakteristischerweise bezieht diese kognitionswissenschaftliche Forschungsrichtung einen Standpunkt, von dem aus biologische und technische kognitive Systeme vergleichbar behandelt werden können.

2.3.3.1 Themen und Methoden

In der ersten Phase dieser Forschungsrichtung (bis etwa 1980) wurden die Techniken der Symbolverarbeitung untersucht und für Anwendungen perfektioniert; hervorzuheben sind insbesondere (1) Suchverfahren (heuristische Suche als Methode des Problemlösens und der Inferenz schlechthin) sowie (2) die Formalismen zur Wissensrepräsentation (semantische Netze, *frames*, Logik als Wissensrepräsentationssprache usw.) im Paradigma der wissensbasierten Systeme (zum Beispiel Expertensysteme). In einer zweiten Phase (zirka 1980 bis 1990) kam es zur erwähnten Wiederbelebung des Konnektionismus; hervorzuheben sind hier vor allem die Integration konnektionistischer Methoden (Neuroinformatik) in das Repertoire algorithmischer Techniken und die damit einhergehende Verbreiterung der methodischen Basis hinsichtlich der kognitiven Modellierung. In neuester Zeit haben auch Akzentverschiebungen hinsichtlich des Gegenstandes stattgefunden: Kognitive Systeme werden heute unter expliziter Einbeziehung ihrer Umwelt analysiert („situierte Kognition", sogenannte autonome Systeme); zudem wird stärker als bisher die soziale Natur der Kognition thematisiert („verteilte Intelligenz", Kommunikation und Kooperation). Auch werden früher kaum beachtete Constraints der Implementierung heute diskutiert (Ebene 3 nach Marr), so daß konstatiert werden kann, daß die hier unterschiedenen Forschungsverbände der neurowissenschaftlich und der algorithmisch orientierten Kognitionsforschung sich aufeinander zubewegen.

2.3.3.2 Status der Forschung

Die für die nächsten Jahre absehbare Situation ist gekennzeichnet durch die Besinnung kognitionswissenschaftlicher Forschung auf autonome kognitive Systeme in realistischen Umwelten. Das bisher vorwiegend auf den Menschen und dessen kognitive „Höchstleistungen" konzentrierte Interesse verschiebt sich unter Bezugnahme nicht nur auf Psychologie, sondern vermehrt auch Biologie; andere Arten, auch Invertebraten wie zum Beispiel Insekten, werden unter dem Gesichtspunkt ihrer erfolgreichen Anpassung an die Anforderungen ihrer Umwelt kognitionswissenschaftlich untersucht. Dem entspricht im Bereich der Künstlichen Intelligenz eine Konzentration der Forschungsanstrengungen auf die Konstruktion autonomer Roboter und (Multi-) Agentensysteme; dabei kommen auch hier neben klassischen Ansätzen (etwa der an rationalem Handeln orientierten *Belief-Desire-Intention*-Architektur von Agenten) zunehmend verhaltensbasierte Modelle zur Anwendung (vgl. die insektoiden Roboter am MIT). Insgesamt lassen diese Entwicklungstendenzen sich durch wesentliche Unterschiede zu älteren kognitionswissenschaftlichen Ansätzen charakterisieren, nämlich:

1. die explizite Einbeziehung einer sich verändernden und ihrerseits das System beeinflussenden Umwelt (einschließlich weiterer kognitiver Systeme), die in der traditionellen KI-Forschung fast völlig fehlte;
2. die Berücksichtigung realweltlicher Constraints (begrenzte Ressourcen, zum Beispiel Arbeitsspeicher; Echtzeitfähigkeit, Robustheit) bei der algorithmischen Modellierung kognitiver Systeme und bei Mensch-Computer- und anderen Interaktionen;
3. ein bisher nicht gekanntes Interesse an nicht nur kognitiven Mechanismen der Steuerung komplexen Verhaltens (selektive Aufmerksamkeit; intentionale Steuerung);
4. ein wieder stark gestiegenes Interesse an Mechanismen des Lernens und an der Entwicklung kognitiver Systeme (auch unter dem Aspekt der Selbstorganisation);
5. die Erweiterung des Methodeninventars über die klassische zentralistische Symbolverarbeitungsarchitektur hinaus, das heißt unter Einbeziehung sowohl alternativer Architekturen (heterarchische, parallele/modulare und verhaltensbasierte Architekturen) als auch alternativer mathematischer Beschreibungen (Differentialgleichungen anstelle von finiten Methoden bei künstlichen neuronalen Netzen und in der Theorie nichtlinearer dynamischer Systeme).

Zusammen ergibt dies das Bild, daß kognitionswissenschaftliche Forschung zunehmend definierbar ist durch das Konzept realweltlich verankerter (und darin aktiv handelnder) kognitiver Systeme und deren Interaktionen sowohl untereinander als auch mit der jeweiligen Umwelt, sowie des Wissens, das diese Systeme zur Erledigung ihrer Aufgaben befähigt. Dabei sind die hier als „algorithmisch" bezeichneten Ansätze vorwiegend auf Theoriebildung, Modellierung (Entwurf von kognitiven Architekturen und algorithmischen Verfahren zur Modellierung kognitiver Prozesse allgemein und speziell bei biologischen Systemen) sowie in Zusammenarbeit mit der Künstlichen Intelligenz auf die Konstruktion entsprechender technischer Systeme gerichtet. Kognitionspsychologische und neurowissenschaftliche Ergebnisse dienen zur Hypothesenbildung und gegebenenfalls zur empirischen Prüfung der Modellierungen. Im folgenden sei auf die oben genannten fünf Punkte näher eingegangen:

ad 1: Während frühere Forschungen vorwiegend ein *model of (one) mind* als ultimatives Ziel hatten, ist inzwischen erkannt worden, daß kognitive Prozesse der Orientierung und dem Handeln eines Systems in seiner Umwelt dienen; ergänzt wird diese Interaktion mit der Umwelt durch die Kommunikation mit anderen kognitiven Systemen. Insbesondere der kommunikative Aspekt hat inzwischen in der Verteilten Künstlichen Intelligenz (VKI) unter der Zielsetzung der Kooperation mehrerer (meist gleichartiger) „Agenten" zu hochinteressanten Grundlagenprojekten und ebenso interessanten Anwendungen geführt (zum Beispiel verteiltes Planen mit vernetzten Computersystemen). Dieselbe Perspektive ist dabei, das angewandte Forschungsgebiet der Mensch-Computer-Interaktion in neuem Licht erscheinen zu lassen. Schließlich sind kürzlich auch Analysen komplexer, aus mehreren nicht artgleichen Agenten bestehender kognitiver Systeme und der darin ablaufenden Prozesse vorgelegt worden (zum Beispiel von dem Anthropologen Edward Hutchins von der University of California San Diego), die die Fruchtbarkeit eines solchen Ansatzes demonstrieren.

Hieraus resultiert die Notwendigkeit, Methoden und Ergebnisse bislang am Rande kognitionswissenschaftlicher Forschung stehender Gebiete wie der Sozialpsychologie oder der Arbeitswissenschaften einzubeziehen. Dies gilt insbesondere für Gruppen natürlicher und/oder künstlicher kognitiver Systeme, wie sie vor allem in High-Tech-Bereichen üblich geworden sind. Hier steht auch die Ermöglichung beziehungsweise Verbesserung der Kommunikation zwischen Agenten zur Debatte, zum Beispiel im Mensch-Computer-Dialog oder zwischen kooperierenden technischen Systemen.

ad 2: Biologische kognitive Systeme zeichnen sich durch Echtzeitfähigkeit aus, also durch schnelle Erkennung von Gefahren und Gelegenheiten. Menschen können in der Regel auch dann, wenn ihnen die Zeit zu einer ausgiebigen und alle wesentlichen Faktoren einbeziehenden Planung fehlt, meist doch mit einer wenigstens im Groben „richtigen" (das heißt zielführenden) Handlung beginnen. In den letzten Jahren ist in der Informatik mit der Konstruktion sogenannter *Anytime Algorithms* begonnen worden, Algorithmen, die nach einer definierten Mindestlaufzeit eine Problemlösung definierter Mindestqualität liefern, wobei die Qualität sich mit zunehmender Laufzeit des Algorithmus weiter verbessert.

Ein seit langem bekanntes Charakteristikum der Informationsverarbeitung bei Mensch und Tier ist die stark beschränkte Kapazität des Arbeitsgedächtnisses. Von wesentlicher Bedeutung sind daher Analysen der kognitiven Strategien und die Nutzung dieser (und anderer) knappen kognitiven Ressourcen zu optimieren. Wenn möglich, sollen die Ergebnisse auf künstliche kognitive Systeme übertragen werden; hier ist beispielsweise der Bereich der Verarbeitung natürlicher Sprache und besonders die Erkennung gesprochener Sprache in Echtzeit ein aktuelles Forschungsthema.

ad 3: Eines der Hauptprobleme, mit denen die Künstliche-Intelligenz-Forschung zu kämpfen hat, ist die allzu große Menge von Alternativen, die sich typischerweise bei heuristischer Suche und ihren Anwendungen (zum Beispiel Abduktion, also das Auffinden möglicher Ursachen für einen festgestellten Sachverhalt) auftut. Hier ist es bislang nur natürlichen kognitiven Systemen möglich, eine schnelle Selektion relevanter Sachverhalte beziehungsweise Relevanzen im System vorhandenen Wissens vorzunehmen. Allgemein läßt sich das Relevanzproblem als Spezialfall der Selektion von Reizen beziehungsweise Wissenselementen begreifen. Hier gilt es, die bei Tier und Mensch hoch entwickelte selektive Aufmerksamkeit (trotz vieler dazu vor allem aus der Psychologie vorliegender Befunde) noch besser zu verstehen und computationale Modelle dieser kognitiven Grundfähigkeit zu entwickeln. Ein Spezialfall selektiver Aufmerksamkeit, der in letzter Zeit zu Recht viel Beachtung gefunden hat, ist die Steuerung der Blickbewegung bei Mensch und Tier, vor allem zum Zwecke der Szenenerkennung (*active vision*).

Des weiteren gilt es, die Anstrengungen zu verstärken, auf Computer übertragbare Modelle der beim Menschen hervorragend ausgeprägten flexiblen Steuerung der eigenen kognitiven Prozesse zu erarbeiten. Einschlägige Phänomenbereiche, die inzwischen auch Gegenstand kognitions- und neuropsychologischer Forschung geworden sind, sind die aufgaben- und instruktionsabhängige Konfiguration von Automatismen und kognitiven Strategien und der Aufbau der dazu notwendigen Intentionen. Trotz vieler Detailergebnisse sind wir von einem computationalen Modell noch weit entfernt. Derartige Theorien würden nicht nur zur Konstruktion verbesserter Computersysteme (vor allem besserer Mensch-Computer-Interaktion) dienen können, sondern auch einen wesentlichen Erkenntnisgewinn für die Analyse menschlicher Kognition bedeuten.

ad 4: Adaptation durch Lernen ist einer der wichtigsten kognitiven Prozesse überhaupt. Hier ist die bisherige kognitionswissenschaftliche Forschung erfreulicherweise schon weit fortgeschritten; zahlreiche computationale Modelle des Wissenserwerbs und der Übung kognitiver Fertigkeiten liegen vor. Auch auf seiten der Künstlichen Intelligenz sind zahlreiche Verfahren maschinellen Lernens entwickelt worden. Einzelfragen, die noch eingehenderer Bearbeitung harren, beziehen sich zum Beispiel auf strukturelle Veränderung der Wissensorganisation beim Lernen (Wissensrevision, Schließen mit Standardannahmen; Umstrukturierung zur optimalen Organisation von Wissensbasen oder Fallbasen beim fallbasierten Schließen), oder auch auf die Entwicklung von Architekturen künstlicher neuronaler Netze, die mit hochstrukturiertem Lernmaterial (zum Beispiel Sätzen) umgehen können.

Ein generelles Desiderat besteht hier in der bislang unzureichenden Verbindung des maschinellen Lernens mit den Forschungsgebieten der kognitiven (und auch der älteren, behavioristisch orientierten) Lernpsychologie. Die dort vorhandenen Methoden zur Analyse der Auswirkung statistischer Eigenschaften des Lernmaterials beziehungsweise der Darbietungsbedingungen können die Entwicklung leistungsfähigerer maschineller Lernverfahren befördern.

ad 5: Die Forschungsmethoden sind heute reichhaltiger und leistungsfähiger denn je. Das Modell der Symbolverarbeitung und die damit einhergehenden Techniken der KI-Programmierung wurden in vielfacher Weise erweitert:

- Im Bereich der Programmiertechniken wurde die Modularität der Programme durch objekt-orientiertes Programmieren (OOP) nachhaltig verbessert, zumal durch OOP direkt nichtzentralistische Architekturen (Systeme mit voneinander unabhängigen, aber miteinander kommunizierenden Programmen) unterstützt werden – derartige Architekturen sind aber nach dem gegenwärtigen Stand der Hirnforschung als adäquate Modelle der Organisation menschlicher kognitiver Prozesse anzusehen. Charakteristisch für OOP ist beispielsweise, daß derartige Software-Objekte sowohl Daten als auch Verarbeitungsprozesse (Algorithmen) zusammen enthalten können, was auch der Organisation der Informationsverarbeitung in biologischen Systemen zu entsprechen scheint.

- Durch die Methoden der Neuroinformatik (künstliche neuronale Netze) sind die Modellierungstechniken um eine ganze Gruppe von Verfahren erweitert worden, so daß zum Beispiel die Konstruktion hybrider Systeme möglich ist, also solcher, die neuronale Netze mit Symbolverarbeitung kombinieren. Damit stehen nun auch für Prozesse sensorischer Verarbeitung und motorischer Steuerung brauchbare Modellierungstechniken zur Verfügung.

- Ganz neue Perspektiven eröffnen sich vor allem für die Entwicklung komplexer Systeme (in unterschiedlichen Zeitskalen, also zum Beispiel für ontogenetische wie aktualgenetische Prozeßbeschreibungen) durch die Anwendung der Theorie nichtlinearer dynamischer Systeme in der Kognitionsforschung. Wesentlich ist, daß durch diese neuen Entwicklungen sich das methodische Repertoire für die kognitive Modellierung nicht einfach nur vergrößert hat, sondern daß gerade diese Erweiterungen in besonderem Maße geeignet scheinen, biologisch plausible und mit neurowissenschaftlichen Erkenntnissen vereinbare Modelle kognitiver Prozesse zu erstellen.

Erfreulicherweise konvergieren die skizzierten fünf Entwicklungslinien mit den im zweiten Abschnitt beschriebenen Tendenzen einer zunehmend an Berechnungsmodellen orientierten neurowissenschaftlichen Kognitionsforschung. Besonders gut lassen sich diese Entwicklungstendenzen in der auf natürliche Sprache bezogenen kognitionswissenschaftlichen Forschung aufzeigen:

Die kognitionswissenschaftliche Modellbildung der für die menschliche Sprachproduktion und für das Verstehen sprachlicher Äußerungen verantwortlichen Prozesse hat es – und dies hat die oben angesprochene Konvergenz sicherlich erleichtert – mit einem besonderen Gegenstand zu tun: der natürlichen Sprache nämlich, die wir gerade nach jahrzehntelangen Studien an Menschenaffen als eine dem Menschen artspezifische kognitive Ausstattung betrachten dürfen. Damit hat es die Forschung hier mit einem Inhaltsbereich zu tun, der nicht allgemeinen physikalischen Beschränkungen, sondern spezifisch menschlichen (besonders denen des menschlichen Gehirns) unterliegt und für den es in der Natur, anders als für Fortbewegung, Sehen usw., kein zweites Vorbild gibt.

Die Regularitäten natürlicher Sprache werden von der (theoretischen) Linguistik beschrieben, systematisiert und zu erklären versucht. Die Psycholinguistik/Sprachpsychologie untersucht mit naturwissenschaftlichen Methoden die Produktion und Rezeption von Sprache beim Menschen; Neurolinguistik und Neuropsychologie tragen Erkenntnisse über gestörte Sprachverarbeitung (Aphasien) bei. Computerlinguistik und die der maschinellen Sprachverarbeitung gewidmeten Teilbereiche der Künstlichen Intelligenz versuchen, Sprachverarbeitung auf Computern zu realisieren. Hier hat sich gezeigt, daß Fortschritte – und zwar in allen Bereichen – nur in enger interdisziplinärer Kooperation zu erzielen sind. Das hat beispielsweise dazu geführt, daß psycholinguistische Theorien unter Zugrundelegung moderner Grammatiktheorien entstanden sind, und daß umgekehrt auf dem Gebiet der Syntaxtheorie Modelle entstanden sind, die Kriterien wie kognitiver Ökonomie Rechnung tragen. Noch enger stellt sich der Bezug zu psychologischen Befunden und kognitionswissenschaftlichen Modellen menschlicher Informationsverarbeitung in den neuen „Performanzmodellen" der Computerlinguistik und in der auf kognitiv adäquate Mensch-Computer-Dialoge ausgerichteten Forschung in der Künstlichen Intelligenz dar. In der Aphasieforschung werden zunehmend Informationsverarbeitungsmodelle zugrunde gelegt, und umgekehrt geben die neurolinguistischen und neuropsychologischen Ergebnisse wichtige Hinweise zur Weiterentwicklung unserer Theorien nicht nur der sprachbezogenen Informationsverarbeitung beim Menschen. Insgesamt stellt die seit einiger Zeit zu beobachtende, gelegentlich als kognitive Linguistik bezeichnete Integration sprachbezogener Forschungen unter der Ägide der Kognitionswissenschaften eines der erfolgreichsten Beispiele der Integration nicht nur unterschiedlicher Disziplinen, sondern auch der beiden in diesem Bericht dargestellten kognitionswissenschaftlichen Forschungsverbände dar.

2.3.3.3 Perspektiven und Notwendigkeiten

Vielversprechende Forschungsperspektiven zeichnen sich aus unserer Sicht vor allem in den folgenden Richtungen ab:

- *Kurzfristige Anpassungsfähigkeit und Flexibilität der Informationsverarbeitung*
  Welche Mechanismen ermöglichen die intentionsabhängige, aufgabenadäquate Konfigurierung der Informationsverarbeitung? Was sind die Richtlinien (*policy*), was sind die Kosten dynamischer Allokation kognitiver Ressourcen? Welche Prozesse dienen der schnellen Identifikation relevanten Wissens? Wie lassen sich die diesbezüglichen Leistungen biologischer Systeme so analysieren, daß hinreichend detaillierte Modelle entwickelt werden können? Welche denkbaren informatischen Lösungen können entworfen werden und geben brauchbare Hypothesen für die empirische Untersuchung natürlicher Kognition ab?

- *Langfristige Anpassungsfähigkeit kognitiver Systeme*
  Wie sind typische Charakteristika natürlichen Lernens, wie sie aus der Psy-

chologie bekannt sind, in Methoden maschinellen Lernens zu integrieren? Wie können die bei menschlichem Lernen und der Entwicklung von Expertisen feststellbaren Revisions- und Restrukturierungsvorgänge formal modelliert und auch für technische Systeme nutzbar gemacht werden? Welche neuen Einsichten vermittelt die Anwendung der Theorie dynamischer Systeme auf die Entwicklung kognitiv vermittelter sensomotorischer Koordination und die Entwicklung kognitiver Fertigkeiten?

– *Zielmanagement, Handlungskontrolle und Aufgabenverteilung in kognitiven Systemen* (auch unter Einbeziehung angewandter Fragestellungen, zum Beispiel der Mensch-Computer-Interaktion).

  Wie können unterschiedliche kognitive Architekturen (verhaltensbasierte versus wissensbasierte) integriert werden? Welche zentralen und dezentralen Kontrollstrukturen sind geeignet, situationsadaptives Verhalten kognitiver Systeme zu garantieren? Wie können Zielkonflikte in autonomen und Multiagenten-Systemen optimal gelöst werden? Wie wird die Verteilung der Aufgaben bei Kooperation mehrerer Agenten durch Kommunikation flexibel organisiert? Wie lassen sich psychologische und organisationswissenschaftliche Befunde hierbei in die Kognitionsforschung integrieren?

Die Erfolgsaussichten für die Forschung zu diesen Themen werden wesentlich davon abhängen, ob es gelingt, hierzu psychologische Forschung (Allgemeine, Entwicklungs- und Sozialpsychologie) mit informatischer (Künstliche Intelligenz, Robotik und theoretische Informatik) und zum Teil auch biologischer Forschung (Verhaltensbiologie und Biokybernetik) in themenzentrierten Schwerpunkten zu verbinden.

Das Potential ist in Deutschland auf seiten der Wissenschaftler, gerade beim inzwischen vorhandenen, in mehr als nur einer Disziplin kundigen Forschernachwuchs gegeben. Die Realisierung dieses Potentials bedarf allerdings der institutionellen Unterfütterung, die in einem prinzipiell mehrere Disziplinen (und mehrere Fakultäten) umspannenden Bereich als noch völlig unzureichend bezeichnet werden muß. Zwar existieren in Deutschland inzwischen mehrere Forschungszentren für Künstliche Intelligenz (deren Vorhandensein sicherlich mitgeholfen hat, das inzwischen international erstrangige Ansehen der deutschen KI-Forschung zu begründen), aber sie sind entsprechend der Förderpolitik, der sie ihre Existenz verdanken, vorwiegend auf technische Anwendung ausgerichtet. Auch der im internationalen Vergleich hervorragende Stand der auf natürliche Sprache bezogenen Forschung ist mehreren Großprojekten auf diesem Gebiet zu verdanken – hier hat die Anwendungsperspektive durchaus belebende Wirkung auf die Grundlagenforschung gehabt – wie auch dem einschlägigen Engagement der DFG und der MPG. Die Chancen, im Sprachbereich den erreichten Status zu sichern und auszubauen und darüber hinaus auch in den hier vorrangig genannten Gebieten hervorragende Forschung zu entwickeln, wird also von der Einrichtung beziehungsweise Ergänzung geeigneter Forschungszentren und von der Nachwuchsförderung abhängen.

2.3.4 Empfehlungen

2.3.4.1 Situation in Deutschland

Die Situation der kognitionswissenschaftlichen Forschung in Deutschland kann demnach – in beiden Teilverbänden – wie folgt charakterisiert werden: Das Potential ist beträchtlich, wenn nicht gar ausgezeichnet, aber die Rahmenbedingungen für seine optimale Nutzung lassen deutlich zu wünschen übrig.

Was das *Potential* betrifft, ist nicht nur auf die erfolgreiche Arbeit einer großen Zahl einschlägiger Gruppen in unterschiedlichen Teildisziplinen der beiden Forschungsverbände zu verweisen, sondern vor allem auch auf die Begeisterungsfähigkeit und das Engagement der nachwachsenden Forschergeneration. Ein besonders wichtiges Kennzeichen dieses Engagements besteht darin, daß die Einsicht in die Notwendigkeit, über den Tellerrand der jeweils eigenen Disziplin hinauszublicken, in den letzten Jahren deutlich zugenommen hat und daß auch die Bereitschaft wächst, sich in die Denk- und Arbeitsweise anderer Disziplinen einzuarbeiten. Mit anderen Worten: Die Fragestellungen der Kognitionswissenschaften setzen durchaus dasjenige Potential von Energien frei, das zur Überwindung der besonderen Anforderungen notwendig ist, die sich aus dem disziplinübergreifenden Charakter qualifizierter kognitionswissenschaftlicher Forschung ergeben.

Was jedoch die *Rahmenbedingungen* betrifft, ist ein ausgesprochenes Defizit zu verzeichnen. Nicht nur die Bezeichnung „Kognitionswissenschaft", sondern auch die in ihr in Gang gekommene disziplinübergreifende Kooperation sind hier erst seit kurzem üblich geworden. Der Nachholbedarf ist unübersehbar. Zwar existieren derzeit mehrere von der DFG geförderte kognitionswissenschaftliche Graduiertenkollegs, doch gibt es Kognitionswissenschaft als Studienfach bisher nur an der Universität Freiburg (als Nebenfach). Die *Gesellschaft für Kognitionswissenschaft* wurde Anfang 1994 gegründet (zum Vergleich: die *Cognitive Science Society* existiert seit 1979), die Fachzeitschrift *Kognitionswissenschaft* 1990 (zum Vergleich: *Cognitive Science* ist im 19. Jahrgang, *Cognition* im 20.). Entsprechendes gilt für den Bereich der Kognitiven Neurowissenschaften. Obwohl dieser Bereich seit einiger Zeit durch Schwerpunktprogramme und Sonderforschungsbereiche gefördert wird, ist es zu einer weiteren Institutionalisierung bisher nicht gekommen – weder in der Forschung noch in der Ausbildung.

Im internationalen (auch europäischen) Vergleich ist somit ein starker Nachholbedarf vor allem in der Institutionalisierung zu konstatieren. Da die Fakultätsstruktur deutscher Universitäten inter- und multidisziplinäre Kooperation eher behindert als begünstigt, kann kaum erwartet werden, daß Universitäten von sich aus in der Lage sind, effektive kognitionswissenschaftliche Forschungsverbände aus eigener Kraft zu entwickeln oder ein Fach Kognitionswissenschaft als „Interdisziplin" zu realisieren.

2.3.4.2 Ziele und Wege der Förderung

Was zu tun ist, liegt danach auf der Hand: Es kommt darauf an, die Rahmenbedingungen so weiterzuentwickeln, daß das nicht unbeträchtliche Potential, das vorhanden ist, auch optimal genutzt werden kann. Dabei sollte nach unserer Ansicht die Nutzung vorhandener Stärken im Vordergrund stehen und nicht der flächendeckende Ausbau des Gesamtbereichs. So sehen wir zum Beispiel in der Konzentration der deutschen Forschung auf visuelle Funktionen beziehungsweise auf Sprachfunktionen weniger den Nachteil der relativen Vernachlässigung anderer Bereiche als vielmehr den Vorteil der Schärfung des Profils der deutschen Forschung.

Was ist konkret zu tun? Zum einen ist es erforderlich, die Etablierung von kognitionswissenschaftlichen *Forschungszentren* nachhaltig zu fördern. Was dies betrifft, ist die Lage in den beiden Forschungs-Teilverbänden unterschiedlich. Im Bereich der algorithmisch orientierten Kognitionsforschung sind einschlägige Zentren zwar vorhanden. Sie sind in ihrer Zielrichtung jedoch durchweg auf technische Anwendungen der Künstlichen Intelligenz hin orientiert und nicht auf kognitionswissenschaftliche Grundlagenforschung. Hier bedarf es einer Ergänzung. Anders ist die Lage in den Kognitiven Neurowissenschaften. Da hier ein vergleichbares politisches und wirtschaftliches Interesse an der Einrichtung anwendungsorientierter Forschungszentren außerhalb der Universitäten nicht besteht, ist die Bildung der in diesem Bereich erforderlichen multidisziplinären Forschungszentren ganz auf die Instrumente verwiesen, die an den Universitäten und bei der DFG zur Verfügung stehen.

Was die Universitäten betrifft, ist die Etablierung schlagkräftiger Forschungszentren, die Disziplinen aus verschiedenen Fakultäten zusammenführen, bekanntermaßen schwierig, zumal unter Bedingungen knapper werdender Ressourcen. Die deutschen Universitäten neigen dazu, ihre Kräfte weniger nach den Erfordernissen der Forschung als nach den Erfordernissen der Lehre zu bündeln – eine Politik, die im Ergebnis zu einer Zersplitterung der Forschung führt und jedenfalls in solchen Bereichen, die auf multidisziplinäre Kooperation angewiesen sind, die Ausschöpfung des gesamten Forschungspotentials systematisch verhindert.

Angesichts dieser Situation gewinnen die Förderinstrumente der DFG zunehmende Bedeutung. Schwerpunktprogramme, Forschergruppen und Sonderforschungsbereiche stellen Formen von forschungsbezogener Kooperation bereit, die ergänzend neben die an den Universitäten vorhandenen und einzurichtenden lehrbezogenen Organisationsformen treten müssen. Von besonderer Bedeutung wird dabei das Instrument der Sonderforschungsbereiche sein. Denn nur diese Förderform bietet die Möglichkeit, die Forschungstätigkeit einer größeren Zahl von Gruppen aus verschiedenen Disziplinen ortsgebunden zusammenzuführen und über längere Zeit zu integrieren. Nur in solchen Zentren, die eine kritische Masse erreichen, besteht eine ernsthafte Chance, mit den Standards internationaler Forschung Schritt zu halten.

Nicht verkannt werden sollten daneben aber auch die Chancen, die mit dem Förderinstrument der Forschergruppen verbunden sind. Forschergruppen sind in der Regel zwar nicht groß genug, um einen umfassenden transdisziplinären Verbund bilden zu können. Dafür bieten sie umgekehrt die Möglichkeit hoher Flexibilität bei der Konzentration einiger weniger Disziplinen auf ausgewählte Teilprobleme und Teilfragestellungen. Ebenfalls nicht verkannt werden sollte das Potential des Förderinstruments der Schwerpunktprogramme, das heißt des überregionalen Zusammenschlusses von Projekten mit verwandten Fragestellungen. In dem Maße, wie die Effektivität der überregionalen Kommunikationsmöglichkeiten zunimmt, wird auch die Bedeutung dieses Förderinstruments wachsen, zumal es die Möglichkeit bietet, gleichgerichtete Kräfte nicht nur auf lokaler, sondern auf nationaler Ebene zu bündeln.

Schließlich sind gezielte Maßnahmen zur Verbesserung der *Nachwuchsförderung* erforderlich, vor allem solche, die es gestatten, disziplinübergreifende Interessen wirksam umzusetzen. Grundsätzlich sind die Graduiertenkollegs der DFG hierfür ein geeignetes Instrument, besonders dann, wenn sie in Verbindung mit multidisziplinären kognitionswissenschaftlichen Forschungszentren eingerichtet werden. Daß disziplinübergreifende Forschung nicht nur anspruchsvoller, sondern in der Regel auch zeitaufwendiger ist als disziplinäre Forschung, sollte bei der zeitlichen Dimensionierung kognitionswissenschaftlicher Graduiertenkollegs nicht übersehen werden.

Ein anderes Problem betrifft Beschränkungen, die sich vielerorts aus den Promotionsordnungen von Fakultäten ergeben, die von einem ausgesprochen disziplinären Geist beseelt sind – mit der Folge, daß zum Beispiel die Begutachtung von Dissertationen durch Wissenschaftler, die ganz unterschiedlichen Disziplinen angehören, überhaupt nicht möglich ist. Hier könnte die DFG bei der Bewilligung von Graduiertenkollegs in Zukunft verstärkt darauf achten, daß die einschlägigen Promotionsordnungen disziplinübergreifendes Arbeiten nicht nur erlauben, sondern vielleicht sogar fördern.

Auf beiden Ebenen, der gezielten Förderung kognitionswissenschaftlicher Forschungszentren und der Nachwuchsförderung, kann und sollte die DFG dazu beitragen, in Deutschland die Kognitionswissenschaft(en) als eine international konkurrenzfähige „Interdisziplin" zu etablieren.

* * *

Wir bedanken uns sehr herzlich bei denjenigen Kolleginnen und Kollegen, die uns mit Hinweisen und Ratschlägen bei der Vorbereitung dieses Manuskriptes unterstützt haben. Vieles haben wir verwerten können, vieles aber auch unberücksichtigt lassen müssen. Die Verantwortung für Auswahl und Akzentuierung liegt – trotz der vielen Ratschläge und Hinweise – natürlich ganz bei uns.

2.4 Neurowissenschaften

Heinrich Betz, Max-Planck-Institut für Hirnforschung, Frankfurt/Main, Abteilung Neurochemie, Rainer Goebel, Max-Planck-Institut für Hirnforschung, Frankfurt/Main, Abteilung Neurophysiologie, und Thomas Jentsch, Universität Hamburg, Zentrum für Molekulare Neurobiologie

Ziel der Neurowissenschaften ist es, die Funktion des Nervensystems aufzuklären und seine einzigartigen Leistungen wie Informationsverarbeitung, Gedächtnisbildung und Erkennen zu entschlüsseln. Im letzten Jahrzehnt haben die Neurowissenschaften auch in Deutschland eine hochdynamische Entwicklung erfahren, die die allgemeine Beachtung, die dieses Wissenschaftsgebiet derzeit international findet, widerspiegelt. Zu Beginn der 90er Jahre wurde das jetzige Jahrzehnt vom amerikanischen Präsidenten und anschließend von der Europäischen Gemeinschaft zur „Decade of the brain" erklärt, um damit die wachsende Bedeutung sowie die erheblichen Zukunftsperspektiven, die mit diesem Wissenschaftszweig verknüpft sind, zu unterstreichen. Zweifellos gehören die Neurowissenschaften mit ihren diversen Unterdisziplinen, die in unterschiedlichste Wissenschaftsbereiche wie Molekularbiologie, Biochemie, Biophysik, Pharmakologie, Informatik, Genetik und klinische Medizin hineinreichen, heute zu den erfolgsträchtigsten und förderungswürdigsten Forschungs- und Entwicklungsfeldern der Biomedizin. Die Faszination der Neurowissenschaften ist nicht nur durch den interdisziplinären Charakter dieses Forschungsgebiets begründet, sondern vor allem durch seine unmittelbare Aktualität für die Entwicklung neuer gesundheits- und verhaltensrelevanter Strategien und die Lösung jahrhundertealter philosophischer Fragen zum Körper-Seele-Problem.

Der derzeitige Optimismus, daß auch das komplexeste Organsystem unseres Körpers, das Gehirn, und seine spezifischen Leistungen, wie zum Beispiel Lernen und Mustererkennung, auf naturwissenschaftlicher Basis verstanden werden können, fußt entscheidend auf der Entwicklung und Verfügbarkeit neuer molekularbiologischer, zellbiologischer, physiologischer und genetischer Methoden. Außerdem wurden nichtinvasive Verfahren entwickelt, mit denen die Aktivierung einzelner Nervenzellverbände im menschlichen und tierischen Gehirn bei Wahrnehmungsvorgängen, Sprachleistungen usw. erfaßt werden können. Nach Ansicht der meisten Naturwissenschaftler sind damit die Voraussetzungen gegeben,

- die Informationsfortleitung und -verarbeitung im Nervensystem und seine Entwicklung auf molekularem und zellulärem Niveau zu analysieren und zu verstehen und
- auch höhere, bisher nur subjektiv, zum Beispiel in Patienten mit Hirnlaesionen, verfolgbare Hirnprozesse faßbar zu machen.

Hinzu kommt, daß der enorme Fortschritt bei der Entschlüsselung des menschlichen Genoms und verschiedener tierischer Genome in naher Zukunft die DNA-Sequenzen aller an der Entwicklung und Funktion des Gehirns beteiligten Gene zur Verfügung stellen wird. Angesichts der Tatsache, daß bisher nur ein winziger Prozentsatz (< fünf Prozent) der im Nervensystem exprimierten Genprodukte bekannt ist, stellt dies eine atemberaubende Perspektive dar.

Die wesentlichen Zukunftsaspekte der Neurowissenschaften lassen sich sinnvoll nach ihren Unterdisziplinen und den darin verwandten Methodenspektren gliedern. Die hier folgende Beschreibung von den Autoren dieses Artikels besonders vielversprechend erscheinenden Ansätzen in den grundlagenorientierten Neurowissenschaften folgt diesem Prinzip. Es sei jedoch betont, daß gerade die Überschreitung von Disziplingrenzen und der Zugriff auf ein interdisziplinäres Methodenrepertoire ein wichtiges Kennzeichen fortschrittlicher Neurowissenschaft sind. In den USA wird dies an der Struktur der an nahezu allen amerikanischen Universitäten verankerten Neuroscience Departments sichtbar, die Molekular- und Zellbiologen mit Physiologen, Neuroanatomen und Verhaltensforschern unter einem Dach vereinen. In Deutschland dagegen findet der Großteil der neurowissenschaftlichen Forschung noch immer an Biologie-, Physiologie-, Anatomie- oder Biochemielehrstühlen statt. Nur ganz vereinzelt wurden bisher neurobiologische Forschungsinstitute an ausgewählten deutschen Universitäten gegründet. Hier besteht ein erheblicher Nachholbedarf, sofern die untenstehend genannten Perspektiven in den nächsten Jahren auf international kompetitive Weise verfolgt werden sollen.

2.4.1 Molekulare Neurobiologie

Der wichtigste Anstoß für die zukünftige Analyse von Genprodukten, die an elementaren Hirnfunktionen beteiligt sind, wird mit Sicherheit aus den in den nächsten zehn Jahren durch das Genomprojekt verfügbar werdenden Sequenzdaten kommen. Bisher war es schwierig, seltene oder nur in Subpopulationen von Nervenzellen exprimierte Botenribonukleinsäuren mit konventionellen molekularbiologischen Methoden zu isolieren, da diese nur einen verschwindend geringen Anteil der Gesamtnukleinsäure in Hirnextrakten ausmachen. Durch die erschöpfende Analyse von Genbanken aus verschiedenen Regionen des Zentralnervensystems wird es in Zukunft möglich sein, das gesamte Repertoire der darin aktiven Gene zu erfassen und neue gehirnspezifische Genprodukte in den Datenbanken aufgrund ihrer Verwandtschaft mit bereits bekannten Proteinen zu identifizieren. Auf diese Weise werden sich zum Beispiel an der Erregungsfortleitung oder -übertragung beteiligte Isoformen von Ionenkanälen oder Rezeptoren identifizieren lassen, die in bestimmten Nervenzellen wie zum Beispiel sensorischen Schmerzfasern vorkommen. Die anschließende heterologe Expression dieser Genprodukte in Froscheiern oder Säugetierzellinien sollte dann eine elektrophysiologische und pharmakologische Analyse derselben erlauben. Damit sind die Voraussetzungen gegeben, um selektive Substanzen zu entwickeln, die zum Beispiel als neuartige Analgetika eingesetzt werden könnten. Umgekehrt sollte der Nachweis des Expressionsorts und -zeitpunkts von neuen Genen mit unbekannter Funktion durch moderne neuroanatomische Methoden wie In-situ-Hybridisierung oder Immunzytochemie Rückschlüsse auf deren Rolle im Nervensystem zulassen.

Ein zweiter Weg, die aus den Genomprojekten anfallenden Daten zur Identifizierung neuer Genprodukte im Nervensystem einzusetzen, wird bereits mit Erfolg genutzt. Die bisherige Forschung hat gezeigt, daß an grundlegenden Vorgängen beteiligte Proteine in allen Organismen ähnlich sind. Diese Ähnlichkeiten spiegeln sich in Ähnlichkeiten oder „Homologien" der solche Proteine kodierenden Gensequenzen wider und erlauben deshalb die Identifizierung homologer Gene in anderen Spezies. So wurden zum Beispiel Sequenzen von Genen, die an der Sekretion von Enzymen aus dem Einzeller Hefe beteiligt sind, zur Isolierung homologer Säugergene aus Genbanken beziehungsweise zur Identifizierung verwandter menschlicher Gene in der Humangenom-Datenbank eingesetzt, die an der Neurotransmitterfreisetzung bei der Erregungsübertragung zwischen Nervenzellen beteiligt sind. Da die komplette Sequenzierung des Hefegenoms vor wenigen Monaten abgeschlossen werden konnte, sind bereits heute grundsätzlich alle an der Sekretion in Hefe beteiligten Sequenzen als Sonden zur Suche im Nervensystem verfügbar. In ähnlicher Weise lassen sich Gensequenzen aus wirbellosen Modellorganismen, dem Spulwurm *Caenorhabditis elegans* und der Taufliege *Drosophila melanogaster*, nutzen. In beiden Organismen wurden die Differenzierung und die Funktion des Nervensystems mit genetischen Methoden intensiv untersucht und so Gene identifiziert, die Schlüsselrollen im Nervensystem haben. Bei der Suche nach verwandten Genen haben sich ganz herausragende Erfolge ergeben: Neuronale Regulations- und Differenzierungsgene, die zunächst bei Drosophila entdeckt wurden, steuern in Maus und Mensch zum Beispiel die Organisation des Mittel- und Hinterhirns und das gerichtete Auswachsen von Nervenfortsätzen im sich entwickelnden Embryo. Genprodukte, deren Mutation zu unkoordinierten Bewegungen des Wurms Caenorhabditis führen, vermitteln unter anderem die Speicherung von neuronalen Überträgerstoffen, den Neurotransmittern, in intrazellulären Speicherorganellen, den synaptischen Vesikeln. Die Sequenzierung der Genome dieser Modellorganismen ist weit fortgeschritten; mit Hilfe genetischer Methoden sollte in Kürze eine Großzahl von im embryonalen beziehungsweise adulten Nervensystem aktiven Genen in diesen Invertebraten identifiziert werden, deren Homologe wahrscheinlich ähnliche Funktionen im Säuger besitzen.

Die Fortschritte in der Genomanalyse werden auch viele praktische Anwendungen im Bereich der Neurowissenschaften mit sich bringen. Die geordnete Immobilisierung einer großen Zahl bekannter Sequenzen auf sogenannte „Mikrochips" wird nicht nur die schnelle Analyse einer Vielzahl von Genen auf mögliche Erbkrankheiten (siehe unten) erlauben, sondern es auch ermöglichen, das gesamte Repertoire an Genen, das eine Zelle exprimiert, zu beschreiben und mit dem anderer Zellen zu vergleichen. Somit wird es zum Beispiel möglich sein, Unterschiede bei diversen pathologischen Veränderungen festzustellen. Die Verbindung von Molekulargenetik, Mikrochip und „Neurotechnologie" wird nicht nur die medizinische Diagnostik, sondern auch die Grundlagenforschung revolutionieren. Man spricht heute bereits vom Übergang der Genetik zur „Genomik", eine Wortschöpfung, die die Neuartigkeit des hier derzeit stattfindenden Wissenschaftswandels unterstreicht. Leider ist Deutschland auf diesem Gebiet weit zurück.

Die Fülle von Sequenzdaten, die in den nächsten Jahren aus den Genomprojekten und über konventionelle Genklonierungsstrategien anfallen werden, impliziert, daß das nächste Jahrzehnt der molekularen Neurowissenschaft vom Bemühen geprägt sein wird, die Funktion neuer nervensystemspezifischer Gene zu erhellen. Hierbei werden die unterschiedlichsten Arbeitstechniken zum Einsatz kommen. Neben elektrophysiologischen, biochemischen und zellbiologischen Methoden wird das transgene Tier wohl den wichtigsten Zugang zur physiologischen Funktion identifizierter Gene darstellen. Sogenannte Knockout-Mäuse, in denen ein einzelnes Gen durch gentechnologische Methoden selektiv inaktiviert wird, können bereits heute mit großer Effizienz hergestellt werden. Methoden, solche Geninaktivierungen oder auch -modifikationen zu einem beliebigen Zeitpunkt der Entwicklung gezielt auszulösen, werden derzeit von vielen Labors perfektioniert. Die resultierenden Mausmutanten können der anatomischen, physiologischen und molekularen Analyse unterworfen werden, um so die Rolle des veränderten Gens, zum Beispiel in Entwicklung, Erregungsübertragung und Genexpression zu analysieren. Zusätzlich sind Verhaltensstudien möglich, die zum Beispiel Änderungen im motorischen Verhalten, in sensorischen Fähigkeiten wie Sehen, Hören, Schmerzempfinden oder in Lern- und Orientierungstests aufzeigen können. Mit anderen Worten, die Funktion eines Gens kann im Kontext des Gesamtorganismus untersucht werden, eine Methode, die bereits jetzt mit großem Erfolg zur Analyse der physiologischen Funktion diverser Genprodukte eingesetzt wird.

Ein weiteres Feld, von dem eine erhebliche Befruchtung der Neurowissenschaften zu erwarten ist, ist die Strukturanalyse von Makromolekülen, insbesondere Membranproteinen. Zur Zeit basieren fast alle unsere Kenntnisse über den Aufbau zum Beispiel von an der Erregungsfortleitung und -übertragung zwischen Nervenzellen beteiligten Ionenkanälen, Rezeptoren und Zellerkennungsproteinen auf biochemischen und Genanalysen. Dies impliziert, daß unser derzeitiges Bild vom Aufbau dieser für die Nervensystementwicklung und -funktion essentiellen Eiweißbausteine derzeit im wesentlichen „linearer" Natur ist. Dreidimensionale atomare Strukturen, wie sie zum Beispiel für Enzyme des Intermediärstoffwechsels oder Proteine des Sauerstofftransports wie das Hämoglobin seit langem vorliegen, sind im Bereich der Neurowissenschaften bisher nicht verfügbar. Trotz intensivster Bemühungen ist zum Beispiel die dreidimensionale Struktur des nikotinischen Azetylcholinrezeptors, des wohl bestuntersuchten neuronalen Membranproteins, bis heute nur in Umrissen bekannt. Aufgrund jüngster Erfolge auf dem Gebiet der Strukturanalyse von Membranproteinen aus Bakterien und aufgrund der raschen Entwicklung von computergestützten Methoden zur Strukturvorhersage aus Primärsequenzdaten ist jedoch zu erwarten, daß bald auch dreidimensionale Raumstrukturen von neuronalen Membranproteinen bekannt sein werden. Neue Methodologien, wie der jüngst von Hartmut Michels Arbeitsgruppe zur Strukturaufklärung der Cytochromoxidase eingesetzte Weg der Kokristallisation mit einem monoklonalen Antikörper oder die von Kurt Wüthrich und Mitarbeitern entwickelten hochauflösenden Kernmagnetresonanzmethoden, sollten in den nächsten Jahren die Strukturen wichtiger neuraler Membranbausteine erschließen. Eine wesentliche Auswirkung der dann anfallenden Strukturdaten von Rezeptor- und Ionenkanalproteinen ist sicher im Bereich der Neuropharmakologie zu suchen, wo mit der Aufklärung der atomaren Strukturen von Neurotransmitterbindetaschen oder Ionenkanaldomänen ein gezieltes Design neuer Neuropharmaka denkbar wird. In analoger Weise kann nach Ermittlung der Struktur von Zellerkennungsmolekülen oder Wachstums- und Differenzierungsfaktoren an die Entwicklung von Substanzen gedacht werden, die die Wirkung dieser Moleküle blockieren oder nachahmen und so als Leitsubstanzen für neue Pharmaka dienen können.

2.4.2 Zelluläre- und Entwicklungsneurobiologie

Die bereits genannten molekularbiologischen Untersuchungen werden in den nächsten Jahren durch intensive physiologische Experimente ergänzt werden, die unter anderem die Aufklärung des Transmitterfreisetzungsprozesses und die Erhellung der von Differenzierungsfaktoren, Neurohormonen und Neurotransmittern angeschalteten Signalkaskaden zum Ziel haben werden. Daneben werden aber vor allem zellbiologische Fragestellungen an Bedeutung gewinnen. Einen in Zukunft verstärkt bearbeiteten Themenkomplex wird sicher die Analyse der Interaktionen zwischen den das Nervensystem konstituierenden Zelltypen, den Stütz- oder Gliazellen und den Nervenzellen (Neuronen), darstellen. Neben Untersuchungen zum Prozeß der Myelinisierung, bei dem spezialisierte Gliazellen, die Oligodendrozyten, durch Ausbildung hochkomplexer Membranfortsätze eine elektrisch isolierende Markscheide um die Nervenfaser bilden, wird die Erforschung der Zelloberflächeneigenschaften von bestimmten neuralen Zellen im Vordergrund stehen. Diese beeinflussen zahlreiche Schlüsselprozesse der Gehirnentwicklung wie zum Beispiel Zellwanderungs- und Zellerkennungsvorgänge und bestimmen die Regenerationskapazität des Nervensystems nach Verletzungen. In detaillierten Untersuchungen konnten Martin Schwab und Mitarbeiter zeigen, daß im adulten Nervensystem die Regeneration von Nervenfasern durch spezifische, auf Oligodendrozyten lokalisierte Wachstumsinhibitoren verhindert wird. Die Neutralisation dieser Inhibitoren durch spezifische Antikörper verbessert die anatomische und funktionelle Erholung nach Querschnittslähmung im Tierexperiment entscheidend, ein Befund, der große Hoffnungen für die Therapie von Hirn- und Rückenmarksverletzungen beim Menschen weckt.

Nervenzellen gehören zu den höchstdifferenzierten Zellen im tierischen Organismus. Über einen hochspezialisierten Dendritenbaum mit speziellen Schaltstellen, den sogenannten Synapsen, nehmen Nervenzellen Informationen von Tausenden vorgeschalteter Nervenzellen auf und leiten diese nach integrativer Verarbeitung über lange Fortsätze, die Axone, auf nachgeschaltete Zellen weiter. Diese spezialisierte zelluläre Organisation und die enorme Länge von Nervenfortsätzen implizieren, daß in Nervenzellen besondere Mechanismen zum direktionalen Transport und der gerichteten Lokalisation von Makromolekülen und Zellorganellen existieren müssen. Bisher sind diese nur zum Teil erforscht. Bereits jetzt steht jedoch fest, daß die komplexe Topographie der Nervenzelle neben einem hochorganisierten Protein- und Organellentransport auch spezifische „Organisatormoleküle" beziehungsweise eine lokale Synthese von Plasmamembran- und Zytoskelettkomponenten an Orten wie zum Beispiel den Synapsen erfordert. Dies impliziert, daß zum Beispiel in Dendriten Genprodukte wie Botenribonukleinsäuren oder synaptische Proteine hochselektiven Lokalisationsprozessen unterworfen sein müssen (siehe Abb. 2.4.1). Erste Ansätze zur Analyse der grundlegenden Mechanismen dieser selektiven Transport- und Lokalisationsvorgänge sind derzeit in Arbeit; hier können mit Sicherheit für die Zukunft wesentliche Durchbrüche vorhergesagt werden.

Die komplexe Struktur des Gehirns bedingt, daß auch seine Entwicklung durch sehr präzise Mechanismen gesteuert sein muß. Dieselben zu entschlüsseln, ist das Ziel der Entwicklungsneurobiologie. Bereits im letzten Jahrzehnt waren insbesondere die Molekularbiologen sehr erfolgreich bei der Identifizierung von Genen, die die Entwicklung des Nervensystems steuern. So legt zum Beispiel die sequentielle Expression von Transkriptionsfaktoren den segmentalen Aufbau von Hirnstamm und Rückenmark fest. Die Gene, die von diesen Faktoren reguliert werden, sind aber noch unbekannt. Ebenso konnten Differenzierungsfaktoren identifiziert werden, die die Identität des von einer Nervenzelle synthetisierten Überträgerstoffs, des sogenannten Neurotransmitters, festlegen. Es sei jedoch betont, daß wir auf diesem Gebiet am Anfang stehen und die Entwicklung komplexer neuronaler Eigenschaften wie zum Beispiel die simultane Synthese von niedermolekularen Neurotransmittern mit spezifischen Neuropeptid-Cotransmittern noch unverstanden ist. Bemühungen, die von diesen Faktoren vermittelten Signal- und Genaktivierungskaskaden zu entschlüsseln, sollten dagegen in absehbarer Zeit erfolgreich sein. Ähnlich steht zu erwarten, daß die Identifizierung der Moleküle und Mechanismen, die das gerichtete Auswachsen von Nervenfortsätzen während der Embryonalentwicklung und die korrekte Erkennung von Zielzellen bei der Etablierung der neuronalen Verschaltung steuern, gewaltige Fortschritte machen wird. Nach langen fruchtlosen Bemühungen haben sich in den letzten drei Jahren gerade auf diesem Gebiet durch molekulargenetische und biochemische Ansätze erstaunliche neue Erkenntnisse ergeben. So konnten unter anderem Moleküle der Extrazellulärmatrix wie das Tenascin, sekretorische und Plasmamembrankomponenten wie Collapsine/Semaphorine und Zelloberflächenrezeptoren wie Mitglieder der Eph-Tyrosinkinase-Rezeptorfamilie jüngst als wesentliche Determinanten der axonalen Wegfindung und spezifischen Verschaltung identifiziert werden. Aufgrund der Vielzahl unterschiedlicher Nervenzellpopulationen im Zentralnervensystem und der enormen Komplexität der von diesen gebildeten Projektions- und Schaltkreise ist zu vermuten, daß die Genprodukte, für die bisher eine Beteiligung an den obengenannten Entwicklungsprozessen nachgewiesen werden konnte, nur einen winzigen Bruchteil der tatsächlich benötigten Molekülvielfalt darstellen.

Viele Neurobiologen vermuten, daß für die Entwicklung des Nervensystems wichtige Differenzierungs- und Regulationsmechanismen auch im adulten Gehirn genutzt werden. So rekapituliert zum Beispiel die Regeneration peripherer Nervenfasern das im Embryo erfolgende Auswachsen von Fortsätzen aus dem neuronalen Zellkörper. Ähnlich dürften die die selektive Verschaltung von Nervenzellnetzen während der Entwicklung steuernden Prozesse auch für die Plastizität adulter Synapsen und die Veränderung ihrer Übertragungseffizienz zum

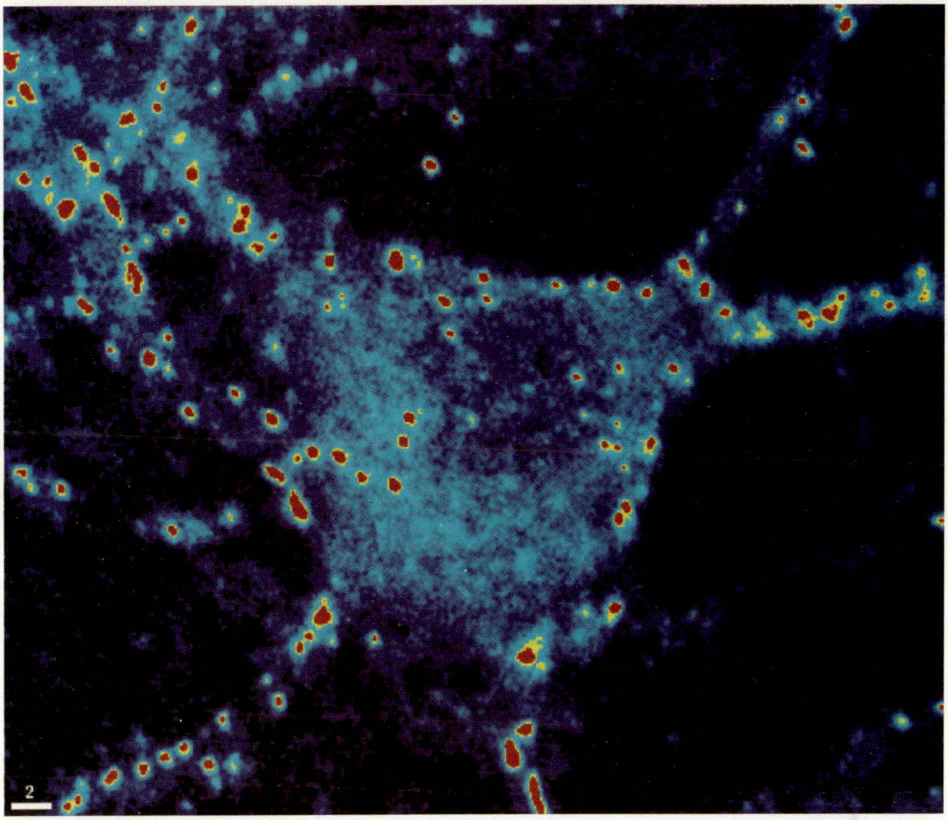

Abb. 2.4.1: Lokalisation des neurotransmitterrezeptor-assozierten Proteins Gephyrin an synaptischen Bereichen der neuronalen Plasmamembran. Das Bild zeigt den Zellkörper und Teile der Fortsätze einer Pyramidennervenzelle (blau) aus dem Hippocampus einer Ratte, in der das mit synaptischen Neurotransmitterrezeptoren assoziierte Protein Gephyrin mittels eines fluoreszierenden Antikörpers sichtbar gemacht wurde. Die rotgelben Flecken entsprechen synaptischen Bereichen der Plasmamembran, in denen eine hohe Konzentration von Gephyrin die Akkumulation von Rezeptoren an den Synapsen bewirkt. Das Bild wurde von Dr. Joachim Kirsch, Max-Planck-Institut für Hirnforschung, zur Verfügung gestellt und illustriert, daß synaptische Proteine an dendritischen und auf dem Zellkörper befindlichen Synapsen angereichert werden.

Beispiel bei Lernvorgängen wichtig sein. Die Untersuchung der neuronalen Differenzierung und Nervensystementwicklung wird somit auch Aufschlüsse über komplexe Vorgänge im erwachsenen Gehirn liefern.

2.4.3 Neurogenetik und Neuropathologie

Ein wichtiger Aspekt der experimentellen Neurowissenschaften betrifft die Aufklärung der Pathomechanismen, die neurologischen und psychiatrischen Erkrankungen zugrunde liegen. Dieser Aspekt ist auch von hoher volkswirtschaftlicher Bedeutung, da die Gesamtzahl der das Nervensystem betreffenden Krankheitsbilder höher ist als die aller anderen Organsysteme zusammen. Neben klinisch häufigen Krankheiten, wie dem Schlaganfall, die durch eine Vielzahl eher unspezifischer Faktoren hervorgerufen werden, gibt es im Bereich der Neurologie und Psychiatrie viele Erkrankungen, die genetisch bedingt sind. Ihre Erforschung hat sich die Neurogenetik zum Ziel gesetzt. Wenn man aus den Ergebnissen der letzten fünf Jahre extrapoliert und den Fortschritt des Genomprojekts und der transgenen Tiermodelle berücksichtigt, kommt man zu dem Schluß, daß in den nächsten fünf bis zehn Jahren ein ganz erheblicher Fortschritt auf dem Gebiet der molekularen Neuropathologie zu erwarten ist. Dieser Fortschritt wird sich jedoch keineswegs auf die genetischen Erkrankungen beschränken, sondern auch häufigere Krankheiten wie den Schlaganfall miteinschließen. Das Gehirn als das komplexeste aller Organe exprimiert eine Vielzahl von Genen, von denen wiederum viele an spezifischen Orten spezialisierte Funktionen, zum Beispiel in der Informationsverarbeitung, wahrnehmen. Während der Verlust eines Gens aufgrund redundanter Genfunktionen oft keinen Krankheitswert hat, treten in anderen Fällen teilweise sehr spezifische Krankheitsbilder auf. Obwohl letztere zum Teil sehr selten in der menschlichen Population vorkommen, werden sie entscheidende neue Einblicke in die Funktion des Nervensystems gestatten. Dieser eher generelle Aspekt wird die ebenfalls unentbehrlichen biochemischen und zellbiologischen Untersuchungen, die reduktionistisch auf molekulare Mechanismen schauen, in idealer Weise komplementieren.

Oft erlauben auch Gene, die nur in seltenen Fällen erbliche Krankheiten verursachen, entscheidende Einblicke in medizinisch höchst relevante Erkrankungen. Beispielhaft sei hier die Alzheimersche Erkrankung, eine im Alter häufige, durch Proteinablagerungen (Plaques) bedingte Gehirndegeneration, erwähnt. Seltene Mutationen in dem sogenannten Alzheimervorläuferprotein (APP) (es gibt weltweit weniger als 20 bekannte Familien mit solchen Mutationen) haben die Hypothese, daß dieses in den Alzheimerablagerungen gefundene Protein an der Pathogenese ursächlich beteiligt ist, ganz wesentlich gestärkt. Auch die Mutationen in den erst kürzlich – direkt über betroffene Familien – identifizierten „Präsenilin-Genen“ werden, obwohl nur sehr selten bei Morbus Alzheimer zu finden, entscheidende Einblicke in die Pathogenese der Erkrankung erlauben. Dieses Beispiel zeigt, daß auch bei der Aufklärung neurologischer Erkrankungen, die nach heutigem Kenntnisstand nicht primär genetisch verursacht sind, die Analyse seltener genetischer Varianten wesentlich zum Verständnis der Pathogenese beitragen kann.

Bei der molekularen Aufklärung von neurologischen Krankheiten wird jedoch der direkte biochemisch/molekularbiologische Ansatz zunehmend weniger zum Erfolg führen, da häufig keine auffälligen biochemischen Abnormalitäten vorhanden sind beziehungsweise diese sekundäre Veränderungen darstellen. Als erfolgreiches Beispiel für diesen konventionellen Ansatz sei die molekulare Klonierung des APP durch Müller-Hill und Beyreuther im Jahr 1987 genannt, bei der dieses Protein aus den Plaques aufgereinigt und kloniert wurde. Obwohl die kausale Rolle des APP bei der Alzheimerkrankheit noch nicht endgültig gesichert ist, deuten die oben erwähnten Mutationen im APP ebenso wie neuere transgene Mausmodelle in diese Richtung.

Weitaus wichtiger als der klassische biochemisch/molekularbiologische Ansatz ist schon jetzt eine Kombination aus dem sogenannten Kandidatengenzugang und der Kartierung von Krankheitsgenen auf den Chromosomen betroffener Familien. Beim Kandidatengenzugang werden aufgrund einer experimentell unterstützten Hypothese Gene für bestimmte Proteine analysiert, deren Beteiligung an einer bestimmten Erkrankung aufgrund ihrer bereits bekannten Funktion möglich erscheint. Ein gutes Beispiel ist die kürzlich erfolgte Aufklärung mehrerer Muskelerkrankungen, bei denen die Erregbarkeit der Muskelmembran gestört ist (zum Beispiel Myotonie, Paramyotonie und hyperkaliämische periodische Paralyse). Physiologische Untersuchungen am myotonen Muskel wiesen bereits in den 60er Jahren darauf hin, daß hier Defekte in Chlorid- und Natriumkanälen verantwortlich sein könnten. In der Tat konnte schon kurz nach der erfolgten molekularen Klonierung der entsprechenden muskelspezifischen Kanalproteine gezeigt werden, daß Mutationen in deren Genen diesen Krankheiten zugrunde liegen. Die Klonierung der Gene erfolgte hier nicht über eine genomische Kartierung bei betroffenen Familien, sondern resultierte aus Forschungsprogrammen, die die Charakterisierung dieser Membranproteine selbst zum Ziel hatten. Die Analyse der Erbkrankheiten und der spezifischen Mutationen erlaubte wiederum wichtige molekulare Einblicke in deren Struktur und Funktion. Derzeit gibt es allerdings nur relativ wenig neurologische Erkrankungen, für die vernünftige Hypothesen über die Pathogenese vorliegen. Dies wird partiell dadurch kompensiert, daß eine rapide steigende Anzahl von Genen identifiziert und deren Analyse auf Mutationen immer einfacher wird.

Die direkte „positionelle" Klonierung von Krankheitsgenen – obwohl immer noch sehr aufwendig – ist in den letzten Jahren durch die Kartierung des menschlichen Genoms und die Bereitstellung zunehmend dichter plazierter genetischer Marker ebenfalls einfacher geworden. Dieser Trend wird weiter anhalten. Bei der positionellen Klonierung werden Krankheitsgene nur aufgrund ihrer Vererbung zusammen mit dem Phänotyp der Erkrankung lokalisiert. Anschließend wird in diesem Bereich des Chromosoms gezielt nach dem mutierten Gen gesucht. Als Beispiel sei hier die 1993 erfolgte Klonierung des Gens für Morbus Huntington erwähnt. Eine Kombination dieser Methoden mit der Analyse bekannter Gene wird zunehmend zur Aufklärung vererbbarer neurologischer Erkrankungen beitragen, da einerseits immer mehr Krankheiten zumindest grob chromosomal kartiert und andererseits immer mehr (funktionelle) Gene auf Chromosomen lokalisiert werden. Nach Abschluß des humanen Genomprojekts wird bei der genomischen Kartierung einer Krankheit sofort die ganze Palette von Kandidatengenen zur Verfügung stehen, die dann gezielt auf Mutationen untersucht werden können.

Neben den Fortschritten der Humangenetik, die allerdings durch die Verfügbarkeit entsprechender Patienten (in der Regel Familien) und bekannter Pathologien beschränkt sind, werden zunehmend transgene Mausmodelle zum Tragen kommen. Durch gezielte Inaktivierung einzelner Gene läßt sich die Rolle des zugehörigen Genprodukts für die Funktion des Organismus untersuchen. Dies führt zu Hinweisen, an welchen bekannten humanpathologischen Syndromen das Gen beteiligt sein könnte. Eine Limitierung dieser Methode ist darin zu sehen, daß eine Geninaktivierung nicht das gesamte Spektrum an Krankheiten imitiert, die bei Mutationen in dem entsprechenden Gen auftreten können. Um bei den obigen Beispielen zu bleiben, wird ein Knockout des Muskelnatriumkanals lethal sein, während spezifische Punktmutationen in diesem Gen die Inaktivierung des Kanals beeinflussen und damit Paramyotonie hervorrufen können. Gleiches gilt für die Alzheimer-Erkrankung, wo der Verlust des APP völlig andere Symptome hervorruft als die seltenen und spezifischen Punktmutationen, die das Prozessieren des Vorläuferproteins verändern und zur typischen Alzheimer-Krankheit führen. Diese spezifischen Mutationen werden meist dominant vererbt, wodurch die humangenetische Analyse wesentlich vereinfacht wird. Die Erstellung entsprechender Mausmodelle ist über die auch für Knockouts notwendige Technik der sogenannten homologen Rekombination ebenfalls mit guter Effizienz möglich; eine systematische Durchmusterung von Genbereichen erscheint wegen der aufwendigen Technologie aber kaum durchführbar. Einen Ausweg könnten hier groß angelegte Mutagenisierungsprojekte an Mäusen darstellen, die dann auf dominante Phänotypen durchsucht werden. Die Kreuzung entsprechender Mausmutationen, verbunden mit dem ebenfalls fortschreitenden Mausgenomprojekt, sollte die Identifizierung solcher Gene wesentlich beschleunigen. Trotzdem wird dieser Ansatz immer noch sehr aufwendig sein.

Zusammenfassend läßt sich sagen, daß zusammen mit großen Fortschritten der Molekular- und Zellbiologie das rasche Voranschreiten der Genomprojekte in den nächsten zehn bis 20 Jahren eine Flut von neuen Erkenntnissen für die Bedeutung bestimmter Gene für spezifische Pathologien bringen wird. Mausmodelle werden auch Pathologien abdecken, die beim Menschen nicht beschrieben sind. Während dies in sich einen wichtigen Erkenntniszuwachs bedeutet, heißt dies keineswegs, daß damit die Pathogenese der Erkrankungen verstanden wäre oder diese gar therapierbar wären. Die Anzahl neuer Krankheitsgene wird zu groß sein, um jedes detailliert auf seine Funktion zu untersuchen. Die Aufklärung der molekularen Pathogenese über die Identifizierung der Mutationen hinaus ist häufig sehr schwierig, insbesondere dann, wenn das Genprodukt aufgrund fehlender Homologien zu anderen Genen keine Hinweise auf seine Funktion liefert. Trotz des großen Fortschritts, den zum Beispiel die Klonierung der Gene für die Myotone Dystrophie oder Morbus Huntington darstellen, ist weitgehend unklar, wie diese zu den entsprechenden Krankheiten führen. Verstärkt gilt dies für seltenere Erkrankungen, mit denen sich naturgemäß weniger Arbeitsgruppen beschäftigen.

Eine Funktionsanalyse der Teilschritte und der zellulären Mechanismen, mit denen Mutationen bestimmter Gene zu Pathologien führen, wird daher immer wichtiger werden. Der rapide Zuwachs an genetischen Informationen wird äußerst wertvolle Informationen liefern, die die Grundlage für weitere unter anderem zellbiologische, biochemische und elektrophysiologische Untersuchungen bilden werden. Zusammen mit transgenen Tiermodellen sind dadurch ganz entscheidende Erkenntnisfortschritte über die Funktionsweise des Nervensystems und seiner Entwicklung zu erwarten. Während die Identifizierung der Krankheitsgene sofort von diagnostischer Bedeutung ist, wird erst ein detailliertes Verständnis der Funktion des Genprodukts und der nachgeschalteten molekularen

Mechanismen zu gezielten Therapien führen. Die Differenzierung phänotypisch ähnlicher Krankheiten nach verschiedenen genetischen Ursachen ist ein wichtiger Schritt in diese Richtung.

Zusätzlich zu den oben diskutierten Ansätzen wird auch weiterhin die grundlagenorientierte Forschung entscheidend zum Fortschritt in der Molekularen Neuropathologie beitragen. So führte die unabhängig vom Genomprojekt oder der Humangenetik erfolgte Klonierung von Glutamatrezeptoren schon zu einem besseren Verständnis der Neurotoxizität von Glutamat und erlaubt daher gezieltere Therapien unter anderem bei Schlaganfällen. Zudem lassen beispielsweise die schnell zunehmenden Erkenntnisse über die molekularen Mechanismen der Zell-Zell-Interaktionen und über spezifische Wuchsfaktoren auf ein gezieltes Eingreifen in die Regeneration des Nervensystems hoffen.

2.4.4 Höhere Hirnfunktionen

Wie oben dargelegt, lassen sich phylogenetisch konservierte Funktionen des Nervensystems ebenso wie seine Entwicklung und Pathologie in weiten Zügen am Tier erforschen. Spezifisch menschliche Hirnleistungen wie zum Beispiel Sprache und andere höhere kognitive Prozesse sind im Tierversuch jedoch nur bedingt analysierbar. Obwohl Befunde aus Tierexperimenten auch Hypothesen über komplexe Vorgänge im menschlichen Gehirn zulassen, bleibt deren Erklärungswert spekulativ, solange sie keine direkte Unterstützung durch Untersuchungen am Menschen erfahren. Die Entwicklung und Anwendung nichtinvasiver Techniken zur Sichtbarmachung aktiver Hirnbereiche bilden deshalb einen Schwerpunkt der modernen Neurobiologie. Ergänzt werden diese Untersuchungen durch systemphysiologische Experimente an höheren Säugern und Primaten, die die Dynamik von Verarbeitungsprozessen in komplexen Hirnstrukturen wie der Großhirnrinde analysieren. So lassen sich wichtige neuronale Kodierungsprinzipien wie beispielsweise stimulusabhängige, zeitlich strukturierte neuronale Antworten zwischen Neuronenpopulationen derzeit nur mit elektrophysiologischen Methoden erforschen.

Die beiden wesentlichen Techniken, um neuronale Vorgänge nahezu nichtinvasiv am Menschen zu untersuchen, sind zum einen die Ableitung elektromagnetischer Ströme von der Schädeloberfläche, insbesondere Elektroenzephalographie (EEG) und Magnetenzephalographie (MEG) und zum anderen die tomographische Bildgebung von metabolischen Vorgängen wie der Positronenemissionstomographie (PET) und der funktionellen Magnetresonanztomographie (fMRT). Oberflächenableitungen liefern zwar ein zeitlich hochaufgelöstes Signal im Millisekundenbereich, lassen aber nur indirekte und räumlich ungenaue Schlüsse über die Lokalisation von neuronaler Aktivität zu. Die tomographischen Verfahren erlauben eine präzisere Lokalisierung aktiver Hirnbereiche im Bereich von einem bis zehn Millimeter, das gemessene Signal ist aber nur indirekt an die elektrischen neuronalen Prozesse gekoppelt. Die integrative Verwendung beider Verfahren verspricht Vorteile, da die Stärken der jeweiligen Techniken – zeitliche versus räumliche Auflösung – kombiniert werden können.

Besonders vielversprechende Ergebnisse sind von der funktionellen Magnetresonanztomographie (fMRT) zu erwarten; mit diesem bildgebenden Verfahren kann erstmals die neuronale Aktivierung des menschlichen Gehirns mit hoher räumlicher und relativ guter zeitlicher Auflösung völlig nichtinvasiv im individuellen Gehirn dargestellt werden. Die fMRT verspricht insbesondere in Bereichen der visuellen Informationsverarbeitung neue Erkenntnisse, da die Organisation des visuellen Systems bei Primaten sehr gut untersucht ist und deshalb Hypothesen über zu erwartende Hirnaktivierungsprozesse beim Menschen bei gezielter visueller Stimulation formuliert werden können. Auf der Basis der in Tierversuchen gewonnenen Erkenntnisse über die funktionelle Spezialisierung des Sehsystems in Bereiche für die Analyse von Bewegung, Form, Farbe, Tiefensehen usw. wird also die Beziehung zwischen Hirnarealen und den zugehörigen visuellen Leistungen auch beim Menschen detailliert untersucht werden können. Zur Zeit arbeiten einige Labors daran, fMRT-Messungen parallel an Affen und an Menschen bei den gleichen Aufgaben durchzuführen, um Gemeinsamkeiten und Unterschiede in den Hirnantworten aufzuzeigen. Zudem können strukturelle und funktionelle MRT-Aufnahmen am Affen den Elektrophysiologen bei der gezielten Elektrodenimplantierung unterstützen, insbesondere, wenn die erhaltenen Bilddaten durch geeignete 3-D-Graphikprogramme aufbereitet werden.

Visuelle Wahrnehmung ist eine aktive Leistung des Gehirns, die das Einbringen von Vorwissen voraussetzt. In mehreren Untersuchungen konnte belegt werden, daß mit fMRT auch konstruktive Aspekte unserer Wahrnehmung, wie sie zum Beispiel in visuellen Illusionen erfahren werden, lokalisiert werden können (siehe Abb. 2.4.2). Die fMRT kann darüber hinaus zu Einsichten hinsichtlich der funktionellen Koppelung von Hirnarealen führen, da auch deren simultane und aufeinanderfolgende Aktivierung verfolgt werden kann. Zudem gestattet die hohe räumliche Auflösung des Verfahrens, retinotopische Karten, die die geordnete Projektion retinaler Axone zur visuellen Großhirnrinde (Kortex) aufzeigen, innerhalb einzelner visueller Areale zu visualisieren; dies war bisher nur mit Hilfe invasiver Techniken möglich. Ähnliches gilt für die Kartierung somatosensorischer und motorischer Areale. Hier zeigt sich auch die Überlegenheit dieses Verfahrens gegenüber PET, da auch kleine spezialisierte (Teil-)Areale räumlich gut abgegrenzt werden können. Die bisher beeindruckendste Leistung hinsichtlich der räumlichen Auflösungsfähigkeit funktioneller Bildgebung beim Menschen ist die kürzlich erzielte Kartierung von sogenannten Augendominanzsäulen (Kolumnen) in der primären Sehrinde. Unter Augendominanzsäulen versteht man Gruppen von Nervenzellen, die selektiv entweder vom linken oder vom rechten Auge aktiviert werden; durch fMRT konnte eine Schichtauflösung von 0,6 mm x 0,6 mm erreicht werden. Auch höhere visuelle Prozesse, wie das Steuern der visuellen Aufmerksamkeit oder die Generierung bildhafter Vorstellungen, lassen sich bereits durch fMRT lokalisieren und in ihrem funktionellen Zusammenhang verstehen. Daß diese Fortschritte nicht auf das Sehsystem beschränkt sind, zeigen Untersuchungen, die sich mit Somatosensorik, Motorik, Gedächtnis und menschlicher Sprache beschäftigen. Neben der Grundlagenforschung gewinnen klinische Anwendungen zunehmend an Bedeutung, da räumlich präzise Informationen über die Lage von funktionellen Arealen wie zum Bei-

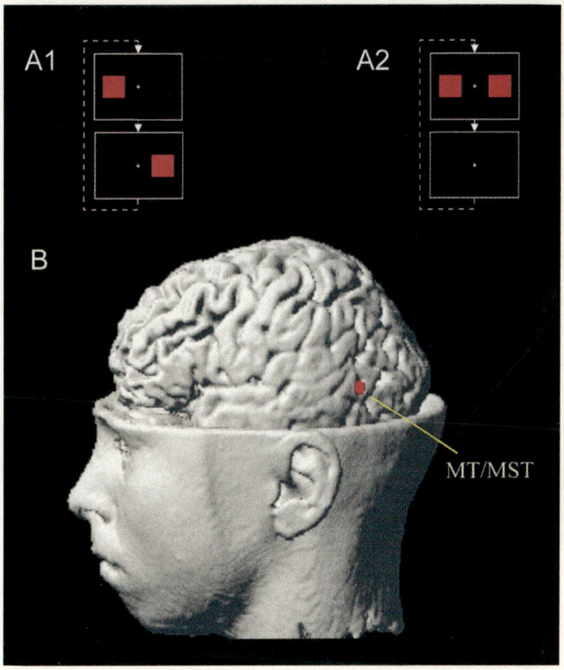

Abb. 2.4.2: Darstellung der regionalen Aktivierung des menschlichen Gehirns mit der funktionellen Magnetresonanztomographie (fMRT). Die Abbildung zeigt einen Hirnbereich genannt MT/MST, der auf das Sehen von bewegten Objekten spezialisiert ist (B). Dieses Areal reagiert auch auf Scheinbewegungen, das heißt Reize, die von Menschen als Bewegung wahrgenommen werden, obwohl keine physikalische Bewegung stattfindet. (A) zeigt zwei nahezu identische Reizbedingungen, die von MT/MST unterschiedlich bewertet werden. Unter Reiz (A1) sind zwei benachbarte Quadratflächen zeitlich hintereinander, in (A2) gleichzeitig zu sehen. (A1) wird als Bewegung eines Punktes von links nach rechts, (A2) als gleichzeitiges Blinken zweier Punkte wahrgenommen. Das in (B) gezeigte Areal reagiert vorwiegend auf die in (A1) gezeigte Reizsituation. Die spezifische Aktivierung von MT/MST belegt, daß mit dem fMRT konstruktive Aspekte der Wahrnehmung lokalisiert werden können.

spiel Sprachzentren dem Neurochirurgen präoperativ zur Verfügung gestellt werden können.

Weitere Fortschritte in der Entwicklung und Anwendung der genannten Verfahren, insbesondere der fMRT, eröffnen für die kommenden Jahre die Perspektive einer nichtinvasiven Neurophysiologie am menschlichen Gehirn, die zum Verständnis von dessen Arbeitsweise entscheidende Beiträge leisten kann. In einigen Jahren könnte es möglich sein, daß die Aktivität kortikaler Kolumnen in der gesamten Großhirnrinde sichtbar gemacht werden kann. Neuere Studien mit dem invasiven bildgebenden Verfahren Optical Imaging haben gezeigt, daß das mit fMRT gemessene Signal (Blutoxygenierung) hinreichend präzise an die räumliche Anordnung von Kolumnen gekoppelt ist. Damit würde sich ein wichtiger Zugang zur Analyse von Repräsentationsprinzipien ergeben, der über die grobe Lokalisation von Hirnprozessen hinausgeht. Im Rahmen des visuellen Systems könnte man beispielsweise die Kodierung eines Stimulus in Form aktiver kortikaler Kolumnen auf verschiedenen Verarbeitungsebenen gleichzeitig beobachten, woraus sich entscheidende Einsichten in komplexe Informationsverarbeitungsprozesse wie die Erkennung von Objekten gewinnen ließen.

2.4.5 Verhaltensanalyse und Ausblick

Alle wissenschaftlichen Bemühungen, höhere Hirnfunktionen zu analysieren, werden letztendlich auch vom Wunsch getragen, die biologischen Grundlagen menschlichen Verhaltens zu erklären. Bisher war die Verhaltensforschung am Menschen im wesentlichen eine Domäne der beobachtenden und exploratorischen Psychologie. Obzwar seit langem feststeht, daß viele spezifisch menschliche Verhaltensweisen ebenso wie die Neigung zu psychischen Erkrankungen auch genetisch bestimmt sind, erwies sich die Identifizierung beteiligter Gene beziehungsweise Genprodukte als überaus schwierig, da komplexe Verhaltensmuster wahrscheinlich multifaktoriell bestimmt sind. Ebenso scheint die Prädisposition zum Beispiel für Suchtverhalten, Schizophrenie oder Depression nicht auf Veränderungen in einem einzigen, sondern in mehreren Genen zu beruhen. In jüngster Zeit wurden von den Humangenetikern effiziente Methoden entwickelt, um an multifaktoriell ausgelösten Erkrankungen beteiligte Gene zu identifizieren. Mit Sicherheit wird der Einsatz dieser Techniken bei der Analyse des normalen und krankhaften Verhaltens beim Menschen dazu führen, daß im Bereich der Verhaltensforschung und Psychiatrie ein Paradigmenwechsel von bisher deskriptiv anamnestischen zu molekulargenetisch/physiologischen Ansätzen stattfinden wird. Mit anderen Worten, auch in diesen Bereichen der Neurowissenschaften ist eine verstärkte Zuwendung zur reduktionistischen Analyse zu erwarten. Gleichzeitig wird durch den derzeitigen Fortschritt in der systemischen Untersuchung komplexer Neuronenverbände und ihres Aktivierungsverhaltens mittels elektrophysiologischer und vor allem neuer bildgebender Techniken ein Boom in der Erforschung höherer Hirnleistungen einsetzen. Kurzum, die zukünftige Entwicklung der Neurowissenschaften wird durch sowohl molekular als auch systemanalytisch orientierte Ansätze in ihren diversen Unterdisziplinen geprägt sein.

2.5 Entwicklungsbiologie

Herbert Jäckle, Max-Planck-Institut für biophysikalische Chemie, Göttingen, und Peter Gruss, Max-Planck-Institut für biophysikalische Chemie, Göttingen

Wie alle Tiere und Pflanzen stammt auch der Mensch von einer einzigen Zelle ab. Damit präsentiert sich uns ein fundamentales biologisches Problem: Wie kann aus der befruchteten Eizelle ein komplexer Organismus entstehen?

- Wie entstehen die 100 Billionen Zellen des Körpers, und wie findet jede ihre spezifische Position?
- Wie erhalten die Zellen ihren unterschiedlichen Charakter?
- Wie organisieren sich Zellen zu komplexen Funktionseinheiten wie zum Beispiel Gehirn, Auge, Herz oder Wurzel, Blatt?

Diese Fragen sind nicht neu. Sie haben die Menschheit lange schon beschäftigt und umschreiben die Grundprobleme der Entwicklungsbiologie. Nicht zuletzt haben auch Wissenschaftler unseres Landes Wesentliches zur Lösung einiger Probleme beigetragen. Christian Heinrich Pander, Carl Ernst von Baer, Theodor Schwann, Wilhelm Roux, August Weismann, Hans Driesch, Theodor Boveri und schließlich Hans Spemann, der 1935 für seine bahnbrechenden Arbeiten im Bereich der Embryologie den Nobelpreis für Medizin und Physiologie bekam, sind Namen, die stets mit der Erarbeitung von Grundprinzipien der Entwicklungsbiologie in Verbindung gebracht werden. Diese Wissenschaftler erstellten ein Fundament, das es in jüngster Vergangenheit erlaubte, das nächste wichtige Stockwerk der Erkenntnis zu bauen: die Klärung von molekularen Mechanismen, die diesen Prozessen zugrunde liegen. Dabei interessiert vor allem die Frage, welche Informationsuntereinheiten (Gene) unseres genetischen Materials (Genom) bei der Steuerung dieser komplexen Abläufe beteiligt sind. Von der Molekularbiologie wissen wir, daß Gene von einer im Kern gespeicherten Matrize, der Desoxyribonukleinsäure (DNA), in Boten-RNA („mRNA") übersetzt werden. Dieser Vorgang wird „Transkription" genannt. Die resultierende mRNA wird dann vom Zellkern in das Zytoplasma überführt und dort mit Hilfe der Proteinsynthesemaschinerie, den Ribosomen, in das eigentliche Genprodukt, ein Protein, übersetzt. Dieser Synthesevorgang wird als „Translation" bezeichnet. Die Frage ist nun, wie Gunther Stent es einmal formulierte, wie aus der Summe aller Gene eines Organismus, seinem Genom, sein Phänom (Summe der Phänomene) entsteht – also unter anderem die Frage nach dem Bauplan der Organismen. Einer Beantwortung dieser Frage ist die Entwicklungsbiologie nahegekommen, sowohl bei Tieren als auch bei Pflanzen. Trotz der beachtlichen Erfolge bei letzteren werden wir uns im folgenden ausschließlich auf die Tierentwicklung konzentrieren.

Noch bis vor zwanzig Jahren wurde der Bauplan der Tiere mit dem klassischen Repertoire der Embryologie untersucht. Diese Untersuchungen bestanden im wesentlichen darin, Zellareale im sich entwickelnden Embryo abzutöten oder auszutauschen, um dann das noch vorhandene oder neu gewonnene Entwicklungspotential der entsprechenden Areale morphologisch zu untersuchen. Alternativ oder ergänzend wurden biochemisch angereicherte Zellfraktionen in das befruchtete Ei injiziert, um zu prüfen, ob und wann sie bestimmte Körperstrukturen oder Gewebe induzieren. Solche Versuche haben natürlich nur eine bedingte Aussagekraft. Die wesentliche Erkenntnis war jedoch, daß es Faktoren geben muß, die das Entwicklungsprogramm einzelner Zellen oder ganzer Zellareale so steuern, daß diese sich im Kontext des Gesamtorganismus richtig entwickeln können. Diese Faktoren ließen sich in bezug auf ihre chemische Natur, ihren Ursprung und ihre Funktion zwar beschreiben, doch war man scheinbar noch weit davon entfernt, einzelne Komponenten mit morphoregulatorischem Potential zu benennen und die Mechanismen ergründen zu können, die spezifische Entwicklungsabläufe programmieren. Damals, das heißt noch vor zwanzig Jahren, war die Vorstellung, daß man mit Hilfe isolierter Faktoren die Entwicklung spezifischer Organe induzieren kann, in Fachkreisen als „Science Fiction" belächelt worden. Heute ist dies möglich geworden und dient als wichtiger Ausgangspunkt zur Klärung der Frage, wie es Zellen in scheinbar gleicher Umgebung gelingt, die Partitur der Gene so umzusetzen, daß in Absprache mit Nachbarzellen eine bestimmte Struktur, zum Beispiel ein Organ, entstehen kann.

Alle Faktoren zu kennen und die genetischen Regelkreise zu verstehen, die zur Ausbildung beispielsweise eines bestimmten Organs mit allen seinen Funktionen führt, erscheint uns heute wiederum als Fiktion. Doch ist vor allem im letzten Jahrzehnt durch die Nutzung genetischer, molekularbiologischer, biochemischer und zunehmend auch biophysikalischer Verfahren ein unmittelbarer Zugang zu Entwicklungskontrollgenen in verschiedenen Organismen geschaffen worden, der uns bereits jetzt die molekularen Mechanismen erahnen läßt, die dem Bauplan verschiedener Organismen zugrunde liegen. Das überraschende und sicherlich wichtigste Ergebnis der bisherigen Forschung ist, daß Genprodukte, die die Körperachsen bei Wirbellosen (Invertebraten) festlegen, auch in Wirbeltieren (Vertebraten) bis hin zum Menschen konserviert sind und vergleichbare Funktionen während der Entwicklung übernehmen. Dies bedeutet, daß die Natur ihre erfolgreichen Grundkonzepte bewahrt hat.

Diese bahnbrechende Erkenntnis ist auf einen vergleichsweise einfachen Versuchsansatz zurückzuführen, der bereits vor mehr als 50 Jahren zur Aufklärung von Stoffwechselvorgängen bei Bakterien angewendet wurde: Durch Mutation einzelner Gene kann ein komplexer genetischer Regelkreis in einzelne Komponenten zerlegt werden. Ist eine der Regelkreiskomponenten defekt, so führt dies zum Ausfall des entsprechenden Entwicklungsprozesses, der sich in einer phänotypisch sichtbaren Veränderung im Organismus äußert. Man erkennt dadurch, für welchen Prozeß das mutierte (= defekte) Gen normalerweise notwendig ist. Bei der Fruchtfliege *Drosophila melanogaster* und dem Wurm *Caenorhabditis elegans* wurden mit diesem Ansatz systematisch Gene identifiziert, die an der biologischen Musterbildung, der Bildung des Nervensystems und an der Organogenese maßgeblich beteiligt sind. Für diese bahnbrechenden Arbeiten mit Drosophila erhielten Christiane Nüsslein-Volhard, Eric Wieschaus und Ed Lewis 1995 den Nobelpreis für Medizin und Physiologie.

Die experimentelle Strategie der Mutantensuche, die inzwischen auch erfolgreich auf andere Organismen mit kurzer Generationszeit angewendet wurde (z.B. bei der Blütenpflanze *Arabidopsis thaliana* und dem Zebrabärbling), wird inzwischen durch neue genetische Techniken wie der „Reversen Genetik" komplementiert. Mit dieser Technik wurden bereits jetzt beachtliche Fortschritte bei Organismen erreicht, die aufgrund entweder langer Generationszeiten oder eines großen Genoms für einen formalgenetischen Ansatz ungeeignet sind. Die Reverse Genetik geht entweder von dem Genendprodukt, einem bestimmten Protein, von der mRNA oder direkt von einem Genfragment aus, das mit Hilfe der Gentechnik in Form von rekombinanter DNA isoliert wurde. Eine Mutante wird dadurch erzeugt, daß die DNA im Reagenzglas verändert und dann in der veränderten Form in das Genom eingebracht wird. Dies geschieht durch einen Vorgang, der als „homologe Rekombination" bezeichnet wird. Dabei wird die DNA des intakten Gens gegen das veränderte DNA-Fragment ausgetauscht. Diese Technik führt dann zu einer Mutation, die inzwischen routinemäßig in die Keimbahn der Maus, dem Modellorganismus, der dem Menschen am nächsten steht, eingeschleust und an die Nachkommen vererbt werden kann: Statt mit statischer Mutagenese wird bei der Reversen Genetik ein bestimmtes Gen gezielt verändert. Dadurch kann, zumindest in der Maus, die Funktion jedes beliebigen DNA-Abschnitts über den Phänotyp der Nachkommen direkt ermittelt werden. So können inzwischen Mausmodellmutanten für menschliche Erbkrankheiten zur Etablierung therapeutischer Ansätze hergestellt werden.

Im folgenden werden Modellorganismen vorgestellt und experimentelle Befunde zusammengefaßt, die wesentlich zum Verständnis der Entwicklung der Tiere beigetragen haben, dabei Prinzipien offenlegen und langfristige Perspektiven der Entwicklungsbiologie erkennen lassen.

2.5.1 *Drosophila melanogaster* als Modellorganismus

Drosophila melanogaster wurde bereits kurz nach der Jahrhundertwende von dem Amerikaner T.H. Morgan in die genetische Forschung eingeführt. Dieser Organismus verfügt über nur vier Chromosomenpaare, die in bestimmten Geweben als Riesenchromosomen mit einem definierten Bandenmuster sichtbar sind. Dadurch ist es möglich, formalgenetische Analysen direkt in hochauflösende Zytologie zu überführen und Genfunktionen auf einzelne Chromosomenbanden festzulegen. Hinzu kommt, daß Drosophila über ein besonders kleines Genom (etwa 165 Millionen Basenpaare, das heißt mehr als eine Größenordnung kleiner als ein typisches Säugetiergenom) verfügt und daß es vergleichsweise einfach ist, *in vitro* – also im Reagenzglas – rekombinierte DNA in die Keimbahn der Fliege einzuschleusen. Damit kann bei diesem Organismus, die biologische Funktion gezielt veränderter Gensequenzen im transgenen Tier direkt überprüft werden.

Bei Drosophila wurden mit der systematischen Mutagenese etwa 100 Gene identifiziert, die für die Etablierung der Körperachsen und der Gestalt des Körpers verantwortlich sind. Die Segmentierungsgene wirken in Form einer Kaskade zusammen und bewirken, daß der Embryo entlang seiner Längsachse beziehungsweise der Rücken-Bauch-Achse in zunehmend kleinere Einheiten unterteilt wird, die erst viel später in Form von Segmenten, Körperanhängen wie Flügel oder Beinen und inneren Organen wie Muskeln (die aus dem Mesoderm entstehen) und Darm (der aus dem Endoderm entsteht) sichtbar werden.

Wie und wann ist diese Segmentierungsgenkaskade aktiv, die letztlich dazu führt, daß sich aus einer Zelle ein dreidimensionaler Embryo entwickeln kann? Die Aktivierung dieser Kaskade geht auf im Ei lokalisierte Positionsinformation zurück, die dafür sorgt, daß der Embryo über regional begrenzte Genaktivitäten in zunehmend kleinere Zellbereiche unterteilt wird, die letztlich den Segmenten entsprechen. Die Unterteilung des Embryos erfolgt bereits in einem Entwicklungsstadium, in dem die frühe Phase extrem schneller Kernteilungen – ohne Abgrenzung durch Zellmembranen – gerade abgeschlossen ist. In dieser „synzytialen" Entwicklungsphase, einem Spezifikum der Insekten, liegen alle Kerne des Embryos in der Dottermasse der Zelle, wandern dann nach außen und ordnen sich nahe der Zellmembran an. Die zu diesem Zeitpunkt etwa 5000 Kerne sind daher lokalen Konzentrationen verschiedener Faktoren noch direkt zugänglich. Im Anschluß an diese synzytiale Phase der Entwicklung, wenn das regionsspezifische Entwicklungsprogramm in den Kernen festgelegt ist, kommt es zur eigentlichen Zellularisierung innerhalb der ursprünglichen Eizelle. Dabei wächst die Zellmembran zwischen die Kerne ein und grenzt diese gegeneinander ab: Aus einer Zelle ist synchron ein vielzelliger Organismus entstanden, der zunächst noch aus einem ungefalteten, einschichtigen Epithel besteht. Zu diesem Zeitpunkt „weiß" jede Zelle, daß sie entsprechend ihrer Position ein bestimmtes Entwicklungsprogramm zu verfolgen hat – die Blaupause der Körpergrundgestalt ist bereits zu diesem frühen Zeitpunkt durch die Aktivität der Segmentierungsgenkaskade festgelegt!

Die zunehmend verfeinerte Unterteilung des Embryos läßt sich mit Hilfe molekularer Sonden beobachten. Im Ei sind bereits von der Mutter bereitgestellte Faktoren abgelagert, die das Körpermuster organisieren. Ihre ungleichmäßige Verteilung kann bereits kurz nach der Eiablage mit Hilfe der sogenannten In-situ-Hybridisierung und durch Antikörperfärbung festgestellt werden, die spezifische mRNA beziehungsweise Proteine sichtbar werden lassen (Abb. 2.5.1). Diese Techniken dokumentieren, daß zum Beispiel die mRNA des Gens *bicoid* im Vorderpolbereich des Eis lokalisiert ist und dort in das entsprechende Protein übersetzt wird. Damit wird eine lokale „Quelle" geschaffen, von der aus das Protein ins Eiinnere diffundiert und so einen Konzentrationsgradienten im Embryo ausbildet. An der Quelle, dem Ort der Neusynthese des Proteins, ist die Proteinkonzentration am höchsten und nimmt von dort aus ab (Abb. 2.5.1a,c). Der resultierende *bicoid*-Proteinkonzentrationsgradient hat morphogenetische Eigenschaften. bicoid wirkt als Transkriptionsfaktor, der konzentrationsabhängig die Gene kontrolliert, die an der Spitze der Segmentierungsgenkaskade stehen und in der Vorderhälfte des Embryos exprimiert werden. Diese Zielgene wirken ihrerseits als Transkriptionsregulatoren auf nachgeschaltete Gene, beziehungsweise beeinflussen ihre Expression gegenseitig. So entstehen in der Vorderhälfte des Embryos distinkte Bereiche mit unterschiedlichen Transkriptionsfaktoraktivitäten (Abb. 2.5.1d,e).

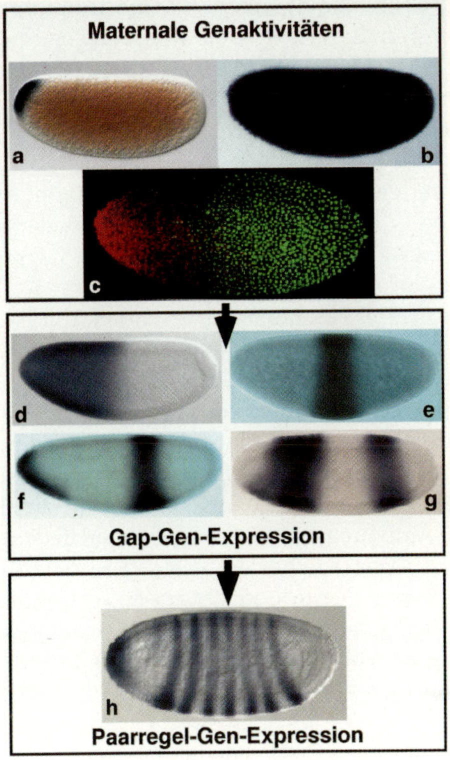

Abb. 2.5.1: Genaktivitäten, die eine Segmentierung des Drosophila-Embryos entlang seiner Längsachse bewirken. Der Vorderpol der Embryonen unmittelbar nach der Eiablage (a bis c), kurz vor (d bis g) oder während (h) des Blastodermstadiums zeigt nach links, der zukünftige Rücken nach oben. Bereits während der Eibildung im Mutterleib wird die Determinante der Vorderhälfte, die „bicoid" genannt wird, exprimiert und als mRNA am Vorderpol des Eis deponiert (a). Eine andere Komponente, die an der Ausbildung des Hinterleibs beteiligt ist, „caudal", wird ebenfalls als mRNA im Ei gespeichert. Im Gegensatz zu bicoid ist die caudal-mRNA gleich verteilt (b). Das bicoid-Protein wird lokal synthetisiert, diffundiert nach hinten und bildet dabei einen Konzentrationsgradienten aus (c; rot), der die Synthese des caudal-Proteins unterdrückt und dabei einen komplementären Konzentrationsgradienten im Ei bewirkt (c; grün). Beide Proteine enthalten eine Homöobox und wirken als Aktivatoren für bestimmte Gene des Embryo-Genoms, die ihrerseits in Form einer Segmentierungsgenkaskade wirken: Erst werden die sogenannten Gap-Gene „hunchback" (d), „Krüppel" (e), „knirps" (f) und „giant" (g) aktiviert, die den Embryo in transiente Zonen unterteilen und auf etwa zehn nachgeschaltete „Paarregel-Gene" wirken, die jeweils in alternierenden Streifen entlang der Längsachse des Embryos aktiv sind (h) und dabei eine „molekulare Blaupause" der erst viel später erkennbaren Segmentierung sichtbar werden lassen.

Der *bicoid*-Proteinkonzentrationsgradient wirkt allerdings nicht nur auf der Ebene der Transkription nachgeschalteter Gene, sondern verhindert auch, daß ein zweites maternales Genprodukt in der Vorderhälfte des Embryos aktiv wird und dadurch nur in der Hinterhälfte zur Wirkung kommt. Dieses Genprodukt wird von dem Gen *caudal* kodiert. *caudal*-mRNA wird wie *bicoid* während der Oogenese transkribiert. Im Gegensatz zu *bicoid* wird *caudal*-mRNA im frisch abgelegten Ei gleichmäßig verteilt. In der Gegenwart des *bicoid*-Proteins kann das *caudal*-Genprodukt, ein Transkriptionsfaktor, nicht synthetisiert werden: Das *bicoid*-Protein bindet an die *caudal*-mRNA und verhindert dabei ihre Translation. Auf diese Weise entsteht ein zweiter Transkriptionsfaktorgradient, der komplementär zum *bicoid*-Konzentrationsgradienten gebildet wird und folglich vom Hinterende aus nach vorne verläuft (Abb. 2.5.1b,c). Ähnlich wie das *bicoid*-Protein aktiviert das *caudal*-Protein nachgeschaltete Gene, die wiederum miteinander wechselwirken. Infolge der beiden Transkriptionsfaktorgradienten *bicoid* und *caudal* entsteht letztlich ein regionsspezifisches Muster bestimmter Transkriptionsfaktoraktivitäten, die den Embryo zunächst in breite Areale unterschiedlicher Genaktivitäten entlang der Längsachse unterteilen (Abb. 2.5.1d-g). Diese Aktivitäten wirken dann (wiederum konzentrationsabhängig) auf Gene, die in einem repetitiven Muster in den Vorläuferzellen der später sichtbaren Körpersegmente exprimiert werden (Abb. 2.5.1h). Aus kohärenter Positionsinformation ist ein repetitives Muster entstanden, das der erst später sichtbaren Unterteilung der Körperachse in einzelne Segmente entspricht.

Die Segmentierungsgenkaskade vermittelt auch die positionsabhängige Aktivität derjenigen Gene, deren Genprodukte innerhalb des Grundmusters gleichartiger Segmente individuelle Segmentidentitäten festlegen. Diese Gene sind zu Genkomplexen angeordnet und werden als „homöotische Gene" bezeichnet. Im Gegensatz zu den Genen, die im Rahmen der Segmentierungsgenkaskade aktiv sind, führt ein Defekt in homöotischen Genen zu keinem Segmentausfall, sondern zu einer Transformation von Segmenten in solche mit unterschiedlicher Identität. Dies bedeutet, daß sich irgendwo im Embryo ein Segment entwickelt, das normalerweise an einer anderen Stelle gebildet wird. Im Extremfall führt dies dazu, daß zum Beispiel das Antennensegment in der Kopfregion des Embryos in ein Brustsegment transformiert wird. Es entwickeln sich dann Individuen, die anstelle von normalen Antennen ein viertes Beinpaar in der Kopfregion aufweisen. Der wissenschaftliche Wert solcher „Monster" ist offensichtlich: Sie zeigen, daß die Körpersegmente der Fliege untereinander verwandt sind und daß es letztlich die positionsspezifische Expression eines einzigen homöotischen Gens ist, die darüber entscheidet, ob und an welcher Stelle des Körpers sich eine Antenne oder ein Bein ausbildet.

Nachdem die Aktivität der Segmentierungsgene und die der homöotischen Gene das segmental geordnete Grundmuster des Körpers und damit die Zellen auf ein positionsspezifisches Entwicklungsschicksal festgelegt haben, erfolgt die weitere Entwicklung einschließlich der Ausbildung von Organsystemen durch Kommunikationsprozesse zwischen den Zellen. Diese Kommunikation erfolgt über Signaltransduktionsketten, die vom Wurm bis hin zum Menschen konserviert sind: Eine Zelle erhält von ihren Nachbarn ein bestimmtes Signal (ein Hormon oder einen anderen Wirkstoff) und erkennt dieses mittels eines spezifischen Rezeptors. Dieser sitzt an der Zelloberfläche und reicht über die Membran hinweg ins Zellinnere. Der Rezeptor wird durch eine spezifische Bindung des Signalstoffs auf der Außenseite aktiviert und meldet dann über die Zellmembran hinweg seine Aktivierung ins Zellinnere. In der Regel bewirkt die Aktivierung des Rezeptors die Anheftung einer Phosphatgruppe am zellinwärts gerichteten Teil des Rezeptors, die dann über verschiedene Botenproteine hinweg auf einen bestimmten Transkriptionsfaktor weitergereicht wird, der dadurch aktiviert wird. Er schaltet dann im Zellkern entsprechende Zielgene entweder an oder ab.

Gene oder Genprodukte, die an der Vermittlung von morphoregulatorischen Zellsignalen beteiligt sind und bestimmte Differenzierungsvorgänge in der Zelle oder in angrenzenden Geweben bewirken, wurden sowohl durch Induktionsstudien bei Frosch und Hühnchen als auch aufgrund genetischer Analysen bei Drosophila und Caenorhabditis ermittelt. Erstaunlicherweise finden sich solche Faktoren häufig in degenerierter Form als sogenannte Onkogene in Krebszellen und bewirken, daß diese ihren Differenzierungszustand nicht mehr aufrechterhalten, sondern ihren Nachbarzellen die Antwort auf Signale schuldig bleiben: Krebszellen haben das Gefühl, daß ihre Signaltransduktionsketten permanent aktiviert sind, und versagen daher ihre Pflicht zur positionsgerechten Differenzierung. Als Folge teilen sie sich immer weiter, ohne auf die Signale ihrer Nachbarn zu reagieren. Dieses kurze Beispiel zeigt, daß Zelldifferenzierung und Zellteilung gekoppelte Prozesse sind, deren Entkopplung zu einer malignen Entartung mit drastischen Konsequenzen für den Organismus führen kann.

2.5.2 Amphibien als Modellorganismen

Wie bei Drosophila verläuft bei Amphibien die Embryonalentwicklung außerhalb der mütterlichen Leibeshöhle. Dies erlaubt experimentelle Eingriffe am Embryo sowie die fortlaufende Beobachtung daraus resultierender Entwicklungsänderungen. In der Vergangenheit wurde dieser Vorteil genutzt, um Zell-Zell-Interaktionen und Keimblattwechselwirkungen bei diesen Vertebraten zu untersuchen – Amphibien sind klassische Modellorganismen, mit Hilfe derer das Phänomen der Induktion durch die Transplantationsexperimente von Spemann und Mangold vor nahezu 70 Jahren erstmals gezeigt wurde. Eine extreme Veränderung, die mit solchen Experimenten erzielt wurde, war die Ausbildung einer vollständigen sekundären Körperachse durch das Implantieren von wenigen Zellen eines Embryos in eine andere Position eines zweiten Embryos. Der spektakuläre Effekt, die Ausbildung einer zweiten vollständigen Körperachse, kann heutzutage durch Injektion spezifischer Produkte einzelner Gene, zum Beispiel von bestimmten mRNAs, erreicht werden.

Biochemische und molekularbiologische Untersuchungen an diesem Modellsystem führten bereits zu der Erkenntnis, daß für die Ausbildung unterschiedlicher Gewebe und Organe bestimmte Induktionsfaktoren notwendig sind, die zum Teil bereits in anderen Zusammenhängen als Wachstumsfaktoren mit unterschiedlichen Wirkungsspektren identifiziert worden waren: Nach Injektion rekombinanter mRNA bildet sich ein sekundärer Embryo aus. Die bislang bekannten Faktoren werden während der Eizellreifung produziert, um dann – während der nach der Befruchtung einsetzenden Zellteilungen – ungleichmäßig auf die einzelnen Zellen des Embryos verteilt zu werden. Die daraus resultierende Gradientenbildung entspricht in ihrer Bedeutung prinzipiell den bereits erwähnten Gradienten maternaler Transkriptionsfaktoren im Drosophila-Embryo. Die ersten bekannten „Indikatorgene", die in Abhängigkeit von der applizierten Wachstumsfaktorkonzentration im Embryo exprimiert werden, besitzen eine Sequenz, wie sie zuerst in homöotischen Genen bei Drosophila identifiziert wurden. Sie enthalten wie diese eine „Homöobox" und kodieren für Transkriptionsfaktoren, die wiederum konzentrationsabhängig wirken. Von Homöobox-Genaktivitäten nimmt man an, daß sie im gesamten Tierreich Ähnliches bewirken: Sie regulieren zelltypspezifische Gene und lösen dadurch eine bestimmte Differenzierung der Zellen aus, die je nach der Aktivität eines Homöobox-Gens (kurz: Hox-Gen, siehe Abb. 2.5.2) unterschiedlich ausfällt.

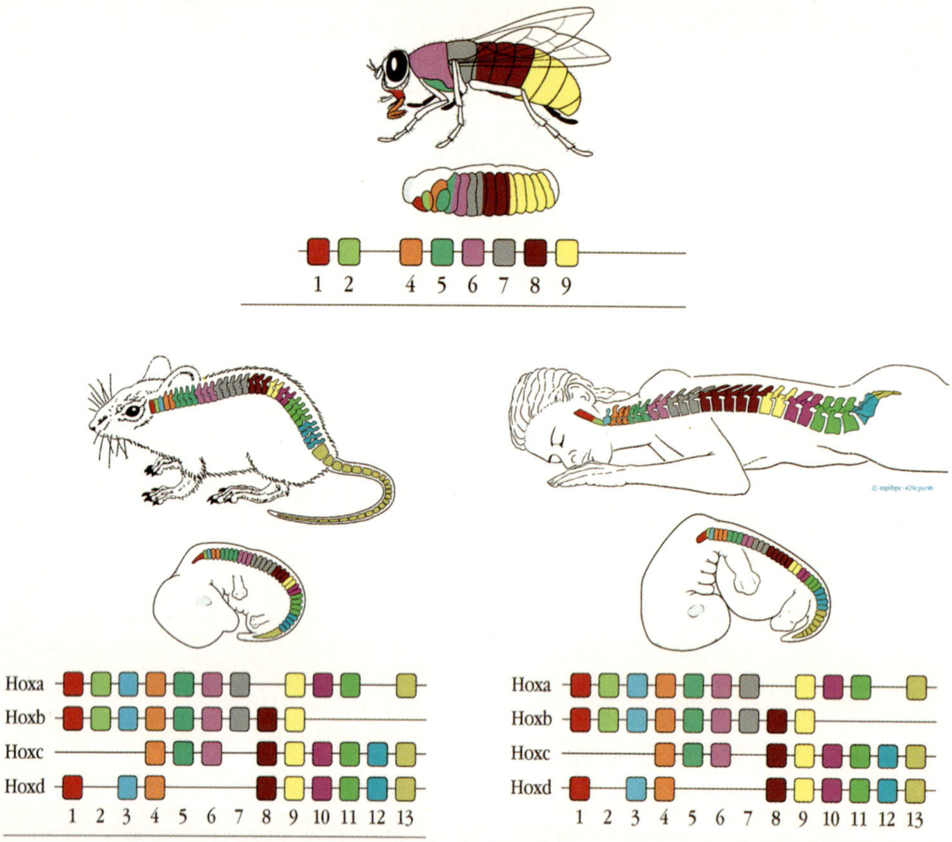

Abb. 2.5.2: Vom Insekt bis zum Menschen werden die wichtigsten Entwicklungsschritte nach den gleichen Mechanismen geregelt, wobei „homöotische Gene" benutzt werden, um die Abfolge der Körperteile zu definieren. Bei der Fliege gibt es einen Block solcher „Hox-Gene", die der Segmentierungsgenkaskade (Abb. 2.5.1) nachgeschaltet sind. Diese Gene sind evolutionär konserviert; in Maus und Mensch sind jeweils vier Kopien des Genblocks zu finden. Sie werden in entsprechenden Körperregionen aktiviert und regulieren untergeordnete Genaktivitäten, die dann die Feinarbeit am werdenden Organismus übernehmen und letztlich die artspezifische Entwicklung der Körper bewirken, die Fliege, Maus und Mensch unterscheiden.

2.5.3 Zebrabärbling als Modellorganismus

Bis vor kurzem war kein Vertebratensystem bekannt, das einen systematischen genetischen Ansatz zur Identifizierung von Entwicklungsgenen erlaubte, wie er bei Drosophila so spektakulär erfolgreich war. Dieser Organismus scheint jetzt gefunden zu sein: Der Zebrabärbling *Danio rerio* hat eine Generationszeit von drei Monaten, und die Weibchen produzieren eine große Anzahl an Nachkommen; die Embryonalentwicklung ist kurz und erfolgt außerhalb des Mutterleibs. Aufgrund der Transparenz der Embryonen ist der Entwicklungsablauf, einschließlich späterer Entwicklungsprozesse wie die Organogenese, leicht zu verfolgen. Diese Eigenschaften und die Möglichkeit experimenteller Eingriffe, die bei Amphibien längst praktiziert werden, erlauben detaillierte Studien zur Herkunft bestimmter Gewebe oder Organe: Durch Injektion fluoreszierender Markierungsstoffe können Einzelzellen während komplexer Gastrulationsbewegungen und Zellwanderungen im lebenden Embryo verfolgt und so zweifelsfrei ihrem Ursprungsort zugeordnet werden.

Erste Serien systematischer Mutageneseansätze mit diesem System lieferten bereits eine Reihe interessanter Phänotypen mit diagnostizierbaren Defekten während der Gastrulation, der Entstehung des Nervensystems und des Gehirns, der Somitenbildung oder zu bestimmten Stadien der Organentwicklung. Für die Isolierung der entsprechenden Gene sind zum Teil die bei anderen Modellorganismen charakterisierten Gene eine unmittelbare Hilfe – vertebratenspezifische Entwicklungsgene, falls es solche geben sollte, werden jedoch nur über das moderne Repertoire der Gentechnik identifizierbar sein. Dies bedeutet, daß beim Zebrabärbling außer der Mutantenanalyse in den nächsten Jahren weitere Pionierleistungen erbracht werden müssen, um den vielversprechenden Einstieg in die Vertebratengenetik in den Erfolg umzusetzen, der das Drosophila-System kennzeichnet. Letzteres war nur deshalb so erfolgreich, weil es gelungen war, vom Phänotyp schnell zum zugehörigen Gen zu gelangen, dessen Funktion im transgenen Tier überprüfbar ist. In medizinischer Terminologie bedeutet dies: Es ist bei Drosophila möglich, eine Erbkrankheit gentherapeutisch zu behandeln und dabei den mutationsbedingten Defekt durch Einschleusen des normalen Gens in die Keimbahn zu heilen. Folglich wird derzeit intensiv an Genomkarten des Zebrabärblings gearbeitet, die es erlauben, die Funktion eines Gens mit bestimmten Genorten zu korrelieren, um so letztlich einen raschen Zugriff auf diejenigen Gene zu erhalten, die der Entwicklung des Zebrabärblings zugrunde liegen. Ergänzend wird versucht, die Reverse Genetik, die den Erfolg des Maussystems kennzeichnet, auf das Fischsystem auszuweiten. Die beachtlichen Erfolge, die in relativ kurzer Zeit mit dem Zebrabärbling erzielt werden konnten, lassen bereits in den nächsten Jahren die molekulare Charakterisierung vieler Mutanten erwarten, mit der Hoffnung, daß auch Gene identifiziert werden, die vertebratenspezifische Morphogenese bewirken.

2.5.4 Maus als Modellorganismus

Untersuchungen über die Homöobox-Gene haben nicht nur Einblicke in die Embryogenese, sondern auch in Evolutionsabläufe verschafft. Die Mehrzahl der Entwicklungskontrollgene aus höheren Wirbeltieren wurde über Genproben aus Drosophila isoliert. In einigen Fällen konnte auch bereits eine ähnliche Funktion nachgewiesen werden. So besitzen zum Beispiel Wirbellose und Wirbeltiere in Gengruppen zusammengefaßte Homöobox-Gene, die in abgegrenzten Streifen entlang der Längsachse des Embryos exprimiert werden. Die Abfolge der einzelnen Gene ist sowohl bei Drosophila als auch bei der Maus entsprechend den Expressionsdomänen entlang der Längsachse geordnet (Abb. 2.5.2). Kommt es zu einer experimentell induzierten Expression eines Homöobox-Gens in einer anderen Region des Maus- oder Drosophila-Embryos als der normalen, dann kann ein Körperteil in einen anderen transformiert werden. Entsprechend entstehen reziproke Transformationen von Körperstrukturen, wenn die Aktivität eines Homöobox-Gens durch eine Mutation oder experimentell durch Reverse Genetik ausgeschaltet wird. Die Spezifität der Transformation des Körperteils ist abhängig vom Kontext der Aktivität anderer Homöobox-Gene, die normalerweise in einer bestimmten Körperregion exprimiert werden. Dies ist ein Zeichen dafür, daß diese Gene nicht einzeln, sondern kombinatorisch wirken und daß bestimmte Homöobox-Genkombinationen – ähnlich einem Code – definierte Entwicklungsleistungen verursachen.

Nachdem die grundlegenden Prinzipien der Realisierung genetischer Informationen und die Struktur von Entwicklungsgenen weitgehend aufgeklärt sind, stellt sich als neue Herausforderung an die Entwicklungsbiologie eine zentrale Frage: Wie wird die Genaktivität gesteuert, die ein bestimmtes Entwicklungsprogramm bewirkt? Diese Frage richtet sich sowohl auf mechanistische Aspekte der Genaktivierung als auch auf das Zusammenspiel einzelner Faktoren in Regulationskaskaden, die aufgrund genetischer Ansätze, durch Reverse Genetik bei der Maus sowie durch biochemische Ansätze beim Froschembryo zum Teil identifiziert wurden. Für unser Verständnis der Zellproliferation, der Zelldifferenzierung, der Regulation von Differenzierungs- und Entwicklungsvorgängen bei vielzelligen Organismen bis hin zur Dysregulation, einem Merkmal von malignen Entartungen, sind diese Kenntnisse unabdingbare Voraussetzungen. So ist es vor kurzem gelungen, Genen, die ursprünglich über ihre Funktion bei der Kontrolle von Entwicklungsprozessen identifiziert worden waren, eine kausale Wirkung in malignen Transformationsprozessen zuzuordnen. Dies gilt für Tumore des Blutsystems und für bestimmte Rhabdomyosarcome. Man muß kein Prophet sein, um vorhersagen zu können, daß diese Befunde nur einen Anfang darstellen und von der Maus direkt auf den Menschen übertragbar sind. Es kann als sicher angenommen werden, daß durch die Zunahme an Information über Genfunktionen auch deren Fehlsteuerungen erkennbar werden und damit durch die Grundlagenforschung mehr und mehr Einblicke auch in medizinisch relevante Probleme möglich werden.

2.5.5 Vom Modell zum Prinzip

Wenn man so verschiedene Organismen wie Mensch und Fliege betrachtet, dann wundert es nicht, daß Entwicklungsbiologen lange Zeit davon ausgingen, daß verschiedene Organismen unterschiedliche Gene im Hinblick auf ihre spezifische Zelldifferenzierung benutzen. Man hat erwartet, daß die Mechanismen für die Genregulation hinsichtlich der Ausbildung verschiedener Zelltypen ebenfalls recht unterschiedlich sind. Dieser Eindruck hat sich im Verlauf der letzten Jahre geändert, und zwar deswegen, weil erkannt wurde, daß Regulationsfaktoren und die von ihnen erkannten Signalelemente aus verschiedenen Organismen zumindest sehr ähnlich, wenn nicht identisch sind. Diese Ähnlichkeit äußert sich nicht nur im Hinblick auf molekulare Charakteristika, sondern auch funktional, das heißt, sie können zwischen verschiedenen Organismen ausgetauscht werden, ohne daß ein nachweisbarer Funktionsverlust eintritt. Diese Erkenntnis bezieht sich zum einen auf allgemeine zelluläre Funktionen (wie zum Beispiel die Aktivierung der Genexpression, die über eine einheitliche „Transkriptionsmaschine" vermittelt wird), zum anderen auf die zugrundeliegenden Mechanismen, die eine raumzeitlich begrenzte Regulation der Genaktivität bewirken, und nicht zuletzt auf einzelne Faktoren (wie Hormone, Signalpeptide oder Wachstumsfaktoren), die eine differentielle Genaktivität in unterschiedlichen Geweben und Organen bedingen. Aus der molekularen Analyse der Entwicklung verschiedener Organismen können allgemeine Prinzipien erkannt werden; die zu Regelkreisen verknüpften Geninteraktionen und sogar die Wirkung interzellulärer Morphogene bei der biologischen Musterbildung, der Organogenese und der Neurogenese sind evolutionär konserviert. Experimentell ist also die Brücke zwischen den Organismen längst geschlagen.

Die „Paired-Domäne", eines der vielen inzwischen bekannten Transkriptionsfaktormotive, wurde ursprünglich in einem Segmentierungsgen von Drosophila identifiziert. Dieses Gen stellte ein wichtiges Werkzeug dar, um sequenzähnliche Gene aus der Maus zu isolieren. Alle bisher ursprünglich mit dieser Gensonde identifizierten „Pax-Gene" der Maus sind in distinkten räumlichen und zeitlichen Mustern während der Embryogenese exprimiert. Die funktionelle Signifikanz dieser Expressionsmuster wurde über Mausmutanten untersucht. Die phänotypischen Merkmale der Mutanten zeigten, daß diese Genklasse für die Entwicklung der Wirbelsäule, des neuronalen Systems und verschiedener Organe mitverantwortlich ist. Es ließen sich auch bisher drei Erbkrankheiten zuordnen, die beim Menschen auf eine Veränderung entsprechender Pax-Gene zurückzuführen sind: Waardenburg-Syndrom I und Aniridie sowie ein Nierendefizienzsyndrom.

Ein besonders eindrucksvolles Beispiel ist die speziesübergreifende Funktion des Pax6-Gens, das für ein Protein sowohl mit einer Homöobox als auch einer Paired-Domäne kodiert. Diesem Gen kommt bei der Entwicklung so unterschiedlicher Organe wie dem Komplexauge der Insekten und dem Linsenauge des Menschen jeweils die gleiche Schlüsselfunktion zu: Wird die Funktion dieses Gens zerstört, so bilden sich weder bei Maus noch bei Drosophila Augen aus. Bei Mäusen, die eine defekte Kopie des Pax6-Gens und eine intakte Genkopie tragen, entwickeln sich kleine, schlitzförmige Augen als äußerlich sichtbares Merkmal (Abb. 2.5.3). Beim Menschen hat die vergleichbare genetische Konstitution eine Erbkrankheit, Aniridie, zur Folge. Diese Ergebnisse zeigen, daß das Pax6-Gen in den verschiedenen Spezien nicht nur strukturverwandt ist, sondern auch an vergleichbaren Entwicklungsentscheidungen beteiligt ist. Die Funktionsverwandtschaft der Gene wurde für Pax6-Gene besonders eindrucksvoll belegt: Das Pax6-Gens der Maus, das normalerweise Linsenaugenentwicklung bewirkt, kann die Funktion des entsprechenden Drosophila-Gens übernehmen und Komplexaugenentwicklung verursachen, wenn es als Transgen in der Fliege exprimiert wird. Dieser einzigartige Brückenschlag von Drosophila über die Maus bis hin zum Menschen läßt erwarten, daß über den Vergleich von morphoregulatorischen Faktoren letztlich einheitliche molekulare Regelkreise aufgeklärt werden können, die in ihrer Bedeutung nicht nur für die Entwicklungsbiologie relevant sind.

Beim bisherigen Lesen konnte man den Eindruck gewinnen, als wollten Entwicklungsbiologen nur ergründen, wie Zellen anders werden. Offensichtlich bedarf der Weg vom Ei zum vielzelligen Organismus jedoch einer Vielzahl von Zellteilungen, die kontrolliert erfolgen müssen. Tatsächlich sind Zellteilung und -differenzierung koordinierte Prozesse. Neueste Erkenntnisse belegen, daß der Ausfall eines Signalfaktors nicht nur das Ausbleiben einer bestimmten Differenzierungsleistung verursacht, sondern auch verhindert, daß sich die Zelle unkontrolliert weiter teilt.

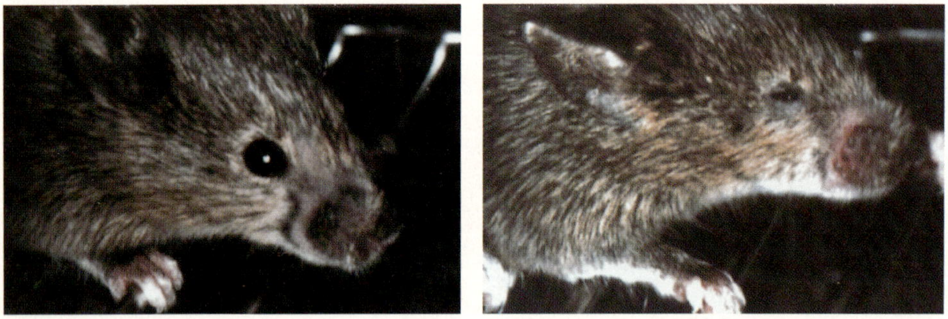

Abb. 2.5.3: Die obere Abbildung zeigt die Kopfregion einer normalen Maus mit zwei intakten Pax6-Genen. Die rechte Abbildung zeigt den entsprechenden Körperabschnitt einer Maus, die eine defekte Kopie des Pax6-Gens trägt. Sie entwickelt kleine und schlitzförmige Augen als äußerlich sichtbares Merkmal. Mäuse, bei denen beide Pax6-Genkopien defekt sind, sterben bereits vor der Geburt. Sie haben keine Augen und weisen starke Hirndefekte auf. Die entsprechende Erbkrankheit des Menschen, die durch ein defektes Pax6-Gen bewirkt wird, heißt Aniridie; sie kann auf Grund der Modelluntersuchungen bei der Maus molekularbiologisch zweifelsfrei diagnostiziert werden.

Die Teilung einer Zelle ist kein trivialer Vorgang: Es muß bis ins letzte Detail sichergestellt sein, daß die genetische Information identisch an die Tochterzellen verteilt wird. Daher ist es auch nicht verwunderlich, daß dieser Vorgang einer stringenten Kontrolle unterliegt, die genau festlegt, zu welchem Zeitpunkt und in welcher Abfolge zelluläre Teilungsvorgänge ablaufen: Zuerst erfolgt eine Duplikation der genetischen Information durch eine Verdopplung der DNA-Stränge, diese werden in identische Chromosomen verpackt, die dann über ein hochstrukturiertes Zytoskelett auf die zwei Tochterzellen verteilt werden, die sich durch Einschnürung der Membran aus der Mutterzelle bilden. Selbst die Achse, entlang der die Teilung der Mutterzelle erfolgt, ist genau festgelegt ebenso wie der Zeitpunkt und die Länge der einzelnen Phasen der Zellteilung. Das genetische Programm, das diese Vorgänge beim Menschen steuert, unterscheidet sich nicht wesentlich von dem, das in der Bäckerhefe *Saccharomyces cerevisiae* abläuft, da die beteiligten Faktoren austauschbar sind: Bringt man zum Beispiel ein menschliches Zellzyklus-Gen in die Hefe ein, der das entsprechende Gen fehlt, so teilt sich diese ganz normal weiter und beweist damit, daß auch die Faktoren, die Zellteilung kontrollieren, evolutionär hochkonserviert sind.

Eng verknüpft mit der Differenzierung und dem Wachstum der Zellen ist das Phänomen, daß ein Organismus seine Zellzahl dadurch kontrollieren kann, daß er einzelne Zellen zum „Selbstmord" treibt. Der programmierte Zelltod, die „Apoptose", wurde erst vor kurzem als ein wichtiger Kontrollmechanismus erkannt. Bislang sind es vor allem Zellen des Immun- und Nervensystems, die ihre Zahl über Apoptose kontrollieren. Unterbleibt diese Kontrolle, dann kann es zum unkontrollierten Wachstum, also zur Tumorbildung kommen. Die Faktoren, die dieses Selbstmordprogramm der Zellen, das von ihren Nachbarzellen induziert wird, steuert, sind inzwischen von mehreren Organismen, einschließlich Mensch, Maus, Drosophila und Caenorhabditis bekannt. Ihre Wirkungsweise, die möglicherweise wichtige Hinweise zur Zellproliferationskontrolle im Zusammenhang mit der Krebsentstehung liefern könnte, sind derzeit ein wichtiger Fokus in der Entwicklungsbiologie. Diese neue Perspektive in der Entwicklungsbiologie steht im engen Zusammenhang mit einem Arbeitsgebiet, das sich mit dem Altern ganzer Organismen, die Seneszenz, befaßt. Der molekulargenetische Ansatz in diesen beiden Arbeitsgebieten wird nicht nur neue Akzente in der Entwicklungsbiologie liefern, sondern schafft darüber hinaus interessante Perspektiven für die Medizin.

2.5.6 Entwicklungsbiologie und Genomforschung

Die Genome von Drosophila und Caenorhabditis kodieren jeweils für etwa 10000 verschiedene Gene. Eine ähnliche Zahl, etwa 6000 Gene, wurden bei der Bäckerhefe, einem vergleichsweise einfach strukturierten, einzelligen Organismus, in ihrer Sequenz aufgeklärt. Maus und Mensch dürften über nicht mehr als 100000 Gene verfügen. Diese Zahlen zeigen, daß die Komplexität eines Organismus bezogen auf seine Morphologie, Physiologie und sein instinktives und reflektiertes Verhalten offensichtlich nicht direkt proportional zur Anzahl seiner Gene ist, sondern eher davon abhängt, wie das Repertoire der Gene genutzt wird.

Ein beträchtlicher Teil des Zuwachses der Säugetiergene im Vergleich zu Drosophila ist auf Genverdopplungen während der Evolution zurückzuführen und die resultierenden, duplizierten Gene haben sich neuen, leicht veränderten Funktionen angepaßt. Dabei sind Genfamilien mit ähnlichen Proteinmotiven und Funktionen entstanden, wie der Vergleich sequenzähnlicher Gene über Speziesgrenzen hinaus zeigt: Höhere Wirbeltiere haben beispielsweise vier Homöobox-Genkomplexe und drei verschiedene *Ras*-Proto-Onkogene, während im Drosophila-Genom nur jeweils eine Kopie zu finden ist (siehe Abb. 2.5.2). In Fällen, bei denen man bereits bei Drosophila Genverdopplungen annehmen kann, wie zum Beispiel bei Genen, die für Kaliumkanäle in Nervenzellen kodieren, findet man jeweils vier entsprechende Kopien im Mausgenom. Wenn man die bereits vielen Beispiele von Proteinmotiven betrachtet, die artübergreifend in entsprechenden biologischen Prozessen (Kontrolle der Genexpression, Übertragung einer Information von einer Zelle zur anderen) involviert sind und ähnliche Funktionen in gleichartigen Geweben oder Organen ausüben, so scheint der Schluß zwingend zu sein, daß die bei einer Tierart identifizierten Genfunktionen gleiches oder ähnliches auch in anderen Tierarten bewirken. Ein wichtiger Erkenntnisgewinn ist daher aus der Implementierung des „Förderkonzepts Humangenomforschung" zu erwarten, das eine systematische Analyse von strukturellen und funktionellen Aspekten des humanen Genoms und den Genomen verschiedener Modellorganismen zum Ziel hat: Betrachtet man die engen Struktur- und Funktionsverwandschaften von Modellorganismen, so wird aus diesen Analysen eine Vielzahl neuer Erkenntnisse erwachsen, die letztlich auch auf den Menschen übertragbar sein werden.

2.5.7 Ausblick

Die überraschende Erkenntnis, daß die Grundprinzipien der Baupläne verschiedener Organismen über Hunderte von Millionen von Jahren bewahrt wurden und – trotz der äußerlich großen Unterschiede – molekulare Gemeinsamkeiten aufweisen, erlaubt uns, über die Artgrenzen hinweg generelle Prinzipien zu erarbeiten und die eingangs gestellten Fragen zum Teil zu beantworten. Dabei steht für die jeweilige Fragestellung eine Reihe von Organismen zur Verfügung, die im reduktionistischen Sinne Teilantworten ermöglichen. Es ist die Synthese dieser Teilantworten, die uns synergistisch ein molekulares Bild des Ganzen liefert, das auch auf den Menschen übertragbar sein wird. Demnach werden wir in absehbarer Zeit wissen, wie aus einem Genom ein Phänom wird, und dabei die molekularen Grundlagen unserer Entstehung begreifen lernen. Darüber hinaus werden diese Erkenntnisse neue Ansätze und Werkzeuge zur Diagnose und Therapie vieler Erkrankungen liefern und somit über den Erkenntnisgewinn hinaus dem kranken Menschen von unmittelbarem Nutzen sein.

2.6 Gentechnik in der biomedizinischen Grundlagenforschung

Ernst-Ludwig Winnacker, Universität München

2.6.1 Einführung

Im Jahre 1346 brach am Kaspischen Meer eine Pestepidemie aus, die Europa über vier Jahrhunderte lang – mit Unterbrechungen – in Angst und Schrecken hielt. Allein im Sommer 1348 raffte sie ein Drittel der Bevölkerung Europas hin. Der französische König Philip V. ließ seine Ärzte nach der Ursache des Übels suchen. Sie konnten es nach einigen Recherchen auf eine Konjunktion der Planeten Saturn, Jupiter und Mars am 20. März 1345, mittags um 13 Uhr, zurückführen. Diese Erklärung blieb so lange unwidersprochen, bis der Abenteurer und Wissenschaftler Alexander Yersin (1863–1943), Bürger von Morges am Genfersee und Schüler Pasteurs, im Jahre 1894 in Hongkong das Pestbazillus in den Leichen pestkranker Chinesen entdeckte. Nach ihm heißt es heute *Yersinia pestis*. Wie im einzelnen der Pestbazillus die Lungenpest hervorruft, blieb allerdings auch für Dr. Yersin noch ein Geheimnis, das erst 100 Jahre später mit der Entdeckung der sogenannten Virulenzgene gelüftet werden konnte. Wie diese wirken und wie und wo Gene in der Medizin ganz allgemein eine Rolle spielen, davon handelt dieses Kapitel.

Daß Gene dies tun, ist längst keine Frage mehr. Der interessierte Laie mag in diesem Zusammenhang vielleicht gar nicht so sehr an pathogene Mikroorganismen, sondern vielmehr an die ihm in diesem Zusammenhang vertrauteren Erbkrankheiten denken, wie die Bluterkrankheit, die Sichelzellanämie oder die Mukoviszidose. Die Gene reichen jedoch sehr viel weiter als allein zu den Erbkrankheiten hin, die, alle 4000 zusammengenommen, nur etwa 0,27 Prozent der Sterbefälle in Deutschland im Jahre 1994 ausmachten. Die Frage ist, ob sie auch etwas mit den wirklichen „Volkskrankheiten" zu tun haben, deren Anteil bei den Sterbefällen sehr viel höher liegt, also den Infektionskrankheiten (ein Prozent), der Zuckerkrankheit (2,6 Prozent), dem Krebs (knapp 25 Prozent) und den Herz-Kreislauf-Erkrankungen (knapp 50 Prozent). Noch vor zehn Jahren hätte man hierüber allenfalls Vermutungen anstellen können, war doch damals über die genetischen Grundlagen all dieser Krankheitsbilder nur wenig oder nichts bekannt. Inzwischen hat sich das Bild grundlegend geändert. Ständig werden neue, krankheitsbezogene Gene gefunden, um zur Voraussetzung dafür zu werden, endlich die Mechanismen beispielsweise der Krebsentstehung untersuchen und verstehen zu können. Wie sich diese Entwicklung heute abzeichnet, mit welcher Geschwindigkeit sie fortschreitet und wie sie schließlich zu neuen Diagnose- und Therapiekonzepten führen könnte, dies wird anhand ausgewählter Beispiele demonstriert werden.

2.6.2 Gene und Genome

Um die revolutionäre Entwicklung auf diesem Gebiet auch nur ansatzweise zu verstehen, muß man wissen, was Gene sind und wie sie wirken. Unter Genen verstehen wir Abschnitte auf unserem Erbgut, die Information für die Bildung von Eiweißmolekülen tragen. Eine geeignete Metapher hierfür ist das Videotape, das die Information für ein Fernsehbild speichert. Das Analogon für den Videorekorder wäre in diesem Bild die im Zellinnern vorhandene biochemische Maschinerie, die die Sprache der Gene in ein Stück Eiweiß übersetzt.

Die Anzahl der Gene im Genom eines Lebewesens ist von Spezies zu Spezies verschieden. Bei Viren kann man sie an den Fingern einer oder zweier Hände abzählen; als echte Parasiten rekurrieren sie in fast allen Lebenslagen auf die Gene der befallenen Wirtszelle. Ein wirklich autonomes Lebewesen, wie ein Bakterium, benötigt schon an die 2000 Gene; einfache Vielzeller, wie der etwa ein Millimeter lange Fadenwurm *C. elegans* mit seinen 959 Zellen, machen es nicht unter 13000 Genen. Bei Maus und Mensch wird ihre Anzahl auf 80000 bis 100000 geschätzt.

Woher wissen wir das? Weil in den vergangenen Jahren Verfahren entwickelt wurden, die Schrift der Gene nicht nur zu entziffern, sondern sie auch zu lesen. Sie besteht aus den vier Buchstaben A, G, C und T, die, in Dreierkombinationen gelesen, für die zwanzig Bausteine der Proteine stehen. Beim Lesen der Genome wurde naturgemäß mit den einfachsten Organismen begonnen. Als erstes Genom überhaupt wurde 1977 das Genom eines Bakterienvirus mit 5386 Bausteinen sequenziert. Das 186000 Bausteine große Genom des Virus der Schwarzen Pocken, des Variola-Virus, war das erste, dessen Sequenz mit automatisierten Verfahren bestimmt wurde (1993). Mitte 1995 gelangen die ersten Totalsequenzen der Genome einiger Mikroorganismen. Das Genom des Erregers von Mittelohrentzündungen, *Haemophilus influenzae* Rd, des ersten lebenden Organismus, dessen Erbmaterial vollständig analysiert worden ist, trägt 1743 Gene auf 1830137 Bausteinen. Im April 1996 kam das Europäische Hefegenomprojekt zu seinem krönenden Abschluß. Es zeigte sich, daß die Hefe entlang ihrem Genom von gut zwölf Millionen Bausteinen knapp 6000 Gene aufweist. Das bemerkenswerteste Resultat dieser Analyse war die Tatsache, daß sehr viel mehr Gene gefunden wurden, als erwartet. Die Analyse dieser noch nicht charakterisierten Gene stellt eine Bonanza für die Hefebiologen dar, die nun die Funktion dieser Gene entschlüsseln wollen.

Seit 1986 bereitet man sich darauf vor, ein solches Projekt auch für das Genom des Menschen durchzuführen. Die Aufgabe ist um Größenordnungen aufwendiger als beim Hefegenom, weil unser Erbgut noch etwa tausendmal größer ist. Dies liegt nicht nur daran, daß der Vielzeller Mensch soviel mehr Gene besitzen muß als der Einzeller Hefe, der beispielsweise noch kein Nerven- und Immunsystem besitzt, sondern vor allem daran, daß die Gendichte bei uns so viel geringer ist. Unser Genom besteht nämlich zu über 95 Prozent aus „Zwischenräumen", aus Abschnitten, die keine Information für Proteine tragen. Es ist nicht klar, wozu diese nichtkodierenden Bereiche gut sind; dafür, daß sie

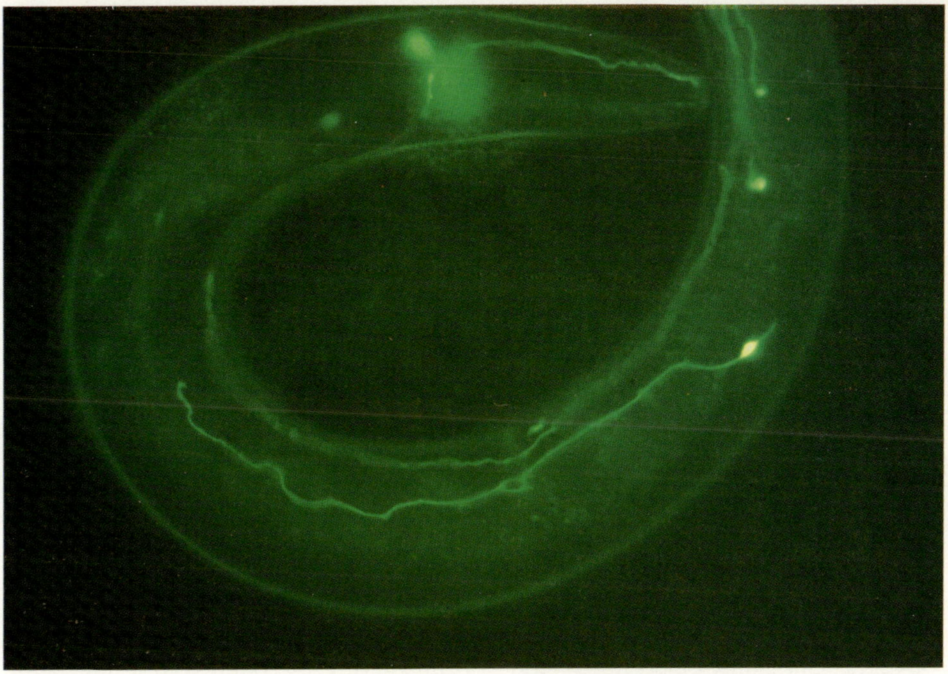

Abb. 2.6.1: Darstellung von Nervenzellen im Fadenwurm *C. elegans*. Im vorliegenden Fall wurde das Gen für ein fluoreszierendes Protein (mit dem Namen GFP, aus der Tiefseequalle *Aequora victoria*) spezifisch in Nervenzellen zur Expression gebracht. Zu diesem Zweck wurde ein Schalter verwendet, der nur in Nervenzellen aktiv ist und normalerweise ein Gen mit dem Namen *unc-86* steuert, das an der Entwicklung von Nervenzellen beteiligt ist. Im konkreten Fall ist eine von insgesamt sechs Zellen des Wurms gefärbt, die für die Übermittlung mechanischer Reize verantwortlich ist. Der Wurm selbst ist etwa einen Millimeter lang. Bei der Nervenzelle sind sowohl ihr Zellkern als auch der lange Fortsatz angefärbt. Die hier verwendete Strategie ermöglicht es, einerseits die Spezifizität von Genschaltern zu untersuchen und andererseits spezifische Zellen gezielt anzufärben und ihre Eigenschaften zu untersuchen. (Die Aufnahme stammt von Dr. Ralph Baumeister, Genzentrum München.)

nichts weiter als Überbleibsel längst vergangener Vorkommnisse in unserer Evolutionsgeschichte sind, spricht die Tatsache, daß es Lebewesen wie den Kugelfisch gibt, die bei gleicher Genanzahl mit achtmal weniger Erbgut auskommen. Die Genomprojekte werden möglicherweise eine Antwort auch auf diese Frage geben.

Die Bestimmung der Anzahl der Gene ist aber nur ein Zwischenhalt auf dem Wege zu einem noch sehr viel weiter entfernten Ziel, nämlich der Frage nach der Funktion der Gene, einzeln und im Zusammenspiel miteinander. Diese „postgenomische" Phase der Genomanalyse hat allerdings schon begonnen, da eben die Genome einiger einfacher Organismen schon bekannt sind und davon ausgegangen werden kann, daß die Gene des Menschen bezüglich wichtiger Grundtatsachen und Grundelemente sich von denen der einfachen Organismen nicht unterscheiden. Eines dieser Elemente betrifft die Frage nach ihrer Steuerung. Es war ein altes Paradox der Biologie, daß man einerseits wußte, daß jede Zelle eines lebenden Organismus ein komplettes Genom enthält, andererseits aber nur jeweils diejenigen Gene aktiv sind oder abgelesen werden, die in einem bestimmten Zelltyp tatsächlich benötigt werden. Gelöst wird dieses Problem durch ein System von genetischen Schaltern, die den Genen vorgelagert sind. Sie fungieren als Erkennungsstellen für Proteine, die an diese Schaltbereiche binden und der Ablesemaschinerie der Gene anzeigen, ob sie die im Gen gespeicherte Information nun in ein Protein übersetzen soll oder nicht. Da selbstverständlich auch diesen Kontroll- oder Schaltersystemen Gene zugrunde liegen, können über dieses Schaltersystem ganze Gruppen von Genen miteinander vernetzt werden.

Kürzlich wurde in der Taufliege ein Gen entdeckt, das für die Bildung des aus Hunderten von Proteinen bestehenden Organs „Auge" verantwortlich ist. Fehlt es, so kann das Auge nicht gebildet werden, obwohl die vielen anderen Gene, deren Produkte an der Bildung eines Fliegenauges beteiligt sind, völlig normal und funktionsfähig sind. Wird das fehlende Schaltergen wieder ersetzt, dann können sich die Augen der Fliege wieder ganz normal bilden. Und noch mehr: Steuert man die Aktivität des Gens so, daß es nicht am Kopf, sondern am Bauch aktiv wird, dann entsteht das Auge am Bauch, weil eben auch dort jede Zelle ein komplettes Gen enthält und nur auf den Schaltbefehl wartet, um dann die jeweiligen Genkaskaden anzuschalten. Ebenso bemerkenswert ist übrigens die Beobachtung, daß das fehlende Fliegengen auch einen Verwandten im menschlichen Genom hat. In das Genom einer Fliege eingesetzt, der ihr eigenes Gen fehlt, kann es dort die fehlende Fähigkeit zur Bildung von Augen korrigieren und in der Fliege die Bildung von Fliegenaugen induzieren. Fliegen- und Menschenaugen sind morphologisch extrem verschieden; der Schalter aber ist derselbe und hat damit die 450 Millionen Jahre überdauert, die es her ist, daß Fliege und Mensch einen gemeinsamen Vorfahren hatten.

Angesichts dieser Austauschbarkeit läßt sich im Grunde heute von Fliegengenen oder menschlichen Genen nicht mehr sprechen; vielmehr stellen Gene eine Art Kontinuum der biologischen Information dar, das die Natur immer dann bewahrt hat, wenn es sich bewährt hat, gegebenenfalls auch über die ganze Geschichte des Lebens auf diesem Globus hinweg. Aus 51 Genen, die mit menschlichen Krankheiten verknüpft sind und damit vermutlich an essentieller Stelle stehen, konnten immerhin schon 25 verwandte Gene im Genom der Bäckerhefe gefunden werden. Dies bedeutet, daß Wissenschaftler, die heute ein neues Gen finden, nicht etwa irgendwelche biochemischen Tests ersinnen, die sie vielleicht auf die Spur der Funktion des Gens führen, sondern zunächst in Datenbanken nach Genverwandtschaften in Modellorganismen suchen. Immer häufiger werden sie dabei fündig. Und wenn sie zunächst nicht fündig werden, so lassen sich die Genome der Modellorganismen immerhin dazu verwenden, an ihnen zu experimentieren. So läßt sich beispielsweise die Frage stellen, mit welchem Phänotyp ein Organismus ausgestattet ist, dem man das fragliche Gen gezielt entfernt hat. Oft, allerdings nicht immer, führt dies zu Rückschlüssen auf die Genfunktion. Knockout-Technologien sind daher zu einem unentbehrlichen Werkzeug moderner biomedizinischer Grundlagenforschung geworden.

Die Technologieentwicklung zeigt aber noch in eine andere Richtung. Dank der neugewonnenen Kenntnisse über die Genome zeichnen sich derzeit völlig neue Ansätze ab, nach genetischen Grundlagen von Krankheiten zu suchen, und zwar nicht nur von Erbkrankheiten, sondern auch von den wahren Killern, dem Krebs und den Herz-Kreislauf-Erkrankungen. Das Genom ist letztlich nur eine Art Telefonbuch, in dem die Gene in der Reihenfolge ihrer Anordnung auf den Chromosomen aufgeführt sind. Genauso aber, wie ein Telefonbuch nicht nur alphabetisch geordnet werden kann, sondern auch nach den Berufen der Teilnehmer – siehe Gelbe Seiten –, genauso kann die genetische Information auch nach anderen Kriterien geordnet werden als nach ihrer Anordnung auf den Chromosomen, also beispielsweise nach der Genaktivität in bestimmten Organen. So sind inzwischen herzspezifische, leberspezifische oder hirnzellspezifische Genatlanten verfügbar, die dann mittels bioinformatischer Methoden mit entsprechenden Atlanten der erkrankten Organe verglichen werden können. Der technische Fortschritt ermöglicht es also heute, die beteiligten Gene nicht einfach Gen für Gen zu suchen, sondern in nur wenigen Schritten oder gar nur einem einzigen aufzufinden. Aus der genorientierten Biotechnologie beginnt eine genomorientierte Biotechnologie zu werden. In diesem neuen Fach, das auch „Genomics" genannt wird, denkt man nicht mehr in der Kategorie einzelner Gene, sondern nur noch in der von Gengruppen oder gar ganzer Genome. Welche Konsequenzen diese Entwicklung auf die „Molekulare Medizin", beispielsweise auch die Differentialdiagnose hat, dies wird in den folgenden Abschnitten immer wieder deutlich.

2.6.3 Monogene Erbkrankheiten

Die Suche nach den Genen, die den monogenen Erbkrankheiten zugrunde liegen, hat sich bis in die Mitte der 80er Jahre hinein als schwierig, wenn nicht unmöglich erwiesen. Nur in den wenigsten Fällen konnte das Krankheitsbild unmittelbar auf ein verändertes Protein zurückgeführt werden wie im Fall der Sichelzellanämie. Die veränderten Fließeigenschaften des Bluts bei betroffenen Patienten erlauben hier den direkten Schluß auf das veränderte Protein, nämlich auf den roten Blutfarbstoff, das Hämoglobin. Schon in der Anfangsphase der Gentechnik war es daher möglich, unmittelbar im zugehörigen Gen, dem sogenannten Globingen, nach einer Veränderung zu suchen und diese auch zu finden. In der überwiegenden Mehrzahl der Fälle ist dieser Weg aber nicht gangbar, da die Krankheitsbilder, so schwer sie auch sein mögen, keinerlei Anhaltspunkte für die Natur des zugrundeliegenden Proteins liefern.

Es mußten also neue, nichtklassische Wege gefunden werden, um von den Krankheitsbildern auf die Gene zu schließen. Zu Hilfe kam Anfang der 80er Jahre die Beobachtung, daß die Genome einzelner Individuen unserer Spezies nicht völlig identisch sind. Unterschiede wurden vor allen Dingen in denjenigen Bereichen des Genoms gefunden, die eingangs als „Zwischenräume" beschrieben wurden. Hier finden sich Wortwiederholungen von der Art $(CA)_n$, wobei die Zahl n zwischen 5 und 30 schwanken kann. Sie kommen im Mittel etwa einmal auf hunderttausend Bausteine vor, sind für jedes Individuum charakteristisch und werden auch vererbt. Entlang einem gegebenen Genomabschnitt finden sich daher Wortwiederholungsmuster, die entweder vom Vater oder von der Mutter stammen, je nachdem, ob beim genetischen Schüttelprozeß, der die Vereinigung mütterlicher und väterlicher Chromosomen begleitet, die fragliche Stelle von einem Abschnitt väterlicher oder mütterlicher Herkunft ausgefüllt wurde. Selbstverständlich finden sich solche Wortwiederholungen nicht nur in der Nachbarschaft von Genen, sondern auch von defekten Genen. Um sie zu finden, muß man daher „nur" nach charakteristischen Wortwiederholungen suchen, in denen sich gesunde und kranke Familienmitglieder unterscheiden und die für die kranken Familienmitglieder spezifisch sind. Da die genaue Lage vieler solcher Wortwiederholungen auf dem Erbgut heute bekannt ist, kann man von der Entdeckung einer solchen Wortwiederholung sofort auf einen bestimmten Genabschnitt schließen, auf dem sich dann auch das defekte Gen befinden muß. Mit dieser Technik gelingt es heute meist sehr schnell, das einer monogenen Erbkrankheit zugrundeliegende Gen zu finden. Beispielhaft für diese Situation seien hier die Mukoviszidose und der Veitstanz genannt.

Mukoviszidose ist bei uns mit einem Fall auf 2000 Neugeborene die häufigste der monogenen Erbkrankheiten. Sie ist vor allem durch eine Schleimansammlung in der Lunge und den Atemwegen gekennzeichnet, die Anlaß zu ständigen Infektionen gibt. Es sind jedoch auch exokrine Drüsen wie die Bauchspeicheldrüse betroffen. Die Lebenserwartung dieser Patienten liegt derzeit bei etwa 30 Jahren. Eine Serie aufsehenerregender Publikationen in der „Science"-Ausgabe vom 8. 9. 1989 beschreibt die erfolgreiche Suche nach dem der Krankheit zugrundeliegenden Gen. Es kodiert ein Protein mit einer bemerkenswert großen Molmasse von über 160000 Daltons. Aus der Analyse seiner 1480 Bausteine wurde sofort klar, daß es sich um einen sogenannten Ionenkanal handelt, eine Eiweißkomponente, die für die Aufrechterhaltung des richtigen Konzentrationsverhältnisses von Chlorid-Ionen innerhalb und außerhalb der Zellen verantwortlich ist. Man hat ihr den Namen CFTR (**C**ystic **F**ibrosis **T**ransmembrane Conductance **R**egulator) gegeben. Mutationen in dieser Eiweißkomponente blockieren den zellulären Chlorid-Ionen- und den damit verbundenen Wassertransport, so daß die beobachtete Schleimansammlung in den Atemwegen der Patienten sofort eine befriedigende Erklärung findet. Insgesamt wurden bislang an die 400 verschiedene CFTR-Mutationen gefunden, die auf die eine oder andere Weise zum Ausfall der Genfunktion führen. Bei der häufigsten unter ihnen, die immerhin 70 Prozent aller Fälle ausmacht, fehlt die Aminosäure 508. Dieser Defekt hindert das an sich noch funktionsfähige Protein daran, vom Zellinneren, wo es produziert wird, an seinen korrekten Platz an der Zelloberfläche zu gelangen. Andere, seltenere Mutationen interferieren mit reinen Ionenleitungsfunktionen oder führen zu einem verkürzten Protein. Diese Vielfalt der Defekte erzeugt einerseits diagnostische Probleme, da immer entlang dem gesamten Gen nach Mutationen gesucht werden muß. Andererseits suggeriert sie die unterschiedlichsten Therapiestrategien, unter denen die genetischen Therapieansätze derzeit nicht einmal als die aussichtsreichsten erscheinen.

N-TERMINUS VON HUNTINGTIN

```
-------AGACCCCGCCATGGCGACCCTGGAAAAGCTGATGAAGGCCTTCGAGTCCCTCAAG
                   M   A   T   L   E   K   L   M   K   A   F   E   S   L   K

TCCTTCCAGCAGCAGCAGCAGCAGCAGCAGCAGCAGCAGCAGCAGCAGCAGCAGCAG
 S   F   Q   Q   Q   Q   Q   Q   Q   Q   Q   Q   Q   Q   Q   Q   Q   Q   Q

CAGCAGCAGCAGCAGCCGCCACCGCCGCCGCCGCCGCCGCCTCCTCAGCTTCCTCAG
 Q   Q   Q   Q   Q   P   P   P   P   P   P   P   P   P   P   P   Q   L   P   G

CCG----
 P
```

Abb. 2.6.2: Ausschnitt aus der Sequenz des Huntingtin-Proteins. Veränderungen im Huntingtin-Gen sind für die Huntingtonsche Chorea (Veitstanz) verantwortlich. Bei gesunden Individuen (wie hier angezeigt) enthält das Protein an seinem Ende eine Ansammlung von Glutaminresten (abgekürzt als Q), deren Anzahl zwischen sechs und 30 variiert. Bei Huntington-Patienten expandiert diese Ansammlung von Q-Resten auf bis zu 121. Je größer die Anzahl der Q-Reste, desto schwerer ist der Krankheitsverlauf und desto früher tritt die Krankheit auf. Es ist bislang nicht verstanden, wie und warum es zu der beobachteten Labilität des Genoms gerade an dieser Stelle kommt und warum genau die Existenz des Proteins mit dem verlängerten Glutamintrakt zu dem beobachteten Krankheitsbild führt.

Fast noch spektakulärer als der Fall der Mukoviszidose mag einigen von uns die Huntingtonsche Krankheit (Chorea Huntington) erschienen sein. Diese dominant vererbte Krankheit kommt in einem von 10000 Individuen vor und geht mit einem Verlust von Neuronen einher, der sich zunächst in Lähmungserscheinungen und kognitiven Veränderungen manifestiert, um dann zehn bis 15 Jahre nach dem Auftreten der ersten Symptome unweigerlich zum Tode zu führen. Der Krankheit liegt ein einzelnes Gen zugrunde, das für eine Eiweißkomponente bislang unbekannter Funktion kodiert. Bemerkenswert ist die Tatsache, daß die beobachteten genetischen Veränderungen nicht wie üblich auf Veränderungen oder dem Verlust von einzelnen Bausteinen beruhen, sondern auf der Expansion einer bestimmten Wortkombination, nämlich CAG. Normale Individuen tragen acht bis 34 dieser CAG-Wiederholungen, kranke Individuen zwischen 37 und 100. Und noch mehr: Die Anzahl der Wiederholungen ist nicht stabil, sondern steigt in betroffenen Patienten von Generation zu Generation an. Gleichzeitig nimmt die Schwere der Krankheit zu, indem sie mit steigender Zahl der Wiederholungen immer früher und mit ausgeprägteren Symptomen ausbricht. Man spricht von genetischer Antizipation. Bei der Bildung der Keimzellen kommt es zu zahlreichen Zellteilungen, die jeweils eine Verdopplung des Erbguts voraussetzen. Es scheint, daß die enzymatische Maschinerie, die diesen Syntheseprozeß leitet, an diesen Wortwiederholungen „stolpert" und sie immer zahlreicher werden läßt. Inzwischen sind insgesamt elf andere Gene identifiziert worden, die mit schweren Erbkrankheiten verknüpft sind und die auf diesem neuen Mutationstyp beruhen. Es ist weitgehend ungeklärt, warum die Replikationsmaschinerie, die sonst mit dem Genom problemlos fertig wird, ausgerechnet an solchen Wortwiederholungen steckenbleibt und, noch wichtiger, warum solche Wiederholungen zu Krankheitsbildern führen können. Es gibt bezüglich der letzten Frage zwei Alternativen. Entweder führt die Nukleotidexpansion zum Verlust der natürlichen Aktivität des Proteins oder zu einer neuartigen, für die betroffenen Zellen schädlichen Aktivität.

Im Falle des Huntington-Gens und seines Produkts, des Huntingtins, hat man die Auswahl zwischen diesen Alternativen durch die Erzeugung sogenannter „Knockout"-Mäuse zu klären versucht. „Knockout"- oder KO-Mäuse sind nicht etwa „Kampfmäuse", sondern Tiere, die dadurch entstehen, daß ihnen auf der Ebene der Embryozelle durch einen bestimmten genetischen Eingriff ein einzelnes Gen gezielt entfernt wird. Die so behandelten Embryonen werden anschließend in die Gebärmutter pseudoschwangerer Muttertiere zurückverpflanzt, um sich dort zu erwachsenen Tieren zu entwickeln. Im Falle des Huntington-Gens führt der „Knockout" schon am achten Tag ihrer Entwicklung zum Tod der Mäuse. Da sich Menschen mit dem mutierten Huntington-Gen zunächst normal entwickeln, muß man annehmen, daß die Situation beim Menschen eine andere ist, daß also beim Menschen die vielen Wortwiederholungen nicht zum Verlust der biologischen Aktivität des mutierten Proteins führen, sondern ihm statt dessen eine neue, noch unbekannte, aber fatale biologische Funktion verleihen, nach der nun intensiv geforscht wird.

Der Huntington-Fall steht exemplarisch für die nicht seltenen Fälle, bei denen – anders als im Fall Mukoviszidose – die Auffindung des Gens zunächst noch keinen Anhaltspunkt dafür gibt, was dessen tatsächliche Funktion sein könnte. In solchen Fällen hat sich die erwähnte „Knockout"-Technologie zu einem entscheidenden Werkzeug dafür entwickelt, wie man sich auch ohne dieses funktionelle Wissen zunächst weiterhelfen und bestimmte Optionen ausschließen kann. Leider ist die Antwort nicht immer so deutlich wie im Fall des Huntington-Gens.

Da sie in diesem Fall jedoch eindeutig war und nun geklärt ist, daß es in der mutierten Form möglicherweise eine andere, neue Funktion aufweist, stellt sich eventuell die Frage, ob sich diese neue Funktion vielleicht durch Wechselwirkungen mit anderen Proteinen im Zellinnern manifestiert und ob sich bei der Analyse der Wechselwirkungen zwischen den Huntingtin- und solchen Proteinen tatsächlich Unterschiede zwischen dem natürlichen und dem pathologisch veränderten Gen finden lassen. Für die Suche nach solchen Wechselwirkungen sind in den vergangenen Jahren außerordentlich raffinierte Verfahren entwickelt worden. Sie verlagern die Suche nach solchen Wechselwirkungen von den meist nur schwer handhabbaren Zellen höherer Organismen in die Bäckerhefe. Die Zellen der Bäckerhefe sind nicht nur leichter zu züchten, auch das genetische Handwerkszeug für den Umgang mit Hefezellen ist sehr viel besser entwickelt als beispielsweise für den Umgang mit menschlichen Neuronen (Gehirnzellen). So konnte auf diese Weise bereits ein Huntington-assoziiertes Protein identifiziert werden, das insofern interessant ist, als es Huntingtin um so besser bindet, je höher die Zahl der Wortwiederholungen ist. Natürlich ist auch dies noch nicht die Antwort auf des Rätsels Lösung, also auf die Frage, wie diese Wortwieder-

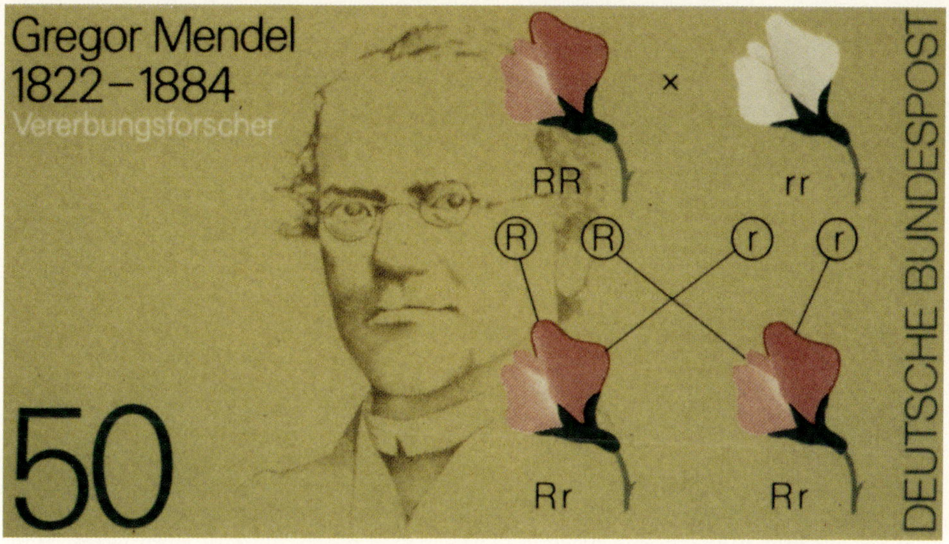

Abb. 2.6.3: Gregor Mendel (1822-1884). Briefmarkenabdruck der Deutschen Bundespost.

holungen zum Tod ausgerechnet von Nervenzellen führen. Leser oder Leserin dieser Zeilen haben aber vielleicht dennoch einen gewissen Einblick von der Vorgehensweise und dem Methodenrepertoire der „Molekularen Medizin" erhalten, wenn sie es mit Genen unbekannter Funktion zu tun hat.

2.6.4 Polygene oder multifaktorielle Krankheiten

Multifaktorielle Krankheiten sind solche, die durch den Ausfall mehrerer Gene verursacht werden und an deren Ausprägung Umweltfaktoren beteiligt sind, die die Chance, zu erkranken, signifikant beeinflussen. Zu solchen Krankheiten gehören der Bluthochdruck, Diabetes, Herz-Kreislauf-Erkrankungen, Multiple Sklerose, Arthritis, Fettsucht, neurodegenerative Erkrankungen (Parkinson) und neuropsychiatrische Erkrankungen (Autismus, Schizophrenie). Um die diesen Krankheiten zugrundeliegenden Gene zu finden, bedarf es ausgedehnter Familienanalysen. Dabei wird die Wahrscheinlichkeit von blutsverwandten Personen, an einer solchen Krankheit zu erkranken, mit der Wahrscheinlichkeit verglichen, mit der sie in der allgemeinen Bevölkerung auftritt. Je höher der Quotient zwischen beiden Wahrscheinlichkeiten ist, desto größer ist der genetische Beitrag zur jeweiligen Krankheit. Beim insulinabhängigen Diabetes liegt dieser Quotient bei 15 (sechs Prozent gegenüber 0,4 Prozent), beim Autismus bei 145 (2,9 Prozent gegenüber 0,02 Prozent). Danach wäre der Autismus als eine Krankheit mit starker genetischer Komponente zu bewerten, und in der Tat gilt sie als die am stärksten genetisch bedingte neuropsychiatrische Erkrankung. Beruhte dieser hohe genetische Beitrag auf dem Ausfall von nur einem Gen, es wäre sicherlich schon gefunden. Aus der Tatsache aber, daß die Chance, autistisch zu sein, bei monozygotischen (genetisch identischen) Zwillingen nur 60 Prozent beträgt (und nicht 100 Prozent) und bei dizygotischen Zwillingen, die immerhin die Hälfte ihrer Gene gemeinsam haben, kaum höher liegt als beim Durchschnitt der allgemeinen Bevölkerung, muß man schließen, daß nicht nur ein Gen für die Entstehung des Autismus verantwortlich ist. Wären es fünf, so betrüge der oben erwähnte Quotient für jedes einzelne Gen nur 2,71 ($2{,}71^5 = 145$), wären es zehn, so läge der Beitrag jedes einzelnen Gens zum Gesamtquotienten von 145 bei nur 1,61 (unter der – vereinfachenden – Annahme, daß die Beiträge für jedes Gen gleich sind). Solche geringen Unterschiede zwischen Blutsverwandten und der allgemeinen Bevölkerung bedürfen der Analyse großer und zahlreicher Familien, um dennoch statistisch relevante Aussagen zu liefern. Trotz allem macht die genetische Analyse auch der multifaktoriell bedingten Krankheiten große Fortschritte, weil die Markerdichte auf dem Genom immer größer wird und gelegentlich verschiedene Gene unabhängig voneinander dasselbe Krankheitsbild erzeugen, so daß auch die Analyse einzelner Familien aussagekräftig werden kann.

Ein gutes Lehrbeispiel, wie bei multifaktoriellen Syndromen erst die Summe von genetischen und biochemischen Analysen letztlich zu den verursachenden Genen führt, ist die Alzheimersche Krankheit. Diese schwere neurodegenerative Erkrankung geht mit einem langsam fortschreitenden Gedächtnis- und Persönlichkeitsverlust einher. Ihre Inzidenz liegt in der Altersgrupe der 60- bis 69jährigen bei 0,1 Prozent und steigt bei den über 80jährigen auf über 2,2 Prozent an. Nachweise einer genetischen Äthiologie sind schwierig, da die Krankheit erst im Alter auftritt und dann recht häufig ist, so daß eine familiäre Häufung durchaus auch auf Zufällen beruhen kann. Es gibt jedoch Familien, in denen die Krankheit schon vor dem 65. Lebensjahr gehäuft auftritt (early-onset Familien) und die daher gute Aussichten bieten, daß die Krankheit tatsächlich auf defekten Genen beruht. Ein Hinweis aus Studien an mehreren solcher Familien war die Beobachtung, daß bei ihnen eine erhöhte Inzidenz von Down Syndrom auftritt und daß im allgemeinen Down-Patienten eine hohe Inzidenz von Alzheimerscher Krankheit aufweisen. Zur gleichen Zeit wurde Mitte der 80er Jahre die Sequenz des Amyloid Proteins (APP) bekannt, das in neuritischen Plaques im Gehirn von Alzheimer-Patienten gefunden wird. Seine Isolierung war eine biochemische Meisterleistung, da aus pathologischen Gehirnproben nur geringste Proteinmengen isoliert werden können. Das APP-Protein kodiert ebenfalls auf dem Chromosom 21. Damit war erstmals ein Alzheimer-Gen gefunden. Leider stellte sich schnell heraus, daß es nur in ganz wenigen Familien mit Alzheimerscher Krankheit in mutierter Form vorkommt und daß es daher noch andere Alzheimer-Gene geben muß.

Bis heute wurden drei weitere Kandidatengene identifiziert. Eines dieser Gene liegt auf dem Chromosom 14 und kodiert für ein Transmembranprotein, das auch als Praesenelin I bezeichnet wird. Seine Funktion war lange Zeit unbekannt, bis kürzlich beobachtet werden konnte, daß es mit dem Gen sel-12 des Fadenwurms *C. elegans* verwandt ist. Dieses wiederum gehört zu einer bekannten Familie von Rezeptoren, die für die interzelluläre Signalübertragung verantwortlich sind. Dank dieses Hinweises sollte sich in absehbarer Zeit eine genaue Funktion für dieses Gen finden lassen. Ein drittes Gen wurde über die Analyse von zwei Familien sogenannter Wolga-Deutscher identifiziert. In diesen Familien tritt Alzheimer ein wenig später als bei den Familien mit Defekten auf Chromosom 21 und Chromosom 14 auf, so daß schon recht schnell klar war, daß es sich definitiv um ein anderes Alzheimer-Gen handeln mußte. Inzwischen konnte es auf dem Chromosom 1 lokalisiert werden. Bislang der einzige Hinweis auf seine Funktion ist die Tatsache, daß es ebenfalls ein Membranprotein darstellt und daß Zellen von Patienten mit einer Mutation in diesem Gen außerordentlich große Mengen an APP bilden. Möglicherweise ist es also an der Bildung des APP beteiligt. Das vierte Kandidatengen ist das allerwichtigste. Es wurde in Familien identifiziert, in denen die Krankheit in einer späten Phase des Lebens auftritt, ähnlich wie bei den sporadischen Fällen. Wie schon erwähnt, ist hier die Unterscheidung von der Zufallssituation besonders schwierig. Dennoch erlaubte die hohe Markerdichte, wie sie die Genomprojekte liefern, auch in diesen Fällen eine genetische Analyse, die statistisch signifikant ist. Das fragliche Gen, das in fast der Hälfte der Alzheimer-Patienten betroffen ist, heißt APO E und kodiert für ein Plasma-Lipoprotein, das am Transport von Lipiden, darunter auch Cholesterin, beteiligt ist. Es kommt in drei Formen vor, als APOE E2 (6 Prozent aller Menschen), APOE E3 (78 Prozent) und APOE E4 (16 Prozent). Sie unterscheiden sich in der Natur zweier Aminosäuren, wobei die APOE E4-Form der Risikofaktor für Alzheimer ist. Wie allerdings diese Form des Apolipoproteins an der Alzheimerschen Krankheit beteiligt ist, muß noch geklärt werden.

Die beschriebenen vier Gene tragen zusammen nur etwa zur Hälfte zur Genetik der Alzheimer-Krankheit bei. Sie haben unser Verständnis für dieses Krankheitsbild bereits entscheidend erweitert. Ziel muß es sein, die anderen Gene auch noch zu finden, um am Ende eine optimale Therapie entwickeln zu können.

2.6.5 Andere Methoden zur Identifizierung krankheitsbezogener Gene

Die bisherigen Beschreibungen mögen den Eindruck erweckt haben, daß sich krankheitsbezogene Gene nur über die genetische Analyse von betroffenen Patienten identifizieren lassen. Dies ist keineswegs der Fall. Weit größere Erkenntnisfortschritte zu diesem Thema haben die Analysen „normaler" Stoffwechselvorgänge unserer Zellen gebracht, darunter die Mechanismen der Zellteilung, der hormonellen Signalübertragung, der DNA-Reparatur und des programmierten Zelltods.

2.6.5.1 Mechanismen des Zellwachstums und der Zellteilung

Das Wachstum höherer Zellen erfolgt durch Teilung, ein Vorgang, bei dem aus einer Elternzelle zwei Tochterzellen entstehen. In diesem elementaren Prozeß muß eine Reihe von molekularen Prozessen ablaufen. Es gilt beispielsweise, die Chromosomen fehlerfrei zu vermehren, zu kondensieren, sie zu trennen und richtig auf die neuen Tochterzellen aufzuteilen. Die Membran des Zellkerns sowie das Zellskelett müssen aufgelöst und nach der Zellteilung wieder neu gebildet werden. Es ist klar, daß der Ablauf dieser Prozesse sorgfältigster Koordination bedarf. Zu diesem Zweck hat die Natur eine Strategie entwickelt, die diesen Zyklus von Wachsen und Teilen in verschiedene Phasen einteilt. Zwei dieser Phasen sind auch makroskopisch leicht zu beobachten, die Mitose und die S-Phase. In der Mitose, der Phase der eigentlichen Zellteilung, zerfällt die Kernmembran und kondensiert der Inhalt des Zellkerns zu den Strukturen, die wir Chromosomen nennen. In der S- oder synthetischen Phase wird das Erbgut verdoppelt. Getrennt sind die beiden Phasen durch sogenannte Zwischenphasen, in denen die jeweils folgenden Prozesse vorbereitet werden. Die korrekte Steuerung dieses Wachstumszyklus erfolgt wie bei der automatischen Geschirrspülmaschine; sie ist mehr als eine einfache Uhr, läßt sich vielmehr ständig zurückmelden, ob der vorgesehene Waschvorgang auch wirklich abgeschlossen ist. Nur dann, wenn etwa der richtige Wasserstand oder die richtige Waschtemperatur erreicht sind, darf sie mit dem Programm fortfahren. Nicht anders beim Zellzyklus. Sein Kontrollsystem ist eine Gruppe von Proteinen, die sogenannten Cycline und die cyclinabhängigen Proteinkinasen. Kinasen sind Enzyme, die Phosphatreste übertragen und auf diese Weise die Aktivität anderer Enzyme beeinflussen. Auch die Cyclin/Cyclin-Kinase-Komplexe steuern via Phosphorylierung die Aktivität derjenigen Proteine, die sie selbst bilden. Das jeweils für den vorherigen Zyklusabschnitt verantwortliche Cyclin beeinflußt die Bildung nicht nur von sich selbst, sondern auch die der Cycline, die für den nächsten Zyklus zuständig sind. Kommen sie nur in geringen Mengen vor, wird ihre Aktivität durch zykluseigene Inhibitoren in Schach gehalten. Erst wenn die Cyclin-Konzentration ein gewisses Maß übersteigt, können sie ihre Aktivität tatsächlich entfalten und dann eine neue Phase des Zyklus einleiten.

Dieser Kreisprozeß kann und muß auch von außen beeinflußbar sein, wenn eben Wachstumssignale (Hormone) anzeigen, daß sich eine bestimmte Zelle teilen soll oder umgekehrt, wenn ein Stillstand des Wachstums vorgesehen ist. Wer in fataler Weise in diesen Zyklus einzugreifen vermag, sind die Onkogene der Tumorviren von der Art des Epstein-Barr-Virus, des T-Zell-Leukämievirus oder der Papillomviren (HPV). Nehmen wir als Beispiel die Papillomviren. Sie sind nicht nur für die Bildung gutartiger Warzen verantwortlich; eine ihrer vielen Varianten, das HPV-16, stellt vielmehr einen Hauptrisikofaktor für den Gebärmutterkrebs dar. Das HPV-16-Genom enthält zwei Gene, die Onkogene E6 und E7, deren Produkte die Phosphorylierung und damit die Aktivierung eines Schalterproteins auch dann bewirken, wenn die Zellzyklusmaschinerie selbst noch gar nicht phosphorylieren will beziehungsweise kann. Dadurch wird dieses Schalterprotein, auch E2F genannt, vorzeitig aktiv und kann eine Reihe von anderen Genen anschalten, die die Zelle für das Durchlaufen der S-Phase braucht. Das Onkoprotein zeigt also gewissermaßen das Erreichen der richtigen Waschtemperatur an, obwohl diese in Wahrheit gar nicht erreicht ist. Dieser massive Eingriff in die Zellzykluskontrolle führt zu deren Zusammenbrechen und damit zu maßlosem Wachstum, also zu Krebs.

In den Zellzyklus kann nicht nur durch die viralen Onkoproteine eingegriffen werden, sondern auch durch lebenswichtige physiologische Signale, wie Mangel an Sauerstoff und Defekte an der DNA. Derartige Defekte kann eine Zelle nicht ignorieren, da sie sich bei aufeinander folgenden Zellteilungen nicht nur perpetuieren, sondern auch verstärken würden. Es käme zu Mutationen und genomischen Instabilitäten aller Art, die mit dem Leben unvereinbar wären. Um mit diesem Problem fertig zu werden, hat eine DNA-geschädigte Zelle zwei Reaktionsmöglichkeiten; sie kann den Zyklus an verschiedenen Stellen anhalten, um der Reparaturmaschinerie Zeit zu geben, ihre Arbeit zu leisten, und sie kann, bei größeren und irreparablen Schäden, den programmierten Zelltod, auch Apoptose genannt (siehe 2.6.5.3), einleiten und damit im Interesse des Gesamtorganismus, bevor sie etwa zu einer Krebszelle wird, Selbstmord begehen.

Bei beiden Prozessen, bei der Apoptose und beim Anhalten des Zellzyklus, spielt das sogenannte p53-Protein eine zentrale Rolle. Beim Anhalten des Zellzyklus wirkt es als ein Schalterprotein für die Genexpression. Es bindet an den Schalter- beziehungsweise Promoterbereichen bestimmter Gene, darunter des Gens p21, dessen Produkt als Inhibitor von Cyclin/Cdk-Kinase-Komplexen wirkt. Dadurch kann das Rb-Protein nicht phosphoryliert und damit das Schalterprotein E2F für die S-Phasen-Gene nicht aus seinem Komplex mit Rb freigesetzt und entsprechend aktiv werden. Der Zellzyklus bleibt am Übergang von der G1- zur S-Phase stecken; die Zelle gewinnt Zeit, ihre DNA zu reparieren. Das p53-Gen hat Prominenz dadurch erlangt, daß es in mehr als der Hälfte aller menschlichen Tumore defekt ist und offensichtlich in der Krebsentstehung an entscheidender Stelle beteiligt ist. Es wird als Suppressor-Onkogen bezeichnet, weil seine Anwesenheit die Krebsentstehung verhindert. Man versteht nun auch, warum. In seiner Gegenwart kann eine Zelle auf angemessene Art auf vielfältigste physiologische Herausforderungen reagieren, darunter auch DNA-Schäden. Fehlt es, so kommt es zu Instabilitäten des Genoms, weil auf diese Schäden nicht angemessen reagiert werden kann.

2.6.5.2 DNA-Reparatur

Das Erbgut höherer Zellen kann durch vielerlei Einflüsse beschädigt werden, durch Fehler der Replikationsmaschinerie, durch Röntgenstrahlung, durch UV-Strahlung sowie durch gentoxische Stoffe, wie sie in unseren Lebensmitteln gelegentlich vorkommen oder wie sie in der Chemotherapie des Krebses eingesetzt werden. Werden die Fehler nicht repariert, kommt es zu schweren Erkrankungen, in der Regel zu Krebs. Lebende Zellen haben daher zahlreiche Mechanismen entwickelt, mit solchen Schäden fertig zu werden. Gemeinsam ist diesen Reparatursystemen, daß sie a) auch die unterschiedlichsten Fehler erkennen können und b) um sich herum ein kleineres oder größeres Stück DNA herausschneiden und anschließend durch Reparatur-Synthese wieder reparieren.

Besonderes Interesse hat in den letzten Jahren ein System erlangt, das Fehler reparieren kann, die dann entstehen, wenn die Synthesemaschinerie nicht die richtigen Bausteine in die DNA einbaut, also etwa gegenüber einem G nicht einen komplementären C-Rest, sondern einen falschen A-Rest einbaut. Um einen solchen Fehler (Mis-Match) zu reparieren, muß nicht nur das falsche G:A-Basenpaar erkannt werden, sondern auch der Strang, in dem der Fehler aufgetreten ist. Das System muß wissen, daß es den A-Rest herauszuschneiden hat und nicht den G-Rest. Was ist am DNA-Strang mit dem A-Rest anders als am Strang mit dem G-Rest? Ganz einfach! Der Strang mit dem A-Rest ist der neusynthetisierte Strang, der mit dem G-Rest der alte, der Elternstrang. Dieser ist an bestimmten Resten chemisch verändert, methyliert, während der neue Strang dies zunächst noch nicht ist. Die Methylierungsreaktion verläuft langsamer als die DNA-Synthese selbst, so daß am neuen Strang für kurze Zeit die Methylgruppen fehlen. Diese kurze Frist nützt das entsprechende Reparatursystem, um den falschen A-Rest herauszuschneiden. Bakterien haben dazu ein System aus drei Genen evolviert, den Genen MutL, MutH und MutS. MutS bindet an das falsche Basenpaar, die beiden anderen erkennen sowohl MutS als auch die benachbarten Methylgruppen. Es bildet sich eine Schleife, so daß das Produkt von MutH einen Schnitt im unmethylierten Strang erzeugen kann. Diese Schnittstelle wird enzymatisch vergrößert und bei dieser Gelegenheit auch der falsche A-Rest mitentfernt. Der entstandene Zwischenraum wird durch DNA-Synthese wieder ausgefüllt; der Fehler ist repariert.

Zu den bakteriellen Genen MutS und MutL gibt es Analoga im menschlichen Genom, und zwar das MutS-Homolog hMSH2 und die drei MutL-Analoga HMLH1, hPMS1 und hPMS2. Sind sie defekt, kommt es zur Bildung von Dickdarmkrebs. Dickdarmkrebs gehört zu den häufigsten Krebserkrankungen; etwa 15 Prozent der jährlich 60000 Neuerkrankungen in Deutschland sind erblich. Ein Großteil dieser Fälle beruht auf Defekten in Reparaturgenen des Mis-Match-Reparatursystems. Diese Erkenntnis hat zunächst diagnostische und damit prognostische Bedeutung. Die Diagnose eines defekten Reparaturgens erhöht das statistische Risiko, an Dickdarmkrebs zu erkranken. Die Möglichkeit, diesen Genen dank ihrer Verwandtschaft zu bakteriellen Reparaturgenen darüber hinaus sofort eine Funktion zuordnen zu können, wird therapeutische Entwicklungen in Zukunft erheblich beschleunigen.

2.6.5.3 Apoptose

Genauso wie Zellen höherer Organismen Mechanismen haben, die sie zum Durchlaufen eines Teilungszyklus anregen, besitzen sie einen ihnen angeborenen Selbstmordmechanismus. Ein solches Programm ist insofern von großer physiologischer Bedeutung, als es eben immer wieder Bedingungen im Leben eines Organismus gibt, die die Eliminierung überflüssiger Zellen verlangen. So muß bei der Metamorphose der Kaulquappe zum Frosch der Schwanz der Kaulquappe verschwinden, und das Immunsystem produziert ständig selbstreagierende, zytotoxische T-Zellen, die in einem rigorosen Selektionsprozeß ausgesondert und dann getötet werden, um Autoimmunreaktionen zu vermeiden. Im Laufe der Entwicklung des Fadenwurms *C. elegans* entstehen 1090 Zellen und sterben 131 Zellen, die während der Entwicklung benötigt wurden, am Ende aber nicht mehr gebraucht werden. Apoptose ist also eine natürliche Form des Zelltods, im Unterschied zum nekrotischen Zelltod, der durch eine schnelle Zerstörung der betroffenen Zellen ausgelöst wird und mit Entzündungsreaktionen einhergeht. Im Gegensatz dazu erfolgt die Apoptose in äußerst kontrollierter Art und Weise. Intern aktivierte Proteasen zerstören das Zytoskelett und verändern die Zusammensetzung der Zellmembran in einer Weise, die benachbarten, phagozytischen Zellen signalisiert, sie nun zu umschlingen und den enzymatischen Abbauprozeß fortzusetzen. Die apoptotische Zelle wird somit eliminiert, ohne daß es zu Entzündungsprozessen kommt.

Über die Ausführung dieses Selbstmordprogramms im Fadenwurm *C. elegans* entscheiden drei Gene, ced-3, ced-4 und ced-9 (ced steht für cell death defective). Wenig oder nichts ist über die Funktion von ced-4 bekannt. Das Gen ced-3 kodiert ein Protein, das zu einer Familie von sogenannten Cystein-Proteasen, also eiweißspaltenden Enzymen, gehört. Diese Klasse von Enzymen hat ungewöhnliche Substratspezifizitäten. Da zu ihnen auch das „Interleukin-1β-Converting Enzyme" gehört, spricht man auch von ICE-Proteasen. Das Produkt des Gens ced-9 ist verwandt mit dem des menschlichen Gens Bcl-2. Es konterkariert die Aktivitäten von ced-3 und ced-4, schützt also die Zellen vor dem programmierten Zelltod. Die Gene ced-3 und ced-4 werden in sehr viel mehr Zellen exprimiert, als eigentlich sterben müssen. Diese zu schützen, ist offensichtlich die Aufgabe von ced-9.

In Säugerzellen gibt es nicht nur das eine erwähnte ced-3-Homolog ICE, sondern insgesamt acht verschiedene ICE-Proteasen. Ihre Überexpression führt in entsprechenden Zellen zu Apoptose, so daß sie also ebenso wie beim Fadenwurm für die Apoptose unerläßlich sind. Am besten bekannt in Säugern sind derzeit wohl die apoptotischen Reaktionswege, die durch die Wirkungsweise von zytotoxischen T-Zellen und von mononuklearen Phagozyten ausgelöst werden. In jedem Fall ist für den Zelltod ein Ligand-Rezeptorpaar verantwortlich. Die Rezeptoren tragen auf der in das Zellinnere gerichteten Seite eine charakteristische Proteindomäne, die sogenannte „Death Domäne", die die apoptotischen Signale vermittelt. Durch Bindung des Liganden an den Rezeptor wird dessen Struktur so verändert, daß diese Domäne anderen Proteinen zugänglich wird und sie an sie binden können. Inzwischen wurde gefunden, daß es Proteine aus der ICE-Familie sind, die an diese Domäne binden und durch sie aktiviert werden. Es bleibt herauszufinden, ob andere Auslöser der Apoptose, wie Schäden an der DNA oder die Expression von Onkogenen, ebenfalls über die „Death-Domäne" vermittelt werden.

Die folgenden Beispiele zeigen, daß und wie wichtig das Phänomen der Apoptose für die Medizin ist: Zahlreiche neurodegenerative Erkrankungen, wie Parkinson, Alzheimer, Retinitis pigmentosa und Amyotrophische Lateralsklerose (ALS), die Krankheit des bekannten Kosmologen Stephen Hawking, sind durch den unaufhaltsamen Verlust an Nervenzellen gekennzeichnet. Daß in diesen Fällen Apoptose am Werk ist, daran besteht wenig Zweifel. Ausgelöst wird sie durch oxidativen Stress, durch überhöhte Kalziumkonzentration und durch einen Mangel an Wachstums- beziehungsweise Überlebensfaktoren. Viele dieser Faktoren sind inzwischen bekannt und kloniert. Ihre Gabe kann die kritische Schwelle für das Einleiten apoptotischer Reaktionen signifikant erhöhen. Eine erbliche Form der ALS beruht auf einer Mutation in einem Superoxid-Dismutase-Gen. Sein Produkt ist für das Abfangen toxischer Sauerstoffradikale verantwortlich. Erhöhte Radikalkonzentrationen, wie sie im Falle eines defekten Mutase-Gens zu beobachten sind, führen zu Schäden in der intrazellulären

Matrix oder der DNA und damit zur Induktion von Apoptose. Durch die Gabe von Antioxidantien kann dies wirksam verhindert werden.

Beim Herzinfarkt, der durch einen abrupten Abbruch der Blutversorgung des Herzmuskels verursacht wird, sterben unmittelbar betroffene Kardiomyozyten nicht durch Apoptose, sondern durch echte Nekrose. Die beste Methode, die Größe des betroffenen Bereichs zu minimieren, ist eine schnelle Wiederherstellung der Blutversorgung. Leider ist dieser Prozeß der Reperfusion von erheblichen Konzentrationsanstiegen an freien Sauerstoffradikalen und an intrazellulärem Kalzium begleitet. Beide Parameter sind ideale Induktoren der Apoptose, so daß die schnelle Wiederherstellung der Blutversorgung durchaus auch ihren Preis hat. Es wird derzeit daran gedacht, in diesen Fällen mit anti-apoptotischen Substanzen zu behandeln. Im Grunde ist unser Wissen über die Regulation der Apoptose aber noch sehr begrenzt. Es besteht aber keine Frage, daß die auf ihr basierenden Arzneimittel eine ebenso große Bedeutung erlangen werden, wie diejenigen, die das Wachstum steuern und beeinflussen.

2.6.6 Mechanismen der Signaltransduktion

Eine der entscheidenden Voraussetzungen für die Existenz multizellulärer Organismen ist die Kommunikation zwischen verschiedenen Zellen. Ohne sie gelänge die Arbeitsteilung nicht, die letztlich die Grundlage ihrer evolutionären Entwicklung ist. Kommunikation steuert Wachstum und Differenzierung von Zellen genauso wie ihre Organisation zu spezifischen Geweben. Mit chemotaktischen Signalen erhält ein erwachsener Organismus die Homöostase seiner Zellen aufrecht und reagiert auf Infektionen und Verwundungen. Der Ausfall dieser Signalsysteme führt zu Diabetes, Krebs, Immunschwächen, vorzeitigem Altern und zu hohen Empfindlichkeiten gegenüber bakteriellen und viralen Infektionen. Wer regelt diese Kommunikationswege und wie werden sie gesteuert? Auch hier hat die Gentechnik entscheidend dazu beizutragen, daß wir nicht nur eine Vielzahl der Mitwirkenden dieses intra- und interzellulären Verkehrssystems kennen, sondern auch wissen, wie sie wirken.

Letztlich geht es natürlich um Proteine, wie Antikörper, Peptidhormone und Zytokine, die an zelluläre Rezeptoren binden und auf diese Weise das Bindungssignal in das Zellinnere weiterleiten. Rezeptoren besitzen extrazelluläre Domänen, an die die Liganden binden, membranspannende Domänen, die ihnen den Aufenthalt in der Zellmembran erlauben, und zytoplasmatische Domänen, die mit der intrazellulären Welt kommunizieren. Natürlich erzeugen die verschiedenen Proteine, Hormone und Zytokine usw. die verschiedensten Signale, je nach Zelltyp und je nach der gewünschten und notwendigen Antwort. Dennoch lassen sich in den grundlegenden Mechanismen vielerlei Gemeinsamkeiten erkennen, die entscheidend zum Verständnis dieser zentralen Vorgänge beizutragen erlauben.

Zwei Konzepte sind auf diesem Felde wichtig: die Aktivierung von Proteinen durch Phosphorylierung und die Existenz charakteristischer Proteindomänen, die diese Aktivierungsvorgänge selbst bewirken und an andere Proteine weitervermitteln können. Nehmen wir das Beispiel der Interferonwirkung. Interferone sind körpereigene Proteine, die für die Abwehr bestimmter Viren von Bedeutung sind. Ihre Rezeptoren sind oligomere Proteine, deren Untereinheiten sich aber einzeln in der Zellmembran bewegen und erst durch die Ligandbindung oligomerisiert werden. Dadurch kommt es zu Strukturänderungen im zytoplasmatischen Bereich, die eine zunächst kryptische Kinaseaktivität aktivieren und der zytoplasmatischen Domäne erlauben, sich selbst an einem Tyrosinrest zu phosphorylieren. Gleichzeitig wird durch die Strukturänderung die Bindung und Aktivierung eines intrazellulären Enzyms, eines Proteins aus der Familie intrazellulärer Proteinkinasen, der sogenannten JAK-Familie, ermöglicht. Dieses Enzym überträgt in der Folge einen Phosphatrest auf ein sogenanntes STAT-Protein, das aber zu diesem Zweck zunächst in seine Nähe gebracht werden muß. Dies wiederum leistet der phosphorylierte Tyrosinrest auf der zytoplasmatischen Domäne des Rezeptors. Er interagiert mit einer bestimmten Proteindomäne auf

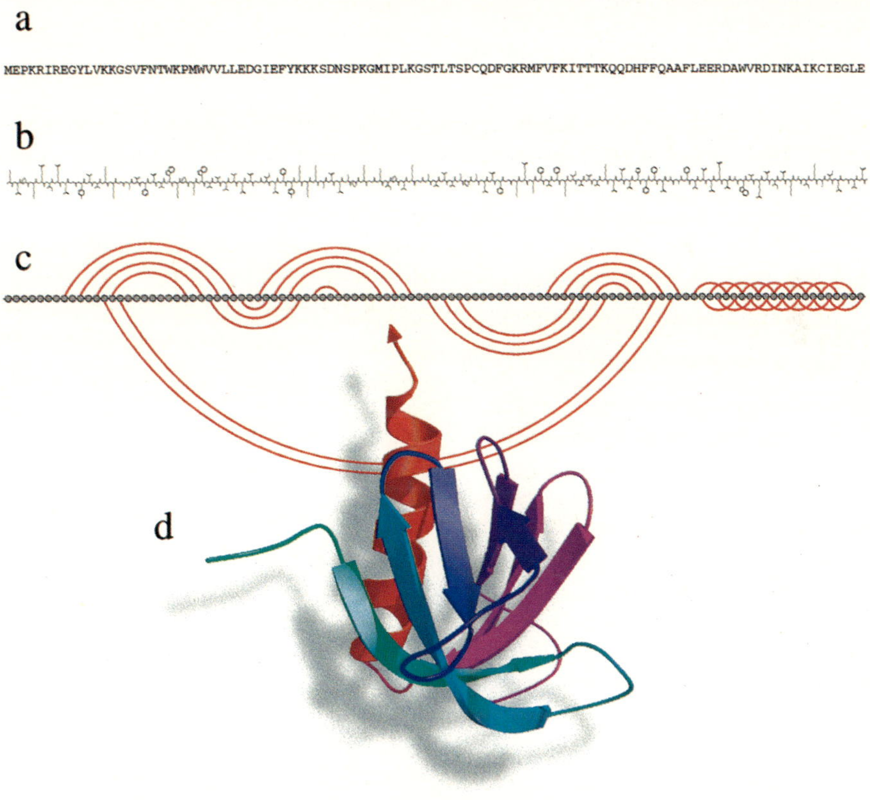

Abb. 2.6.4: Von der linearen Sequenz zur Raumstruktur. a) Die lineare Sequenz einer PH-Domäne – ein Strukturmodul, das in vielen zellulären Proteinen zur Membranassoziation dient. b) Die chemische Struktur des Proteins, schematisch als Strichformel. c) Die Wasserstoffbrücken zwischen Peptidbindungen lassen reguläre Strukturelemente und die räumlichen Beziehungen zwischen ihnen erkennen. d) Die Architektur der gefalteten Proteindomäne. (Bild von Dr. B. Steipe, Genzentrum München.)

dem STAT-Protein, einer sogenannten SH2-Domäne, so daß die JAK-Kinase nun ihr Phosphat auf einen Tyrosinrest in unmittelbarer Nachbarschaft dieser SH2-Domäne übertragen kann. Die Phosphorylierung erlaubt dem STAT-Protein, mit einem anderen STAT-Protein in Wechselwirkung zu treten. Die Paarbildung erzeugt ein aktiviertes Dimeres, das nun in den Zellkern eindringen, an die Schaltbereiche von interferonspezifischen Genen binden und deren Expression auslösen kann. Auf diese Weise ist das extrazelluläre, durch Interferonbindung vermittelte Signal in das Zellinnere gelangt und kann nun die notwendigen und erwünschten Reaktionen auslösen.

Eine entscheidende Rolle in diesem Schaltmechanismus spielt offensichtlich die sogenannte SH2-Domäne auf dem STAT-Protein. Derartige SH2-Domänen sind in der Welt der signalübertragenden Proteine weit verbreitet. Es handelt sich um kompakte Proteinmodule, die phosphorylierte Tyrosinreste erkennen. Unterschiedliche Spezifizitäten werden durch Variationen von Aminosäuren in unmittelbarer Nachbarschaft dieser Phosphotyrosinreste erzeugt. Auf diese Weise kann ein und dieselbe Proteindomäne in den unterschiedlichsten Netzwerken wirksam werden und dennoch nach dem gleichen Prinzip der Aktivierung durch Phosphatübertragung arbeiten.

Dennoch kommt die Natur mit dieser einen Domäne nicht aus. Inzwischen sind andere Domänen erkannt worden, wie die SH3-Domäne oder die Pleckstrin-Homologie-(PH-)Domäne, die in ähnlicher Weise, aber in anderen Netzwerken wirksam werden. Man kann davon ausgehen, daß die Zahl solcher Domänen noch wachsen wird und das Feld der Signaltransduktion immer mehr an Bedeutung für die Medizin gewinnen wird.

2.6.7 Molekulargenetische Diagnostik

Seit die Schrift der Gene bekannt ist und einzelne Gene isoliert werden können, ist es auch möglich geworden, Lesefehler in Genen zu identifizieren. Daß und wie solche Fehler für das Auslösen von Krankheiten verantwortlich sein können, dies wurde in den vorangegangenen Abschnitten beschrieben. Zu den Techniken, die erstmals einen wirklich breiten und zuverlässigen Einsatz der DNA-Diagnostik ermöglichen, gehört die Polymerase-Kettenreaktion. Sie erlaubt die Herstellung von Millionen von Kopien eines gegebenen DNA-Abschnitts. Letzten Endes ist diese Reaktion, die 1984 von Kary Mullis erstmals beschrieben wurde und die inzwischen zu den am meisten benutzten Methoden der Molekularbiologie zählt, den Mechanismen abgeschaut, mit denen eine Zelle normalerweise ihr Erbgut während der Zellteilung verdoppelt. Die notwendigen Enzyme sind längst kommerziell erhältlich. Was man für die Reaktion benötigt, sind darüber hinaus zwei sogenannte Primer, die die Abschnitte auf der DNA markieren, die es zu amplifizieren gilt. Die hohe Empfindlichkeit des Kopierverfahrens erlaubt es, auch in der Praxis mit nur sehr wenigen, ja vielleicht nur einer einzigen Zelle auszukommen, die aus einer Blutprobe, aus dem Urin, einer Biopsie oder aus einem Abstrich stammen kann. Die kopierte DNA wird anschließend durch sogenannte Hybridisierungsverfahren analysiert. Zu diesem

Zweck werden die beiden DNA-Stränge des kopierten und amplifizierten Materials zunächst durch Erhitzen getrennt und dann mit einer DNA-Probe vermischt, die entweder dem natürlichen oder dem veränderten (mutierten) Text entspricht. Bindet sie an die Probe mit dem natürlichen Text, enthielt die analysierte Zelle ein gesundes, natürliches Gen, bindet sie an den mit einem Lesefehler versehenen Text, dann war das Ausgangsmaterial eine mutierte, beispielsweise eine Krebszelle. Die Proben werden mit einer fluoreszierenden oder radioaktiven Markierung versehen, so daß sie leicht nachgewiesen werden können. Die Anwendungen dieser Technologie sind vielfältig. In der vorgeburtlichen Analyse dient sie der Identifizierung von Mutationen in Genen, die für die Entstehung von Erbkrankheiten verantwortlich sind. Neuerdings werden solche Untersuchungen auch auf Gene ausgedehnt, deren Veränderungen nicht unmittelbar und direkt zu pathologischen Konsequenzen führen, sondern die nur für ein erhöhtes Krankheitsrisiko veranlagen. Beispielhaft seien hier die Gene BRCA1 und BRCA2 genannt, deren Ausfall das Risiko für eine Frau, vor dem 50. Lebensjahr an Brustkrebs zu erkranken, deutlich erhöht, und zwar von 1:500 auf 1:2. Dennoch zeigt gerade dieses Beispiel wie kein anderes, daß die technischen Möglichkeiten, solche Mutationen zu erkennen, noch lange kein Mandat darstellen können und dürfen, diese auch einzusetzen. Akzeptabel sind sie letztlich nur bei Patientinnen, bei denen es eine Familiengeschichte für Brustkrebs gibt und die entsprechend beraten und auf die möglichen Konsequenzen solcher Tests vorbereitet werden.

Neben der Analyse genetisch bedingter Krankheiten spielt die Genomanalyse auch zunehmend eine Rolle bei der Überwachung des Krankheitsverlaufs von Krebspatienten. Da im Idealfall die Polymerase-Kettenreaktion den Nachweis von nur einer einzigen Leukämiezelle erlaubt, lassen sich mit diesem Verfahren das individuelle Ansprechen und der Verlauf von Chemo- und Strahlentherapien sehr genau verfolgen.

Schließlich sei noch darauf hingewiesen, daß molekulargenetische Methoden nicht nur die Diagnose von genetisch bedingten, sondern auch von Infektionskrankheiten erlauben. Ihre Erreger besitzen charakteristische Genome, die mit den geschilderten Methoden sehr leicht nachgewiesen werden können. Dies spielt vor allem dann eine Rolle, wenn die Erreger nur schwer zu kultivieren oder die klassisch-serologischen Verfahren nicht genügend empfindlich sind. Angesichts des Auftretens zahlreicher neuer Infektionskrankheiten wird diesem Ansatz eine wachsende Bedeutung beigemessen.

2.6.8 Molekulare Therapien

Dort, wo Krankheiten auf molekulare Ursachen zurückgeführt werden können, sollten sie im Prinzip auch durch molekulare Eingriffe therapierbar werden. Dies kann auf zwei Wegen geschehen, auf der Ebene der Genprodukte, also der Proteine oder aber auf der Ebene der Gene selbst. Gentechnik erlaubt die Herstellung von Proteinen in nahezu unbegrenzten Mengen. In einzelnen Fällen war dies schon vor ihrer Einführung möglich, beispielsweise bei der Substitutionstherapie der Zuckerkrankheit durch Insulin. Bis zur Erfindung der Gentechnik war sie allerdings auf Insulin aus tierischen Quellen (Rind, Schwein) beschränkt. Heute werden über 90 Prozent der Patienten mit dem körpereigenen Material behandelt. Menschliches Insulin ist aber längst nicht das einzige Protein, das heute zur Behandlung von Krankheiten zur Verfügung steht. Die Liste therapeutischer Proteine wird nahezu täglich länger und schließt inzwischen Hormone, Wachstumsfaktoren, Antikörper, virale Hüllproteine als Impfstoffe und vieles andere mehr ein. So kommt es beispielsweise bei der Behandlung von Patienten mit chronischer myeloischer Leukämie mit dem Zytokin Interferon-α zu langanhaltenden Remissionen, wenn nicht gar Heilungen. Auch die geringe, aber signifikante Wirksamkeit von Interleukin-2 beim Hautkrebs, beim Nierenzellkarzinom und beim Non-Hodgkin-Lymphom zeigt, daß die antitumorale Wirksamkeit körpereigener, im Immunsystem wirkender Substanzen neben Chemotherapie, Chirurgie und Strahlentherapie bereits zu einer neuen Behandlungsart geworden ist. Derzeit nehmen sich die klinisch relevanten Fortschritte allerdings noch bescheiden aus.

2.6.8.1 Proteine als „Targets" für die Arzneimittelentwicklung

Proteine können auch indirekt als Werkzeuge der „Molekularen Medizin" fungieren, indem ihre Verfügbarkeit die schnelle Suche nach niedermolekularen Substanzen gestattet, die ihre Aktivität beeinflussen. Die kürzlich entwickelten Hemmstoffe der HIV-Protease sind ein eindrückliches Beispiel für diesen Ansatz. Derzeit (Juni 1997) sind etwa 22 Millionen Menschen weltweit an AIDS erkrankt, 90 Prozent davon in Dritte-Welt-Ländern. Selbst in den USA ist AIDS bei Frauen zwischen 25 und 45 Jahren die häufigste Todesursache. Die Zielzellen des HIV-Virus sind sogenannte $CD4^+$-Zellen des Immunsystems, deren Anzahl in infizierten Personen von normal 1000 Zellen pro mm^3 Blut auf weit unter 100 sinken kann. Mit den $CD4^+$-Zellen werden fatalerweise genau diejenigen Zellen des Immunsystems getroffen, die normalerweise bei Virusinfektionen für die Ausbildung einer Immunantwort vorgesehen sind. Darüber hinaus zeichnet sich eine HIV-Infektion durch eine besonders intensive Produktion von Viruspartikeln aus (10^{10}/Tag), unter denen sich dank der hohen Mutationsrate dementsprechend viele Varianten befinden können.

Der virale Infektionszyklus ist heute dank des Einsatzes von Gentechnik in großen Zügen verstanden. Er beginnt mit dem Eindringen des Virus in die Wirtszelle und der Freisetzung des viralen Genoms. Dieses muß dann von RNA in DNA übersetzt und anschließend in das zelluläre Erbgut integriert werden. Erst dann können von dem mit der zellulären DNA verknüpften viralen Genom die viralen Gene exprimiert werden. Dabei entsteht ein langes Polypeptid, aus dem die einzelnen viralen Proteine durch eine viruseigene Protease herausgeschnitten werden. Aus den viralen Strukturproteinen und dem vom DNA-Genom abgelesenen viralen Genom werden in der Folge virale Partikel gebildet und über die zelluläre Membran in die extrazelluläre Umgebung freigesetzt. Angriffspunkte für eine antivirale Therapie finden sich im Prinzip überall dort, wo am viralen Vermehrungszyklus Mechanismen beteiligt sind, die in gesunden Zellen nicht vorkommen und daher ohne Beeinträchtigung von nichtinfizierten Zellen manipuliert werden können. Als erstes Target wurde in diesem Zusammenhang die virale reverse Transkriptase anvisiert, da es bereits Erfahrung im Umgang mit solchen Enzymen gab. Dabei kamen sogenannte Nukleosid-Analoga zur Anwendung. Es handelt sich um Nukleoside, die, wie das 3'-Azidothymidin (AZT), derart modifiziert sind, daß sie vom Enzym zwar in die wachsende DNA-Kette eingebaut werden, aber dann die Kettenverlängerung blockieren. Mit kombinierten Therapieregimen ist es möglich, die Plasma-HIV-RNA-Spiegel über zwei Jahre hinweg auf ein Zehntel der Anfangswerte zu senken und damit den Fortgang der Krankheit zu verzögern. Verhindern aber läßt er sich auf diese Weise nicht, da sich am Ende immer wieder Resistenzen ausbilden. Die hohe Vermehrungsrate des Virus erlaubt die schnelle Selektion von Varianten, die durch die modifizierten Nukleoside nicht mehr gehemmt werden.

Als sehr viel chancenreicher scheint sich derzeit die Behandlung mit Inhibitoren der viralen Protease zu entwickeln. Die virale Protease, ein kleines Protein von nur 99 Aminosäuren Länge, spaltet und zerlegt das virale Polyprotein in die viralen Strukturproteine und die drei viralen Enzyme, die reverse Transkriptase, die Integrase und die Protease selbst. Ohne diese Spaltreaktionen wird der Vermehrungszyklus unterbrochen. Die Protease ist daher essentiell für die Virusvermehrung. Da es überdies in menschlichen Zellen keine Protease ihrer Art gibt, stellt sie ein ideales Zielmolekül für einen therapeutischen Ansatz dar. Auf der Basis einer Kristallstruktur, die Mitte der 80er Jahre bekannt wurde, gelang inzwischen eine gezielte Synthese von wirksamen Inhibitoren. In Kombinationstherapien gemeinsam mit den erwähnten Nukleosidanaloga wird eine langfristige Reduktion der Virustiter auf weniger als ein Hundertstel der Anfangsmengen und damit unter die Nachweisgrenze möglich. Bei HIV-erkrankten Babies erscheint diese Art der Therapie besonders wirksam, sinken doch bei ihnen nicht nur die Virustiter unter die Nachweisgrenze, sie beginnen auch die antiviralen Antikörper zu verlieren, ein wichtiges Indiz dafür, daß das Virus völlig ausgerottet ist. Bei solchen Patienten wird derzeit bereits überlegt, die Chemotherapie ganz abzusetzen und sie für geheilt zu erklären. Ob hier allerdings nicht der Wunsch zum Vater des Gedankens wird und nicht dennoch wieder Resistenzen auftreten, dies kann nur die Zukunft zeigen.

Diese optimistische Sicht der Dinge darf nicht davon ablenken, daß die kombinierten Therapieregimes keineswegs ideal sind. Die Patienten müssen an die 20 Tabletten pro Tag nehmen, Nebenwirkungen und Kosten der Therapie sind hoch. Mit 5000 US-Dollar pro Jahr wird sie für die über 90 Prozent der Patienten in den Dritte-Welt-Ländern unerreichbar sein und bleiben. Die Suche nach neuen Therapieverfahren geht daher unverändert weiter. Zwei Entwicklungen sind in dieser Hinsicht von Bedeutung: Zum einen die Beobachtung, daß auch nach einer völligen Eliminierung des Virus das Immunsystem nicht völlig regeneriert. Offensichtlich hat das Virus irreversible Schäden hinterlassen. Therapeutisch läßt sich dieses Problem möglicherweise mit Thymustransplantaten angehen. Andererseits wirft es vielleicht ein Licht auf die tatsächlichen, bislang unverstandenen Mechanismen, mit denen HIV das Immunsystem angreift. Unsere mangelhaften Kenntnisse auf diesem Gebiet haben bislang die Entwicklung von Impfstoffen gegen HIV erschwert, wenn nicht gar verhindert. Möglicherweise wird sich dies nun ändern, und damit auch für die Patienten aus Dritte-Welt-Ländern zumindest eine Prävention möglich werden.

2.6.8.2 Somatische Gentherapie

Schließlich ist es möglich, bei genetisch bedingten Krankheiten statt auf die Genprodukte zu rekurrieren, gleich auf der Ebene der Gene selbst anzusetzen. Unter dem Stichwort „somatische Gentherapie" wird in der Folge eine Reihe von Therapiestrategien erwähnt, die zwar in der Mehrzahl bislang kaum über eine präklinische Phase hinausgekommen sind, aber als außerordentlich zukunftsträchtig gelten. Das Attribut „somatisch" meint dabei alle Körperzellen des menschlichen Organismus mit Ausnahme der Keimzellen (Ei- und Samenzellen) und ihrer Vorläufer.

In der Anfangsphase der Versuche zur Entwicklung einer somatischen Gentherapie zielte man auf die klassischen Erbkrankheiten. Dies stellte sich jedoch als schwierig heraus, da in der Regel die Produktion eines therapeutischen Proteins sehr genau dosiert werden muß. Obwohl heute bekannt ist, daß Gene durch molekulare Schalter gesteuert werden können, hat die Wissenschaft diese Schalter längst nicht mit der Genauigkeit im Griff, die für die Therapie vieler Erbkrankheiten notwendig ist. Dennoch gibt es weltweit einige wenige Patienten, denen mit dem Einbau von Genen in spezielle Körperzellen geholfen werden konnte.

Mehr als die Hälfte aller Therapieansätze in Sachen somatischer Gentherapie bezieht sich allerdings derzeit nicht auf die klassischen Erbkrankheiten, die ohnehin selten sind, sondern auf die Therapie von Krebs. Krebs, wie wir bereits gelernt haben, ist ein genetisch bedingtes, weit verbreitetes Krankheitsbild, das nach neuen Therapieansätzen förmlich schreit. In der Regel ist jedoch der Ersatz defekter oder aktivierter Krebsgene in Krebszellen unmöglich, da in der maßlos wachsenden Krebszelle die chromosomalen Veränderungen derart groß sind, daß sie nicht nur die Krebsgene selbst, sondern viele andere Gene zusätzlich betreffen. Dies alles zu ersetzen erscheint ausgeschlossen. Man behilft sich daher mit anderen Strategien, beispielsweise der sogenannten Tumorvakzinierung. Sie beruht auf folgendem Prinzip: In einem gesunden Organismus werden Krebszellen, die immer wieder entstehen, durch das Immunsystem als fremd erkannt und abgestoßen. Gelegentlich aber entrinnen sie der Beobachtung durch das Immunsystem, weil sie im wahrsten Sinne des Wortes für das System unsichtbar werden. Ihnen sind dann bestimmte Gene verlorengegangen, deren Produkte sie im Normalfall für das Immunsystem sichtbar machen. Gelänge es, diese fehlenden Gene in die Krebszellen zurückzubringen, dann würden sie für das Immunsystem wieder erkennbar und könnten aus dem Organismus entfernt werden.

Inzwischen ist klar geworden, daß eine tumorspezifische Immunantwort zum einen durch immunmodulatorische Cytokine stimuliert werden kann. Zum anderen bedarf sie der Gegenwart von kostimulierenden Elementen oder Determinanten, insbesondere den B7-Genprodukten. Diese werden durch eine spezifische Rezeptorstruktur auf T-Zellen erkannt, den sogenannten CD28-Rezeptor. Erst mit der Wechselwirkung B7/CD28 kommt es zur Erkennung der Tumorzelle und zur Aktivierung entsprechender T-Zellen. Diese T-Zellen beginnen in der Folge durch Zellteilung zu expandieren und zu differenzieren, so daß sie am Ende ihres Entwicklungsprozesses nicht nur B7-enthaltende, sondern auch B7-freie Tumorzellen erkennen und eliminieren können. Inzwischen konnte in vitro und in vivo gezeigt werden, daß das Einbringen des B7-Gens in Tumorzellen zu einem Rückgang der Tumorbildung durch Aktivierung B7-abhängiger T-Zellen führt.

Ein anderer gentherapeutischer Ansatz scheint sich bei Knochenmarkstransplantationen zu bewähren. Knochenmarkstransplantationen werden bei zahlreichen Blutkrebsvarianten durchgeführt, um die schweren Schädigungen des Knochenmarks zu kompensieren, die durch die Chemo- oder Strahlentherapie entstehen. Sie werfen jedoch das Problem der Graft-Versus-Host-Krankheit (GVHD) auf, des Phänomens also, daß sich die T-Zellen des Donors gegen die Zellen des Empfängers wenden können und in der Folge dessen vitale Organe zerstören. Nur wenn das Transplantat von einem eineiigen Zwilling stammt, kann dieser fatale Zwischenfall mit Sicherheit vermieden werden. Natürlich lassen sich die fremden T-Zellen aus dem Transplantat vor dessen Infusion entfernen. Da der Empfänger aber keine eigenen T-Zellen mehr besitzt – sie sind durch die Chemo- oder Strahlentherapie zerstört worden –, benötigt er die fremden T-Zellen für die Abwehr von Infektionskrankheiten. Wann immer also in der Folge einer Knochenmarkstransplantation beim Empfänger schwere Infektionen auftreten, müssen ihm die fremden T-Zellen gegeben werden, mit der gleichzeitigen Gefahr einer GVHD. Als Ausweg ist es heute möglich, die fremden T-Zellen mit einem Gen zu versehen, daß immer dann, wenn eine GVHD auszubrechen droht, die fremden Zellen abzutöten erlaubt. Sie werden zu diesem Zweck mit einem aus dem Herpes-Virus-Genom stammenden Gen für das Enzym Thymidinkinase versehen. Nach Gabe von Nucleosidanaloga wie beispielsweise Ganciclovir katalysiert es die Bildung eines toxischen Zwischenprodukts und erlaubt so die selektive Beseitigung der fremden T-Zellen, wenn es sich denn als nötig erweist.

2.6.8.3 Vektoren für die somatische Gentherapie

Einer der entscheidenden Engpässe in der Gentherapie betrifft den Transfer der therapeutischen Gene in ihre Zielzellen. In der Regel bedienen sich Gentherapeuten zu diesem Zweck bestimmter, ausgewählter Viren. Viren haben in langfristigen Selektionsprozessen optimale Mechanismen entwickelt, genetisches Material in Zellen einzuschleusen. Sofern es gelingt, ihre pathogenen Eigenschaften von denen zu trennen, die ihr wirksames Eindringen in Zellen erlauben, wären in der Tat ideale Vektoren entwickelt. In der Anfangsphase der Gentherapie konzentrierte man sich vor allem auf sogenannte Retroviren, die ihr Erbgut mit dem der infizierten Zelle kovalent verknüpfen und daher für gentherapeutische Zwecke besonders geeignet schienen. Über 75 Prozent aller bislang durchgeführten Gentherapiestudien basieren dementsprechend auf retroviralen Vektoren. Sie haben jedoch beträchtliche Nachteile. Der Einbau der therapeutischen Gene in das zelluläre Erbgut erfolgt wahllos und kann nicht gesteuert werden. Daher besteht die reale Gefahr, daß er in der Nachbarschaft oder auch mitten in Onkogenen erfolgt und dadurch die transduzierten Zellen zu Krebszellen werden. Retroviren haben auch den Nachteil, daß sie nur solche Körperzellen infizieren können, die sich aktiv teilen. Gegenüber ruhenden Zellen sind sie resistent, so daß Krankheiten, deren Zielzellen sich nicht teilen, als Targets für retrovirale Vektoren nicht in Frage kommen können. Schließlich gibt es bei Retroviren Schwierigkeiten mit der Dauer und Stärke der Genexpression, die oft schon wenige Wochen nach dem Gentransfer signifikant nachläßt.

Inzwischen sind andere Vektoren auf dem Vormarsch, darunter solche, die auf der Grundlage von Adenoviren oder AAV (Adeno-assoziiertes Virus) konstruiert sind. Adenoviren infizieren auch ruhende Zellen, sie sind selten oder überhaupt nicht pathogen und können in großen Mengen hergestellt werden. Von ihnen abgeleitete Vektoren dienten in der Vergangenheit als Vehikel für den Transfer des CFTR-Gens in Lungen-Epithelzellen von Patienten mit Mukoviszidose. Leider erwiesen sich diese Vektoren als extrem immunogen, so daß die Patienten zwar ein korrektes CFTR-Gen exprimierten, wegen der Expression der viralen Proteine aber mit Immunsuppressiva behandelt werden mußten. Inzwischen ist eine zweite Generation von Adenovirus-Vektoren entwickelt worden, die keine viralen Proteine mehr exprimieren und daher das bislang mit den adenoviralen Vektoren verknüpfte Immunitätsproblem vereinfachen sollten. AAV-Viren sind ebenfalls gut für gentherapeutische Zwecke geeignet. Sie sind wenig oder nicht immunogen. Ihre Genome sind jedoch vergleichsweise klein, so daß zwar Cytokingene problemlos transferiert werden können, große Gene wie beispielsweise das Faktor VIII-Gen aber nur mit Schwierigkeiten.

Neben den Viren sind auch nichtvirale Transfersysteme in Arbeit, darunter sogenannte Liposomen. Obwohl sie Gene mit nur sehr viel geringerer Effizienz als Viren übertragen, haben sie jedoch den Vorteil, daß sie sich niemals zu pathogenen Viren verändern können. Dementsprechend sind derzeit bereits zwölf klinische Studien mit diesen nichtviralen Systemen zugelassen.

Es ist klar, daß es den idealen Vektor bislang nicht gibt. Die von der Krankheit, den Zielzellen und der Natur des zu transduzierenden Gens vorgegebenen Randbedingungen sind derart unterschiedlich, daß es diesen vielleicht auch niemals geben wird. Dennoch ist derzeit die Zahl der klinisch akzeptablen Transfersysteme noch so gering, daß gerade auf diesem Gebiet ein großer Nachholbedarf herrscht. Erst mit dessen Befriedigung werden im Bereich der somatischen Gentherapie wirkliche Erfolge zu verzeichnen sein.

2.6.9 Ausblick

Die Molekulare Medizin wird die Praxis der Medizin revolutionieren. Um dennoch allfälligen Mißverständnissen vorzubeugen: Sie zielt weder auf das „ewige Leben", noch ist sie grenzenlos. Der entzündete Weisheitszahn, aber auch der beim Skifahren erlittene Beinbruch sind keine genetischen Krankheiten. Molekulare Medizin, wie jeder andere Einsatz von Medizin, bedarf auch der Einbeziehung sozialer Kontexte. Das Drogenproblem hat selbstverständlich eine wissenschaftliche Dimension, die dereinst vielleicht sogar die Problematik der Sucht mit molekularen Methoden anzugehen erlaubt. Diese Einsicht reicht jedoch nicht aus. Die sorgfältige Analyse der sozialen Hintergründe des Drogenmißbrauchs darf gegenüber den molekularen Ansätzen nicht in den Hintergrund treten. Ähnliches gilt beispielsweise für das AIDS-Problem. Die neuen therapeutischen Entwicklungen auf der Basis von Enzym-Inhibitoren sind eindrucksvoll. Gerade aber weil es (noch) keinen HIV-Impfstoff gibt, der allein den Patienten in der Dritten Welt zugute käme, darf auch nicht der Anschein erweckt werden, die präventiven und anderen gesellschaftlichen Strategien zur Beherrschung von AIDS würden in absehbarer Zeit überflüssig.

Vorsicht und Zurückhaltung sind auch beim Einsatz der Genomanalyse geboten. Die Entwicklung genauer Methoden zum Nachweis von Genveränderungen läßt derzeit unsere diagnostischen Fähigkeiten sehr viel schneller wachsen als unsere therapeutischen Möglichkeiten. Dadurch werden Krankheiten oder Veranlagungen zu Krankheiten diagnostizierbar, die nicht heilbar sind. In der Übergangszeit, bis es akzeptable therapeutische Strategien auch für diese Krankheiten gibt, muß die uneingeschränkte Rücksichtnahme auf den individuellen Patienten Vorrang vor allen anderen Gesichtspunkten haben. Angesichts unerträglicher Entscheidungszwänge muß sogar ein Verzicht auf genetisches Wissen möglich sein, genauso wie andererseits diejenigen, die es wissen wollen, es auch wissen dürfen sollen. Dabei muß die Sicherung der Freiwilligkeit der Genomanalyse ebenso wie der Schutz der Vertraulichkeit genetischen Wissens absolute Priorität gegenüber eventuellen Interessen Dritter, sei es der Wissenschaft, sei es von Arbeitgebern oder auch Versicherungen, genießen. Es ist schließlich auch das Problem der Eugenik zu bedenken, die nicht nur mit dem Stigma schrecklicher Irrwege belastet ist, sondern die auch wissenschaftlich keinerlei Sinn macht. Die Wissenschaft hat die Pflicht, alles zu tun, die Öffentlichkeit über diesen Punkt mit der gebotenen Offenheit zu informieren und jedem Versuch, sich dieses Konzept zu eigen zu machen und damit Menschen auf Grund vermeintlicher oder echter genetischer Unterschiede zu diskriminieren, mit aller Kraft entgegenzutreten. Vor diesem Hintergrund, also korrekt eingesetzt, wird auch die „Molekulare Medizin" bei uns eine glänzende Zukunft zu erwarten haben.

2.7 Infektionskrankheiten

Sucharit Bhakdi, Universität Mainz, Bernhard Fleckenstein, Universität Erlangen-Nürnberg, Bernhard Fleischer, Bernhard Nocht-Institut Hamburg, und Ernst Th. Rietschel, Forschungszentrum Borstel

2.7.1 Vorbemerkungen

Mit der Einführung effektiver Hygienemaßnahmen und der Identifizierung der wichtigsten Krankheitserreger, mit der Entwicklung von wirksamen Impfstoffen sowie dem Siegeszug der Antibiotika schienen bakteriell, viral, parasitär und mykotisch bedingte Erkrankungen beherrschbar, und nach dem Zweiten Weltkrieg setzte sich in Gesellschaft, Politik und Wissenschaft zunehmend die Auffassung durch, daß die Infektionskrankheiten besiegt seien. In den Industrienationen wiegte man sich in der trügerischen Sicherheit, daß die Bedrohung durch Mikroorganismen einer dunklen Vergangenheit angehörte. Diese Einschätzung förderte auch in Deutschland eine bedenkliche Entwicklung: Infektionskliniken oder -stationen, soweit überhaupt vorhanden, wurden aufgelöst, infektiologisch interessierte Grundlagenforscher und Kliniker nur an wenigen Stellen ausgebildet, die industrielle Entwicklung von neuen Impfstoffen und Antibiotika reduziert oder eingestellt und staatliche Förderprogramme für infektiologische Forschungsprojekte kaum aufgelegt. Dann aber trat während der letzten zwei Dekaden eine Entwicklung ein, die auf erschreckende Weise verdeutlichte, daß mikrobielle Krankheitserreger unverändert eine Bedrohung der Spezies *Homo sapiens* darstellen. Das Auftreten beziehungsweise die Identifizierung bisher unbekannter Erreger wie des AIDS-Erregers HIV, des Hepatitis-C-Virus, von Legionellen und Borrelien sind hierfür eindrucksvolle und bekannte Beispiele. Nicht minder bemerkenswert ist die Tatsache, daß auch altbekannte Krankheiten erneut an Bedeutung gewonnen haben. Beispiele sind nicht nur die zuletzt in den Medien viel diskutierten Erkrankungen Tuberkulose, Malaria und Virusgrippe, sondern auch wenig beachtete, dennoch sehr verbreitete Infektionen durch vermeintlich banalere Erreger wie Staphylokokken und Streptokokken. Darüber hinaus wurde zunehmend erkannt, daß zahlreiche Krankheitsbilder, die ursprünglich in keinerlei Zusammenhang mit Infektionen zu stehen schienen, wie Magenschleimhautentzündung, Magenkrebs sowie Nerven- und Gelenkentzündung, letztlich auf Mikroorganismen zurückzuführen sind. Ein besonderes Kapitel der Infektiologie sind die rasch fortschreitenden letalen Gehirnatrophien und Demenzen, die durch Prion-Eiweißpartikel übertragen zu werden scheinen. Diese Entdeckung zeigt, daß immer wieder mit der Existenz völlig neuartiger Prinzipien der Infektionsauslösung zu rechnen ist.

Mikroorganismen besiedelten die Erde lange vor dem Menschen, dessen Entwicklung von der Auseinandersetzung mit Bakterien, Parasiten, Pilzen und Viren entscheidend mitgeprägt ist. So ist anzunehmen, daß das Immunsystem des Menschen auch das Ergebnis dieser Wechselwirkung ist. Mikroorganismen entwickelten aufgrund von frequentem Wirtswechsel, hoher genetischer Flexibilität und rascher Evolution immer neue Strategien, um sich der Immunabwehr zu entziehen, diese zu überlisten oder deren Komponenten zur eigenen Ausbreitung zu nutzen. Infektionsforschung hat folglich einerseits die Beschäftigung mit den Erregern und deren krankmachenden (pathogenetischen) Eigenschaften, andererseits mit den Schutz- und Abwehrmechanismen des Makroorganismus sowie mit Möglichkeiten der Prophylaxe und Therapie zum Gegenstand.

Heute, an der Schwelle zur zweiten Jahrtausendwende, müssen wir erkennen, daß jährlich annähernd 20 Millionen Menschen alleine infolge der häufigsten Infektionskrankheiten versterben und Infektionskrankheiten weltweit hinsichtlich Morbidität und Mortalität vor Herz-Kreislauf-Erkrankungen und Krebs an erster Stelle stehen. Infektionskrankheiten stellen eine allgegenwärtige Bedrohung dar. Trotz der Verfügbarkeit potenter Antiinfektiva und modernster Intensivmedizin kann jederzeit ein Mensch in einem Krankenhaus in Berlin, Paris, New York oder Tokio an den Folgen einer Infektion sterben. Diese Erkenntnis müßte genügen, um die dringende Notwendigkeit einer Intensivierung von Forschungsaktivitäten auf dem Gebiet der Infektionskrankheiten zu unterstreichen. In seinem Positionspapier vom 21. Mai 1996 empfiehlt der Gesundheitsforschungsrat des Bundesministeriums für Bildung, Wissenschaft, Forschung und Technologie zur besonderen Förderung unter anderem als Schwerpunkt die „Prävention von Infektionskrankheiten". Auch aus der Sicht des Gesundheitsforschungsrates kommt den Infektionskrankheiten jetzt und zukünftig eine besondere gesundheitspolitische Bedeutung zu, die weiterführende Forschungen zur Diagnostik, Epidemiologie, Pathogenese, Therapie und Vakzineentwicklung erfordert.

Im vorliegenden Beitrag werden, ohne Anspruch auf Vollständigkeit oder auf systematische Erfassung, exemplarisch aktuelle Forschungsthemen auf dem Gebiet der Infektion dargestellt. Die Darstellung beschränkt sich auf Infektionskrankheiten des Menschen und hier auf bakterielle, parasitäre und virale Erreger. Ähnliche Ausführungen könnten zu entsprechenden Erregern von Infektionen bei Tieren oder Pflanzen gemacht werden oder zu weiteren Erregerklassen, wie den Pilzen oder den Viroiden. Es ist das Ziel des Beitrags aufzuzeigen, wie groß die Wissensdefizite auf diesem Gebiet sind und wie wichtig und lohnend die wissenschaftliche Auseinandersetzung mit den Infektionskrankheiten ist, gleich ob sie grundlagenorientiert, klinisch oder anwendungsorientiert ist.

2.7.2 Bakteriologische Infektionsforschung

2.7.2.1 Erregernachweis und Epidemiologie

Bis vor etwa zehn Jahren waren die konventionellen Methoden zum Nachweis von Bakterien weitgehend dieselben wie die zu Zeiten Robert Kochs (1843-1910). Das von ihm entwickelte Verfahren zur Isolierung von Reinkulturen von Bakterien stellte einen „Quantensprung" in der Mikrobiologie dar und führte in einem kurzen Zeitraum zur Entdeckung der meisten heute bekannten krankheitserregenden Bakterien. Zahl und Diversität der in der Natur vorkommenden Mikroorganismen sind jedoch wesentlich höher, als bisher durch Reinkultur belegt werden konnte. Man schätzt, daß zur Zeit nur etwa zehn Prozent der vor-

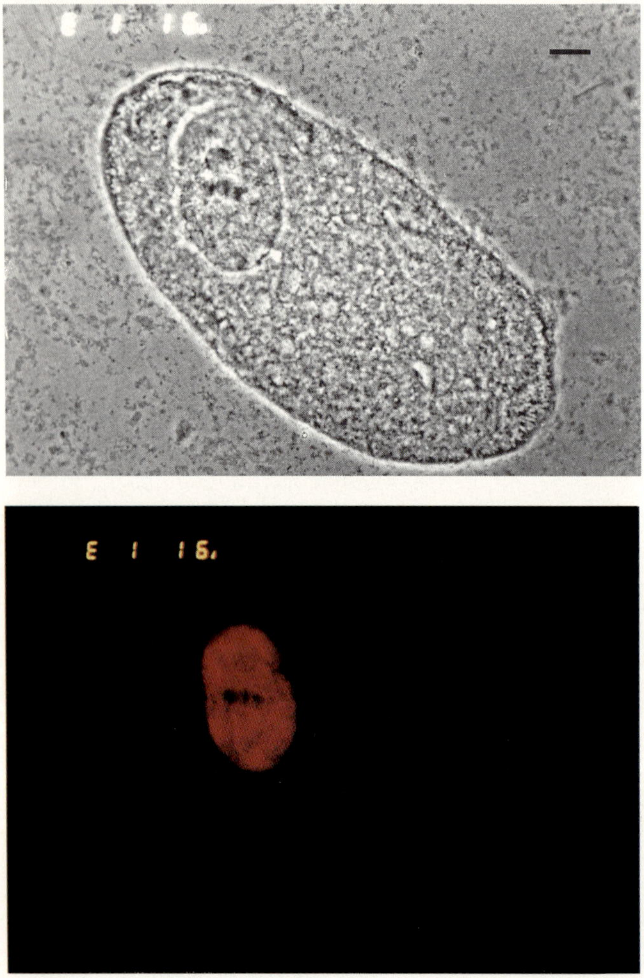

Abb. 2.7.1: Durch Einsatz von molekularbiologischen Methoden gelingt der Nachweis von mikrobieller Nukleinsäure. Die Zelle (Paramecium) ist von einem Bakterium (Holospora) befallen, das sich allerdings nicht anzüchten läßt. Lange Zeit konnte das parasitierende Bakterium nicht in Paramecien sichtbar gemacht werden. Durch Verwendung einer Gensonde – hier Rot markiert – konnte die bakterielle Nukleinsäure im Zellkern der befallenen Zellen nachgewiesen werden. Mit Hilfe solcher Methoden gelingt es heute, auch nicht anzüchtbare Bakterie bzw. deren Nukleinsäuren darzustellen. (Quelle: Prof. Dr. H. G. Schleifer, Dr. L. Amann, Lehrstuhl für Mikrobiologie der TU München.)

kommenden Bakterien überhaupt bekannt sind und davon nur etwa zehn Prozent angezüchtet werden können. Ähnliches gilt für Viren. Durch die großen technologischen Fortschritte wird es jedoch zunehmend möglich, „neue" Erreger nachzuweisen. Dies gilt für Mikroorganismen wie HIV, deren Existenz und Auftreten als Menschenpathogene tatsächlich als neu zu bezeichnen sind, wie auch für Erreger, deren Rolle in der Medizin aufgrund mangelnder Nachweismöglichkeiten lange Jahre nicht erkannt wurde (Beispiele: Hepatitis-C-Virus, Borrelien, *Helicobacter pylori*). Es gibt gute Gründe für die Annahme, daß bislang nicht identifizierte pathogene Bakterien bei vielen Erkrankungen eine wichtige Rolle spielen. Beispielsweise werden bei diversen chronisch-entzündlichen Erkrankungen (Sarcoidose, Wegnersche Granulomatose, Morbus Crohn, Colitis ulcerosa) Bakterien als ätiologische Agentien oder als Kofaktoren diskutiert, und die Hinweise mehren sich, daß Arteriosklerose und somit ein erhöhtes Risiko für den Herzinfarkt mit einem bakteriellen Erreger (*Chlamydia pneumoniae*) assoziiert ist.

Die Entwicklung von neuen molekularen Diagnostikverfahren (*polymerase chain reaction* = PCR, 16S-RNA-Sequenzanalysen) hat wesentlich dazu beigetragen, dem Gebiet des Erregernachweises neue Impulse zu verleihen, und zur begründeten Hoffnung Anlaß gegeben, daß wir in naher Zukunft erneut einen „Quantensprung" beziehungsweise die Entdeckung einer Reihe von neuen Pathogenen erleben werden. Moderne molekulare Methoden unterscheiden sich von konventionellen Nachweisverfahren darin, daß Mikroorganismen aufgrund ihrer charakteristischen Nukleinsäuren nachgewiesen und identifiziert werden. Nachdem Methoden zur Vervielfältigung der Nukleinsäure entwickelt wurden (zum Beispiel PCR), müssen weitere Forschungsarbeiten folgen, um die Techniken für diagnostische Zwecke zu optimieren. Hierzu sind unter anderem profunde Kenntnisse über die Genstruktur von Mikroorganismen notwendig. Neuerdings gelingt es mit der PCR-Methode, die Anwesenheit von nicht anzüchtbaren Keimen sowohl in der belebten wie auch in der unbelebten Umwelt nachzuweisen. So wurde beispielsweise bewiesen, daß nicht anzüchtbare Bakterien für die Entstehung manch einer bislang rätselhaften Erkrankung wie des Morbus Whipple verantwortlich sind. Ferner ermöglicht die Nukleinsäurediagnostik eine wesentlich schnellere Identifizierung von bekannten Bakterien. Als Beispiel seien Erkrankungen durch sogenannte atypische Mykobakterien genannt, deren Therapie oft von ihrer Identifizierung abhängt. Diese Pathogene spielen eine bedeutende Rolle als Erreger von Infektionen bei immunsupprimierten Patienten, beispielsweise Organtransplantierten und AIDS-Kranken.

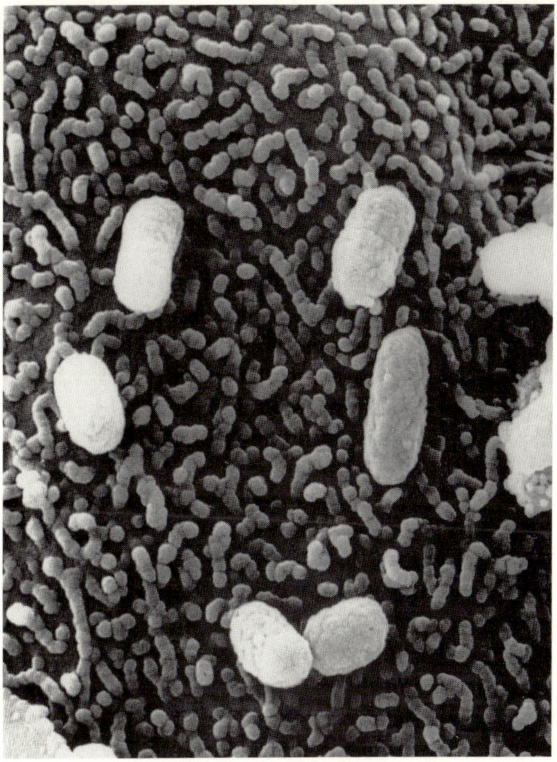

Abb. 2.7.2: Adhäsion von *Escherichia coli*, einem der häufigen Erreger von Urogenitalinfektionen, an Epithelzellen. Nach Anheftung vermehren sich die Bakterien und dringen in das Gewebe ein, wo sie ihre krankmachenden Eigenschaften entfalten. (Quelle: Dr. B. Kreft, Medizinische Universität Lübeck, Lübeck.)

2.7.2.2 Erforschung von Pathogenitätsfaktoren

Pathogenitätsfaktoren sind mikrobielle Produkte oder Zellbestandteile, die das krankmachende Potential des Erregers determinieren. Zu wichtigen Pathogenitätsfaktoren gehören die Adhäsine, mit deren Hilfe Bakterien sich an zellulären und extrazellulären Komponenten des Wirtes anheften, und die Toxine (Gifte), mittels derer Mikroorganismen den Wirtsorganismus schädigen können.

Die strukturelle Aufklärung von mikrobiellen Haftstrukturen und die Identifizierung der interagierenden Wirtsmoleküle bilden ein wichtiges Thema der Infektionsforschung. Aus dieser Forschungsrichtung leiten sich unter anderem Möglichkeiten der Verhinderung einer Infektion ab, beispielsweise durch den Einsatz von Antikörpern, die spezifisch die Bindungsmoleküle blockieren und ihre Funktion hemmen. Beispiele für Haftmoleküle sind sogenannte Pili, haarförmige Eiweißstrukturen, die auf der Oberfläche von Bakterien exponiert sind und den ersten Kontakt der Mikroorganismen mit Zellen des Wirtes vermitteln. Erst nach erfolgreichem Anheften, zum Beispiel an Epithelzellen des Magen-Darm-Kanals oder der ableitenden Harnwege, können sich Bakterien lokal vermehren und damit zur Infektionskrankheit führen. Wichtig ist hier die atomare Eingrenzung der für die Bindung verantwortlichen Region eines Pilus. Hiernach ergeben sich Möglichkeiten, die Interaktion mit den Wirtszellen zu blockieren und somit die Infektion zu verhindern. Manchmal existieren allerdings genetische Mechanismen für eine Strukturveränderung des Pilus (wie beim Erreger der Gonorrhoe), die dazu beitragen, daß sich die eindringenden Keime der Immunabwehr des Wirtes entziehen. Die Aufklärung solcher Mechanismen erfordert den Einsatz moderner Methoden der Molekularbiologie und Proteinbiochemie. Sie liefert einerseits grundlegende Erkenntnisse in der Zellbiologie und der Physiologie der Mikroorganismen, andererseits ergeben sich auch neue Perspektiven für die Vorbeugung oder therapeutische Intervention bakterieller Infektionen.

Toxine sind von Mikroorganismen produzierte Giftstoffe, die direkt oder indirekt eine Schädigung von Zellen des Wirtsorganismus oder eine Beeinträchtigung von Organfunktionen bewirken. *Endo*toxine, die aus einem nur im Bakterienreich vorkommenden Lipid (Lipoid A) und einem Zuckeranteil bestehen, repräsentieren eine verhältnismäßig einheitliche Stoffgruppe. Die Wirkung der Endotoxine im Wirtsorganismus beruht in erster Linie auf einer Stimulierung von Zellen des Immunsystems durch die Lipoid-A-Komponente. Da es hierdurch zu einer lokalen Eingrenzung des infektiösen Geschehens beziehungsweise einer Mobilisierung der Abwehrkräfte des Organismus kommt, sind die Folgen dieser Aktivierung (Fieber, lokale Entzündung) für den infizierten Wirt von Nutzen. Eine übermäßige Stimulation des Immunsystems ist jedoch schädlich: aufgrund einer ungezügelten Aktivierung kommt es dann zu Störungen des Blutkreislaufsystems und zu multiplen Organschädigungen. Dieses geschieht, wenn Patienten von Bakterien regelrecht überschwemmt werden, wie es bei scheinbar so unterschiedlichen schweren Infektionen wie der bakteriellen Meningitis, bei ausgedehnten Wundinfektionen, Lungenentzündungen, Peritonitis, aber auch der Pest der Fall ist. Die Erforschung von Endotoxinen stellt daher ein wichtiges Thema in der Medizin dar. Zentrale Anliegen der Endotoxinforschung sind die Strukturaufklärung auf atomarer Ebene, die Charakterisierung immunogener und antigener Antikörper-Epitope, die Eingrenzung der für die toxische Wirkung verantwortlichen Determinanten des Lipoid-A-Moleküls, die Identifizierung von Rezeptoren des Wirtsorganismus, die mit Lipoid A interagieren, und die Aufklärung der Mechanismen, die für die Giftwirkung des Endotoxins verantwortlich sind. Da die Bindung von Endotoxin die Aktivierung vielfältiger Vorgänge in den betroffenen Zellen bedingt, führt diese Forschung tief in die Zellbiologie hinein, mithin zu Fragen der Signaltransduktion, Genregulation und der Kontrolle der Proteinbiosynthese. Immunologische Ansätze beschäftigen sich unter anderem mit Möglichkeiten, die Bindung zwischen Endotoxin und Wirtsmolekülen zu hemmen, um dadurch die Giftwirkung des Endotoxins im Körper zu unterbinden. Hierzu gehören monoklonale Antikörper gegen Endotoxin, Endotoxin-Antagonisten und endotoxinbindende detoxifizierende Proteine.

*Exo*toxine sind Eiweißgifte, deren Bildung ein wesentliches Merkmal der meisten pathogenen Bakterien darstellt. Die klinischen Manifestationen vieler Infektionskrankheiten beruhen im wesentlichen auf der Wirkung von Exotoxinen, so zum Beispiel bei Diphtherie, Wundstarrkrampf und Wundinfektionen durch Streptokokken und Staphylokokken, Durchfallerkrankungen nicht nur durch den Choleraerreger, sondern auch durch *Escherichia coli* und Staphylokokken. Die große medizinische Bedeutung der Exotoxine leuchtet unmittelbar ein, wenn man bedenkt, daß allein die Diphtherie jedes zehnte Kind in Europa dahinraffte, bevor aufgrund der bahnbrechenden Arbeiten der infektiologischen Forschung die passive und aktive Impfung entwickelt und eingeführt wurde. Die Manifestationen vieler anderer bedrohlicher Infektionskrankheiten beruhen ebenfalls auf der Wirkung von Exotoxinen, und in vielen Fällen würde eine Förderung der Forschungsarbeiten auf diesem Gebiet zu segensreichen prophylaktischen und therapeutischen Strategien führen.

Exotoxine können die Membran von Wirtszellen von außen her angreifen, andere werden aufgenommen und entfalten innerhalb von Zellen ihre Giftwirkung. Eine dritte Gruppe von Exotoxinen (Superantigene) bewirkt, ähnlich den Endotoxinen, eine Überstimulation von Zellen des Immunsystems. Die Exotoxinforschung beschäftigt sich mit der Identifizierung und Strukturaufklärung medizinisch relevanter Bakteriengifte. Sie klärt deren Wirkmechanismen auf und sucht nach Möglichkeiten, diesen entgegenzuwirken. Immer noch bedeutsam ist die Entwicklung neuer Impfstoffe auf der Basis von teilveränderten Exotoxinen. Beispielsweise konnte erst in jüngster Zeit nach genauer Aufklärung von Struktur und Funktion des Choleratoxins ein wirksamer Impfstoff entwickelt werden, der heute weltweit im Kampf gegen die Cholera zum Einsatz kommt.

2.7.2.3 Pathogenesemechanismen

Die Aufklärung der Struktur und der molekularen Wirkmechanismen mikrobieller Virulenzfaktoren stellt den ersten Schritt zum Verständnis von pathophysiologischen Vorgängen dar, die das Bild einer Infektionskrankheit bestimmen. Danach müssen weitere Forschungsarbeiten folgen, um die pathogenetischen Prozesse in ihrer Gesamtheit aufzuklären. So genügt es beispielsweise nicht, fest-

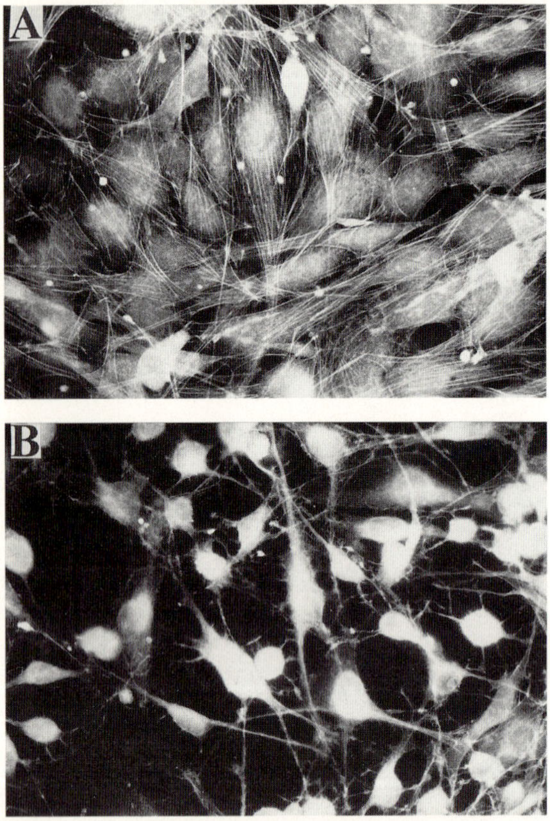

Abb. 2.7.3: *Clostridium difficile* verursacht lebensbedrohliche Durchfallerkrankungen bei antibiotikabehandelten Patienten. Das Gift (Exotoxin) dieses Bakteriums gelangt in Zellen des Wirtsorganismus. Dort inaktiviert es ein sogenanntes G-Protein, das für die Aufrechterhaltung der Zytoskelettfasern essentiell ist. A zeigt Kontrollzellen mit intakten Zytoskelettfasern; B zeigt Zellen nach zwei Stunden Gifteinwirkung: Die Zytoskelettfasern sind nicht mehr sichtbar, die Zellen runden sich ab und sind irreversibel geschädigt. Der Angriff des Gifts auf Zellen des Darmtrakts führt entsprechend zur Schädigung der Darmschleimhaut und zu lebensgefährlichen Durchfällen. (Quelle: Prof. Dr. Dr. K. Aktories, PD Dr. I. Just, Pharmakologisches Institut der Universität Freiburg.)

zustellen, daß Endotoxine an Zellen des Immunsystems binden und sie zur Bildung von Zytokinen stimulieren. Vielmehr muß auf molekularer Ebene geklärt werden, welche zellulären Vorgänge zur Bildung und Freisetzung der Zytokine führen, welche Effekte die Zytokine sowohl auf Einzelzellebene als auch im Gesamtorganismus auslösen und welche nützlichen oder schädigenden Folgen sich hieraus für den Wirtsorganismus ergeben. Die Forschungsarbeiten über Pathogenesemechanismen von Endotoxinen führten vor etwa zwei Jahrzehnten zur Identifizierung wichtiger Zytokine wie des Interleukin-1 und des Tumornekrosefaktors. Seitdem ist die Zytokinforschung zu einem Schwerpunktthema der Medizin geworden.

Exotoxine bieten ein ebenso breites Forschungsfeld. Die Wirkmechanismen einiger Toxine, die die Plasmamembran von Zellen zerstören, sind in molekularen Einzelheiten aufgeklärt worden. Um die Wirkung solcher Giftstoffe im Wirtsorganismus zu verstehen, müssen Studien über die biologischen Konsequenzen einer Membranschädigung folgen. Erst in jüngster Zeit konnten Zusammenhänge zwischen dem Prozeß einer Zellmembranschädigung und der Auslösung komplizierter Pathomechanismen (wie die Fehlregulation der Blutgerinnung) aufgeklärt werden. Auch diese Studien führen von der Molekularbiologie hin zur Zellbiologie und Pathophysiologie. Membranschädigende Toxine finden darüber hinaus immer breitere Verwendung in der zellbiologischen Forschung, weil sie die Einbringung von fremden Substanzen in Zellen ermöglichen. So gelingt es, bestimmte Abläufe zellbiologischer Vorgänge erstmals detailliert zu analysieren.

Intrazellulär wirkende Bakteriengifte repräsentieren in der Regel Enzyme mit ganz spezifischer Wirkung. Die Aufklärung der Wirkmechanismen vieler dieser Enzyme stellt eine der großen Errungenschaften der modernen Infektionsforschung dar. Während die Wirkprinzipien einiger Toxine, wie des Diphtherietoxins und des Choleratoxins, bereits vor einigen Jahrzehnten verstanden wurden, konnten bei anderen Bakteriengiften erst in jüngster Zeit die beteiligten Mechanismen aufgeklärt werden. So wurden bestimmte Neurotoxine wie Tetanus- und Botulinumtoxin erst nach ihrer Klonierung und molekularen Strukturaufklärung als Proteasen identifiziert. In jüngster Zeit wurde aufgeklärt, wie Toxine schwerste Durchfälle bei antibiotikabehandelten Patienten verursachen. Hier handelt es sich um die enzymatische Veränderung und Ausschaltung von bestimmten intrazellulären Regulatormolekülen, die verschiedene lebenswichtige Zellfunktionen kontrollieren. Die Aufklärung der Wirkmechanismen von intrazellulären Bakteriengiften hat zur Entdeckung solcher Regulatormoleküle entscheidend beigetragen und dadurch neue Forschungsfelder in der Zellbiologie und Medizin eröffnet. Daß aus solchen Erkenntnissen nicht nur antitoxische Strategien abgeleitet werden können, zeigt das in der medizinischen Praxis angewandte Beispiel der Behandlung von Blepharospasmus, Schiefhals und Schreibkrampf mit niedrigen Dosen des Botulinumtoxins.

2.7.2.4 Erforschung von Schutz- und Abwehrmechanismen

Erste Voraussetzung für die Auslösung einer Infektionskrankheit ist die Wechselwirkung des Mikroorganismus oder dessen toxischer Produkte mit humoralen und zellulären Komponenten des Wirtsorganismus. Die Unterdrückung dieser initialen Interaktion stellt nach wie vor eines der wichtigsten Forschungsziele zum Schutz des Makroorganismus dar. Die Charakterisierung eines neuen Pathogenitätsfaktors ist daher stets verknüpft mit dem Studium von dessen immunologischen, das heißt immunogenen und antigenen Eigenschaften und mit den Möglichkeiten, in die ersten Schritte der Zellanbindung, beispielsweise mit Hilfe von Antikörpern, einzugreifen. Dieses stellt oft ein schwieriges Unterfangen dar, und die Gewinnung hochaffiner monoklonaler Antikörper gegen Adhäsine, Endotoxine und Exotoxine ist ein wichtiges Kapitel moderner Infektionsforschung.

Vielen Mikroorganismen gelingt es, in Zellen des Wirtsorganismus zu gelangen und dort zu überleben. Bekanntestes Beispiel ist der Erreger der Tuberkulose, mit dem etwa zwei Milliarden Menschen, also ein Drittel der Weltbevölkerung, infiziert sind. Sowohl das Bakterium wie auch die befallene Zelle setzen Strategien ein, um die Auseinandersetzung für sich zu entscheiden, und dementsprechend sind die zum Einsatz kommenden Mechanismen auf beiden Seiten vielfältig. Zum Beispiel verfügen Tuberkulosebakterien über Substanzen, die den normalen Ablauf der intrazellulären Abtötung stören. Die Identifizierung und Charakterisierung der beteiligten bakteriellen Produkte bedeutet gleichsam die Entdeckung einer neuartigen Klasse von subtil wirkenden Zell-

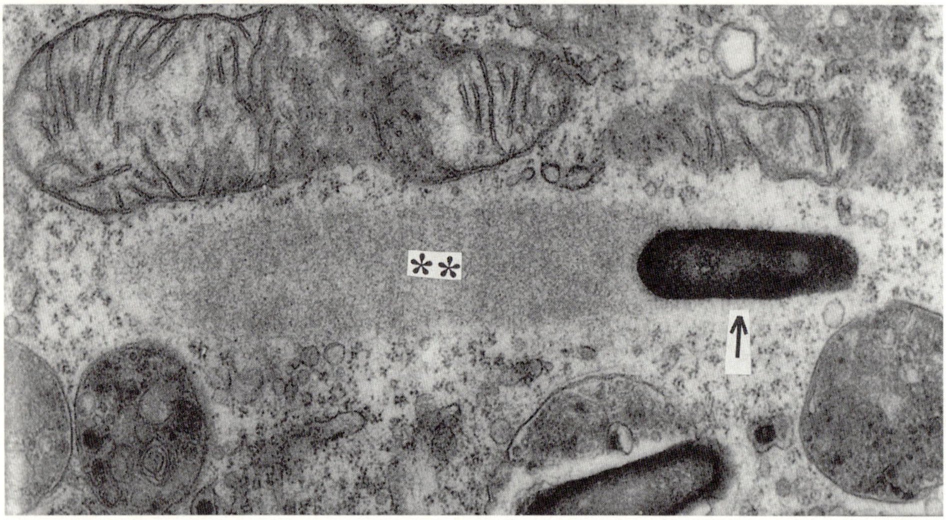

Abb. 2.7.4: *Listeria monocytogenes* kann chronische Erkrankungen hervorrufen und ist eine wichtige Ursache von Infektionen des Ungeborenen. Das Bakterium gelangt in Gewebszellen, wodurch es sich dem Zugriff des Immunsystems entzieht. Hier sieht man ein Bakterium (Pfeil), das sich des Zytoskeletts der Wirtszelle bedient (**), um sich in der Zelle fortzubewegen. In der Nähe des Bakteriums sind verschiedene Zellorganellen sichtbar.

giften. Die befallenen Zellen ihrerseits versuchen, ihre keimabtötenden Mechanismen zu verstärken. Hierbei sind sie auf die helfende Wirkung von Zellen des Immunsystems angewiesen. Die Erforschung dieses Gebietes führt somit tief in die Immunologie und die Zellbiologie hinein, letztendlich hin zur Frage der humoralen und zellulären Mechanismen, die dem Wachstum und der Ausbreitung von Mikroorganismen Einhalt gebieten. Darüber hinaus bilden überschießende Immunreaktionen häufig die Grundlage von Erkrankungen. Beispielsweise ist die weltweit sehr verbreitete Gelenkentzündung (Arthritis) sowohl in der akut wie auch in der chronisch verlaufenden Form häufig auf eine pathologische Reaktion des Immunsystems gegenüber Infektionserregern (Streptokokken, Yersinien, Chlamydien, Borrelien u.a.) zurückzuführen. Ähnliches gilt wahrscheinlich für so unterschiedlich anmutende Leiden wie allergische Erkrankungen (zum Beispiel Asthma) und die Haut-Psoriasis. Gegenwärtig wird daher intensiv nach Möglichkeiten sowohl der positiven wie auch der negativen Beeinflussung des Immunsystems gesucht. Die Immunologie stellt somit ein zentrales Wissenschaftsgebiet im Rahmen der Infektionsforschung dar.

2.7.2.5 Antibiotikaforschung

Kaum eine therapeutische Wirkstoffgruppe hat seit ihrer Einführung so viele Menschenleben gerettet wie die der Antibiotika. Um so wichtiger ist es, die potentiellen Gefahren zu erkennen, die mit dem heute vielfach falschen Einsatz oder gar Mißbrauch dieser so hilfreichen Substanzen verbunden sind. Die Infektionsforschung muß sich einerseits mit der Indikationsstellung für die Verabreichung von Antibiotika beschäftigen, andererseits sucht sie nach Wegen, wie Resistenzentwicklungen zu vermeiden oder neue Mittel gegen resistente Keime zu finden sind. Beispiele für Bakterien, die in den letzten Jahren Multiresistenz gegen Antibiotika erworben haben, sind die Erreger der Tuberkulose sowie Erreger von Wundinfektionen wie *Staphylococcus aureus* und Enterokokken. In manchen Regionen ist die Verbreitung solcher multiresistenter Keime derart alarmierend, daß einige Pessimisten von einer bevorstehenden postantibiotischen Ära der Medizin sprechen. Wichtige Ursache für die Zunahme von Antibiotikaresistenz ist der oft unkritische Einsatz von Antibiotika nicht nur in der Humanmedizin, sondern auch in der Veterinärmedizin und der Landwirtschaft. Ein Beispiel sind die vancomycinresistenten Enterokokken, die von antibiotikagefütterten Rindern auf den Menschen übertragen werden und derzeit ein wachsendes Problem auf amerikanischen Intensivstationen darstellen.

Leider ist der verfehlte Optimismus noch weit verbreitet, mit vorhandenen Breitbandantibiotika sei jede Infektion zu beherrschen. Vielmehr erfordert die außerodentliche Anpassungsfähigkeit der Bakterien durch Mutationen und horizontalen Gentransfer die Entwicklung immer neuer Wirkstoffe. Hinzu kommt die Tatsache, daß in der Intensivmedizin Schwerstkranke (zum Beispiel AIDS-Kranke und Transplantationspatienten) mit breit wirksamen Antibiotika therapiert werden müssen, so daß zwangsläufig multiresistente Bakterienstämme selektioniert werden. So folgten den 1992 in den USA durchgeführten 23 Millionen Operationen etwa eine Million postoperative bakterielle Infektionen, die einer massiven Antitherapeutikatherapie unterworfen sind, mit der Konsequenz, daß sich resistente Varianten in größerem Maßstab durchsetzen. Die Mehrausgaben in den USA durch Krankenhausinfektionen mit multiresistenten Erregern werden vom Center of Disease Control (CDC) auf mehr als vier Milliarden US-Dollar geschätzt.

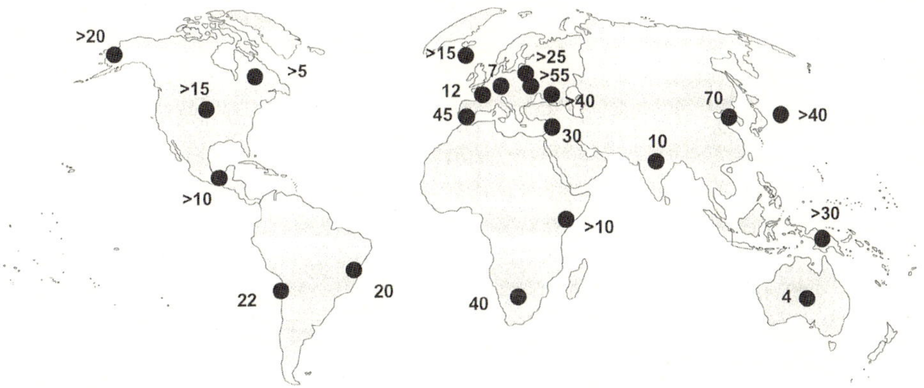

Abb. 2.7.5: Die dramatische Ausbreitung der Antibiotika-Resistenz von *Streptococcus pneumoniae*, einem häufigen Erreger der Lungenentzündung. Die Zahlen symbolisieren den prozentualen Anteil isolierter Erreger, die gegen das Antibiotikum Penicillin resistent sind. (Quelle: Prof. Dr. Regine Hakenbeck, Max-Planck-Institut für Molekulare Genetik, Berlin.)

Die Brisanz der Entwicklung der Resistenz von Krankheitserregern hat die in Deutschland der Infektionsforschung verpflichteten Gesellschaften zu einer „Aufklärungs- und Forschungsinitiative *Antibiotikaresistenz*" veranlaßt. In einem hierzu kürzlich veröffentlichten Memorandum wird betont, daß langfristig angelegte Grundlagen- und angewandte Forschungen notwendig sind, um Resistenzmechanismen zu erkennen und neue Therapieformen zu entwickeln mit dem Ziel, dem in seinen Dimensionen des Gefahrenpotentials noch immer unterschätzten Problem der Antibiotikaresistenz entgegenzuwirken.

Die Erforschung von Antibiotika sollte von der Pharmaindustrie gefördert, aber dieser nicht alleine überlassen werden. Es ist zu bedenken, daß die Entdeckung der wichtigsten Antibiotika den Bemühungen der Grundlagenforschung entstammt. Neue Forschungsansätze für universitäre und industrielle Laboratorien sind durch den raschen Fortschritt der Aufklärung bakterieller Genome, leider bisher weitgehend außerhalb Deutschlands, möglich geworden. Zwei vollständig sequenzierte bakterielle Genome liegen bereits vor, weitere stehen vor der Bekanntmachung. Auf dieser Basis sind Erfolge nicht nur in der Entwicklung neuer antibakterieller Zielstrukturen, sondern auch für fast alle Fragestellungen bakterieller Infektionen zu erwarten.

2.7.3 Parasitologische Infektionsforschung

2.7.3.1 Definition und Epidemiologie

Parasiten als tierische Infektionserreger weisen eine außerordentliche Vielfalt auf. Sie werden eingeteilt in Protozoen, die als Einzeller in ihren Infektionsstrategien und ihren kurzen Generationszeiten Ähnlichkeit zu bakteriellen Erregern haben, und in Helminthen (Würmer), die Makroorganismen darstellen und sich im Endwirt, im Gegensatz zu allen anderen Erregern, nicht vermehren. Die Besonderheit fast aller Parasiten ist der komplizierte Zyklus der Vermehrung, die Übertragung durch einen oder mehrere Zwischenwirte und ihre verschiedenen Entwicklungsstadien.

Parasitosen stellen ein bedeutendes Gesundheitsproblem der Menschheit dar, wie aus ihrer Prävalenz deutlich wird. So wurden zum Beispiel 1994 etwa 270 Millionen an Malaria Erkrankte und etwa zwei Millionen malariabedingte Todesfälle registriert, davon eine Million Kinder. Es wird geschätzt, daß mit Spulwürmern und mit Hakenwürmern jeweils mehr als 1,2 Milliarden Menschen infiziert sind, so daß weltweit insgesamt weit mehr als zwei Milliarden Menschen mit Würmern befallen sein dürften. Obwohl parasitäre Erkrankungen weltweit auftreten, stellen sie in erster Linie wegen mangelhafter Hygieneverhältnisse ein Problem in den Entwicklungsländern dar. Aufgrund der hohen Prävalenz in den ärmeren Ländern wird in die Erforschung und Bekämpfung parasitärer Erkrankungen sowohl seitens der pharmazeutischen Industrie als auch seitens staatlicher Gesundheitsforschung weit weniger investiert als in typische Infektionserkrankungen entwickelter Länder. Als Folge sind weltweit nur wenige der bedeutenden parasitären Erkrankungen des Menschen in den letzten 30 Jahren zurückgegangen. Zwar waren zwischenzeitliche lokale Zurückdrängungen einzelner Erkrankungen zu verzeichnen, meist durch Kontrolle der Überträger (wie bei der Malaria) oder der Zwischenwirte, jedoch hat dies insgesamt nicht zu einer Abnahme geführt.

Verschiedene soziale, ökonomische und biologische Faktoren verhindern eine wirksame Bekämpfung der Parasitosen in den Entwicklungsländern. Hierzu gehören beispielsweise die Resistenzentwicklung bei Plasmodien, die Insektizidresistenz bei verschiedenen Vektoren, die bedeutende Zunahme der Bilharziose durch neue Bewässerungsmaßnahmen, die Übertragung von Parasiten aus Tierreservoiren auf Menschen, bedingt durch verändertes Siedlungsverhalten, dazu Kriege und Wanderungen. Gegen keinen einzigen Parasiten des Menschen gibt es, trotz vielfältiger Bemühungen, bisher einen effektiven Impfstoff. Beachtenswert ist die besondere Bedeutung von Parasitosen in der Veterinärmedizin und der Phytopathologie, nicht nur in den Entwicklungsländern, in denen Parasitenerkrankungen der Nutztiere weitreichende ökonomische und soziale Folgen haben wie die Trypanosomiasis und die Theileriose der Rinder, sondern auch in den Industrieländern.

Neben der untergeordneten Rolle, die Parasitosen als Erkrankungen des Menschen in entwickelten Ländern spielen, sind die Komplexität und die oft schwierigen Experimentalsysteme Gründe dafür, daß Parasiten sehr viel weniger erforscht worden sind als andere Krankheitserreger. Im letzten Jahrzehnt sind jedoch durch Einführung moderner Methoden in der Parasitologie bedeutende Fortschritte erzielt worden, sowohl in der grundlagen- als auch in der krankheitsorientierten Forschung. Einige neue parasitäre Protozoen wurden entdeckt, und zudem wurde klar, daß manche bekannten und als harmlos eingestuften Parasiten Auslöser schwerer opportunistischer Infektionen, zum Beispiel bei Immunschwäche, sein können. Es ist zu erwarten, daß die neuen Methoden der molekularen Diagnostik auch zur Entdeckung weiterer krankheitsrelevanter Parasiten führen werden.

2.7.3.2 Erforschung der Parasit-Wirt-Wechselwirkung

Eine Besonderheit der meisten Parasiten ist die Fähigkeit, in verschiedenen Lebensabschnitten in unterschiedlichen Wirten zu leben und sich gegebenenfalls zu vermehren. Die Larven des Wurmes *Schistosoma mansoni*, des Erregers der Darmbilharziose, vermehren sich in bestimmten Schnecken zu den Zerkarien, die den Menschen durch die Haut hindurch infizieren können. Dies verlangt ein aktives und spezifisches Auffinden des Zwischenwirtes und des Hauptwirtes durch die infektiösen Larven, ein Vorgang, dessen molekulare Grundlagen nicht vollständig bekannt sind. Benötigt wird zum anderen eine komplizierte Umstellung im Parasiten, um sich vom Leben in einem Wirt, zum Beispiel in Insekten oder in Schnecken, auf die Existenz in einem völlig verschiedenen Wirtsorganismus wie einem Säuger einzurichten. Die dieser Transition zugrundeliegenden molekularen Mechanismen sind noch weitgehend unerforscht. Unbekannt sind auch die Mechanismen, auf denen das Auffinden des richtigen Zielorgans im Wirt beruht. Viele Larven von Würmern wandern im Organismus zu ihrem

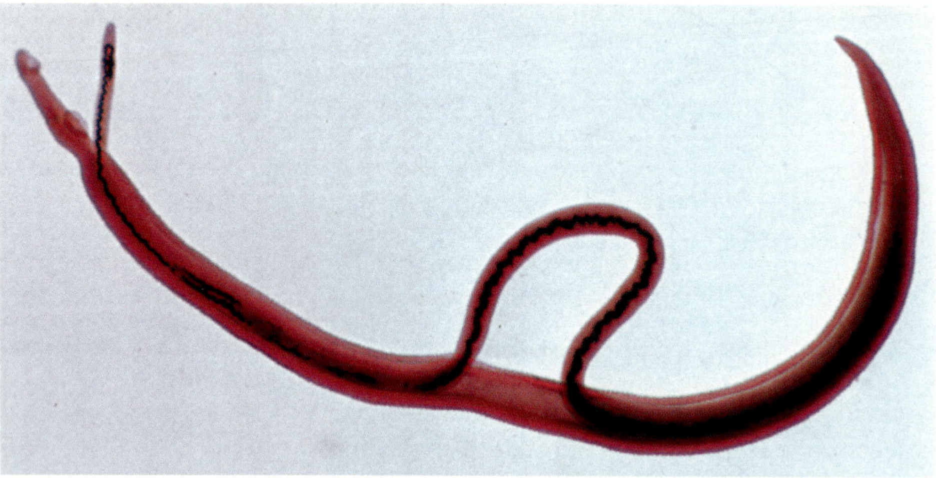

Abb. 2.7.6: Pärchen von *Schistosoma mansoni*, dem Erreger der Darmbilharziose. Die Würmer leben pärchenweise bis zu zehn Jahre in den Venen des Darms. Das Weibchen produziert täglich etwa 400 Eier, die für ausgedehnte Entzündungen und nachfolgende Erkrankungen verantwortlich sind. Das dünnere Weibchen liegt in einer Furche am Körper des Männchens. Beide Würmer heften sich durch Saugnäpfe an die Wand des Gefäßes an, die Saugnäpfe des Männchens sind deutlich zu erkennen. Etwa 300 Millionen Menschen sind weltweit mit Schistosomen infiziert.

endgültigen Aufenthaltsort. Die Signale, die diese Wanderung steuern, sind unbekannt, und die Möglichkeit, mit ihnen zu interferieren, würde zu neuen therapeutischen Ansätzen führen. Auch bei den Protozoen gibt es eine ausgeprägte Spezifität des Befalls bestimmter Organe.

Intrazelluläre Parasiten benutzen verschiedene Strategien, um in Zellen einzudringen. Die molekularen Mechanismen dieser Invasion von Zellen sind bei den meisten intrazellulären Parasiten unklar, selbst bei Plasmodien, trotz inzwischen gut etablierter Zellkultursysteme. Ein Problem für die Analyse dieser Vorgänge sind die extrem schnellen Abläufe der Invasion. Im Inneren der Wirtszellen schützen sich manche Parasiten dann vor Angriffen der Zelle durch Umhüllung mit Membranen, die besondere Transportvorgänge für Nährstoffe und Stoffwechselprodukte nötig machen. Einen bemerkenswerten Sonderfall stellt die intrazelluläre Lokalisation von Larven verschiedener Rundwürmer im Muskel von Insekten oder Säugern (zum Beispiel bei Trichinen) dar; hier lebt ein vielzelliger Organismus im Zellinneren.

Charakteristisch für Parasiten ist eine enge und lang andauernde Wechselbeziehung zu ihrem Wirt. Diese führt in der Regel zu einer Modifikation des Wirtsorganismus, insbesondere der befallenen Organe, die als pathologische Veränderungen auffallen. Ein besseres Verständnis dieser Beziehung und der Abhängigkeit des Parasiten von bestimmten Leistungen des Wirtsorganismus wird Möglichkeiten aufzeigen, neue therapeutische Strategien zu entwickeln.

2.7.3.3 Pathogeneseforschung

Die molekularen Grundlagen der Schädigung des Wirtes, die zur Erkrankung führt, sind überraschenderweise bei vielen Parasiten des Menschen noch unverstanden. Selbst bei der Malaria ist weitgehend unklar, welche Prozesse an der Pathogenese beteiligt sind. Die Zahl der Parasiten im Blut allein ist nicht für die Symptome verantwortlich, da viele Individuen, die in den Tropen leben und dauernd neu infiziert werden, hohe Parasitenzahlen im Blut, aber keine Symptome aufweisen (sogenannte klinische Immunität). Es wird zwar angenommen, daß Zytokine des Immunsystems an der Pathogenese beteiligt sind, genaue Mechanismen ihrer Bildung sind aber noch unbekannt. Ein Grund für diese Unkenntnis ist sicherlich auch darin zu suchen, daß für die meisten Parasiteninfektionen des Menschen keine guten experimentellen Systeme existieren. Infektionen von Versuchstieren sind zum Teil nicht möglich, da der Parasit sich auf den Menschen als Wirt beschränkt.

Nur bei wenigen Parasiten sind Pathogenitätsfaktoren oder Toxine bekannt. *Entamoeba histolytica*, der Erreger der Amöbenruhr, produziert Enzyme, die das Eindringen in die Darmwand ermöglichen. Derartige Moleküle bieten geeignete Angriffspunkte für immunologische Schutzmaßnahmen. Darüber hinaus wird mehr und mehr klar, daß auch bei vielen Parasitosen ebenso wie bei anderen Infektionserregern eine Eigenschädigung des Wirtes durch dessen Reaktion auf den infizierenden Parasiten oder auf seine Produkte zurückzuführen ist. Die Erreger der Bilharziose befinden sich jahrelang in Venen der Leber oder des Darmes, ohne Schäden zu verursachen. Erst die entzündliche Reaktion des Wirtes auf die von den Parasiten produzierten Eier führt zu ausgedehnten Gewebsschäden. Schwere pathologische Veränderungen werden auch durch eine ungeeignete Reaktion des Immunsystems auf Antigene mancher Würmer (Filarien) hervorgerufen, die zu Atrophie der Haut oder zur Erblindung führen.

2.7.3.4 Erforschung von Immunabwehr und Persistenz

Die Vielfalt der Parasiten spiegelt sich auch in den verschiedenartigen Abwehrstrategien des Immunsystems wider. Durch seine besonderen individuellen Eigenschaften induziert jeder Parasit eine charakteristische Immunantwort. Die Untersuchung dieser unterschiedlichen Immunantworten gegen Parasiten hat das Verständnis des Abwehrsystems entscheidend gefördert. Beim Beginn der Infektion muß die richtige Art der Immunantwort mit den richtigen Abwehrzellen induziert werden, und eine Fehlsteuerung hat verheerende Folgen. So ist bei der Untersuchung der Abwehrreaktionen gegen Leishmanien in den letzten Jahren deutlich geworden, daß es spezialisierte Fraktionen von T-Lymphozyten gibt und daß im Fall der Aktivierung der falschen T-Lymphozyten die Vermehrung der Parasiten nicht kontrolliert werden kann. Es ist möglich, daß in analoger Weise Signale von unterschiedlichen Fraktionen von Immunzellen über die Abstoßung oder Akzeptanz von Transplantaten entscheiden. Das Studium der Abwehr von Parasiten könnte somit auch neue Einsichten in die Steuerung der Wirtsreaktion im Rahmen von Organtransplantationen liefern. Die gleichen Abwehrzellen, die nicht geeignet sind, das Wachstum von Leishmanien aufzuhalten, sind jedoch

Abb. 2.7.7: *Onchocerca volvulus*, der Erreger der Flußblindheit. Diese Würmer leben bis zu 20 Jahre in Knoten, meist unter der Haut, und produzieren kleine Tochterwürmer (Mikrofilarien), die dann von Kriebelmücken aufgenommen und weitergegeben werden. Die Erkrankung kommt vorwiegend in Afrika vor, aber auch im Nordjemen und Lateinamerika. Etwa 20 Millionen Menschen leiden weltweit an Onchozerkose. Die hier dargestellten Würmer, Männchen und Weibchen, wurden aus einem Knochen isoliert.

für die Abwehr anderer Parasiten essentiell. Noch ist nicht klar, welche Eigenschaften des Parasiten die Art der Immunantwort bestimmen. Die Untersuchung der Abwehrvorgänge gegen Würmer wird auch neue Erkenntnisse über die Entstehung und Pathogenese der Allergie erbringen, da die Immunantwort gegen Würmer und allergische Reaktionen durch die gleichen Regulationsvorgänge des Abwehrsystems gesteuert werden.

Im Gegensatz zu den meisten bakteriellen Infektionen führen fast alle Infektionen mit Parasiten zur Persistenz, die besonders bei Wurminfektionen ausgeprägt ist: Würmer können 20 Jahre und mehr im Organismus leben, trotz bestehender Immunantwort, und es ist in vielen Fällen unklar, warum diese nicht zur Elimination führt. Interessanterweise sind aber hochinfizierte Individuen in der Lage, die meisten neu eindringenden Larven abzutöten, so daß die Anzahl der Würmer in einem Organismus begrenzt wird. Auf welchen Faktoren diese sogenannte Begleitimmunität beruht, ist ebenfalls noch unbekannt. Eine Erforschung dieser Mechanismen wird wertvolle Hinweise für neue Ansätze zur Immunkontrolle liefern.

Ähnlich wie manche intrazelluläre Bakterien und viele Viren werden Protozoen durch das Immunsystem nur kontrolliert und verbleiben jahrelang oder gar lebenslang im Organismus. Aus einer Schwächung des Immunsystems kann eine erneute Vermehrung resultieren. Darüber hinaus verfügen Parasiten über ein Arsenal von Möglichkeiten, sich dem Immunsystem zu entziehen. Einige Protozoen, wie der Erreger der Schlafkrankheit, können ihre Oberfläche durch genetische Mechanismen so verändern, daß sie jeweils in neuer Hülle vorliegen, wenn sich eine Immunantwort gegen die alte Hülle ausgebildet hat. Über tausend strukturelle Variationen der Hüllkomponenten sind möglich, so daß eine Impfung nicht zum Erfolg führen kann. Weitere Möglichkeiten für Parasiten, die

Immunantwort zu unterlaufen, sind die Maskierung der Parasitenoberfläche durch wirtseigene Eiweiße oder die aktive Unterdrückung einer effektiven Immunantwort.

Für viele parasitäre Erkrankungen könnte die Entwicklung eines geeigneten Impfstoffes von entscheidender Wichtigkeit sein. Nur mit Hilfe der Vakzinierung, nicht durch Chemotherapie oder Vektorenbekämpfung allein, wären wichtige tropische Seuchen zu beherrschen. Neue Methoden der Immunologie, wie beispielsweise die Impfung mit Nukleinsäuren oder mit besonderen immunstimulierenden Partikeln, werden endlich Alternativen zu den bisherigen erfolglosen Impfversuchen bieten. Von besonderem Interesse sind auch Impfungen des Wirtes, die sich auf die Insekten als Überträger auswirken.

2.7.3.5 Erforschung von Metabolismus und Medikamentenresistenz

Parasiten sind, im Gegensatz zu Bakterien, in ihrem Aufbau den Wirtszellen ähnlich, was die Angriffsmöglichkeiten der Chemotherapie in der Regel limitiert. Hierin ist einer der Gründe zu suchen, warum es gegen viele Parasiten keine guten Medikamente gibt. Dies gilt beispielsweise für die Erreger der Schlafkrankheit, die Kryptosporidien bei AIDS, die im Gewebe befindlichen Zysten von Hunde-, Fuchs- und Schweinebandwurm oder die Rundwürmer, die Flußblindheit oder Elephantiasis verursachen. Ähnlich wie bei den Bakterien bietet die Resistenz gegen Antiinfektiva zunehmende Probleme. Von weltweiter Bedeutung ist dies bei den Erregern der Malaria, da die resistenten Plasmodienstämme schnell zunehmen. Verschiedene Mechanismen können zur Resistenz gegen die gängigen Medikamente führen. Gerade die Gründe für die Resistenz gegen das wichtige Chloroquin, das zur Therapie und Prophylaxe verwendet wird, sind nicht eindeutig geklärt. Auch in der Veterinärmedizin fehlen gegen viele wichtige Parasiten wichtige Medikamente. Hier ist weitere Forschungs- und Entwicklungsarbeit dringend geboten.

2.7.4 Virale Infektionsforschung

2.7.4.1 Neue Viren

Die Virologie hat in den zurückliegenden Jahren durch innovative methodische Ansätze entscheidende neue Impulse erhalten, die sich in der Entdeckung zahlreicher neuer Viren manifestierten. So haben die modernen Verfahren der Nukleinsäure-Diagnostik zur Entdeckung neuer, klinisch relevanter Hepatitisviren geführt. Das Hepatitis-C-Virus erwies sich als der Erreger, der die Mehrzahl der klinisch bekannten Formen von Non-A-Non-B-Hepatitis verursacht. Es ist ein weltweit verbreitetes RNA-Virus aus der Gruppe der Flaviviren, das in Mitteleuropa bei etwa 0,5 bis 1 Prozent der Bevölkerung eine chronische Infektion verursacht. Das Hepatitis-C-Virus ist ein bedeutsamer Erreger der chronischen Hepatitis, die zu Leberzirrhose und Leberversagen führen kann. Das Virus scheint auch ein Risikofaktor für die Entstehung von Leberzelltumoren zu sein. Erst kürzlich wurde eine Gruppe weiterer menschlicher Hepatitisviren entdeckt, die als Hepatitis-G-Virus oder GB-C-Virus bezeichnet werden. Auch wenn bisher eine systematische Epidemiologie noch nicht existiert, so ist bereits deutlich, daß die Viren auch in Europa weit verbreitet sind und pathogenes Potential besitzen. Seit Beginn der AIDS-Epidemie wurden drei neue Herpesviren entdeckt. Hierzu zählen die humanen Herpesviren Typ 6 und Typ 7, die fieberhafte Infekte (*Exanthema subitum*) verursachen und möglicherweise an der Genese lymphoproliferativer Syndrome beteiligt sind. Das humane Herpesvirus Typ 8 wurde erst vor kurzem entdeckt. Es wird regelmäßig in Kaposi-Sarkomen gefunden, seien es AIDS-assoziierte Tumorformen oder sporadische Fälle. Damit ist wahrscheinlich, daß dieses Virus eine kausale Rolle bei der Entstehung von Kaposi-Sarkomen spielt. Das humane Herpesvirus Typ 8 zählt zur Gruppe der $\gamma 2$-Herpesviren (Rhadinoviren), deren lange bekannter Prototyp *Herpesvirus (H.) saimiri* für Tumormodelle relevant ist und als T-Zell-transformierendes Agens für die Immunologie benutzt wird.

Zahlreiche neue Papillomviren wurden in den letzten Jahren identifiziert. Bis heute sind etwa 100 verschiedene Papillomviren bekannt. Die Rolle von Papillomviren für die Tumorentstehung hat dazu geführt, daß neue molekularbiologische diagnostische Verfahren rasch eingeführt wurden. Influenzaviren (Typ A und B), die Erreger der Grippe, sind RNA-Viren, die jeweils acht Genomfragmente enthalten. Durch Umsortierung mit RNA-Fragmenten tierischer Influenzaviren können neue Virusvarianten entstehen, die weltweite Pandemien verursachen können. Kaum ein anderes Virus hat deutlicher vor Augen geführt, wie

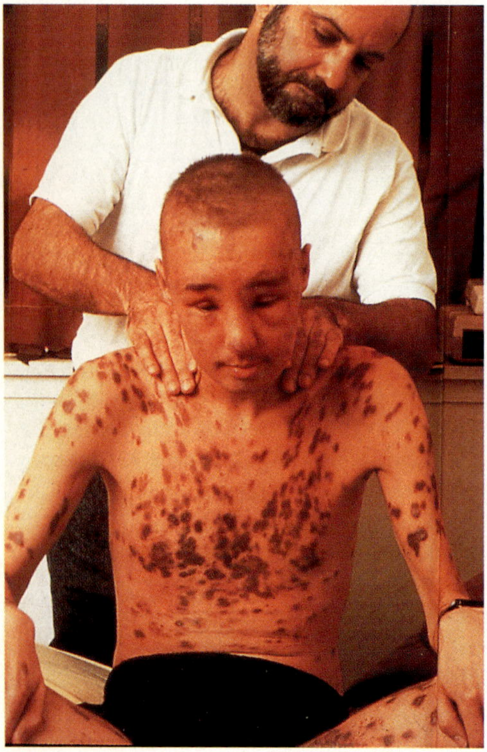

Abb. 2.7.8: Progressive Form eines Karposi's Sarkom bei einem AIDS-Patienten. Sowohl in AIDS-assoziierten als auch in klassischen und endemischen Formen des Kaposi's Sarkom wird regelmäßig das neue humane Herpesvirus Typ 8 nachgewiesen.

Virusvariabilität und die molekulargenetisch präzise definierbare Entstehung neuer Varianten zu einem weltweiten Seuchenzug führen können. Die gezielte Herstellung von umsortierten Varianten wird für die Impfstoffentwicklung benutzt. Doch trotz der modernen Molekulargenetik ist nicht vorauszusehen, welche epidemiologischen Konsequenzen aus einem künftigen weiteren Antigen-Shift entstünden. Viren aus der Bunya-Gruppe, vor allem Hantaviren, und Viren der Filo-Gruppe, Marburg- und Ebolavirus, wurden auf den Menschen übertragen und verursachen neue, bislang unbekannte tödliche Krankheitsformen. Noch ist nicht endgültig beantwortet, wieweit das Bornavirus, ein Erreger entzündlich-degenerativer Hirnerkrankung bei Pferden, auch den Menschen infizieren kann. Der Nachweis von viralen Nukleinsäuren im Gehirn psychisch veränderter Patienten und von Antikörpern in deren Seren läßt den Verdacht aufkommen, daß das Bornavirus oder verwandte Erreger humanpathogen sind.

Neue Viren wurden auch im Tierreich entdeckt. Die Erreger aus der Maserngruppe, die Seehundsterben oder eine Epidemie der großen Raubkatzen verursachen, sind bekannte Beispiele. Die Erforschung der unkonventionellen Viren führte zur Entdeckung eines neuen biologischen Systems. Die menschliche Creutzfeldt-Jakob-Krankheit und ähnliche letale degenerative Syndrome des Gehirns sowie die Schafskrankheit Scrapie und die Bovine Spongiforme Enzephalopathie (BSE) sind Infektionskrankheiten, deren Erreger nicht als typische Viren dingfest gemacht werden konnten. Die Prion-Hypothese hat den Weg gewiesen, ein neues biologisches Prinzip zu verstehen. Wahrscheinlich beruht die Transmission auf infektiösen Molekülen, die die Anhäufung gleichartiger Moleküle in Zellen des Zentralnervensystems verursachen und damit zur Hirndegeneration führen. Die Pathogenität der Prion-Eiweißmoleküle ist nicht durch die Folge ihrer Aminosäuren determiniert, sondern durch deren räumliche Struktur. Das Beispiel zeigt auf, daß die molekulare Strukturforschung durch Kernresonanzspektrometrie (NMR) und Röntgenkristallographie neue Dimensionen für die Infektionsforschung aufzeigen wird. Dies bezieht sich nicht nur auf die strukturellen Komponenten der Infektionserreger, sondern auch auf die Wechselwirkungen zwischen viralen Proteinen beziehungsweise zwischen viralen Regulatorproteinen und ihren Zielsequenzen in Nukleinsäuren.

2.7.4.2 Pathogenesemechanismen

Die Pathogenese der Viruskrankheiten ist trotz intensiver Forschung und aller methodischen Fortschritte der zurückliegenden Jahre weitgehend unklar. Zwar kennt man bei vielen Viren definierte Pathogenesefaktoren, etwa das nef-Gen der Immundefizienzviren oder die viralen Onkogene tumorerzeugender Retroviren. Die gesamte Komplexität des Krankheitsgeschehens ist dagegen unverstanden. So ist bisher nicht molekular zu definieren, warum viele Viruskrankheiten in der Regel inapparent verlaufen, während andere Virusinfektionen sich in der Regel als Krankheit manifestieren. Auch ist im Einzelfall nicht präzise zu beschreiben, warum manche Viruskrankheiten ausheilen, bevor spezifische Antikörper und zytotoxische T-Lymphozyten gebildet werden, während in anderen Fällen der akute Infekt in eine lange Persistenzphase übergeht, obwohl Immunreaktionen meßbar sind. Bei chronischen Viruskrankheiten wie persistierender

Hepatitis C, AIDS und der Cytomegalovirus-Erkrankung scheint die Krankheitsprogredienz mit der Menge an Virus im Blut und in Organen einherzugehen. Damit wird die Konzentration an Viren zu einem Parameter des Erfolges der Chemotherapie. Dennoch ist nicht klar, ob die andauernde Virusproduktion und die Beladung des Organismus mit Viren eigentliche Determinanten des Krankheitsgeschehens oder nur Symptome ungenügender Immunreaktionen darstellen. Die Pathogeneseforschung zu Viruskrankheiten ist damit ein Forschungsfeld am Kreuzungspunkt von molekularer Virologie, Zellbiologie und Immunologie mit langfristigen Forschungsperspektiven.

Konventionelle Impfstoffe bieten nach wie vor noch den wirkungsvollsten Schutz gegen zahlreiche Viruskrankheiten. Viele Viren entziehen sich jedoch durch ihre hohe genetische Variabilität und durch ihren eigenartigen Persistenzmechanismus einer wirkungsvollen Immunabwehr. Besonders HIV zeigt exemplarisch die Schwierigkeiten der Entwicklung von Impfstoffen gegen hochvariable Viren. Rekombinante Impfstoffe, abgeleitet aus den HIV-Hüllproteinen, wurden bereits in klinischen Studien getestet, haben bisher aber durchweg enttäuscht. Die Anwendung der potentiell wirkungsvolleren attenuierten Lebendimpfstoffe ist unter dem Sicherheitsaspekt noch nicht vertretbar. So müssen wohl auf dem Weg zu einer HIV-Vakzine ganz neue Wege beschritten werden, wie die Entwicklung replikationsfähiger rekombinanter Vektoren und die intrazelluläre Expression antiviraler Proteine oder RNA. Dies setzt ein noch besseres Verständnis der Pathogenese voraus. Auch für viele andere Viren fehlen noch effektive Impfstoffe. So wird es schwierig sein, gegen das Hepatitis-C-Virus zu impfen, das zwar molekular gut charakterisiert ist, jedoch einen hohen Grad an genetischer Heterogenität besitzt.

2.7.4.3 Immunabwehr und Viruspersistenz

Viren haben in vieler Hinsicht gelehrt, Funktionen des Immunsystems zu verstehen. Die Kontrolle der Viruspersistenz durch Antikörper und T-Lymphozyten wurde anhand persistierender Herpesviren, vor allem der Cytomegaloviren, modellhaft untersucht. Es zeigte sich, daß auch Regulationsproteine von Cytomegaloviren Ziele für zellgebundene Immunreaktionen sein können und daß verschiedene Subpopulationen der T-Lymphozyten, CD4-positive und CD8-positive Zellen, wechselseitig zur Kontrolle der Cytomegaloviren beitragen. Die genaue Analyse der Persistenz, Latenz und Reaktivierung von humanen Cytomegaloviren (HCMV) steht jedoch noch aus. Die chronische Infektion von Mäusen durch das lymphozytäre Choriomeningitis-Virus, ein Arenavirus, ist ein viel verwendetes System; es wurde deutlich, daß zellvermittelte Immunreaktionen das Krankheitsgeschehen begünstigen. In gleicher Weise konnte den zytotoxischen T-Lymphozyten bei Hepatitis C eine krankheitserzeugende Rolle zugewiesen werden; andererseits führt der Verlust zellgebundener Immunreaktionen zu überschießender Virusproduktion und damit zur Progredienz der Krankheit. Die Virusimmunologie zeigt damit, daß es zwischen überschießender, krankheitserzeugender Immunreaktion und virusbegünstigender Immunparalyse nur einen schmalen Grat gibt; wird er verlassen, so folgt die chronische Viruskrankheit.

Studien an verschiedenen Virusgruppen haben auch gezeigt, daß Viren sich dadurch der Abwehr entziehen können, daß sie selbst Regulationsproteine des Immunsystems aus dem zellulären Genom aufnehmen. Die ersten Beispiele sind von den Pockenviren bekannt, die Fragmente von Komplement-Regulationsproteinen, Zytokinen und Zytokinrezeptoren in das Genom aufnehmen können. In der Folge zeigte sich, daß eine Vielzahl von zellulären Genen in die Genome persistierender Herpesviren aufgenommen werden kann. So finden sich bei Herpesviren, vor allem den lymphotropen γ-Herpesviren, Gene mit Homologie zu den kodierenden Sequenzen der Enzyme des Nukleotidstoffwechsels, für komplementantagonistische Membranproteine, Zytokine, Zytokinrezeptoren, Zykline und apoptoseverhindernde Proteine. Die Virusimmunologie beleuchtet somit nicht nur zentrale Fragen der Pathogeneseforschung, sondern zeigt auch die Rolle von Viren als spontane Vektoren für zelluläre Gene auf, die den Viren evolutionäre Vorteile verleihen.

2.7.4.4 Virusinfektionen und Tumorentstehung

Allgemein wird angenommen, daß weltweit etwa 15 Prozent aller Tumorkrankheiten durch Virusinfektionen verursacht sind. Papillomviren finden sich regelmäßig in Krebsformen, die aus Schleimhäuten des Genitalbereichs, vor allem des Gebärmutterhalses, hervorgehen. Andere Papillomvirus-Typen fanden sich in Hauttumoren bei immunsupprimierten Patienten. So war schon seit längerem bekannt, daß bei der erblichen Disposition *Epidermodysplasia verruciformis* in den Hautkarzinomen aus lichtexponierten Hautregionen bestimmte Papillomviren

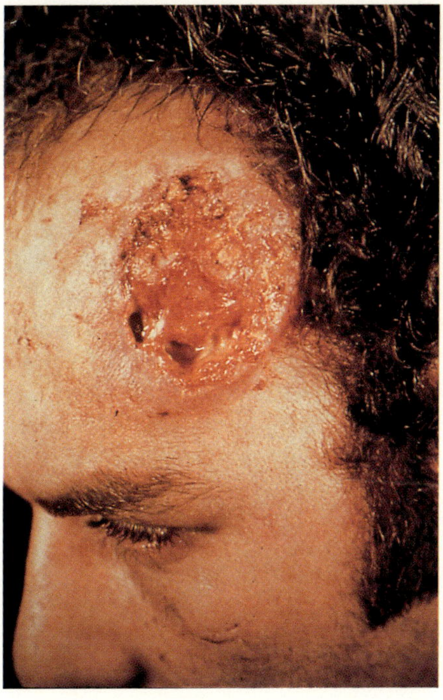

Abb. 2.7.9: Spinaliom des *Epidermdysplasia verruciformis* (EV) Patienten mit positivem Nachweis des humanen Papillomvirus Typ 5. EV-Patienten entwickeln oft an lichtexponierten Hautarealen Hautkarzinome, die mit bestimmten humanen Papillomviren assoziiert werden. (Quelle: Prof. Dr. S. Jablonska, Abteilung für Dermatologie, Medizinische Fakultät Warschau, Polen.)

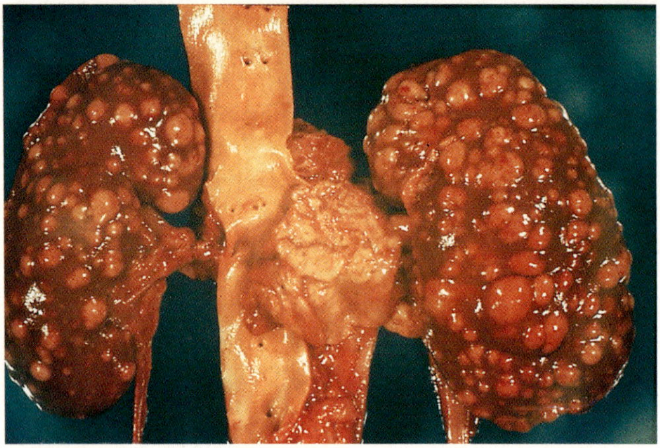

Abb. 2.7.10: Niere einer Burkitt - Lymphom - Patientin. In diesem Tumor wurden virale Nukleinsäuren und Antigene des humanen Herpesvirus Epstein-Barr (EBV) nachgewiesen. (Quelle: Prof. Dr. G. Bornkamm, Institut für Klinische Molekularbiologie, GSF; München.)

nachweisbar sind. Erst kürzlich wurde deutlich, daß auch in Hauttumoren von immunkompetenten Patienten neue Typen von Papillomviren verbreitet zu sein scheinen. Daß einer Reihe von Papillomviren bei der Krebsentstehung eine kausale Rolle zukommt, ist gut belegt. Die Onkogene der Papillomviren und deren Wechselwirkung mit zellulären Tumorsuppressor-Genprodukten wurden präzise analysiert. Das komplexe Spiel der Regulationsproteine von Papillomviren kann durch Integration der viralen Genome in zelluläre DNA oder durch Mutationen in regulatorischen Abschnitten der Papillomvirus-Genome soweit gestört sein, daß die viralen Genprodukte mit der Regulation des Zellzyklus interferieren und eine Signalkaskade anstoßen, die zu Krebswachstum führt.

Für das menschliche T-Zell-Leukämievirus, einen Vertreter der Retrovirusgruppe, ist das eigentliche virale Onkogen klar identifiziert. Es ist das Tax-Protein, das für die Replikation der Viren benötigt wird, indem es die Genexpression über die eigene Long-terminus-repeat-(LTR-)Sequenz aktiviert. Die multifunktionalen Aktivierungen über verschiedene Signalkaskaden der T-Lymphozyten haben ein Feld exemplarischer Leukämieforschung eröffnet, da die Interferenz des viralen Effektors mit Signaltransduktion und Zellzyklus wohlfokussiert untersucht werden kann. Das Epstein-Barr-Virus, ein B-lymphotropes Herpesvirus, ist seit langem als kausaler Faktor für die Entstehung des Burkitt-Lymphom und anderer B-Zell-Lymphomen sowie Nasopharynx-Karzinomen bekannt. Doch erst in den letzten Jahren wurde deutlich, daß das Epstein-Barr-Virus auch bei etwa der Hälfte aller Fälle von Hodgkinscher Erkrankung in den eigentlichen Tumorzellen (Reed-Sternberg-Zellen) nachweisbar ist. Die Gene des Epstein-Barr-Virus, die Wachstumstransformation von B-Lymphozyten vermitteln, sind weitgehend identifiziert. Doch gilt es, die komplexen Übergänge von transienter Wachstumsstimulation zu autonomem Tumorwachstum noch zu definieren. Auch für das neuentdeckte humane Herpesvirus Typ 8, das regelmäßig in Kaposi-Sarkomen vorkommt, ist die kausale Rolle noch nicht klar verstanden. Zwar kommt es immer im Tumor vor, doch es mag sein, daß dieses Virus nur ein Zwischenglied in der Onkogenese darstellt, ohne die eigenartige Epidemiologie dieser Tumorform zu erklären. Tumorforschung wird langfristig ein Schwerpunkt der Virologie bleiben, nicht nur angesichts der Komplexität des Tumorgeschehens, sondern auch, weil auf Grund neuer molekularbiologischer Techniken wahrscheinlich auch künftig weitere Tumorviren gefunden werden.

2.7.4.5 Viren als Vektoren für die somatische Gentherapie

Somatische Gentherapie dient dem langfristigen Ziel, Gendefekte auszugleichen, Tumoren zu behandeln und chronische Infektionskrankheiten wie AIDS zu bekämpfen. Für die Fortschritte der somatischen Gentherapie wird auch künftig die Vektorforschung Schrittmacherfunktionen behalten. Der Transfer therapeutischer Gene wird generell auf der Basis von Virusvektoren versucht. Keine der Virusgruppen, die bisher als Vektoren herangezogen wurden, erfüllt aber alle Erwartungen. Die meisten der bisher verwendeten Vektoren basieren auf Maus-Leukämieviren, Vertretern der Retrovirus-Gruppe. Retrovirale Vektoren vermitteln die stabile Integration ins Genom von teilungsfähigen Zellen. Sie können aber nicht Zellen erreichen, die bereits voll ausdifferenziert sind und sich nicht mehr vermehren. Ein weiterer Nachteil der Retrovirus-Vektoren liegt darin, daß die transduzierten Gene im Verband des Genoms meist nicht auf Dauer hoch exprimiert sind. Wenn Adenoviren als Vektoren verwendet werden, sind die potentiellen therapeutischen Gene zwar hoch exprimiert, andererseits sind die Viren immunogen und werden deshalb auf längere Sicht aus dem Organismus eliminiert. Adenoassoziierte Viren haben theoretisch den Vorteil, daß sie an definierten Stellen des Genoms integrieren können; als manipulierte Vektoren verlieren sie aber die Fähigkeit der gezielten Integration und haben eine geringe Klonierungskapazität. Herpesviren besitzen zwar die Fähigkeit, ruhende Zellen zu infizieren und darin nichtintegrativ zu persistieren; die molekulare Komplexität dieser Viren hat aber bisher ihre allgemeine Anwendbarkeit verhindert. Weiter wurde versucht, mit Hilfe von Insektenviren (auch Bakuloviren) Gene zu übertragen; die allgemeine Anwendbarkeit solcher Verfahren muß allerdings noch bewiesen werden. Somit haben die Erforschung und die Entwicklung von Virusvektoren bei weitem noch nicht alle Ziele erreicht, und noch können sie nicht als universelle Genvehikel für die Behandlung von Erbkrankheiten, Tumoren und chronischen Viruskrankheiten dienen. Die Vektorforschung für somatische Gentherapie wird somit auch zukünftig einen bedeutenden Schwerpunkt der Virologie darstellen.

2.7.5 Erkenntniswert der Infektionsforschung

Ein Charakteristikum jeglicher Infektionskrankheit besteht darin, daß Abwehrmechanismen des Wirtsorganismus unterlaufen werden, die sich im Verlauf der Evolution als sinnvoll und effizient erwiesen haben. Diese Effizienz des Immunsystems läßt sich daran erkennen, daß nur eine sehr kleine Anzahl von Bakterien, Parasiten, Pilzen und Viren die Fähigkeit besitzt, Infektionskrankheiten auszulösen. Beispielsweise sind wohl nicht mehr als 50 von den Tausenden existierenden Bakterienspezies für über 90 Prozent aller bakteriellen Infektionskrankheiten verantwortlich. Krankmachende Mikroorganismen müssen in das fehlerfrei funktionierende System der einzelnen Zelle sowie des Zellverbandes eingreifen und sich Vorteile aus dieser Auseinandersetzung verschaffen. Das Verständnis der zugrundeliegenden Pathomechanismen fördert zwangsläufig das Verständnis von zellbiologischen Vorgängen, die dem Leben zugrunde liegen. Die Infektionsforschung stellt somit einen Knotenpunkt dar, in dem sich Molekularbiologie, Zellbiologie, Immunologie, Biochemie und Pathophysiologie treffen. Dies unterstreicht die hohe Bedeutung der Infektionsforschung für wissenschaftliche Erkenntnisse. Hier führen Kausalitätsketten von den Krankheitserregern und deren Pathogenitätsfaktoren zu den angegriffenen Wirtszellen und deren Abwehrreaktionen hin. Immerfort werden neue Forschungsfelder erschlossen, die einen hervorragenden Stellenwert für die moderne Biologie und Medizin besitzen. Dies kommt nicht zuletzt darin zum Ausdruck, daß im Gesamtverhältnis die größte Anzahl von Nobelpreisen für Medizin für Leistungen verliehen wurde, die mittelbar oder unmittelbar mit der Infektionsforschung verbunden waren. Das gleiche gilt für den Paul-Ehrlich- sowie den Robert-Koch-Preis, die zu den angesehensten wissenschaftlichen Ehrungen in Deutschland gehören.

2.7.6 Förderungswürdigkeit der Infektionsforschung in Deutschland

Die wichtigsten Kriterien für die Förderungswürdigkeit eines Gebietes können in Form folgender Fragen formuliert werden:

- Liefert die Bearbeitung des Themas signifikante Erkenntnisfortschritte
  - in der Grundlagenforschung (Zell- und Molekularbiologie, Pathophysiologie, Immunologie);
  - in der angewandten medizinischen Forschung (Krankheitsentstehung und Prophylaxe; Diagnostik; Therapie; Infektionskontrolle und Epidemiologie)?
- Sind adäquate Methoden vorhanden, um die notwendigen Forschungsarbeiten voranzutreiben?
- Gibt es im Lande eine Tradition und Schulen auf dem Forschungsgebiet, so daß Konkurrenzfähigkeit im internationalen Geschehen erwartet werden kann, oder ist im Lande ein für die weitere Entwicklung eines ganzen Forschungszweiges so deutlicher Rückstand entstanden, daß einem Wiederaufholen strategische Bedeutung zukommt?
- Kann damit gerechnet werden, daß wesentliche Ergebnisse gewonnen und grundlegend neue Erkenntnisse erzielt werden, die für eine Veröffentlichung in führenden internationalen Zeitschriften geeignet sind?

Diese Kriterien sind für die Infektionsforschung in Deutschland zweifellos erfüllt. Zudem hat die Infektionsforschung bedeutende Wurzeln in diesem Land, und heute sind zahlreiche international konkurrenzfähige Gruppen auf dem Gebiet der Infektbiologie tätig. Dies betrifft unter anderem die Erforschung der Biologie und Biochemie von Pathogenitätsfaktoren, die Erforschung viraler, parasitärer und bakterieller Pathogenesemechanismen, die Entwicklung molekularer Methoden zum Nachweis von Mikroorganismen, die bakterielle Zellphysiologie, die Infektionsimmunologie und die Tumorvirologie.

2.7.7 Zusammenfassung und Ausblick

Allen Fortschritten in der Medizin und den Naturwissenschaften zum Trotz bleibt die Bedeutung von Infektionen als Krankheits- und Todesursache unangefochten. Allein infolge von Durchfallerkrankungen, Tuberkulose und Malaria stirbt jede Sekunde ein Mensch. Diphtherie, Cholera und Pest, HIV und alle viralen Erreger von hämorrhagischen Fiebern zählen in den 90er Jahren zu den globalen mikrobiellen Bedrohungen. Vielfach wird vorgebracht, das Problem der Infektionen betreffe nicht die Industrienationen. Diese Argumentation ist zurückzuweisen. Es darf nicht verkannt werden, daß auch hierzulande Infektionen die häufigsten Ursachen von Krankheit und Leid sind. Weltweit sind 3,5 Milliarden Menschen mit dem Erreger der Magenschleimhautentzündung (*Helicobacter pylori*) infiziert, und allein in Deutschland verursacht dieser Erreger bei etwa 500 000 Personen Beschwerden. Auf subtile und oft verkannte Weise üben Infektionserkrankungen einen enormen Einfluß auf die Weltwirtschaft aus, und die ökonomischen Schäden sind gigantisch. Allein die im Krankenhaus erworbenen Infektionen verursachen in Deutschland jährlich Kosten in Höhe von über einer Milliarde DM. Um Infektionsübertragungen zu verhindern, müssen teure und aufwendige Überwachungsmaßnahmen zum Beispiel zur Kontrolle von Blutprodukten implementiert werden. Die Bovine Spongiforme Enzephalopathie (BSE), wahrscheinlich durch Prionen verursacht, führt dazu, daß Hunderttausende von Rindern in Großbritannien geschlachtet werden müssen.

Solche Beispiele verdeutlichen, daß Infektionen bei uns nicht nur eine allgegenwärtige Bedrohung für den Menschen und seine Umwelt sind, sondern auch einen hohen Stellenwert als belastende wirtschaftliche Faktoren besitzen. Vor diesem Hintergrund vollzieht sich darüber hinaus eine globale Entwicklung, die ein alarmierendes Ausmaß angenommen hat. Im Jahre 1900 lebten weniger als 15 Prozent der Weltbevölkerung in Städten, im Jahre 2010 könnten es über 50 Prozent sein. Es werden dann 25 Megastädte mit jeweils mehr als zehn Millionen Einwohnern (Tokio und Bombay mit etwa 30 Millionen Einwohnern) existieren, in denen Armut und schlechte Hygieneverhältnisse herrschen. Unter den Krankheitserregern werden bisher unbekannte Mikroorganismen, aber auch altbekannte, inzwischen antibiotikaresistente Bakterien, Parasiten, Pilze und Viren, mit vielleicht neuen krankmachenden Eigenschaften sein. Was wäre, wenn *Yersinia pestis*, der Erreger der Pest, Plasmide, die für Antibiotika-Resistenz kodieren, erwerben und die Bakterien über einen Flugzeugpassagier nach Deutschland gelangen würden? Joshua Lederberg, Medizin-Nobelpreisträger des Jahres 1958, skizzierte vor kurzem, wie ein Erreger beschaffen sein müßte, der auch industrialisierten Ländern das Fürchten lehren würde: „So leicht übertragbar wie Masern, so mutationsfreudig wie das Grippe-Virus und so tödlich wie Milzbrand" und, so Lederberg, „wenn das AIDS-Virus sich durch Aerosole ausbreiten würde, käme es dem schon ziemlich nahe". Es bedarf keiner prophetischen Gaben, um vorauszusagen, daß wir einer solchen Situation nicht kompetent entgegentreten könnten, ebensowenig wie vor 15 Jahren der beginnenden AIDS-Epidemie, der bis zum Jahre 2000 mehr als 24 Millionen Menschen zum Opfer gefallen sein werden. Was also ist zu tun?

Zunächst muß in Gesellschaft, Politik und Wissenschaft das Bewußtsein geschaffen werden, daß Mikroorganismen weiterhin eine enorme Bedrohung für Gesundheit und Leben der Bevölkerung darstellen, daß Mikroorganismen keine Landesgrenzen respektieren und daß deshalb Infektionskrankheiten ein globales Problem darstellen. So gilt es, sich dieser Bedrohung jetzt und heute zu stellen. Die Entwicklung neuer antibakterieller, antiparasitärer, antimykotischer und antiviraler Antiinfektiva muß vorangetrieben werden, und Maßnahmen zur Konzeption neuer Impfstoffe sind zu treffen. Neben der Entwicklung neuer Vakzinen auf der Basis von mikrobiellen Antigenen gewinnen die Konzeption von DNA- und Antisense-DNA/RNA-Impfstoffen, die somatische Gentherapie und die Einschleusung von Genen für mikrobielle Impfkandidaten, beispielsweise in Lebensmitteln, zunehmend wissenschaftlich-industrielles Interesse. Aber auch die Weiterentwicklung klassischer Ansätze, wie die Herstellung von schützenden Antikörpern gegen Virulenzdeterminanten, die Synthese von antimikrobiellen Wirkstoffen mittels „rational drug design" und die Definition von intelligenten Kombinationspräparaten, müssen nachhaltig gefördert werden. Um diese Forschungen zum Erfolg zu führen, sind Tierexperimente ebenso unerläßlich wie gentechnologische Arbeiten. Zu diesen Maßnahmen werden gleichermaßen akademische wie industrielle Anstrengungen beitragen, und konsequent verfolgt werden sie in Politik und Bevölkerung die notwendige Aufmerksamkeit erzeugen, die für die zukünftige Konfrontation mit Infektionserregern notwendig ist.

Das Wissen jedoch, das für den adäquaten Umgang mit Mikroorganismen erforderlich ist, wird allein durch qualitativ hochwertige infektiologische Grundlagenforschung erarbeitet werden. Diese hat ihren Preis, doch die hier investierten Mittel sind mit einem beeindruckenden Kosten-Nutzen-Effekt gut angelegt. Rodney W. Nichols, Präsident der New York Academy of Sciences, hat kürzlich formuliert: „If you think biomedical research and education are expensive, try ignorance and disease". In unserer Zeit ernten wir die Früchte der Investitionen, die in früheren Jahrzehnten in die Infektionsforschung getätigt worden sind. Nun müssen auch wir bereit sein, unseren finanziellen und intellektuellen Beitrag für das Wohlergehen der Generationen von morgen zu leisten. Dies heißt, klüger, schneller und flexibler als pathogene Mikroorganismen zu handeln. Um dieses Ziel zu erreichen, darf der menschliche Geist nicht müde werden, die Mechanismen der Mutation, Selektion und Evolution bei Mikroorganismen zu durchdringen. Humane Ethik und das Selbstverständnis des Menschen gebieten, diese große Herausforderung jetzt anzunehmen.

2.8 Nichtlineare Dynamik

Werner Martienssen, Holger Zimmermann und Torsten Kopp, Physikalisches Institut, Universität Frankfurt;
Theo Geisel und Hans-Ulrich Bauer, Max-Planck-Institut für Strömungsforschung, Göttingen;
Siegfried Großmann und Detlef Lohse, Fachbereich Physik, Universität Marburg

2.8.1 Einleitung

Das Kausalgesetz gehört zu den ältesten Naturgesetzen, die von Menschen gefunden worden sind: Jedes Ereignis in der Gegenwart hat eine Ursache in der Vergangenheit, jede Ursache in der Gegenwart hat eine Wirkung in der Zukunft. Vergangenheit, Gegenwart und Zukunft – so nimmt das Kausalgesetz an – sind durch eine erkennbare, gesetzmäßige Ordnung eindeutig miteinander verknüpft. Eine schöne Formulierung des Kausalgesetzes wurde bereits von Demokrit (460 bis etwa 375 v. Chr.) gegeben: „Nichts geschieht aus Zufall, alles geschieht aus einem Grund und mit Notwendigkeit". Über mehr als zweitausend Jahre hinweg hat dieses Gesetz naturwissenschaftliches Denken geprägt, ja gelegentlich wird das ganze Fach Physik als die Disziplin angesehen, die das Geschehen in der Natur auf der Grundlage des Kausalgesetzes zu verstehen sucht.

Für den Bereich der Mechanik hat Isaac Newton 1686 eine erste quantitative Formulierung des Kausalgesetzes in Form einer Bewegungsgleichung angegeben. Diese ermöglichte es Astronomen in der Folgezeit, Himmelsbewegungen, zum Beispiel Bewegungen der Planeten oder des Mondes, mit beeindruckender Präzision zu berechnen und auch langfristig vorherzusagen. Trotz dieser großen Erfolge hat die Vorstellung, daß das Geschehen in der Vergangenheit, in der Gegenwart und in der Zukunft in physikalischen Systemen eindeutig miteinander verknüpft sei, im 18. und insbesondere im 19. Jahrhundert unter den Naturwissenschaftlern starke Unruhe ausgelöst (Laplace, Du Bois-Reymond). Die Welt müßte ja in diesem Bild wie ein Uhrwerk oder wie ein vorgegebenes Programm auf einem Rechner ablaufen; ein Ausbrechen aus dem Programm wäre nicht möglich.

Die Beobachtung der Natur zeigt jedoch immer wieder, daß die Welt voll ist von Unregelmäßigkeiten, von feinen Differenzierungen und von nicht vorhersehbaren Wachstums- und Entwicklungsprozessen; nicht zuletzt sind wir selbst stolz auf unsere Möglichkeit der freien Willensentscheidung: Wir glauben, die zukünftige Entwicklung mitbestimmen zu können. Die Zukunft kann doch also gar nicht vollständig determiniert sein, von einem uhrwerkartigen Ablauf kann nicht die Rede sein. Eine Auflösung dieses Widerspruchs ist erst in diesem Jahrhundert gelungen, und zwar auf der Grundlage zweier Erkenntnisse:

- Neben den deterministischen Abläufen gibt es in der Natur – im Gegensatz zu der Annahme von Demokrit – auch das Phänomen des Zufalls.

Als zufällig bezeichnen wir Ereignisse, für die wir keinen Grund angeben können und die wir daher auch nicht vorhersehen können. Viele im täglichen Leben als zufällig bezeichnete Ereignisse sind nur scheinbar, aus Mangel an grundsätzlich verfügbarer Information, zufällig. Wenn wir zum Beispiel bei dem Versuch, einen Freund zu besuchen, feststellen, daß dieser „zufällig" ausgegangen ist, so hätten wir dieses Ereignis durch vorherige Anfrage sehr wohl vorhersehen können. Hier handelt es sich um „subjektiven Zufall" aus Mangel an Information. Die Quantenphysik hat uns aber gelehrt, daß es zumindest auf der mikroskopischen Ebene der Naturbeschreibung auch „objektiven Zufall" gibt, einen Zufall, bei dem es keine Möglichkeit gibt, aus vorher eingeholter Information irgendwelcher Art das Ereignis vorherzusagen. Ein bekanntes Beispiel ist die Unmöglichkeit, vorherzusagen, daß ein radioaktives Präparat zu einem bestimmten genauen Zeitpunkt einen Zerfallsakt liefern wird.

– Es gibt deterministische, offene Systeme, die zeitliche und/oder räumliche Strukturen selbstorganisieren können. Die Strukturen können regulär, zum Beispiel periodisch sein, aber auch irregulär, nicht vorhersagbar, chaotisch.

Beispiele für die Selbstorganisation räumlicher Strukturen sind die Entstehung von Wirbeln in Strömungen, Wetterkonstellationen, Tarnmustern auf Tierhäuten oder neuronalen Projektionsmustern in Gehirnen. Irreguläre, chaotisch genannte zeitliche Muster können etwa bei Lasern oder beim getriebenen Pendel auftreten, aber auch in der Entwicklung der Populationen von Räubern und Beuten, in physiologischen Zeitreihen (Hirn, Herz) oder bei der Ausbreitung von Epidemien. So vielfältig diese und viele andere Erscheinungsformen selbstorganisierter Muster auch sind und so unterschiedlich die zugrundeliegenden Mechanismen auch zu sein scheinen, so verbindet sie doch etwas Gemeinsames: Die mathematische Beschreibung der Mechanismen enthält jeweils einen nichtlinearen Term. Ein solcher nichtlinearer Term bedingt, daß in einem solchen System das Mehrfache des Einsatzes nicht das entsprechend Mehrfache des Ertrages ergibt, wie es in einem linearen System der Fall wäre. So fährt ein Auto nicht doppelt so schnell, wenn seinem Motor die doppelte Menge Benzin zugeführt wird. Das Anwachsen des Luftwiderstands mit der Geschwindigkeit, die nicht zu überschreitende Maximaldrehzahl des Motors und weitere Einflüsse machen den Zusammenhang zwischen Benzinzufuhr und Fahrgeschwindigkeit nichtlinear.

Die Nichtlineare Dynamik, eine späte Teildisziplin der klassischen Physik, versucht, allgemeine Gesetzmäßigkeiten in diesen komplexen Mustern und Geschehensabläufen aufzufinden. Ihre Faszination geht davon aus, daß es solche Gesetzmäßigkeiten gibt und daß diese ein hohes Maß an Universalität besitzen. Pendelbewegungen, Strömungsvorgänge, Klimaentwicklungen, fraktales Wachstum und Hirnfunktionen erscheinen plötzlich als Phänomene, die Gemeinsamkeiten aufweisen und die in ihrer Dynamik von den gleichen universellen Prinzipien bestimmt werden. Davon an ausgewählten Beispielen einen kleinen Eindruck zu vermitteln, ist das Ziel der folgenden Ausführungen.

2.8.2 Deterministisches Chaos

2.8.2.1 Wie entsteht deterministisches Chaos, und wie können wir es nutzen?

In deterministischen Systemen kann die zukünftige Entwicklung des Systems mit Hilfe seiner Bewegungsgleichungen vorausberechnet werden, wenn der Anfangszustand bekannt ist. Berechnet man die Entwicklung für zwei verschiedene, aber eng beieinander liegende Anfangszustände, so zeigt sich, daß bei linearen Systemen auch die zu den Anfangszuständen berechneten Bahnkurven eng beieinander bleiben oder ihren Abstand höchstens proportional zur Zeit vergrößern. Bei nichtlinearen Systemen dagegen kann es passieren, daß zwei Bahnkurven, die zu eng benachbarten Anfangszuständen berechnet worden sind, mit der Zeit exponentiell (das heißt sehr schnell) auseinanderlaufen. In solch einem Fall führt also schon ein ganz kleiner Fehler in der Bestimmung des Anfangszustandes zu einem sehr rasch mit der Vorhersagezeit anwachsenden Fehler in der Vorhersage. Wir sprechen von einer „sensitiven Abhängigkeit von den Anfangsbedingungen".

Nun ist es aus verschiedenen Gründen nicht möglich, einen Anfangszustand auf experimentellem Weg exakt zu bestimmen. Meßinstrumente liefern keine exakten Werte, sondern immer nur Werte innerhalb der Meßgenauigkeit des benutzten Instruments. Selbst wenn ein überirdisches Wesen über viel präzisere Methoden zur Bestimmung eines augenblicklichen Bewegungszustandes verfügen würde, wären auch dessen Meßwerte in ihrer Genauigkeit durch die quantenphysikalische Unschärfe, also den statistischen Charakter der Quantenmechanik begrenzt. Die „Bestimmung" eines Anfangszustandes kann deshalb in der Realität immer nur die Angabe einer mehr oder weniger breiten Wahrscheinlichkeitsverteilung über mögliche Anfangszustände betreffen. Alle zu diesen möglichen Anfangszuständen berechneten Bahnkurven stellen dann mögliche zukünftige Entwicklungen des Systems dar.

Die sensitive Abhängigkeit von den Anfangsbedingungen einerseits und andererseits das Unvermögen, Bewegungszustände exakt zu bestimmen, bewirken beide zusammen das Phänomen des deterministischen Chaos: Beim Einsetzen in die Bewegungsgleichung folgt aus der Wahrscheinlichkeitsverteilung der Anfangszustände ein ganzes Bündel schnell divergierender Bahnkurven, die mögliche zukünftige Entwicklungen des Systems beschreiben. Vorhersagen sind dann nur noch für einen Zeitraum sinnvoll, innerhalb dessen das Auseinanderlaufen des Bündels der Bahnkurven in vorgegebenen Grenzen bleibt. Der Begriff „deterministisches Chaos" soll dieses Verhalten umschreiben: Kurzfristig ist die Bewegung deterministisch vorausberechenbar, langfristig gesehen ist sie nicht vorausberechenbar; sie erscheint irregulär, chaotisch, nur mit den Mitteln der Statistik erfaßbar.

Obgleich Bahnkurven zu eng benachbarten Anfangszuständen in der Phase des deterministischen Chaos exponentiell auseinanderlaufen, bleiben die von dem System im Laufe der Zeit eingenommenen Zustände in einem begrenzten Volumenbereich des Zustandsraumes. Die Menge aller Punkte, die von dem

System im Zustandsraum eingenommen werden können, nennt man „seltsamen Attraktor". Der Name rührt daher, daß der Attraktor die Bahnkurven auf sich zu ziehen scheint: Beim Einschalten der Bewegung aus einem beliebigen Anfangszustand heraus entwickelt sich die Bewegung auf den Attraktor zu. Hat das System einmal den Attraktor erreicht, so bleibt seine Bewegung für alle Zeiten auf den vom Attraktor eingenommenen Teil des Zustandsraumes beschränkt. Gegenüber einfachen Attraktoren, wie etwa dem Fixpunkt des gedämpften Pendels, zeichnet sich der seltsame Attraktor weiterhin dadurch aus, daß er auf allen Längenskalen eine reiche selbstähnliche Struktur besitzt, die als fraktal bezeichnet wird (vgl. Abb. 2.8.1).

Die sensitive Abhängigkeit von den Anfangsbedingungen kann in verschiedenen Bereichen des Attraktors durchaus unterschiedlich groß sein: Es gibt Bereiche, in denen die Abhängigkeit sehr stark ist, in denen Vorhersagen also nur für kurze Zeiten sinnvoll sind; es gibt andererseits auch Bereiche oder Anfangszustände, von denen aus auch für etwas längere Zeitintervalle innerhalb einer begrenzten Fehlerschranke Vorhersagen gemacht werden können (vgl. Abb. 2.8.2). Die Kenntnis dieser Abhängigkeit der Vorhersagegüte von

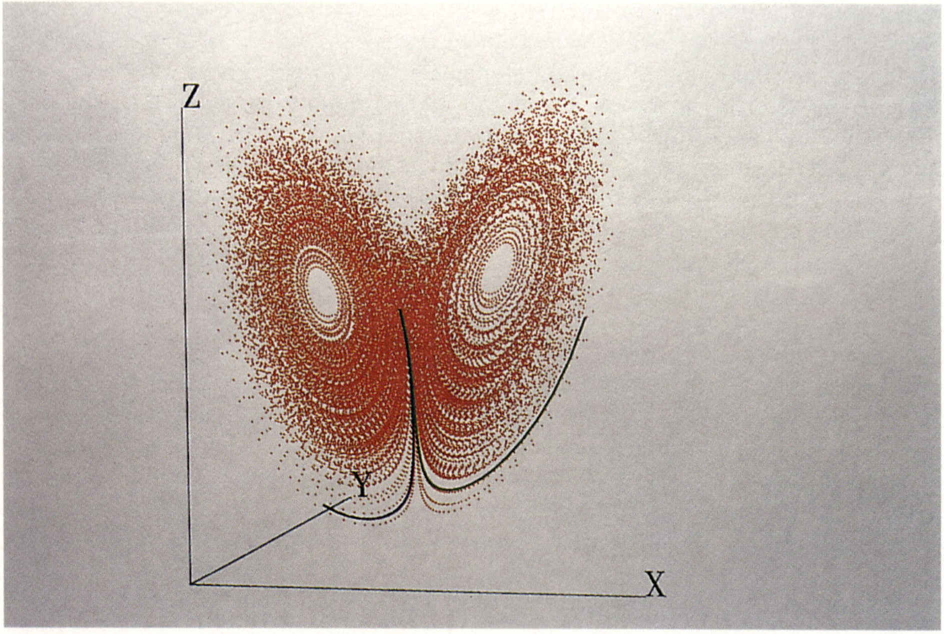

Abb. 2.8.1: 1963 untersuchte der Meteorologe Edward Lorenz die Vorhersagbarkeit des Wetters anhand eines einfachen dreidimensionalen Modells. Die Bewegung dieses, nach Lorenz benannten, Modellsystems findet nicht in seinem ganzen dreidimensionalen Zustandsraum statt, sondern auf einer strukturierten, beinahe zweidimensionalen Teilmenge. Es handelt sich um einen seltsamen Attraktor, der hier als rote Punktwolke in einem perspektivisch gezeichneten dreidimensionalen Zustandsraum dargestellt ist. Anfänglich eng benachbarte Bahnen, wie zum Beispiel die in Blau und Grün hervorgehobenen, laufen auf dem chaotischen Attraktor im Mittel exponentiell auseinander.

den Anfangsbedingungen kann in der praktischen Anwendung der Vorhersage chaotischer Bewegungen sehr hilfreich sein.

Die sensitive Abhängigkeit ist einerseits die Ursache dafür, daß kleine Ungenauigkeiten in der Bestimmung der Anfangsbedingungen rasch bis zur Größenordnung des Attraktordurchmessers „verstärkt" werden können, sie bietet andererseits aber auch eine sehr interessante Möglichkeit für eine Kontrolle chaotischer Bewegungen. Darunter verstehen wir die Stabilisierung der Bewegung auf einer willkürlich ausgewählten, im Attraktor enthaltenen Bahn mit Hilfe kleiner, von außen auf das System ausgeübter Steuereingriffe. Mit Hilfe solcher kleinen Steuereingriffe, die das System selbst praktisch nicht verändern, kann die Bewegung also auf ausgewählten periodischen oder nicht periodischen Bahnen „geführt" werden.

Ein seltsamer Attraktor kann aufgefaßt werden, als bestünde er aus unendlich vielen instabilen Bahnen. In der chaotischen Bewegung springt das System ständig von einer solchen instabilen Bahn auf die nächste und wieder auf die nächste. Durch die beschriebenen Steuereingriffe läßt sich eine ausgewählte instabile Bahn stabilisieren: Das System bleibt nach dem Einfangen für immer auf derselben Bahn. Technisch ergibt sich daraus die interessante Möglichkeit, ein und dasselbe nichtlineare System mit Hilfe kleiner Steuereingriffe auf ganz unterschiedlichen ausgewählten Bahnen zu führen und auf Wunsch auch von einer zu einer anderen ausgewählten Bahn überzuwechseln. Die ausgewählten Bahnen können zum Beispiel solche mit geringem Energieverbrauch, geringer Störanfälligkeit, geringer Unfallgefahr usw. sein. Bei linearen Systemen gibt es eine solche Vielfalt der auswählbaren Bahnen nicht, ihre Bewegungsgleichungen haben nur eine Lösung, lineare Systeme können immer nur ein und dasselbe tun.

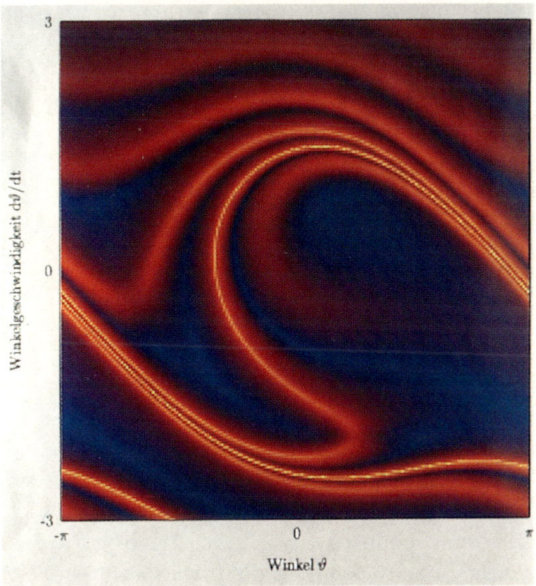

Abb. 2.8.2: Die Abbildung stellt eine Landkarte der Vorhersagegüte in Abhängigkeit vom Anfangszustand für das getriebene gedämpfte Pendel dar. An der Abszisse ist der Ausschlagswinkel, an der Ordinate die Winkelgeschwindigkeit des Pendels aufgetragen. Der Farbton gibt Auskunft über die zu erwartende Güte der Vorhersage für die Bewegung, die das System von diesem Punkt ausgehend durchlaufen wird. Die Farbpalette läuft von Weiß über Gelb und Rot zu Dunkelblau. Ein weißer Punkt bedeutet schlechte Vorhersagbarkeit, während ein dunkelblauer Punkt Gebiete guter Vorhersagbarkeit kennzeichnet.

2.8.2.2 Chaotische Transienten

Bisher haben wir uns nur mit dem „asymptotischen" Verhalten nichtlinearer Systeme beschäftigt, das heißt mit dem Verhalten nach Ablauf einer langen Einschwingzeit. Sehr viel häufiger als dieses permanente chaotische Verhalten beobachtet man in Natur und Technik irreguläre Einschwingvorgänge (vgl. Abb. 2.8.3). Als Beispiele seien das getriebene Pendel, der Chua-Oszillator, der NMR-Laser, das Rayleigh-Bénard-Experiment und die Wärmekonvektion in Flüssigkristallen genannt.

Wird ein gedämpftes Pendel kurzzeitig aus seiner Ruhelage ausgelenkt und dann sich selbst überlassen, so schwingt es einige Zeit hin und her, kommt aber schließlich in der Ausgangslage wieder zum Stillstand. Bildlich gesprochen wird die Bahnkurve des Pendels von dem Zustand der Ruhelage angezogen, die Bahnkurve läuft in die Ruhelage hinein und bleibt dann dort: Die Ruhelage ist ein Fixpunkt-Attraktor für die Bahnkurve.

Die Bewegung, die ein System nach einer Störung bis zum Erreichen des Attraktors ausführt, bezeichnet man als Einschwingvorgang oder als Transiente. Bei linearen Systemen ist es möglich, die transiente Bewegung zu gegebenen Anfangswerten vorauszuberechnen, bei Systemen mit sensitiver Abhängigkeit von den Anfangsbedingungen ist dies nicht der Fall. Eine Roulettekugel beispielsweise kommt einige Zeit nach dem Anstoß in einer der Mulden des Roulettetellers zur Ruhe; welche Mulde und damit welche Zahl dies sein wird und auf welchem Weg die Kugel die Mulde erreicht, hängt empfindlich von den Anfangsbedingungen ab und ist deshalb nicht vorhersagbar.

Irreguläre Transienten werden durch eine instabile Struktur im Phasenraum, einen sogenannten Repellor, hervorgerufen. Seltsame Repelloren, die besonders lange Einschwingvorgänge verursachen, ähneln in ihren Eigenschaften weitgehend seltsamen Attraktoren. So sind in einen seltsamen Repellor, analog zum seltsamen Attraktor, unendlich viele instabile Bahnen eingebettet, die das Skelett des seltsamen Repellors bilden. Durch das gezielte Stabilisieren einer dieser instabilen Bahnen können wir die Eigenschaften des Systems über geringe Steuereingriffe gegebenen Bedingungen anpassen. Dies ist besonders in der Technik interessant, wo lange Transienten störend sein können, da sie Zeit und Energieverluste verursachen können. Durch die Stabilisierung einer ausgewählten instabilen Bahn können wir die transiente Phase verkürzen oder aber das System auf neue, bisher unzugängliche Wege lenken, die Teil des Repellors sind.

Mit dem Studium der chaotischen Transienten verwandt ist ein Forschungsgebiet, das sich mit dem Verhalten von Systemen befaßt, bei denen sich die Parameter der Bewegungsgleichungen im Laufe der Zeit verändern. Solche Systeme erreichen keinen stationären Zustand, sie befinden sich ständig in einer Einschwingphase, wir sprechen kurz von nichtstationären Systemen. Als Beispiel sei eine chemische Reaktion genannt, bei der die Parameter Druck und Temperatur nach Maßgabe einer vorgegebenen Rezeptur kontinuierlich bis zum voll-

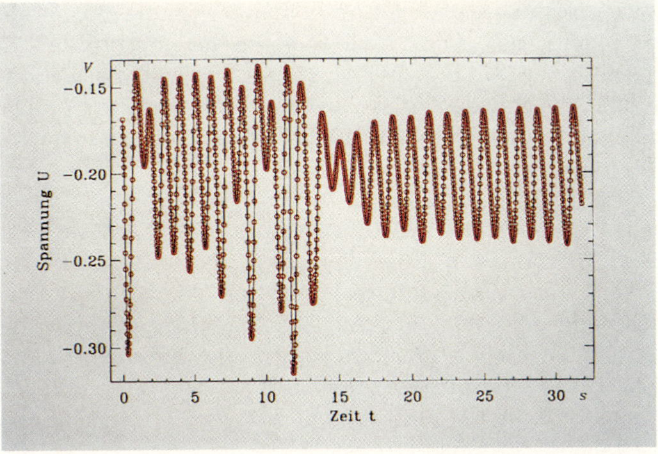

Abb. 2.8.3: Die Abbildung zeigt eine chaotische Transiente und ihr anschließendes Einlaufen auf den Attraktor bei einer chemischen Reaktion. Es handelt sich um die katalytische Oxydation von Wasserstoff in Gegenwart von Kupferionen. Die aufgetragene Meßgröße ist die Spannung zwischen Arbeits- und Referenzelektrode in einer elektrochemischen Zelle, in der die Reaktion stattfindet. Die Meßpunkte sind Rot hervorgehoben. In den ersten 15 Sekunden des Reaktionsablaufes beobachten wir das unvorhersehbare Verhalten einer chaotischen Transiente. Danach erreicht die Bahnkurve den Attraktor, der in diesem Fall eine periodische Bewegung auf einem Grenzzyklus beinhaltet.

ständigen Ablauf der Reaktion verändert werden. Auch physiologische Systeme, man denke an das Gehirn, müssen fast immer als nichtstationäre Systeme betrachtet werden, da sie sich ständig wechselnden Bedingungen anpassen müssen.

Trotz der immensen Bedeutung nichtstationärer Systeme in unserem Alltag sind sie in der Nichtlinearen Dynamik bisher nur relativ wenig untersucht worden, zum Teil deshalb, weil ihre Modellierung Schwierigkeiten bereitet. Ein möglicher Ansatz für die Modellierung von Systemen mit zeitlich veränderlichen Bewegungsgleichungen sind konkurrierende neuronale Netze.

Die Untersuchung des Verhaltens nichtlinearer Systeme, die sich nicht auf ihrem Attraktor bewegen, war lange Zeit ein vernachlässigtes Randgebiet der Nichtlinearen Dynamik. Wir hoffen, daß der Forschung auf diesem für die Anwendung der Nichtlinearen Dynamik wichtigen Teilgebiet in Zukunft noch mehr Aufmerksamkeit zugewandt werden kann.

2.8.3 Hydrodynamik

2.8.3.1 Hydrodynamik und Nichtlineare Dynamik in gegenseitiger Befruchtung

Die Hydrodynamik war ein wesentlicher Motor für die Entwicklung der Nichtlinearen Dynamik und ist es immer noch. Das hat einen sehr einfachen Grund. Die Bewegungsgleichung für strömende Fluide ist in charakteristischer Weise nichtlinear. Das Geschwindigkeitsfeld $\vec{u}(\vec{x},t)$ des Fluids wechselwirkt mit sich selbst, wie aus der Autokatalyse bekannt, aber mit einer Stärke, die vom *Feldgefälle* abhängt, $(\vec{u} \cdot grad)\ \vec{u}$. Die räumliche Ableitung ($grad$) bricht die Lokalität der Wechselwirkung, und sie bringt die Geometrie ins Spiel, indem sie die Strömungsrichtung und das Geschwindigkeitsgefälle miteinander vergleicht, bricht also auch die lokale Symmetrie. Die hydrodynamische Nichtlinearität folgt einzig aus der Impulserhaltung, denn nichts anderes drückt die Grundgleichung der Fluiddynamik, die Navier-Stokes-Gleichung, aus; sie wird nicht mit einem kleinen Parameter eingebracht, sondern sie bestimmt die Phänomene wesentlich.

Entscheidende Impulse zur stürmischen Entwicklung der Nichtlinearen Dynamik gingen von den Arbeiten von Edward Lorenz 1963 aus über die grundsätzlichen Probleme mit der Vorhersagbarkeit, speziell der Wettervorhersage, über die mögliche filigrane, fraktale Struktur des Attraktors, auf den die zeitliche Entwicklung von nichtlinearen dynamischen Systemen hinführen kann, über die unschätzbare Möglichkeit, Nichtlineare Dynamik auf niedrig-(1-)dimensionale nichtlineare Iterationen abzubilden und so einer analytischen Behandlung zugänglich zu machen.

Mit Staunen wurden experimentelle Befunde über die Wege ins Chaos beim Rayleigh-Bénard-Experiment (Strömung in einer von unten erwärmten Flüssigkeitsschicht) und beim Taylor-Couette-System (Scherströmung zwischen zwei konzentrisch sich drehenden Zylindern) registriert, die das plausible Bild der Turbulenzentstehung als Märchen entlarvten, das Landau und Hopf gezeichnet hatten. Der experimentelle Nachweis eines chaotischen Verhaltens mit allen wesentlichen Eigenschaften wie dauerhaftem zeitlichem Schwanken in begrenztem Variablenbereich, nichtperiodisch, mit breitbandig kontinuierlichem Spektrum, empfindlich von den Anfangsbedingungen abhängig und daher nur kurzzeitig vorhersagbar, machte mit einem Schlage deutlich, daß die mathematischen Entwicklungen in der Untersuchung nichtlinearer Differentialgleichungen und in der diskreten Iterationstheorie unmittelbare physikalische Bedeutung hatten.

Geradezu als Durchbruch wurde die erstmalige experimentelle Beobachtung aller quantitativen Einzelheiten der Perioden-Verdopplungs-Kaskade einschließlich der rückwärtslaufenden Bandverschmelzungskaskade empfunden, wieder am Rayleigh-Bénard-System (also in einem hydrodynamischen Experiment), wodurch das scheinbare Glasperlenspiel der universellen, geometrisch skalierenden Bifurkationsfolge als Eingang zum Chaos zur physikalischen Realität wurde. Welche Flut von weiteren Experimenten in einer Fülle verschiedener Systeme löste das aus. Und wie beflügelte das wiederum die begriffliche Weiterentwicklung der Nichtlinearen Dynamik. Wie viele Experimente wurden wieder aus der Schublade geholt und erfuhren ihre nachträgliche Deutung, wie der plötzliche Chaosübergang in der Wärmeleitfähigkeit von Flüssigkeitsschichten, die erst Jahre nach den Messungen veröffentlicht wurden, weil sie vorher als wegen unbekannter Gründe verdorben galten.

Die Hydrodynamik liefert nicht nur Beispielsysteme für die Realität von Chaos, sondern sie gibt auch viele Beispiele für das zweite Charakteristikum Nichtlinearer Dynamik (insbesondere, wenn sie räumliche Freiheitsgrade zuläßt), nämlich die Musterbildung. Exemplarisch erwähnt seien die Bénardschen Wabenmuster auf von unten erwärmten Flüssigkeitsschichten, die schlauchartigen Wirbel im Taylor-Couette-Experiment, die Karmanschen Wirbelstraßen hinter angeströmten Zylindern u.ä.

Nichtlineare Dynamik und Hydrodynamik befruchteten sich in der Folgezeit gegenseitig in ihrer Entwicklung. *Eine* Verbindungslinie wurde zu einer immer breiteren Brücke: Die Rückführung der partiellen Differentialgleichungen der Hydrodynamik (Navier-Stokes-Gleichungen) auf einen Satz gekoppelter, nichtlinearer, gewöhnlicher Differentialgleichungen. Diese Brücke verband die Hydrodynamik auch mit anderen Experimenten und mit der Ausarbeitung des begrifflichen Rahmens (Lyapunov-Dimension, Kolmogorov-Entropie, verallgemeinerte Dimensionen usw.).

In der heutigen Nichtlinearen Dynamik kommen nach wie vor wesentliche Anstöße aus der Hydrodynamik. Dabei geht es vor allen Dingen um die Ausarbeitung des raum-zeitlichen Chaos in Systemen mit sehr vielen räumlichen Freiheitsgraden sowie um die interessanten und trickreichen Mechanismen zur Reduktion von Freiheitsgraden, einem besonders auffälligen Zug gerade von Strömungen. An drei charakteristischen Beispielen soll im Folgenden interessante nichtlineare Physik in der Hydrodynamik demonstriert werden.

2.8.3.2 Wie entsteht Turbulenz?

Eines der großen alten Rätsel ist, wie Strömungsturbulenz überhaupt entstehen kann. Vor über hundert Jahren schon entwickelten Rayleigh (1880), Kelvin (1883) und andere das heute wohlbekannte Verfahren der linearen Stabilitätsanalyse, mit einer unglaublichen Fülle von Erfolgen. Nur: Einige wichtige Strömungen wie zum Beispiel die laminare Hagen-Poiseuille-Strömung durch Rohre, Windkanäle, aber auch durch Blutgefäße usw. widersetzten sich. Die Grundidee ist, die gegebene laminare Strömung ein wenig zu stören, bezüglich der Strörströmung $\delta \vec{u}$ zu linearisieren und dann die Eigenwerte λ des linearisierten Gleichungssystems für $\delta \vec{u} = e^{\lambda t}\vec{v}_\lambda(\vec{x})$ zu berechnen, $L_{ij} v_{\lambda,j} = \lambda v_{\lambda,i}$. Instabilität tritt ein, wenn ein Eigenwert (oder mehrere, auch paarweise) der die lineare Störung beschreibenden Matrix L einen positiven Realteil bekommt. Das führt zu exponentiellem Wachstum der Störung, bis die Nichtlinearität dieses Anwachsen beendet und eine neue, räumlich strukturierte Strömung entstanden ist.

Zwar gibt es viele Strömungen, bei denen der Realteil eines Eigenwertes bei wachsender Strömungsgeschwindigkeit positiv wird, aber, wie schon erwähnt, bei Rohrströmung ist das verblüffenderweise nicht der Fall. Wie Orr (1907), Sommerfeld (1908), Heisenberg (1924) und zahlreiche andere später zu ihrem Kummer entdeckten, bleibt die Rohrströmung für alle laminaren Strömungsgeschwindigkeiten U, wie groß auch immer, linear stabil. Auch andere Strömungen zeigen diese Eigenschaft, etwa die bei Scherung zweier Platten gegeneinander entstehende Scherströmung. Noch merkwürdiger ist es bei druckgetriebener Kanalströmung. Hier berechnet man zwar eine lineare Instabilität, aber erst bei so großen Geschwindigkeiten, daß realiter die laminare Strömung schon längst turbulent geworden ist, offenbar aus einem anderen Grund. Es gibt also, wie bei der Rohrströmung, zahlreiche Fälle von Turbulenzeinsatz *ohne* lineare Instabilität.

Wie kann das sein? Woher bezieht die entstehende Turbulenz ihre Energie? Des Rätsels Lösung ist, und hier ist bisher die Hydrodynamik das einzige System mit dieser Eigenschaft, daß es nicht nur auf die Eigenwerte λ ankommt, sondern auch auf die Eigenvektoren $\vec{v}_\lambda$, die man als „Eigenströmungen" verstehen kann. Die besondere Form der hydrodynamischen Nichtlinearität führt dazu, daß die obengenannte lineare Matrix L nicht mehr mit ihrer adjungierten Matrix L^+ vertauscht, eine Eigenschaft, die sonst in physikalischen Systemen in der Regel gewährleistet ist. Vielmehr ist hier $LL^+ \neq L^+L$; deshalb heißt L *nicht-normal.*

Bei nicht-normalen Eigenwertproblemen stehen die verschiedenen Eigenvektoren im allgemeinen nicht mehr orthogonal, sondern sie bündeln sich in einer bevorzugten Richtung. Diese Richtungsbündelung zerlegt den Phasenraum in eine passende Richtung parallel zum Bündel von Eigenvektoren und in eine unpassende, dazu senkrechte Richtung. Störungen in unpassender Richtung werden durch die laminare Grundströmung in die passende hineingedreht, was nur unter Energieaufnahme möglich ist, also unter Anwachsen der Störung. Natürlich wäre das Störungswachstum nur vorübergehend, weil jede Störung schließlich wegen Realteil $\lambda < 0$ zerfallen muß. Ist die Störung aber, und sei es nur vorübergehend, erst einmal groß genug, kommt es zur nichtlinearen $(\vec{u} \cdot grad)\,\vec{u}$-Wechselwirkung. Diese streut einen Teil der Störung wieder in die unpassende Richtung zurück, und das Spiel beginnt, nun bereits auf höherem Störniveau, von neuem. Die Möglichkeit der Drehung eines Störfeldes durch die Wechselwirkung liegt übrigens ebenfalls an der eingangs geschilderten Besonderheit der hydrodynamischen Nichtlinearität, auf das Strömungsgefälle empfindlich zu sein. Das Wechselspiel von Nicht-Normalität und Nicht-Linearität führt zum Turbulenzübergang *trotz linearer Stabilität.* Der Ursprung der Nicht-Normalität ist übrigens wiederum die hydrodynamische Nichtlinearität; ein Teil von L lautet nämlich $(\vec{v} \cdot grad)\vec{U}$ beziehungsweise $(\partial U_i / \partial x_j)v_j$. Es ist also die Scherung $(\partial U_i / \partial x_j)$, die das lineare Problem nicht-normal macht und so den Mechanismus in Gang setzt, der den Turbulenzeinsatz bewirkt.

Ausblick und Perspektiven

Nachdem nun die Bedeutung der Nicht-Normalität in einfachen Modellsystemen herausgearbeitet worden ist, gilt es, sie auch in vielen anderen, vor allem auch experimentellen Systemen sowie in vollen numerischen Simulationen der Navier-Stokes-Gleichung besser zu identifizieren. Wie kann das Wechselspiel zwischen Nicht-Linearität und Nicht-Normalität beeinflußt werden, insbesondere, um Turbulenz zu verhindern oder zu steuern? Welche Rolle spielt dieses Wechselspiel bei der Ausformung der in turbulenten Strömungen allgegenwärtigen kohärenten Strukturen? Wie können wir die Nicht-Normalität besser quantifizieren? Gibt es Skalengesetze für den nicht-normalen Turbulenzeinsatz? Und welche Rolle spielt die Nicht-Normalität in nicht-hydrodynamischen Systemen? Diese grundlagen- und auch anwendungsrelevanten Fragen erfordern verstärktes experimentelles, theoretisches und numerisches Engagement.

2.8.3.3 Sonolumineszenz

Als Felipe Gaitan 1990 an der Mississippi-Universität im Rahmen seiner Promotion die Dynamik von schallgetriebenen Luftblasen in Wasser untersuchte, fand er heraus, daß die Blasen weiß *leuchten* können. Dieses Phänomen heißt Sonolumineszenz (abgekürzt SL). Schall wird in Licht verwandelt! Wie kann dies energetisch überhaupt möglich sein? Selbst die für SL notwendigen starken Schallfelder haben nur Energiedichten von etwa 10^{-12} eV/Molekül, während die emittierten Photonen im eV-Bereich liegen. Mithin muß die Energiedichte um zwölf Größenordnungen verstärkt worden sein.

Gaitans Ergebnis wurde bald von Seth Putterman und seiner Gruppe an der University of California at Los Angeles reproduziert (1991 bis 1995). Herzstück des Experiments ist ein mit Wasser gefülltes Gefäß. Im Wasser ist Gas mit im Vergleich zum Außendruck P_0 kleinem Partialdruck P_∞ gelöst. Zusätzlich wird eine *einzelne* Blase injiziert, die mit einer stehenden Schallwelle im Zentrum des Gefäßes fixiert und zu Oszillationen ihrer Größe angeregt wird. Die Frequenz des die Blase antreibenden Schallfeldes $P(t) = P_a \cos 2\pi f t$ liegt im Bereich $f \approx 30$ kHz, gerade oberhalb der Hörschwelle. Pro Antriebsperiode $1/f \approx 30 \mu s$ beobachtet man genau einen Lichtpuls von weniger als 50 ps (!) Dauer. Wegen der schnellen Wiederholung der Lichtblitze sieht sie das Auge als kontinuierliches Leuchten.

Wie ist dieses eigenartige Phänomen zu verstehen? Die hydrodynamischen Gleichungen des Systems sind die Navier-Stokes-Gleichung für das Gas in der Blase und für die Flüssigkeit, gekoppelt mit den Diffusionsgleichungen des Wärme- und Gastransfers. Dazu kommen Randbedingungen und die Zustandsgleichung des Gasgemisches. Auch Lichtverluste und chemische Reaktionen müssen berücksichtigt werden. Diese Gleichungen exakt zu lösen, ist sowohl theoretisch als auch vom numerischen Aufwand her aussichtslos.

Näherungen müssen daher eingeführt werden. So wie Lorenz die nichtlinearen partiellen Differentialgleichungen für Konvektion auf nichtlineare gewöhnliche Differentialgleichungen abbilden konnte, so gelingt es auch hier, einige wenige gewöhnliche Differentialgleichungen für die Blasendynamik herzuleiten (Reduktion der Freiheitsgrade). Hier ist die Näherung jedoch viel genauer, für kleine Schallantriebe sogar exakt. Die so entstehende Grundgleichung für den Blasenradius $R(t)$, die in ihrer ursprünglichen Form von Lord Rayleigh (1916) hergeleitet und später viele Male verbessert wurde, heißt Rayleigh-Plesset-Gleichung. Für kleine Antriebsdrücke $P_a \ll P_0$ schwingt der Blasenradius $R(t)$ harmonisch um einen Gleichgewichtsradius R_0. Für große Antriebsdrücke und große Blasenradien hingegen ist diese Gleichung ein Musterbeispiel für einen nichtlinearen Oszillator. Sie zeigt Periodenverdopplungen, deterministisches Chaos und alles, was die nun schon klassische Nichtlineare Dynamik zu bieten hat. Im SL-Bereich starker Antriebsdrücke und kleiner Blasenradien ist die Dynamik wieder periodisch mit der Periode $1/f$. Die Blase dehnt sich bis zum mehr als Tausendfachen ihres Gleichgewichtsvolumens aus und kollabiert dann fast bis auf das Eigenvolumen der Moleküle. Dabei wird das Gas in der Blase stark

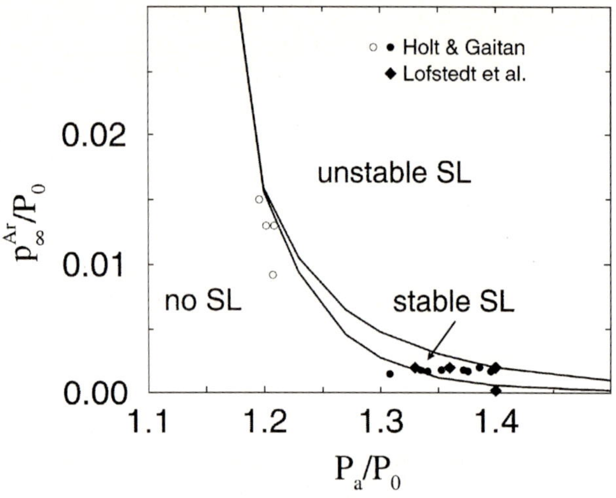

Abb. 2.8.4: Phasendiagramm im Parameterraum des Argon-Partialdruckes P_∞^{Ar} und des Antriebsdruckes P_a. Dies sind die beiden experimentell am einfachsten kontrollierbaren Parameter. Beide Drücke sind auf den Außendruck P_0 bezogen. Stabile SL ist nur in einem kleinen Fenster geringen Argon-Partialdruckes möglich. Die Datenpunkte beziehen sich auf Experimente. Offene Symbole stehen für stabile Blasen, aber keine SL, gefüllte Symbole für stabile SL.

komprimiert, so daß es sich auf Temperaturen von mehreren 100 000 Kelvin erhitzt, und es dadurch zu Leuchteffekten kommt. Schließlich schwingt die Blase mit ihrer Eigenfrequenz aus. Bei der nächsten Schallwelle wiederholt sich der ganze Zyklus.

In den letzten Jahren ist es gelungen, auch Forminstabilitäten und diffusive Effekte im Geiste der Rayleigh-Plesset-Gleichung zu behandeln, also die Dynamik auf nichtlineare gewöhnliche Differentialgleichungen zurückzuführen. Erst dadurch wurde es möglich, die Abhängigkeit der SL von den experimentell steuerbaren Parametern wie dem Antriebsdruck P_a und dem Gasdruck P_∞ zu verstehen. Abbildung 2.8.4 zeigt das Phasendiagramm in dem $P_a - P_\infty^{Ar}$-Parameterraum: Wir können richtig voraussagen, in welchen Bereichen die verschiedenen Formen von SL auftreten: stabile SL, instabile SL oder gar keine SL. Der Grund, daß das Phasendiagramm den Partialdruck des Argons $P_\infty^{Ar} = \xi P_\infty$ (wobei ξ der Argonanteil des Gases ist, $\xi = 0{,}01$ für Luft) und nicht P_∞ zeigt, liegt darin, daß bei den hohen Temperaturen, die in der Blase erreicht werden, alle molekularen Gase dissoziieren und sich ihre Reaktionsprodukte im Wasser lösen. Nur Argon bleibt in der Blase übrig.

Während ohne das Schallfeld die Blase durch hinausdiffundierendes Gas schrumpfen würde, wächst sie im Falle der *instabilen SL* durch sogenannte rektifizierte Diffusion: Dehnt sich die Blase während der Halbperiode negativen Antriebsdruckes (entsprechend einer Zugspannung) auf ein Vielfaches ihres Gleichgewichtsvolumens aus, herrscht in ihr sehr starker Unterdruck und im Wasser gelöstes Gas kann eindiffundieren. Das wird während der Kompressionsphase (hoher Blaseninnendruck) wieder aus der Blase verdrängt, aber nur zum Teil. So kommt es zum Blasenwachstum, was zu einem kleinen Anstieg der Strahlungsintensität führt, genau wie experimentell beobachtet. Nach Zehntausenden von Zyklen ist die Blase so groß geworden, daß sie nicht mehr formstabil sein kann. Mikroblasen lösen sich ab und geben dem Blasenrest einen Rückstoß. Dieser Prozeß wiederholt sich auf der diffusiven Zeitskala von etwa einer Sekunde: Die Blase „tanzt", ganz wie im Experiment beobachtet. Für kleinen Argon-Partialdruck jedoch kann das Gleichgewicht zwischen diffusiven Wachstums- und Schrumpfungsprozessen *stabil* werden („stabile SL"): Die Blase hat einen über Tage konstanten Gleichgewichtsradius R_0, und dementsprechend ist die Lichtintensität konstant.

Ausblick und Perspektiven

Viele Aspekte der SL sind noch unverstanden: Wie heiß genau wird es in der Blase? Wie sieht die Gasdynamik in der Blase aus? Zur Klärung dieser Frage werden weitere Experimente sowie volle numerische Simulationen der dreidimensionalen gasdynamischen Gleichungen notwendig sein. Aber auch andere Experimente sind notwendig, beispielsweise: Wie wirkt sich ein magnetisches Feld aus? Und schließlich: Was eigentlich ist der genaue Lichterzeugungsmechanismus?

Bereits jetzt ergeben sich viele *technische* Anwendungen der SL, nicht zuletzt im Bereich der Chemie. Man kann die Blase als Hochtemperatur-Reaktionskammer verstehen, die sich während der Expansionsphase die Reaktanden aus dem Wasser selbst ansaugt. Während der Kompressionsphase findet die Reaktion statt. Vielleicht wird es möglich sein, die maximale Blaseninnentemperatur gezielt durch äußere Parameter wie den Antriebsdruck P_a oder die Wassertemperatur zu kontrollieren. So hätte man ein Mikrolabor für Hochtemperaturchemie, das auf einfache Weise über viele Temperaturgrößenordnungen steuerbar ist.

Eine andere technische Anwendung liegt in der Medizin. Stark schallgetriebene Mikroblasen eignen sich als „Tracer" im Blutkreislauf oder einfach nur als Signalverstärker. Erst die Untersuchung an der Einzelblasen-Sonolumineszenz und die Emission der Lichtpulse ermöglichen ein so gutes Verständnis der Blasendynamik, daß nun ein gezieltes „Blasendesign" möglich ist.

Die Sonolumineszenz ist nicht nur ein schönes Beispiel für die Nichtlineare Dynamik in der Flüssigkeitsphysik, sondern auch für die Bedeutung der Grundlagenforschung. All diese Perspektiven hätten sich ohne Gaitans Versuche nicht ergeben, die keinerlei technische Anwendungen zum Ziel hatten. Niemand konnte schließlich damit rechnen, daß eine winzige beschallte Gasblase plötzlich Licht aussendet und so ein ganz neues, im Aufbruch befindliches Feld in Physik, Medizin und Technik begründet.

2.8.3.4 Klima- und Wettervorhersage

Eine wesentliche Einsicht Nichtlinearer Dynamik allgemein und nichtlinearer Hydrodynamik insbesondere beginnt jetzt allmählich ins Bewußtsein einer an Klimafragen interessierten Öffentlichkeit zu dringen; spät zwar, nach fast 20 Jahren Nichtlinearer Dynamik, aber immerhin jetzt doch, weil die Klimaforscher mit ihren hochdimensionalen hydrodynamischen Modellen ihre Ergebnisse gar nicht anders deuten und der kritischen Öffentlichkeit vermitteln können.

Komplexe Strömungsfelder sind deterministisch chaotisch und hängen empfindlich von den Anfangsbedingungen sowie von Störungen ab. Berechnungen der Klimazukunft sind über weit größere Zeiten erforderlich als über die durch die positiven Lyapunov-Exponenten begrenzten Vorhersagezeiträume. Deshalb findet man selbst in einem einmal gewählten Modell sehr unterschiedliche Ergebnisse, denn diese hängen sowohl von den Klimaanfangsbedingungen ab, die wir ja nur mit sehr eingeschränkter Genauigkeit kennen, als auch vom gewählten Integrationsverfahren für die Klimamodellgleichungen. Auch kann es vorkommen, daß es bei verschiedenen, jeweils durchaus „korrekten" Klimavorausberechnungen in Hamburg, in Kairo, am Süd- oder Nordpol, je nach Länge der Vorhersagezeit, wärmer oder kälter wird.

Ausblick und Perspektiven
Wir wissen, was Nichtlineare Dynamik im chaotischen Bereich bedeutet, nämlich daß die individuelle Lösung ihren Sinn verliert. Deswegen müssen ganze Bündel von Lösungen verfolgt werden, alle die, die mit den Unsicherheiten und Störeinflüssen verträglich sind. Einzelne Abläufe sind zu ersetzen durch das Verhalten solcher Lösungsbündel und damit deren statistischer Verteilung im Laufe der Zeit. Nichtlineare Systeme müssen mittels *statistischer* Physik beschrieben werden! Die sich herauskristallisierenden *mittleren* Eigenschaften sind dann sehr wohl voraussagbar. Aber sie haben auch eine gewisse Bandbreite der chaotisch irregulär schwankenden einzelnen Verläufe, die der statistischen Standardabweichung entspricht (vgl. Abb.2.8.4). Diese gilt es wegen der großen praktischen Bedeutung ebenfalls zu bestimmen. So sind beim Wetterbericht immer nur *Wahrscheinlichkeitsaussagen* möglich. In der Tat ist man in den USA oder in einigen deutschen Privatsendern bereits dazu übergegangen, Wettervorhersagen nur mit diesen Wahrscheinlichkeitsangaben zu machen, etwa: „Mit 20%iger Wahrscheinlichkeit wird es innerhalb der nächsten drei Tage regnen". Dies sind typische Aussageformen der Nichtlinearen Dynamik. Sie können sogar Grundlage für politischen Entscheidungswillen sein. Für die Klima- und Wetterforschung sind noch viele Anstrengungen nötig, um die Erkenntnisse der Nichtlinearen Dynamik umzusetzen, sowohl numerisch als auch physikalisch und chemisch.

2.8.4 Selbstorganisierte raumzeitliche Strukturbildung

2.8.4.1 Entstehung fraktaler Strukturen, selbstorganisierte Kritizität

Eine besonders interessante Klasse von Selbstorganisationsprozessen sind jene, die zur Entstehung fraktaler Strukturen führen. Solchen fraktalen Mustern und Strukturen begegnen wir oft in unserer natürlichen Umgebung. Sie zeichnen sich durch eine sehr komplexe geometrische Struktur aus. Die mathematische Beschreibung der Gestalt solcher als „natürlich" empfundener Strukturen hat lange Zeit große Schwierigkeiten bereitet. Die klassische euklidische Geometrie kennt keine unregelmäßig aussehenden Gegenstände. Zur Beschreibung natürlicher Objekte bedarf es daher einer anderen Art der Geometrie. Erste bedeutende Beiträge zur Entwicklung einer solch neuen Geometrie haben schon Anfang dieses Jahrhunderts Mathematiker wie Felix Hausdorff und Gaston Julia geliefert. Doch erst dem Mathematiker Benoit Mandelbrot ist es gelungen, das von ihm und anderen gesammelte Wissen zu einer neuen einheitlichen Theorie zusammenzufügen, der „Fraktalen Geometrie". Die mit diesem Stichwort verbundenen graphischen Darstellungen der Julia-Menge und anderer Fraktale sind besonders durch die Arbeiten der Gruppe um den Bremer Mathematiker Heinz-Otto Peitgen weltbekannt geworden.

Fraktale Strukturen zeichnen sich durch ihre Selbstähnlichkeit aus, das heißt, sie sind invariant gegenüber Maßstabsänderungen. Ein Beispiel hierfür ist der fraktale Verlauf von Küstenlinien; ein Ausschnitt aus einer Küstenlinie, aus kleinerem Abstand betrachtet, sieht ähnlich aus wie die ganze Küstenlinie, betrachtet aus größerem Abstand. Unabhängig von der betrachteten Längenskala enthalten Fraktale immer wieder einander ähnliche Strukturen. Charakteristisch für diese Gebilde ist, daß ihre Dimension im Gegensatz zu euklidischen Gebilden nur durch eine gebrochene Zahl ausgedrückt werden kann. Diese Eigenschaft hat zu der Bezeichnung „Fraktale" für diese Klasse von Objekten geführt.

Die Ähnlichkeit von natürlichen Strukturen, wie wir sie zum Beispiel bei Haarrissen in festen Körpern, in den Stromverzweigungen von elektrischen Entladungen oder im Wachstum von Korallen finden, gibt Anlaß zu der Vermutung, daß die Prozesse, die zu selbstähnlichen Strukturen führen, tiefer liegende universelle Gemeinsamkeiten aufweisen. Eine einheitliche konsistente Theorie, die alle Phänomene fraktaler Strukturbildung beschreibt, ist jedoch bis heute noch nicht entwickelt.

Ein viel diskutierter Ansatz zum Verständnis der Entstehung fraktaler Strukturen ist das von Per Bak, Chao Tang und Kurt Wiesenfeld vorgestellte Konzept der selbstorganisierten Kritizität. Hier geht es darum, daß ein offenes, aus vielen miteinander wechselwirkenden Teilsystemen bestehendes System, das Energie oder Materie mit seiner Umgebung austauscht, seinen Zustand selbst so einstellt, daß er kritisch wird. Das Wort „kritisch" ist hier im Sinne der Physik zu verstehen und bedeutet, daß Störungen auf allen Größenskalen auftreten können und daß diese Störungen gemäß einem Potenzgesetz und nicht exponentiell verteilt sind. Bak, Tang und Wiesenfeld stellten als besonders anschauliches Beispiel für selbstorganisierte Kritizität einen sich auf einer tellerförmigen Unterlage ausbildenden Sandhaufen vor, auf den von oben ein beständiger Strom einzelner Sandkörner rieselt. Durch den von außen zugeführten Sandstrom, durch die von Lawinen begleiteten Umlagerungsprozesse auf dem Sandhaufen und den Sandverlust durch Lawinen, die über den Tellerrand herabfallen, entsteht im Laufe der Zeit – selbstorganisiert – ein Sandkegel mit einem bestimmten kritischen Böschungswinkel. Dieser „kritische" Zustand ist dadurch ausgezeichnet, daß es keine „typische" Größe der Lawinen gibt; die Verteilungen der Lawinengröße und ihrer Dauer folgen einem Potenzgesetz. Bak, Tang und Wiesenfeld vermuteten, daß viele Vorgänge in der Natur solch einen Mechanismus der selbstorganisierten Kritizität enthalten, unter anderem die Bewegung von Domänenwänden in Ferromagneten, das Verhalten von suprafluidem Helium, von Waldbränden, von Erdbeben und sogar von Gehirnen.

Obwohl die Idee der selbstorganisierten Kritizität heute immer noch umstritten ist, da einige Vorhersagen der experimentellen Überprüfung nicht standgehalten haben, so ist sie auf jeden Fall doch ein attraktives Konzept, mit dem eine genauere Auseinandersetzung lohnend ist. Das betrifft vor allen Dingen komplexe Systeme, für die anderweitig bisher keine guten Beschreibungskonzepte existieren. Das Konzept der selbstorganisierten Kritizität führt zu einer Emergenz komplexen Verhaltens, ohne daß komplizierte Mechanismen eingeführt oder Parameter feinfühlig abgestimmt werden müssen. Und diese Idee ist, ganz im Sinne der Nichtlinearen Dynamik, nicht auf ein bestimmtes System beschränkt, sondern scheint auf ganz unterschiedliche Systeme anwendbar zu sein.

2.8.4.2 Neuronale Informationsverarbeitung

Selbstorganisierte Strukturbildung wird nicht nur bei physikalischen Prozessen beobachtet, sondern auch in vielen biologischen und physiologischen Systemen. Das wichtigste und faszinierendste Beispiel für ein solches System ist das Gehirn. Hier treten beispielsweise zeitliche Strukturen im Antwortverhalten eines einzelnen Neurons, räumliche Strukturen in den Verschaltungsmustern neuronaler Netze und raumzeitliche Muster in der Erregungsdynamik ganzer Teilbereiche des Hirns auf. Die Analyse und Modellierung solcher Muster trägt zu einem besseren Verständnis der Hirnfunktion bei, besonders zur Frage der Informationsdarstellung im Hirn (das heißt des „neuronalen Codes"), der Mechanismen der Wahrnehmung und Verhaltenssteuerung sowie des Lern- und Verallgemeinerungsvermögens.

Es ist nicht selbstverständlich, daß der formalisierende und mathematisierende Ansatz der Physik und speziell der Nichtlinearen Dynamik in einem so komplexen Gebilde wie dem Gehirn fruchtbar angewendet werden kann. Die Grundidee der Nichtlinearen Dynamik, daß nämlich aus einem einfachen, allerdings nichtlinearen Zusammenhang sehr komplexes, irreguläres Verhalten entspringen kann, dessen einfacher Ursprung dann nicht mehr zu sehen ist, gibt aber auch in diesem besonders herausfordernden Bereich Anlaß zu Optimismus.

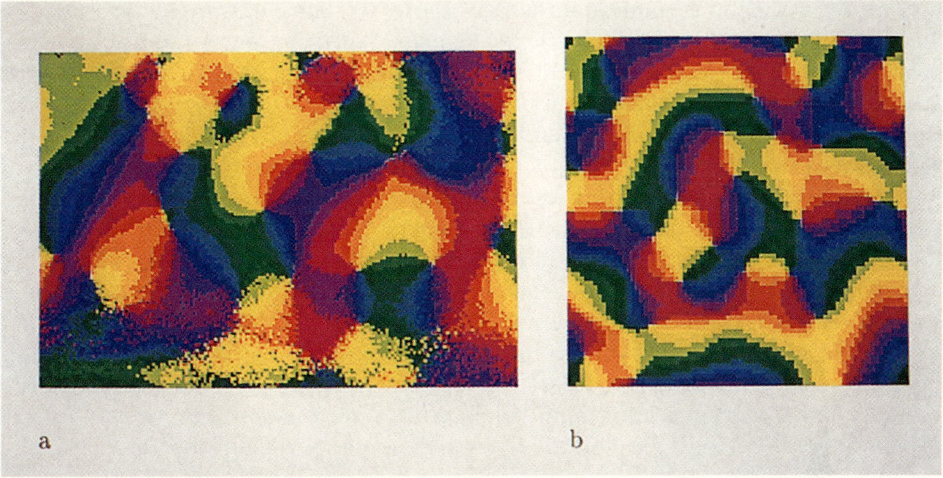

Abb. 2.8.5: Neuronen im visuellen Kortex von Säugern reagieren bevorzugt auf Reize mit einer bestimmten Orientierung; benachbarte Neuronen haben dabei eine ähnliche Orientierungspräferenz. Die räumliche Verteilung von orientierungsselektiven Neuronen in einem neuronalen Areal heißt Orientierungskarte. Kodiert man die von der Lage abhängigen bevorzugten Orientierungen mit Hilfe von Farbe (von Gelb über Orange, Rot, Violett, Blau, Grün zurück nach Gelb, entsprechend den Winkeln von 0° bis 180°), so ergeben sich charakteristische Farbmuster. Abbildung 2.8.5a wurde experimentell mit einer optischen Methode gewonnen (T. Bonhoeffer und Mitarbeiter), Abbildung 2.8.5b durch eine Computersimulation eines nichtlinearen Musterbildungsprozesses, der die Entwicklung neuronaler Karten beschreibt.

Und in der Tat wendet eine zunehmende Zahl von Forschern Methoden der Nichtlinearen Dynamik zur Analyse ihrer Daten und zur Modellierung ihrer Systeme an. Wir zeigen im Folgenden anhand von zwei Themengebieten, wie der Austausch von Ideen und Methoden zwischen der Nichtlinearen Dynamik und der Hirnforschung beide Gebiete befruchten kann.

Das erste Beispiel betrifft die Selbstorganisation räumlicher Verschaltungsmuster in Form neuronaler Karten. Neuronale Karten treten vor allem in den Bereichen des Gehirns auf, die für die sensorische Wahrnehmung zuständig sind. Neuronen dort antworten selektiv nur auf Reize mit bestimmten Kombinationen von Parametern. Die Neuronen sind in der neuronalen Karte so angeordnet, daß benachbarte Neuronen auf Reize mit ähnlichen Merkmalen antworten. Für die Entdeckung solcher Antworteigenschaften im visuellen System wurden die Neurophysiologen David Hubel und Torsten Wiesel 1981 mit dem Nobelpreis ausgezeichnet. Die Antworteigenschaften einzelner Neuronen und ihre Anordnung in einer neuronalen Karte werden durch die synaptischen Verbindungen der Neuronen, die auf die Karte projizieren, festgelegt. Diese Verbindungen sind nicht im Genom einzeln niedergelegt. Vielmehr belegen zahlreiche Experimente, daß die Verbindungen auch noch nach der Geburt durch Mechanismen zur Ausbildung kommen, die von der Aktivität der beteiligten Neuronen abhängen und die von äußeren Reizen getrieben werden.

Die Entwicklung einer neuronalen Karte im Hirn entspricht also in der Sprache der Nichtlinearen Dynamik der Selbstorganisation eines räumlichen Verschaltungsmusters. Modelle zur Entwicklung neuronaler Karten wurden zuerst von Christoph von der Malsburg (Bochum) untersucht; er identifizierte dabei drei Komponenten, die auch in späteren Modellformen immer wieder auftauchen. Zum ersten ist die Erregungsantwort der Modellkarte auf einen Reiz durch Kooperation und Wettbewerb charakterisiert. Nahe benachbarte Neuronen in der Karte verstärken sich gegenseitig (exzitatorische Kopplung), entfernte Neuronen hemmen sich (inhibitorische Kopplung). Zum zweiten werden die Antworteigenschaften der Karte durch Veränderung synaptischer Gewichte angepaßt. Dabei werden Verbindungen zwischen einer Reizschicht und Kartenneuronen verstärkt, wenn Reiz und Erregung des Neurons zusammenfallen. Würden sich Synapsengewichte alleine nach dieser Regel verändern, dann könnten sie nur wachsen, bis über alle Grenzen. Darum muß es als dritte Komponente noch einen Mechanismus geben, der eine Beschränkung der Synapsengewichte bewirkt.

Mit Modellen dieser Art konnten zahlreiche experimentelle Befunde zur Kartenentwicklung erklärt werden (vgl. Abb. 2.8.5). Dabei sind nicht nur die einzelnen Ergebnisse an sich bemerkenswert, sondern vor allem der Punkt, daß ein Modellsystem hinreicht, um zahlreiche, zum Teil sehr unterschiedliche Kartenphänomene zu erfassen. Das besonders einfach formulierte, stark nichtlineare Modell des finnischen Physikers Teuvo Kohonen etwa wurde zur Beschreibung von Karten im visuellen, im auditorischen und im somatosensorischen Kortex erfolgreich angewendet. Obwohl die starke Vereinfachung wegen mangelnder physiologischer Plausibilität Kritik hervorgerufen hat, erlaubt die simple Struktur des Modells doch eine besonders direkte Interpretation der Mechanismen im Sinne der Nichtlinearen Dynamik.

An dieser Stelle sollte auch darauf hingewiesen werden, daß Modelle für die Selbstorganisation neuronaler Karten nicht nur zur Untersuchung von Entwicklungsvorgängen im Gehirn verwendet werden können, sondern auch in der technischen Signalverarbeitung. Gemessen an der absoluten Zahl von Studien überwiegt dieser Einsatzbereich den der biologischen Modellierung sogar bei weitem. Neuronale Karten werden in diesem Zusammenhang als nachbarschaftserhaltende Vektorquantisierer aufgefaßt. Sie können die Daten in sogenannte „independent components" zerlegen, die auch gekrümmt (das heißt nichtlinear) sein können. Dagegen findet die Hauptkomponentenanalyse, ein Standardverfahren der Signalverarbeitung, in den Daten nur lineare Richtungen. Die Bandbreite bereits realisierter oder vorgeschlagener Anwendungen reicht von der Visualisierung hochdimensionaler Datensätze über die Steuerung von Roboterarmen, die Vorverarbeitung von Sprachdaten, Datenkompression, die Abbildung von Computerprogrammen auf Parallelrechnerarchitekturen, bis hin zur Trennung überlagerter Signalquellen.

Als zweites Themengebiet wenden wir uns jetzt zeitlichen Mustern zu, die ebenfalls große Bedeutung für die neuronale Informationsverarbeitung haben. Zeitliche Muster treten vor allem als Abfolgen von Erregungspulsen („Spikes") einzelner Neuronen auf. Neben der Möglichkeit, daß die mittlere Rate dieser

Erregungspulse Information übermittelt, ist in den letzten Jahren vor allem die Kodierung durch Synchronisation von Spikes untersucht worden (vgl. Abb. 2.8.6). Aber auch die Dynamik von größerskaligen Erregungsmustern während Wahrnehmungsvorgängen, von EEG-Signalen und von Entwicklungsprozessen, wie etwa der gerade beschriebenen Kartenentwicklung, ist hier zu nennen.

Die Nichtlineare Dynamik spielt in diesem Themengebiet eine zweifache Rolle. Zum einen können zahlreiche Datenanalyseverfahren für irreguläre und chaotische Dynamik auf gemessene Zeitreihen neuronaler Erregungspulse angewendet werden. Durch Berechnung der Vorhersagbarkeit etwa können Phasen regulärer Dynamik von irregulären Phasen unterschieden werden. Auf dem Umweg über die Informationstheorie kann auch versucht werden, den Informationsgehalt von Erregungszeitreihen über die Reize zu quantifizieren. Diesen Zugang hat der Physiker William Bialek aus Princeton mit seinen Kollegen am Beispiel des Informationsgehalts einer Spikefolge eines Neurons im Fliegenhirn entwickelt und popularisiert.

Zum anderen können Methoden der Nichtlinearen Dynamik dazu eingesetzt werden, neuronale Modellsysteme zu analysieren. So wurde die Betrachtung des Synchronisierungsverhaltens ganzer Schichten gekoppelter Neuronen durch die Analogien zu Netzen von gekoppelten Abbildungen („coupled map lattice“) und zu Systemen gekoppelter nichtlinearer Oszillatoren befördert. Beides sind Gebie-

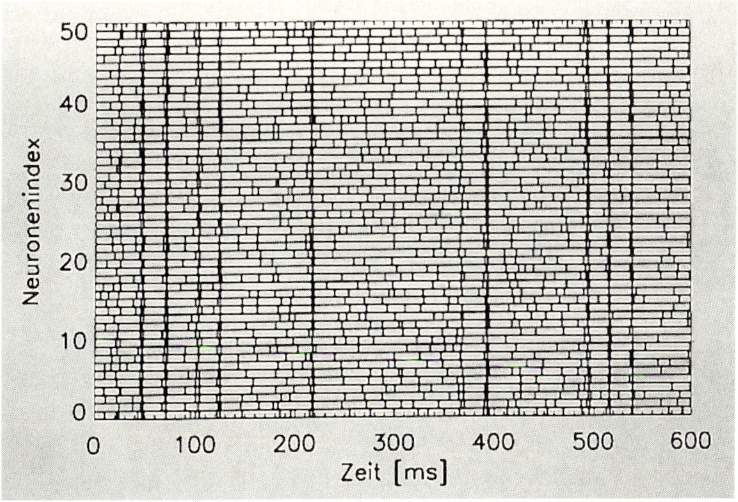

Abb. 2.8.6: Simuliertes Feuermuster einer Gruppe von 50 gekoppelten Neuronen. Die einzelnen Neuronen werden durch das nichtlineare McGregor-Modell beschrieben, die Kopplung erfolgt exzitatorisch (erregend) von jedem auf jedes Neuron, unter Berücksichtigung von Leitzeiten. Auffällig ist der Wechsel zwischen synchronisierter Dynamik, die man etwa am Anfang, in den ersten 100 ms der Simulation beobachtet, und stochastischer Dynamik, die man in der Mitte des Bildes, zwischen 250 ms und 350 ms sieht. Diese dynamische Bistabilität des Modells soll die bei Katzen und Affen beobachtete Nichtstationarität synchronisierter Feuermuster im visuellen Kortex erklären.

te der Nichtlinearen Dynamik, die bereits unabhängig von dem Interesse an Kortexdynamik zu einer großen Blüte geführt worden waren. Die Fülle der dynamischen Phänomene, die dabei auftreten können, verbietet hier eine nähere Beschreibung; als Stichworte mögen Multistabilität, Phasenclustering, Frequenzerhöhung, Frequenzerniedrigung und raumzeitliches Chaos genügen.

Die bisherigen Erfolge bei der Untersuchung von Dynamik und Strukturbildung in neuronalen Systemen unterstreichen die Bedeutung der Nichtlinearen Dynamik als geeigneten Beschreibungsrahmen für komplexe Phänomene im Gehirn. Dabei ist das Potential vieler bestehender Konzepte der Nichtlinearen Dynamik zur Untersuchung neuronaler Systeme noch nicht ausgeschöpft, und andere, speziell durch die Hirnforschung motivierte Methoden werden gerade erst entwickelt. Dies betrifft unter anderem den Bereich der Analyse experimenteller Daten. So werden seit wenigen Jahren mit optischen Methoden und Farbstoffen Muster im Hirn beobachtet, die sowohl räumlich wie zeitlich variieren. Eine erfolgreiche Beschreibung und anschließende Modellierung solcher Daten wird unser Verständnis etwa der Funktion des visuellen Kortex sicher verbessern. Auf der Ebene der Modellbildung wird neben der bereits erwähnten Untersuchung der raumzeitlichen Dynamik neuronaler Systeme auch die Selbstorganisation komplexer rezeptiver Felder oder die Beschreibung der Dynamik des ganzen Wahrnehmungsvorgangs neue Einsichten vermitteln.

2.8.5 Ausblick

Die Nichtlineare Dynamik hat in der relativ kurzen Zeit ihres Bestehens eine Fülle von neuen Einsichten in die Dynamik chaotischer und sich selbstorganisierender Systeme ermöglicht. Das Verhalten von nichtlinearen Systemen mit nur wenigen Freiheitsgraden kann bereits heute als weitgehend verstanden angesehen werden. Die erfolgreich untersuchten Beispiele stammen aus den unterschiedlichsten Themenbereichen, wie das getriebene Pendel, Laser, hydrodynamische Systeme, Modellsysteme für Herz- und Neurodynamik usw. Die Ähnlichkeit der bei der Untersuchung der verschiedenen Systeme gefundenen Grundmechanismen zeigt, daß die Konzepte der Nichtlinearen Dynamik eine universelle Anwendbarkeit besitzen. Komplexes, teilweise irregulär erscheinendes Systemverhalten kann aus dem nichtlinearen Zusammenspiel weniger, einfacher Komponenten hervorgehen.

Aufgrund dieser Universalität der Nichtlinearen Dynamik ist zu erwarten, daß das Verhalten einer Vielzahl weiterer Systeme in Natur und Technik durch das Auftreten von Chaos, Selbstorganisation, Skaleninvarianz und verwandten Phänomenen erklärt werden kann. Wir sind davon überzeugt, daß gerade in Bereichen, die uns im Alltag begegnen, wie bei Strömungen von Fluiden, aber auch bei Strömungen von Menschen oder des Straßenverkehrs, in neuronalen Systemen, in Computernetzwerken, in chemischen Reaktionen und sogar in ökonomischen und sozialen Systemen komplexes Verhalten vorliegt, das mit dem Ansatz der Nichtlinearen Dynamik erkannt und verstanden werden kann. Darum besteht eine große vor uns liegende Aufgabe darin, die an den vergleichsweise einfachen Systemen schon gewonnenen Methoden auch auf kompliziertere Problembereiche zu übertragen sowie für diese auch neue Konzepte zu entwickeln.

Konkrete Themenbereiche sind die Erweiterung der an niedrigdimensionalen Systemen gewonnenen Erkenntnisse auf höherdimensionale und dissipative räumlich ausgedehnte Systeme sowie die Entwicklung neuer Methoden zur Charakterisierung von komplexer raumzeitlicher Dynamik. Zweitens muß die Unterscheidung von deterministischem Chaos und stochastischem Rauschen weiterentwickelt werden. Drittens muß der Nichtstationarität vieler Prozesse, das heißt einer zeitlichen Änderung der zugrundeliegenden Systemdynamik, Rechnung getragen werden. Als vierter Punkt dieser kurzen, sicher nicht vollständigen Liste sei genannt, daß bislang keine schlagkräftigen Methoden existieren, die uns eine Extraktion der zugrundeliegenden Dynamik aus gemessenen Zeitreihen erlaubt.

In allen diesen Bereichen sind in den nächsten Jahren Fortschritte zu erwarten, die dann Hand in Hand mit einer Ausdehnung des Anwendungsbereichs der Nichtlinearen Dynamik gehen werden. Ein besseres Verständnis komplexen Systemverhaltens auch in komplizierten, bislang unzugänglichen Systemen wird nicht nur die Neugier der Grundlagenforscher befriedigen, sondern mit Sicherheit auch Dividende im Anwendungsbereich abwerfen. Ob und, vor allen Dingen, wann ein Promotionsthema wie die Stabilisierung instabiler periodischer Bahnen beim getriebenen Pendel in seiner Anwendung beispielsweise zu einer Verringerung des Kraftstoffverbrauchs oder des Geräuschpegels von Autos führen wird, läßt sich allerdings nicht vorhersagen. Die Analyse und Vorhersage des langfristigen Fortschritts ist ein Bereich, der sich dem anerkannt mächtigen Werkzeugkasten der Nichtlinearen Dynamik zur Zeit noch entzieht und vermutlich auch in alle Zukunft hinein entziehen wird. Aber dennoch: Nichtlineare Dynamik gewährt uns die Einsicht, warum dies so sein muß.

2.9 Oberflächenchemie

Hans-Joachim Freund, Fritz-Haber-Institut der Max-Planck-Gesellschaft, Berlin

2.9.1 Fragestellungen

Die Untersuchung der Eigenschaften von Grenz- und Oberflächen gehört nach wie vor zu den aktuellsten und aktivsten Forschungsgebieten der experimentellen und theoretischen Festkörperphysik und der physikalischen Chemie. Durch die Besetzung einer Schnittstelle zwischen Chemie, Physik und Materialwissenschaften hat dieses Gebiet einen besonderen Reiz. „Surface Science" bietet die konzeptionellen und methodischen, experimentellen und theoretischen Ansätze zur Lösung physikalischer, chemischer und – in Zukunft auch – biologischer Fragestellungen. Dementsprechend liegt eine Entwicklungslinie in diesem Feld auf der Erschließung neuer Materialklassen bis hin zu komplexen Systemen, die aus mehreren, verschiedenen Materialklassen zusammengesetzt sind. Geometrische und elektronische Strukturen sind immer noch wichtige Leitlinien aktueller Forschung. Zunehmend und vermutlich in Kürze vorrangig kommen Fragen zur Dynamik der Systeme, also zu den elementaren Bewegungs- und Anregungsprozessen, hinzu. In allen Teilbereichen ist diese Entwicklung spürbar, da mittlerweile die Werkzeuge entweder schon zur Verfügung stehen oder in greifbarer Nähe sind, mit denen man die Systemdynamik schlüssig untersuchen kann. Dynamische Vorgänge werden auf verschiedenen Ebenen untersucht. Es kann sich um Fragen der Schwingungs- oder Elektronendynamik des Systems handeln, es können aber auch Fragen zur Reaktionsdynamik (im Gegensatz zur Kinetik) angegangen werden. Dynamik ist ein vielschichtiger Begriff und umfaßt eine räumliche und eine zeitliche Dimension. Die relevante Zeitkoordinate reicht je nach betrachtetem Prozeß von der Sekunde (und länger) bis hinab zur Sub-Femtosekunde und überstreicht damit 15 Größenordnungen. Die relevante Ortskoordinate umfaßt ebenfalls einen großen Bereich von etwa zehn Größenordnungen vom Millimeter bis zum Sub-Picometer.

Laser-Lichtquellen eröffnen heute Möglichkeiten zur Untersuchung von Prozessen, deren charakteristische Zeiten im Femtosekundenbereich liegen. Das Tunnelmikroskop hat wie kaum ein anderes Instrument zuvor den direkten Einblick in die räumliche atomare Dimension eröffnet. Schon vor zehn Jahren wurden die ersten "Bilder" von Halbleiteroberflächen mit atomarer Auflösung gezeigt. In diesen Systemen liegen kovalente chemische Bindungen zwischen den Atomen vor, und dies führt zu großen Elektronendichteschwankungen (Korrugation) zwischen den Atomen, die sich gut abbilden lassen. Bei Metallen dagegen ist die Abbildung wesentlich schwieriger, weil hier die Elektronen stärker delokalisiert sind und die immer vorhandene Bewegung der Atomkerne die Struktur zusätzlich „verwäscht".

Erst durch starke Abkühlung der Probe gelingt es, die Bewegung der Teilchen soweit zu unterdrücken, daß man gute Abbildungen erhält. Will man gar

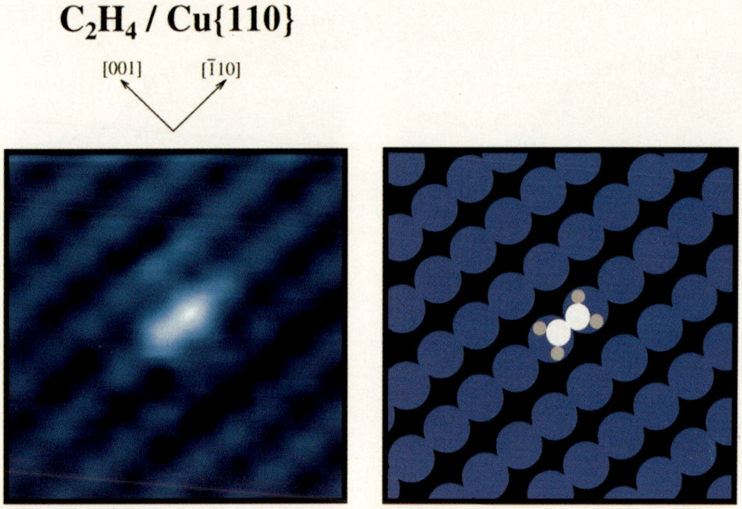

Abb. 2.9.1: Rastertunnelmikroskopische Abbildung (oben) eines einzelnen Ethenmoleküls bei 4 K, das auf einer Cu(110)-Oberfläche chemisorbiert ist. Die Helligkeitsstufen spiegeln die Topologie des Systems wider. Man erkennt deutlich die Entsprechung zum schematischen Bild rechts, in dem die Atome des Cu-Substrats als blaue und die Kohlenstoff- sowie Wasserstoffatome des Ethens als weiße und graue Kugeln dargestellt sind. Das Ethenmolekül sitzt mit seinem Mittelpunkt deutlich oberhalb des Mittelpunkts zwischen zwei Kupferatomen, wobei die Verbindungsachse der Kohlenstoffatome entlang der Reihen von Kupferatomen angeordnet ist. Diese Adsorptionsgeometrie auf einem Brückenplatz repräsentiert den Zustand geringster Energie des Systems. Das Bild stammt aus dem Arbeitskreis von Alexander M. Bradshaw, Berlin.

Moleküle, die auf Metallen adsorbiert sind, abbilden, so kommt man ohne die erwähnte Abkühlung gar nicht aus. Bei der Temperatur der Probe des flüssigen Heliums (4 K) kann man dann aber sehr schöne Abbildungen erhalten, die es auch gestatten, die Position und Geometrie der Adsorbate zu bestimmen.

Die direkte Verfolgung chemischer Reaktionen rückt immer stärker in das Zentrum des Interesses. Hier erweisen sich aber auch andere Methoden der Strukturbestimmung, wie etwa die Photoelektronenbeugung, die von Alexander Bradshaw (Berlin) und Phillip Woodruff (Warwick) vorangetrieben wurde, als wirksame Hilfsmittel. Bei der Photoelektronenbeugung nutzt man fest gebundene innere Elektronen, die durch Röntgenlicht ausgelöst werden, zur Beugung aus. Ein besonderer Vorteil ist hier, daß die strukturelle Information auch von nicht langreichweitig geordneten Proben erhalten werden kann. Eine Manipulation adsorbierter Teilchen im Sinne des „Verschiebens" auf einer Oberfläche mit Hilfe der Tunnelspitze ist durchaus möglich, und man wird mittels solcher Techniken die Nanostrukturierung von Systemen voranzutreiben versuchen. Es wird nicht sehr viel Phantasie benötigt, um sich vorzustellen, daß dies eine enorme technische Bedeutung haben könnte. Auch wenn die direkte Beobachtung chemischer Reaktionen erst am Anfang steht, so kann man doch die Konsequenzen chemischer Reaktionen, zum Beispiel den Zerfall eines zweiatomigen

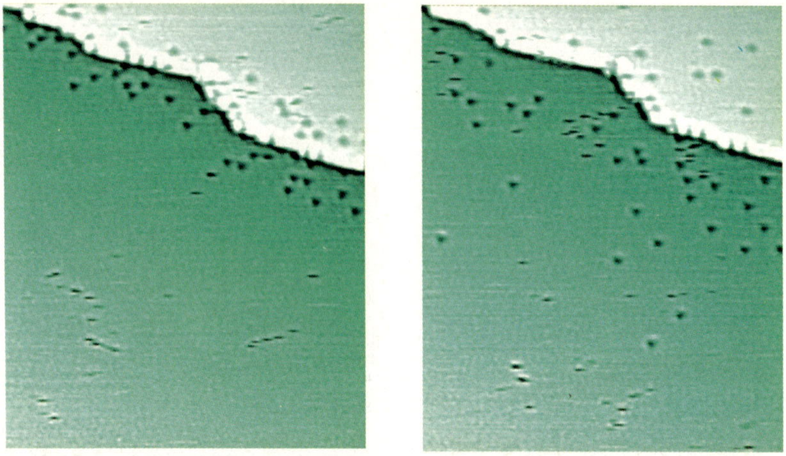

Abb. 2.9.2: Wenn Stickoxid (NO) an einer Stufe auf einer Rutheniumoberfläche dissoziiert, bilden sich Stickstoff- und Sauerstoffatome, die sich im Rastertunnelbild als schwarze, mehr oder weniger runde Erhebungen (N) und kleine Striche (O) zeigen. Die Dissoziationsprodukte diffundieren von ihrem Entstehungsort auf die Terrassen. Dabei diffundieren N und O unterschiedlich schnell. Das Bild stammt von Jost Winterllin aus dem Arbeitskreis von Gerhard Ertl, Berlin.

Moleküls wie NO, kürzlich studiert in Arbeiten von Gerhard Ertl (Berlin), in die beiden konstituierenden Atome mit dem Rastertunnelmikroskop abbilden und aufgrund der möglichen zeitaufgelösten Beobachtung auch zurückschließen, an welchem Ort der Oberfläche die Reaktion stattgefunden haben muß. Seit langer Zeit wird vermutet, daß strukturelle Irregularitäten an Oberflächen, sogenannte Defekte – das können Stufen zwischen Terrassen von Atomen oder einzelne fehlende Atome (Lücken) usw. sein – besonders intensiv mit adsorbierten Molekülen wechselwirken und daher diejenigen Zentren an Oberflächen sind, an denen zum Beispiel eine Dissoziationsreaktion initiiert wird. Durch die rastertunnelmikroskopische Abbildung des zeitlichen Verlaufs der Reaktion eröffnet sich die Möglichkeit, gleichsam zu „sehen", an welcher Stelle der Oberfläche die gebildeten Dissoziationsprodukte entstanden sein müssen. Das schnelle Aufzeichnen von Rastertunnelbildern hat gezeigt, daß Festkörperoberflächen außerordentlich dynamische Gebilde sind. Bei Raumtemperatur weisen zum Beispiel die oben angesprochenen Stufen auf Oberflächen keineswegs eine statische Struktur mit wohldefinierten Atomplätzen auf, vielmehr „adsorbieren" und

Abb. 2.9.3 (rechts): Bei der Abscheidung von Metallen auf einem Aluminiumoxidsubstrat bilden sich, abhängig von Temperatur und Art des abgeschiedenen Metalls, unterschiedliche Inselformen aus. Die rastertunnelmikroskopischen Bilder zeigen das Wachstum großer dreidimensionaler Inseln von Ag und Pt auf Al_2O_3. Die großen dreidimensionalen Ag-Inseln nukleieren vorwiegend an Stufen des Substrats, die Pt-Aggregate haben nur die Höhe eines Pt-Atomdurchmessers, sind relativ klein und auch auf den Substratterrassen zu finden. Die Bilder stammen aus Arbeitskreisen von Henning Neddermeyer, Halle, und Hans-Joachim Freund, Berlin.

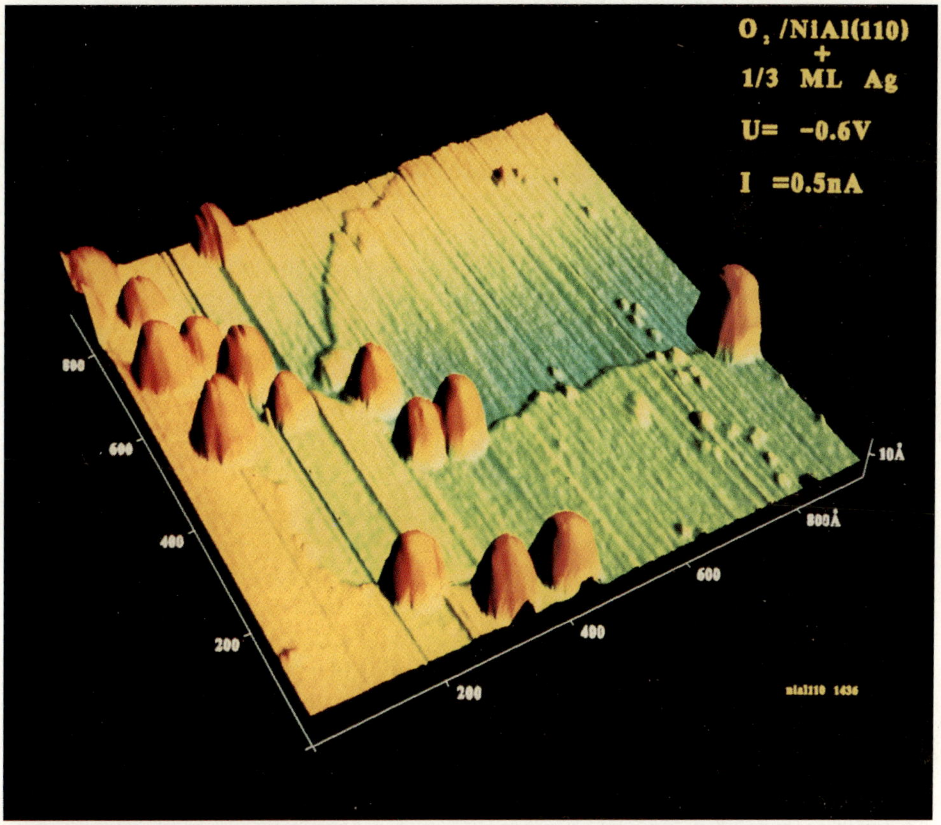
O2 /NiAl(110)
+
1/3 ML Ag
U= -0.6V
I =0.5nA
800
600
400
200
10Å
800Å
600
400
200
nial110 1436

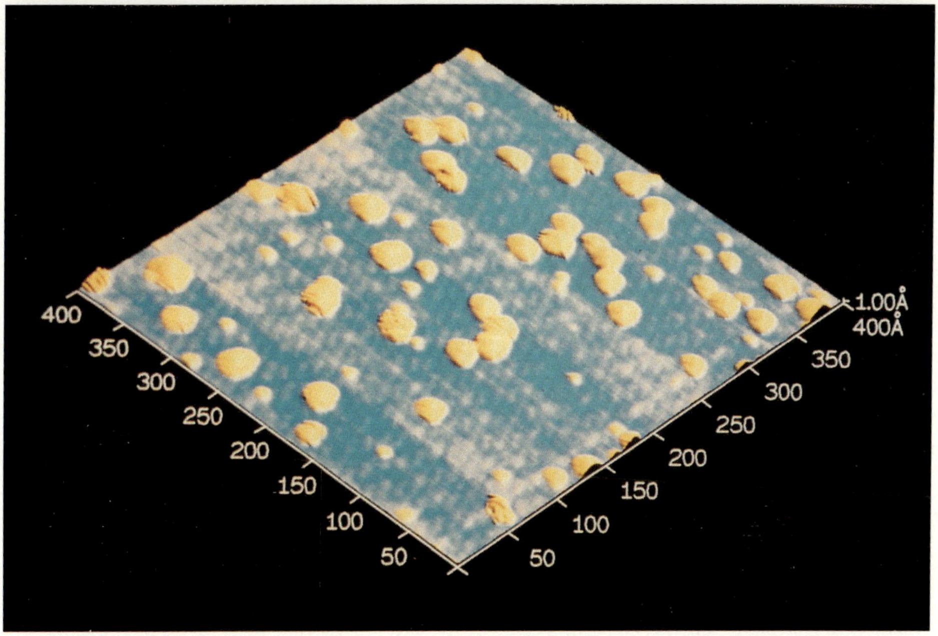
400
350
300
250
200
150
100
50
1.00Å
400Å
350
300
250
200
150
100
50

„desorbieren" ständig Atome von den Stufen auf die Terrassen und lassen die Stufen „ausgefranst" (englisch „frizzy") erscheinen. Solche Bewegungsvorgänge sind, wie man sich leicht vorstellen kann, von immenser Bedeutung für das Verständnis der Wachstumsprozesse von und an Kristallen, die ja an den Grenzflächen selbst stattfinden müssen. In den letzten Jahren hat sich unsere Kenntnis der Wachstums- und Keimbildungsprozesse deutlich, nicht zuletzt durch die Arbeiten der Gruppen um George Comsa (Jülich) und Jürgen Behm (Ulm) vertieft, insbesondere dank der Rastertunnelmikroskopie. Dies ist nicht ohne Auswirkungen auf eine Reihe von aktuellen Fragestellungen geblieben. Stufen können auch zur Selbstorganisation von Adsorbaten genutzt werden. Organische Moleküle etwa bilden „Drähte" entlang von Substratstufen aus, wie Eberhard Umbach und seine Gruppe kürzlich in Würzburg zeigen konnten.

2.9.2 Beziehungen zwischen Oberflächenchemie und Katalyse

Im Zusammenhang mit der Modellierung von Katalysatoren, also Stoffen, die zur energiesparenden und umweltverträglichen Herstellung von Grundchemikalien in der chemischen Großindustrie benötigt werden, wirken viele der oben angerissenen Fragestellungen zusammen. Man muß sich vorstellen, daß solche Katalysatoren bereits recht komplexe Systeme darstellen, die aus mehreren unterschiedlichen Komponenten aufgebaut sind. Häufig befinden sich kleine, von einigen wenigen bis einigen zehn Ångstrøm große Metallteilchen fein verteilt auf einem oft oxidischen Träger. Dieser besteht nicht selten aus einem nicht leitfähigen, strukturell manchmal undefinierten Oxid, wie Al_2O_3, SiO_2 oder TiO_2. Die katalytische Reaktion findet nun an den deponierten Teilchen oder an der Grenzstelle zwischen diesen Teilchen und dem Trägermaterial statt. Zur Modellierung solcher Systeme wurden verschiedene Strategien entwickelt. Zum einen verwendet man wohlstrukturierte Oxideinkristalle, auf die man Metallteilchen durch Verdampfen aufbringt, zum anderen werden dünne, sogenannte epitaktische Oxidschichten, auf die die ultradünnen Metallschichten aufgebracht werden, verwendet. Im erstgenannten Fall muß, wie von Jürgen Behm (Ulm) und seinen Mitarbeitern, zur strukturellen Charakterisierung auf die Rasterkraftmikroskopie zurückgegriffen werden, eine Methode, die sich auch bei isolierenden Proben anwenden läßt, im zweitgenannten Fall sind die Systeme dünn genug, um die Untersuchung mittels Rastertunnelmikroskopie zu erlauben. Es wird allenthalben gefunden, daß die sich formende Morphologie des Systems außerordentlich stark von der Art des Substrats und des eingesetzten Metalls abhängig ist. Silber etwa ist bei Raumtemperatur auf Aluminiumoxid so beweglich, daß es über die Oberfläche wandert, nur an den Oberflächendefekten nukleiert und relativ wenige, recht große Partikel formt. Dagegen hat Platin eine so starke Wechselwirkung mit demselben Substrat, daß die aufgedampften Platinteilchen so, wie sie aus der Gasphase auf der Oberfläche ankommen, auch auf einer defektfreien glatten Terrasse isoliert liegen bleiben.

Diese Untersuchungen geben direkte Hinweise darauf, welche Vorkehrungen getroffen werden müssen, um bestimmte Partikelgrößen zu präparieren. Will man etwa kleine Silberpartikel darstellen, so ist es wichtig, daß das Substrat genügend viele Fehlstellen aufweist, so daß die Zahl der sich bildenden Keime groß ist und die Größe der Teilchen über die Menge des angebotenen Metalls bestimmt werden kann. Bei der Präparation von Platinteilchen ist dies andererseits möglicherweise eine weniger bedeutsame Randbedingung. In jedem Fall ist die Teilchengröße ein wichtiger Parameter, der die Reaktivität des Systems gegenüber Molekülen aus der Gasphase bestimmt. Der Grund hierfür ist leicht einzusehen: In Abhängigkeit von der Zahl der beteiligten Metallatome ändern sich die elektronischen Zustände des Metallteilchens, so daß sich damit auch die elektronischen Wechselwirkungen zwischen Metallteilchen und Molekülen aus

Abb. 2.9.4: Photoelektronenspektren kleiner, reiner Palladiumteilchen (–), die auf einer dünnen Al_2O_3-Schicht deponiert wurden. Der unabhängig bestimmte mittlere Radius der Teilchen <r> ist im linken Teil der Figur angegeben. Das Signal der PD-3d-Emissionsbanden verschiebt sich zu geringeren Bindungsenergien bei Vergrößerung des Aggregatradius. Die Verschiebung ist, wie im rechten Teil der Abbildung gezeigt, dem mittleren Aggregatradius umgekehrt proportional und ist damit in der Größenbeschränkung der Teilchen im Vergleich zu einem kompakten metallischen Material begründet. Adsorbiert man an den kleinen Teilchen Kohlenmonoxid, so erkennt man in den Photoelektronenspektren (.......) eine zusätzliche Verschiebung zu höheren Bindungsenergien, die mit dem Ladungsübertrag aus dem Teilchen auf die CO-Moleküle zusammenhängen kann. Die Abhängigkeit vom Aggregatradius ist aber ähnlich wie beim reinen Teilchen. Bei den größten Aggregaten erkennt man, daß die Emission der Metallatome im Inneren, die ja nicht direkt mit den adsobierten CO-Molekülen wechselwirken, nicht zusätzlich verschoben werden. Das Bild stammt von Marcus Bäumer aus der Arbeitsgruppe von Hans-Joachim Freund, Berlin.

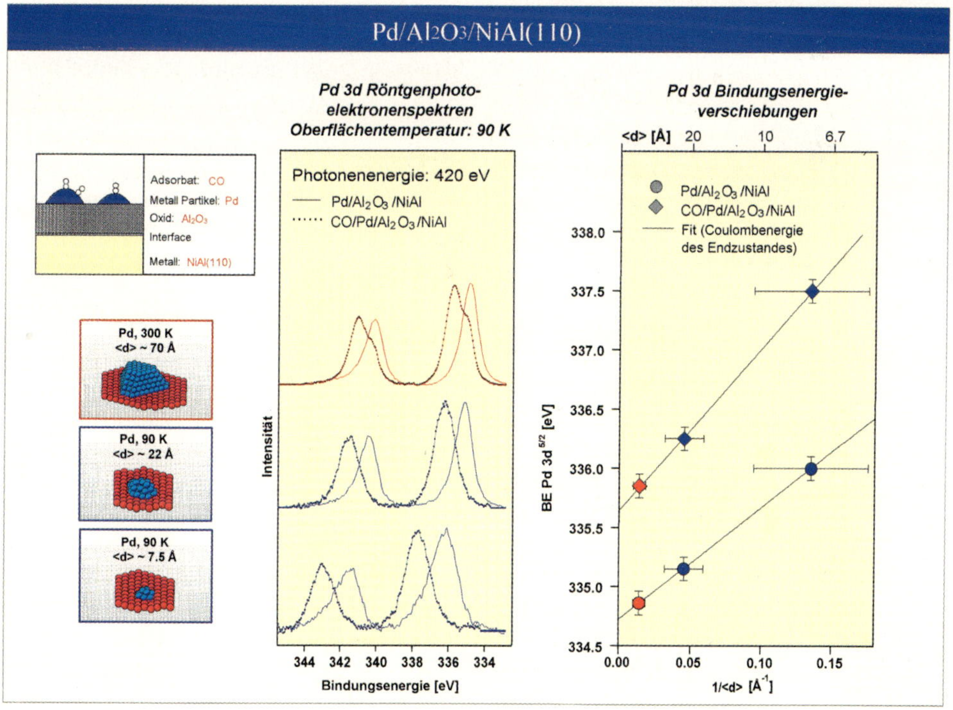

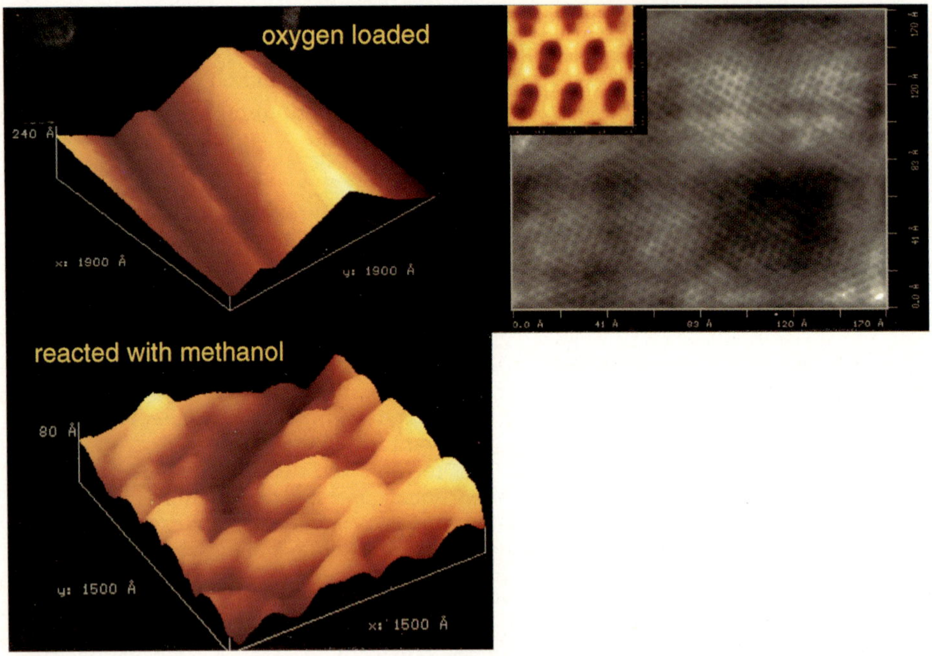

Abb. 2.9.5: Die Topologie eines Modellkatalysatorpartikels ändert sich nach Kontakt mit der zu reagierenden Substanz, in diesem Fall Methanol. Der sauerstoffbeladene Katalysator (im Teil der Figur links oben) zeigt gut ausgebildete, ebene Facetten, auf denen man atomar aufgelöste STM-Bilder aufnehmen konnte (im Teil der Figur rechts oben gezeigt). Die dunklen Stellen werden der aktiven Sauerstoffspezies zugeordnet. Nach Reaktion des Katalysators mit Methanol gemäß $CH_3OH + O_{ad} \rightleftharpoons CH_2O + H_2O$ ändert sich die Topologie (wie im Teil der Figur links unten gezeigt). Das Bild stammt aus dem Arbeitskreis von Robert Schlögl, Berlin.

der Gasphase ändern müssen. Durch die Wahl der Präparationsbedingungen kann daher zum Beispiel über die Einstellung der Teilchengröße und Teilchenform die Reaktivität gesteuert werden. Es ist ein wesentliches Ziel der Modelluntersuchungen, den Zusammenhang zwischen Struktur und Reaktivität in ihren verschiedenartigen Abhängigkeiten zu erforschen. Hier sind erste Schritte gemacht; es gibt noch beliebig viel zu tun.

Während die gerade diskutierten Modelluntersuchungen den Weg vom möglichst einfachen zum komplizierten System gehen, gibt es natürlich auch Ansätze, die vom realen, technisch relevanten System ausgehen und systematische Vereinfachungen einführen, also sozusagen umgekehrt vorgehen. Auch bei dieser Vorgehensweise können Rastertunnelexperimente hilfreich sein. Ein Beispiel ist die Untersuchung von Silberteilchen in einem Katalysator zur partiellen Oxidation von Methanol zu Formaldehyd. Hier kann man, wie Robert Schlögl und seine Mitarbeiter in Berlin zeigen, die Möglichkeiten der Rastertunnelmikroskopie nutzen, um morphologische Änderungen auch auf größerer als atomarer Längenskala zu verfolgen. Man findet, daß sich unter den reaktiven

Bedingungen die aktive Struktur der Partikel formiert. In günstigen Fällen kann an solchen Systemen auch atomare Auflösung erzielt werden. Hier gelingt es gar, die für einen Reaktionskanal aktive Sauerstoffspezies, die sich an der Silberoberfläche unter Reaktionsbedingungen bildet und die für die Oxidation des Methanols verantwortlich ist, abzubilden.

2.9.3 Adsorption an Oberflächen: geometrische und elektronische Struktur

Neben der Untersuchung der geometrischen, räumlichen Struktur spielt nach wie vor die Untersuchung der elektronischen Struktur und der Schwingungsstruktur der Systeme eine erhebliche Rolle. Die in den fünfziger und sechziger Jahren entwickelte Photoelektronenspektroskopie sowie die später von Harald Ibach (Jülich) soweit vorangebrachte Elektronenenergieverlust-Spektroskopie und verwandte Methoden liefern auch heute noch wichtige Informationen in diesem Zusammenhang. Dazu wird – wie bisher schon – die Entwicklung neuer hochauflösender und sehr empfindlicher Elektronenspektrometer sowie von Synchrotronlichtquellen der dritten Generation (zum Beispiel die Advanced Light Source (ALS) in Berkeley, ELETTRA in Triest sowie die hoffentlich 1997/98 in Betrieb gehende deutsche Einrichtung BESSY II) beitragen. Mit diesen Entwicklungen ist es auch gelungen, einige Aspekte der elektronischen Struktur der oben angesprochenen Katalysatorsysteme zu untersuchen. So können zum Beispiel die Ionisationsenergien von auf Trägern deponierten Metallteilchen in Abhängigkeit von ihrer Größe studiert und aus den beobachteten Änderungen Rückschlüsse auf die Wechselwirkung des Teilchens mit der Unterlage gezogen werden. In günstigen Fällen läßt die erreichbare hohe spektrale Auflösung auch die Untersuchung der inneren Struktur der deponierten Teilchen zu. Besonders interessant sind solche Fälle, bei denen die Unterschiede in den Ionisierungsenergien von Metallatomen der deponierten Teilchen, die an der Oberfläche mit adsorbierten Molekülen direkt wechselwirken können, und die Ionisierungsenergien im „Inneren" des Teilchens hinreichend unterschiedlich sind, um den Unterschied experimentell sichtbar zu machen. Man kann dann der Frage nachgehen, wie groß ein deponiertes Teilchen sein muß, um elektronische Eigenschaften aufzuweisen, die denen des Volumens eines entsprechenden Metalls vergleichbar sind. Fragen dieser Art sind natürlich nicht nur aus dem Blickwinkel der Oberflächenchemie interessant, sondern von noch übergreifenderem Interesse, so zum Beispiel mit Blick auf Experimente an massenselektierten Teilchen in der Gasphase oder auf Fragen des Metall-Isolator-Übergangs in Schmelzen und Ähnlichem. Sicherlich ist die Entwicklung der elektronischen Struktur des Volumens eines Teilchens als Funktion der Größe eine interessante Problematik; als ebenso interessant erweist sich aber auch die Verfolgung der Entwicklung der Oberflächenstruktur.

Der Untersuchung der sogenannten elektronischen Oberflächenzustände an idealen Metalloberflächen wird schon seit langem nachgegangen. Zur Frage, wie sich diese bei sukzessiver Vergrößerung des Systems entwickeln, gibt es erst sehr wenige Ansätze. Fortschritte hat es dagegen beim Verständnis des Einflusses von Oberflächenzuständen auf die Ausbildung der Adsorptionsbindung von

Molekülen an Festkörperoberflächen gegeben. Durch systematische Studien an verschiedenen einkristallinen Substraten der besetzten elektronischen Zustände mit Photoelektronenspektroskopie und der unbesetzten elektronischen Zustände mit inverser Photoemission konnte von Erminald Bertel in München ein konsistentes Bild entworfen werden, das die Interpretation von Effekten, die auch für die Katalyse interessant sind, erlaubt. Zu diesen Effekten gehören die sogenannten Promotor- und Vergiftungseffekte. Diesen liegt die Beobachtung zugrunde, daß relativ kleine Konzentrationen elektropositiver (häufig Promotoren) oder elektronegativer (häufig Gifte) Zusätze die Reaktivität der gesamten Oberfläche beeinflussen. Als maßgeblich hierbei erweist sich, daß die elektropositiven oder elektronegativen Zusätze die Elektronendichte in den Oberflächenzuständen verändern. Die weitreichende Wirkung kommt dadurch zustande, daß in den an der Oberfläche lokalisierten Zuständen die elektronische Abschirmung einer Ladungsdichteänderung gegenüber dem Volumen stark zurückgesetzt ist und so über größere Distanzen an der Oberfläche „transportiert" werden kann.

Im allgemeinen kann sicherlich festgestellt werden, daß die spektroskopische Untersuchung von Adsorbaten kleiner Moleküle auf Metalloberflächen zur Routine geworden ist, wenn man auch noch vielfach Überraschungen erlebt: Röntgenemissionsspektroskopie hat neue Einblicke in die Molekül-Substrat-Bindung auf Metallen gegeben. An Legierungseinkristallen werden zum Beispiel in der Gruppe von Klaus Wandelt (Bonn) interessante Adsorptionsexperimente durchgeführt, die neue Einblicke in den von Katalytikern als Ensembleeffekt bezeichneten Vorgang erlauben. Hierbei ist die Frage nach dem Einfluß der lokalen chemischen Zusammensetzung des Adsorptionsplatzes wesentlich. Höchstauflösende infrarotspektroskopische Untersuchungen bei tiefer Temperatur an physisorbierten Systemen, die im Arbeitskreis von Joachim Heidberg in Hannover durchgeführt wurden, zeigen für Wasserstoffmoleküle – adsorbiert auf Kochsalzeinkristallen – unterschiedliche Bindungsenergien für ortho- und para-Wasserstoff. ortho-H_2 liegt dabei im Rotationszustand $J = 1$ und para-H_2 im Rotationszustand $J = 0$ vor. In den letzten Jahren ist zur Gewißheit geworden, was schon lange vermutet wurde: Die Deduktion des Adsorptionsplatzes allein aus schwingungsspektroskopischen Daten ist im allgemeinen nicht möglich, wie mittels Strukturbestimmungsmethoden nachgewiesen wurde.

Strukturbestimmung spielt immer noch eine große Rolle in der Oberflächenchemie, vielleicht auch deshalb, weil man noch ein gutes Stück von der Genauigkeit der Bindungslängenbestimmung entfernt ist, die durch Anwendung der Röntgenbeugung im allgemeinen in der Chemie gang und gäbe ist. Die Bemühungen um den Einsatz der Röntgenbeugung in der Oberflächenchemie sind in vollem Gange und beginnen, erste Früchte zu tragen. Zunehmend besteht der Wunsch, lokale strukturelle und spektroskopische Information zu kombinieren. Auch hier bietet die Rastertunnelmikroskopie Perspektiven. Die Rastertunnelspektroskopie, bei der man den Tunnelstrom als Funktion der angelegten Spannung bestimmt und daraus Rückschlüsse auf die lokale elektronische Struktur zieht, stellt eine Möglichkeit dar. Es muß sich zeigen, ob andere Optionen, wie etwa die Untersuchung der durch den Tunnelprozeß induzierten inelastischen Prozesse, die sich in Photonenemission und/oder Elektronenemission zeigen, zu noch interessanteren Experimenten führen werden. Auch in Zukunft wird nicht auf Elektronenbeugungsverfahren zur Strukturbestimmung verzichtet werden können, weil gerade hier die neuen Analyseverfahren (Stichwort Tensor-LEED) und verbesserte experimentelle Ansätze, wie sie von Klaus Heinz und Klaus Müller in Erlangen entwickelt wurden, zur Erfassung der dynamischen Anteile große Fortschritte gebracht haben.

Auch experimentell führen die ständige Verkleinerung der zur Beugung verwendeten Elektronenströme sowie effizientere Detektorsysteme zu praktisch vernachlässigbarer Störung des Adsorbats, selbst bei hochempfindlichen Systemen. Ein besonders schönes Beispiel wurde von Dietrich Menzel (München) und seinen Mitarbeitern publiziert, nämlich die Untersuchung der Adsorption von Wasser auf einer glatten Ruthenium-Oberfläche. Hier kann man mit der Beugung langsamer Elektronen einen strukturellen Isotopeneffekt nachweisen, wenn die Adsorption von H_2O und schwerem Wasser (D_2O) verglichen wird. Während die Adsorption schweren Wassers zu einer vollkommen kommensuraten, an die Struktur der metallischen Unterlage adaptierten Struktur führt, geschieht dies bei der Adsorption von H_2O nicht. Durch die Wechselwirkung mit dem Substrat werden unterschiedliche Bindungslängen induziert, die sich bei H_2O so auswirken, daß die in der Adsorbatlage induzierte Spannung größer ist als bei D_2O. Diese Spannung wird über den Einbau von Fehlstellen in der H_2O-Schicht abgebaut, wodurch eine ideale Strukturierung nicht mehr möglich ist.

Wasseradsorbate sind in verschiedener Hinsicht interessant. Sie verknüpfen in gewisser Weise die Oberflächenchemie mit der Elektrochemie. Da viele elektrochemische Prozesse in wäßriger Lösung ablaufen, fällt es nicht schwer, sich vorzustellen, welche Bedeutung die Kenntnis der Struktur der Wasseradsorptionsschichten in diesem Forschungsbereich hat. Natürlich darf man nicht vergessen, daß elektrochemische Prozesse an einer flüssig/fest-Grenzfläche ablaufen und sich durch die Anwesenheit der flüssigen Phase Strukturänderungen einstellen werden. Zumindest als Bezugssystem sind auch hier Ultrahochvakuum-Untersuchungen dennoch unentbehrlich, wie in Deutschland früh, zum Beispiel von Dieter Kolb in Ulm, erkannt wurde. Im übrigen hat in den letzten zehn Jahren eine immense Entwicklung eingesetzt, die die Nutzung allein optischer Verfahren für die Untersuchung oberflächenchemischer Verfahren vorantreibt. Es handelt sich um lineare und nichtlineare optische Verfahren, über die noch zu sprechen sein wird. Sie sind besonders gut geeignet, auch dynamische Aspekte zu berücksichtigen, weil laserbasierte Verfahren, wie oben angesprochen, Kurzzeituntersuchungen bis in den Femtosekundenbereich gestatten. Hinzu kommt, und hier schließt sich wieder der Kreis zur Elektrochemie, daß optische Methoden die Untersuchung von Grenzflächen zwischen kondensierten Phasen gestatten. Dies wird in Zukunft ein Forschungsschwerpunkt werden, zu dem die „klassische" Oberflächenchemie zentral beitragen kann.

2.9.4 Von der Dynamik an Oberflächen zur Selbstorganisation

Während sich die bisherigen Bemerkungen im wesentlichen auf strukturelle Aussagen – neben geometrischer auch elektronische Struktur – konzentriert haben, soll im folgenden die direkte Untersuchung der Dynamik angesprochen werden. Nicht nur die oben schon erwähnten Lasermethoden, auch „klassische" Untersuchungsmethoden haben hier in den letzten Jahren Entscheidendes beigetragen. Die Arbeiten von Jan Peter Toennies in Göttingen haben über die He-Streuung ein recht vollständiges Bild der Dynamik einzelner CO-Moleküle auf einer Kupferoberfläche geliefert. Nur ganz wenige, einzelne Kohlenmonoxidmoleküle können schon detektiert werden, und aufgrund der hohen Energieauflösung dieser Methode lassen sich die Translationsbewegungen der Moleküle über die Oberfläche, sogenannte „frustrierte" Translationen, also eigentlich niederenergetische Schwingungen, nachweisen. Aus der Isotopenabhängigkeit dieser Schwingungsenergien ist es möglich, eine Potentialenergiefläche in der Nähe der Adsorptionsplätze unter Berücksichtigung der gleichzeitigen Kippung und longitudinalen Versetzung des Moleküls anzugeben. Damit werden sehr wichtige experimentelle Daten erzielt, die für ein Zusammenspiel von Experiment und Theorie von entscheidender Bedeutung sind. Es ist sicherlich nicht übertrieben, wenn festgestellt wird, daß, wenn die nahe Zukunft ein detailliertes Verständnis dynamischer Vorgänge liefern soll, es selten so auf eine direkte Kopplung zwischen Theorie und Experiment angekommen ist.

Im Bereich der Theorie sind durch die Rechnerentwicklungen in den letzten Jahren die Voraussetzungen geschaffen worden, Probleme, die für den Experimentator relevant sind, mit hinreichend akkuraten Methoden anzugehen und zu lösen. Schwierigkeiten bereitet die hohe Dimensionalität des Problems, also die Abhängigkeit von sehr vielen Parametern. Allerdings wurde kürzlich von Matthias Scheffler und seiner Gruppe in Berlin über erste sechsdimensionale Rechnungen bei der dissoziativen Adsorption von Wasserstoffmolekülen auf Palladium unter Bildung einzelner Wasserstoffatome berichtet. Bildlich kann man die Vorgänge im Sinne von Momentaufnahmen darstellen, wobei die Atome in den momentan eingenommenen Positionen eingefroren werden. Durch Aneinanderhängen der Bilder kann dann gleichsam ein Film erzeugt werden, der die dynamischen Vorgänge widerspiegelt. Man muß sich allerdings klar darüber sein, daß für die realistische Darstellung eines Vorgangs, der etwa auf der Zeitskala der Diffusion stattfindet, außerordentlich viele Bilder überlagert werden müssen. Solche Darstellungen sind daher sehr aufwendig. In der nahen Zukunft werden uns solche Visualisierungen detaillierte Einblicke gestatten und sicherlich in manchen Fällen erst die Interpretation der Experimente möglich machen.

Natürlich müssen sich die theoretischen Studien auf kleine Moleküle beziehen, die in Wechselwirkung mit Oberflächen treten. Experimentell bemüht man sich bereits, den Schritt zum größeren System, vielleicht sogar zum biologisch relevanten System, zu gehen. Selbst für große organische Moleküle gelingt es, etwa mittels He-Streuuntersuchungen, Aussagen über Bewegungsvorgänge zu erzielen. Zunehmend wird versucht, auch andere Methoden auf diese Fragestellungen anzuwenden. Prädestiniert, gerade für die Untersuchung von Diffusions-

und Rotationsbewegungen, wäre die kernmagnetische Resonanz. Leider ist deren Empfindlichkeit nicht ausreichend, um an einkristallinen Substraten zu experimentieren. Es ist aber möglich, durch die Anwendung von Spin-Markierungstechniken, wie sie in biophysikalischen Untersuchungen angewendet werden, freie Radikale in solche Systeme einzuführen und dann zu versuchen, Elektronenspinresonanz mit ihrer millionenfach höheren Empfindlichkeit anzuwenden. Dies gelingt zum Beispiel an sogenannten selbstorganisierenden Filmen von langkettigen Fettsäuren, die über die Carboxylgruppe auf einem Oxidsubstrat verankert wurden. Temperaturabhängige Elektronenspinresonanzspektren von spinmarkierten Fettsäuren auf Aluminiumoxid zeigen die Dynamik der langen Fettsäureketten beim Schmelzen. Durch Einbau der Spinmarkierung an verschiedenen Positionen in der Fettsäurekette kann die lokale Dynamik der Kette abgefragt werden. In den genannten Untersuchungen nutzt man natürlich die intern definierte Zeitskala des Experiments zum Studium der Dynamik aus. Die laserbasierten Methoden erlauben dagegen durch die Laserpulslänge definierte Echtzeituntersuchungen.

Eine wichtige Problematik, die gerade für dynamische Untersuchungen eine wesentliche Rolle spielt und der mit derartigen Echtzeituntersuchungen nachgegangen wird, ist diejenige nach der Verteilung der Energie in und nach einem elementaren Anregungsprozeß. Typische Experimente sind vom sogenannten „pump-probe"-Typ, wobei man mit einem ersten Laserimpuls zum Beispiel eine Schwingung eines Adsorbats anregt und dann mit einem zweiten Laserimpuls, zeitverzögert Piko- oder Femtosekunden später, bestimmt wird, wie die Besetzung des angeregten Zustands abnimmt. Es zeigt sich, daß die Zeiten, die das System für Energieumverteilungen benötigt, etwa im Fall der Schwingungen, stark von der Art des Bewegungsvorgangs sowie von seiner Energie abhängig sind. So findet man zum Beispiel für die innere CO-Streckschwingung eines CO-Moleküls auf einer Kupferoberfläche zwei Pikosekunden, dagegen wird für die äußere Streckschwingung des gesamten CO-Moleküls gegen die Metallunterlage ein Wert um zehn Pikosekunden bestimmt. Kürzlich ist es auch gelungen, über theoretische Rechnungen die unterschiedlichen Relaxationszeiten zu interpretieren.

Bei der Anregung eines Adsorbatsystems erzeugt man einen Zustand mit einer bestimmten Zahl von Molekülen in diesem Zustand, wobei eine feste Beziehung, man spricht von einer Phasenbeziehung, zwischen den Teilchen herrscht. Bei der Dissipation der Anregungsenergie wird zum einen die Zahl der angeregten Teilchen abnehmen, zum anderen sich aber auch die feste Phasenbeziehung aufzulösen beginnen. Beide Prozesse sind mit unterschiedlichen Relaxationszeiten verbunden, und es wird in Zukunft verstärkt versucht werden, beide Prozesse getrennt zu analysieren.

Sind die Lebensdauern von angeregten Schwingungszuständen noch relativ lang, so sinken sie für elektronisch angeregte Zustände, deren Anregung sehr viel mehr Energie benötigt, noch viel stärker ab. Erst kürzlich sind solche Studien im Arbeitskreis von Gerhard Ertl (Berlin) gelungen. Als Technik hat man hier die Zweiphotonenphotoemission verwandt, auch ein „pump-probe"-Experi-

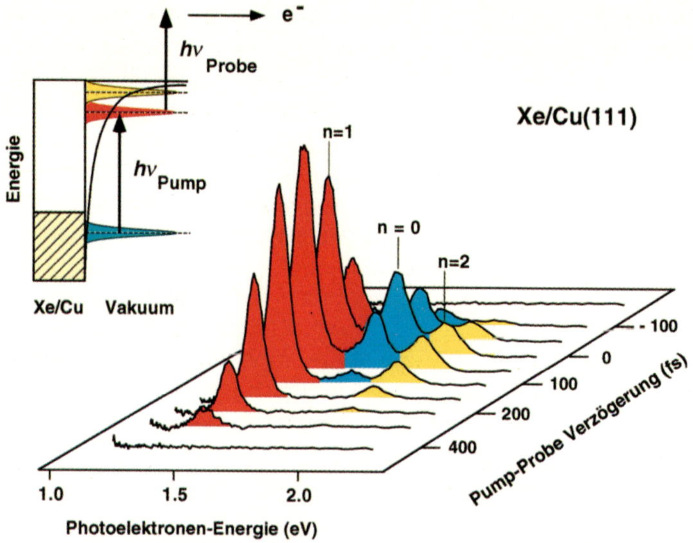

Abb. 2.9.6: Adsorbatinduzierte Erhöhung der Lebensdauer elektronischer Anregungen und zeitaufgelöste Zwei-Photonen-Photoemission. Durch einen Femtosekundenlaserpuls ($h\nu_{pump}$) werden Elektronen aus besetzten (blau) in unbesetzte (rot, gelb) elektronische Zustände einer Cu(111)-Oberfläche angeregt und durch einen zweiten, zeitverzögerten Probepuls photoemittiert. Adsorption einer Monolage Xenon verringert die Wechselwirkung mit dem Substrat und erhöht die Lebensdauer, zum Beispiel für den n = 1 Zustand von 18 fs auf 70 fs. Man erkennt, daß die Lebensdauer, das heißt die Intensitätsabnahme bei Änderung der Pump-Probe-Verzögerung, stark von der Natur des angeregten Zustandes abhängt. Das Bild stammt von Martin Wolf aus der Arbeitsgruppe von Gerhard Ertl, Berlin.

ment. Der elektronisch angeregte Zustand wird mit dem ersten Photon erzeugt, und das System wird nach einer definierten Zeitverzögerung aus diesem angeregten Zustand heraus ionisiert. Die emittierten Elektronen werden mit einem Elektronenspektrometer registriert. Wiederum für CO-Moleküle, die auf einer Kupferoberfläche adsorbiert sind, hat man als Lebensdauer einige Femtosekunden abgeschätzt. An diesen kurzen Lebensdauern wird deutlich, daß solche Experimente nur mit Lichtquellen, die Lichtimpulse von Femtosekundenlänge erzeugen, durchgeführt werden können. In diesem Fall erzeugt die Wechselwirkung mit den Photonen Elektronenanregungen, ohne daß gleichzeitig die Gitterschwingungen, die ja viel träger sind, angeregt werden. Offensichtlich können dann für eine Energiedissipation auch nur elektronische Effekte und keine Elektron-Schwingungskopplung verantwortlich sein. Geschieht die Anregung mit Lichtimpulsen größerer Dauer, so spielen gerade die zuletzt genannten Kopplungsphänomene die entscheidende Rolle.

Eine andere Klasse von Experimenten, bei denen dies deutlich wird, sind die photonenstimulierten Desorptionsexperimente. Hier werden Adsorbate angeregt und die Bewegungsenergien desorbierender Moleküle, nach ihren Quantenzuständen aufgelöst, über Flugzeitmessungen bestimmt. Wiederum werden

Lasertechniken zum Nachweis eingesetzt. Vergleicht man die Desorptionswahrscheinlichkeiten von verschiedenen Substraten, so wird gefunden, daß pro Photon von Metalloberflächen sehr viel weniger Moleküle desorbieren als zum Beispiel von Nichtleiter- oder Halbleiteroberflächen. Während bei Metallen infinitesimal kleine Energien ausreichen, um Elektronen anzuregen und auf diese Weise Energie umzuverteilen, ist dies bei Halbleitern und Isolatoren aufgrund der Bandlücke nicht möglich. Die der Desorption zugrundeliegenden Mechanismen scheinen aber den bisherigen Erkenntnissen zufolge unabhängig von der Natur des Substrats zu sein. Alles deutet darauf hin, daß die Photonen Elektronen im Substrat erzeugen, die vom Adsorbat sozusagen eingefangen werden und zur Ausbildung eines Anions führen. Das damit elektronisch angeregte Adsorbat geht letztendlich durch Rückübertragung des Elektrons auf das Substrat wieder in den Grundzustand über, und dies führt zur Desorption von neutralen, aber rotations- und schwingungsangeregten Molekülen. Kürzlich gelang es, für desorbierende Kohlenmonoxidmoleküle durch Ausnutzung der Lichtpolarisation die Orientierung der Rotationsachse der desorbierenden Moleküle zu bestimmen.

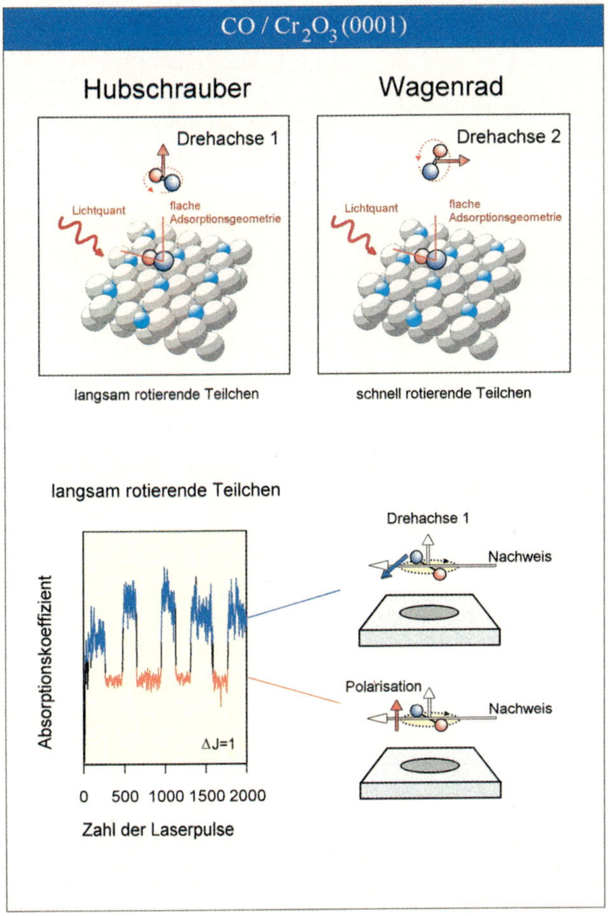

Abb. 2.9.7: Die Ausrichtung der Drehachse desorbierender Moleküle kann mittels polarisiertem Laserlicht bestimmt werden. Für ein Kohlenmonoxidmolekül, das mit seiner Achse parallel auf einem Substrat, hier auf einer $Cr_2O_3(0001)$-Oberfläche, adsorbiert ist, gibt es zwei Grenzfälle der Achsenorientierung. Diese werden als Wagenradbewegung (rechts oben) und als Hubschrauberbewegung (links oben) bezeichnet. Führt man Laserlicht parallel zur Oberfläche und stellt seine Schwingungsebene senkrecht zur Oberfläche, führt die Hubschrauberbewegung zu einer starken Absorption. Bei paralleler Ausrichtung der Schwingungsebene ist die Absorption reduziert (Bild unten). Das Bild stammt von Katharina Al-Shamery aus der Arbeitsgruppe von Hans-Joachim Freund, Berlin.

Zweidimensionale Abbildungstechniken erlauben zudem, die räumliche Verteilung der desorbierenden Moleküle sichtbar zu machen. Die Messung all dieser Größen trägt dazu bei, die Unsicherheit der Aussagen soweit einzuschränken, daß eine möglichst eindeutige Festlegung des Desorptionsmechanismus und der Dynamik möglich ist. Es zeigt sich aber auch, daß dies heute ohne Hilfestellung durch theoretische Untersuchungen noch nicht möglich ist. Die zukünftigen Entwicklungen auf diesem Gebiet werden daher durch die Verfügbarkeit verläßlicher Ab-initio-Potentialenergieflächen aus der Theorie immens profitieren. Diese Entwicklungen haben gerade erst begonnen.

Eine weitere wichtige Methodik, die sich in der Oberflächenchemie zu etablieren beginnt, ist die Verwendung nichtlinearer optischer Verfahren, wie etwa der Second-Harmonic-Generation und der Summen- beziehungsweise Differenz-Frequenzmischung. Für die dissoziative Adsorption von Wasserstoff an Silizium konnte durch Kopplung von Experimenten, die Ulrich Höfer in München durchgeführt hat, mit theoretischen Vorhersagen aus der Gruppe von Wilhelm Brenig (München) ein konsistentes Bild der Dissoziationsdynamik entwickelt werden. Adsorption größerer organischer Moleküle, die auch Tendenz zur Selbstorganisation zeigen, wird mittels dieser Methoden von Michael Grunze und seiner Gruppe in Heidelberg untersucht. Besonders hohes Potential haben diese Verfahren für die Untersuchung von Grenzflächen zwischen kondensierten Phasen oder zwischen einer Gasatmosphäre und einer flüssigen Phase. Ein interessantes Resultat betrifft zum Beispiel die Orientierung von Wassermolekülen an der Luft/Wasser-Grenzfläche. Hier sind Kurzzeitexperimente auch interessant, weil es gelingt, die thermische Belastung der Proben durch die hohen Laserfelder zu begrenzen. Natürlich kann aber auch die Kurzzeitinformation per se genutzt werden. Wie oben angedeutet, wird heute mittels Echtzeituntersuchungen bereits der Femtosekundenbereich erreicht. Noch wesentlich kürzere Zeiten werden über die Analyse von Zerfallsspektren nach Anregung hochenergetischer, kernnaher Elektronen zugänglich. Man stelle sich vor, es wird in einem Adsorbat ein 1s-Elektron ionisiert. Der so erzeugte hochangeregte Zustand des Systems „lebt" etwa 0,1 oder 0,01 Femtosekunden, bevor er durch sogenannte Auger-Übergänge zerfällt. Das Auger-Spektrum kann registriert werden und gibt Auskunft über die elektronischen Wechselwirkungen im System. Findet vor dem Zerfall des hochangeregten Zustands ein Elektronentransfer vom Substrat auf das Adsorbat statt, so ändert sich das Auger-Spektrum. Dies bedeutet: Es ist möglich, diese Zerfallsspektroskopie zu nutzen, um auf einer Sub-Femtosekunden-Zeitskala Elektronentransfer zwischen Substrat und Adsorbat zu studieren. Die Resultate deuten bei stark gebundenen Adsorbaten auf vollständigen Elektronentransfer auf dieser Zeitskala hin, während schwach oder schwächer gebundene Adsorbate noch Charakteristika des Systems vor dem Elektronentransfer aufweisen. Es lassen sich also Aussagen über elementare Prozesse auf kürzesten Zeitskalen machen, wenn auch in der Oberflächenchemie die Möglichkeiten moderner spektroskopischer Methoden genutzt werden.

In der Oberflächenchemie kümmert man sich zentral um die Analyse von Struktur-Reaktivitäts-Beziehungen sowie um die Untersuchung der Elementarschritte bei chemischen Reaktionen. Seit längerem werden schon Molekular-

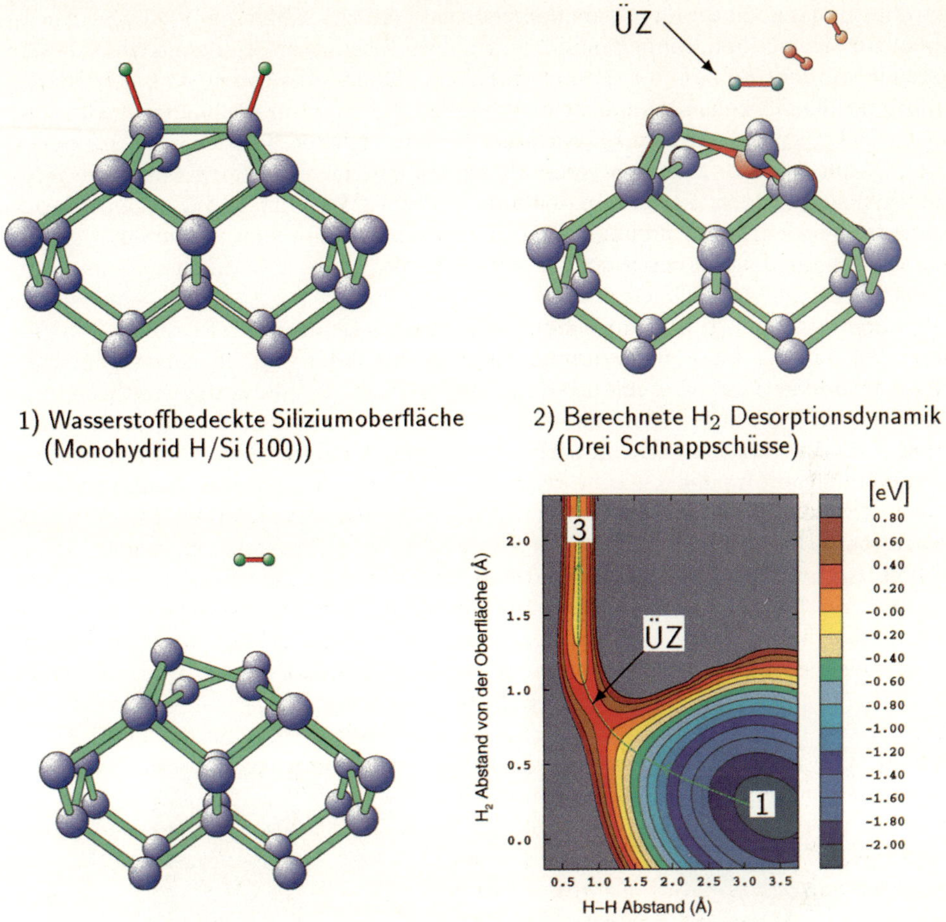

1) Wasserstoffbedeckte Siliziumoberfläche (Monohydrid H/Si (100))

2) Berechnete H_2 Desorptionsdynamik (Drei Schnappschüsse)

3) Reine Si (100) Oberfläche mit weit entferntem H_2 Molekül

4) Kontourlinien konstanter Energie mit Desorptionspfad (Schnitt durch Konfigurationsraum)

Abb. 2.9.8: Die Frage, wie dissoziiert ein Wasserstoffmolekül auf einer Si(100)-Oberfläche, kann mittels aufwendiger Ab-initio-Berechnungen geklärt werden. Die Konturlinien konstanter Energie definieren eine Fläche der potentiellen Energie, wie im Teil der Figur rechts unten (4) gezeigt. Die Ordinate zeigt den Abstand des H_2-Molekülmittelpunkts von der Oberfläche, die Abszisse den Abstand der Wasserstoffatome. Das intakte Molekül nähert sich der Oberfläche, die in einem kleinen Ausschnitt wiedergegeben wird (links unten 3), und erreicht den Übergangszustand, in dem die Si-Atome durch das H_2-Molekül ausgelenkt werden (rechts oben 2). Dann entfernen sich die Wasserstoffatome und nehmen ihre Positionen auf der hydrierten Oberfläche (links oben 1) ein. Dabei wird beträchtliche Energie gewonnen, wie man der Fehlfarbenskala der Potentialfläche entnehmen kann. Das Bild stammt aus der Arbeitsgruppe von Matthias Scheffler, Berlin.

strahltechniken eingesetzt, um hier zu Aussagen zu kommen. Wichtige Aussagen zur chemischen Kinetik sind über solche Techniken in den letzten Jahren erzielt worden. So konnte gezeigt werden, daß es eine Reihe von Reaktionen gibt, die gemäß dem sogenannten Eley-Rideal-Mechanismus ablaufen. Dabei findet die Reaktion zwischen einem adsorbierten Teilchen und einem Partner aus der Gasphase statt. Dies war eine Überraschung, da man doch lange der Meinung gewesen war, daß viele Reaktionen nach Langmuir-Hinshelwood-Mechanismus, bei dem beide Reaktionspartner adsorbiert vorliegen, ablaufen. Molekularstrahltechniken werden auch in der Zukunft in der Oberflächenchemie eine Rolle spielen. Natürlich liefern diese Techniken lediglich globale, gleichwohl sehr wichtige Aussagen zur chemischen Kinetik der ablaufenden Reaktion. Sie bieten den Vorteil, gut mit spektroskopischen Methoden zum Nachweis intermediär gebildeter Spezies kombinierbar zu sein. Es ist seit geraumer Zeit durch die umfangreichen Untersuchungen von Gerhard Ertl und seiner Gruppe in Berlin bekannt, daß chemische Reaktionen zu Selbstorganisationsphänomenen neigen. An Oberflächen gelang es zum ersten Mal, die räumliche Selbstorganisation bei der CO-Oxidation zeitaufgelöst abzubilden. Dabei kam die Photoelektronenemissionsmikroskopie (PEEM) zum Einsatz, die die Bereiche unterschiedlicher Austrittsarbeit aufgrund der Adsorption von CO oder Sauerstoff bei der oben genannten Reaktion auf mesoskopischer Skala, also im Mikrometer-Bereich, abzubilden in der Lage ist. Abhängig von den äußeren Parametern der Reaktion bilden sich Muster aus, die interessante zeitliche Änderungen durchlaufen. Es

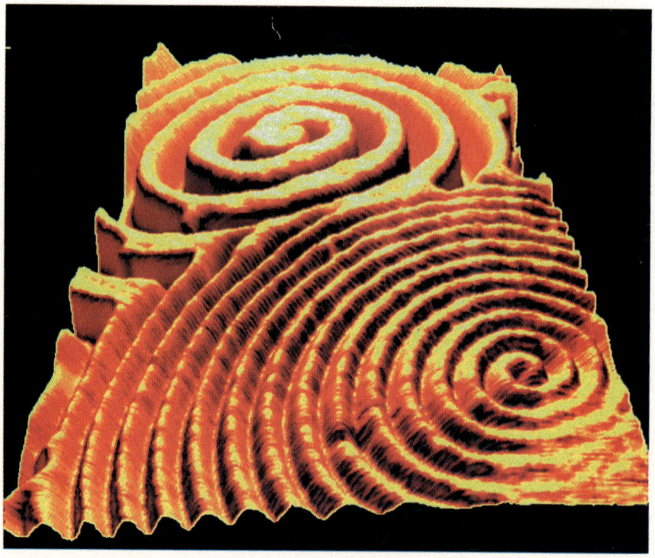

Abb. 2.9.9: Räumliche Selbstorganisation bei chemischen Reaktionen auf Oberflächen. Die Oxidation von CO mit adsorbiertem Sauerstoff zu CO_2 auf einer Platinoberfläche führt zur Bildung von Konzentrationsmustern, die je nach Reaktionsbedingungen verschiedenartig aussehen können. Die Abbildung zeigt eine mit dem Photoelektronenemissionsmikroskop aufgenommene Konzentrationspirale von reagierendem CO. Das Bild stammt von H.H. Rotermund aus der Arbeitsgruppe von Gerhard Ertl, Berlin.

kommt neben der räumlichen auch zur zeitlichen Strukturierung des Reaktionsablaufs. Die Konzentration des in der CO-Oxidationsreaktion erzeugten Kohlendioxids oszilliert mit einer Frequenz, die von der Wahl der Reaktionsparameter, also Druck und Temperatur, abhängig ist. Unter geeigneten Bedingungen zeigen die Oszillationen Übergänge in chaotisches Verhalten. Es gelingt, über gekoppelte, nichtlineare Differentialgleichungen die beobachteten Phänomene qualitativ zu beschreiben. Durch die Modellierung erhält man über die Beschreibung des einzelnen Phänomens hinaus grundsätzliche Einblicke in verschiedene Bereiche nichtlinearer Dynamik.

Natürlich führt die PEEM-Methode noch nicht zu einem Zugang zu den mikroskopischen Vorgängen während der Reaktion. Dies ist aber kürzlich Jochen Block in Berlin durch Feldionenmikroskopie auf einer Platinspitze gelungen. Man erkennt in atomarer Auflösung, wie die Reaktion auf bestimmten kristallographisch orientierten Flächen beginnt und sich dann über das gesamte System ausbreitet. Diese Möglichkeiten, atomare Einblicke in reagierende Systeme zu erhalten, wird in Zukunft auch das Rastertunnelmikroskop bieten.

Wie bei den oben diskutierten Fragestellungen, werden auch bei der Untersuchung der Selbstorganisation reagierender Systeme in Zukunft die Studien unter ambienten Bedingungen eine wichtige Rolle spielen. Auch hier sind am Fritz-Haber-Institut kürzlich Durchbrüche erzielt worden.

2.9.5 Ausblick

Insgesamt kann festgestellt werden, daß sich die Voraussetzungen deutlich verbessert haben, in absehbarer Zeit das in den letzten zehn Jahren immer wieder diskutierte „pressure gap“ und das ebenso wichtige „materials gap“, die eine realistische Modellierung komplexer Vorgänge auf komplexen Substraten, zum Beispiel in der Katalyse, behindert haben, zu überbrücken. Vermehrte Bemühungen in der Forschung werden hierzu beitragen. Oberflächenchemie und angewandte Bereiche wie die Katalyse und die Sensorik, aber auch die Elektrochemie, werden sich annähern. Dies kann außerordentlich fruchtbar sein.

2.10 Tiefbohrungen im marinen und terrestrischen Bereich

Rolf Emmermann, GeoForschungsZentrum Potsdam/Universität Gießen, unter Mitwirkung von Helmut Beiersdorf, Fachbereich für Marine Geologie/Strukturgeologie an der Bundesanstalt für Geowissenschaften und Rohstoffe, Hannover, und Ulrich Harms, GeoForschungsZentrum Potsdam

Im Mittelpunkt der Geowissenschaften steht heute die Erforschung des „Systems Erde", das heißt des Planeten, auf dem wir leben, mit seiner Geschichte, seinen Eigenschaften, den in seinem Inneren und an der Oberfläche ablaufenden dynamischen, physikalischen und chemischen Prozessen sowie den Wechselwirkungen zwischen den Teilsystemen Geo-, Hydro-, Atmo- und Biosphäre (Abb. 2.10.1). Mit den dabei gewonnenen Grundlagenkenntnissen lassen sich vielfältige Beiträge zu aktuellen und gesellschaftlich relevanten Problemen von globaler Bedeutung leisten, wie zum Beispiel Verfügbarkeit natürlicher Ressourcen, umweltverträgliche Nutzung oberflächennaher Bereiche der Geosphäre, Vorsorge vor Naturkatastrophen, Auswirkungen der menschlichen Tätigkeit auf natürliche Kreisläufe, Umwelt und Klima.

Die räumlich-zeitliche Untersuchung des „Systems Erde" erfolgt in allen Skalenbereichen, von der globalen Beobachtung unseres Planeten aus dem Weltraum bis in die atomare Dimension der Kristallgitter, von geologischen Zeiträumen (Millionen Jahre) für die Bildung von Gebirgen bis in den Mikrosekundenbereich bei Bruchvorgängen in Gesteinen. Hierzu ist eine fachübergreifende Zusammenarbeit aller geowissenschaftlichen Disziplinen und der Einsatz eines breiten Spektrums an Methoden und Techniken erforderlich. Diese umfassen die Satellitengeodäsie, die Fernerkundung und die verschiedenen Verfahren der geophysikalischen Tiefensondierung ebenso wie Laborexperimente, mathematische Ansätze zur Systemtheorie und die Modellierung von Geoprozessen.

Eine wesentliche Rolle spielen in diesem Zusammenhang wissenschaftliche Bohrungen. Sie erschließen die dritte (Raum) und gegebenenfalls auch die vierte Dimension (Zeit) und stellen überhaupt die einzige Möglichkeit dar, direkte Informationen zu erhalten über die In-situ-Eigenschaften und -Zustandsbedingungen im Untergrund sowie die dort rezent ablaufenden Prozesse. Gezielt angesetzte Bohrungen sind letztlich auch unabdingbar, um geowissenschaftliche Hypothesen über das Erdinnere zu überprüfen, die auf geologischen Feldstudien, geophysikalischen Oberflächenmessungen, Laboruntersuchungen und theoretischen Modellannahmen beruhen; und sie lassen sich dazu verwenden, die indirekten Verfahren der geophysikalischen Tiefensondierung zu "eichen" und die "physikalischen Bilder" des Erdinneren in Informationen über den Strukturbau und die stoffliche Zusammensetzung zu übersetzen. Schließlich können Bohrungen als "Teleskop ins Erdinnere" für Langzeitmessungen der Variation geophysikalischer Felder, wie tektonisches Spannungsfeld, Schwerefeld und Temperaturfeld, genutzt werden. Wissenschaftliche Bohrungen als integraler Bestandteil interdisziplinärer Forschungsprogramme sind deshalb zu einem unentbehrlichen Instrument der modernen Geowissenschaften geworden.

2.10.1 ODP und ICDP: zwei Schwerpunktprogramme der DFG zur Erforschung des „Systems Erde" mit Hilfe von Bohrungen

Im Februar 1996 haben Deutschland, die USA und die Volksrepublik China ein „Memorandum of Understanding on the Implementation of an International Continental Scientific Drilling Program – ICDP" unterschrieben. Damit ist dieses neue Programm nach mehrjährigen intensiven Planungen und Verhandlungen gestartet und ein entscheidender Schritt hin zu einer weltweit koordinierten, geowissenschaftlichen Erforschung der Festlandsbereiche der Erde mit Hilfe von Bohrungen gemacht worden. Partner auf amerikanischer Seite ist die National Science Foundation (NSF); China wird durch das Ministry of Geology and Mineral Resources (MGMR) vertreten. In Deutschland wird das Programm gemeinsam von der Deutschen Forschungsgemeinschaft und dem GeoForschungsZentrum Potsdam (GFZ) getragen. Die DFG fördert dabei die Beteiligung deutscher Wissenschaftler an den vorgesehenen Bohrprojekten in einem 1996 neu eingerichteten Schwerpunktprogramm „ICDP/KTB" und beteiligt sich gleichzeitig zur Hälfte am deutschen Mitgliedsbeitrag für das ICDP. Die andere Hälfte trägt das

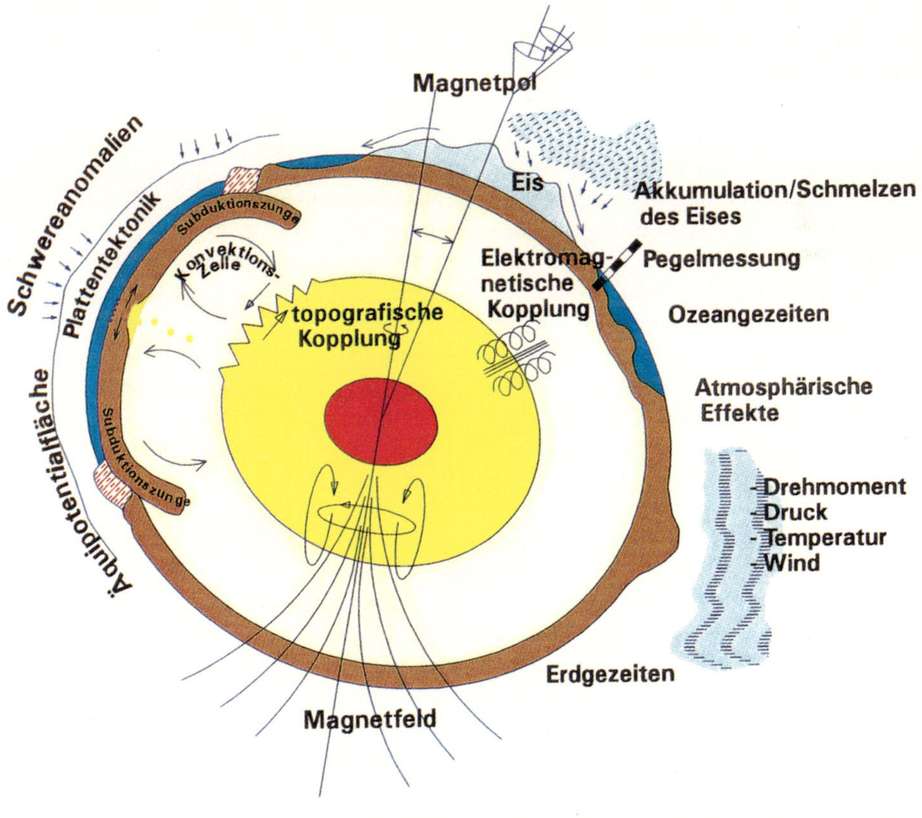

Abb. 2.10.1: Das System Erde: Schematische Darstellung von Geoprozessen und den Wechselwirkungen zwischen den Teilsystemen Geosphäre, Atmosphäre und Hydrosphäre.

GFZ, das mit eigenen Mitteln zusätzlich eine sogenannte Operational Support Group finanziert, die aus Experten des ehemaligen Kontinentalen Tiefbohrprogramms (KTB) besteht und für die operative Gesamtdurchführung des ICDP zuständig ist. Weitere Länder, die in Kürze beitreten werden, sind Japan, Rußland, Griechenland und Mexiko.

Das ICDP kann in vieler Hinsicht als komplementär zum Ocean Drilling Program (ODP) angesehen werden, das als eines der gelungensten Beispiele für eine erfolgreiche internationale Wissenschaftskooperation gilt. Das ODP ist aus dem Deep Sea Drilling Project (DSDP) hervorgegangen, das 1968 von den USA zunächst als nationales Forschungsprogramm gestartet und 1975 für eine internationale Beteiligung geöffnet wurde. Seit diesem Zeitpunkt nimmt die Bundesrepublik Deutschland als einer der internationalen Partner an den Tiefseebohrungen teil. Beide Programme, ODP und ICDP, konzentrieren sich auf die Erforschung des „Systems Erde" und haben gemeinsam, daß sie zur Beantwortung ihrer Fragestellungen letztlich auf die Durchführung von Bohrungen angewiesen sind. Die Bohrungen stellen dabei jedoch das Endglied in einer langen Kette von vorbereitenden Untersuchungen dar und sind stets in ein breit angelegtes, interdisziplinäres Forschungsprogramm eingebettet. Dieses umfaßt eine intensive wissenschaftliche Vorbereitungsphase, die sorgfältige Vorerkundung der Bohrlokation mit modernen geophysikalischen Oberflächenmessungen, die eigentliche Bohrphase (eventuell mit einer Pilotbohrung) und eine abschließende Experimentier- und Auswertephase.

Da die Kosten einer Bohrung im wesentlichen von der Bohrtiefe bestimmt werden und bei Tiefen über 4000 Metern exponentiell ansteigen, ist die sorgfältige wissenschaftliche Definition der Zieltiefe und die Auswahl der günstigsten Lokation ein entscheidender Faktor jedes Bohrprojekts. Die bisher tiefste Bohrung im ozeanischen Bereich ist die Bohrung 504B im äquatorialen Ostpazifik, die in 3475 Meter Wassertiefe liegt und 2111,5 Meter tief in die ozeanische Erdkruste eingedrungen ist. Die tiefste Bohrung an Land ist Kola SG3 im präkambrischen Grundgebirge NW-Rußlands, die nach einer Bohrzeit von über 20 Jahren 1991 ihre maximale Tiefe von 12261 Metern erreicht hat.

Die wesentlichen Unterschiede zwischen dem ODP und dem ICDP bestehen darin, daß

- das ODP vorwiegend in internationalen Gewässern arbeitet und daher nahezu ohne Einschränkungen weltweit operieren kann, während das ICDP grundsätzlich im Hoheitsgebiet eines Landes tätig und damit auch immer auf die Mitwirkung des betreffenden nationalen Partners angewiesen ist;
- für Tiefseebohrungen gegenwärtig nur ein Werkzeug zur Verfügung steht, nämlich das Bohrschiff JOIDES Resolution, das in seiner Tiefenkapazität und geographischen Reichweite begrenzt ist und zu seinem Betrieb eine sehr hohe Grundfinanzierung erfordert, während für Bohrungen an Land, je nach Fragestellung und Tiefenziel, ein breites Arsenal an Bohranlagen verfügbar ist, so daß für jedes Einzelprojekt die finanziell und technisch günstigste Lösung ausgewählt werden kann;

– ICDP-Projekte als "Joint Research Ventures" mit einem nationalen Partner durchgeführt werden, während ODP-Bohrprojekte vollständig aus den Beiträgen aller Partnerländer finanziert werden, wobei die USA etwa die Hälfte der Gesamtkosten tragen.

2.10.2 Vom Projekt MOHOLE zum Deep Sea Drilling Project

Die Erkenntnis, daß die Erdkruste unter den Ozeanen besonders dünn ist, brachte amerikanische Geowissenschaftler in den 50er Jahren auf die Idee, von einer Bohrplattform aus im Pazifik den Ozeanboden mit einer sechs bis acht Kilometer tiefen Bohrung zu erkunden und die Natur der Grenze zwischen Erdkruste und Erdmantel, die durch eine sprungartige Zunahme der seismischen Wellengeschwindigkeiten definiert ist und als Mohorovičić-Diskontinuität ("Moho") bezeichnet wird, zu erforschen. Auch wenn dieses ehrgeizige, MOHOLE genannte Projekt aus politischen und finanziellen Gründen letztlich nicht zustande kam, hat es in einer technischen Erprobungsphase doch den Beweis erbracht, daß es auch in größerer Wassertiefe möglich ist, noch in den Ozeanboden hineinzubohren.

Dieser technische Erfolg weckte bei einer Reihe von Wissenschaftlern in den USA die Hoffnung, durch eine Serie von Bohrlöchern im Ozean Beweise für die sogenannte Seafloor-Spreading-Hypothese zu finden, die aufgrund einer systematischen, von Forschungsschiffen durchgeführten Vermessung der magnetischen Eigenschaften des Ozeanbodens entwickelt worden war. Diese Hypothese postulierte, daß an submarinen Spreizungsachsen in der Scheitelzone der mittelozeanischen Rücken ständig neue ozeanische Erdkruste aus basaltischen Schmelzen produziert wird, die aus dem oberen Erdmantel aufsteigen und sich am Meeresboden verfestigen, und daß diese neugebildete Kruste anschließend, wie auf einem großen Fließband, nach beiden Seiten abtransportiert wird – mit Geschwindigkeiten bis über zehn Zentimetern pro Jahr –, dabei allmählich mit Sedimenten aus anorganischen Verwitterungsprodukten der Kontinente und Resten der abgestorbenen marinen Lebewelt zugedeckt wird und schließlich in den Tiefseegräben über einen Verschluckungsprozeß (Subduktion) wieder in den Erdmantel zurückgeführt wird. Zur Überprüfung dieser revolutionären Hypothese von der Meeresbodenausbreitung war es erforderlich, das Erstarrungsalter der Erdkruste unter den Ozeanen und insbesondere auch das Alter der unmittelbar auf den basaltischen Laven liegenden Sedimente zu bestimmen.

1964 schlossen sich daher namhafte Meeresforschungsinstitute der USA als Joint Oceanographic Institutions for Deep Earth Sampling (JOIDES) zusammen, um 1966 das erste wissenschaftliche Tiefbohrprojekt der Welt, das Deep Sea Drilling Project (DSDP), zu gründen. Dieses hat von 1968 bis 1983 mit dem Bohrschiff „Glomar Challenger" außerordentlich erfolgreich gearbeitet und unser geologisches Denken revolutioniert. Unter den zahlreichen Neuentdeckungen waren so bedeutende wie der Nachweis, daß die heutigen Ozeanböden nicht älter als 170 Millionen Jahre sind, ein Bruchteil des Erdalters von zirka 4,6 Milliarden Jahren. Die Seafloor-Spreading-Hypothese wurde bewiesen und der

Grundstein für die Theorie der Plattentektonik gelegt, nach der die Erdkruste aus einem Mosaik von mobilen Platten besteht. Außerdem haben die Bohrungen der „Glomar Challenger" wesentliche Beiträge zum Modellieren der Wechselbeziehungen zwischen Atmosphäre, Ozean, Biosphäre, Erdkruste und Erdmantel geliefert. Die Paläoozeanographie, das heißt die Wissenschaft von den ozeanographischen Bedingungen der Erdgeschichte, hat sich aus dem DSDP heraus entwickelt.

Aus dem DSDP ist 1975 die International Phase of Ocean Drilling (IPOD) hervorgegangen, an der sich unter Federführung der USA die Bundesrepublik Deutschland, die Sowjetunion, Japan, Frankreich und Großbritannien beteiligten. Neben der Aufteilung der mit jährlich etwa 60 Millionen US-Dollar relativ großen Kosten, war das Wesentliche des Zusammenschlusses die Verbreiterung der wissenschaftlichen Basis. Mehr hochkarätige Wissenschaftler als je zuvor mit vielen neuen Ideen und Daten sowie mehr Labors wurden beteiligt. Außerdem wurden umfangreiche Vorerkundungen potentieller Bohrlokationen möglich, da die neuen Mitgliedsländer auch ihre konventionellen Forschungsschiffe mit einbrachten, zum Beispiel Deutschland die Schiffe „Meteor" und „Valdivia". Nach insgesamt 96 jeweils etwa zweimonatigen Bohrkampagnen hat die „Glomar Challenger" im November 1983 ihre erfolgreiche Arbeit beendet. 1112 Bohrungen waren niedergebracht, und 97 Kilometer Bohrkerne standen der Forschung zur Verfügung.

2.10.3 Vom Ozean zum Kontinent

Die systematische Erforschung des Untergrundes der Ozeane mit geophysikalischen Methoden und durch Tiefseebohrungen hat unser geowissenschaftliches Weltbild von Grund auf verändert und den Nachweis erbracht, daß wir auf einem dynamischen Planeten leben, dessen „Gesicht" sich ständig verändert. Das herausragende Ergebnis war der Beweis, daß die heutigen Ozeane geologisch sehr jung sind und ihr Untergrund, die ozeanische Erdkruste, einem natürlichen Recyclingprozeß unterliegt.

Je klarer dieses Bild wurde, desto deutlicher wurde auch, daß alle bis dahin vertretenen Vorstellungen und Hypothesen über den Aufbau und die Entwicklung der Kontinente neu überdacht werden mußten. Denn es zeigte sich, daß die kontinentale Erdkruste nicht nur dicker und leichter, also stofflich anders zusammengesetzt ist als die ozeanische Erdkruste, sondern vor allem auch wesentlich älter ist. Mit Hilfe von radiometrischen Altersdatierungen konnte nachgewiesen werden, daß drei Viertel der heutigen Kontinentalmassen mehr als zwei Milliarden Jahre alt sind, also mehr als zehnmal so alt wie der älteste heutige Ozeanboden. Das bedeutet aber, daß die Kontinente im wesentlichen nicht an dem Recycling teilnehmen, sondern offenbar auf einer mobilen Unterlage „floaten". Sie werden dabei durch thermische und mechanische Prozesse immer wieder in Fragmente zerlegt, die auseinanderdriften, an anderen Stellen der Erdoberfläche und in anderer Konfiguration wieder zusammengeschoben und zu neuen Kontinenten verschweißt werden.

Damit bestätigte sich, zumindest im Prinzip, die 1974 publizierte Theorie der Plattentektonik. Diese Theorie besagt, daß die äußere, etwa 100 bis 200 Kilometer dicke Rinde des Erdkörpers wie ein großes Mosaik aus einer Anzahl von starren Platten, den sogenannten Lithosphärenplatten, zusammengesetzt ist, die sich in ständiger Bewegung relativ zueinander befinden, indem sie auf einer zähplastischen Unterlage, der Asthenosphäre, gleiten. Insgesamt gibt es elf große und eine ganze Anzahl von kleineren Platten. Während die Platten selbst recht stabil sind, stellen ihre Grenzen geodynamisch besonders mobile Bereiche unserer Erde dar, auf die sich viele geologische Prozesse fokussieren (Abb. 2.10.2). Je nach den Relativbewegungen der Platten zueinander kann man zwei Hauptarten von Plattengrenzen unterscheiden: divergente und konvergente Plattengrenzen. Divergente Plattengrenzen sind Nahtstellen der Erde, an denen Lithosphärenplatten auseinanderdriften. Sie verlaufen vorwiegend am Meeresboden und markieren den Entstehungsort neuer ozeanischer Erdkruste. Konvergente Plattengrenzen sind Bereiche der Erde, in denen Lithosphärenplatten zusammenstoßen, entweder in einer Ozean/Kontinent-Kollision (Subduktionszone) oder in einer Kontinent/Kontinent-Kollision (Suturzone). Ein dritter Typ von Plattengrenzen entwickelt sich dort, wo Lithosphärenplatten aneinander vorbeigleiten. Er zeichnet sich durch die Ausbildung tiefreichender Scherzonen aus, die als Transform-Verwerfungen bezeichnet werden.

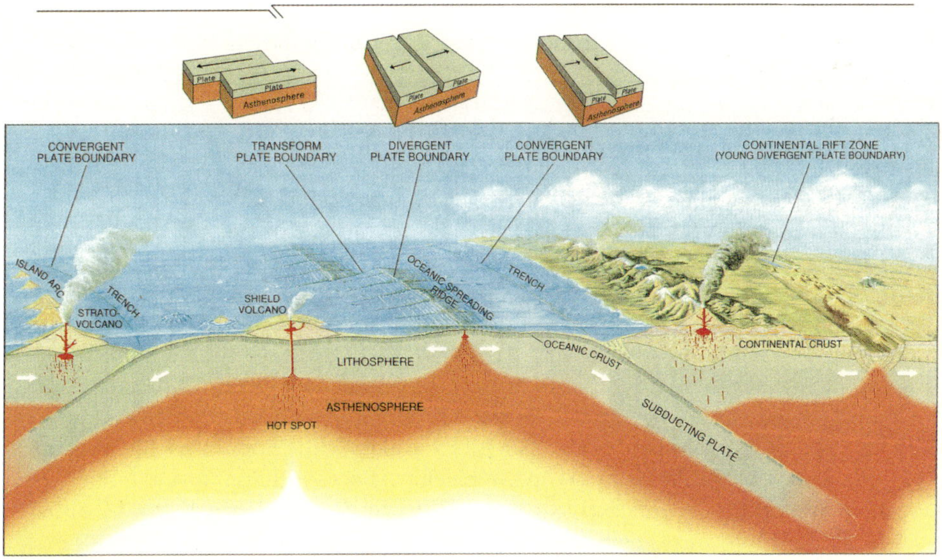

Abb. 2.10.2: Das Funktionsprinzip der Plattentektonik: Mittelozeanischer Rücken mit Spreizungsachse, kontinentale Gräben, Subduktion, konvergente und divergente Plattengrenzen; Vulkanismus über Subduktionszonen, ozeanische Schildvulkane (Typ Hawaii). (Quelle: This Dynamic Earth, W.J. Kious and R.J. Tilling, USGS-Broschüre.)

Ursache für die dynamischen Prozesse, die für die Entstehung und Verschluckung ozeanischer Erdkruste ebenso verantwortlich sind wie für das Zerbrechen von Kontinenten und die Neukonfiguration ihrer verdrifteten Fragmente im Zusammenhang mit Gebirgsbildungen (Orogenesen), sind die im Inneren unseres Planeten herrschenden hohen Temperaturen, die zur Ausbildung von großräumigen Konvektionsprozessen im Erdmantel geführt haben. Die Erdkruste bildet nur eine dünne Haut, die im Ozean etwa zwei bis acht Kilometer und in den Kontinenten 30 bis 50 Kilometer, lokal sogar bis über 70 Kilometer mächtig ist. Darunter folgt der feste Erdmantel, der in zirka 2 900 Kilometer Tiefe an den flüssigen äußeren Erdkern grenzt. Der innere Erdkern beginnt in etwa 5 000 Kilometer Tiefe und ist wiederum fest. Die Temperaturen im Erdinneren betragen über 4 000 Kelvin, und die hier gespeicherte thermische Energie treibt die „Wärmekraftmaschine" Erde an (siehe Abb. 2.10.1).

Die Erkenntnis, daß die heutigen Kontinente „Flickenteppiche" aus zusammengeschweißten Fragmenten von ehemals zum Teil weit auseinanderliegenden Kontinentalblöcken darstellen, hatte zur Folge, daß sich die Geowissenschaftler in den 80er Jahren wieder weltweit verstärkt und mit ganz neuen Fragestellungen und Konzepten der Erforschung der kontinentalen Lithosphäre zugewandt haben und daß in allen großen Industrienationen Programme zur systematischen Erkundung des Untergrundes der Kontinente mit Hilfe von geophysikalischen Methoden und Forschungsbohrungen gestartet wurden. Dabei hat die Bundesrepublik Deutschland mit dem vom damaligen Bundesministerium für Forschung und Technologie (BMFT) 1983 gestarteten Deutschen Kontinentalen Reflexionsseismischen Programm DEKORP und dem 1984 ins Leben gerufenen Kontinentalen Tiefbohrprogramm (KTB) einen auch international stark beachteten Schritt zu einer Neuerforschung der kontinentalen Lithosphäre getan.

2.10.4 Drei nationale kontinentale Bohrprogramme – drei Strategien

2.10.4.1 Das Kontinentale Tiefbohrprogramm der Bundesrepublik Deutschland (KTB)

Das Kontinentale Tiefbohrprogramm der Bundesrepublik Deutschland (KTB) stellt eine gelungene Verbindung von geowissenschaftlicher Grundlagenforschung und Technologieentwicklung dar. In seinem Mittelpunkt stand die Durchführung einer ultratiefen Bohrung mit dem Ziel, die Eigenschaften und Zustandsbedingungen der tieferen kontinentalen Kruste und die im Untergrund ablaufenden beziehungsweise abgelaufenen Prozesse zu erforschen. Aus der Erwartung, daß sich ab Temperaturen von etwa 250 Grad Celsius das rheologische Verhalten von quarzführenden Gesteinen (den typischen Bestandteilen der kontinentalen Kruste) signifikant ändert und auch die Reaktionskinetik beschleunigt abläuft, wurde als Zieltiefe das Temperaturfenster von 250 bis 300 Grad Celsius festgelegt und mit der Forderung verbunden, mindestens 8 000 Meter tief in den Untergrund einzudringen.

Das Programm, das vom BMFT beziehungsweise vom Bundesministerium für Bildung, Wissenschaft, Forschung und Technologie (BMBF) in dem Zeitraum von 1982 bis 1995 mit insgesamt rund 530 Millionen DM gefördert und von der DFG im Rahmen eines aus diesen Mitteln finanzierten Schwerpunktprogramms „KTB" wissenschaftlich betreut wurde, ist in separaten Abschnitten realisiert worden, an deren Ende jeweils eine Neubewertung mit einer Entscheidung über das weitere Vorgehen stattgefunden hat. Nach einer Vorerkundungsphase (1984 bis 1986), die mit einem klaren Votum für den Standort Oberpfalz endete, und einer Pilotphase (1987 bis 1990), die die Durchführung einer 4 000 Meter tiefen Vorbohrung und eines anschließenden einjährigen Meß- und Experimentierprogramms umfaßte, wurde im Oktober 1990 die eigentliche ultratiefe Bohrung, die KTB-Hauptbohrung, gestartet. Diese erreichte nach einer Bohrzeit von 1468 Tagen im Oktober 1994 eine Endtiefe von 9 101 Metern bei einer Temperatur von zirka 265 Grad Celsius. Mit drei großen und weltweit erstmals in dieser Form realisierten Experimenten im Bohrlochtiefsten wurde die operative Phase des KTB zum Jahresende 1994 beendet. Am 1. Januar 1996 sind die beiden Bohrungen in die bergrechtliche Verantwortung des GFZ übergegangen und sollen bis zum Jahr 2000 in einer internationalen Anschlußphase als Tiefenlabor für Experimente und Messungen genutzt werden.

Insgesamt haben sich am KTB mehr als 500 Wissenschaftlergruppen aus 15 Ländern mit zusammen etwa 350 individuellen Forschungsprojekten beteiligt. Die Koordinierung und Abstimmung dieser Forschungsvorhaben erfolgte im Rahmen des Schwerpunktprogramms „KTB". Die Spezialuntersuchungen an Universitäten und anderen Forschungseinrichtungen konnten dabei auf Basisdaten und Basisinformationen aufbauen, die kontinuierlich aus einem Feldlabor vor Ort zur Verfügung gestellt wurden. Dieses modern ausgestattete, interdisziplinäre Forschungsinstitut, das wissenschaftlich von neun Universitätsinstituten getragen wurde, erwies sich als ein unentbehrlicher Bestandteil eines Forschungsprojektes dieser Größenordnung. Es war für die umfassende geologische, mineralogische, geochemische und geophysikalische Online-Bearbeitung der Bohrkerne, des Bohrkleins, der Bohrspülung und der in ihr enthaltenen Gase sowie aller sonstigen festen, flüssigen und gasförmigen Proben aus beiden Bohrungen zuständig. Im Feldlabor erfolgte auch die gesamte Datenaufbereitung und Datenauswertung. Die notwendigen Informationen über die In-situ-Eigenschaften und In-situ-Zustandsbedingungen der erbohrten Gesteine wurden mit Hilfe von Bohrlochmeßsonden und Experimenten in den Bohrlöchern sowie zwischen Oberfläche und Bohrloch gewonnen. Insgesamt wurden bis zu 60 Meßsonden, davon eine große Anzahl von Neuentwicklungen, in unterschiedlichen Kombinationen eingesetzt und deren Meßdaten in einem für kontinentale Krustengesteine eigens entwickelten Interpretationsverfahren ausgewertet.

Die Idee, die kontinentale Erdkruste durch eine ultratiefe Bohrung zu erforschen, ist 1977 in der DFG-Senatskommission für Geowissenschaftliche Gemeinschaftsforschung geboren worden. Sie ergab sich aus den Konsequenzen der Plattentektonik und der Erkenntnis, daß der Wissensstand über Strukturbau und Stoffbestand der kontinentalen Erdkruste durch den rasanten technischen und methodischen Fortschritt auf den Gebieten der geophysikalischen Tiefenerkundung und der experimentellen Petrologie zwar sprunghaft angestiegen war, eine verläßliche Interpretation der „geophysikalischen Bilder" des Untergrundes und die Übertragbarkeit von Labordaten auf die Natur aber nur durch die direkte Erforschung der In-situ-Eigenschaften, -Zustandsbedingungen und -Prozesse überprüft werden kann. Hieraus entwickelte sich im Verlauf einer breit angelegten, interdisziplinären Diskussion schließlich ein Forschungskonzept, das sich auf fünf zentrale Forschungsthemen konzentrierte:

- die Natur geophysikalischer Strukturen und Phänomene, wie zum Beispiel seismische Reflektoren, elektrische, magnetische und gravimetrische Anomalien;
- die rheologischen Eigenschaften der Erdkruste und das Deformationsverhalten der Gesteine;
- die thermische Struktur der Erdkruste: Temperaturverteilung, Wärmequellen und Wärmetransport;
- Gesteinsfluide und Stofftransportprozesse: Fluidquellen, Fluidhaushalt und Fluidwegsamkeiten;
- Geodynamik, Strukturbau, Stoffbestand und Evolution der mitteleuropäischen variszischen Kruste.

KTB hat wissenschaftlich und technisch das angestrebte Ziel erreicht und zu allen Hauptforschungsthemen grundlegend neue und zum Teil auch überraschende Ergebnisse geliefert. Diese sind in einem Sonderband der internationalen Fachzeitschrift Journal of Geophysical Research (1997) in 19 Beiträgen von über 100 Autoren zusammenfassend publiziert. Herausragendes Ergebnis ist, daß die Hauptbohrung die spröde Oberkruste durchbohrt und den heutigen spröd/plastischen Übergangsbereich erreicht hat. In diesem Bereich ändert sich in Folge der hohen Temperaturen das rheologische Verhalten der Gesteine auf Druckbeanspruchung von einer Bruchdeformation (sprödes Verhalten) zu einer plastischen Verformung mit bleibenden Veränderungen.

Für die gesamten Geowissenschaften von fundamentaler Bedeutung sind dabei die erstmals durchgeführten In-situ-Untersuchungen zur Rheologie der Erdkruste und zu den tektonischen Spannungen im spröd/plastischen Übergangsbereich. Mit einer neu entwickelten Spannungsmeß-Strategie konnte weltweit erstmals ein vollständiges Profil der Orientierung und Größe der mechanischen Gesteinsspannungen von der Erdoberfläche bis in den Bereich der mittleren Kruste gewonnen werden. Die Daten zeigen, daß die spröde kontinentale Oberkruste „spannungsgeladen" und in der Lage ist, mechanische Kräfte aufzunehmen und zu übertragen, die in ihrer Größe den Kräften entsprechen, die die Lithosphärenplatten antreiben. In Übereinstimmung mit experimentellen Laborbefunden nehmen die Spannungsakkumulation und die Anisotropie der Spannungen (die Differenz zwischen der kleinsten und der größten Spannung) mit der Tiefe stark zu, wobei die jeweils erreichten Werte nahe an der Bruchfestigkeit der Gesteine liegen. Das bedeutet, daß sich die kontinentale Oberkruste wie eine starre Schale verhält und die Fernübertragung der Kräfte bewerkstelligt, die für die Bewegung von Lithosphärenplatten, die Öffnung von Ozeanen, die Bildung von Sedimentbecken und die Entstehung von Kollisionsorogenen verantwortlich sind.

Daß sich die gesamte Oberkruste im Bruchgleichgewicht befindet und bereits extrem kleine zusätzliche Kräfte ausreichen, um Bruchvorgänge (Erdbeben) zu erzeugen, konnte mit einem spektakulären, technisch sehr aufwendigen Hydro-Frac-Experiment im Bohrlochtiefsten nach Beendigung der Bohrarbeiten bewiesen werden. Mit einer nur geringen Druckerhöhung wurden innerhalb von 25 Stunden 200 Kubikmeter Flüssigkeit in das Gebirge injiziert und dabei über 400 Mikroerdbeben erzeugt, deren stärkstes noch in einer Entfernung von fast 150 Kilometern durch seismische Stationen registriert werden konnte. Die Auswertung der Herdmechanismen und der räumlich-zeitlichen Verteilung der Erdbeben, die mit einem großen Netz von Seismometern erfaßt wurden, hat bisher einmalige Grundlagendaten über die Mechanismen der Spannungsübertragung und die Erzeugung und Ausbreitung von Erdbeben geliefert.

Besonders spektakulär und in diesem Ausmaß unerwartet waren meist an tektonische Bruchflächen gebundene Fluidzutrittshorizonte mit Mächtigkeiten bis zu mehreren Dezimetern, die bis zum Bohrlochtiefsten angetroffen wurden. Chemisch handelt es sich um hochkonzentrierte calciumchlorid-dominierte Salzlösungen mit einem zur Tiefe hin zunehmenden Salzgehalt (über 70 g/l) und einem hohen Anteil an – unter den herrschenden Drücken – gelösten Gasen, insbesondere Stickstoff (etwa 70 Prozent) und Methan (etwa 29 Prozent). Die fluidhaltigen Bereiche besitzen relativ hohe Permeabilitäten und zeichnen sich durch hydrostatische Formationsdrücke aus, ein Beweis dafür, daß in der Erdkruste bis in große Tiefen offene Wegsamkeiten für den Transport von Fluiden existieren und daß die Tiefenwässer einem weit verzweigten Fluidsystem angehören, das bis an die Erdoberfläche reicht. Bisher galt durch experimentelle Untersuchungen zur Durchlässigkeit von Gesteinen unter erhöhten Druck- und Temperaturbedingungen als gesichert, daß der extrem hohe Gebirgsdruck in Tiefen, wie sie mit der Hauptbohrung erreicht wurden, die Existenz von Fluidwegsamkeiten über größere Zeiträume und Krustenbereiche verhindert.

Zu den wichtigsten Ergebnissen der Hauptbohrung gehört das Durchbohren einer aus seismischen Oberflächenexperimenten postulierten Störungszone zwischen 6 800 und 7 200 Metern. Damit wurde es erstmals möglich, Oberflächenbefunde direkt mit einem so tief erbohrten Gesteinsprofil im Kristallin zu korrelieren. Mit einer Vielzahl von geophysikalischen Messungen und einem erstmals im Grundgebirge durchgeführten dreidimensionalen seismischen Experiment konnte gezeigt werden, daß die Methode der Steilwinkelseismik, die heute weltweit zur Erforschung der kontinentalen Erdkruste eingesetzt wird, nicht, wie in Sedimentgesteinen, den stofflichen Aufbau der Erdkruste abbildet, sondern deren tektonisches Bruch- und Deformationsmuster. Aufbauend auf den KTB-Erfahrungen konnte deshalb eine neue Prozessierungs- und Auswertetechnik für seismische Daten entwickelt werden, die ein realitätsgetreues Bild der Oberkruste liefert und hochaufgelöste Informationen über die mittlere und tiefere Erdkruste bietet.

KTB hat eine Fülle von neuen Erkenntnissen über die Temperaturverteilung im Untergrund, die Wärmequellen, die Wärmeproduktion und die Wärmetransportmechanismen geliefert. Ein wesentliches Ergebnis ist, daß geothermische

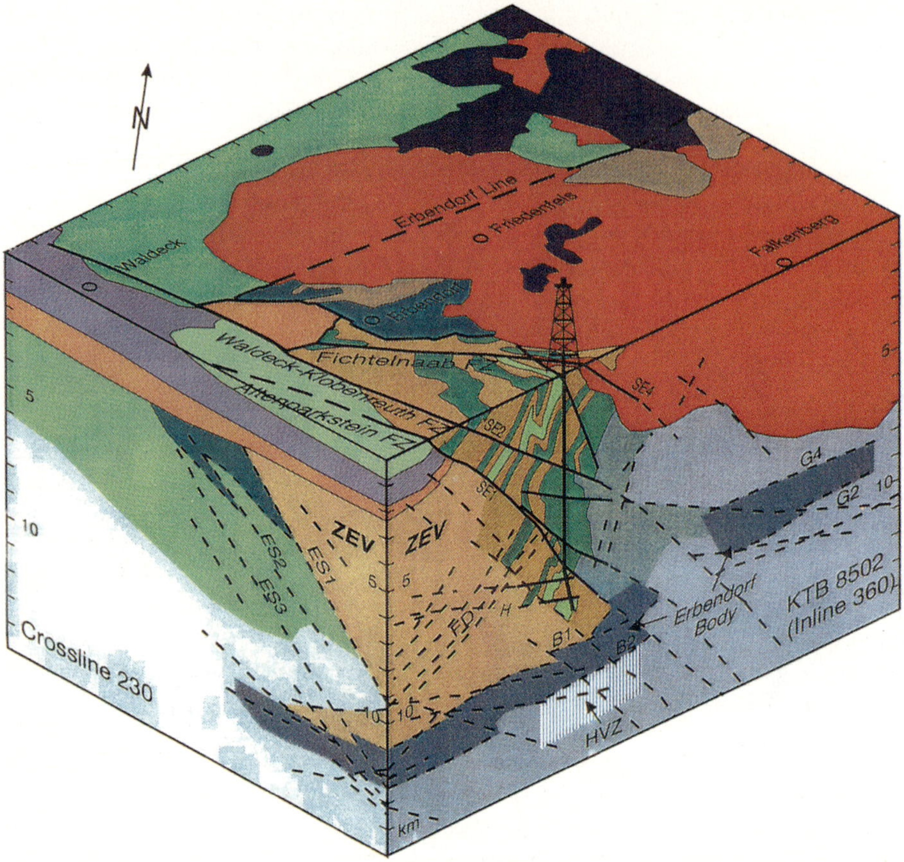

Abb. 2.10.3: Blockbild der Umgebung des KTB mit den wichtigsten Ergebnissen aus Geologie und Geophysik: Die Hauptbohrung durchteufte hochmetamorphe, steilstehende Gesteinsfolgen aus ehemaligen Sedimenten (Kontinentalrand) und ozeanischen Basalten/Gabbros, die von tiefreichenden tektonischen Bruchsystemen durchsetzt werden.

Prognosen aus Flachbohrungen und eine Extrapolation der Befunde in größere Tiefen nur sehr eingeschränkt möglich sind. Tatsächlich ist das thermische Feld der obersten Erdkruste nicht nur durch Wärmeabtransport infolge Grundwasserbewegung, sondern vor allem auch durch paläoklimatische Effekte intensiv gestört. Es konnte gezeigt werden, daß während der letzten Eiszeit eine Auskühlung der Erdkruste bis in Tiefen von über 4 000 Metern erfolgte und die heutige Temperaturverteilung im oberflächennahen Bereich noch um einige Grade unter dem thermischen Gleichgewichtszustand liegt. Darüber hinaus konnte die Gültigkeit einer aus geothermischen Untersuchungen in 17 Wärmeflußprovinzen der Erde aufgestellten empirischen Beziehung widerlegt werden, die heute bei Modellierungen der Temperaturverteilung im tieferen Untergrund verwendet wird, nämlich daß der Gehalt an radioaktiven, das heißt wärmeproduzierenden Elementen (Uran, Thorium und Kalium) infolge eines geochemischen Umverteilungsprozesses mit der Tiefe exponentiell abnimmt. Die große

Fülle der gewonnenen Daten zeigt eindeutig, daß es eine derartige generelle Gesetzmäßigkeit nicht gibt, sondern daß die Wärmeproduktion der Gesteine, auch in der Tiefe, ausschließlich von deren mineralogischer Zusammensetzung bestimmt wird. Mit diesem Befund und der Feststellung, daß der Wärmetransport in größeren Tiefen im wesentlichen konduktiv ist, also durch Wärmeleitung erfolgt, ergibt sich eine neue Basis für die Modellierung der Temperaturverteilung und anderer thermischer Parameter in größeren Erdtiefen.

Auch in technischer Hinsicht hat das KTB neue Maßstäbe gesetzt. Für die Vorbohrung wurde ein neues Diamant-Kernbohrverfahren entwickelt, mit dem ein wirtschaftliches Instrument für eine kontinuierliche Beprobung bis in Tiefen von zirka 5000 Metern zur Verfügung steht, das in zukünftigen Forschungsbohrungen weltweit Einsatz finden dürfte. Wesentliche Bestandteile der KTB-Technologie in der Hauptbohrung waren die Entwicklung und der erfolgreiche Einsatz eines aktiven Bohrwerkzeugs, das seine Richtung automatisch steuern konnte, die Entwicklung leistungsfähiger Untertagemotoren, neuer Kernbohrverfahren und Geräte zur Bereinigung komplizierter Bohrlochsituationen, eine innovative Verrohrungstechnik sowie die Entwicklung und kontinuierliche Verbesserung einer neuen Spülungstechnologie, die erstmals eine quantitative geowissenschaftliche Bohrungsbearbeitung mit einer Vielzahl von neuen Methoden erlaubte. Enorme Fortschritte konnten auch in der Meßtechnik durch die Entwicklung von neuen Hochtemperatur-Bohrlochsonden und in der Technik der Datenübertragung aus Bohrungen gemacht werden.

2.10.4.2 Das Tiefbohrprogramm der ehemaligen Sowjetunion und des heutigen Rußland

In der ehemaligen Sowjetunion lief bereits zu Beginn der 70er Jahre ein gigantisches Programm an zur Erkundung der kontinentalen Lithosphäre. Dieses zielte in erster Linie ab auf die Verbesserung der Kenntnisse über die Entstehung und Verbreitung von mineralischen Ressourcen und Kohlenwasserstoffvorkommen und war gekoppelt mit der Entwicklung von Tiefbohrtechnik und neuen Explorationstechnologien. Es bestand aus zwei eng miteinander verbundenen Komponenten: der systematischen tiefenseismischen Erforschung des Untergrundes mit einem Netz von Geotraversen und der Durchführung von Tiefbohrungen an geologischen Schlüsselpositionen. Kern des geophysikalischen Meßprogramms waren zwanzig seismische Profillinien von jeweils mehreren tausend Kilometern Länge, die mit sogenannten "Peaceful Nuclear Explosions" als Anregungsquelle aufgenommen wurden. Die dabei erhaltenen ungeheuren Datenmengen, die mit den seinerzeit in der Sowjetunion verfügbaren Computer- und DV-Techniken nicht bewältigt werden konnten, werden gegenwärtig in einem Gemeinschaftsprojekt zwischen dem GFZ Potsdam, dem Geophysikalischen Institut der Universität Karlsruhe und russischen Partnern ausgewertet. Das erste, inzwischen vollständig bearbeitete Profil hat eine Länge von 4000 Kilometern und kreuzt den Ural in NW-Richtung. Es erlaubt einen Blick bis in 800 Kilometer Erdtiefe mit einer Auflösung und Schärfe, wie sie wohl nie wieder erreicht werden wird, und zeichnet ein außerordentlich detailliertes physikalisches Bild von der Erdkruste bis zu dem Übergangsbereich vom oberen in den unteren Erdmantel.

Insgesamt war seinerzeit die Durchführung von 20 tiefen bis übertiefen Forschungsbohrungen vorgesehen, von denen fünf weitgehend realisiert und sieben weitere begonnen wurden. International besonders bekannt sind die Bohrung "Krivoy Rog" in der Ukraine, die etwa fünf Kilometer tief in präkambrische Eisenbändererze eingedrungen ist, die vier Kilometer tiefe Bohrung "Tyrnauz" im Nordkaukasus, die einen jungen Granitstock unter einer großen Wolfram-Molybdän-Lagerstätte erschlossen hat, und die 5374 Meter tiefe Bohrung "Vorotilov" in Osteuropa, die im Zentrum einer Meteoriten-Einschlagsstruktur (Puchezh-Kazun) von zirka 80 Kilometer Durchmesser niedergebracht wurde.

Ein Meilenstein im sowjetischen Tiefbohrprogramm war die Bohrung SG 3 auf der Halbinsel Kola im Nordwesten der ehemaligen Sowjetunion unweit der finnischen Grenze. Diese Bohrung befindet sich im Kupfer-Nickel-Erz-Distrikt von Pechenga und wurde 1970 begonnen. Sie hat 1991 nach einer Reihe von Fehlversuchen und technischen Problemen eine maximale Tiefe von 12261 Metern erreicht. Mit einer Temperatur von 215 Grad Celsius in der Endtiefe ist Kola SG 3 allerdings deutlich „kühler“ als die KTB-Hauptbohrung und damit auch noch weit entfernt von dem bohrtechnisch besonders problematischen spröd/plastischen Übergangsbereich, der in diesem alten Schildgebiet bei etwa 18 Kilometer Tiefe liegt. Wegen Bohrlochinstabilitäten ist diese Bohrung heute nur bis zirka 8500 Metern zugänglich und steht ebenso wie die Bohrung Vorotilov als Tiefenlabor für Messungen und Experimente zur Verfügung.

Während die Bohraktivitäten in den meisten GUS-Staaten praktisch zum Erliegen gekommen sind, setzt Rußland das Tiefbohrprogramm stark eingeschränkt fort. Gegenwärtig werden zwei Bohrprojekte durchgeführt, und zwar die Bohrung Tumen SG 6 im Westsibirischen Erdöl- und Erdgas-Becken, die auf eine Zieltiefe von acht Kilometern projektiert ist (derzeit 2500 Meter), und die Bohrung Ural SG 4, die 15 Kilometer Tiefe erreichen soll. Diese Bohrung, die etwa 200 Kilometer nördlich von Jekatharinenburg im mittleren Ural liegt und gegenwärtig etwa 5350 Meter tief ist, konzentriert sich auf Fragen der Genese und Tiefenverteilung von wirtschaftlich bedeutsamen Sulfiderz-, Platin- und Gold-Mineralisationen.

Rußland hat inzwischen seinen Beitritt zum ICDP beschlossen und ist bereit, seine Projekte für eine internationale Kooperation zu öffnen sowie sämtliche aus dem ehemaligen sowjetischen Tiefbohrprogramm verfügbaren Proben und Daten, die zentral aufbewahrt werden, für weitere Untersuchungen zur Verfügung zu stellen.

2.10.4.3 Das Kontinentale Bohrprogramm der USA

In den USA wurde die systematische geowissenschaftliche Erkundung der kontinentalen Lithosphäre 1981 mit dem reflexionsseismischen Programm COCORP eingeleitet und 1983 mit der Planungsphase für die Durchführung einer ultratiefen Bohrung (zirka zehn Kilometer) in den Appalachen begonnen. Während sich die Geowissenschaftler in Deutschland jedoch auf ein gemeinsames Forschungkonzept einigen konnten, ist ein derartiger Konsens in den USA nicht zustande gekommen, so daß nach der Entscheidung in Deutschland, alles „auf eine Karte zu setzen" und die Aktivitäten auf ein gemeinsames Projekt zu konzentrieren, der technisch schon weit gereifte Plan einer Appalachen-Tiefbohrung 1985 aufgegeben wurde.

Statt dessen wurde 1986 ein thematisch offenes, individuell bestimmtes und nicht durch eine wissenschaftliche Gesamtkonzeption verbundenes nationales Bohrprogramm mit flachen (< 1 500 Meter) bis mitteltiefen (1 500 bis 5 000 Meter) Bohrungen gestartet. Im Rahmen dieses Programms, das mit rund acht Millionen US-Dollar pro Jahr finanziert und gemeinsam von der NSF, dem Department of Energy und dem US Geological Survey getragen wird, wurden bisher 18 Bohrprojekte mit insgesamt 61 Bohrungen (mit Tiefen zwischen 500 und 4 500 Metern) realisiert. Die dabei abgedeckten Forschungsthemen reichen von der Geothermie (sieben Projekte) über die Vulkanologie (vier Projekte) und die Lagerstättenforschung (drei Projekte) bis hin zu Projekten, die sich mit der Rekonstruktion von Paläo-Umweltprozessen und des Paläo-Klimas befassen (drei Projekte).

Wegen ihrer prinzipiellen und grundlegenden Erkenntnisse haben vor allem zwei Projekte eine besondere internationale Beachtung gefunden, das Salton-Sea- und das Cajon-Pass-Bohrprojekt. Das Salton-Sea-Projekt in Südkalifornien diente der Erforschung eines aktiven Geothermalsystems und hat zum ersten Mal einen heute im Untergrund ablaufenden Erzbildungsprozeß „in vivo" studieren können. Die Bohrlokation liegt in einem mit mächtigen Sedimentschüttungen des Colorado-Flusses gefüllten Becken, das sich am Südende der San-Andreas-Verwerfung in ihrem Übergang in die aktive Seafloor-Spreading-Zone des Golfs von Kalifornien gebildet hat. Junge Magmenintrusionen haben zu einer starken lokalen Aufheizung der Sedimente und zur Ausbildung von hydrothermalen Zirkulationssystemen geführt. Die Bohrung wurde 1987 bei einer Endtiefe von 3,2 Kilometern abgeschlossen und hat eine Endtemperatur von 355 Grad Celsius erreicht. Sie hat in porösen und permeablen Sedimentgesteinen hochkonzentrierte (25 Prozent Salzgehalt), metallreiche Salzlaugen angetroffen, aus denen sich rezent Zink-, Blei-, Kupfer- und Eisen-Sulfide unter Bildung einer Sulfiderzlagerstätte abscheiden, und eine Fülle an physikalisch-chemischen Daten und Informationen über einen weltweit verbreiteten Typ von hydrothermalen Lagerstätten geliefert, der bis dahin nur durch seine Abscheidungsprodukte bekannt war. Die Ergebnisse dieser Bohrung in eine (noch) „flüssige Lagerstätte" haben unsere heutigen Vorstellungen über Hydrothermalsysteme in der Erdkruste und die physiko-chemischen Prozesse der Mobilisation, des Transports und der Abscheidung von Metallen aus wäßrigen Lösungen maßgeblich geprägt.

Die Bohrung Cajon Pass, in den San Bernadino Mountains, etwa 100 Kilometer östlich von Los Angeles, wurde im unmittelbaren Bereich einer morphologisch markant ausgebildeten und sehr aktiven Parallelstörung der San-Andreas-Verwerfung angesetzt. Zentrales Forschungsthema dieser Bohrung, die eine Tiefe von 3,6 Kilometern erreicht hat und in eine aktive Erdbebenzone vorgedrungen ist, war die Frage nach der mechanischen Entkopplung aneinander vorbeigleitender starrer Krustenblöcke, der Spannungsverteilung zwischen den festen und den tektonisch stark zerrütteten Gesteinspartien, der in der Störungszone auftretenden Scherspannungen und ihrer Beziehung zu Seismizität, Fluidaktivität und Wärmefluß. Das überraschende Ergebnis war, daß die großen und seismisch besonders aktiven Scherzonen gegenüber allen bis dahin vertretenen Vorstellungen keine erhöhten Spannungskonzentrationen aufweisen, sondern im Gegenteil „weich", das heißt spannungsarm sind und auch nicht infolge Reibung aufgeheizt werden, sondern einen normalen Wärmefluß zeigen. Dieses „Spannungs-Wärmefluß-Paradoxon" gilt offenbar für alle aktiven Transform-Verwerfungen und hat zu ganz neuen Modellvorstellungen über die mechanischen Prozesse, die Spannungsübertragung und die Energieflüsse in derartigen Störungszonen geführt. Deren Überprüfung ist der Ausgangspunkt des San Andreas Fault Zone Drilling Project, eines zukünftigen Großprojekts zur Erdbebenforschung, das gegenwärtig von amerikanischen, deutschen und japanischen Geowissenschaftlern vorbereitet wird.

2.10.5 Das Ocean Drilling Program (ODP)

Trotz der großen Erfolge des DSDP blieben viele wichtige Aspekte der Entstehung der ozeanischen Erdkruste, ihres Transports und der damit verbundenen Veränderungen der Ozeanbecken unverstanden. Die Paläoozeanographen sahen sich mehr Fragen gegenüber, als sie beantworten konnten. Ein ganz neues Forschungsfeld eröffnete die Erkenntnis, daß sich die Veränderungen der Erdbahnparameter und der Sonneneinstrahlung und daraus folgende Veränderungen des Erdklimas und der ozeanographischen Verhältnisse auf die marine Lebewelt und auf den Inhalt der Ablagerungen im Meer auswirken. Die sich daraus ergebenden und wesentlich verbesserten Modelle über die Entwicklung der Umweltverhältnisse und des Lebens erforderten allerdings zu ihrer Verifizierung Tiefseebohrungen in allen Ozeangebieten.

Gleichzeitig waren auch die Ansprüche der Wissenschaftler an Bohr- und Bohrlochvermessungstechnik sowie an die Laborkapazitäten immer größer geworden, so daß sich die Forderung nach einem neuen Bohrschiff ergab. 1981 wurden schließlich auf der Conference on Scientific Ocean Drilling (COSOD) die Ziele für ein Nachfolgeprogramm des DSDP erarbeitet. Auf dieser wissenschaftlichen Grundlage wurde 1983 das Ocean Drilling Program (ODP) gegründet. Es verfolgt seit 1985 mit dem Bohrschiff JOIDES Resolution, das an Größe und technischen Möglichkeiten die „Glomar Challenger" übertrifft, die Ziele von COSOD und einer weiteren gleichartigen Konferenz (COSOD II). An dem Programm beteiligen sich, neben den führenden USA, wiederum Deutschland, Frankreich, Großbritannien, Japan, aber auch ein Konsortium mit Kanada, Australien und Südkorea als Mitgliedsländern, sowie ein Konsortium bestehend aus Schweden, Finnland, Norwegen, Island, Dänemark, den Niederlanden, Belgien, der Schweiz, Spanien, Italien und der Türkei (European Consortium for Ocean Drilling).

In den vergangenen zehn Jahren wurden erneut bedeutende Ergebnisse erzielt. Auf sie wird im folgenden im Zusammenhang mit der Vorstellung zukünftiger Forschungsziele des ODP und eines schon anvisierten Nachfolgeprogramms eingegangen. Die Ziele wurden nach ausgiebigen Beratungen der wissenschaftlichen und technischen Gremien des ODP (Thematic Panels, Service Panels, Planning Committee und Executive Committee) in einem Langzeitplan, dem sogenannten ODP Long Range Plan „Understanding our Dynamic Earth through Ocean Drilling", dargelegt. Danach wird sich das OPD künftig, aufbauend auf seinen bisherigen Leistungen auf zwei Großthemen konzentrieren: die Dynamik der Erdumweltverhältnisse und die Dynamik des Erdinneren. Unter diesen Hauptthemen sollen vorrangig drei Pionierinitiativen verfolgt werden:

- das Studium der natürlichen klimatischen Veränderlichkeit und der Ursachen schneller Klimawechsel,
- die In-situ-Beobachtung geologischer Prozesse und
- die Erforschung der Tiefenstrukturen von Kontinentalrändern und der Erdkruste unter den Ozeanen.

ODP wird außerdem ein Pilotprogramm starten, um die Biosphäre im Meeresboden zu untersuchen. Ihre Erforschung durch Tiefseebohrungen soll dazu dienen, die Berechnungen der gesamten Biomasse der Erde auf eine verläßlichere Basis zu stellen sowie die Evolution der Lebewelt besser zu verstehen und nach bisher unbekannten Lebensformen mit biotechnologischem Potential zu suchen.

2.10.6 Die Dynamik der Erdumweltverhältnisse

In den Bohrkernen aus Sedimentablagerungen in der Tiefsee sind die klimatischen Signale früherer Zeiten gespeichert, zum Beispiel über die Sauerstoff-Isotopen-Verhältnisse in den fossilen Schalen von marinen Kleinstlebewesen. Diese Speicherung ist möglich, weil sich die Temperatur sowie die Zusammensetzung des Meerwassers in Abhängigkeit von Sonneneinstrahlung, Eisausdehnung an den Polen und Schmelzwasserzufuhr in die Ozeane ändern. Veränderungen der Sonneneinstrahlung gehen unter anderem auf Änderungen von Exzentrizität der Erdumlaufbahn um die Sonne sowie Schiefe und Präzession der Erdrotationsachse zurück. Hieraus entstehen Zyklen von 100 000, 41 000 und 21 000 Jahren, die sich überlagern und eine komplexe „Klimakurve" ergeben, die direkt in unser heutiges, vereisungsbestimmtes Klima hineinreicht. Die Zyklizität kann auf absolute Temperaturschwankungen umgerechnet und als erdgeschichtlicher Zeitmesser benutzt werden.

Je dicker eine Schicht von Ablagerungen einer bestimmten Zeit ist, desto genauer lassen sich Schwankungen ihrer Eigenschaften erfassen. Weil mit Tiefseebohrungen des ODP mehrere hundert Meter lange Bohrkerne gewonnen werden konnten, war es möglich, die Klimaveränderungen der letzten zirka 2,5 Millionen Jahre (das ist das Eiszeitalter und die jüngsten 10 000 Jahre) im Detail zu erforschen. Die ODP-Planungen zielen auf eine Erweiterung der Erfassung von Klimaschwankungen und auf eine noch höhere zeitliche Auflösung bis hin in den 100-Jahre-Bereich; die gegenwärtige Auflösung erreicht etwa 500 Jahre.

Einen anderen Ansatz zur Rekonstruktion vergangener Umweltbedingungen bieten Staub, der vom Wind aufs Meer hinausgetragen, und Schwebfracht, die von Flüssen ins Meer transportiert wurde. Sie haben sich am Meeresboden abgesetzt und geben vielfältige Hinweise auf früher herrschende Wind- und Vegetationsverhältnisse auf den Kontinenten oder auf Gebirgsbildungen. So wurde zum Beispiel erst durch Tiefseebohrungen des ODP in die Ablagerungen der Schwebfracht, die Ganges und Brahmaputra in den Golf von Bengalen transportiert haben, bekannt, daß die Heraushebung des Himalaya-Gebirges und seine sofort einsetzende Abtragung schon vor etwa 20 Millionen Jahren begonnen haben, also etwa zehn Millionen Jahre früher als bis dahin angenommen. Mit Hilfe von fossilen Überresten mariner Kleinstlebewesen, die der abgesunkenen Schwebe beigemischt sind, wurde diese Datierung möglich.

Das Bild früherer Umweltverhältnisse wird dadurch kompliziert, daß sich die Reaktionen des Erdklimas und der Lebewelt auf die Schwankungen der Sonneneinstrahlung wahrscheinlich allmählich gewandelt haben. Dennoch muß der Versuch einer Entzifferung der Paläo-Umwelt weit in die Erdvergangenheit zurück unternommen werden, unter anderem auch zum besseren Verständnis der Reaktionen der heutigen Umwelt auf die Beeinflussung durch den Menschen. Tiefseebohrungen, deren Bohrkerne einen sehr langen Abschnitt der Erdgeschichte repräsentieren, können genügend Aufschlüsse geben, um verläßliche Modelle zu erarbeiten, die Projektionen in die Gegenwart und Zukunft unseres Planeten erlauben. Das ODP wird versuchen, die Zeitspanne der Erfassung auf mindestens 20 Millionen Jahre zu erweitern.

In dieser Diskussion spielt auch die Erforschung katastrophaler Ereignisse in der Erdgeschichte und ihrer Auswirkungen insbesondere auf die Lebewelt eine Rolle. Immer wieder werden in der Erdgeschichte abrupte und manchmal auch sehr kurze Veränderungen der Umweltbedingungen sichtbar. Als eine Ursache solcher Veränderungen werden Meteoriteneinschläge diskutiert. Mit Hilfe von ODP-Bohrungen wurden im Karibischen Meer neue Beweise für eine

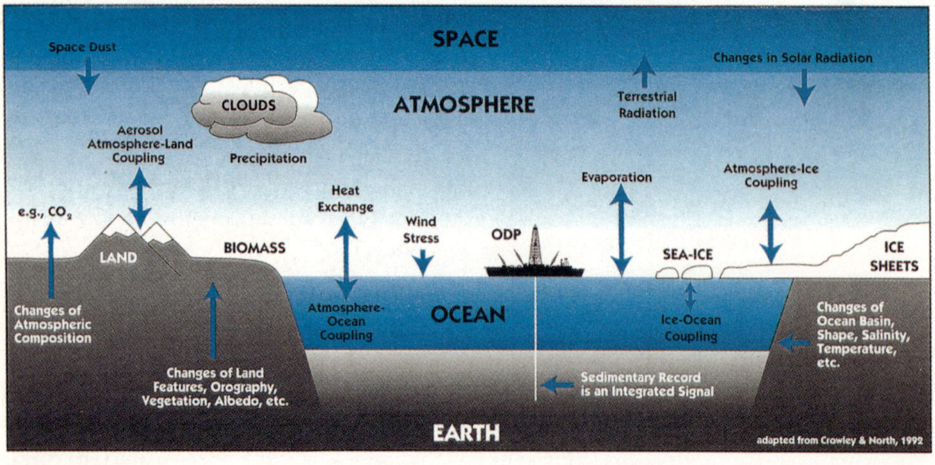

Abb. 2.10.4: Die wesentlichen Elemente im Klimasystem der Erde.

der größten bekannten Katastrophen in der jüngeren Erdgeschichte gefunden, für den Meteoriteneinschlag nämlich, der das Aussterben der Dinosaurier und anderer Lebensformen vor etwa 65 Millionen Jahren ausgelöst haben könnte, den sogenannten Chixculub-Impakt.

Die verschiedenen Antriebskräfte für Klimaveränderungen und ihre wechselseitige Beeinflussung sind noch wenig verstanden (Abb. 2.10.4). Zum Beispiel ist die Frage ungelöst, ob großskalige Klimabeeinflussungen periodisch vorkommen. Kann etwa der Kohlendioxidausstoß der Vulkane entlang von Plattengrenzen schnell genug ansteigen, um jene abrupten und episodischen Erwärmungen zu erzeugen, wie sie aus den vom ODP erbohrten Tiefseeablagerungen abgeleitet werden konnten? An solchen, etwa 57 Millionen Jahre alten Ablagerungen, wurde zum Beispiel beobachtet, daß sich innerhalb von zirka 10 000 Jahren, also schon in einer für die Menschheitsgeschichte relevanten Zeitspanne, die Meeresoberflächentemperatur in den südlichen Ozeanbereichen von ungefähr fünf auf 20 Grad Celsius und die Temperatur des Wassers am Meeresboden auf 16 Grad Celsius erhöht hatte. Dies hatte offensichtlich das Aussterben vieler Arten von Kleinstlebewesen zur Folge.

ODP hat viele Bohrungen niedergebracht, in denen sich neben den erwähnten Klimasignalen auch direkte Hinweise auf Vereisungen finden, meist in der Form von Gesteinsbruchstücken, die von Eisbergen in wärmere Gebiete transportiert wurden. Nach dem Abschmelzen der Eisberge sanken sie auf den Meeresboden, wo sie eingebettet wurden. Ihre Ablagerungszeit läßt sich heute mit Hilfe von Fossilien sehr genau bestimmen, ebenso der Weg der Eisberge und das Ausmaß der Vereisung.

Meeresspiegelschwankungen spiegeln, wegen der je nach Vereisungsgrad unterschiedlichen Mengen Wassers, das als Eis gebunden war, die Vereisungsgeschichte der Erde wider: Große Vereisungen hatten niedrige Meeresspiegelstände, kleine dagegen hohe zur Folge. ODP hat durch Bohrungen, zum Beispiel in versunkene Atolle und Kontinentalränder, die Meeresspiegelgeschichte mit teilweise großer Präzision rekonstruiert. Mehr Bohrungen sind nötig, um absolute und relative Meeresspiegelschwankungen unterscheiden zu können. Letztere können zum Beispiel durch Hebungen und Senkungen der Erdkruste verursacht worden sein. Ziel der Bohrungen ist die Vorhersage von Effekten der Meeresspiegelveränderungen auf den Sedimenttransport in den Ozeanen, auf die Klimaentwicklung sowie auf die Wechselwirkungen zwischen Eisgebieten und Ozeanen. Derartige Vorhersagen sind unentbehrliche Elemente eines umfassenden Managements der insgesamt 440 000 Kilometer langen Küstenzonen, in denen ein Großteil der Erdbevölkerung lebt und die meisten Megastädte der Erde liegen.

Der heutige Ozean zeigt ein komplexes System von Strömungen in allen Tiefenlagen und mit unterschiedlichen chemischen und physikalischen Eigenschaften ihrer Wassermassen. Das wohl auffälligste Element dabei ist das globale Förderband der ozeanischen Zirkulation. Auf ihm fließt kaltes Wasser aus dem Nordatlantik zunächst als Tiefenwasser durch den Indischen in den Pazifischen

Ozean und zurück in den Nordatlantik, wo es als warmes Oberflächenwasser (Golfstrom) wieder ankommt. Dort wird es anschließend wieder abgekühlt und geht erneut in die Schleife. Dieses Förderband hat erhebliche Auswirkungen auf das Klima, schließlich kommen auf ihm pro Sekunde 20 Millionen Kubikmeter relativ warmen Wassers im Nordatlantik an, und damit auch riesige Mengen gespeicherter Energie.

Neuere ODP-Ergebnisse zeigen, daß während der letzten 70 000 Jahre ganze "Flotten" von Eisbergen aus den nordamerikanischen Vereisungsgebieten in regelmäßigen Abständen in Richtung Europa unterwegs waren. Ihr Aufschmelzen brachte so viel Frischwasser in das Förderbandsystem, daß durch die veränderten Salzgehalte und Dichten des Meerwassers die Zirkulation beeinflußt wurde und sich damit auch das Erdklima veränderte. ODP-Bohrungen in Wassertiefen und auf geographischen Positionen, wo das Förderband den Meeresboden berührt, werden es ermöglichen, dieses Förderbandsystem und seine klimakontrollierende Funktion weit in die Erdgeschichte zurückzuverfolgen.

Das ODP hat auch eine wichtige Rolle gespielt bei der Erforschung des Kohlenstoffkreislaufs, auf dessen Verständnis wir angesichts des steigenden Kohlendioxidgehalts in der Erdatmosphäre besonders angewiesen sind. Bohrungen in die ausgedehnten Komplexe von Kalkablagerungen und in Kohlenstoff enthaltende Ablagerungen am Meeresboden sollen Aufschluß darüber geben, welche Rolle das Meer bei den erdgeschichtlichen Schwankungen des atmosphärischen Kohlendioxidgehalts gespielt hat. Das ODP wird dabei auch den Fragen der Kalkablagerung und Kalklösung im Ozean nachgehen sowie die Faktoren der Einbettung, Erhaltung und Veränderung organischer Substanzen in den Meeresbodenablagerungen erforschen. Diese Untersuchungen dienen nicht allein einem besseren Verständnis der Klimaentwicklung, sondern sind auch für das Modellieren der Entstehung von Erdöl und Erdgas aus organischen Substanzen bedeutsam. Ebenfalls erdölgeologische Bedeutung hat die Erforschung der riesigen Vorkommen des Erdgases Methan (CH_4), das in gefrorenen Gashydraten in geringer Tiefe unter dem Meeresboden vieler Kontinentalränder auftritt. Es bildet einen großen Anteil am gesamten Erdgaspotential der Erde. Sehr wenig verstanden sind die Prozesse der Bildung der Gashydrate und die Rolle, die sie für den Gehalt am Treibhausgas Methan im Ozean und in der Erdatmosphäre haben. ODP-Bohrungen sollen helfen, die Reservoire der Hydrate zu verstehen, die sich sehr unterschiedlich in Zusammensetzung und Verbreitung verhalten.

2.10.7 Die Dynamik des Erdinneren

Die räumliche und zeitliche Aufzeichnung von Material- und Energiekreisläufen im Inneren unserer Erde kann nur dann erfaßt werden, wenn ein Bohrschiff zur Verfügung steht, das in der Lage ist, die tief unter sedimentären Ablagerungen liegende Erdkruste zu erbohren. Auch müssen mehrere Kilometer lange Bohrkerne gewonnen werden, in denen die Geschichte von Prozessen der Bildung und Bewegung der ozeanischen Kruste sowie die Geschichte der vulkanischen Aktivität der letzten 170 Millionen Jahre gespeichert ist. Bohrlöcher bieten außerdem die Gelegenheit, direkt und über lange Zeit hinweg kritische physikalische Eigenschaften der Erdkruste zu beobachten. Dies gewährleistet einmalige Einblicke in die Dynamik des ozeanischen Erdmantels, in Deformationsprozesse der ozeanischen Erdkruste sowie in die Natur und Bewegung wäßriger Lösungen in der Kruste.

Die Bildung neuer ozeanischer Erdkruste entlang der Kammzonen der mittelozeanischen Rücken spielt eine große Rolle bei der Kontrolle des Transports von Wärme, Masse und leichtflüchtigen Bestandteilen im Erdinnern. Das Wissen über die Natur der ozeanischen Erdkruste beruht auf geophysikalischen Meßdaten, auf Proben, die mit Greifern und Gesteinsdredschen vom Meeresboden gewonnen wurden sowie auf relativ flachen Tiefseebohrungen und Beobachtungen an fossilen ozeanischen Krustenteilen, die durch gebirgsbildende Prozesse herausgehoben wurden.

Die längste zusammenhängende Folge von Erdkruste unter Meeresbedeckung wurde in der 1979 vom DSDP begonnenen und durch das ODP fortgesetzten Bohrung 504B, zirka 800 Kilometer südlich des Costa-Rica-Rifts, in einer Wassertiefe von 3 475 Metern im Pazifischen Ozean erbohrt. Diese 1 836,5 Meter lange, von 275 Metern Sediment bedeckte Folge repräsentiert allerdings nur ein Fünftel der Dicke der ozeanischen Erdkruste. In der Bohrung wurden erwartungsgemäß verschiedene Stockwerke angetroffen. Sie sind das Ergebnis des Aufsteigens von Magmen und Ausfließens von Laven am Meeresboden sowie des anschließenden Erkaltens und Erstarrens zu basaltischer Erdkruste. Die am Meeresboden austretenden Laven erstarren kissenförmig, während Laven, die in vertikalen Fördergängen erstarren, steilstehende "Mauern" bilden. Die Stockwerke von Kissen und Gängen wurden völlig durchbohrt, und es gibt Anzeichen dafür, daß bereits der Übergang zu dem darunter liegenden Stockwerk, der Gabbroschicht, erreicht wurde, die das frühere Magmareservoir abbildet. Gabbro ist wie Basalt ein dunkles, aus Schmelze erstarrtes kristallines Gestein, weist aber im Gegensatz zu diesem größere Kristalle auf. Äquivalente dieses Stockwerks treten infolge tektonischer Verschiebungen in der Erdkruste bisweilen auch direkt am Meeresboden auf und sind dort vom ODP mehrfach angebohrt worden.

Weil bisher nur kurze Krustenabschnitte erbohrt wurden, ist aber vieles am Bild der tieferen ozeanischen Erdkruste unklar geblieben, insbesondere bei Sektionen des oberen Erdmantels. Sie sind in sehr geringem Maße am Meeresboden exponiert und durch Krustenverschiebungen aus ihrem ursprünglichen Verband gerissen, das heißt nicht repräsentativ für größere Erdmantelbereiche. Ergebnisse von ODP-Bohrungen sprechen dafür, daß der Erdmantel sehr heterogen in bezug auf seine chemische Zusammensetzung und physikalischen Eigenschaften ist. Dies wiederum deutet auf eine größere Mobilität des Erdmantels hin, als es das frühere Modell einer homogenen Schale um den Erdkern suggerierte. Der Materialtransport im Erdmantel, der sich auf die Bewegung der Lithosphäre auswirkt, hat in der gesamten Erdgeschichte ein chaotisches Muster gehabt. Zu ihrer Erforschung gilt zunächst einmal, eine möglichst vollständige Sektion der ozeanischen Kruste und des oberen Mantels zu erbohren, was praktisch einer Neuauflage des Projekts MOHOLE entspräche.

Schmelzbildung im Erdmantel mit zum Teil gewaltigen Ausmaßen kann auch an Zonen von heißer, aufwallender Materie (engl. "Plumes") des unteren Erdmantels gebunden sein. Einige der größten vulkanischen Ereignisse der Erdgeschichte gehen auf sie zurück. Auf Kontinenten entstanden riesige Provinzen von Plateaubasalten, und an den Rändern der Kontinente bildeten sich mehrere Kilometer dicke Komplexe geschichteter vulkanischer Gesteine, die sich beim Auseinanderdriften der Kontinente meerwärts neigten. Bevor ODP in diese weitverbreiteten vulkanischen Kontinentalränder hineingebohrt hatte, glaubte man, daß an allen Kontinentalrändern vorwiegend Sedimente abgelagert werden, und entsprechend hoch wurde ihr Erdöl- und Erdgaspotential eingeschätzt. Die ODP-Bohrungen haben geholfen und werden weiter helfen, diese Einschätzung realistischer zu gestalten. In landfernen Ozeanbereichen wurden mehrere Kilometer dicke untermeerische Plateaus gebildet, die zum Teil den Sockel für ausgedehnte vulkanische Archipele bildeten. Es mehren sich die Anzeichen dafür, daß diese Ereignisse eng an das Auseinanderbrechen der Kontinente gebunden sind. ODP-Bohrungen tief in die ozeanischen Plateaus und in die "vulkanischen Kontinentalränder" werden dazu beitragen, daß der zeitliche Ablauf ihrer Entstehung und die chemische Natur ihrer Gesteine besser bekannt werden. Sie werden Rückschlüsse darauf gestatten, wie sich die Mantelzirkulation im Laufe der Zeit geändert hat und in welcher Beziehung sie zur Dynamik der Lithosphäre steht.

Viele relativ flache Bohrungen in die ozeanische Lithosphäre werden Rückschlüsse auf Variationen des Mantels in bezug auf seine Temperatur und Zusammensetzung über die letzten 170 Millionen Jahre erlauben. Dies wiederum wird Bedeutung für die Modellierung von bestimmten Erzlagerstättentypen haben. Aus Beobachtungen am Meeresboden und aus DSDP/ODP-Bohrungen ist nämlich bekannt, daß kaltes Meerwasser in die junge, noch nicht von Meeressedimenten versiegelte und noch permeable ozeanische Kruste mehrere hundert Meter tief einsickert. Es erhitzt sich dort und steigt wieder auf, um in heißen Quellen am Meeresboden auszutreten. In großer Tiefe werden dabei Metalle aus der ozeanischen Kruste gelöst, die beim Abkühlen aus dem nunmehr chemisch veränderten Meerwasser während des Aufstiegs oder bei seinem Austritt am Meeresboden in Schwefelverbindungen oder Oxiden als Erz abgeschieden werden. Dabei wird entweder das basaltische Krustengestein selbst mit Erz imprägniert oder das Erz bildet am Meeresboden solide Körper. Bevorzugt werden Kupfer- und Zinkerze ausgefällt. Solche Erzabscheidungen können wirtschaftlich interessante Dimensionen haben. Zum Beispiel haben ODP-Bohrungen vor der Pazifikküste Nordamerikas und am Mittelatlantischen Rücken gezeigt, daß solche Erzakkumulationen mehrere zehn Meter dick werden können.

Erzlagerstätten dieses Typs sind in fossiler ozeanischer Kruste, die durch Gebirgsbildung der kontinentalen Erdkruste angegliedert wurde, erhalten geblieben. Auf Zypern wurden bis in die Neuzeit, vermutlich schon seit phönizischer Zeit, Kupfererze aus einem derartigen Vorkommen abgebaut. Die Erzbildungsprozesse selbst sind noch wenig bekannt, so daß es schwierig ist, Modelle zu erarbeiten, die die Suche nach weiteren Vorkommen auf dem Festland und am Meeresboden unterstützen. Haupthindernis für eine gründliche Erforschung der noch aktiven Erzbildung sind die hohen Temperaturen, die 300 Grad Celsius leicht übersteigen können, sowie die Agressivität der metallhaltigen Lösungen. Sie stellen ein Problem für das Bohren, die Probennahme und für jede elektronische Meßtechnik dar. Deshalb wird es unerläßlich sein, die Bohr- und Meßtechnik diesen Verhältnissen anzupassen.

Lithosphäre, die in den Kammregionen der thermisch angehobenen mittelozeanischen Rücken gebildet wurde, kühlt langsam ab und wird dabei immer schwerer. Deshalb gleitet sie zunächst auf den Flanken der Rücken ab, bis sie schließlich so schwer wird, daß sie in den sogenannten Subduktionszonen in den tieferen Erdmantel absinkt. Beim Abgleiten auf den Rückenflanken werden Druckspannungen, beim Abtauchen in den Verschluckungszonen Zugspannungen erzeugt. Wegen des variablen Massentransports in die Rücken ändern sich diese Spannungen und Verschluckungszonen. Besonders in Nähe von Plattengrenzen werden die Spannungen gespeichert und episodisch schlagartig gelöst, wodurch es zu Erdbeben kommt.

Da aber die Deformationsart stark vom thermischen Zustand der Lithosphäre und ihren sonstigen Materialeigenschaften abhängt, ist neben der Messung der Spannung auch die Erfassung des Temperaturregimes und der Gesteinszusammensetzung erforderlich, weil auch quasiplastische Deformationen bei höheren Temperaturen vorkommen. Daher sind Tiefseebohrungen notwendig, die einerseits der Gewinnung von Gesteinen, Flüssigkeiten und Gasen dienen, andererseits die Messung von physikalischen Eigenschaften, zum Beispiel Spannungen im Gestein, oder der Materialzusammensetzung, zum Beispiel flüssiger Phasen über längere Zeit, ermöglichen. ODP hat in Bohrlöchern bereits erfolgreich derartige Dauermessungen durchgeführt. Besonders die einmalige „Verkorkungs"-Technik für die regelmäßige Entnahme von Flüssigkeiten aus Tiefseebohrlöchern hat neue Erkenntnisse über die Dynamik des Transports von flüssigen Phasen in der basaltischen Kruste und den sie überlagernden Sedimenten geliefert. Die Entnahme von Flüssigkeiten, die aus dem umgebenden Gestein oder weichem Sediment in die Bohrung einfließen, erfolgt dabei durch Tauchboote über Ventilverschlüsse am Bohrlochkopf. Gleichzeitig werden von ebenfalls in der Bohrung installierten Dauermeßeinrichtungen Temperatur- und Druckspannungswerte abgerufen.

Diese Experimente sollen unter anderem Daten liefern, die zum Verständnis der Gleitprozesse beim Abtauchen der Lithosphäre beitragen. Die Hauptgleitzone, Décollement genannt, trennt die harte abtauchende Lithosphäre von aufgestapelten weicheren Sedimenten. Diese Sedimente lagen vormals auf der Lithosphäre selbst. Sie können aber nicht „verschluckt" werden, weil sie zu leicht und zu weich sind. Statt dessen stapeln sie sich kilometerdick über den Verschluckungszonen auf. Die Stapelung erfolgt schuppenförmig. Auch zwischen den einzelnen mehrere hundert Meter dicken Schuppen haben sich Gleitbahnen entwickelt, die, wie die Décollements, von Flüssigkeiten „geschmiert" werden, die unter hohem Druck stehen.

Nördlich von Barbados wurde 1994 bei der ODP-Bohrkampagne 156 in rund fünf Kilometer Wassertiefe eine Bohrung in einen derartigen Sedimentstapel niedergebracht und mit einer Ventil-Installation „verkorkt", für einen Beobachtungszeitraum von zwei Jahren. In dieser Region taucht die atlantische Lithosphäre unter die der Karibik ab, und hier stapeln sich die "abgehobelten" Sedimente des Atlantikbodens auf. Barbados ist der Teil des Stapels, der über den Meeresspiegel ragt. Solche Messungen werden dazu beitragen, die mechanischen Vorgänge bei Erdbeben, die gehäuft an den Subduktionszonen auftreten, zu verstehen, denn die Auslösung von Erdbeben wird insbesondere von den Flüssigkeitsdrucken und Flüssigkeitsbewegungen in den Gleitzonen kontrolliert. Wegen der Variabilität der ozeanischen Lithosphäre und ihrer Sedimentbedeckung muß an verschiedenen Verschluckungszonen gebohrt und gemessen werden, um ein möglichst verläßliches Modell für die dort ablaufenden Prozesse zu erhalten.

2.10.8 Das Internationale Kontinentale Bohrprogamm (ICDP)

Die Einrichtung eines dem ODP analogen Bohrprogramms an Land ist ein logischer Schritt in der Entwicklung der Geowissenschaften gewesen, denn es sind die Kontinente, die den Schlüssel für die langfristige geologische, stoffliche, mechanische und thermische Geschichte unseres Planeten enthalten, die fast alle von uns in Zukunft benötigten natürlichen Ressourcen beherbergen und die den eigentlichen Lebensraum des Menschen darstellen. Es ist deshalb ein zentrales Anliegen des ICDP, durch die Bearbeitung von Themen von globaler Bedeutung einen maßgeblichen Beitrag zu leisten zur Zukunftsaufgabe der Geowissenschaften, die Erde als unseren Lebensraum zu verstehen, die natürlichen Ressourcen (wie Trinkwasser, Steine und Erden, mineralische Rohstoffe und fossile Energieträger) zu sichern und umweltverträglich zu nutzen, Konzepte für die sichere Deponierung von Abfall- und Schadstoffen zu erarbeiten, Strategien zur Vorsorge vor Naturkatastrophen (wie Erdbeben, Vulkanausbrüche und Überflutungen) zu entwickeln sowie die Auswirkungen der menschlichen Tätigkeit auf die natürlichen Umweltbedingungen und -veränderungen und die komplexen Interaktionen zwischen Atmosphäre, Hydrosphäre, Biosphäre und Geosphäre zu erforschen.

Das wissenschaftliche Programm des ICDP umfaßt dementsprechend ein breites Spektrum vernetzter Grundlagen-, Ressourcen-, Vorsorge-, Umwelt- und Klimaforschung. Es wurde 1993 von 250 führenden Geowissenschaftlern aus 28 Ländern auf einer Klausurtagung in Potsdam gemeinsam erarbeitet und konzentriert sich auf folgende Forschungsthemen:

- Konvergente Plattengrenzen und Kollisionszonen,
- Dynamik und Deformation der Lithosphäre,
- Vulkanismus und Thermalsysteme,
- Fluide in der Erdkruste,
- Entstehung von mineralischen Lagerstätten,
- Entwicklung und physikalischer Status von Sedimentbecken,
- Paläo-Klima und Paläo-Umwelt sowie
- Impakt-Ereignisse und ihre Auswirkung auf Leben und Umwelt.

Ziel des ICDP ist es, mit Hilfe von wissenschaftlichen Bohrungen an geologischen "Schlüsselstellen" (World Geological Sites) quantitative Daten über aktive Prozesse zu erarbeiten und fundamentale Hypothesen zu testen, um auf der Basis der dabei gewonnenen Erkenntnisse Antworten auf folgende drängenden Fragen zu finden:

- Welche Kräfte und Mechanismen kontrollieren die Bewegungen der Lithosphärenplatten und damit die Verformung und den strukturellen Aufbau der Erdkruste?
- Welche dynamischen, physikalischen und chemischen Prozesse und Mechanismen sind für die Entstehung von Erdbeben und Vulkanausbrüchen verantwortlich, und welche Veränderungen im Vorfeld können genutzt werden, um Strategien der Überwachung, Vorhersage und Frühwarnung zu entwickeln?
- Welche physikalisch-chemischen Gesetzmäßigkeiten steuern den Fluid- und Wärmetransfer in der kontinentalen Erdkruste, und welche Bedeutung haben sie für die Bildung geothermischer Ressourcen?
- Wie ist die Durchlässigkeit der Kruste gegenüber Lösungen und Gasen, und welche Möglichkeiten der dauerhaft sicheren Lagerung radioaktiver und anderer Abfälle bietet die kontinentale Kruste?
- Wie bilden sich Lagerstätten mineralischer Rohstoffe, an welche Prozesse und Strukturen sind sie gebunden, und wie ist ihre Tiefenverteilung?
- Welche physikalischen, chemischen und sedimentologischen Prozesse laufen in den großen Sedimentbecken ab, und welche Bedeutung haben sie für die Entstehung, Migration und Akkumulation von Kohlenwasserstoffen und anderer natürlicher Ressourcen?
- Wie schnell und in welchem Ausmaß hat sich das Erdklima in der jüngeren geologischen Vergangenheit geändert, und was sind die Ursachen kurzzeitiger Klimaschwankungen?
- Wie haben sich die Ökosysteme in der Erdgeschichte entwickelt, in welcher Weise und wie schnell reagieren sie auf Klima- und Umweltveränderungen?
- Welche Auswirkungen hatten Meteoriteneinschläge auf die Umwelt, das Klima und das Leben auf der Erde?

Auf eine erste internationale Ausschreibung sind bereits 19 Vorschläge für ICDP-Bohrprojekte eingegangen, zum Teil erst als „Ideenskizze" (Pre-Proposal), zum Teil aber auch bereits in Form eines voll ausgearbeiteten Vorschlags (Full-Proposal) mit einem ausgereiften wissenschaftlichen und technischen Konzept. Diese Projektvorschläge wurden inzwischen hinsichtlich ihrer wissenschaftlichen Qualität und Bedeutung von einem unabhängigen und in seiner Entscheidung ungebundenen internationalen Expertengremium bewertet, der sogenannten „Science Advisory Group". Entsprechend den gegebenen Empfehlungen hat das für die operative Durchführung des ICDP verantwortliche Gremium, das „Executive Committee", bei einigen Projekten bereits das Startzeichen für 1997 gegeben und bei anderen (Pre-Proposals) um die Vorlage eines vollständig ausgearbeiteten Projektplans gebeten. Unabhängig von den bereits getroffenen Entscheidungen können aber zu jedem Ausschreibungstermin (einmal pro Jahr) auch völlig neue Bohrvorschläge eingereicht werden.

Die in der ersten Begutachtungsphase positiv bewerteten Bohrvorschläge, die in den nächsten Jahren realisiert werden sollen, decken bereits einen wesentlichen Teil des Forschungsspektrums von ICDP ab. Am Beispiel dieser Projekte, bei denen die Vorerkundungsarbeiten begonnen haben oder sogar schon abgeschlossen wurden, sollen deshalb einige der obengenannten Themen im folgenden vertieft und in einem breiteren Kontext exemplarisch dargestellt werden.

2.10.9 Konvergente Plattengrenzen und Kollisionszonen

Kontinentale Erdkruste wird an konvergenten Plattengrenzen gebildet, verformt und umgewandelt, und die dort ablaufenden Geoprozesse gestalten wesentlich das Gesicht der Kontinente. Konvergente Plattengrenzen sind der Entstehungsort von Orogenen, die sich entweder im Zusammenhang mit Ozean/Kontinent-Subduktionsvorgängen, wie zum Beispiel die Anden, oder bei Kontinent-Kontinent-Kollision bilden, wie zum Beispiel der Himalaya. Sie sind gleichzeitig Schauplatz eines hochexplosiven Vulkanismus, stellen die Bereiche der Erde mit der größten Erdbebenaktivität dar und zeichnen sich durch einen besonderen Reichtum an mineralischen Lagerstätten aus (Kupfer, Gold, Silber, Zinn, Blei, Zink und Molybdän).

Im Rahmen des ICDP sind zwei Tiefbohrprojekte in Vorbereitung, und zwar auf Kreta und in Japan, die sich mit den geodynamischen Prozessen, dem rheologischen Verhalten der Lithosphäre und Fragen des Stoff- und Wärmetransports im Bereich von konvergenten Plattengrenzen beschäftigen und damit wichtige Beiträge zur Erdbebenforschung leisten wollen.

Japan ist durch seine geotektonische Position im Bereich von mehreren konvergenten Plattengrenzen in besonderem Maße von Erdbeben und Vulkanismus betroffen. Es sind deshalb bereits seit einigen Jahren Überlegungen im Gange, vom japanischen Festland aus mit einer Tiefbohrung durch die Oberplatte direkt in die darunter befindliche, abtauchende ozeanische Lithosphärenplatte zu bohren. Diese Pläne haben durch das verheerende Kobe-Erdbeben von 1995 einen starken Impuls erhalten, so daß sich inzwischen eine Gruppe von japanischen Geowissenschaftlern und Ingenieuren formiert hat, die ein sehr konkretes wissenschaftlich-technisches Konzept für ein derartiges Vorhaben unter der Bezeichnung JUDGE (Japanese Ultra-Deep Drilling and Geoscientific Experiment) erarbeitet und auch bereits mit den Vorerkundungsarbeiten begonnen haben. Die vorgesehene ultratiefe Bohrung soll etwa 100 Kilometer südlich von Tokio, auf der Halbinsel Bosu angesetzt werden, wo die Möglichkeit besteht, die unter die Insel Honshu nach Norden abtauchende pazifische Lithosphärenplatte, die unter Tokio bereits eine Tiefe von zirka 20 Kilometern erreicht hat, in weniger als zehn Kilometer Tiefe zu erbohren.

Ziel des Projekts ist die Untersuchung des Zusammenhangs zwischen der Plattendynamik und der Entstehung von großen Erdbeben. Hierzu sollen in der Hauptbohrung selbst und in einem zuvor in einer Pilotphase angelegten Netz von Flachbohrungen, die mit Meßsonden und Monitorsystemen ausgestattet werden, Untersuchungen über die kinematischen Prozesse, die Deformationsmechanismen und die Fluiddrücke durchgeführt werden. Ein wichtiger zusätzlicher Forschungsaspekt gilt dabei Fragen der Fluid- und Gasmigration an einem aktiven Kontinentalrand als Folge der Entwässerung der gestauchten Sedimentgesteine der Oberplatte. Da in der angestrebten Zieltiefe Temperaturen von etwa 400 Grad Celsius erwartet werden, ist eine wesentliche Komponente des JUDGE-Programms die Entwicklung der erforderlichen Hochtemperaturtechnologie für die Bohr- und die Meßtechnik, so daß dieses Projekt auch für die Industrie von großem Interesse ist.

Die im europäischen Raum am besten definierte konvergente Plattengrenze ist die hellenische Subduktionszone im südöstlichen Mittelmeergebiet, in der die afrikanische Lithosphärenplatte nach Nordwesten unter die europäische Platte abtaucht. Die Lithosphäre der Ägäis, deren frontaler, herausgehobener Bereich durch die Insel Kreta markiert wird, dehnt sich dabei gleichzeitig relativ zu Europa nach Süden aus, wobei die heutige Konvergenzrate zwischen Afrika und Europa 10 bis15 Millimeter pro Jahr in NW-Richtung beträgt. Die Subduktionszone taucht mit einem Winkel von etwa 40° unter Kreta ab und läßt sich aufgrund ihrer intensiven Erdbebentätigkeit bis in eine Erdtiefe von 180 Kilometern seismisch verfolgen. Dieser Subduktionsprozeß dauert bereits seit über 30 Millionen Jahren an und hat in diesem Zeitraum zu einer Verschluckung von mindestens 800 Kilometer Lithosphäre geführt. Verschiedene Indikatoren, wie zum Beispiel eine Krustenmächtigkeit von zirka 30 Kilometern unter Kreta, sprechen dafür, daß der ehemalige Kontinentalrand Afrikas heute bereits in den Subduktionsprozeß einbezogen ist, so daß auf Kreta das Initialstadium einer Kontinent/Kontinent-Kollision studiert werden kann.

Kreta besteht aus einem Deckenstapel von Grundgebirgsgesteinen, die aus Tiefen von über 30 Kilometern exhumiert und dabei tektonisch übereinander geschoben wurden. Die heutige Struktur der Insel wird von jungen und rezent aktiven Abschiebungen geprägt, wobei Vertikalbewegungen von einigen Zentimetern pro Jahr in geschichtlicher Zeit dokumentiert sind. Ein Tiefbohrprojekt auf Kreta, das in ein umfassendes land- und see-gestütztes geowissenschaftliches Forschungsprogramm eingebettet ist, kann deshalb grundlegende Erkenntnisse über den Übergang von einem Ozean/Kontinent- in ein Kontinent/Kontinent-Kollisionsstadium liefern. Daneben ergeben sich viele angewandte Fragestellungen, die sich auf die Neotektonik, das rezente Spannungsfeld und die Seismizität beziehen und die zum Aufbau eines Erdbeben-Überwachungs- und -Frühwarnsystems auf Kreta und im gesamten südosteuropäischen Raum führen sollen. In einer engen Kooperation von griechischen und deutschen Geowissenschaftlern finden bereits seit 1995 detaillierte Voruntersuchungen zur Auswahl eines geeigneten Bohransatzpunktes statt.

2.10.10 Dynamik und Deformation der Lithosphäre

Direkte Folgen der Erdmanteldynamik sind die Bewegung einzelner Lithosphärenplatten oder Plattenbereiche gegeneinander und dadurch bedingte Bruchvorgänge in der Erdkruste. Hierbei entstehen aktive tektonische Grenzflächen in der Lithosphäre, sogenannte Bewegungsbahnen, die die Erdkruste segmentieren und bis in den oberen Erdmantel reichen können. Diese „shear zones" bestimmen die Festigkeit der Erdkruste und sind gleichzeitig effektive Transportwege für Stoff und Wärme, aber auch Ursprungsort für die Entstehung von Erdbeben. Zu den ungeklärten Fragen gehört, wie die Festigkeitseigenschaften dieser Scherzonen das Bewegungs- und Verformungsverhalten der Platten bestimmen und damit auch die Verteilung der Seismizität in diesen Zonen. Nach neueren Erkenntnissen wird das mechanische Verhalten offenbar entscheidend durch die stofflichen Eigenschaften und das Temperaturfeld sowie deren Wechselwirkung mit Transportprozessen bestimmt, wobei diese rückgekoppelten Prozesse in weiten Teilen jedoch noch nicht verstanden sind.

Aufbauend auf den Erfahrungen des Cajon-Pass-Bohrprojekts wird deshalb bereits seit mehreren Jahren ein Tiefbohrprogramm im Bereich der San-Andreas-Verwerfung (SAF) in Kalifornien vorbereitet, das sich mit den physikalischen und chemischen Prozessen der Erdbebenentstehung und Bruchverteilung in großen Scherzonen befassen will. Die SAF ist eine der größten kontinentalen Transformverwerfungen und hat sich an der Grenze zwischen der Nordamerikanischen Platte und der nordwärts an ihr vorbeigleitenden Pazifischen Lithosphärenplatte entwickelt. Bis in die jüngste Zeit haben sich im Bereich dieser prominenten, tiefreichenden und fast vertikalen Scherzone immer wieder verheerende Erdbeben ereignet, die insbesondere die Mega-Städte Los Angeles und San Francisco betroffen und neben einer großen Zahl an Opfern wirtschaftliche Schäden in Milliardenhöhe verursacht haben.

Durch eine Vielzahl von bereits vorliegenden geowissenschaftlichen Untersuchungen und eine ganze Reihe von permanenten Beobachtungsstationen gehört die San-Andreas-Verwerfung zu den am besten bekannten Strukturen dieser Art und bietet von daher, und auch weil sie insgesamt sehr gut zugänglich ist, ideale Voraussetzungen für ein groß angelegtes, multidisziplinäres internationales Programm zur Erdbebenforschung. Zu den Schlüsselfragen gehören: Warum bilden sich die größten kontinentalen Transformverwerfungen dort aus, wo sich eine ozeanische Platte in relativer Bewegung zu einer kontinentalen Platte befindet, und warum liegen diese Transformzonen stets auf der kontinentalen Seite der Grenze der beiden Platten? Welche dynamischen, physikalischen und stofflichen Eigenschaften bestimmen das Langzeit- und Kurzzeitverhalten der Kopplungszone? Welche Faktoren kontrollieren die Verteilung von Verschiebungen und Deformationsraten? Warum sind einige Segmente „verhakt", während andere „kriechen"? Wie verteilt sich der Energiefluß innerhalb der Scherzone, und welche Rolle spielen dabei Fluide? Die exemplarische Untersuchung dieser und weiterer Fragen ist auch für das Verständnis von anderen kontinentalen Transformverwerfungen mit erheblichem Erdbebenpotential, wie zum Beispiel

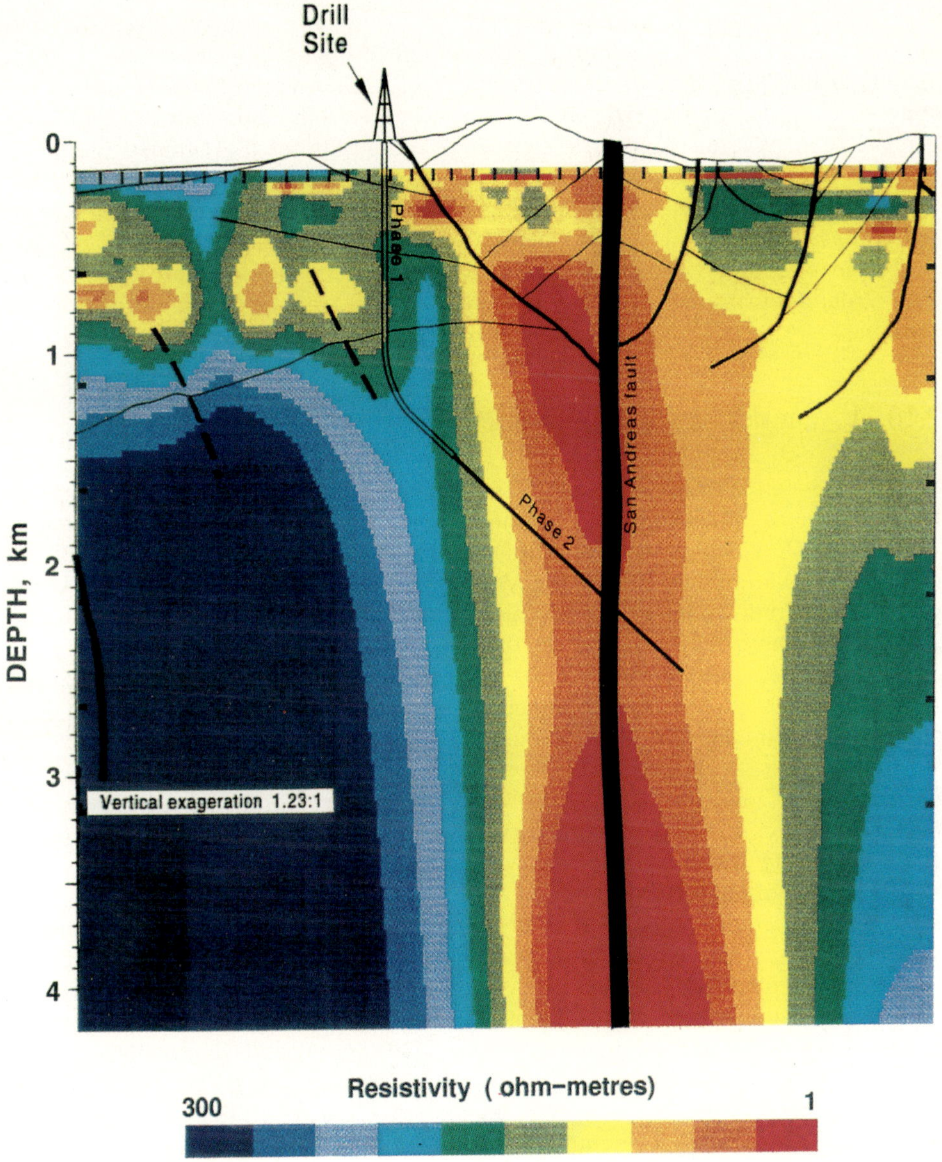

Abb. 2.10.5: Elektrisches Widerstandsprofil im Bereich der geplanten Pilotbohrung in die San-Andreas-Verwerfungszone in Kalifornien.

Totes Meer-Eilat-Transformzone, Nordanatolische Verwerfung, Sumatra- und Neuseeland-Transform, von prinzipieller Bedeutung.

Als erster Schritt zur Vorbereitung einer übertiefen Bohrung, die erst Anfang des nächsten Jahrhunderts verwirklicht werden soll, ist in den nächsten drei Jahren die Durchführung einer Pilotbohrung vorgesehen. Diese soll bei Parkfield, wo der US Geological Survey ein Erdbebenüberwachungszentrum aufgebaut hat, angesetzt werden und die San-Andreas-Verwerfung in einer Tiefe von zirka 2,5 Kilometern mit einer abgelenkten Bohrung durchteufen (Abb. 2.10.5). Wissenschaftliches Ziel der Pilotbohrung ist die Untersuchung der Struktur, des Stoffbestands, der Fluidaktivität und der physikalisch-chemischen Eigenschaften einer aktiven Störungszone in mittleren Tiefen. Gleichzeitig sollen Basisinformationen zur Machbarkeit einer ultratiefen Bohrung in eine Erdbebenzone und zu den technologischen und sonstigen Erfordernissen für eine Probengewinnung und die Installation von Meßinstrumenten gewonnen werden.

2.10.11 Entwicklung und physikalischer Status von Sedimentbecken

Sedimentbecken sind große tektonische Senkungsstrukturen der Erdkruste, deren Füllung aus sedimentären und magmatischen Gesteinen ein hochauflösendes Archiv der Geschichte und der Entwicklung des „Systems Erde" darstellt. Sie beherbergen die größten bekannten Vorräte an Kohlenwasserstoffen und sind die wichtigsten Trinkwasser-Reservoirs der Erde. Die Erforschung ihrer Entstehung und Entwicklung sowie ihres stofflichen Inhalts und ihres physikalischen Zustands ist deshalb wesentlich für das Verständnis der Dynamik der Lithosphäre und der Wechselbeziehungen zwischen endogenen und exogenen Prozessen sowie für die Beurteilung ihres wirtschaftlichen Potentials.

Obgleich Sedimentbecken im Zusammenhang mit der Exploration und Gewinnung von Kohlenwasserstoffvorkommen seit vielen Jahrzehnten systematisch durch die Industrie erforscht werden und wesentlich intensiver als alle anderen geologischen Strukturen unserer Erde geophysikalisch und durch Tiefbohrungen erkundet sind, gibt es noch eine Vielzahl von ungelösten grundlegenden Fragen, die im Rahmen des ICDP angegangen werden sollen. Diese beziehen sich einerseits auf den größeren Rahmen, die Lithosphärendynamik und ihre Kopplung mit Mantelprozessen, und andererseits auf das Becken selbst, seine Absenkungs- und Sedimentationsgeschichte, seinen physikalischen Zustand und den Wärme-, Fluid- und Stofftransport. Eine zentrale, bisher noch weitgehend unerforschte Frage betrifft dabei das rheologische Verhalten der Lithosphäre und die Wechselbeziehungen zwischen dem großregionalen Spannungsfeld der Erdkruste und der Spannungsverteilung im Becken selbst. Diese Informationen werden dringend benötigt, um die Beckenbildung in ihrem zeitlichen und räumlichen Verlauf zu modellieren und den physikalischen Zustand des Beckens sowie die im Becken ablaufenden mechanischen, thermischen und stofflichen Prozesse quantitativ zu beschreiben.

Grundlegende Beiträge zur Entstehung und Entwicklung von Rift-Becken werden vom Baikalsee-Bohrprojekt erwartet, das bereits 1992 als eine gemeinsame russisch-amerikanisch-japanische Initiative gestartet worden ist und 1997 im Rahmen von ICDP fortgeführt werden soll. Der Baikalsee ist mit einer Länge von über 600 Kilometern, einer Breite von 50 Kilometern und einem Volumen von zirka 23 000 Kubikkilometern das größte Süßwasserreservoir (etwa 20 Prozent des gesamten Süßwassers) und der älteste See der Erde. Er stellt geologisch einen Prototyp für ein kontinentales Riftbecken dar und besitzt eine Sedimentfüllung, die lokal bis zu über acht Kilometer Mächtigkeit erreicht. In dieser Sedimentfolge dürfte ein Zeitraum von über 50 Millionen Jahren Erdgeschichte mehr oder weniger kontinuierlich und in einer großen zeitlichen Auflösung dokumentiert sein. Das „Archiv Baikalsee" soll deshalb in den nächsten Jahren durch Bohrungen und begleitende Untersuchungen an Land hinsichtlich seiner geologisch-tektonischen Evolution und der Ursachen und Auswirkungen langfristiger Veränderungen des Klimasystems erforscht werden. Ein wesentlicher Aspekt wird dabei die Überprüfung gängiger Modelle für die Entstehung und Entwicklung der Vereisung der Nordhalbkugel und der mögliche Einfluß der Heraushebung des Tibet-Plateaus auf die Klimageschichte sein.

2.10.12 Vulkanismus und thermische Systeme

Vulkanismus ist das Ergebnis eines Schmelz- und damit gekoppelten Wärmetransports aus tieferen Bereichen der Erde bis an die Erdoberfläche. Vulkanische Systeme besitzen eine sehr unterschiedliche räumliche Ausdehnung und lassen sich auf Prozesse zurückführen, die im oberen Erdmantel stattfinden und gelegentlich vielleicht sogar von der Kern/Mantel-Grenze ausgehen. Vulkanismus trägt wesentlich zur Bildung und stofflichen Entwicklung der Erdkruste bei und hat über die Freisetzung von Gasen auch eine erhebliche Auswirkung auf die Zusammensetzung von Atmosphäre und Hydrosphäre. Vulkanausbrüche mit Energien, die um viele Größenordnungen höher liegen als bei Atombombenexplosionen gefährden die Menschen in vielen Regionen der Erde, und die bei vulkanischen Explosionen bis in die Stratosphäre gelangenden gewaltigen Asche- und Staubmengen stellen nicht nur eine unmittelbare Gefahr für den anwachsenden Luftverkehr dar, sondern können auch Umwelt und Klima nachhaltig beeinflussen. Die Überwachung aktiver, hochexplosiver Vulkane und die Verbesserung der Ausbruchs-Vorhersagemethoden spielt deshalb heute in vielen Teilen der Erde eine wichtige Rolle.

Drei ICDP-Projekte werden sich in den nächsten Jahren mit dem Thema Vulkanismus und thermische Systeme befassen. Am weitesten fortgeschritten ist das Hawaii-Bohrprojekt, das nach einer sehr erfolgreichen Pilotphase mit einer 1 056 Meter tiefen Vorbohrung 1997 bereits in die Hauptphase geht. Vorgesehen ist eine zirka 4,5 Kilometer tiefe Hauptbohrung, unweit von Hilo auf der Hauptinsel Hawaii, die in mehreren Schritten realisiert werden soll. Die Hawaii-Inseln gelten als Paradebeispiel für einen sogenannten „Hot Spot"-Intraplattenvulkanismus, der im Unterschied zum Vulkanismus an konvergenten und divergenten Plattengrenzen nicht mit der Theorie der Plattentektonik erklärt werden kann. Ein heute allgemein akzeptiertes Modell geht davon aus, daß sich die Hawaii-Inseln, wie fast alle ozeanischen Inseln, aus basaltischen Magmen gebildet haben, die durch Dekompressionsvorgänge im Kopfbereich von pilzförmigen, konvektierenden Auftriebskörpern im Erdmantel (= „mantle plumes") entstanden sind und sich – wie mit einem Lötkolben – durch die darüberliegende (bewegende) Lithosphärenplatte „gebrannt" haben. Derartige „mantle plumes" entstehen wahrscheinlich an Grenzflächen im Erdmantel, entweder an der Kern/Mantel-Grenze oder im Grenzbereich zwischen dem oberen und dem unteren Erdmantel bei zirka 660 Kilometer Tiefe. Sie stellen eine sekundäre Form von Mantelkonvektion dar, die einen bedeutenden Anteil am Wärmeabtransport aus dem Erdinneren hat und Material aus großen Tiefen bis an die Erdoberfläche transportiert.

Das Hawaii-Bohrprojekt will an dem größten bekannten Vulkansystem unserer Erde einen grundlegenden Beitrag zum Verständnis der Internstruktur und der stofflich-zeitlichen Entwicklung von „mantle plumes" leisten und mit Hilfe einer vollständig gekernten Bohrung in die Flanke des Mauna Kea die Anatomie dieses großen Schildvulkans und die Physik und Chemie der Schmelzextraktion aus dem Erdmantel erforschen. Durch detaillierte vulkanologische, petrologische, geochemisch-isotopenchemische Untersuchungen der Lavafolgen und vulkanischen Ereignisse sollen nicht nur Aussagen über die Geschwindigkeit der Magmenbildung und des Vulkanwachstums sowie der Magmenförderprozesse gewonnen werden, sondern insbesondere Informationen über die Zusammensetzung des oberen Erdmantels und die dort ablaufenden Prozesse erarbeitet werden. Aus den Daten wird ein einzigartiger Einblick in die Beschaffenheit und Struktur von „mantle plumes", den zeitlichen Ablauf der Magmenbildungsprozesse und des Vulkanwachstums sowie die Veränderung der magmatischen Förderprozesse über einen langen Zeitraum der Entwicklungsgeschichte erwartet.

Während das Hawaii-Bohrprojekt grundlegende Erkenntnisse über Prozesse liefern soll, die tief in unserer Erde ablaufen sollen, zielt das Unzen-Bohrprojekt in Japan vor allem auf das Studium oberflächennaher Prozesse in einem aktiven, hochexplosiven Vulkan ab und will die Ausbruchsvorhersagestrategien verbessern sowie Überwachungskonzepte entwickeln. Der Vulkan Unzen auf der japanischen Insel Kyushi ist ein typischer Vertreter der Subduktionszonen-Vulkane, die durch ihre verheerenden explosiven Ausbrüche in vielen Teilen der Erde, vor allem im zirkumpazifischen Raum, immer wieder große Schäden anrichten (Abb. 2.10.6). Durch ein intensives Monitoring dieses Vulkans mit einer Vielzahl von Meßgeräten während der Ausbruchsphasen 1991 bis 1994 konnte ein recht detailliertes Bild über das Innere des Vulkangebäudes gewonnen werden. Ausgehend von den dabei gewonnenen Erkenntnissen ist der Plan entwickelt worden, in drei verschiedenen Tiefen, und zwar bei 500, 1 000 und 1 500 Metern direkt in den magmatischen Zufuhrkanal zu bohren, um die Modelle des Eruptionsmechanismus und des Magmentransports, der Magmen-Entgasung, -abkühlung und -kristallisation zu überprüfen. Die Bohrungen sollen anschließend mit Meß- und Überwachungsinstrumenten ausgestattet werden, die als Insitu-Detektoren für eine erneute Aktivität und damit als Frühwarnsysteme fungieren sollen.

Abb. 2.10.6: Der Vulkan Unzen auf der japanischen Insel Kyushu. Der letzte Ausbruch im Jahr 1991 forderte 46 Menschenleben und verursachte Schäden in Höhe von 500 Millionen US-Dollar; über 5000 Menschen mußten evakuiert werden.

Vulkanische Systeme, die auf Schmelzprozesse in der kontinentalen Erdkruste zurückgehen, und an sie gebundene thermische Systeme lassen sich am besten in den großen ringförmigen Einbruchsstrukturen (Calderen) studieren, die durch explosive Förderung SiO_2-reicher Schmelzen entstanden sind. Ein exzellentes Fallbeispiel hierfür stellt die junge Long Valley Caldera in Kalifornien dar, die einen Durchmesser von über 20 Kilometern besitzt und durch eine rezente magmatische Aktivität im Untergrund gekennzeichnet ist. Im Zuge eines geothermischen Forschungsprojekts wurde im Zentrum einer domartigen Aufwölbung, die sich seit 1980 mit einer Hebungsrate von etwa drei Zentimetern pro Jahr entwickelt, bereits eine Forschungsbohrung von zwei Kilometer Tiefe niedergebracht. Diese Bohrung soll im Rahmen des ICDP in den nächsten Jahren auf etwa vier Kilometer vertieft werden und dazu dienen, die Deformationsprozesse über einer sich aufblähenden Magmenkammer und die dabei ausgelösten Erdbeben (mit Magnituden bis 6,3) zu studieren. Gleichzeitig soll das großräumige hydrothermale Konvektionssystem erforscht werden, das durch die heißen Magmen im Untergrund angetrieben wird.

2.10.13 Paläo-Klima und Paläo-Umwelt

Aus der Untersuchung mariner Sedimente besitzen wir heute relativ gute Kenntnisse über langfristige Klimaschwankungen, die auf Änderungen der Bahnparameter der Erde zurückgehen und für die Variation von Glazial- zu Interglazialzeiten verantwortlich zu sein scheinen, über die Reaktion des „Systems Ozean" auf derartige globale Veränderungen sowie über Zeit und Ausmaß von großen Vereisungsphasen und Meeresspiegelschwankungen. Dagegen wissen wir nur sehr wenig über kurze klimatische Zyklizitäten, zum Beispiel den elfjährigen Sonnenfleckenzyklus, und noch weniger über Variationen im Bereich von Jahrhunderten bis zu einigen Jahrtausenden. Es sind aber gerade die Schwankungen von kurzer und mittlerer Periodenlänge, die offenbar einen wesentlichen Einfluß auf das Klimageschehen haben und die als Basis für verbesserte Klimamodelle und verläßliche Aussagen über die Klimaentwicklung der nächsten 50 bis 100 Jahre benötigt werden.

Zu den Klimaarchiven mit einer Auflösung im Jahresbereich gehören Baumringe, Korallenriffe, Eiskerne aus den polaren Eiskappen und Sedimente kleinerer kontinentaler Seen. Die von diesen Archiven dokumentierten Zeiträume betragen etwa 10000 Jahre bei Baumringen, bis über 100000 Jahre bei Eiskernen und bis zu mehreren Millionen Jahren bei Seesedimenten. Eiskerne stellen die mit Abstand höchstauflösenden Archive dar (zum Teil mehrere Dezimeter pro Jahr) und liefern durch ihre Lufteinschlüsse hervorragende Informationen über die chemische Beschaffenheit der globalen Atmosphäre zur Zeit des Einschlusses. Sie enthalten häufig auch Aschelagen als Zeugen von großen Vulkanausbrüchen, die sich zur Altersdatierung verwenden lassen. Insgesamt bereitet die Datierung von Eisablagerungen jedoch erhebliche Schwierigkeiten und erfolgt in der Regel indirekt über die Messung der elektrischen Leitfähigkeit oder anderer Parameter unter Zuhilfenahme von Kompaktionsmodellen.

Die in den letzten Jahren von internationalen Forschergruppen durchgeführten Eiskern-Bohrprojekte auf Grönland und in der Antarktis haben außerordentlich spektakuläre Ergebnisse geliefert und gezeigt, daß das Klima zwischen den großen Vereisungsphasen, den Interglazialzeiten, nicht stabil ist, sondern durch große graduelle und abrupte Wechsel gekennzeichnet ist, wobei der Übergang von einem quasi-stabilen Zustand in einen neuen Zustand in wenigen Jahrzehnten, das heißt innerhalb der Lebenszeit einer Generation, erfolgen kann. Außerdem haben die Untersuchungen ergeben, daß längere Zeiten eines relativ stabilen Klimazustands, wie wir sie gegenwärtig erleben, außerordentlich selten und völlig untypisch für das Verhalten des Klimasystems sind. Insgesamt machen die Untersuchungen an den Eiskernen jedoch deutlich, daß die Paläo-Klimaforschung erst am Anfang steht, und daß für die Erstellung von Klimamodellen und die verläßliche Beurteilung des möglichen anthropogenen Anteils an Klimaänderungen verläßliche Basisdaten über Art, Ausmaß und zeitlichen Verlauf von Klimavariationen sowie deren Ursachen weitgehend fehlen. Mit dieser Thematik will sich das ICDP deshalb in den nächsten Jahren im Rahmen eines weltweit koordinierten See-Sedimente-Bohrprogramms schwerpunktmäßig beschäftigen.

Ein besonderer Vorteil kontinentaler Seen besteht darin, daß sie Klima- und Umweltveränderungen im eigentlichen Lebensraum des Menschen abbilden, und je nach Größe und Alter ganz unterschiedliche Zeitskalen erfassen. Zu den Archiven mit der höchsten zeitlichen Auflösung und der vielfältigsten Information über regionale Klima- und Umweltveränderungen gehören Seen vulkanischen Ursprungs, wie Maar-, Krater- und Calderaseen, die ein gut definiertes Alter besitzen, einen begrenzten Einzugsbereich haben, meist abflußlos sind und häufig laminierte Sedimente mit jährlicher bis jahreszeitlicher Auflösung enthalten (= Warven). Derartige Archive sind von allen Kontinenten bekannt und umfassen einen Zeitraum bis zu zirka 300000 Jahren. Die in ihnen enthaltene Information liegt in Form von sogenannten Proxydaten vor, das heißt in Daten über chemische, physikalische und biologische Prozesse, die durch meteorologische und andere Parameter gesteuert werden. Um diese Informationen zu entziffern und zu quantifizieren, ist ein breitgefächerter multidisziplinärer Ansatz erforderlich, der sedimentologische, stratigraphische, paläolimnologische, paläobiologische, geochemische, vulkanologische, mineralogische und geophysikalische Untersuchungen umfaßt.

Ein derartiges Konzept soll im Rahmen eines Europäischen See-Sedimente-Bohrprogramms realisiert werden, das 1997 unter Leitung des GFZ Potsdam und mit Beteiligung von über 25 Wissenschaftlergruppen aus elf Ländern gestartet werden soll. Dieses Programm ist inzwischen als Bestandteil in eine globale Initiative (Global Lake Drilling Initiative) eingebettet worden, die eine systematische Beprobung von kontinentalen Seen vulkanischen Ursprungs auf drei Nord-Süd-Traversen über alle Klimazonen der Erde in Nord- und Südamerika, Europa und Afrika sowie Asien und Australien vorsieht. Erste Bohrziele sind der Kratersee Monticchio in Süditalien, das Quinghai-Maar in NW-China (zirka 200000 Jahre) und der Lake Edward in Ostafrika (über 500000 Jahre).

Hochauflösende Paläo-Klima- und Paläo-Umweltforschungen sollen aber auch auf ältere geologische Zeiten, wie das Tertiär, das Mesozoikum und das Paläozoikum ausgedehnt werden. Dabei bieten alle Sedimentablagerungen, die älter als Jura (180 Millionen Jahre) sind, Informationen, die aus den „jungen" Ozeanen nicht erhalten werden können. Aus derartigen Untersuchungen lassen sich beispielsweise auch grundlegende Informationen über das Klimasystem der Erde zu Zeiten, in denen die Pole eisfrei gewesen sind, gewinnen und die Mechanismen und ihre Effekte auf die Umwelt studieren, die zu den außergewöhnlich warmen Bedingungen, dem sogenannten „Treibhaus", im Vergleich zum heutigen „Eishaus", geführt haben. Zur Vorbereitung eines entsprechenden Bohrprogramms soll aus Mitteln des ICDP ein internationaler Workshop organisiert werden.

2.10.14 Impaktereignisse und ihre Auswirkungen auf Leben und Umwelt

Auch nach dem Ende des intensiven Meteoritenbombardements vor etwa 3,8 Milliarden Jahren, das die Frühgeschichte aller Planeten des inneren Sonnensystems maßgeblich geprägt hat, ist unsere Erde immer wieder von kosmischen Projektilen (Asteroide und Kometen) erheblicher Größe getroffen worden. Die Einschlagshäufigkeit von Objekten mit einem Durchmesser ≥1 km (meist Asteroide), die einen Krater ≥10 km erzeugen, beträgt etwa vier pro eine Million Jahre; und Projektile mit einem Durchmesser von 250 Metern (Krater ≥5 km) treffen unseren Planeten etwa alle tausend Jahre. Erst im Mai 1996 schoß ein nur wenige Tage zuvor entdeckter extraterrestrischer Körper von zirka 200 Meter Durchmesser in Mondentfernung an unserem Planeten vorbei.

Es sind heute insgesamt etwa 160 Impakt-Strukturen auf der Erde identifiziert, und jährlich kommen einige Neuentdeckungen hinzu. Die drei größten Einschlagskrater sind der proterozoische Vredefort-Dom in Südafrika, die vor 1,85 Milliarden Jahren erzeugte Sudbury-Struktur in Kanada und die vor 65 Millionen Jahren entstandene Chicxulub-Multiringstruktur in Mexiko, die größte und am besten erhaltene Impaktstruktur unseres Planeten überhaupt. Der Durchmesser dieses großen Einschlagskraters beträgt 180 bis 300 Kilometer und entspricht damit in etwa auch der größten bekannten Einschlagsstruktur auf unserem Nachbarplaneten Venus, dem Mead-Impaktbecken, das einen Durchmesser von 270 Kilometern besitzt.

Wohl kaum ein Thema, außer der Plattentektonik, hat die geowissenschaftliche Diskussion in den letzten 15 Jahren mehr bewegt als die Hypothese, daß das abrupte und massenhafte Artensterben an der Kreide/Tertiär-Grenze (KT) vor 65 Millionen Jahren auf einen Meteoriteneinschlag zurückgeht, und daß die Chicxulub-Multiringstruktur am Nordende der Yukatan-Halbinsel in Mexiko das Produkt dieses Impakts darstellt. Weltweit beobachtete mineralogische und geochemische Anomalien in den Sedimenten an der KT-Grenze und der eindeutige Nachweis (durch ODP-Bohrungen) von großen Mengen an Impakt-Auswurfsmaterial in marinen Sedimentablagerungen dieses Alters im karibischen Raum lassen keinen Zweifel daran, daß der Chicxulub-Impakt verheerende Folgen auf Leben und Umwelt gehabt haben muß. Es wird inzwischen sogar schon diskutiert, inwieweit sich auch andere durch ein plötzliches Artensterben charakterisierte geologische Formationsgrenzen auf Impaktereignisse zurückführen lassen; und ein Forschungsfeld, das erst ganz in seinen Anfängen steht, beschäftigt sich mit den evolutionsbiologischen Aspekten derartiger katastrophaler Ereignisse.

Im Rahmen des ICDP ist in den nächsten fünf Jahren eine intensive Untersuchung der Chicxulub-Impaktstruktur mit drei Vorbohrungen von maximal einem Kilometer Tiefe und einer anschließenden Hauptbohrung von zirka 4,5 Kilometer Tiefe geplant. Mit den Bohrungen und einem umfangreichen wissenschaftlichen Begleitprogramm sollen grundlegende Erkenntnisse über die Größe und stoffliche Beschaffenheit des Projektils, über die Internstruktur des Einschlagskraters, die physikalischen und chemischen Prozesse beim Impaktereignis, die beim Einschlag freigesetzte Energie und das insgesamt erfaßte Erdkrustenvolumen gewonnen werden. Außerdem soll die Auswirkung dieses katastrophalen Ereignisses auf Umwelt und Leben erforscht werden. Hierzu ist eine sehr breit

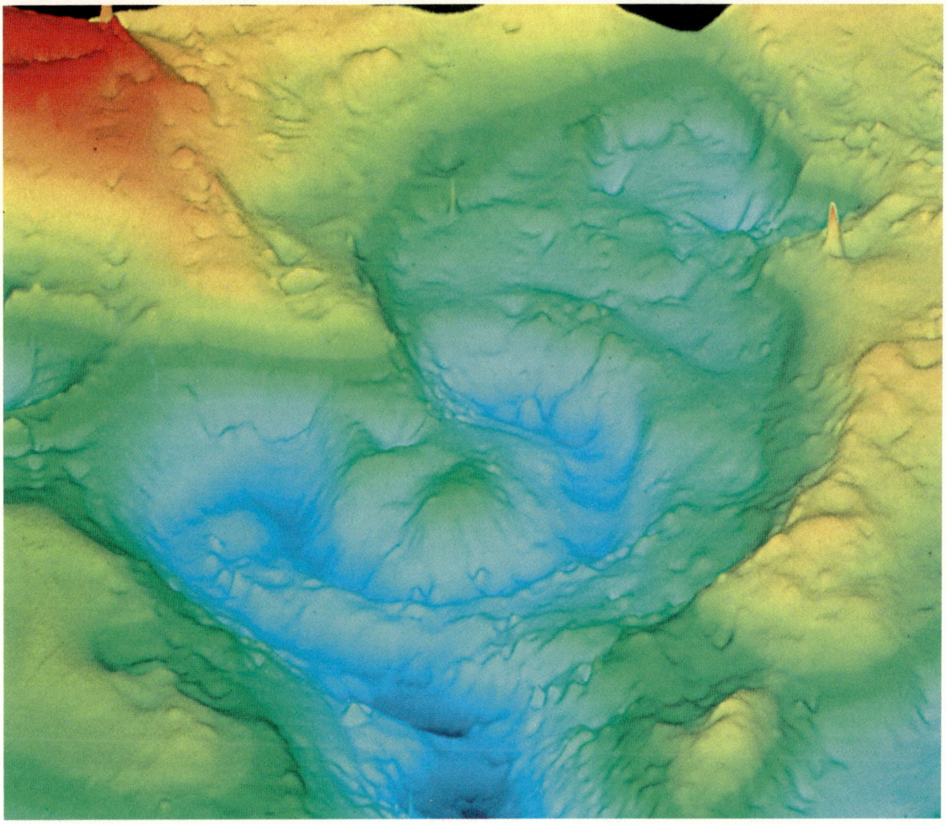

Abb. 2.10.7: Die Chicxulub-Impaktstruktur, abgebildet durch Anomalien in der Schwereverteilung (die Farbkodierung zeigt positive und negative Schwereanomalien in Höhendarstellung).

angelegte fachübergreifende Zusammenarbeit von Astrophysikern bis Paläontologen erforderlich.

Das Projektil mit einem Durchmesser von mindestens zehn Kilometern ist in eine von Flachwasser bedeckte mesozoische Plattform aus karbonatischen und sulfatischen (Anhydrit) Sedimenten am Rande des Golfs von Mexiko eingeschlagen, so daß eine riesige Flutwelle erzeugt wurde und nicht nur gewaltige Mengen an Auswurfsmaterial entstanden, sondern durch die Verdampfung der Sedimente auch große Mengen an CO_2 und SO_x in die Atmosphäre gelangt sind. Da die submarin gebildete Impaktstruktur unmittelbar anschließend von einer etwa ein Kilometer mächtigen "Nachimpakt"-Sedimentdecke verhüllt wurde, ergibt sich hier auch die einmalige Möglichkeit, die geologisch-sedimentologische und biologische Entwicklung direkt nach einem Impaktereignis zu studieren. Die Existenz der heute zur Hälfte unter Wasser liegenden und von tertiären Sedimenten überlagerten Struktur wurde geophysikalisch durch gravimetrische und magnetische Anomalien sowie durch systematische seismische Vermessungen nachgewiesen (Abb. 2.10.7). Den endgültigen Beweis, daß es sich hierbei um eine Impaktstruktur handelt, haben sieben gezielt angesetzte Prospektions-Flachbohrungen der Erdölindustrie erbracht, von denen zwei eindeutig Impaktmaterial erbohrt haben.

2.10.15 Das KTB-Tiefenlaboratorium

Informationen über die Zustandsbedingungen und Prozesse im Erdinneren können durch Oberflächenuntersuchungen, Untersuchungen von erbohrtem Material und die Messung von Tiefenprofilen physikalischer und chemischer Parameter mit Hilfe von Bohrlochsonden gewonnen werden. Bohrungen liefern dabei allerdings immer nur punktuelle und statische „Momentaufnahmen“ des aktuellen Zustands, während die von der Erdoberfläche aus eingesetzten Sondierungsmethoden nicht selten durch Effekte beeinträchtigt werden, die in den obersten Kilometern der Erdkruste auftreten. In vielen Fällen sind diese Störeinflüsse, wie zum Beispiel seismische Bodenunruhe, klimatische Effekte, Grundwasserzirkulation oder Einfluß der Oberfläche im Sinne einer physikalischen Grenzfläche, ebenso groß wie das zu analysierende Signal. Zum Verständnis der ablaufenden Prozesse und periodischer Vorgänge in der Erde ist es daher erforderlich, zusätzlich die zeitliche Änderung charakteristischer Größen über längere Zeiträume und möglichst ungestört in großen Tiefen zu registrieren.

Die Nutzung der beiden KTB-Bohrungen als „Tiefenlabor“ für eine anschließende Experimentier- und Meßphase war deshalb von Beginn an ein integraler Bestandteil des wissenschaftlichen Gesamtkonzepts von KTB. Das Tiefenlabor ermöglicht einzigartige Messungen der Langzeitvariationen physikalischer und chemischer Kenngrößen, die Rückschlüsse auf die Reaktionen und Prozesse erlauben, die für das dynamische Verhalten der Lithosphäre und den Energie- und Stofftransport verantwortlich sind. Hierzu gehören beispielsweise die Reaktion der Erdkruste auf tektonische Spannungen und Gezeitenkräfte, die Erfassung des rheologischen Verhaltens der Kruste über längere Zeiträume, die

Ermittlung des Temperaturgradienten und seiner Beziehung zum Wärmetransport sowie die Untersuchung von Fluidbewegungen, Transmissivität und Änderungen der Fluidzusammensetzung. Darüber hinaus wird durch die Ausnutzung des „Teleskopeffektes" der übertiefen Bohrung erstmals die Beobachtung von weitgehend ungestörten Signalen aus dem Erdmantel und dem Erdkern möglich, die einen Einblick in die Feinstruktur der Erde erlauben und Informationen über die im Erdinneren ablaufenden Prozesse liefern, wie zum Beispiel die Mantelkonvektion, den Dynamoeffekt des Erdkerns oder periodische Vorgänge an der Kern/Mantel-Grenze.

In vorbereitenden Workshops sind von deutschen und internationalen Arbeitsgruppen insgesamt 25 Projekte vorgeschlagen und hinsichtlich ihrer wissenschaftlichen Bedeutung und Realisierungschancen ausführlich diskutiert worden. Diese lassen sich fünf thematischen Kategorien zuordnen (Temperaturfeld und Wärmetransport, Tiefenfluide und Geohydraulik, Elektromagnetik und Geobatterie, Spannung und Deformation sowie integrierte Seismik und Seismologie) und sollen in den nächsten Jahren im Rahmen eines umfangreichen Experimentier- und Meßprogramms bearbeitet werden.

2.10.16 Auswirkungen von ODP und KTB auf die Geowissenschaften in Deutschland

ODP und KTB haben die Entwicklung der Geowissenschaften in Deutschland nachhaltig beeinflußt. Die Beteiligung am Tiefseebohrprogramm hat den deutschen Geowissenschaftlern den Zugang zur Großforschung eröffnet und im marinen Bereich den Anschluß an die internationale Spitzenforschung ermöglicht. Als eine Konsequenz aus der Erkenntnis, daß die Erforschung des Untergrundes der Ozeane für das Verständnis unseres Planeten von zentraler Bedeutung ist, wurden die marin-geowissenschaftlichen Kapazitäten in Deutschland stark erweitert. Schleswig-Holstein gründete das GEOMAR-Forschungszentrum für marine Geowissenschaften in Kiel, das Land Bremen richtete an der Universität Bremen den Fachbereich Geowissenschaften mit Schwerpunkt marine Geowissenschaften ein, und an der Bundesanstalt für Geowissenschaften und Rohstoffe in Hannover wurden die marin-geophysikalischen Untersuchungsmethoden und -techniken so weiterentwickelt, daß sie höchsten Ansprüchen für die Vorerkundung potentieller Bohrlokationen genügen.

Das deutsche ODP-Engagement hat zu einer wachsenden Einbindung deutscher Geowissenschaftler in die internationale wissenschaftliche Arbeitsteilung geführt, und durch die Mitwirkung in den Planungs- und Entscheidungsgremien des ODP waren sie in einem vorher nicht gekannten Ausmaß an der inhaltlichen Gestaltung und operativen Realisierung dieses Programms beteiligt. Wesentlich gefördert durch das DFG-Schwerpunktprogramm „DSDP/ODP" entwickelte sich auf diese Weise in Deutschland eine solide und breit gefächerte marin-geowissenschaftliche Kompetenz, die sich nicht nur auf die Küstenländerinstitute beschränkt, sondern über die gesamte Bundesrepublik verteilt ist.

Grundlage für die starke internationale Position, die Deutschland heute auf dem Gebiet der marinen Geowissenschaften einnimmt, war die von Beginn an beispielhafte Abstimmung und Aufgaben- sowie Kostenteilung zwischen dem ehemaligen BMFT (dem heutigen BMBF) und der DFG. Das BMBF trägt die finanzielle Hauptlast des Alfred-Wegener-Instituts für Polar- und Meeresforschung in Bremerhaven mit seinem Forschungsschiff „Polarstern", das allen deutschen Wissenschaftlergruppen für Gemeinschaftsprojekte zur Verfügung steht, und es finanziert das Forschungsschiff „Sonne", das ebenfalls von allen interessierten deutschen Forschungseinrichtungen für marine Forschungsprojekte genutzt werden kann. Ergänzt durch das von der DFG unterhaltene Forschungsschiff „Meteor" stehen damit Schiffskapazitäten zur Verfügung, die zur Vorbereitung von ODP-Projekten und speziell zur Vorerkundung von Bohrlokationen im Rahmen von sogenannten „Pre-Site"-Studien eingesetzt werden können. Mit einem weiteren Schwerpunktprogramm („Antarktisforschung") und drei Sonderforschungsbereichen („Der Südatlantik im Spätquartär", „Der nördliche Atlantik" und „Klimarelevante Prozesse im System Ozean") unterstützt und bündelt die DFG wichtige derzeitige deutsche Aktivitäten in der Ozean- und Polarforschung.

Auch bei der Einrichtung des KTB bestanden frühzeitig enge Kontakte zwischen der DFG und dem BMFT. Wesentlich für das Zustandekommen des Projekts und den erfolgreichen Verlauf waren die große Unterstützung durch die DFG-Senatskommission für Geowissenschaftliche Gemeinschaftsforschung und alle geowissenschaftlichen Fachgremien und Forschungskollegien sowie die über die gesamte Laufzeit des KTB anhaltende und zahlenmäßig starke Beteiligung führender Geowissenschaftler aus allen Disziplinen. Tatsächlich hat das KTB schon in seiner Vorbereitungsphase und verstärkt während der wissenschaftlichen Auswertung der erzielten Resultate zu einer fachübergreifenden Kooperation und Diskussion in einer Breite und Tiefe geführt, wie sie bis dahin undenkbar erschien. Von den Mitteln, die das BMFT für KTB bereitgestellt hat, sind etwa 75 Millionen DM als Sondermittel an die DFG zur Förderung der begleitenden geowissenschaftlichen Grundlagenforschung gegangen. Im Rahmen des DFG-Schwerpunktprogramms „KTB" wurden daraus pro Jahr zwischen 60 und 90 individuelle Forschungsprojekte gefördert, deren Ergebnisse bisher in über 2500 Veröffentlichungen publiziert worden sind.

Mit dem KTB haben die deutschen Geowissenschaftler auf dem Gebiet der kontinentalen Lithosphärenforschung einen auch international stark beachteten Schritt nach vorn getan und gezeigt, daß sie in der Lage sind, eigenständige Großprojekte zu Forschungsthemen von globaler Bedeutung zu konzipieren und zu realisieren. Nicht zuletzt wegen der weltweiten Anerkennung, die das KTB gefunden hat, ist Deutschland auf dem „Mega Science Forum" der OECD 1992 in Brest von den anwesenden Experten aus 24 Ländern gebeten worden, im kontinentalen Bereich eine ähnliche internationale Führungsrolle zu übernehmen, wie sie von den USA mit dem Tiefseebohrprogramm ausgeübt wird, und die Initiative zur Etablierung eines dem ODP analogen internationalen kontinentalen Bohrprogramms zu ergreifen. Und schließlich war das durch KTB in Deutschland stark angewachsene Bewußtsein für die Bedeutung der Geowissenschaften bei der Bewältigung drängender Zukunftsaufgaben eine wesentliche Voraussetzung zur Gründung des GeoForschungsZentrums Potsdam als eines der drei neuen Forschungszentren in den neuen Bundesländern.

Inzwischen ist das ICDP unter der operativen Gesamtleitung des GFZ angelaufen und wird 1997 bereits die ersten Bohrprojekte starten. Da von der forschungsstrategischen Konzeption wie auch von den Themen her viele Gemeinsamkeiten mit dem ODP bestehen, sind bereits erste Schritte unternommen worden mit dem Ziel, beide Bohrprogramme im Laufe der Zeit zusammenzuführen oder zumindest partiell miteinander zu vernetzen. Beide Programme haben als zentrales Thema die Erforschung des „Systems Erde", und beide Programme wollen mit ihren Forschungsergebnissen einen wichtigen Beitrag leisten zur Zukunftsaufgabe der Geowissenschaften, die Erde als unseren Lebensraum zu verstehen, zu nutzen und gleichzeitig auch zu schützen. Um die internationale Position der deutschen Geowissenschaften zu festigen und auszubauen und den erwarteten Beitrag auch erbringen zu können, ist es notwendig, die zur Förderung von Spitzenforschung erforderlichen Mittel auch weiterhin in ausreichendem Umfang zur Verfügung zu stellen.

2.11 Mikrosystemtechnik

Thomas Geßner, TU Chemnitz-Zwickau,
und Manfred Weck, RWTH Aachen

2.11.1 Mikrosystemtechnik – ein Feld interdisziplinärer Zusammenarbeit

Der Begriff Mikrosystemtechnik beschreibt ein breit gefächertes und vielgestaltiges Gebiet der Forschung, der Herstellungstechniken und der Anwendung von mikrotechnischen Produkten. Als gemeinsames, charakteristisches Merkmal kann man die Kombination von Sensoren/Aktoren mit der entsprechenden Steuer- oder Signalverarbeitungselektronik ansehen. Wichtig ist dabei die Integration mehrerer Einzelelemente, deren charakteristische Abmessungen im Mikrometerbereich liegen, zu einem relativ eigenständigen System. Unter Technik werden nicht nur die Arten der Verkoppelung der Einzelelemente untereinander verstanden, sondern gleichzeitig die Verfahren zur Herstellung der Systeme mit impliziert. Aus heutiger Sicht ist für die Mikrosystemtechnik darüber hinaus die zentrale Rolle der Mikroelektronik und ihrer Herstellungstechnologien kennzeichnend. Hierin liegt auch ein wesentliches Unterscheidungsmerkmal zur Feinwerktechnik, deren Herstellungsmethoden sich aus dem Maschinenbau ableiten.

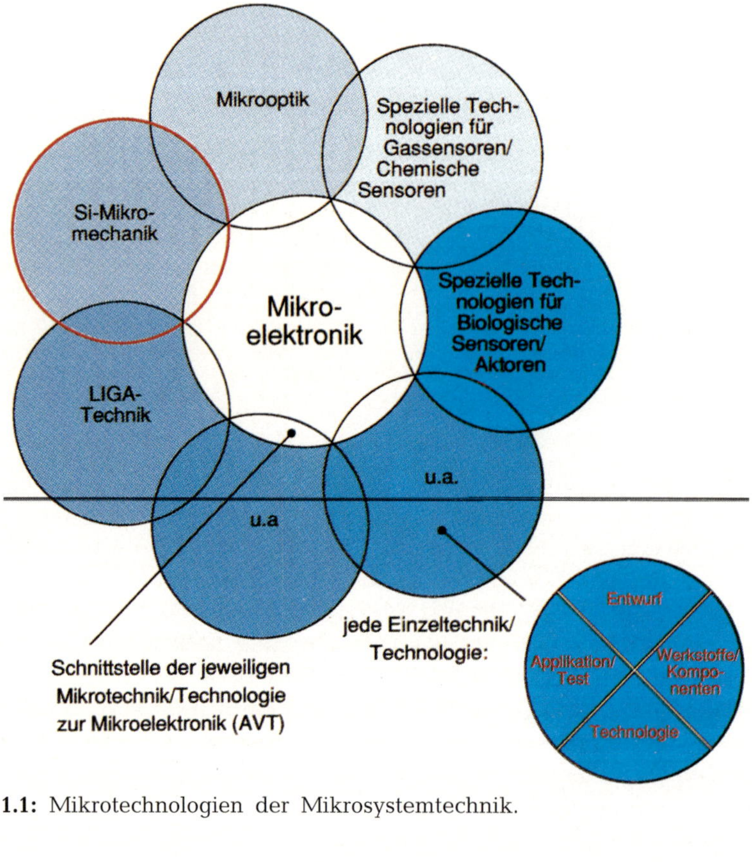

Abb. 2.11.1: Mikrotechnologien der Mikrosystemtechnik.

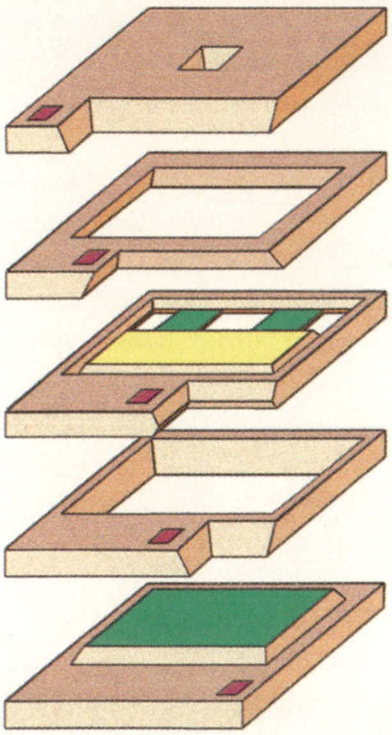

Abb. 2.11.2a: Hochgenauer Beschleunigungssensor aus fünf Siliciumplatten (Explosivdarstellung).

Der im deutschsprachigen Raum mit dem Begriff Mikrosystemtechnik bezeichnete Sachverhalt wird im englisch-amerikanischen Sprachraum meistens durch die Begriffe micromachining oder micro electromechanical systems (MEMS) ausgedrückt.

Die für die Mikrosystemtechnik wichtigen Gesichtspunkte der Miniaturisierung und der informationstechnischen Verknüpfung der Einzelelemente bestimmen in wesentlichem Maße deren Einsatzfelder. Hier sind vor allem Meß-, Steuer- und Regelungstechnik, Kommunikation, Medizintechnik und Umwelttechnik zu nennen, aber auch Verkehrstechnik, Haustechnik oder Sicherheitstechnik sowie Maschinenbau und Fertigungstechnik.

Die Mikrosystemtechnik in diesem umfassenden Sinne benötigt für ihre Entwicklung das Zusammenwirken der verschiedensten Wissenschaftsgebiete, angefangen von den Naturwissenschaften über Biologie und Medizin bis zu den Ingenieurwissenschaften. Neben theoretischem Grundlagenwissen sind Kenntnisse über die unterschiedlichsten Materialparameter nötig. Dies gilt in besonderem Maße für den Entwurf der Komponenten und Systeme. Gleichzeitig müssen die vielfältigen Herstellungs- und Bearbeitungstechnologien auf einem der Mikroelektronik adäquaten Niveau beherrscht werden. Beides schließt den Einsatz einer vielseitigen Meß- und Analysentechnik ein, um die geforderten Qualitätskriterien zu erfüllen. Um für einen speziellen Anwendungsfall die geeignetste und auch realisierbare mikrosystemtechnische Lösung auszuwählen, sind darüber hinaus noch Kenntnisse des Marktes und wirtschaftliche Betrachtungen erforderlich. Damit erweist sich die Mikrosystemtechnik als ein anspruchsvolles Feld, das nur durch interdisziplinäre Zusammenarbeit von Wissenschaftlern und Fachleuten der erwähnten Fachgebiete erfolgreich bearbeitet werden kann.

Das Marktpotential der Mikrosystemtechnik wurde in verschiedenen Marktstudien ermittelt, so zum Beispiel in einer Marktstudie der Weltmärkte, die 1990 durch das Batelle-Institut durchgeführt wurde. Für 1995 wurde ein Umsatz von zirka 2,3 Milliarden ECU und für 2000 wird ein Umsatz von zehn Milliarden ECU erwartet. Ein konkreter und ständig wachsender Markt hat sich in der Sensorik bereits entwickelt und etabliert. Hier wird erwartet, daß im Jahr 2000 über die Hälfte des insgesamt für die Sensorik prognostizierten Marktvolumens von etwa 60 Milliarden DM pro Jahr auf die Mikrosensorik entfallen. Produkte wie der Beschleunigungssensor für den Airbag haben den industriellen Durchbruch bereits geschafft.

Der europäische Gesamtumsatz im Bereich der Telekommunikationstechnik wird bis zum Jahr 2000 auf rund 34 Milliarden DM geschätzt. Der Mikrosystemtechnikanteil wird auf etwa 3,6 Milliarden DM veranschlagt, wobei mit einem Wachstum von 50 Prozent bis 2000 zu rechnen ist. Im Umweltbereich wird ein ähnliches Wachstum erwartet.

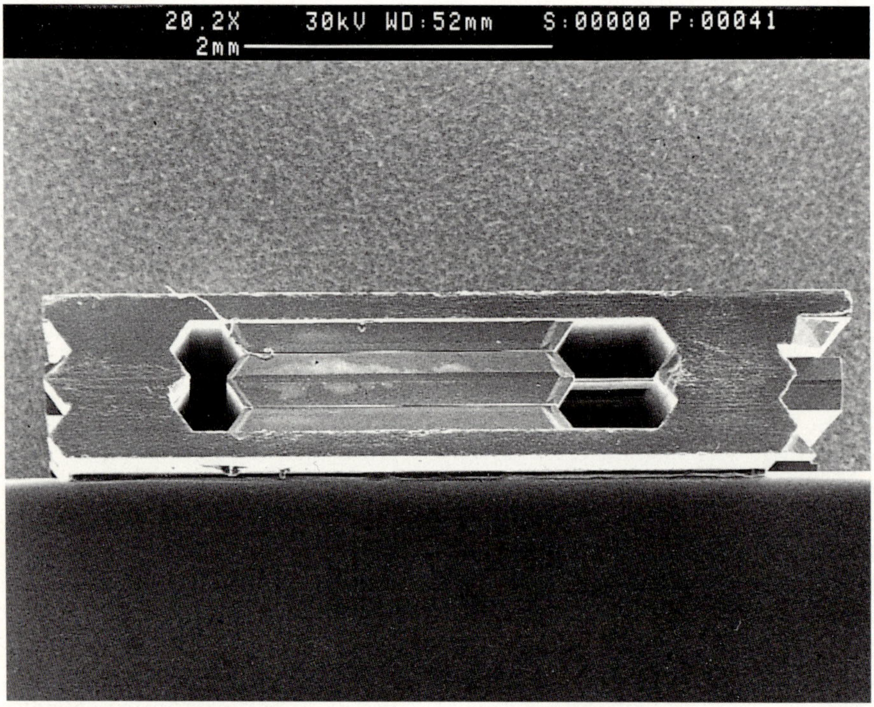

Abb. 2.11.2b: Hochgenauer Beschleunigungssensor aus fünf Siliciumplatten (Querschnitt).

Der AMA-Fachverband für Sensorik hat 1992 eine Umfrage durchgeführt zum Thema „Einführung und Nutzung der Mikrosystemtechnik durch kleine und mittelständische Unternehmen". Im laufenden Fertigungsprogramm werden noch etwa 66 Prozent der Produkte mit der klassischen Feinwerktechnik hergestellt. Bei den in Entwicklung befindlichen Produkten handelt es sich nach Angaben der Kleineren und Mittleren Unternehmen (KMU) bereits bei über 90 Prozent um solche, die mit Miniaturisierungstechniken hergestellt werden.

Die Diffusion komplexer, teurer Basistechnologien zur dreidimensionalen Formgebung auf Basis von Silicium-Technologien, moderner Verfahren wie dem LIGA-Verfahren (die Abkürzung LIGA steht für Lithografie, Galvanoformung und Abformtechnik) oder weiterentwickelten klassischen Verfahren steht erst am Anfang. Der Markt verlangt nach Herstellungsverfahren mit großer Gestalt- und Materialvielfalt, was mit einer rein monolithischen Bauweise nur eingeschränkt realisiert werden kann. Dies wird in der Ausschreibung zum Programm „Mikrosystemtechnik 1994–1999" des Bundesministeriums für Bildung, Wissenschaft, Forschung und Technologie (BMBF) bestätigt. Kleine und mittlere Unternehmen brauchen Systeme und Ingenieurwissen besonders auf der Ebene der Hybridintegration. Hier ist eine Kooperation mit Hochschul- und Forschungseinrichtungen erforderlich.

2.11.2 Der Trend zur Miniaturisierung – Anwendungsbereich der Mikrosystemtechnik

Betrachtet man die technische Entwicklung der letzten Jahrzehnte, so zeigt sich ein fortlaufender Trend zur Miniaturisierung. Gleichzeitig ist aber auch eine ständige Erhöhung der Komplexität der erzeugten Produkte zu beobachten. Am augenscheinlichsten ist das auf dem Gebiet der Mikroelektronik durch die Entwicklung der integrierten Schaltkreise und die Einführung der Mikroprozessoren zu belegen. Durch die enge Verflechtung der Mikrosystemtechnik mit der Mikroelektronik sind auch hier die gleichen Entwicklungslinien in Richtung Miniaturisierung und Steigerung des Integrationsgrades zu sehen. Dadurch ergeben sich folgende Vorteile:

- Unterbringung von mehr technischen Funktionen auf gleichem oder kleinerem Raum,
- Steigerung der Zuverlässigkeit,
- Senkung des spezifischen Energieverbrauchs,
- Verringerung des spezifischen Materialeinsatzes,
- Kostenreduzierung bei der Produktion höherer Stückzahlen.

Die breite Anwendung der Mikroelektronik hat zu Veränderungen in nahezu allen Bereichen des täglichen Lebens geführt. Die Mikrosystemtechnik kann aus dieser Sicht als eine nächste Stufe der Integration betrachtet werden, auf der die elektrisch/elektronischen Informationsflüsse noch mit weiteren Effekten, zum Beispiel thermischen, mechanischen, optischen, chemischen oder biologischen, verknüpft und in einem komplexen System integriert werden.

Sensoren beziehungsweise Aktoren sind Wandlerelemente zwischen der äußeren Umwelt und der inneren Elektronik. Das bedeutet eine Anpassung sowohl an die eine wie auch die andere Seite. Diese Optimierungsaufgabe wird insbesondere die Aspekte der Auswahl eines geeigneten Wandlereffektes, der zu verwendenden Werkstoffe, eines günstigen Designs, der einzusetzenden Technologien und der entstehenden Kosten in zielgerechter Weise zu berücksichtigen haben. Daraus resultiert dann die erstaunliche Vielfalt mikrosystemtechnischer Lösungen und Produkte.

Denkt man beispielsweise an Einsatzfälle für Mikrosysteme bei hohen Temperaturen oder in aggressiven Medien, so sind meist die gut beherrschten Werkstoffe und Technologien der Mikroelektronik nur bedingt verwendbar. Es müssen folglich neue Materialkombinationen eingeführt werden, und oft muß die Palette der eingesetzten Verfahrensschritte erweitert werden. Das führt zu neuen Fragestellungen des Meß- beziehungsweise Wirkeffektes sowie der Stabilität und Zuverlässigkeit der Systeme als auch der einzusetzenden Fertigungstechnik.

Als praktische Anwendungen von Mikrosystemen auf Siliciumbasis sei beispielhaft nur auf miniaturisierte Kathetersysteme zur Patientenüberwachung, Airbag-Auslöseeinheiten im Kraftfahrzeug, Lage-Referenz-Systeme für Flugzeuge oder Mehrfachsensorsysteme zur Überwachung der Wasserqualität verwiesen.

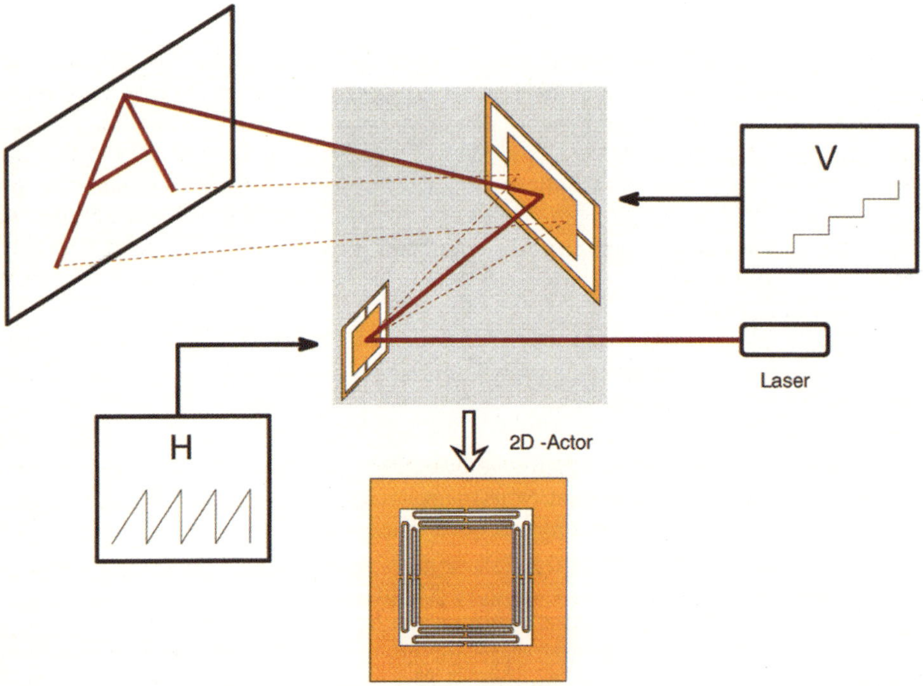

Abb. 2.11.3: Bilderzeugungssystem mit zwei Mikrospiegeln oder einem 2-D-Mikrospiegel.

Abb. 2.11.4: Beispiel für die Mikrozerspanung mit monokristallinem Diamant (Fly-Cutting-Verfahren).

Neben der Siliciumtechnik haben sich auch andere Fertigungsverfahren in der Mikrosystemtechnik etabliert. Hier zählt zum Beispiel die LIGA-Technik als aussichtsreiches und flexibles Verfahren zur Massenfertigung dreidimensionaler Mikrostrukturelemente. Sie basiert auf einer Kombination von Lithografie, Galvanoformung und Abformung und zeichnet sich durch eine große Materialpalette, eine hohe Gestaltungsvielfalt, höchste Präzision und eine günstige Massenfertigung aus. Mit Hilfe des LIGA-Verfahrens wurde beispielsweise ein elektromagnetischer Mikrogetriebemotor mit integriertem Planetengetriebe mit einem Durchmesser von 1,9 mm hergestellt. Er gibt im Dauerbetrieb Drehmomente von einigen Mikronewtonmetern ab und läßt sich bei extrem hohen Drehzahlen von mehr als 100000 min^{-1} betreiben. Durch die kleinen Betriebsspannungen im Bereich von einem Volt eignen sich diese Antriebe für den Einsatz in der Medizintechnik besonders gut. Weitere Beispiele für die Fertigung von Mikrobauteilen mit dem LIGA-Verfahren sind faseroptische Schalter, Wellenleiterbauelemente, mikrooptische Komponenten, Baugruppen der Mikrofluidik, wie Pumpen, Wärmetauscherstrukturen oder Mikroreaktoren.

Mit Hilfe klassischer Verfahren wurden zahlreiche Strukturierungsaufgaben gelöst. Ein Anwendungsbeispiel für die Mikrostrukturierung von Metallfolien ist eine mit einer rechteckigen Diamantscheibe durch einen Fräsprozeß strukturierte Kupferfolie mit einer Dicke von 100 µm. Der Nutquerschnitt beträgt 100 x 70 µm. Die einzelnen Kupferfolien werden jeweils um 90° gegeneinander versetzt gestapelt und diffusionsverschweißt. Daraus ergibt sich ein Wärmetauscher, der bei einem Übertragungsvolumen von 1 cm^3 und einer Wärmeübertragungsfläche von 150 cm^2 eine Wärmeleistung von bis zu 20 kW mit Wasser als Medium (ΔT 85 °C) beziehungsweise bis zu 400 W mit Helium als Arbeitsmedium (ΔT 80 °C) umsetzen kann.

Als Alternative zum Fräsen bietet sich die Mikrostrukturierung von Metallfolien mittels Längsformdrehen an. Hierzu wird die Metallfolie mit Hilfe einer Federspannvorrichtung auf die Trägerscheibe aufgespannt. Das Diamantwerkzeug befindet sich auf dem Support und wird mit der rotierenden Scheibe zum Eingriff gebracht. Hierdurch können parallel verlaufende, vom Querschnitt des Werkzeuges weitgehend unabhängige Mikronuten im Werkstück erzeugt werden.

Für die Herstellung von mikrooptischen Komponenten kann das Verfahren des duktilen Schleifens eingesetzt werden. Hierbei wird unter Einhaltung genau definierter Prozeßbedingungen im Punkt- oder Linienkontakt eine hochwertige optische Oberfläche duktil, das heißt ohne Sprödbruch, geschliffen. So gefertigte Linsen werden in Mikro-Diodenlaserarrays eingesetzt, wo sie zur Bündelung des stark divergent austretenden Strahlbündels dienen und somit erst den Einsatz der Laser in der Materialbearbeitung oder für andere Zwecke ermöglichen. Mit diesen Linsen sind Wirkungsgrade erzielbar, die um den Faktor zwei bis drei über den Werten liegen, die mit bisher verfügbaren optischen Elementen realisierbar waren.

Die Herstellung von Mikrokomponenten mittels thermischer Verfahren, wie zum Beispiel den Erodierverfahren und den Laserverfahren, ist ebenfalls sehr weit fortgeschritten. Mit Matrizen, die mittels Drahterodieren hergestellt wurden, werden Zahnräder aus Kunststoff, wie sie in der Uhrenindustrie benötigt werden, gefertigt. An das entsprechende Werkzeug, den Formeinsatz, wird jedoch eine Summe an hochgesteckten Forderungen gestellt. So muß beispielsweise die Oberflächengüte $R_a = 0{,}2$ µm betragen, und die maximale Maßabweichung darf ± 2 µm nicht übersteigen.

Ein Beispiel für eine Applikation des Lasers ist die Excimer-Strukturierung von Tintenauslaßkanälen eines Tintenstrahldruckers. Der Kanal wird als quadratische Öffnung mit dem Excimer-Laser eingebracht. Die Bearbeitung kann dabei sowohl für jedes einzelne Loch als auch in der Parallelprojektion mehrerer Löcher nebeneinander erfolgen. Hierdurch ist es möglich, die Bearbeitungszeit zu verkürzen. Abstriche müssen jedoch bei der Flexibilität hinsichtlich der Anordnung der einzelnen Tintenstrahlauslässe gemacht werden.

Es zeigt sich, daß die Mikrosystemtechnik ein großes Anwendungsfeld besitzt, das nicht auf eine Industriesparte beschränkt ist. Aufgrund der Vielseitigkeit der Anwendungen werden auch unterschiedliche Fertigungsverfahren benötigt. Hier gilt es, die Verfahren industriereif weiterzuentwickeln.

2.11.3 Technologien und Werkstoffe der Mikrosystemtechnik

2.11.3.1 Werkstoffe der Mikrosystemtechnik

Der Werkstoffeinsatz in der Mikrosystemtechnik betrifft zum einen das gezielte Realisieren einer bestimmten Wirkfunktion. In diesem Sinne werden *Funktionswerkstoffe* verwendet, die beispielsweise die elektrisch/elektronische Wandlung in der Elektronik, die mechanisch/elektrische Wandlung bei bestimmten Sensoren, die thermisch/elektrische oder magnetisch/elektrische Wandlung hervorrufen. Andererseits dienen *Konstruktionswerkstoffe* dem Gestalten der Wandlerfunktion unter Verwendung eines konkreten Designs und einer festgelegten Technologie. Im Gegensatz zur Elektronik werden in der Mikrosystemtechnik wesentlich umfangreichere Forderungen an die Vielfalt und Eigenschaften der eingesetzten Materialien gestellt. Dies betrifft im allgemeinen elektrische, magnetische, mechanische, optische und thermische Eigenschaften.

Die Materialparameter als Funktions- und Konstruktionswerkstoffe stellen für den Entwurf der Komponenten und deren Funktion im Gesamtsystem sowie für die Technologie einschließlich der Sicherung einer hinreichend großen Ausbeute und der Zuverlässigkeit der Einzelkomponenten und des Systems eine wesentliche Voraussetzung dar. Die Werkstoffe werden dabei sowohl als kompakte Volumenmaterialien als auch in Dünnschichtform eingesetzt.

Werkstoffe der Silicium-Mikrosystemtechnik (Auswahl).

Volumenmaterial	dünne Schichten
Silicium	Si (epitaktisch, SOI)
Siliciumkarbid	polykristallines Si, poröses Si
Borsilikatglas, Al_2O_3-Keramik	SiO_2, Si_3N_4, BPSG u.a.
Metalle (Al, Cu, Ni, Au, Cr u.a.)	
organische Materialien (Polymere u.a.)	

2.11.3.2 Siliciumtechnologie

Einordnung und Probleme

Die Mikrosystemtechnik nutzt in sehr weitem Umfang die für die Mikroelektronik entwickelten Technologien und Materialien. An allererster Stelle ist hier natürlich als Werkstoff das einkristalline Silicium zu nennen, das nicht nur das Grundmaterial der Mikroelektronik schlechthin ist, sondern darüber hinaus auch über hervorragende mechanische Eigenschaften verfügt, die eine vorteilhafte Anwendung in Sensoren und Aktoren erlauben. Durch die Integration weiterer Wandlerprinzipien benötigt die Mikrosystemtechnik allerdings eine wesentlich erweiterte Materialpalette im Vergleich zur Mikroelektronik.

Die während der Entwicklung der Mikroelektronik herausgearbeiteten und in engen Spezifikationsgrenzen beherrschten Verfahrensschritte sind die Grundlage für den fortschreitenden Erfolg der Mikrosystemtechnik. Zur Herstellung mikromechanischer Strukturen und Elemente werden zu diesen Verfahren noch weitere hinzugefügt, die der Herausbildung dreidimensionaler Strukturen dienen. Hier sind insbesondere die Silicium-Tiefenätztechnik, die Doppelseitenlithografie und die Aufbau- und Verbindungstechnik zu nennen. Ebenso muß an dieser Stelle nochmals auf die wesentlich erweiterte Werkstoffpalette der Mikrosystemtechnik einschließlich der Verfahren zu ihrer Herstellung und Bearbeitung verwiesen werden.

Im allgemeinen hat man es im Unterschied zur Mikroelektronik mit stark zerklüfteten Substratoberflächen zu tun, die durch die verschiedenen Silicium-Tiefenätzschritte herausgebildet werden. Stufenhöhen beziehungsweise Niveauunterschiede von wenigen Mikrometern bis zu Hunderten von Mikrometern sind hier durchaus üblich. Das hat für fast alle Verfahrensschritte mehr oder weniger einschneidende Folgen. Das reicht von der Erzielung einer ausreichenden Kantenbedeckung bei Sputterbeschichtungen oder dem Fotolackauftrag bis hin zur Schärfentiefen-Problematik beim Strukturübertragungsprozeß in der Fotolithografie. Aber auch die Handlingprozesse der einzelnen Substratwafer, die oftmals durch Vakuumgreifer ausgeführt werden, sind durch die zerklüfteten Oberflächen betroffen.

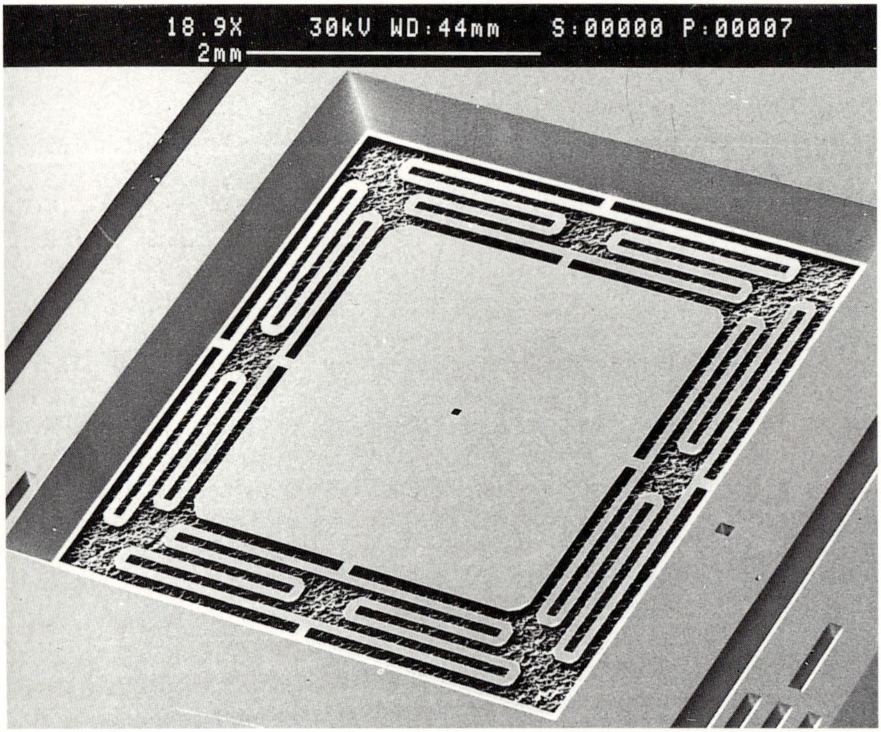

Abb. 2.11.5: 2-D-Mikrospiegel.

In einer ganzen Reihe von Anwendungsfällen muß man freistehende Strukturelemente erzeugen oder Substrate bis zur Perforation durchätzen. Hier tritt dann neben die problematische Handlingprozedur noch die erhöhte mechanische Bruchneigung. Auf derartige dünngeätzte Strukturen haben dann auch eventuell vorhandene thermisch-mechanische Schichtspannungen einen gravierenden Einfluß, die die beabsichtigte Wandlerfunktion beeinträchtigen oder gar zum Ausfall der Elemente führen können.

Für die Wirkungsweise vieler Sensor- und Aktorelemente ist die Erzeugung von Hohlräumen nötig. Das können Druckkammern für Drucksensoren, Strömungskanäle für Durchflußmengenmesser und Ventile sein oder auch nur Kapselungen für mechanisch beweglich Teile. Diese Hohlräume werden vorrangig durch ein Zusammenfügen von vorgefertigten Einzelteilen ausgebildet. Für einfache Elemente werden dabei nur zwei Teile miteinander verbunden, es gibt aber auch Beispiele mit drei oder mehr Teilen, die übereinander gestapelt und verbunden werden müssen. Bei der Kleinheit der Elemente, besonders aber unter dem Gesichtspunkt höherer Stückzahlen, möchte man natürlich zu einer Simultanbearbeitung mehrerer Elemente kommen. Das bedeutet dann eine Aufbau- und Verbindungstechnik auf Waferebene, wie sie durch Verfahren des Anodic Bonding oder des Silicon Fusion Bonding repräsentiert werden. Je nachdem, wo sich die aktiven Elemente befinden, kann man die Mikrosystemtechnik auf Siliciumbasis in folgende Technologiegruppen einteilen:

- Volumenmikromechanik, bei der das gesamte Volumen der Wafer zur Herausbildung der dreidimensionalen Strukturen genutzt wird;
- oberflächennahe Mikromechanik, bei der sich die aktiven Strukturen in einem Bereich von rund 20 µm unterhalb der Oberfläche des Siliciums befinden;
- Oberflächenmikromechanik, bei der die Siliciumwafer lediglich als Trägersubstrat dienen und die wirksamen Strukturen in abgeschiedenen Schichten auf dem Silicium, teilweise auf Opferschichten gelegen, realisiert werden.

Volumenmikromechanik

Die Silicium-Volumenmikromechanik wird bereits für eine Vielzahl von Anwendungen, wie Druck- und Beschleunigungssensoren, Mikropumpen und -ventile sowie spezielle Aktoren (Scanner) eingesetzt. Die Grundelemente dieser Sensoren und Aktoren in Form von Membranen, Zungen, Brücken oder Gruben werden mittels Doppelseitenlithografie und Si-Tiefenätztechnik aus dem Siliciummaterial herausgearbeitet. Durch Verbinden mehrerer Wafer aus Silicium und/oder Glas, vorzugsweise mit den oben erwähnten Anodic- oder Silicon-Fusion-Bond-Techniken, werden dann die Bauelemente hergestellt.

Oberflächennahe Mikromechanik

Durch gezielte Kombination von anisotropen und isotropen Ätzprozessen ist es möglich, im Oberflächenbereich der Siliciumwafer dreidimensionale freitragende Strukturen zu erzeugen. Mit dieser Technik sind bisher Beschleunigungssensoren oder spezielle Aktoren hergestellt worden.

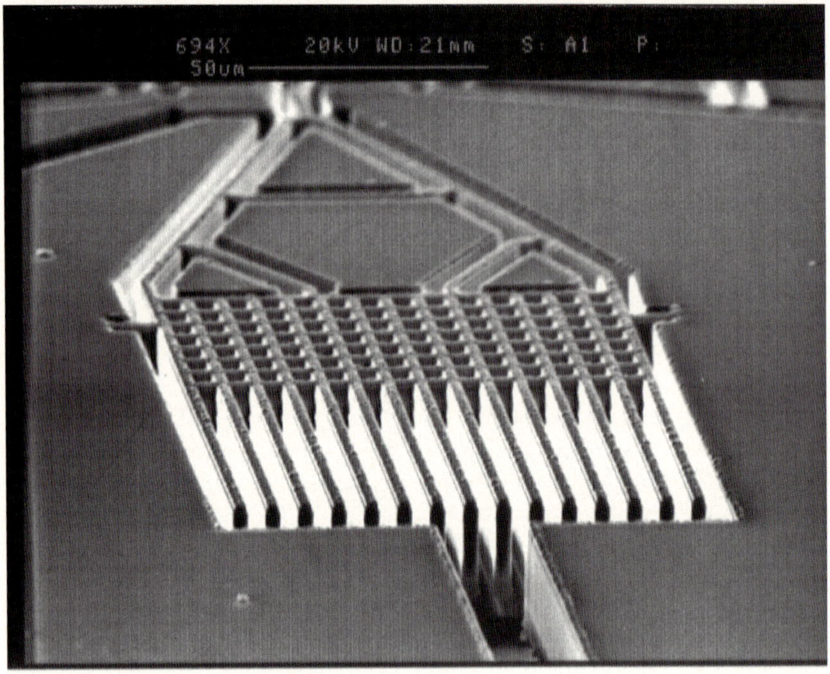

Abb. 2.11.6: Aktorelement in oberflächennaher Mikromechanik.

Da sich mit RIE-Ätztechniken (RIE = reactive ion etching) senkrechte Profile im Silicium erzeugen lassen, können die so erzeugten Strukturen wesentlich dichter gepackt werden, als dies bei Verwendung der anisotropen Naßätztechnik der Fall ist. Bei letzterer ergeben sich auf (100)-Si, bedingt durch die Kristallstruktur, stets die bekannten 54,7° geneigten (111)-Ätzflächen. Das bedeutet für die Volumenmikromechanik drastische Flächenverluste und damit weniger Elemente pro Flächeneinheit.

Oberflächenmikromechanik

Bewegliche und freitragende Strukturen auf einem Siliciumwafer werden derzeit aus polykristallinen Silicium- oder Metallschichten hergestellt, die auf einer Opferschicht (meist SiO_2) abgeschieden wurden, die dann in bestimmten Bereichen gezielt entfernt wird.

Ein weiterer Weg zu derartigen Strukturen ist die Verwendung von SOI-(silicon on insulator-) oder BESOI-(bonded and etched SOI-)Wafern, bei denen eine einkristalline Si-Schicht der geforderten Dicke auf dem Oxid erzeugt wird. Im Falle der SOI-Wafer wird durch eine tiefe Sauerstoffimplantation im Waferinneren eine SiO_2-Schicht gebildet, wobei an der Oberfläche eine Si-Schicht erhalten bleibt, die gegebenenfalls durch Epitaxie verstärkt werden kann. Bei der BESOI-Technik wird auf einen oxidierten Si-Wafer ein weiterer Si-Wafer gebondet und danach durch Rückschleifen und -polieren die gewünschte Si-Dicke auf der nun innen liegenden Oxidschicht erzeugt.

2.11.3.3 LIGA-Technik

Beim LIGA-Verfahren erfolgt der eigentliche Formgebungsprozeß durch die Strukturierung eines strahlungsempfindlichen Polymermaterials. Hierbei können direkte Schreibprozesse eingesetzt werden, wie Laserablation, Elektronen- und Ionenstrahltechnik oder optische Lithografie. Lithografische Techniken nutzen die Schattenprojektion eines Absorberreliefs in ein strahlungsempfindliches Resistmaterial. Hierbei wurden die besten Ergebnisse mittels der Synchrotronstrahlung erzielt. Lateralabmessungen im Mikrometerbereich und Strukturhöhen über 1 mm sind realisierbar. Die höchste Strukturtreue bei der Übertragung konnte durch eine Absorberstruktur aus Gold auf einem für Röntgenstrahlung gut durchlässigen Trägermaterial, wie zum Beispiel Beryllium, erreicht werden. Neuere Ansätze versuchen, die relativ teure Röntgenstrahlbelichtung durch verbesserte UV-Belichtungsverfahren zu ersetzen, gegebenenfalls auch durch mehrfach wiederholte Resistbeschichtung und -belichtung.

Je nach Resistmaterial entsteht nach dem Belichtungsprozeß und der Entwicklung des bestrahlten Bereichs ein direktes dreidimensionales Abbild, oder es können direkt die Bauteile hergestellt werden. Soll eine Massenfertigung durchgeführt werden, so wird in einem weiteren Prozeßschritt die Kunststofform galvanisch mit einem Metall oder einer Legierung aufgefüllt. Dieses galvanisch hergestellte Formwerkzeug kann dann als Mikrospritzgießwerkzeug oder als Prägewerkzeug eingesetzt werden. Die Polymerformen lassen sich auch im Schlickerguß füllen, so daß nach einem Brennvorgang keramische Mikrostrukturen entstehen.

2.11.3.4 Konventionelle Verfahren

Spanende Verfahren

Die Mikrozerspanung mit geometrisch bestimmter oder unbestimmter Schneide wird seit einigen Jahren zur Fertigung hochgenauer Bauteile mit einer mikrostrukturierten Oberfläche eingesetzt. Anwendungsbeispiele sind etwa Spektralgitter, Optiken sowie strukturierte Luftlager.

Die Herstellung von einzelnen Mikrobauteilen ist dagegen noch sehr wenig erforscht. Allerdings können aufgrund neuerer Entwicklungen durch die Dreh- und Fräsbearbeitung mit monokristallinem Diamant Einzelelemente hergestellt werden. Hiermit lassen sich kleinste Elemente mit Nutbreiten von 300 µm herstellen, wobei sich ein erheblicher Zeitvorteil gegenüber Laserabtragsverfahren ergibt.

Problematisch bei der Dreh- und der Fräsbearbeitung ist die Beschränkung der Materialpalette auf NE-Metalle, Kunststoffe und Halbleiterwerkstoffe; der Einsatz von Eisenwerkstoffen ist aufgrund der Affinität zwischen Diamant und Eisen zur Zeit nur schwer möglich. Durch eine weiterentwickelte Prozeßtechnologie und Maschinentechnik soll diese Einschränkung aufgehoben werden. Dazu wird das Werkzeug mit Ultraschall angeregt, wodurch auch die Bearbeitung von Stahlwerkstoffen und Glas möglich wird.

Abtragende Verfahren

– Erodierverfahren

Als Fertigungsverfahren wird die Funkenerosion seit den 50er Jahren industriell angewendet. Ursprünglich wurde sie eingesetzt zur Bearbeitung von harten Werkstoffen, die sich nicht oder nur sehr schwer zerspanen ließen. Der Materialabtrag erfolgt bei diesem thermisch wirkenden Verfahren durch Aufschmelzen beziehungsweise Verdampfen des Werkstück-Werkstoffes, aber auch des Werkzeug-Werkstoffes bedingt durch die thermische Energie von Funkenentladungen. Der thermische Charakter des Verfahrens besitzt den Vorteil, daß alle Werkstoffe, sofern sie ausreichend elektrisch leitfähig sind, unabhängig von ihrer Festigkeit und Härte bearbeitet werden können.

Die Funkenerosion findet sich heute aufgrund der genannten Verfahrenseigenschaften vor allem im Werkzeug- und Formenbau wieder. Mit guten Electro-Discharge-Machining-(EDM-)Standardmaschinen ist es heute möglich, hochgenaue und verhältnismäßig kleine Bauteile beziehungsweise filigrane Strukturen mit Abmessungen im Mikrometerbereich industriell zu erzeugen. Mit den Verfahren funkenerosives Senken und funkenerosives Schneiden mit ablaufender Drahtelektrode werden beispielsweise Spritzgieß-, Preß- und Feinschneidwerkzeuge mit hoher Präzision und zum Teil geringen Abmessungen hergestellt. Beim funkenerosiven Schneiden können Toleranzen innerhalb ± 2...3 µm eingehalten werden. Es ist möglich, Stegbreiten von kleiner 40 µm und Innenradien von 20 µm zu erodieren. Die erreichbare Oberflächenrauheit beträgt mit diesen Maschinen ungefähr R_a = 0,15 µm. Mit Standardmaschinen für das funkenerosive Senken sind Kavitäten im Durchmesserbereich von 350 µm möglich, mit Spezialmaschinen wurden schon 15 µm erreicht. Die erreichbare Oberflächengüte beträgt zirka R_a = 0,2 µm. Je nach Elektrodendurchmesser sind Einsenkungen bis zu einigen hundert Mikrometer Tiefe realisierbar. Dabei können Aspektverhältnisse l/d erreicht werden, die über 100 liegen. Mit dem funkenerosiven Schneiden mit ablaufender Drahtelektrode sind Aspektverhältnisse über 1 000 realisierbar. Die zur Zeit minimalen Drahtdurchmesser, die sich zur Funkenerosion eignen, liegen zwischen 30 und 50 µm. Eingesetzt werden sie heute auf modifizierten Standardschneidmaschinen.

– Laserverfahren

Für die Präzisionsstrukturierung mittels Laserstrahlung von Strukturgrößen im Bereich von 0,1 mm und Strukturgenauigkeiten von zirka 10 µm werden überwiegend Nd:YAG-Laser (λ = 1,06 µm) eingesetzt, die durch Güteschaltung eine hohe Pulsleistung bei kurzer Pulsdauer erreichen (Q-switch-Betrieb). Dabei reicht die eingesetzte Pulsenergie von einigen Mikrojoule bis zu einigen Millijoule. Die Bearbeitung erfolgt dabei mit dem durch eine Linse fokussierten Strahl. Die Laserverfahren bieten ein großes Potential in der Aufbau- und Verbindungstechnik von Mikrosystemen. Aufgeteilt auf einzelne Verfahrensschritte finden sich hier Laserverfahren in der Chipvereinzelung, zum Beispiel durch Laserschneiden, in der Kontaktierung einzelner Bauelemente, zum Beispiel durch laserunterstütztes Bonding, und das bekannte Laserlöten. In der Hybridintegration werden diese Verfahren in einem großen Bereich eingesetzt, wobei vorrangig die Fügeverfahren Laserlöten, Lasermikroschweißen, laserunterstütztes Kleben und das Mikrobiegen zum Einsatz kommen.

Werden höhere Genauigkeiten verlangt, als dies mit dem Abtragen mit Q-switch-Nd:YAG-Lasern möglich ist, werden abbildende Verfahren eingesetzt, bei denen die Struktur durch eine Maske vorgegeben ist. Für diese Verfahren werden in der Regel Excimer-Laser eingesetzt, die mittlere Leistungen von etwa 100 W und Pulsleistungen im MW-Bereich aufweisen. Bei einer Pulsdauer zwischen 10 und 50 ns werden somit Abtragenergien bis zirka 1 J erreicht. Mit einem optischen Abbildungsstrahlengang wird bei diesem Verfahren eine transmittierende Maske, die das Bild der herzustellenden Struktur wiedergibt, auf die Werkstückoberfläche abgebildet. Dabei können je nach Abbildungsstrahlengang und verwendeter Bearbeitungsoptik Bildfelder auf dem Werkstück von bis zu 10 x 10 mm gleichzeitig belichtet werden. Es ist damit möglich, eine komplette dreidimensionale Mikrostruktur in einem Bearbeitungsschritt zu erzeugen. Beispiele hierfür finden sich in der Sensortechnik und in der Werkzeugherstellung für Mikrospritzgießteile.

Darüber hinaus gibt es neuere Entwicklungen, die oft unter dem Begriff des Lasermicromachining herausgestellt werden, bei denen durch kombinierte Anwendung von laserunterstützter Abtragung und Abscheidung mikromechanische Strukturen erzeugt werden können.

2.11.3.5 Aufbau- und Verbindungstechnik

Monolithischer Aufbau von Mikrosystemen

Die Mikrosystemtechnik legt durch die Verknüpfung verschiedener Sensoren/Aktoren mit der Elektronik den Gedanken einer monolithischen Integration nahe, wie er von der Mikroelektronik her bekannt ist. Tatsächlich ist auch dieses Bestreben zu erkennen, doch gibt es auf Grund der Spezifik der Mikrosystemtechnik bisher nur wenige Beispiele für eine monolithische Integration. Folgende Probleme sind hierbei insbesondere zu lösen:

- Kompatibilität von Sensor/Aktor-Technologie mit der Mikroelektronik-Technologie,
- Sicherung einer kostengünstigen Fertigung für die bisher typischerweise kleinen Serienstückzahlen der Systeme,
- Langzeitstabilität des Systems unter den oft rauhen Einsatzbedingungen.

Hinsichtlich einer industriellen Fertigung von monolithischen Mikrosystemen ist der Gesichtspunkt ausreichend großer Stückzahlen ein gewichtiges Argument. Geht man davon aus, daß Sensor und Ansteuerelektronik etwa den gleichen Flächenbedarf an Silicium benötigen, so bedeutet eine monolithische Integration eine Flächenverdoppelung und damit notgedrungen eine drastische Ausbeuteverminderung bei gegebener Defektdichte, auch ohne etwaige Einflüsse unterschiedlicher Herstellungstechnologien. Der Ausweg liegt hier in einer deutlichen

Senkung der Defektdichte und Herstellungskosten, wie sie sich nur mit ausgereiften Technologien für Großserien erzielen lassen. Deshalb sind auch auf dem Gebiet der Mikrosystemtechnik derzeit überwiegend hybride Lösungen anzutreffen.

Auf dem Markt haben sich heute nur monolithisch integrierte Systeme für die Druck- und Beschleunigungsmessung durchgesetzt. Das ist vor allem darauf zurückzuführen, daß diese Sensorprinzipien relativ frühzeitig und damit ziemlich umfassend untersucht worden sind, chemisch aggressive Medien vom Sensor ferngehalten werden können und vom Einsatzgebiet her größere Stückzahlen benötigt werden.

Hybrider Aufbau von Mikrosystemen

Den Zusammenbau von Mikrosystemen aus Einzelkomponenten, die mit unterschiedlichen Herstellungstechnologien gefertigt worden sind, bezeichnet man als hybriden Aufbau. Dabei wird in der Elektronik unter Hybridtechnik eine klassische Aufbau- und Verbindungstechnik mittels Dickschicht- oder Dünnschichttechnik verstanden. In der Mikrosystemtechnik können noch weitere Montage- und Verbindungsverfahren hinzukommen. Die Hybridtechnik bietet, insbesondere im Forschungs- und Entwicklungsstadium oder bei kleineren Stückzahlen, eindeutige Kosten- und Zeitvorteile. Für diese hybriden Aufbauten können die Einzelkomponenten jeweils mit der zur Erzielung der gewünschten Eigenschaften günstigsten Technologie gefertigt werden. Es müssen dabei hinsichtlich der Parameter kaum Abstriche gemacht werden, wie dies bei einer Fertigung aller Teile mit einer einheitlichen Technologie der Fall wäre.

Zur Fertigung von hybriden Mikrosystemen sind die Montageverfahren und Montagetechniken von entscheidender Bedeutung. Zur Zeit werden verschiedene Anstrengungen unternommen, um die Montageproblematik von Mikrokomponenten zu lösen. Eine vollständige Automatisierung konnte bis jetzt selbst in der Feinwerktechnik nur in Ausnahmefällen erreicht werden. Das resultiert aus der Tatsache, daß die Handhabungsmethoden, die in der Feinwerktechnik existieren, an Grenzen stoßen, da mit den Herstellungsverfahren der Mikrotechnik erheblich feinere Strukturen hergestellt werden können, als das mit Verfahren der Feinwerktechnik noch vor wenigen Jahren möglich war. Durch die Kombination verschiedener Mikrotechniken zum Aufbau eines hybriden Mikrosystems wird allerdings die Montage von einzelnen Mikrokomponenten unerläßlich. Hier fehlt es an Know-how für eine reproduzierbare, automatisierte Montage von Mikrostrukturen. Bis heute wird noch sehr häufig auf die manuelle Montage unter dem Lichtmikroskop zurückgegriffen.

Ein erster Ansatz zur Automatisierung der Montage von Mikrostrukturen besteht in der Produktion eines mikrooptischen Duplexers. Dieses System wird als Schnittstelle zwischen dem optischen Fasernetzwerk und den elektronischen Endgeräten eingesetzt, zum Beispiel für sehr schnelle Maschinensteuerungen. Der Duplexer besteht aus zwei Kugellinsen (Durchmesser = 900 µm), einem Wellenlängenfilter (Abmaße: 3 mm x 3 mm x 1 mm) und einer Glasfaser (9/125 µm Glasfaser), die auf eine mikrooptische Aufbauplatte (Abmaße: 4 mm x

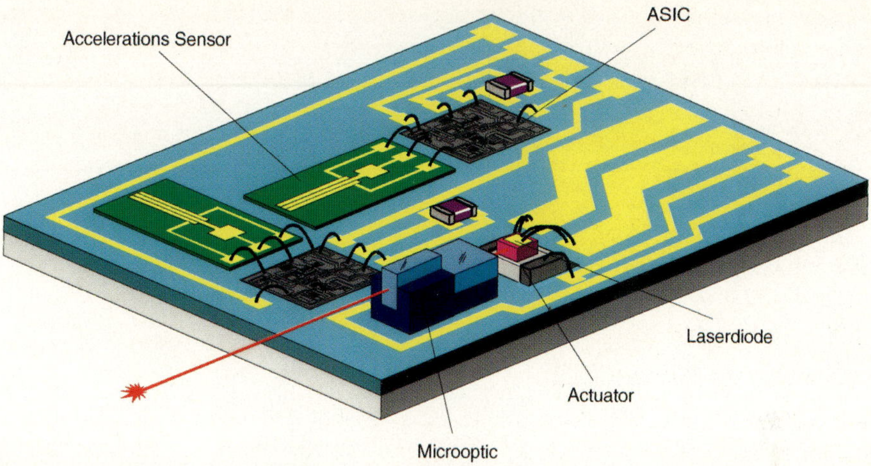

Abb. 2.11.7: Modulares Mikrolasersystem. (Quelle: FhG – Einrichtung für Zuverlässigkeit und Mikrointegration Berlin.)

14 mm x 1 mm) montiert werden. Der Wellenlängenfilter und die Kugellinsen werden kommerziell mit herkömmlichen Fertigungsverfahren der Optikindustrie hergestellt. Die mikrooptische Aufbauplatte ist eine PMMA-Struktur mit zwei Ebenen, die durch einen Abformprozeß nach dem LIGA-Verfahren hergestellt wurde. Neben dem eigentlichen stoffschlüssigen Fügen müssen die einzelnen Elemente hochgenau, das heißt besser als ± 10 µm, positioniert werden.

Für die kostengünstige und reproduzierbare Fertigung von radarbasierten Mikrosystemen wird versucht, die Montage vollkommen zu automatisieren. Für die Radarsensoren müssen GaAs-Chips in Klebbetten eingefügt werden, mit einer Genauigkeit unter 5 µm. Die Kraft, mit der die Chips eingedrückt werden dürfen, liegt zwischen 2 cN und 2 N. Die Abstandstoleranz der Chips untereinander darf ± 10 µm nicht überschreiten. Dies wird mittels einer geeigneten Bildverarbeitung überprüft.

Häufig wird zur Entwicklung und Automatisierung des Montagevorganges eine Beobachtung des Prozesses gewünscht. Hier stoßen Lichtmikroskope sehr leicht an ihre Grenzen. Eine Möglichkeit zur Beobachtung der Montage bietet das Großkammer-Rasterelektronenmikroskop (GK-REM), das in seiner 2 m^3 großen Kammer komplette Montagesysteme aufnehmen kann. Durch die positionierbare Elektronenstrahloptik lassen sich Montagevorgänge aus verschiedenen Positionen beobachten. Aufgrund der sehr hohen Auflösung und der mit dem Elektronenstrahl verbundenen sehr großen Tiefenschärfe bei großem Arbeitsabstand (120 mm) eignet sich das Großkammer-Rasterelektronenmikroskop ideal zur Beobachtung von Montagevorgängen und für die Montage von extrem kleinen Bauteilen.

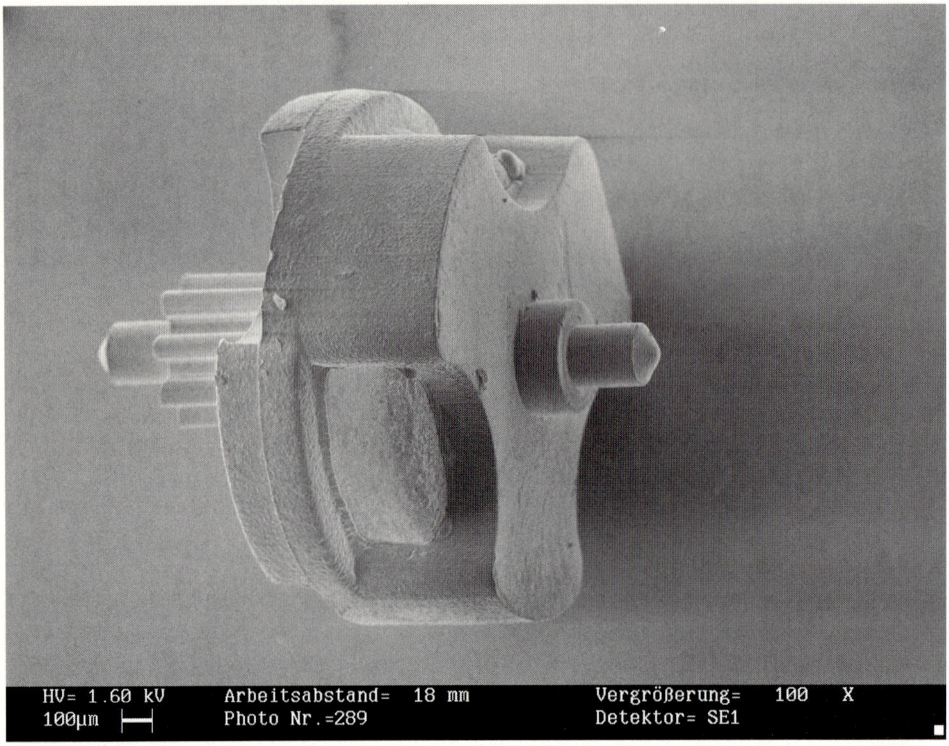

Abb. 2.11.8: Mikromontage von Kleinstrotoren in einem Großkammer-Rasterelektronenmikroskop.

Neben der Positionierung von einzelnen Bauteilen ist auch die Fügetechnik und die Justierung sehr entscheidend. Auch hier werden große Anstrengungen unternommen, um diese Problematik zu lösen. Sehr häufig werden Klebtechniken eingesetzt, allerdings können zum Beispiel lasergestützte Verfahren in vielen Anwendungen zukünftig eine weitere Verbreitung finden. Eine Anwendung des Lasers für die Justierung ist beispielsweise die Ausrichtung eines Trägers für den Schreib-/Lesekopf eines Digitalen Kassettenrekorders (DCC). Dieser Kopf muß in der Massenfertigung mit Sub-Mikrometerpräzision ausgerichtet werden. Konventionell geschieht dies mechanisch durch Handarbeit. Das ist teuer, zeitaufwendig, und die erreichbare Präzision reicht für die nächste Rekorder-Generation nicht aus. Ein neues Verfahren nutzt die thermisch bedingte Verformung, die sich nach definierter Bestrahlung des Bauteils mit Laserenergie einstellt.

2.11.4 Entwicklungsperspektiven und Forschungsbedarf in der Mikrosystemtechnik

2.11.4.1 Entwurf von Mikrosystemen

Ausgangssituation

Der Entwurf von Mikrosystemen wird derzeit vorrangig von größeren Firmen, Instituten und universitären Einrichtungen praktiziert. Dabei gelingt es, hochwertige Prototypen zu entwerfen, eine industrielle Serienfertigung ist jedoch erst in Ansätzen möglich. Der Entwurf wird sowohl durch eigenentwickelte Software als auch durch klassische Entwurfssysteme unterstützt. Die Erarbeitung dieser Programme, beziehungsweise die Anpassung kommerzieller Systeme an den Mikrosystementwurf, erfolgte bisher für spezielle Teilprobleme. Es ist für Kooperationspartner wie kleine und mittelständische Unternehmen schwer, diese Werkzeuge zu nutzen. Erste Bestrebungen für eine Systematik und einheitliche Herangehensweise werden in verschiedenen Projekten untersucht. Die Besonderheiten des Entwurfs in der Mikrosystemtechnik resultieren aus:

- den technologiebedingten Einschränkungen bei der Formgestaltung,
  zum Beispiel:
  Die verwendeten Ätztechniken bestimmen die Form der Elemente. Herkömmliche Formelemente können kaum genutzt werden.

- den starken Wechselwirkungen aufgrund der hohen Integrationsdichte,
  zum Beispiel:
  Thermomechanische Verspannungen verändern des Systemverhalten. Parasitäre Kapazitäten stören elektrostatische Systeme.

- den Besonderheiten der verwendeten Materialien und Technologien,
  zum Beispiel:
  Anisotrope Eigenschaften und atomar ausgebildete Spitzkerben sind bei klassischen feinwerktechnischen Elementen unüblich. Starke Eigenspannungen führen zur Funktionsbeeinträchtigung. Makroskopische Materialkennwerte und klassische Fertigungsparameter können nicht ohne weiteres auf die Mikrosystemtechnik übertragen werden.

- der starken Miniaturisierung,
  zum Beispiel:
  Verändertes Dämpfungsverhalten in kleinen Spalten (keine viskose Dämpfung). Rahmenelemente sind nicht biegesteif und führen zur Mitkopplung bei Schwingern.

Schwankungen technologischer Prozeßparameter, Ungenauigkeiten bei der Komplettierung und schwierig zu charakterisierende Spannungen führen zu Problemen beim Entwurf und der späteren Serienfertigung. Hinzu kommt, daß während des Fertigungsprozesses mechanische Beanspruchungen auftreten, die zu einer Funktionsbeeinflussung des Mikrosystems führen. Neben der Verhaltenssimulation sind Technologiesimulationen erforderlich.

Datenbanken und Komponentenkataloge

Basis des Entwurfs in der Mikrosystemtechnik muß eine Datenbank typischer Mikrosysteme sein. Die Datenbank muß Aufbau und Funktionsprinzip, Einsatz und Genauigkeit, Grundlagen des Entwurfs und technologische wie ökonomische Daten enthalten. Durch eine hierarchische Struktur muß mit geeigneten Suchstrategien ein schneller Zugriff möglich sein. Nur dadurch ist es einem breiten Anwenderkreis möglich, die Vorzüge und Möglichkeiten von Mikrosystemen gegenüber bestehenden Gerätekomponenten einzuschätzen, Anregungen zur konstruktiven Gestaltung zu finden und umzusetzen.

In einigen Fällen kann auf bereits erforschte Grundkomponenten (Standardelemente ähnlich der Mikroelektronik) zurückgegriffen werden. Ein zu schaffender umfassender Komponentenkatalog muß neben typischen elektrischen Ansteuer- und Auswerteschaltungen auch mechanische Formelemente (Feder-Masse-Systeme), aktorisch wirkende Elemente, thermische Mehrschichtsysteme, Elemente zur Fluiddämpfung in schmalen Plattenspalten sowie optische, chemische und biologische Systeme enthalten. Mit einem zugehörigen Simulationstool auf der Basis einer analytischen Beschreibung muß eine schnelle Verhaltensanalyse ebenso wie eine Berücksichtigung von Wechselwirkungen durch Näherungsrechnungen ermöglicht werden.

Für neu zu entwickelnde Mikrokomponenten sind praxisbezogene Entwurfs- und Gestaltungsrichtlinien zu formulieren. Dazu gehören Materialdatenbanken, geeignete Berechnungsverfahren und Computerprogramme für den Entwurf der Komponenten (zum Beispiel Tensortransformation anisotroper Materialdaten in verschiedene Koordinatensysteme, Ätzsimulation von Federquerschnitten, Berechnung der Wärmeabführung durch Konvektion, Einbeziehung optischer Komponenten). Mit diesen Richtlinien muß es einem Entwerfer möglich sein, eine ausreichend genaue Verhaltensbeschreibung neuer Mikrokomponenten einschließlich gewünschter und störender Wechselwirkungen zu erarbeiten.

Makromodelle und Systemsimulation

Für den Systementwurf sind die Komponentenfunktionen durch Makromodelle zu beschreiben und zu speichern. Diese Modelle beschreiben die Wirkungsweise der Komponente am Interface (Eingangs- und Ausgangssignale zu anderen Komponenten) für die berechnete Struktur. Die statische und dynamische Simulation eines Mikrosystems mit unterschiedlichen physikalischen Komponenten erfolgt mit einem Analogsimulator. Die Makromodelle können (meist grafisch als Signalflußplan) auf unterschiedlicher Abstraktionsebene genutzt werden (multilevel, Mixed-mode-Simulation). Heutige Simulatoren wie SPICE, ELDO besitzen hierfür die Analog-Behaviour-Model-Möglichkeit. Probleme bereiten diese Simulatoren jedoch bei Topologieänderungen (mechanische Anschläge), sprunghaften Änderungen von Systemgrößen (Prellen) und bei einer deutlich unterschiedlichen Dynamik der Teilkomponenten.

Die Komponenten sind dreidimensionale Strukturen (Kontinuum), deren Verhalten durch partielle Differentialgleichungen beschrieben wird. Mit Finite-Elemente-Programmen (FEM) ist es möglich, diese partiellen Differentialgleichungen zu lösen. FEM wird verwendet, um die Gültigkeit von Modellannahmen für die Komponenten zu überprüfen, die Genauigkeit der Modelle einzuschätzen und zu verbessern und bei komplexen Strukturen eine analytische Beschreibung überhaupt erst zu ermöglichen. FE-Systeme für den Mikrosystementwurf müssen mechanische, thermische, magnetische und fluidische Feldelemente besitzen, durch parametrische Eingabefiles gesteuert werden können (für Modellbibliotheken nötig), eine anwenderfreundliche Programmierung von Koppeleffekten ermöglichen (Oberflächenintegrale im Postprocessing) und eine Manipulation von Geometriedaten unterstützen (Simulation als Experimentieren mit numerischen Modellen einschließlich der direkten Meßwertübernahme in das Simulationsexperiment: Online-Simulation). Für die breite Nutzung der FE-Methode im Mikrosystementwurf sind Entwurfsregeln (erforderliche Netzdichte, mögliche Modellvereinfachungen), Modellbibliotheken für typische Formelemente, Makros für Koppeleffekte und Datenschnittstellen zu erarbeiten.

Komplexe Mikrosysteme werden zukünftig durch Modelle verschiedener Abstraktionsebenen beschrieben. Über definierte Schnittstellen ist während der Simulation iterativ ein Datenaustausch möglich. Ziel ist, neben der Transformation aller Systemkomponenten in ein Makromodell, jede Teilkomponente in dem für sie typischen Simulator zu berechnen (elektrische Schaltung im Netzwerksimulator, thermische Felder mit FEM, kinematische Systeme in Starrkörperanalysatoren usw.). Jede Komponente arbeitet auf unterschiedlicher Abstraktionsebene mit eigenen Schrittweiten, ein Datenaustausch erfolgt zu definierten Zeiten im Rechnernetz. Diese Vorgehensweise ermöglicht eine Parallelisierung der Simulation.

2.11.4.2 Werkstoffe

Silicium

Trotz der großen Vielzahl der für die Mikrosystemtechnik notwendigen Werkstoffe spielt das Silicium eine dominierende Rolle, da es wie kein anderes Material elektronische und Wandler-Funktionen zu integrieren gestattet und darüber hinaus als Substrat und Formkörper mit hervorragenden mechanischen Eigenschaften einsetzbar ist. Insbesondere der letzteren Verwendung entspringt ein durch die Mikrosystemtechnik geforderter Forschungsbedarf:

- Die Werte der gemessenen *Bruchfestigkeiten* sind stark von Form, Abmessungen und Oberflächenqualität der Prüfkörper beeinflußt, so daß diese Materialeigenschaft weiterer Untersuchungen bedarf.

- Die Sensorik und Aktorik benötigt auf die zu leistenden Funktionen abgestimmte Formelemente mit für die Mikrosystemtechnik typischen Abmessungen. Für die *dreidimensionale Strukturgebung* sind vor allem die Ätzprozesse weiterzuentwickeln (Trockenätzen mit hohen Aspektverhältnissen, orientierungsab-

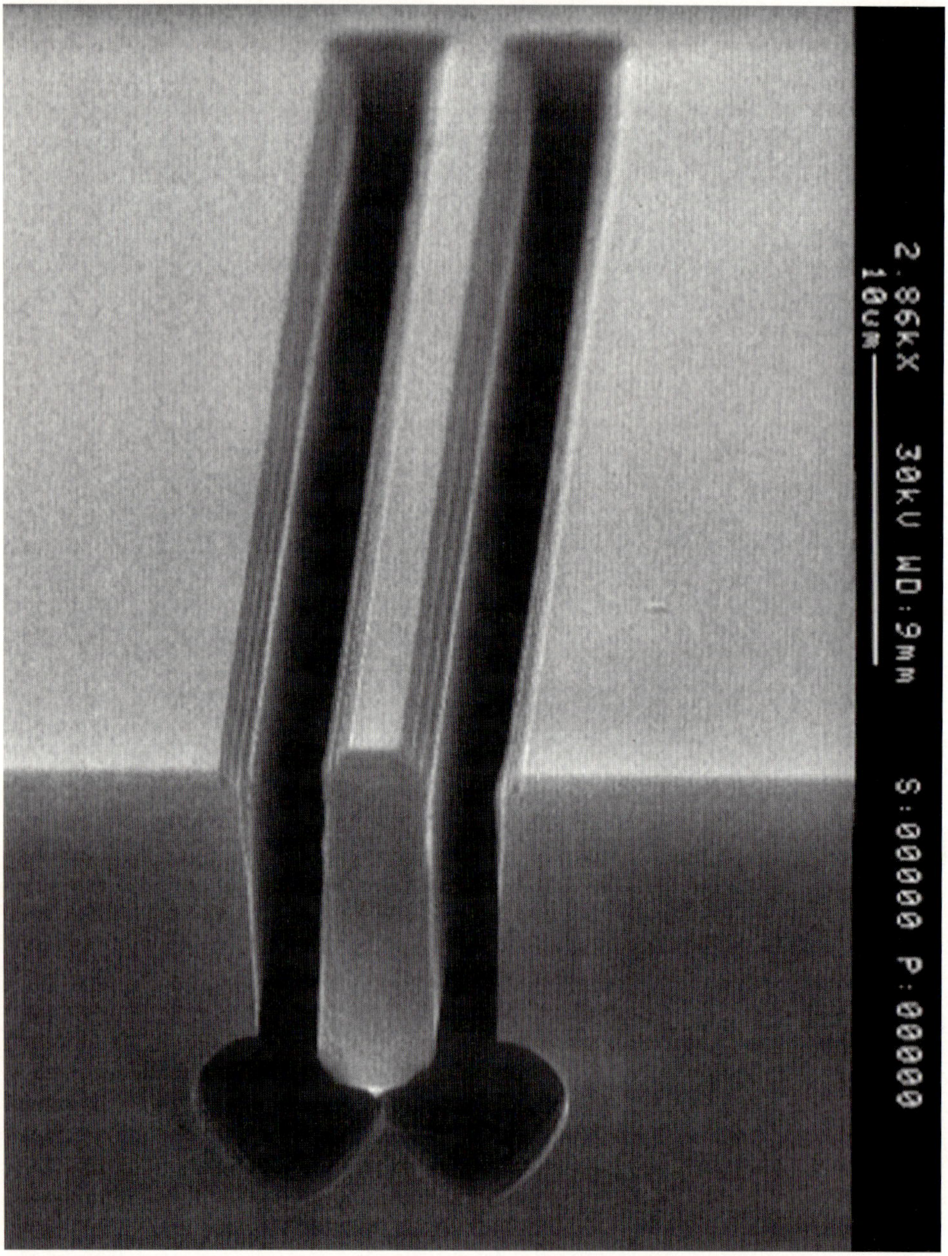

Abb. 2.11.9: Biegebalken in oberflächennaher Mikromechanik (Länge 100 µm; Breite 3 µm; Höhe 10 µm).

hängiges Naßätzen mit gezielter Ätzraten-Einstellung und verbesserten Oberflächenqualitäten, Mehrschritt-Ätzprozesse durch Kombination verschiedener Verfahren zur Herstellung komplizierterer Formen). Darüber hinaus sind konventionelle Bearbeitungsverfahren und Werkzeuge, zum Beispiel Schleifen, für die Mikrostrukturierung zu qualifizieren, soweit dies mit Stückzahlen vereinbar ist oder eine Automatisierbarkeit besteht (vgl. Montageprozesse).

- Nahezu ungenutzt ist die Möglichkeit einer *Warmumformung* bei Temperaturen etwa oberhalb 700 Grad Celsius, durch die frei geätzte Strukturdetails gebogen oder gezogen werden könnten. Mit Hilfe eines speziellen Werkzeuges von Wafergröße (Matrize) kann dafür ein Prozeß gestaltet werden, der zu definierter Umformung aller gleichartigen Strukturelemente führt. Insbesondere sind der resultierende Versetzungsinhalt qualitativ und quantitativ zu bestimmen, sein Einfluß auf Festigkeit, Ermüdung und innere Reibung zu ermitteln und Möglichkeiten seines Abbaus durch Erholungsbehandlungen zu erkunden.

- Die *Thermomigration* von Metallen wie Aluminium hinterläßt Zonen hoher p-Dotierung, die für die Mikroelektronik nicht effektiv nutzbar sind. Die Mikrosystemtechnik eröffnet neue Anwendungsperspektiven. Neben der Realisierung elektrischer Hermetik-Durchführungen bietet sich ein nachfolgender dotierungsselektiver Ätzprozeß zur Realisierung von Formen mit hohem Aspektverhältnis an. Insbesondere ist die Anwendung von nicht senkrecht zur Oberfläche verlaufenden Temperaturgradienten denkbar, die ein Ätzen schräg verlaufender Kanäle ermöglichen.

Andere Halbleiter

Hier ist eine offene Frage, inwieweit mit GaAs als Basismaterial auf der Grundlage seiner Wandlereigenschaften (optoelektronisch, nichtlinear elektrooptisch, piezoelektrisch, piezoresistiv, Hall-Effekt), seiner Eignung für die mikroelektronische Signalverarbeitung und seiner 3-D-Strukturierbarkeit durch orientierungsabhängige Ätzprozesse ein tatsächlich tragfähiges Konzept zur Schaffung integrierter Mikrosysteme gestaltet werden kann. SiC sollte für Hochtemperatur-Anwendungen in verstärktem Maße untersucht und bereitgestellt werden.

Metalle

Neben der klassischen Verwendung in Kontakt- und Leitbahnsystemen sind vor allem Metalle mit Formgedächtnis-Effekt, mit hohem Magnetostriktionskoeffizienten und mit hart- und weichmagnetischen Eigenschaften in der Mikrosystemtechnik von Interesse. Letzteres bereitet insofern Probleme, als optimale magnetische Eigenschaften nur durch spezielle Wärmebehandlungs- und Magnetisierungsprozesse von Halbzeugen erhalten werden können, was aufwendige Montageprozesse in den Mikrosystemen notwendig macht. Die Entwicklung von Magnetwerkstoffen auf der Grundlage strukturierter Schichtsysteme speziell für elektromagnetische Antriebe stellt somit ein aktuelles selbständiges Forschungsgebiet dar. Weiterhin fällt auf, daß über Anwendungen magnetischer Schichten der Informations-Speichertechnik in der Sensorik bisher kaum berichtet wird.

Gläser und Keramiken

Aktuell sind insbesondere Forschungen zur Herstellung von Formkörpern aus diesen Werkstoffen mit mikrosystemtypischen Abmessungen (zum Beispiel fotostrukturierbare Gläser, Prägen dicker keramischer Filme mit in LIGA-Technik hergestellten Werkzeugen). Außerdem haben sich für die Herstellung funktioneller Schichten aus Werkstoffen, die klassisch als Keramiken bekannt sind (zum Beispiel Ionenleiter, Ferrite, Piezokeramiken), noch keine Technologien etabliert, die jeweils zu optimalen elektrochemischen, magnetischen oder piezo- und pyroelektrischen Eigenschaften führen.

Organische Verbindungen

Die große Vielfalt von organischen Funktions- oder Konstruktionswerkstoffen stellt insgesamt ein umfangreiches Entwicklungsfeld mit zahlreichen Detailzielen innerhalb der Mikrosystemtechnik dar. Beim gegenwärtigen Stand ist die Einbindung dieser Werkstoffgruppe in die Silicium-Technologie sowie in die Glas- und LIGA-Technologien eine aktuelle Aufgabe. Hervorzuheben sind:

- Piezoelektrische Polymere (zum Beispiel auf PVDF-Basis) und ihre Herstellungs- und Eigenschaftsoptimierung in Schichtsystemen.
- Halbleitende Polymere mit optoelektronischen Wandlereigenschaften (zum Beispiel Poly-PPV, Poly-PPP).
- Polymere für die chemische Sensorik (eine naturgemäß sehr umfangreiche Substanzgruppe).
- Polymere für elektro-/thermo-/chemo-mechanische aktorische Wandlungen (zum Beispiel Polyvenylmethylether, Polyacrylamid), etwa mit der Zielstellung der Realisierung eines Muskelaktors.

Neben der Weiterentwicklung der konventionellen Werkstoffe der Mikrotechnik wie zum Beispiel: Silicium, Halbleiter oder Gläser und Keramiken, sollte überprüft werden, inwieweit auch klassische Materialien, wie Kunststoffe oder eisenhaltige Werkstoffe, in der Mikrotechnik eingesetzt werden können. Allerdings sind das Materialien, die mit den Verfahren der Halbleitertechnik nur sehr eingeschränkt bearbeitet werden können. Hier gilt es, die klassischen Verfahren weiterzuentwickeln.

2.11.4.3 Technologien

Die Weiterentwicklung der Mikrosystemtechnologien auf Siliciumbasis erfordert neben der allgemeinen Fortentwicklung aller Einzelverfahren für jede Technologiegruppe (siehe oben) schwerpunktmäßig die Verbesserung spezieller Verfahrenskomplexe.

So ist für die Volumenmikromechanik vor allem der Komplex der Verbindungstechnologie einschließlich des Waferbondens hervorzuheben. Das betrifft einmal Fragen der miteinander zu verbindenden Oberflächen hinsichtlich Material, Vorbehandlung sowie Defektdichte. Zum anderen bedarf die Problematik hermetisch dichter Verschlüsse bei Sicherung der elektrischen Anschlußbedingungen weiterer Untersuchungen und Konzepte. Darüber hinaus ist aber auch die Entwicklung der Ätztechnik zwecks erweiterter Formgebung ein interessantes und wichtiges Forschungsfeld.

Für die oberflächennahe Mikromechanik sind sowohl Ätz- als auch Beschichtungsverfahren weiterzuentwickeln. Beim Ätzen ist neben dem Freilegen der lateral oder vertikal beweglichen Teile insbesondere die Erzeugung senkrechter und glatter Ätzprofile mit hohem Aspektverhältnis (Verhältnis von Ätztiefe zu Ätzgrabenbreite) wichtig. Die Beschichtungsverfahren wiederum müssen an den Seitenwänden oder Bodenflächen der Gräben Elektrodenflächen erzeugen, die der elektrischen Signalgewinnung oder Ansteuerung dienen.

Für die Silicium-Oberflächenmikromechanik ist die Erzeugung hinreichend dicker poly- oder einkristalliner Siliciumschichten nötig. Hier spielt in letzter Zeit neben der Nutzung vorhandener Verfahrensschritte wie chemische Dampfphasenabscheidung oder Implantation (SOI) die BESOI-Technik (siehe Abschnitt 2.11.3.2) eine wichtige Rolle. Durch die Verwendung einer meist isolierenden Opferschicht ist die galvanische Trennung einzelner Strukturelemente unproblematisch. Ebenso ergeben sich weithin glatte Unterseiten der beweglichen Elemente im Vergleich zur oberflächennahen Mikromechanik.

Für alle drei Technologiegruppen gilt gleicherweise, daß sich das Problemspektrum erweitert, wenn die Nutzung der Mikrosysteme in aggressiven Medien und/oder bei erhöhten Temperaturen erfolgt sowie neue Werkstoffe eingeführt werden müssen. Ebenso wird die Berücksichtigung mechanisch-thermischer Spannungen in den Strukturen um so wichtiger, je kleiner eine geometrische Abmessung im Vergleich zu den anderen wird. Besonders gilt das für Elemente, die nur an einem oder wenigen Punkten eingespannt sind. Dabei hat man es hier mit einem verkoppelten Problem von Werkstoff, Herstellungs- und Bearbeitungstechnologie sowie Belastungsanforderungen zu tun.

Zur Übertragung der klassischen Fertigungsverfahren auf die Mikrotechnik ist die grundlegende Betrachtung der Maschinensysteme für die Herstellung von Mikrometerstrukturen von entscheidender Bedeutung. Für die anwendungsbezogene Optimierung der Maschinensysteme müssen die geometrischen Größen der Strukturen erarbeitet werden, die mit den Fertigungsverfahren zu erreichen sind. Neben den Maßen, Formen und Aspektverhältnissen sind dies die Oberflächenrauheiten und Formgenauigkeiten. Es ist zu ermitteln, welche Strukturabmessungen durch die klassischen Fertigungsverfahren erreicht werden können beziehungsweise welche Mikrobauteile oder Mikrostrukturen nicht mehr wirtschaftlich herzustellen sind. Dazu sind Meßverfahren nötig, die diese Größen mit hinreichender Genauigkeit erfassen können, insbesondere die Vermessung der erstellten Strukturen in der Maschine. Gerade die Vermessung der Bauteile in der Maschine stellt eine besondere Problematik dar. Die Umspannung der Bauteile zur Vermessung in einer externen Meßmaschine würde dazu führen, daß das Bauteil nicht mehr bearbeitet werden kann, da eine erneute Aufspannung in der genau gleichen Positionierung nicht möglich ist.

Abb. 2.11.10: Oberflächenstrukturierung von Laserspiegeln mit einem Fast-Tool-System, Durchmesser des Spiegels 80 mm.

Die klassischen Verfahren stellen sehr hohe Anforderungen an das Maschinenverhalten, da die Werkstückkontur neben den technologischen Parametern auch durch das geometrische, statische und thermische Verhalten der Maschine stark beeinflußt wird. Hier ist zu untersuchen, welche Anforderungen an Maschinen für die Mikrobearbeitung gestellt werden müssen. Die in der Ultrapräzisionstechnik eingesetzten hochgenauen Funktionselemente, wie zum Beispiel aerostatische Radial-, Axial- und Linearführungen, Linearstellantriebe, Feinstzustellelemente und Meßsysteme, erfordern eine weitere Entwicklung hinsichtlich der Mikrotechnik. Die heutigen Maschinen sind nicht für die Bearbeitung von Mikrostrukturen konzipiert. Kleine Maschinen mit einer räumlich kompakten Struktur können erheblich steifer und wahrscheinlich auch kostengünstiger hergestellt werden. Hierfür sind neue und alternative Lagerungskonzepte und Zustelleinheiten zu entwickeln.

Für die Herstellung von realen 3-D-Strukturen ist bei der Mikrobearbeitung eine mehrachsige Bearbeitungsmöglichkeit Voraussetzung. Hierbei ist die optimale Anordnung der Bewegungsachsen von besonderer Bedeutung. Zum einen muß die Achsanordnung die gewünschte 3-D-Bearbeitung zulassen, zum anderen darf sich eine spezielle Achsanordnung nicht negativ auf das Maschinenverhalten auswirken. Darüber hinaus muß eine Beobachtung des Zerspanvorganges möglich sein. Konzepte müssen entwickelt und Grundlagenversuche durchgeführt werden. Weiterhin sollte eine Integration von mehreren Verarbeitungsverfahren in die Maschine angestrebt werden. Dies würde die Auf- und Umspanntechnik bei den Bauteilen verringern, bei denen mehrere Fertigungsverfahren angewendet werden müssen. Des weiteren ist das komplette Maschinenkonzept hinsichtlich des prinzipiellen Aufbaus zu überprüfen.

2.11.4.4 Zukünftige Anwendungen

Bisher wurden Mikrokomponenten meist nach dem Vorbild klassischer Gerätekomponenten entwickelt. Qualitativ verbesserte Mikrosysteme erfordern nicht nur eine Miniaturisierung bestehender Elemente, sondern die gezielte Ausnutzung der Vorteile, die die Mikrosystemtechnik bietet.

Durch die Kopplung von Signalgewinnung und -auswertung direkt „vor Ort" in dem Mikrosystem ergeben sich die schon oben erwähnten Vorteile der Miniaturisierung und der Erhöhung der Zuverlässigkeit. Das bedeutet beispielsweise ein genaueres Gewinnen von Meßdaten, im einfachsten Fall durch Wegfall der relativ langen und eventuellen Störungen ausgesetzten Verbindungsleitungen zwischen Sensor und Auswerteelektronik. Im anderen Fall lassen sich durch im System integrierte elektronische Korrekturschaltungen gewisse Unzulänglichkeiten der Sensoren oder Drifterscheinungen kompensieren. Außerdem erschließt oftmals die miniaturisierte Form des Systems völlig neue Anwendungsgebiete, über die bisher aus Gründen des Platzbedarfs oder der benötigten Betriebsleistung nicht nachgedacht worden ist. Die hier am Sensorsystem diskutierten Möglichkeiten gelten in adäquater Weise natürlich auch für Aktorsysteme.

Eine andere Entwicklungslinie zukünftiger Anwendungen wird durch die Integration mehrerer Sensoren/Aktoren in einem Mikrosystem, häufig in Arrayform, gegeben. Damit wird es einmal möglich, durch Einsatz mehrerer identischer Sensoren zu einer Redundanz der Signalgewinnung zu gelangen und dadurch die Systemsicherheit zu erhöhen. Dies hat Relevanz in der Medizintechnik, in der Sicherheitselektronik im Kraftfahrzeug, in der Gebäudesicherheitstechnik oder ähnlichen Bereichen. Bei Integration mehrerer gleichartiger, aber unterschiedlich dimensionierter Elemente läßt sich eine Meßbereichsspreizung bei gleichbleibender Genauigkeit realisieren. Werden dagegen unterschiedliche Sensoren miteinander im System verkoppelt, lassen sich unterschiedliche Meßgrößen nahezu am gleichen Ort und gleichzeitig erfassen, was für die Verfahrenstechnik oder die Umwelttechnik entscheidende Vorteile bringt.

Zur Verdeutlichung dieses Sachverhaltes sei beispielsweise auf eine Anordnung von drei Beschleunigungssensoren in drei Raumrichtungen verwiesen. Damit lassen sich die Bewegungen von Fahrzeugen oder Flugkörpern genau erfassen, und mit einer integrierten Steuerelektronik und nachgeschalteten Aktoren kann dann deren weitere Bahn beeinflußt werden. Ein anderes Einsatzfeld neuartiger Mikrosysteme erschließt sich im Großbild-Projektionsfernsehen. Hier gibt es einmal den Weg der Firma Texas Instruments mit ihren „Digital Micromirror Devices", einem in Oberflächenmikromechanik auf einer CMOS-Schaltung erzeugten Array von beispielsweise 768 x 576 Einzelspiegeln mit einer Kantenlänge von jeweils rund 20 Metern. Der von dem deutschen Unternehmen Laser Display Technologie auf dem gleichen Gebiet beschrittene Weg nutzt dagegen die Kopplung von zwei einzelnen mikromechanischen Schwingspiegeln zur Bilderzeugung.

Ein immer wieder mit der Mikrotechnik in Verbindung gebrachtes Feld ist die Fertigungstechnik und damit zusammenhängend der Maschinenbau. Bisher ist der erreichte Stand an realisierten Anwendungen der Mikrotechnik in diesen Bereichen eher gering. Unternehmen dieser Branche eröffnet die Mikrotechnik mehrere Möglichkeiten:

- Eine *Produktion* von mikrotechnischen Komponenten, die bisher feinmechanisch hergestellte Bauteile ergänzen oder ersetzen, um so mehr als diese zum Teil bisher überhaupt nicht herstellbar waren (Beispiel: Tintenstrahldrucker, Mikrolinsen). Darin enthalten ist gegebenenfalls auch die Montage dieser Komponenten (Beispiel: Duplexer).
- Der *Einsatz* mikrotechnischer Produkte (Beispiel: Intelligentes Werkzeug).
- Die *Entwicklung und der Vertrieb* von Maschinen und Maschinenkomponenten für die Herstellung von Mikrokomponenten.
- Die *Entwicklung von Mikrostrukturen* als Dienstleistung.

Hier ergeben sich durch die Weiterentwicklung in der Mikrotechnik neue Potentiale und Chancen. Als Parallele kann hier die Entwicklung der Mikroelektronik gesehen werden, die heute in vielen Bereichen und Anwendungen

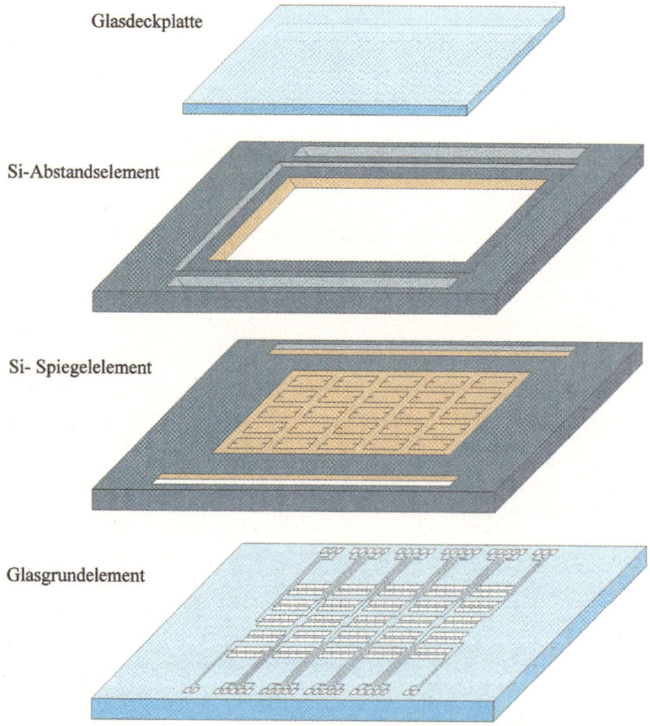

Abb. 2.11.11a: Scanner-Array aus 25 Mikrospiegeln (Prinzipdarstellung der Einzelteile).

Abb. 2.11.11b: Scanner-Array aus 25 Mikrospiegeln (Foto des kompletten Arrays).

eine zentrale Stellung in der Fertigungstechnik und im Maschinenbau einnimmt. Das Nichterkennen einer ähnlichen Entwicklung im Bereich der Mikrotechnik hätte sicherlich verheerende Folgen.

2.11.5 Zukünftige Aufgaben der Grundlagenforschung

Die Entwicklung der Mikrosystemtechnik hat international gesehen einen beträchtlichen Stellenwert. Das zeigt sich einmal an der Vielzahl von Universitäten und Forschungseinrichtungen, an denen Mikrosystemtechnik betrieben und gelehrt wird. Als herausragende Beispiele seien hier nur aus den USA die University of California oder die University of Illinois genannt, aus Japan die Tohoku University, aus der Schweiz die ETH Zürich oder das CSEM in Neuenburg, aus den Niederlanden die Universität Twente, aus Belgien das IMEC in Leuven. Diese Aufzählung ließe sich noch beliebig fortführen und ergänzen. Auch in Deutschland werden an fast allen naturwissenschaftlich-technisch ausgerichteten Universitäten Forschungen auf dem Gebiet der Mikrosystemtechnik durchgeführt und deren Inhalte in die Ausbildung integriert. Wichtige Beiträge kommen außerdem von den großen Forschungseinrichtungen wie dem Forschungszentrum Karlsruhe oder den Instituten der Fraunhofer-Gesellschaft. Nicht unerwähnt bleiben darf hierbei das von der DFG initiierte Schwerpunktprogramm „Mikromechanische Produktionstechnik" sowie Sonderforschungsbereiche zur Mikrosystemtechnik, so zum Beispiel an der Technischen Universität

Chemnitz-Zwickau (Sonderforschungsbereich 379) oder mit Teilaufgaben aus diesem Gebiet an der Technischen Universität Dresden (Sonderforschungsbereich 358) sowie der Universität Duisburg (Sonderforschungsbereich 291).

Die internationale Wertschätzung der Forschungsarbeiten auf dem Gebiet der Mikrosystemtechnik wird auch durch entsprechende Fördermaßnahmen unterstrichen, so zum Beispiel durch das japanische MITI-Projekt „Micromachine Technology" oder die zum 4. Rahmenprogramm zur Informationstechnik der Europäischen Union verankerten Maßnahmen. Hierunter sind auch der Förderschwerpunkt Mikrosystemtechnik aus den Jahren 1990–1993 und das Programm „Mikrosystemtechnik 1994–1999" des Bundesministeriums für Bildung, Wissenschaft, Forschung und Technologie einzuordnen, durch den insbesondere mit industriell geführten Verbundprojekten die Umsetzung von Grundlagenwissen in konkrete Anwendungsbeispiele unterstützt werden soll.

Abgerundet wird das Bild noch durch die eigens für die Mikrosystemtechnik periodisch veranstalteten Tagungen und Messen wie die Micro System Technologies in Berlin, die Transducers an wechselnden Orten oder die Sensor in Nürnberg sowie die speziellen Sessions anderer Fachtagungen.

Trotz – oder besser wegen – des bisher auf dem Gebiet der Mikrosystemtechnik in Deutschland erreichten guten Standes sind zu seiner Festigung und seinem Ausbau weitere Aktivitäten dringend geboten, insbesondere wenn man die starke internationale Konkurrenz auf diesem Forschungsfeld der Zukunft in Betracht zieht. Ein Untersuchungs- und Forschungsbedarf besteht hierbei besonders auf folgenden Gebieten:

- Systematisierung und Automatisierung des Komponenten- und Systementwurfs,
- Einsatz neuer Werkstoffe innerhalb der verschiedenen Mikrotechnologien sowie die Weiter- beziehungsweise Neuentwicklung von Verfahren zu deren Herstellung und Bearbeitung,
- Einbeziehung neuer Wirkprinzipien,
- Zuverlässigkeit und Langzeitstabilität von Mikrostrukturen,
- Kompensation von Fertigungstoleranzen im Hinblick auf das Systemverhalten,
- Werkstoffeinsatz, Technologie und Applikationsmöglichkeiten von Arrays verschiedener Einzelelemente,
- Entwicklung spezifischer Meßtechnik für die verschiedenen Komponenten der Mikrosysteme,
- Weiterentwicklung klassischer Fertigungsverfahren,
- Entwicklung einer geeigneten Aufbau- und Verbindungstechnik zusammen mit einer geeigneten Montagetechnik,
- Entwicklung von Maschinensystemen für unterschiedliche Anwendungsbereiche, die auf die Belange der Mikrosystemtechnik zugeschnitten ist,
- gezielte Entwicklung von Produkten, die industriell vermarktet werden können.

Die Zusammenarbeit zwischen Industrie und Forschungseinrichtungen spielt bei den zukünftigen Aufgaben eine wesentliche Rolle. In Deutschland ist eine hervorragend ausgebaute Forschungsinfrastruktur vorhanden, die in der Lage ist, die Unternehmen rechtzeitig mit den entsprechenden Informationen zu versorgen und bei der Neuentwicklung von Produkten zu unterstützen. Andererseits sind aber auch die Forschungsinstitute und Universitäten auf den Informationsfluß aus der Industrie angewiesen, um Neuentwicklungen gezielt auf den voraussichtlichen Bedarf der Industrie abstimmen zu können.

Die Mikrotechnik ist eine Technologie, die weltweit aufgrund des Bedarfs an mikrotechnischen Produkten rasch an Bedeutung gewinnt. Experten sagen ihr in vielen Anwendungsbereichen eine entscheidende Rolle hinsichtlich der Entwicklung, Fertigung und Anwendung von mikrotechnischen Produkten voraus. Zu diesen Bereichen gehören auch Maschinenbau und Fertigungstechnik, in denen bereits erste industrielle Anwendungen realisiert werden.

Die Bereitstellung der notwendigen hochpräzisen Maschinen sowie der Prozeßtechnologie bietet eine große Chance für die Forschungslandschaft und die Industrie, in der die erforderlichen Kenntnisse und Ressourcen vorhanden sind. Um eine optimale Nutzung des in Deutschland vorhandenen umfangreichen Wissens über Möglichkeiten und Grenzen der einzelnen Verfahren sowie den optimalen Herstellweg zu erreichen, ist eine enge Zusammenarbeit zwischen der Industrie und den Forschungseinrichtungen erforderlich. Wird dieses Potential genutzt, bietet sich die Chance, auf diesem wichtigen Feld eine weltweite Spitzenposition einzunehmen und zu halten. Die Entscheidung darüber, ob die BRD auf dem Gebiet der Mikrotechnik eine Rolle spielen wird, ist nicht nur von der Fähigkeit, Komponenten für Mikrostrukturen fertigen zu können, abhängig. Primär muß die deutsche Industrie in der Lage sein, Mikrostrukturen zu entwickeln, deren Einsatz durch neue Produkte gefordert wird, so daß auch größere Stückzahlen umgesetzt werden.

2.12 Informations-, Kommunikations- und Multimediatechnik

Jörg Eberspächer, Technische Universität München

2.12.1 Einführung

2.12.1.1 An der Schwelle zur Informationsgesellschaft

In seinem Buch „Total digital" spricht der amerikanische Informatiker Nicholas Negroponte davon, daß wir in eine Zeit hineingehen, in der nicht mehr die Produktion und Verteilung von „Atomen", sondern von „Bits" im Vordergrund stehe. Er meint damit den Übergang aus einer Periode, in der die „anfaßbaren, materiellen Güter" (also die Maschinen und Geräte) in der Industrie und Gesellschaft eine hervorragende Rolle spielten, zu einer Periode der Dominanz „immaterieller Güter" in Form der digitalen, computerisierten Informationen. Während in der „alten Welt" die Güter im physikalischen Sinne transportiert werden von einem Ort zum andern, geschieht der Austausch der Informationsgüter in Gestalt von lichtschnellen elektrischen Signalen über Kommunikationsnetze, die sich immer engmaschiger über den Erdball ausbreiten und heute schon das „Nervensystem" von Gesellschaft und Wirtschaft in allen entwickelten Ländern bilden.

Man hat diesen epochalen Wandel in eine Reihe mit früheren, tiefgreifenden Änderungen in der wirtschaftlichen und gesellschaftlichen Entwicklung gestellt, insbesondere beim Übergang von der Agrargesellschaft zur Industriegesellschaft. Nach dieser Vorstellung befinden wir uns an der Schwelle zur „Informationsgesellschaft". Das läßt sich auch durch Zahlen der Bundesanstalt für Arbeit stützen: Waren 1970 erst rund 29 Prozent der Erwerbstätigen in Westdeutschland direkt im Informationsbereich beschäftigt, waren es 1980 bereits 40 Prozent. Derzeit dürften es (geschätzt) bereits über 50 Prozent sein.

Die zunehmende Bedeutung der Informations- und Kommunikationstechnik (I&K-Technik) wurde in den letzen Jahren besonders sichtbar durch die verschiedenen nationalen und internationalen Initiativen zum Ausbau der Informations-Infrastrukturen, insbesondere die National Information Initiative (NII) des amerikanischen Präsidenten, die Global Information Initiative (GII) beziehungsweise die European Information Initiative (EII) der sieben wichtigsten Industrieländer beziehungsweise der Europäischen Union. Nicht zuletzt haben die deutsche Bundesregierung und der von ihr eingesetzte Rat für Forschung, Technologie und Innovation mit der Initiative „Informationsgesellschaft Deutschland" die außerordentliche Bedeutung der Informationstechnik für den Standort Deutschland und die damit verbundenen Chancen und Herausforderungen formuliert.

Alle diese Initiativen haben das gleiche Ziel, nämlich angesichts des dramatischen Wandels in Wirtschaft und Gesellschaft für möglichst optimale Voraussetzungen zur Nutzung und Anwendung der bestehenden I&K-Techniken und zu ihrer zügigen Weiterentwicklung zu leistungsfähigen, vernetzten, jedermann zugänglichen Informationssystemen, den vielzitierten Information Highways (Datenautobahnen), zu sorgen.

Deutschland hat wirtschaftlich gesehen einen mittelmäßigen Stand in diesem Gebiet; sehr guten Positionen in der Kommunikationstechnik stehen weniger gute Positionen in der Computertechnik und der Software gegenüber. Wie die Karten morgen gemischt sind, wird heute entschieden. Neue Ideen von Forschern und Entwicklern für innovative Verfahren, Techniken und Systeme und vor allem ihre zügige Umsetzung in Produkte sind gefragt. Das bedeutet eine Verstärkung der Forschungsanstrengungen, denn trotz der heute schon vorhandenen und nutzbaren Technologien und Systeme entwickelt sich dieses Gebiet mit seinen Anforderungen an die Wissenschaft und Technik weiterhin schnell und vielfältig, so daß die Forschergruppen an Hochschulen, außeruniversitären Forschungseinrichtungen und in der Industrie vor großen Herausforderungen stehen.

2.12.1.2 Paradigmenwechsel

In Informations- und Kommunikationssystemen (Telefonnetze, Computer und Computernetze) werden Informationen, die an der Quelle in Form von Sprachsignalen oder Tönen, Datenbits, festen und bewegten Bildern entstehen, transportiert, verarbeitet, gespeichert und schließlich an Empfänger beziehungsweise Nutzer abgegeben, das heißt konsumiert. Traditionell gibt es dabei eine einigermaßen scharfe Trennung der „Computerwelt" von der „Telekommunikationswelt". Zwar sind inzwischen alle Computer- und Telekommunikationssysteme gleichermaßen computergesteuert und arbeiten mit einer digitalen Darstellung der Informationen („0" und „1"), doch sind bis heute Systeme und Netze für Daten und Sprache weitgehend getrennt, und auch die Einführung sogenannter „integrierter Netze und Systeme" wie dem ISDN (Integrated Services Digital Network) hat hier noch wenig bewirkt.

Das ändert sich nun rapide. Die klassischen Computer- und Telekommunikationstechniken wachsen zusammen, und es gesellt sich noch eine „dritte Welt" hinzu: die der elektronischen Medien. Im Zeitalter der vollständigen Digitalisierung und der computerisierten Informationstechnik werden Telefon-, Computer- und Radio/Fernsehtechnik – oder im Sinne der akademischen Disziplinen: Elektrotechnik, Informatik, Publizistik, Medien – immer weniger zu trennen sein.

Wir haben es mit einem sehr vielfältigen Wechsel der Paradigmen, das heißt der Leitbilder und Modellvorstellungen zu tun, der von entscheidender Bedeutung für die Forschungsfelder und -aktivitäten der nächsten Jahre sein wird. Dieser tiefgreifende Wandel ist gekennzeichnet durch

- Vernetzung (Globalisierung des Informationsverkehrs),
- Dezentralisierung (verteilte Intelligenz),
- preiswerte und überall verfügbare Computerleistung, dadurch wachsende Bedeutung der Software,
- Multimediatechnik und -kommunikation (Integration von audiovisueller, Text- und Grafikinformation),
- Zunahme der Verteilkommunikation,
- wachsende Mobilität der Menschen und der technischen Systeme,

- zunehmende Bedeutung der Informationsinhalte,
- anwendungsgetriebene statt technikgetriebene Entwicklung.

Die Grundlage dieser Trends ist die ungebrochene, sich eher noch beschleunigende Technologieentwicklung bei Mikroelektronik und Optoelektronik, bei Computer- und Softwaretechnik. Stimulierend wirken aber auch die veränderten politischen und wirtschaftlichen Randbedingungen:

- Liberalisierung der Märkte in der Telekommunikation,
- Abschaffung der Monopole der Netzbetreiber,
- zunehmender Wettbewerb, auch in der Forschung,
- Globalisierung des Wettbewerbs,
- wachsender Kostendruck im Forschungs- und Entwicklungsprozeß.

Die Fortschritte in der I&K-Technik sind offensichtlich – PC, Mobiltelefon, Telekonferenz, Multimedia und Internet sind Beispiele dafür. Die rasante Entwicklung stellt der Forschung allerdings auch eine Reihe neuer und schwieriger Aufgaben, die in den nächsten Jahren dringend bewältigt werden müssen:

- Bereitstellung flexibler, intelligenter, multimedialer Informationssysteme und Kommunikationsnetze;
- Erhöhung der Benutzerfreundlichkeit der Systeme – die Technik soll sich an die Benutzer anpassen und nicht umgekehrt;
- Schaffung von Hilfsmitteln zur Bewältigung der Informationsflut;
- Bewältigung der Komplexität beim Entwurfsprozeß und Betrieb der Systeme;
- Gewährleistung der Informationssicherheit und des Vertrauens in die Systeme;
- Beschleunigung und Qualitätsverbesserung des Entwicklungsprozesses;
- Verstärkung der Anwendungsforschung.

Diese Forschungsfelder werden im folgenden noch eingehender beleuchtet. Sie sind meist gekennzeichnet durch ein hohes Maß an Interdisziplinarität. Politische, gesellschaftliche, und ökonomische Aspekte spielen eine mitentscheidende Rolle und beeinflussen die technischen Konzepte immer stärker.

2.12.1.3 Ungebrochener Technologiefortschritt bei Hardware und Software

Basistechnologie Mikroelektronik

Die vollständige Digitalisierung der Informationen und Systeme, das heißt, die einheitliche Darstellung aller Informationen in computergerechter Sprache ist nur möglich durch die anhaltende weitere Miniaturisierung der elektronischen Schaltkreise (integrierte Schaltungen). Die Forschung auf dem Gebiet der Silizium-Halbleiterschaltungen läßt erwarten, daß bis zum Jahr 2010 (soweit kann man hier mit einiger Sicherheit vorausprojizieren) eine Linienbreite von deutlich weniger als 0,1 Mikrometer und damit tausendmal größere Speicher (64 Milliarden Bit) als heute sowie Mikroprozessoren mit einer Rechengeschwindigkeit möglich sind, die hundertmal höher ist als bei der heute üblichen „Pentium-Klasse". Die Konsequenzen aus dieser Entwicklung sind:

- Einerseits werden Funktionen in miniaturisierten Siliziumchips (Hardware) realisierbar sein, die heute wegen ihrer Komplexität überhaupt nicht oder höchstens in (vergleichsweise langsamer) Software realisierbar sind.
- Andererseits werden Verfahren und Abläufe, die traditionell nur mit Hilfe elektronischer Schaltungen (und damit mit einem Hardwareaufwand) realisiert werden konnten, künftig programmgesteuert auf extrem leistungsfähigen Mikroprozessoren oder Spezialrechnern (sog. Signalprozessoren) ablaufen. Beispiele in dem Kontext der I&K-Systeme sind Chips für die Videokommunikation oder den Mobilfunk. Der Wettbewerb zwischen den Hardware- und den Software-Lösungen ist bereits heute im Gange und ein bedeutendes Feld für die angewandte Forschung.

Optoelektronik und Photonik

Schritthaltend mit der Mikroelektronik hat die Technik der Nachrichtenübertragung in den letzten Jahren ebenfalls gewaltige Fortschritte gemacht. Heute können über Glasfasern Lichtsignale mit Bitraten von mehr als 40 Milliarden Bit pro Sekunde (Gbit/s) über Strecken von Hunderten und Tausenden von Kilometern nahezu fehlerfrei übermittelt werden. Optische Sender und Empfänger, Verstärker, Schalter und andere neuartige Bauelemente führen zur Ausbildung einer optischen Systemtechnik, die wegen der Verwendung von „Photonen" statt „Elektronen" als Informationsträger gerne als Photonik bezeichnet wird. Sie sind Ergebnisse einer weltweiten und auch in Deutschland betriebenen nachrichtentechnischen Grundlagenforschung. Die photonischen Netze bilden im Zeitalter der Informationsvernetzung eine wesentliche Grundlage der künftigen Informationstechnik.

Computertechnik und Software

Wie oben erwähnt, ist der Trend zur weiteren Leistungssteigerung der mikroelektronischen Chips ungebrochen. Mit Leben erfüllt werden die Mikroprozessoren jedoch erst durch die darauf ablaufenden Programme, die Software. Die Softwaretechnik wurde daher zu einer weiteren Schlüsseltechnik für die Informationstechnik und stellt inzwischen einen bedeutenden Industriezweig dar. Weit über das zentrale Fachgebiet Informatik hinausgehend, wirkt die Softwaretechnik auf zahlreiche technische, aber zunehmend auch nichttechnische Disziplinen, deren Methoden, Werkzeuge und oft auch Ergebnisse „softwaregetrieben" oder selbst Software sind.

Im Unterschied zur Hardware (Chips, Kabel, Geräte ...) stellt die Software eine wenig greifbare, wenig überschaubare und oft sehr komplexe „Substanz" dar. Dies macht den Umgang mit Software schwierig, und die Verbesserung der Situation erfordert noch große Anstrengungen in der Forschung.

2.12.2 Multimedia-Anwendungen

Im Mittelpunkt der Informationsgesellschaft und Informationstechnik steht Multimedia. Was ist das? Unter dem unscharfen Begriff Multimedia wird hier verstanden die Integration (das heißt die Zusammenführung) der unterschiedlichen Kommunikations- und Informationsmedien

- Sprache/Ton („Audio")
- Bild (feststehend und bewegt, „Video")
- Text und Grafik.

Dies wird ermöglicht durch die einheitliche digitale, das heißt computergerechte Darstellungsform aller Informationen. Die multimedialen Informationen werden auf natürliche Weise (zum Beispiel mit der Stimme oder einer Kamera) oder künstlich (im Computer) erzeugt, anschließend, je nach Anwendungsfall, bearbeitet, verarbeitet, transportiert und gespeichert. Dabei müssen nicht immer alle möglichen medialen Formen gleichzeitig vorhanden sein.

Multimedia hat nach einer Phase der Experimente und der Beschränkung auf technisch ausgerichtete Pilotversuche in den letzten Jahren eine gewaltige Triebkraft im Anwendungsbereich entwickelt. Die Anwendungen stehen, nicht nur wegen ihrer wirtschaftlichen Bedeutung, heute im Vordergrund. Die Forschung zu Multimedia sollte sich daher mit der Weiterentwicklung der Techniken immer unter Berücksichtigung der möglichen oder bereits vorhandenen Anwendungen befassen. Auch die Anwendungen selbst sind Gegenstand der Forschung, da die Multimediatechniken völlig neue Verfahren der zwischenmenschlichen Kommunikation, der Arbeits- und Wirtschaftsprozesse, der Informationsbeschaffung und -verteilung nach sich ziehen. Multimediaforschung ist deshalb ein ausgezeichnetes Beispiel für anwendungsorientierte und stark interdisziplinäre Grundlagenforschung. Wegen der Bedeutung für die Gesellschaft und angesichts des sich beschleunigenden Innovationsprozesses und nicht zuletzt wegen des großen Interesses der Wirtschaft an Multimedia muß die Forschung auf diesem Gebiet in enger Abstimmung mit künftigen Anwendern durchgeführt werden. Heute zur Verfügung stehende Multimediasysteme sind für die ersten Gehversuche einigermaßen geeignet, aber es sind noch qualitative Quantensprünge erforderlich, um eine Akzeptanz bei den Nutzern und damit einen breiten Einsatz zu erreichen.

Auf einige wichtige Gebiete mit verstärktem Bedarf für angewandte Grundlagenforschung wird im folgenden eingegangen. Es ist klar, daß auf dem Gebiet der Anwendungsforschung das Bundesministerium für Bildung, Wissenschaft, Forschung und Technologie (BMBF) und die Industrie als Förderer die wichtigste Rolle spielen. Doch sind viele der Anwendungsgebiete immer noch völliges Neuland und in ihrer Bedeutung derart umwälzend, daß eine langfristig angelegte Befassung mit grundlegenden Fragen angezeigt ist.

2.12.2.1 Lehre und Weiterbildung aus dem Netz (Teleteaching, Telelearning)

„Science and education goes online" – mit diesem Slogan könnte man den Trend umschreiben, der sich für die Nutzung der Telekommunikation und Informationstechnik im Bereich von Lehre, Aus- und Weiterbildung abzeichnet. Dabei geht es nicht darum, den konventionellen Unterricht und die traditionellen Lehrmethoden abzuschaffen oder einfach „ins Elektronische zu transformieren", sondern um die Entwicklung neuartiger, ergänzender Methoden zur

- computerunterstützten Sichtbarmachung (Visualisierung) komplexer Sachverhalte, zum Beispiel aus der Medizin, Technik oder Biologie;
- Unterstützung des Lehr- und Lernprozesses durch Nutzung von interaktiven Werkzeugen;
- Möglichkeit des zeitversetzten Abrufs von Lehrmaterial von zu Hause aus;
- Möglichkeit des zeitlich unabhängigen Fernzugriffs auf Computersimulationen oder fernsteuerbare Experimente (zum Beispiel in Form eines Fernpraktikums im Fach Informatik oder Physik), „virtuelles Praktikum“;
- Darbietung von selten gehaltenen Kursen und Seminaren an beliebigen Stellen auf der Erde;
- Einrichtung elektronischer schwarzer Bretter;
- elektronischen, multimedialen, persönlichen Kommunikation (zum Beispiel zwischen Studierenden oder auch zwischen Studierenden und Dozenten).

Vor allem an den Hochschulen sind schon einige dieser Anwendungsgebiete erfolgversprechend aufgegriffen worden. So gibt es bereits regelmäßige „Tele-Vorlesungen“ zwischen Universitäten; im Internet werden laufend ausgewählte Lehrveranstaltungen oder auch Konferenzen abgehalten, wenn auch noch mit erheblich eingeschränkter Qualität. Doch diese simple Art der „Video-Vorlesung“ ist sicher nur der Anfang. Viele Fragen stellen sich: Wie muß wohl der Lehrbetrieb umorganisiert oder neu gestaltet werden, wie muß das elektronische Lehrmaterial beschaffen sein, damit es leicht handhabbar ist und die neuen Möglichkeiten der Multimediatechnik sinnvoll nutzt (zum Beispiel Videoclips, Animationstechniken, virtuelle Realität ...) und von allen Beteiligten auch akzeptiert wird.

Auch datenschutzrechtliche Fragen sowie Probleme des Copyright sind – wie bei vielen multimedialen Anwendungen – noch nicht zufriedenstellend gelöst. Die Erfahrungen von Feldversuchen, also aus dem realen Nutzbetrieb, werden hier zu neuen Ansätzen führen. Inwieweit solche Ansätze wirklich eine Ergänzung und Vertiefung des Unterrichts bieten oder ob die „virtuellen Klassenzimmer“ nur eine Randerscheinung bleiben werden, muß angesichts potentieller Vorteile dringend und in interdisziplinärem Verbund experimentell untersucht werden.

Schon heute sichtbar ist ein wachsender Bedarf der Wirtschaft nach Teleteaching-Diensten, und zwar zum Zwecke der innerbetrieblichen Aus- und Weiterbildung, da immer mehr Unternehmen über mehrere Standorte, sogar weltweit, verteilt sind und im Zeichen der „continous education“ dauernd neues Wissen an Ort und Stelle gebracht werden muß.

2.12.2.2 Telekooperation

Damit wird der Bogen geschlagen zu einer anderen Form der Telekommunikation, der Telekooperation. Dieser Begriff ist ähnlich vieldeutig wie das Wort Multimedia. Er meint, ganz wörtlich genommen, die Zusammenarbeit verschiedener Personen und ihrer Geräte über größere Entfernungen mittels der Telekommunikation. Zielgruppe sind industrielle Anwender, Verwaltungen, Forscher, Telearbeiter. Im engeren Sinne versteht man darunter die rechnergestützte Gruppenarbeit (heute oft mit dem Kürzel CSCW – Computer Supported Cooperative Work – bezeichnet). Bei CSCW arbeiten verschiedene Personen an räumlich über ein Netz verbundenen Computern, und zwar so, als ob sie zusammen an demselben Arbeitsplatz arbeiten würden. Ihr „Informationsraum", also die Daten in den Rechnern, ist zumindest teilweise gemeinsam nutzbar und überall gleichermaßen sichtbar („verteilte Daten", sogenanntes Whiteboard-Prinzip). So können Designer, Software-Entwickler, Planer und viele andere Berufsgruppen gemeinsame Projekte bearbeiten, auch wenn sie sich nicht am selben Ort befinden.

Erste derartige Systeme sind inzwischen auf dem Markt. Die Technik ist, in einer „ersten Generation" allerdings nur teilweise, mit der erforderlichen Funktionalität vorhanden. Die Nutzung jedoch bedarf noch vielen Nachdenkens und schöpferischer Forschungsarbeiten. Es ist zum Beispiel zu klären, welche Funktion denn das bewegte Bild hat, wie die Zugriffsrechte bei „Mehrpunktkommunikation" mit drei oder mehr Teilnehmern am besten geregelt werden, wie die Gestaltung eines „elektronischen Schreibtischs" erfolgen muß oder welche Rolle die zeitversetzte multimediale Kommunikation bei CSCW spielen kann. Zu den CSCW-Techniken gehört auch die altbekannte Videokonferenz, die in Zukunft mit der Möglichkeit des Online-Zugriffs auf Rechnerdaten, Grafiken oder gespeicherte Bildsequenzen verbunden sein wird.

Die betriebswirtschaftliche Forschung muß hier verstärkt und in enger Zusammenarbeit mit der Informationstechnik untersuchen, wie die Telekooperation unter Zuhilfenahme der Multimediatechniken die Geschäftsprozesse (den „Workflow") in Büro, Fabrik, Verwaltung beziehungsweise anderen Organisatio-

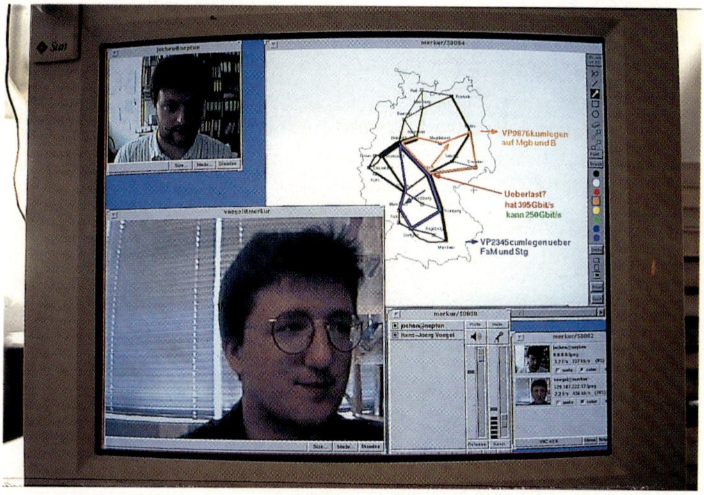

Abb. 2.12.1: Multimediale Telekooperation (Bildschirmfoto). Beide Kommunikationspartner sind über ein Kommunikationsnetz verbunden. Sie sehen sich (Bewegtbild) und können gemeinsam Grafik- und Textdokumente bearbeiten. Diese Art von elektronischer Zusammenarbeit funktioniert im Internet bereits weltweit, allerdings noch nicht in der gewünschten Qualität und mit eingeschränkter Funktionalität.

nen beeinflussen, verändern und verbessern kann. Stichworte sind hier „Groupware" und „Workflow-Management" mit Multimedia. Es ist zu erwarten, daß die große Verbreitung und der Erfolg des Internet und der World-Wide-Web-Techniken (siehe unten) über die Einführung von Intranets (also Netzen auf Basis des Internet für die interne Kommunikation in den Unternehmen) zu einer rascheren Einführung multimedialer Techniken führen wird, als dies noch vor einigen Jahren vermutet wurde.

Es ist auch noch nicht klar, wie sich die technisch orientierten und auf Effizienz ausgerichteten Prozesse auf die zwischenmenschliche Kommunikation in den Unternehmen auswirken und ob durch die Telekommunikation eine Vereinsamung der Menschen oder gerade das Gegenteil eintreten wird. Es ist außerdem verstärkt zu untersuchen, in welcher Form und Qualität das bewegte Bild (Videokommunikation) hinzutreten muß und wird und inwieweit auch die Mobilität bei Telekooperationssystemen gefragt ist. Auf Fragen der Mobilität wird später noch näher eingegangen.

2.12.2.3 Multimediale Informationssysteme

Die Zahl der an das weltweite Internet angeschlossenen Computer wächst in atemberaubendem Tempo. Die Mehrzahl der Nutzer verwendet das Internet heute entweder für das Versenden von Elektronischer Post (Electronic Mail, E-Mail) oder zur Gewinnung von Information aus dem „World Wide Web" – kurz: WWW oder „Web". WWW ist ein verteiltes Informationssystem, genauer gesagt: eine „chaotisch organisierte" Verknüpfung von digitalen Informationen, die auf Rechnern, den sogenannten Servern, irgendwo im Netz gespeichert sind und von jedem angeschlossenen Benutzerrechner abgerufen werden können. Kennzeichen der WWW-Technik sind:

- Die elegante und für jedermann leicht erlernbare Art des Zugriffs auf die Informationen mittels Browser, das heißt Software-Programmen, die über eine einfache grafische Bedienerführung verfügen.
- Die Art der Verknüpfung der gespeicherten Informationen untereinander, über Hyper-Links. Hyper-Links sind (unsichtbare) elektronische Adreßverweise von einem Wort oder Bild (allgemein: Objekt) eines Dokuments auf ein anderes, das sich auf einem beliebigen anderen Rechner oder Server im weltweiten Internet befinden kann.

Die Kombination der erwähnten Browser-Technik mit der Technik dieser elektronischen Querverweise erlaubt es dem Benutzer, von Begriff zu Begriff, von Inhalt zu Inhalt zu springen, ohne den genauen Ort der jeweiligen Zielinformation zu kennen. Diese Möglichkeit des „Surfens" im Internet hat wesentlich zum Erfolg und Wachstum des World Wide Web beigetragen. Browser und andere Komponenten für das WWW sind mittlerweile auch kommerziell erhältlich und insofern scheinbar kein Gegenstand der Forschung mehr. Und doch steht auch diese Technik der multimedialen Informationssysteme erst am Anfang ihrer Entwicklung und leidet noch sehr unter Unzulänglichkeiten. Die hauptsächliche Schwäche der Systeme besteht darin, daß sie mit der explosionsartig zunehmenden Menge und der strukturellen Vielfalt der Informationen nicht fertig werden und den Benutzer in der Menge der Daten buchstäblich ertrinken lassen. Im folgenden werden einige Punkte genannt, die einer weiteren grundlegenden Verbesserung bedürfen.

Such- und Auswahlverfahren

Die heutigen Methoden des Suchens nach Informationen basieren fast ausschließlich auf textueller Information. Andererseits enthalten viele wichtige Informationen grafische Anteile oder sogar bewegte Bilder und Sprachsequenzen oder Töne, gerade im Zeitalter der Multimediatechnik. Es werden daher dringend bessere Verfahren benötigt, um direkt nach solchen Nicht-Text-Informationen zu suchen und nicht nur indirekt, das heißt also nicht nur über den Titel eines Bildes oder dazu gespeicherte Schlüsselwörter, sondern über einen (vielleicht sogar gesprochenen) Hinweis auf den Inhalt des Bildes. Die Schwierigkeit besteht darin, aus der meist unscharf formulierten Suchfrage Suchkriterien abzuleiten und dann eine inhaltsorientierte Suche in den Informations-Ressourcen anzustoßen. Die gespeicherte Information muß entweder „online" analysiert werden oder vorab auf geeignete Weise mit Hilfe von Deskriptoren beschrieben werden.

Dabei wird es auch neue Methoden der Bewertung von Information geben müssen („welche gefundene Information ist besser oder verläßlicher als andere?"), um die Auswahl erleichtern und maschinell unterstützen zu können.

Multimedia-Datenbanken

Eine wesentliche Voraussetzung leistungsfähiger Informationssysteme ist die vollständige elektronische Erfassung und Verwaltung der Informationen in multimedialen Informations-Datenbanken. Der vorauszusehende Großeinsatz von Datenbanken für Inhalte, die auch Bewegtbilddaten enthalten, stellt vor allem an die Echtzeitfähigkeit der Systeme und der eingesetzten Verfahren große Anforderungen. Hier sind verbesserte Konzepte für die Server-Rechner und die Datenbank-Software zu entwickeln.

Auch Fragen der Datensicherheit und des Datenschutzes spielen eine Rolle, ebenso wie das offene Problem der Langzeitstabilität der gespeicherten Informationen. Es ist derzeit nämlich noch nicht klar, ob in weiteren 30 Jahren auf die elektronischen Informationen, die heute in Magnet- und optischen Speichern (Compact Disks CD u.a.) erfaßt werden, überhaupt noch zugegriffen werden kann. Zum einen könnte es sein, daß sich der gespeicherte Inhalt allmählich verändert oder verflüchtigt (ähnlich dem Altern eines Tonbandes), zum anderen, daß sich die Methoden der Speicherung und Datenaufbereitung in den nächsten Jahren derart verändern, daß es in absehbarer Zeit gar keine Lesemöglichkeit und -Geräte mehr dafür gibt.

Eine weitere Herausforderung wird darin bestehen, die unvermeidliche Vielfalt der Datenbanken und Informationsquellen miteinander zu verknüpfen. Das wird erschwert durch die zunehmende Mobilität der Benutzer und auch der Informationsspeicher selbst.

Navigationsunterstützung im „Wissensraum"

Die Benutzer greifen auf die im „Wissensraum" vorhandenen oder vermuteten Informationen über Endgeräte zu, deren Aussehen und Funktionen in den nächsten Jahren vermutlich ebenfalls einem starken Wandel unterworfen sein werden. Die Komplexität der Aufgaben, die Unterstützung der Benutzer und vor allem die Datensicherheit werden hier den Entwurf von Hard- und Software der Geräte stark beeinflussen. Trotz des unbestreitbaren Rückstands der europäischen Industrie auf diesem Gebiet bietet sich jetzt, beim Übergang zu teilweise völlig neuen Diensten und Anwendungen, die Chance, durch systematische, anwendungsbezogene Forschung grundlegende Konzepte für das „Navigieren" in den Informationsräumen zu erarbeiten.

Integration der verteilten Informationssysteme mit Telekommunikationssystemen

Neben den vielen Anwendungsgebieten der Multimediatechnik, bei denen der interaktive Abruf von Informationen, ähnlich dem heutigen World Wide Web (WWW), im Vordergrund steht, gibt es Anwendungen, bei denen der Benutzer „Rückwärts-Verbindungen" aufbaut, über die er seinerseits Informationen in Richtung der Datenbank absenden kann. Es handelt sich dabei also um Informationssysteme, die Kommunikation in beide Richtungen erlauben. Es liegt nahe, diese um die Komponenten und Funktionen der herkömmlichen Telekommunikationssysteme (insbesondere Telefonieren) beziehungsweise um die oben erwähnten multimedialen Telekooperationstechniken zu erweitern, so daß eine integrierte Kommunikations- und Informationstechnik entsteht. Es ist allerdings noch ungeklärt, wie sich die neuen, aus dem Internet kommenden Kommunikationstechniken mit den „konventionellen" Verfahren der öffentlichen Netze vertragen. Zu fragen ist auch, bis zu welchen Teilnehmerzahlen das Prinzip der Selbstorganisation des Internet überhaupt einsetzbar ist und welche Qualität die so realisierten Dienste bieten. Das Internet stellt heute bereits eine Reihe von „Software-Werkzeugen" zur Verfügung, die eine gute Basis für Forschungsarbeiten darstellen. Durch die weltweiten, unkomplizierten Verbreitungsmöglichkeiten im Netz können aus der Forschung stammende neuartige Ansätze auch schnell und in großer Breite im praktischen Einsatz getestet werden.

2.12.2.4 Visualisierung, Animation, interaktive Simulation

Die steigende Rechnerleistung wird in Zukunft verstärkt dazu verwendet werden, komplexe technische, biologische oder chemische Vorgänge, Systeme und Prozesse bildlich darzustellen (Visualisierung) und zwar in bewegten Bildern (Animation). Besonders reizvoll ist es, natürlich und künstlich erzeugte Bilder und Grafiken zu mischen („virtuelle Realität"). Der jederzeit mögliche Eingriff des Benutzers (Interaktivität) führt auf vielen Anwendungsfeldern zu ganz neuen Gestaltungsmöglichkeiten, vor allem bei Lehre, Ausbildung und anderen Formen der Wissensvermittlung, aber auch zum Beispiel zur Unterstützung der Entwurfsprozesse im Ingenieurwesen, in Physik, Chemie und anderen Fachgebieten. Durch die Verfügbarkeit schneller, weltweiter Netze lassen sich Rechenfunktionen verteilt auf viele Rechner im Netz bereitstellen und ausführen („Network Computing").

Die hier genannten sehr unterschiedlichen Anwendungsgebiete für Multimedia stellen die Technik vor zahlreiche schwierige Fragen, auf die im folgenden, soweit sie nicht bereits bei der vorstehenden Diskussion der Anwendungen behandelt wurden, näher eingegangen wird. Es muß dabei betont werden, daß zwar bis heute meist die Anwendungen der technischen Entwicklung gefolgt sind und sich aus deren Möglichkeiten entwickelt haben, daß wir aber in den nächsten Jahren auch umgekehrt vor der großen Herausforderung stehen, für sich abzeichnende und sinnvoll erscheinende Anwendungen die geeignete technische Basis zu konzipieren. Genau das kann und muß, im Vorfeld von künftigen Produkten, die angewandte Forschung auf dem Gebiet der Informationstechnik leisten.

2.12.3 Kommunikationsnetze: schneller, mobiler, intelligenter

Die Kommunikationstechnik steht seit Jahren in einem interessanten Spannungsfeld. Zum einen führen die Fortschritte bei den Übermittlungsverfahren zur Einführung immer leistungsfähigerer Netze, so daß Nachrichten mit großem Informationsgehalt weit schneller als früher in den Kommunikationsnetzen übertragen werden können. Gegenwärtig entwickelt sich aus dem schmalbandigen („langsamen") digitalen Netz ISDN allmählich das breitbandige, „schnelle" Breitband-ISDN (B-ISDN). Während heutige Telefon- und Datennetze meist Bitraten von etwa 64 Kilobit pro Sekunde (abgekürzt: kbit/s) je Kanal ermöglichen, bieten die Breitbandnetze tausend-, ja millionenfach höhere Geschwindigkeiten (Millionen Bit pro Sekunde, Megabit/s – abgekürzt: Mbit/s – beziehungsweise Milliarden Bit pro Sekunde, Gigabit/s – abgekürzt: Gbit/s).

2.12.3.1 Reduktion der benötigten Übertragungskapazität von Signalen durch Sprach- und Bildkodierung

Die Übertragungskapazitäten der Netze steigen also immer weiter an. Auf der anderen Seite haben die gemeinsamen Anstrengungen der nachrichtentechnischen Forschung und der Mikroelektronik dazu geführt, daß im selben Maß auch die zur Übertragung der Signale benötigte „Bandbreite" reduziert werden konnte. Dies beruht auf der sogenannten Redundanzreduktion. Dabei werden mit speziellen Verfahren aus den digitalen Ton- oder Bildsignalen vor dem Versenden (also „an der Quelle") solche Informationen entfernt, die das menschliche Ohr oder Auge nicht unbedingt benötigt, um das empfangene Signal rekonstruieren zu können. Je nach den gestellten Qualitätsanforderungen kann man zum Beispiel bei Bildsignalen die für die Übertragung verwendete Bitrate um das zehn- bis tausendfache gegenüber dem ursprünglichen Wert (Quellenrate) absenken. Statt der für ein normales Fernsehbild erforderlichen 150 bis 200 Mbit/s benötigt man dann lediglich wenige Mbit/s. Solche Verfahren der Komprimierung der benötigten Signalbandbreite werden in Deutschland seit vielen Jahren unter Zuhilfenahme von physiologischen und psychoakustischen beziehungsweise psychooptischen Erkenntnissen mit Hilfe der Informationstheorie und unter Anwendung komplizierter mathematischer Berechnungsmethoden („Algorithmen") erfolgreich untersucht und in Systemvorschläge und internationale Normen umgesetzt. So hat die deutsche universitäre Forschung wichtige Beiträge zur Entwicklung der Audio- und Video-Standards Digital Audio Broadcast (DAB) beziehungsweise Digital Video Broadcast (DVB) geleistet.

Ziel der weiteren Bitratenreduktion ist es, die Grenzen der minimalen Übertragungsbandbreiten oder den Aufwand dafür weiter abzusenken beziehungsweise die Qualität von Bild und Ton zu verbessern und dabei auch andere Randbedingungen zu erfüllen, zum Beispiel Unempfindlichkeit gegenüber der Bewegung der Wiedergabestelle (Einsatz im Mobilterminal), Einsatzfähigkeit in heutigen und künftigen multimedialen Netzen (Internet) oder die Möglichkeit, solche Signale effizient abzuspeichern und in freizügiger Weise wieder abrufen zu können. Dieses Gebiet bringt immer wieder neue „Sprünge" im Fortschritt. Gegenwärtig sind solche Reduktionsverfahren besonders vielversprechend, bei denen die Bilder nicht mehr – vereinfacht gesagt – Punkt für Punkt, sondern bildmusterbezogen beziehungsweise inhaltsbezogen („objektorientiert") analysiert und komprimiert werden. In Aussicht steht die Möglichkeit der stereoskopischen (3-D-)Bildübertragung und -wiedergabe, die eine neue Qualität der Kommunikation mit sich bringen wird.

Im Rahmen dieser Forschungsarbeiten ist es unbedingt erforderlich, daß sich die Forschergruppen selbst in angemessenem Umfang an der internationalen Standardisierung solcher Verfahren beteiligen. Diese Aktivitäten sollten ebenfalls gefördert werden, da sie zur schnelleren Umsetzung der Forschungsergebnisse in Produkte führen.

2.12.3.2 Signalverarbeitung

Die Fortschritte in der Mikroelektronik erlauben es, immer komplexere und leistungsfähigere Funktionskomplexe in hochintegrierten Halbleiterschaltkreisen (Very Large Integrated Circuits, VLSI) auf kleinster Fläche (wenige Quadratmillimeter) wirtschaftlich zu realisieren. Die auch bisher schon seitens der DFG geförderten Anstrengungen zur Umsetzung von mathematisch-nachrichtentechnischen Algorithmen in elektronische Schaltungen, die Schaffung und Weiterentwicklung von rechnergestützten Werkzeugen und Verfahren zur effizienten Entwicklung und zum Test solcher Schaltungen sind weiterzuführen.

Ein Merkmal künftiger Systeme und eine wichtige Forschungsrichtung der Signal- wie auch der allgemeinen Informationsverarbeitung ist der Einsatz von parallelen Architekturen, bei denen viele Rechenoperationen gleichzeitig durchgeführt werden und so die Gesamtleistung erheblich, um Zehnerpotenzen, gegenüber sequentiell („nacheinander") auf Einzelsystemen arbeitenden Verfahren erhöht werden kann. Im Rahmen des DFG-Schwerpunktprogramms „System- und Schaltungstechnik für hochgradige Parallelverarbeitung" werden daher besonders Anwendungen in der Nachrichtentechnik bearbeitet. Neben der elektrischen Signalverarbeitung kommt der Verarbeitung optischer und elektrooptischer Signale wachsende Bedeutung zu, da dort, physikalisch bedingt, Möglichkeiten zur parallelen Ausführung von Funktionen in besonderem Maße bestehen.

Große Bedeutung hat die digitale Signalverarbeitung insbesondere für die Mobilkommunikation, auf die unten näher eingegangen wird.

2.12.3.3 Nachrichtenübertragung über Kupferkabel und Glasfaser

Die Übertragungskapazität der zur Verfügung stehenden Medien (Kupferkabel, Lichtwellenleiter, Funkkanäle) ist bei weitem noch nicht ausgeschöpft. Bei der kabelgebundenen Übertragung stehen zwei Zielrichtungen der Forschung besonders im Zentrum des Interesses:

- hochbitratige Übertragung über Kupferkabel (100 Mbit/s und darüber),
- extrem hochbitratige Übertragung über Glasfasern (40 Gbit/s und darüber).

Die Anwendungen solcher Techniken sind in künftigen breitbandigen Netzen zu finden, und zwar sowohl auf dem letzten Streckenstück von der Teilnehmervermittlungsstelle des Netzbetreibers zum Teilnehmer (Hausanschluß), das heißt dem sogenannten Zugangsbereich („Ortsnetz"), wie bei den überregionalen und interkontinentalen Weitverkehrsverbindungen (zum Beispiel Seekabel).

Im Zugangsbereich stellen bei den angestrebten Übertragungsgeschwindigkeiten von mehreren hundert Mbit/s die unzureichende Kapazität und die zu kurze überbrückbare Streckenlänge der Leitungen einen Engpaß dar, der die Einführung neuer Dienste erheblich erschwert. Sofern heute schon Lösungen zur Verfügung stehen, sind diese elektronisch noch sehr aufwendig, und man sucht deshalb nach effizienteren Verfahren zur Nachrichtenübertragung über herkömmliche Kupferkabel. Ein Schwerpunkt ist dabei die Umsetzung der theoretischen Verfahren in integrierte Schaltungen, die zur Massenfertigung geeignet sind. Für größere Entfernungen und sehr hohe Datenaufkommen kommen nur Glasfasern in Frage. Die scheinbar gegensätzlichen Kupfer- und Glasfasertechniken ergänzen sich also nahezu ideal.

2.12.3.4 Von der Glasfaser zur Phototonik: phototonische Netze

Im Bereich der Glasfaserübertragung hat man in den letzten Jahren gelernt, Signale mit Geschwindigkeiten im Gigabit-Bereich über mehrere hundert Kilometer ohne zwischengeschaltete elektronische Verstärker zu übertragen. Gegenwärtig ist man dabei, einen bisher wenig genutzten Vorteil der optischen Nachrichtentechnik (Photonik) stärker auszunutzen, nämlich die Möglichkeit der gleichzeitigen Übertragung („Multiplexen") vieler Signale auf derselben Glasfaser. Dies geschieht durch Verwendung unterschiedlicher Wellenlängen für die zu übertragenden Lichtsignale (Wellenlängen-Multiplex), was der Verwendung unterschiedlicher Frequenzen in herkömmlichen Systemen entspricht. Heute ist eine Vielfachübertragung von nur wenigen Kanälen möglich; Kanalzahlen von hundert und mehr sind denkbar und Ziel der Forschung. Deutschland hat in verschiedenen Forschungslabors bahnbrechende Erfolge auf diesem Gebiet erzielt.

Ein weiteres sehr ehrgeiziges und noch schwierigeres Ziel der optischen Nachrichtentechnik ist die photonische Vermittlung. Darunter versteht man die Möglichkeit, in einer Schaltzentrale ankommende optische Signale beliebig auf Ausgänge schalten zu können, ohne daß die Signale, wie in konventionellen Systemen, in elektronische umgewandelt werden. Man benötigt für die Lichtsignale also geeignete Schalter und Weichen. Diese Schaltungen müssen in der Lage sein, auch Senderbauelemente (zum Beispiel Laser) und lichtempfindliche Empfänger (Dioden) auf einem Chip zusammen mit Verstärkern und Verarbeitungslogikschaltungen zu vereinen. Weltweit wird an der Realisierung solcher Komponenten geforscht. Auch in Deutschland sind wesentliche Beiträge entstanden.

In Ergänzung dieser Technologieforschung muß die Forschung auf der System- und Netzebene dringend verstärkt werden. Bedingt durch die völlig anderen physikalischen Eigenschaften der optischen Signale gegenüber elektrischen Signalen müssen fast alle aus bisherigen Kommunikationsnetzen bekannten Grundkonzepte (Übertragung, Vermittlung, Zuverlässigkeit und Fehlerbehandlung, Netzadministration) überdacht werden. Dabei ist in enger Zusammenarbeit mit den Technologen, die die optischen Komponenten entwickeln, nach geeigneten Netzstrukturen und Betriebskonzepten zu suchen.

Viele Fragen sind noch offen: Wie sind diese Netze zu dimensionieren? Wie sind die Wege zu führen, so daß eine möglichst hohe Fehlertoleranz erreicht wird? Wie arbeiten photonische Netze mit herkömmlichen Netzen zusammen? Angestrebt werden „transparente", sehr flexible konfigurierbare Netze, in denen zwischen beliebigen Punkten Informationsströme mit nahezu beliebiger Kapazität transportiert werden können. Statt Gigabit pro Sekunde werden dann Terabit pro Sekunde (das heißt um den Faktor 1000 mehr) möglich sein.

Gerade wegen der neuartigen Technologien ist auch hier ein interdisziplinäres Denken und Forschen angesagt. Physiker und Netzspezialisten, Kenner der morgen verfügbaren Technologien und der heutigen „Netzszene" können in guter Arbeitsteilung Architekturen künftiger Systeme entwerfen und prototyphaft realisieren. Auch kleinen Arbeitsgruppen bieten sich hier vielversprechende Forschungsthemen, solange die Verbindung zu Technologielabors gewährleistet ist.

2.12.3.5 Asynchroner Transfermodus (ATM): die Basistechnologie für den Informations-Highway

Grundlage der künftigen Breitbandkommunikation ist das vor etwa zehn Jahren erfundene Prinzip des Asynchronen Transfermodus (ATM), eine Form der schnellen Nachrichtenübermittlung, bei der alle Nachrichten in kleine Datenpakete zerlegt und anschließend mit hoher Geschwindigkeit über die Netze verschickt werden. Die äußerst komplexe ATM-Technik ist nach jahrelangen weltweiten, auch deutschen, Forschungs- und Entwicklungsaktivitäten in das Stadium der Kommerzialisierung eingetreten. Die erste Generation von ATM-Systemen ist auf dem Markt verfügbar und wird in Pilotversuchen oder echten Anwendungen erprobt.

Das Potential der ATM-Technik wird dabei bisher nur zum Teil ausgeschöpft; viele Fragen sind noch nicht schlüssig beantwortet. Für die ATM-Netzforschung hat eine neue Phase begonnen: Das Experimentieren mit realen Systemen, das Schaffen einer theoretisch fundierten Methodik für die Planung und den optimalen Betrieb großer Netze mit einer Vielzahl von Teilnehmern sowie die Anwendung des ATM-Prinzips auf andere Gebiete der Kommunikationstechnik, zum Beispiel den Mobilfunk oder die Satellitentechnik, steht in den nächsten Jahren im Mittelpunkt des Interesses. Die ATM-Technik wird daher auch in den folgenden Abschnitten wieder auftauchen.

2.12.3.6 Netz-Management: flexibel, adaptiv, fehlertolerant, selbstorganisierend

Während der Nutzungsphase der Netze (Netzbetrieb) müssen diese verwaltet, überwacht und angepaßt werden („Netz-Management"). Wenn äußere Anforderungen sich ändern (man denke an die zunehmende Bedeutung der Mobilkommunikation) oder wenn Fehler auftreten, ändert sich auch die Belastung der Netze, zum Beispiel durch Erhöhung der Zahl der zu schaltenden Verbindungen. Die Struktur und die Auslegung (Dimensionierung) der Netze oder einzelner Teile müssen daher flexibler als bisher angepaßt werden können, wenn nicht kostbare Ressourcen unnötig verschwendet werden oder die Qualität der Dienste leiden sollen. Adaptivität ist deshalb eine wichtige Forderung; und hier sind neue Ansätze für die Systeme der Betriebstechnik und die einzusetzenden Optimierungsverfahren erforderlich. Da der Mensch letztlich die entscheidende Instanz für zu treffende Maßnahmen bleibt, ist wie bei anderen technischen Systemen auch hier die „Schnittstelle" zum Benutzer so zu gestalten, daß diesem die komplexe Management-Aufgabe möglichst einfach gemacht wird. Fehler sind in technischen Systemen und auch in Kommunikationsnetzen unvermeidlich. Die Frage ist nur: Wie oft treten sie auf, und welche Konsequenzen haben sie?

Der Entwurf zuverlässiger Kommunikations- und Informationssysteme ist eine Aufgabe, die im Zeichen der weltweiten Vernetzung und der Hochgeschwindigkeitsübermittlung noch wichtiger wird als je zuvor. Die technischen Systeme sollten ein hohes Maß an Fehlertoleranz aufweisen. Darunter versteht man die Fähigkeit der Systeme, bei Auftreten von Fehlern, Störungen so zu reagieren, daß die Funktionalität des Gesamtsystems möglichst wenig beeinträchtigt wird. Eine Methode dafür kann zum Beispiel die vorab organisierte Bereitstellung von Reservesystemen sein, was natürlich einen zusätzlichen Aufwand bedeutet („Redundanz") und ein möglichst automatisches Umschalten der Systeme im Fehlerfall. Ziel ist es, ein Non-Stop-Verhalten zu erzielen. Wo das nicht möglich ist, sollte bis zur Reparatur des Fehlers wenigstens mit reduzierter Leistungsfähigkeit kommuniziert werden.

Wegen der engen Verknüpfung von Informationssystemen und Kommunikationstechnik wird es eine große Herausforderung der Zukunft sein, Methoden zu finden, um die komplexer werdenden technischen Systeme auch im Fehlerfall besser zu beherrschen. Dies kann durchaus im Widerspruch stehen zum Trend, die Informationssysteme zunehmend „selbstorganisierend" zu gestalten.

Darunter versteht man Organisationsformen verteilter Systeme, die ohne zentrale Instanzen auskommen, ähnlich wie manche Strukturen und Systeme in der Natur.

2.12.3.7 Mobilkommunikation für moderne Nomaden

Ein außerordentlich expandierendes Gebiet der Kommunikationstechnik ist die Mobilkommunikation. Beispiele für Anwendungen sind die heutigen Mobilfunksysteme der öffentlichen Netzbetreiber. Neue Anwendungsfelder sind in Sicht oder bereits vorhanden: Im Haushalt, im Umweltschutz genauso wie im Straßenverkehr („Verkehrstelematik") gibt es eine Reihe guter Ansätze und Systementwicklungen, die das große Potential der Mobilikommunikation zeigen. Jeder Teilnehmer soll an beliebigen Orten der Welt erreichbar sein und kommunizieren können, also auch in einer anderen Stadt oder im Ausland. Dahinter steht die Vision des kommunikationsfähigen modernen Nomaden („nomadische Kommunikation").

Ein großes technisches Problem besteht darin, daß man es bei der Funkübertragung mit Übertragungskanälen zu tun hat, die starken Störungen ausgesetzt sind: Andere Funksignale können sich auf den ungeschützten Funkkanal ebenso störend auswirken wie Reflexionen der übertragenen Signale an natürlichen Hindernissen wie Häusern, Bergen usw. Diese störenden Effekte werden noch verstärkt, wenn sich, wie bei der Mobilkommunikation, die Kommunikationspartner mehr oder weniger schnell bewegen.

Welche Gegenmaßnahmen können getroffen werden? Die theoretische Nachrichtentechnik kann relativ genau angeben, wie viele Informationen pro Sekunde man grundsätzlich höchstens über einen gestörten Kanal übermitteln kann. Die Kunst besteht nun darin, sich durch technische Maßnahmen dieser Grenze auch bei Verwendung „realer", das heißt gestörter Kanäle immer weiter anzunähern. Dies kann geschehen durch Hinzufügen von weiteren Informationen zum Sendesignal („Redundanz") und durch geeignete Manipulation („Kodierung") der zu sendenden Informationen, um diese derart anzureichern und zu schützen, daß sie durch die genannten Störeffekte „unterwegs" möglichst wenig beeinträchtigt werden und auf der Empfangsseite eine möglichst dem Idealfall nahekommende Rekonstruktion der gesendeten Nachrichten möglich ist.

Für vergleichsweise „langsame" Übertragungskanäle (einige kbit/s) zur Nutzung für Telefondienste und langsame Datenkommunikationsdienste hat die Forschung, und darauf aufbauend die industrielle Entwicklung, in den letzten Jahren große Erfolge erzielt. In Zukunft sind verbesserte, noch sparsamere Verfahren der Ausnutzung des verfügbaren Frequenzspektrums erforderlich. Nur so kann man künftig Hunderte von Millionen von Teilnehmern bedienen. Eine wichtige Randbedingung ist dabei eine möglichst hohe elektromagnetische Verträglichkeit (EMV), um das Wohlbefinden der Menschen so wenig wie möglich durch die Abstrahlung der elektromagnetischen Signale zu beeinträchtigen. Man muß also versuchen, die Leistung der Sendesignale weiter abzusenken beziehungsweise die Empfänger noch empfindlicher zu machen. Dies kann nur durch konsequente Anwendung der neuesten Methoden der Nachrichtentechnik, Hochfrequenztechnik, Signalverarbeitung, Mikroelektronik und Softwaretechnik geschehen.

2.12.3.8 Mobile Multimediakommunikation

Neben dieser Aufgabe der Kapazitätserhöhung herkömmlicher Systeme steht in den nächsten Jahren die Entwicklung von Verfahren für Systeme zur schnellen und sicheren drahtlosen Übertragung mit Bitraten bis zu etwa 150 Mbit/s pro Kanal auf der Liste der dringenden Aufgaben. Man will erreichen, daß nicht nur in den Festnetzen, sondern im gesamten Netz, unter Einschluß drahtloser Kommunikationsformen, eine breitbandige Multimediakommunikation mit hoher Qualität ermöglicht wird. Die Funkübertragung muß bei deutlich höheren Frequenzen erfolgen, als sie in heutigen Mobilnetzen Verwendung finden: Statt bei 900 MHz oder 1800 MHz (1,8 GHz) werden die Frequenzbänder bei über 30 GHz, möglicherweise bei 60 GHz liegen. Um sehr viele Teilnehmer gleichzeitig versorgen zu können, sind dafür neue Verfahren der Mehrkanalübertragung (Multiplexen) in Diskussion und verbesserte Arten der Koordinierung des Zugriffs mehrerer Mobilstationen auf den gleichen „Pool" von Nutzkanälen. Besonders erfolgversprechend erscheint die Übertragung der Signale in Paketform, wie dies schon bei den breitbandigen kabelgebundenen Netzen der Fall ist (Asynchroner Transfermodus ATM, siehe oben). Bei den verwendeten höheren Frequenzen und neuartigen Übertragungsverfahren sind auch die Ausbreitungsbedingungen in geschlossenen Räumen und im Freien anders als bisher und müssen untersucht werden, bevor derartige Systeme entwickelt und in großem Stil eingeführt werden können.

Schwierige Fragen stellen sich auch im Zusammenhang mit dem Übergang von der heutigen Systemgeneration auf neue mobile Breitbandnetztechniken. Wie sehen „zwei- oder mehrsprachige" Sender/Empfänger aus, mit denen man sowohl schmalbandig als auch breitbandig kommunizieren kann? Könnten sich die Geräte selbsttätig anpassen, je nachdem, wie und wo man kommunizieren will? Die Antworten auf diese Fragen müssen in Zusammenarbeit von Nachrichtentechnikern, Informatikern und Chiptechnologen gefunden werden. Eine Disziplin allein wäre überfordert.

2.12.3.9 Auf dem Weg zu universellen, intelligenten Telekommunikationssystemen

Die bedeutend höhere Übertragungsrate im Funkkanal wurde im vorigen Abschnitt als ein Hauptmerkmal dieser neuen Technik beleuchtet. Ein weiteres und revolutionäres Merkmal der nächsten Systemgenerationen mußte es sein, die Grenzen zwischen den klassischen Mobilkommunikationssystemen und den Systemen der Festnetze (Telefonsystem, ISDN, Breitband-ISDN, Lokale Datennetze) nach und nach aufzuheben. Ziel ist die universelle, persönliche Mobilität, die es den Teilnehmern ermöglichen soll, an welchem Ort sie sich auch befinden und unabhängig davon, ob sie drahtlos oder kabelgebunden kommunizieren wollen, unter einer einzigen Adresse (oder besser: unter ihrem Namen) „als Person" erreichbar und kommunikationsfähig zu sein. Die Realisierung der vollständigen persönlichen Mobilität erfordert in den weltweiten Netzen ein erhebliches Maß an zusätzlicher intelligenter Funktionalität zum Finden und Verfolgen von Teilnehmern, zum sicheren und „geheimen" Verwalten ihrer persönlichen Kommunikations-"Profile", Kommunikationsberechtigungen usw.

Im Prinzip gibt es zwar zur Lösung der damit verbundenen Aufgaben Architekturkonzepte, wie zum Beispiel das Prinzip der Intelligenten Netze (IN). Angesichts des schnellen Wandels der Netztechniken und der Komplexität des Vorhabens sind aber noch viele grundlegende und auch alternative Forschungsarbeiten nötig. So ist zum Beispiel klar, daß die Netzkonzepte des „globalen und universellen" Internet bei der Festlegung der nächsten Netzgenerationen unbedingt berücksichtigt werden müssen. Auf die außerordentlich wichtige Frage der Datensicherheit wird weiter unten eingegangen.

2.12.3.10 Satellitennetze

Neben den „terrestrischen" Netzen werden in den nächsten Jahren verstärkt neuartige Satellitennetze zum Einsatz kommen. Die heutigen Satellitensysteme dienen entweder nur der Abstrahlung von Programmen oder benötigen für die Zweiwegkommunikation eine aufwendige Antenne auf der Erde.

Weltweit wird daher bereits an Systemen gearbeitet, bei denen eine Direktkommunikation zwischen einfachen Mobilterminals und niedrig (nur wenige hundert Kilometer hoch) fliegenden Satelliten möglich ist. Besonders für Gegenden, die noch keine Kabelinfrastruktur haben (Länder der Dritten und Vierten Welt), aber auch in Ballungsgebieten stellen solche „Low Earth Orbiting"-Netze (LEO) eine ernsthafte Alternative für die Zukunft dar. Aus wissenschaftlicher Sicht gibt es kaum ein interessanteres und schwierigeres Systemkonzept: Alles ist in Bewegung – der Teilnehmer mit seinem Endgerät, die zahlreichen Vermittlungsstellen im Weltraum und die drahtlosen Verbindungen zwischen den niedrigfliegenden Satelliten beziehungsweise den Satelliten und der Erde. Wegen der Komplexität der Systeme und Abläufe sind auf diesem Gebiet gemeinsame Projekte von Spezialisten unterschiedlicher Disziplinen erforderlich.

2.12.3.11 Netze planen und analysieren mit Hilfe des Computers

Die Komplexität moderner Nachrichtennetze wird immer größer. Zusammenhänge und Abläufe sind für den Menschen kaum noch vollständig überschaubar. Infolgedessen sind für die sorgfältige Planung und den Entwurf von Netzen rechnergestützte Werkzeuge gefordert, mit deren Hilfe zum Beispiel die Dimensionierung der Netze („wieviel Leitungen mit wieviel Transportkapazität oder wieviel Vermittlungsknoten mit welcher Verarbeitungsleistung werden benötigt?") erleichtert wird. Die hierzu benötigten Verfahren müssen wegen der großen Zahl von Freiheitsgraden neueste mathematische Berechnungs- und Simulationsverfahren einsetzen, um die gestellten Aufgaben überhaupt (und in endlicher Zeit) lösen zu können. Die Planungsaufgaben werden dadurch erschwert, daß die Vielfalt der Netze und Dienste bekanntlich eher zunimmt. Es fallen also sehr große Datenmengen an, die verwaltet werden und auch auf geeignete Weise

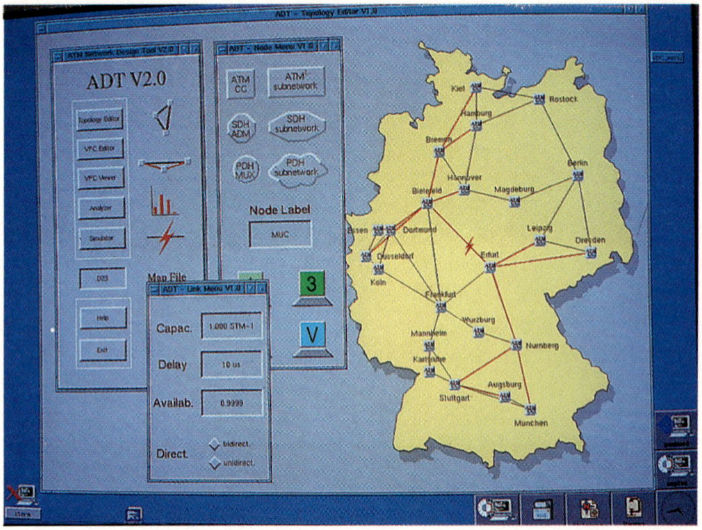

Abb. 2.12.2: Computerunterstützte Planung und Analyse von Kommunikationsnetzen. Komplexe Netze können mit intelligenten Werkzeugen entworfen und analysiert werden. Dieses System erlaubt die Entwicklung und Untersuchung von automatischen Ersatzschaltungsmaßnahmen im Fehlerfall, zum Beispiel bei Leitungsunterbrechungen.

dargestellt (visualisiert) werden müssen. Eine große Schwierigkeit stellen auch die heute noch unzureichenden Kenntnisse über die Charakterisierung der Nachrichtenquellen dar. Durch die große Zahl der Möglichkeiten, Nachrichten zu erzeugen (Sprachgeräte, Videoquellen, Computer der verschiedensten Art, mobile und feststehende Geräte, kombinierte Systeme/Multimedia), und deren Variabilität ist es sehr schwierig, diese Nachrichtenquellen genügend genau zu beschreiben, so daß diese Beschreibungen für theoretische Analyse- und Dimensionierungszwecke wirklich verwendbar sind. Eine enge Zusammenarbeit zwischen Netzspezialisten und Mathematikern ist hier sehr vorteilhaft.

Angestrebt werden Syntheseverfahren, die es erlauben, den gesamten Entwurfsprozeß weitgehend zu automatisieren, dadurch fehlerärmer zu gestalten und zu optimieren. Trotzdem sollen dem Anwender genügend Möglichkeiten zum manuellen Eingreifen und zur Steuerung bleiben. Hierzu sind noch erhebliche Forschungsanstrengungen zu leisten.

2.12.4 Verteilt und vernetzt: intelligente Informationssysteme

Kommunikations- und Informationsnetze sind grundsätzlich „verteilte Systeme". Die technischen Funktionen sind nicht an einer Stelle konzentriert, sondern räumlich fast beliebig verteilt und immer stärker verknüpft. Heutige verteilte Informationssysteme sind zunehmend so organisiert, daß bestimmte Programme („Anwendungen") auf speziellen Dienstleistungsrechnern (Servern) laufen, auf die über leistungsfähige Netze aus der Ferne zugegriffen werden kann (Client-

Server-Architekturen). Zwei oder mehr Software-Programme und Rechner arbeiten in diesem Fall so zusammen, als würden sie in derselben Maschine residieren. Das Zusammenspiel wird über Kommunikationsprotokolle geregelt, die ein wichtiger Forschungsgegenstand sind.

2.12.4.1 Kommunikationsprotokolle und -software für Multimedia

Für eine Vielzahl von Diensten und Anwendungen – vom Telefonnetz bis zum Flugbuchungssystem – sind im Laufe der letzten Jahrzehnte Kommunikationsprotokolle entwickelt und vorhandene verbessert worden. Bekannte Beispiel sind das ISDN und Internet. Ein noch nicht völlig erreichtes Ziel ist die Offenheit der Kommunikationssysteme zum Zwecke ihrer freizügigen Verbindbarkeit („open systems interconnection"), was die internationale Vereinheitlichung („Standardisierung") der Kommunikationsprotokolle voraussetzt. Die Existenz einer großen Zahl bestehender Protokolle und die damit einhergehende Heterogenität, die zunehmenden Anforderungen an die Protokolle durch neue Anwendungsfelder und der Bedarf nach Steigerung der Leistungsfähigkeit kennzeichnen die Randbedingungen für die Protokollforschung.

Wie oben ausgeführt, werden die Computer jetzt zu multimedialen, extrem leistungsfähigen, kommunikationsfähigen Endgeräten. Die Netze und deren Protokolle müssen dieser Entwicklung angepaßt werden. Das Vordringen der multimedialen Kommunikation hat eine Reihe von Problemen aufgeworfen, die nur durch eine Änderung beziehungsweise Anpassung der heute verwendeten Protokolle oder durch Neuentwicklungen lösbar sein dürften. So ist man seit einiger Zeit weltweit dabei, Übermittlungsverfahren auf der Grundlage der im Internet verwendeten Protokolle zu entwerfen und zu testen, die auch die Übertragung von Sprache und Bilddaten ermöglichen, und zwar unter Einhaltung von hohen beziehungsweise definierten Qualitätsstandards. Die Schwierigkeit besteht unter anderem darin, daß im Unterschied zur „normalen" Datenübertragung (zum Beispiel für Textinformationen) die Sprach- und Videosignale als „Echtzeitkommunikation" zu betrachten sind, das heißt, die Übertragung muß innerhalb bestimmter Zeitlimits erfolgen, da es sonst zu Unterbrechungen, Signalverzerrungen oder anderen Beeinträchtigungen der Übertragung kommt. Weitere offene Punkte sind die Behandlung von Mehrpunktverbindungen (zum Beispiel für Konferenzen) und rechnergestützte Verfahren für den Beweis der Korrektheit von Protokollen.

Viele Multimediadienste (zum Beispiel Telekonferenzen) sind in ihren (protokoll- beziehungsweise softwaregesteuerten) Abläufen und Strukturen derart kompliziert, daß es schwierig ist, ihr Verhalten unter den verschiedenen Randbedingungen der Nutzungsumgebung so eindeutig und exakt zu spezifizieren, daß aus Sicht des Benutzers möglichst wenig unerwartete oder fehlerhaft erscheinende Systemreaktionen auftreten. Hierzu sind neue Methoden der Konstruktion von Multimediadiensten zu entwickeln und zu erproben (Service Engineering).

2.12.4.2 Software Engineering: verteilte große Softwaresysteme entwerfen und beherrschen

Wiederverwendbare Software

Bei der Softwareentwicklung wurde lange Zeit sehr individualistisch gearbeitet. Ingenieurmäßiges, systematisches Vorgehen war weniger anzutreffen als der „geniale" Entwurf. Daher ist seit längerem das zentrale Thema der Softwareentwicklung die Erreichung einer besseren „Wiederverwendbarkeit" von Software. Methoden zur „fabrikmäßigen", kontrollierten Fertigung von Software mit vorgegebenen Qualitätsanforderungen (Software Engineering) sind das Ziel. Auf diesem Wege ist man in den letzten Jahren weltweit zwar große Schritte vorangekommen. Viele Defizite bleiben aber bestehen, was darin zum Ausdruck kommt, daß die Produktivität der Softwareentwicklung immer noch weit hinter jener der Hardwareentwicklung herhinkt.

Wie läßt sich das Ziel erreichen? Einige Forschungsprojekte verfolgen den Ansatz, Softwareentwicklungsprojekte als „kontrollierte Experimente" aufzufassen, bei denen schritthaltend mit der Entwicklung wiederverwendbare Informationen aller Art aufgezeichnet und im Sinne einer Wissensdatenbank einschließlich existierender Softwarekomponenten gespeichert werden. Da es zur Beschreibung von Modellen und Systemen heute eine Vielzahl von Modellbeschreibungstechniken gibt, stellt sich die schwierige Aufgabe, diese Beschreibungstechniken in einem geeigneten Rahmenkonzept zu integrieren. Wesentlich ist, daß in Zukunft alle Aspekte des Entwicklungsprozesses berücksichtigt werden: technische Vorgaben, Qualitätsfragen, Personalqualifikation, Wirtschaftlichkeitsbetrachtungen, Organisationsfragen, Terminvorgaben u.v.m.

Ein weiteres Problem bei der Beschreibung von Systemen besteht darin, daß es sehr unterschiedliche Aspekte gibt („Sichten"), unter denen man ein System betrachten kann. Man denke zum Vergleich an die unterschiedlichen Arten, wie ein Architekt, ein Immobilienhändler oder ein Maurer ein Haus betrachten und beschreiben. Ähnlich differenziert sind die Sichtweisen im Bereich der Informations- und Kommunikationssysteme. Sie haben alle ihre Berechtigung, können also nicht etwa vereinheitlicht werden. Es gilt vielmehr, sie verträglich zu machen (kompatibel), vielleicht ineinander überführbar. So wird man sich in Zukunft manchen unnötigen und fehlerbehafteten Zwischenschritt beim Entwurfsprozeß sparen können.

Man wünscht sich außerdem möglichst leistungsfähige Techniken zur automatischen Erzeugung von Software unter Berücksichtigung von Anforderungen und Randbedingungen wie hoher Zuverlässigkeit, möglichst geringer Beeinträchtigung der Ablaufgeschwindigkeit der Programme (oft ein Nachteil des automatischen Erzeugens von Software), Übersichtlichkeit und nicht zuletzt guter Dokumentation aller Entwicklungsschritte und der Software selbst.

Hardware oder Software?

Die Einführung von relativ abstrakten Modellbeschreibungstechniken wird es erlauben, über weite Strecken des Entwicklungsprozesses die Entscheidung offenzulassen, inwieweit eine Systemkomponente in Hardware (Elektronik) oder in Software realisiert wird. Die Systemarchitektur (also der grundsätzliche Bauplan) und die funktionale Verhaltensbeschreibung sollten davon weitgehend unabhängig sein, wie die Systeme letztlich „implementiert" werden. Computersimulationen des gesamten Systems (auf verschiedenen „Abstraktionsebenen") ermöglichen eine schritthaltende Optimierung der einzelnen Teile während des Zusammenbaus. Die Entscheidung über die tatsächliche Realisierung kann dann zum Beispiel aufgrund von Wirtschaftlichkeitsbetrachtungen gefällt werden. Unter dem Stichwort „Hardware-Software-Codesign" wird dieser integrierte Entwurf von Systemen weltweit verfolgt, und auch in Deutschland gibt es eine Reihe erfolgversprechender Ergebnisse, die eine weitere Forschung auf diesem wichtigen Gebiet nahelegen.

2.12.4.3 Wo sitzt die Intelligenz? Funktionsverteilung in verteilten Systemen

Zur Durchführung der Steuerungsfunktionen, zum Zugriff auf die Informationen ebenso wie zu deren Transport, ist eine Fülle intelligenter Funktionen erforderlich. Der durch die Vernetzungstechniken mögliche Trend zur Verteilung der Daten und Programme läßt allerdings noch offen, wie denn die tatsächliche Verteilung dieser Funktionen ist. Welche Aufgaben werden den immer leistungsfähigeren Endgeräten (PC u.a.) zugeordnet, und welche Systemkomponenten residieren im Netz? Befinden sich diese Softwareprogramme in den Vermittlungseinrichtungen eines „Intelligenten Netzes" oder in angeschlossenen Rechnern, oder sind Mischlösungen denkbar? Wie wirken alle diese Funktionseinheiten zusammen? Welche Rolle spielt die zunehmende Mobilität der Nutzer und Geräte?

Software wird mobil

Ein neuer Ansatz wird jetzt weltweit mit der JAVA-Programmiertechnik verfolgt. Darunter versteht man ein Verfahren, bei dem die zur Bearbeitung einer Aufgabe in einem Rechner erforderlichen Programme nicht (quasi vorinstalliert) an diesem Rechner vorgehalten werden. Statt dessen werden sie „ad hoc" über das Kommunikationsnetz, natürlich automatisch gesteuert, abgerufen und in den eigenen Rechner geladen. Gegenüber herkömmlichen, vergleichbaren Konzepten, bei denen die Durchführung der Funktionen ausgelagert wird, handelt es sich also hier um eine stückweise, lokale Abarbeitung von Programmen. Diese Programme werden auf einer betriebssystemunabhängigen „Plattform" des lokalen Rechners interpretiert. Mit diesem echten „Network Computing" strebt man eine größere Unabhängigkeit von bestimmten Herstellern und deren Betriebssystemen an sowie die erleichterte Nutzung der „unendlich großen" Softwarebasis in den künftigen Informationsnetzen im Sinne einer Wiederverwendbarkeit von Software. Obwohl es schon erste kommerzielle Produkte gibt, steht die Idee der im Netz beweglichen Software noch völlig am Anfang. Offene Fragen stellen sich zum Beispiel hinsichtlich

- Geschwindigkeit: Wie leistungsfähig sind solche Architekturen, insbesondere für zeitkritische Anwendungen?
- Skalierbarkeit: Sind JAVA-artige Verfahren auch bei großen Informationssystemen mit sehr vielen Teilnehmern einsetzbar?
- Kompatibilität: Wie arbeiten die neuen Techniken mit den existierenden Informationssystemen zusammen?
- Sicherheit: Wie kann man bei derartigen „geliehenen" Programmen, über die der Nutzer letztlich nur wenig Kontrolle hat, sicherstellen, daß sie genau das tun, was man erwartet, und keinen Schaden anrichten?
- Entwurfsprozeß: Wie muß der ingenieurmäßige Entwurfsprozeß im Hinblick auf solche Softwaretechniken modifiziert werden?

Das Prinzip der Agenten

„Intelligente Software-Agenten" sind Programme, die Personen oder anderen Programmen „persönliche Unterstützung" im Sinne eines künstlichen Assistenten geben für Zwecke

- der Informationsbeschaffung,
- der Informationsbewertung,
- des Informationstransports,
- der Informationsentsorgung.

Die Forschung der nächsten Jahre muß sich verstärkt damit befassen, die Eigenschaften solcher Agenten zu beschreiben und die Architektur von Agentensystemen zu entwerfen. Man kann sich nämlich höchst unterschiedliche Eigenschaften solcher Agenten vorstellen:

- Mobile Agenten: Diese sind besonders attraktiv, da sie die Fähigkeit haben, im Laufe ihrer Aktivitäten den „Wirtsrechner" zu wechseln und so zum Beispiel an unterschiedlichen Orten nach Information zu schürfen („data mining").
- Lernende Agenten: Zur Ausführung ihrer Aufgaben können Agenten mit Lernfähigkeit ausgestattet sein, um Gewohnheiten des Auftraggebers (Benutzers), seine Interessen und Vorlieben registrieren und beim weiteren Fortgang von Aufträgen berücksichtigen zu können. Hier kommt deutlich der „persönliche" Aspekt der Agententechnik zum Ausdruck.
- Kooperierende Agenten: Werden die zu lösenden Probleme schwieriger, so sollten Agenten auch kooperieren können und gemeinsam Aufgaben lösen.

Die Agentenforschung hat zu den genannten Fragen zwar erste Antworten gefunden. Zur Bereitstellung anwendbarer Konzepte sind jedoch noch erhebliche Anstrengungen erforderlich.

2.12.4.4 Rechnerarchitektur: massiv parallel

Der Gedanke, zur Lösung von rechenintensiven Aufgaben nicht nur einen, sondern viele Rechner einzusetzen und diese die Aufgabe mehr oder weniger gleichzeitig durchführen zu lassen, wird seit mehreren Jahrzehnten verfolgt und hat inzwischen zu einer größeren Zahl von einsatzfähigen Systemen geführt.

Bestimmte Klassen von Problemen eignen sich besonders gut für die parallele Berechnung, zum Beispiel bei der Wettervorhersage, der Simulation großer technischer Systeme, beim Betrieb großer Datenbanksysteme mit vielen gleichzeitigen Zugriffen.

Durch die Verfügbarkeit kostengünstiger Mikroprozessoren und schneller Kommunikationssysteme können mehrere hundert und künftig viele tausend Rechner (Mikroprozessoren oder auch PC) zu einem Pool zusammengeschaltet werden. Trotz intensiver Forschungsaktivitäten sind hier noch eine Reihe grundsätzlicher Probleme zu lösen. So sollte der Verlust an Verarbeitungsleistung infolge des Nachrichtenaustauschs zwischen den Rechnern zwecks Abstimmung und Koordinierung möglichst gering gehalten werden. Auch die Frage, wo im System wieviel Speicher vorzuhalten ist, ist zu beantworten. Das schwierigste Problem stellt aber die Frage dar, wieviel Rücksicht der Softwareentwickler auf die später durchzuführende parallele Abarbeitung der Programmierung zu nehmen hat. Gibt es irgendwann den universellen Parallelrechner? Bisher stellt die möglichst gute Aufteilung der zu lösenden Aufgabe in Teilaufgaben und deren statische oder dynamische Zuordnung zu den rechenfähigen Rechnern des Parallelrechensystems („Allokation") ein sehr schwieriges Problem dar. Ein Schwerpunkt zukünftiger Forschung sollte der Einsatz von Parallelsystemen in ausgewählten Anwendungen sein (zum Beispiel Datenbanken, Entwurfsautomatisierung, Algorithmen, Simulation).

2.12.4.5 Betriebssysteme: Software-Gehirne der verteilten Rechnersysteme

Ein Kernbestandteil jedes Computers ist das Betriebssystem. Es verwaltet die Rechenkapazitäten und andere Ressourcen des Systems und sorgt dafür, daß die Anwendungsprogramme ordnungsgemäß ablaufen können. Besonders wichtig sind Betriebssysteme für die Server (Datenbanken usw.), auf die im Zeichen der Multimediadienste neue Anforderungen zukommen, sowie im Bereich der kleinen Betriebssysteme für eingebettete Computer („imbedded systems"), wie sie in Geräten aller Art enthalten sind.

Generell führt die zunehmende Vernetzung der Informationssysteme im Bereich der Betriebssysteme zu neuen Problemstellungen und zu einem erheblichen Forschungsbedarf hinsichtlich

- Mobilitätsunterstützung,
- Multimedia-Unterstützung,
- Datensicherheits- und Datenschutzfunktionen,
- Fehlertoleranz.

Mobilitätsunterstützung

In mobilen Rechnersystemen können die Daten, schon wegen der Kleinheit der Geräte, nur in begrenztem Umfang lokal gehalten werden. Sie sind deshalb im Netz verteilt, auf anderen mobilen Systemen oder in ortsfesten Servern. Es ist nur schwer vorhersagbar, welche Daten in welchem Umfang lokal (in Kopie) gehalten werden sollten und wie dann die Konsistenz der gesamten (lokalen und nichtlokalen) Daten sichergestellt werden kann. Das bedeutet die Verfügbarkeit geeigneter Verfahren für das „Aktuellhalten" der Informationen (updating). Die Betriebssysteme müssen in Zukunft solche verteilte Datenhaltung besser unterstützen.

Die unterschiedliche Größe der Rechnersysteme, Kleinstrechner in Form von Taschengeräten (Personal Digital Assistants – PDA), größere, aber auch mobile PC, bis hin zu Hochleistungssystemen sollen künftig mit einheitlicheren Betriebssystemen ausgestattet werden, als das heute der Fall ist. Gefragt sind daher flexibel konfigurierbare Betriebssysteme, die, je nach Anforderung, auf den gewünschten Funktionsumfang zugeschnitten werden können.

Ressourcen verwalten unter kritischen zeitlichen Randbedingungen

Ein bisher noch unzureichend gelöstes Problem stellt das Management der Ressourcen unter den verschärften zeitlichen Randbedingungen der Multimediatechnik und zeitkritischer industrieller Systeme dar. Während traditionelle Betriebssysteme nur ein sehr eingeschränktes „Zeitbewußtsein" aufweisen, muß dies bei Anwendungen, die Sprach- und Videokommunikation verwenden, sehr gut ausgeprägt sein, damit die Kommunikation fehlerfrei abgewickelt werden kann. „Live" zu übertragende Sprach- und Bildinformationen vertragen weder allzugroße zeitliche Verzögerungen noch den Verlust von Informationen, die vielleicht nicht rechtzeitig abgeschickt oder empfangen werden konnten. Im Bereich der industriellen Anwendungen sind ähnliche Probleme bei den Echtzeitsystemen zu lösen, wo innerhalb bestimmter Zeitschranken informationsverarbeitende Aufgaben garantiert zu lösen sind, da bei Überschreitung der Zeitschranken Schäden an technischen Einrichtungen oder Gefahren für Menschen eintreten können. Die Forschung muß hier nach systematischen Methoden suchen, um vorab, also bereits bei der Planung und Spezifikation der Abläufe, Aussagen über die Einhaltung der Echtzeitbedingungen machen zu können.

2.12.5 Benutzer und technisches System: Wer paßt sich an wen an?

2.12.5.1 Kommunikationsergonomie

Ergonomie ist allgemein die Lehre von der bestmöglichen wechselseitigen Anpassung des Menschen an seine Arbeitsbedingungen. Heute werden die Arbeitsbedingungen in immer stärkerem Maße durch die informations- und kommunikationstechnischen Geräte und Systeme und deren Funktionen bestimmt: Telefone, Computer, Faxgeräte, Multimediasysteme sind Hilfsmittel und Werkzeuge, die aus dem privaten und vor allem geschäftlichen Leben nicht mehr zu wegdenken sind. Vielfach ist heute noch ein unangemessen hoher Lernaufwand zur Systembedienung erforderlich. Der Mensch versucht, sich an das technische System anzupassen, nicht umgekehrt. Die Bedienbarkeit zukünftiger Informations- und Kommunikationssysteme muß aber selbstverständlich auch für Benutzer sichergestellt sein, die keine Computerexperten sind. Es kommt also auf eine gute „Kommunikationsergonomie" an, damit Mensch und Computer, Mensch und Kommunikationssystem, möglichst optimal zusammenarbeiten.

Wer muß sich dabei an wen anpassen? Die Anpassung zwischen „Mensch und Maschine" hat zwei Aspekte. Zum einen muß der Benutzer natürlich bereit sein, sich mit dem (neuen) technischen System auseinanderzusetzen, er muß lernen, es für sich einzusetzen. Dieser Lernvorgang und der Umgang mit dem System soll aber andererseits möglichst erleichtert werden durch eine gute und an den Menschen angepaßte „Benutzungsoberfläche" (auch als „Bedienoberfläche" bezeichnet). Die Anforderungen an die Bedienoberfläche gehen weit über die traditionellen ergonomischen Richtlinien hinaus: Bedienoberflächen sind so zu gestalten, daß sie an die Kommunikations-, Wahrnehmungs- und Reaktionsfähigkeiten des Menschen auf geistiger Ebene bestmöglich angepaßt sind.

Die zwei bekanntesten konventionellen Arten der Interaktion zwischen I&K-Systemen und dem Menschen sind die Tastatur des Telefons beziehungsweise Rechners als Eingabe- und der Bildschirm als Ausgabemedium. Zwar haben sich beide in den letzten Jahrzehnten weiterentwickelt. Allerdings nicht unbedingt im Sinne einer besseren Handhabbarkeit der Systeme: Tastaturen mit einer verwirrenden Vielzahl von Funktionstasten und grafisch unterstützte Bildschirmdarstellungen mit komplexen Menüs, verschachtelten Fenstern und unzureichender Bedienerführung sorgen eher für eine Abwehrhaltung beim Benutzer als für Akzeptanz. Neue Informations- und Kommunikationssysteme werden aber nur dann angenommen, wenn die Systeme benutzerfreundlicher als bisher üblich gestaltet werden. Wie kann man verhindern, daß die steigende Komplexität der Systeme automatisch eine ebenso steigende Komplexität des Umgangs mit diesen Systemen nach sich zieht? Ansätze dazu gibt es, fertige Lösungen noch kaum. Der große Handlungsbedarf für die Forschung liegt daher auf der Hand.

2.12.5.2 Komplexität bewältigen durch benutzerangepaßte Medien und Adaptivität

Im Zeichen der multimedialen I&K-Technik entstehen zusätzliche Komplexitäten (man denke an die gemeinsame Steuerung mehrerer Nachrichtenströme – Sprache, Text, Video). Andererseits gibt die Informationstechnik auch neue Möglichkeiten zur Unterstützung der Interaktionen zwischen Mensch und System an die Hand. Folgende Grundprinzipien sind dabei anzuwenden:

- Verbergen der Komplexitäten des technischen Systems vor dem Benutzer;
- Nutzen weiterer benutzeradäquater Medien, also zum Beispiel der natürlichen Sprache oder des Tastsinns, im Sinne eines „intelligenten Dialogs";
- selbsttätiges Anpassen des Systems an den Menschen und seine Bedürfnisse und Wünsche.

Diese drei Prinzipien sind nicht unabhängig voneinander. Das Verbergen der „inneren" Komplexität eines Systems vor seinem Benutzer ist bis zu einem gewissen Grad in jedem modernen technischen System verwirklicht. Die Schwierigkeit besteht darin, zu entscheiden, was zu verbergen ist und was nicht.

Je nach Art der Aufgabe, dem Zeitpunkt der Benutzung des Systems, den Vorkenntnissen des Benutzers, dem aktuellen Verlauf des Dialogs zwischen Benutzer und dem technischen System sind unterschiedlich detaillierte Informationen über das System selbst erforderlich. Der Systembenutzer soll sich vorrangig auf die Aufgabe konzentrieren, die er mit Hilfe des technischen Systems lösen will, und weniger auf die Systembedienung.

Von ganz besonderer Bedeutung ist das Zusammenwirken der verschiedenen Kommunikationsweisen des Menschen, wie Sprache, Schreiben/Text, Bild, Gestik, Mimik und deren maschinelle Interpretation im Sinne eines „intelligenten Dialogs". Auch der „normale" zwischenmenschliche Dialog verläßt sich ja nicht nur auf einen Sinn des Menschen. Die Ausnutzung der in der jeweiligen Situation oder Anwendung günstigsten sensorischen, kognitiven und motorischen Fähigkeiten des Menschen könnte einen echten Synergieeffekt und eine erhöhte Effizienz für die Mensch-Maschine-Interaktion mit sich bringen. Das „Sprechen mit dem Computer" ist dabei nur eine der vielen Facetten. Ebenso interessant und wichtig ist das Erkennen, Verstehen und Verwerten handgeschriebener Vorlagen oder visueller Informationen, seien es ruhende oder bewegte Bilder.

Auf dem Weg dahin sind mehrere große Hürden zu überwinden. Für den Sprachdialog benötigt man leistungsfähige und robuste Sprach- und Sprechererkennungsverfahren. Hier sind in den letzten Jahren beträchtliche Erfolge erzielt worden. Weitere Fortschritte sind in den nächsten Jahren aufgrund der erhöhten Leistungsfähigkeit der eingesetzten Rechner und verbesserter Verfahren (Algorithmen) zu erwarten. Noch ist die Sicherheit, mit der Worte richtig erkannt oder Sprecher identifiziert werden, nicht hoch genug. Die Aufgabe der Spracherkennung ist verbunden mit der schwierigen Aufgabe der Sprachinterpretation, des Sprachverstehens. So sind zum Beispiel Mehrdeutigkeiten zu entscheiden: Was ist mit einem Wort, einem Satz eigentlich gemeint? Bilder maschinell zu erkennen, zu verstehen und zu interpretieren, ist eine noch deutlich komplexere Aufgabe.

Die Steuerung des Dialogs schließlich ist der schwierigste Teil der Aufgabe. Welche Schlußfolgerungen und Aktionen sind aus der „Benutzereingabe" abzuleiten? Mit welchen Medien ist der Dialog momentan oder in der Folge am günstigsten zu führen? Welche Informationen sollten gespeichert werden, um sie später wiederverwenden zu können? Ein großes Problem besteht darin, daß der Kommunikationspartner Mensch sich selbst während des Dialogs verändert. Stimmungen, äußere Bedingungen usw. wirken auf den Benutzer ein. Das technische System sollte sich im Idealfall diesen Veränderungen flexibel anpassen.

Mit Hilfe von Schichtenmodellen – ähnlich jenen der technischen Kommunikation – und unter Verwendung von Aufgaben- und Benutzermodellen, die als Softwarepakete implementiert sind, soll sich das System an den Benutzer und seine Arbeitsweise anpassen und ihm Hilfen bei der Lösung seiner Aufgaben anbieten. Vom anpassungsfähigen zum lernfähigen System ist es ein zusätzlicher

Schritt. Eine Reihe noch ungelöster Fragen stellt sich auf dem Wege dorthin: Welche Lernstrategien sind zu verfolgen? Können Methoden der künstlichen Intelligenz helfen? Wieviel soll und darf ein System vom Benutzer lernen? Wie greifen solche Verfahren in die Privatsphäre ein? Neben technischen Fragen spielen also auch Fragen der Bewertung von persönlicher Unabhängigkeit und des Datenschutzes eine gewichtige Rolle.

Der Entwicklung und Untersuchung von Methoden zur Realisierung benutzerangepaßter Mensch-Maschine-Dialoge kommt im Rahmen der informationstechnischen Forschung eine besondere Bedeutung zu. Neben der Erweiterung der Grundlagen sind hier breit angelegte experimentelle Untersuchungen durchzuführen. Dies erfordert den prototyphaften Bau von Teilsystemen in Hard- und Software, die Bereitstellung von Entwicklungs- und Simulationswerkzeugen und von Bewertungsverfahren. Die Mensch-Maschine-Kommunikation ist eine gundsätzlich interdisziplinäre Thematik. Die Umsetzung von Zielvorgaben für einen benutzerangepaßten Informationsaustausch in überschaubarer Zeit und mit angemessenem Aufwand muß in enger Kooperation verschiedener Disziplinen der Grundlagenforschung (Technik/Informatik, Psychologie, Linguistik, Philosophie) und mit einer prototyphaften Ergebnisdemonstration für konkrete Anwendungsfelder erzielt werden.

2.12.6 Informations- und Kommunikationssicherheit, Datenschutz

Durch die Informatisierung und Vernetzung aller Bereiche der Gesellschaft wird die Gewährleistung der informationstechnischen Sicherheit und des Datenschutzes zu einer unabdingbaren Voraussetzung für die Einführung neuer multimedialer Technologien, Systeme und Anwendungen. Die Nutzer der IT-Systeme müssen sich künftig mehr als bisher auf diese Systeme verlassen und ihnen vertrauen können. Der hierbei wichtige Aspekt der Zuverlässigkeit und Verfügbarkeit der Netze und Informationssysteme ist oben bereits behandelt worden.

Informations- und Kommunikationssicherheit

Informations- und Kommunikationssicherheit bedeutet:

- Vertraulichkeit gespeicherter und transportierter Informationen: Daten sind zu sichern vor dem Zugriff durch Unbefugte;
- Unbeobachtbarkeit: Kommunikationsvorgänge sollten durchführbar sein, ohne daß Dritte davon erfahren;
- Anonymität des Zugriffs: Bei Bedarf sollten Benutzer die Möglichkeit haben, auch ohne Preisgabe ihrer Identität Informationen zu erhalten und kommunizieren zu können;
- Gewährleistung der Unversehrtheit (Integrität) von Daten: Daten dürfen nicht unerlaubt und unbemerkt verändert werden;
- Gewährleistung der Authentizität von Absendern und Empfängern von Daten: Es muß verhindert werden, daß sich jemand als ein anderer ausgibt.

Eine Reihe technischer Maßnahmen zur Gewährleistung der IT-Sicherheit wurde in den letzten Jahren erfolgreich entwickelt. Manche sind heute im praktischen Einsatz. Die Kryptologie lieferte dazu leistungsfähige Verschlüsselungstechniken unter Einsatz komplizierter mathematischer Verfahren („Krypto-Algorithmen"). Unter den Anwendungen sind zu nennen die digitale Signatur („digitale Unterschrift"), Authorisierungsverfahren für den Zugang zu Netzen und Diensten (zum Beispiel im Mobilfunk) und die Chipkartensysteme im Bankwesen.

Die von den Mathematikern entwickelten Krypto-Algorithmen sind zwar nach heutigem Stand relativ gut, das heißt, die verwendeten Codes sind eigentlich nicht zu brechen. Die Erfahrungen der letzten Jahre zeigen jedoch, daß die enorme Zunahme der Rechenleistung (insbesondere mit Parallelrechnern) sowie unerwartete, aber durchaus mögliche Durchbrüche bei den Codebrechungsverfahren die Gefahr von Sicherheitslücken in den I&K-Systemen nicht sinken, sondern steigen lassen. Ein gravierendes Problem ist die Tatsache, daß sich die Sicherheit wichtiger heute verwendeter Kryptoverfahren nicht beweisen läßt. Auch die Bewertung der Qualität der Verfahren läßt noch zu wünschen übrig.

Die Forschung auf dem Gebiet der Kryptoverfahren muß daher, in Zusammenarbeit von Mathematik und Informationstechnik, verstärkt werden. Des weiteren sind anwendungsorientiert die Bedrohungen komplexer realer Systeme zu untersuchen, um Schwachstellen zu entdecken und zu eliminieren. Projekte, die sich explizit mit Bedrohungs-Szenarien und Verfahren der Codebrechung befassen, sollten deshalb unbedingt gefördert werden. Auf diesem Wege können auch neue sicherheitstechnische (Abwehr-)Verfahren entdeckt und entwickelt werden.

Entwurf sicherer Systeme: Informationssicherheit von vornherein einbauen

Neben der Erforschung der Grundlagenprobleme auf dem Gebiet der Kryptoalgorithmen sind systemorientierte Arbeiten erforderlich. So fehlen zum Beispiel noch gute Methoden zum systematischen Entwurf und zur formalen Spezifikation sicherer Systeme, insbesondere großer Systeme mit vielen, sehr unterschiedlichen Systembestandteilen (heterogene Systeme).

Auch die Sicherheitsfragen künftiger mobiler und multimedialer Systeme müssen intensiver als bisher angegangen werden. Andernfalls werden diese neuen Techniken und Medien ohne oder mit schwachen Sicherheitstechniken ausgestattet. Die Erfahrung zeigt, daß eine „Nachrüstung" von Systemen, vor allem, wenn sie bereits in Netzen integriert sind, nur unter Verlust von Sicherheit möglich ist. Ziel muß es also sein, die Sicherheitskonzepte bereits beim Entwurf der „Architektur" und schritthaltend in den Phasen der Systementwicklung zu berücksichtigen. Die Globalisierung der Kommunikation verlangt, daß *überall* in den Netzen auf Sicherheit geachtet wird und Schutzmaßnahmen überall greifen, nicht nur in Teilnetzen oder Teilsystemen. Die hochgradige Vernetzung erlaubt auch „koordinierte Angriffe" auf vermeintlich sichere Systeme, mit größeren Erfolgsaussichten auf Eindringen und Beschädigung als bei isolierteren Systemen.

Für die Sicherheit gilt in besonderem Maße die Regel: Eine Kette ist so stark wie ihr schwächstes Glied. Gefälschte Daten, die in Japan in ein Netz eingespeist werden, betreffen Europa eventuell genauso wie hier lokal erzeugte fehlerhafte Informationen. Netzzusammenbrüche in USA stören den Verkehr in Europa unter Umständen gravierend, wenn bestimmte, eigentlich innereuropäische Verbindungen aus Kostengründen über Amerika geführt werden. Deshalb sind einheitliche technische Standards unentbehrlich. „Sicherheitsinseln" müssen künftig durch globale Sicherheitskonzepte ersetzt werden. Die Forschung hat hier die Aufgabe, Vorreiter zu spielen und realitätsnahe Vorschläge zu entwickeln.

Datenschutz

Den in modernen I&K-Systemen bereits intensiv diskutierten und in Vorschriften wie dem Bundesdatenschutzgesetz berücksichtigten Problemen des Schutzes personenbezogener Daten muß im Rahmen der Erforschung neuer, insbesondere multimedialer Kommunikationstechniken besonderes Augenmerk geschenkt werden. Zur Steuerung der Kommunikationsvorgänge, beim Zugriff auf Informationen im Netz, bei der Verwaltung und Verteilung der Informationen und bei der Entgeltabrechnung fallen überall Steuerungsdaten an, die je nach technischer Realisierung und Anwendungsfall mehr oder weniger lang gespeichert werden müssen. Dies gilt insbesondere bei der Verwirklichung der „totalen Mobilität" (Universelle Mobile Telekommunikationssysteme, UMTS).

Die Menge an schützenswerten Informationen nimmt also laufend zu. Das ist nicht unvermeidlich; es gilt, alternative Systemkonzepte zu erforschen. Daten, die (konzeptbedingt) von vornherein nicht gespeichert werden müssen, können auch nicht in die Hände Unbefugter gelangen. Eine verantwortungsvolle Technikentwicklung muß diese Fragen in interdisziplinärem Ansatz schon in frühen Phasen der System- und Anwendungsentwicklung thematisieren. Auch für die Rechtswissenschaft stellen sich hierbei zahlreiche neue Fragen. Wie können zum Beispiel bestehende Rechts-Materien (Urheberrecht) auf neue elektronische Technologien und deren Anwendungen übertragen werden? Wie kann der rechtliche Rahmen die Globalisierung der Informationstechnik berücksichtigen?

Die Probleme verschärfen sich noch durch die Einführung der neuen multimedialen Techniken, deren Schutzbedürfnis noch wenig erforscht und erkannt ist. Verfahren zur Gewährleistung der Informations- und Kommunikationssicherheit in den neuen Medien und Kommunikationstechniken sind mit hoher Priorität zu erforschen und auf ihre Einsetzbarkeit hin zu untersuchen.

2.12.7 Kooperation und Interdisziplinarität sind gefragt

Der eingangs betonte schnelle Wandel in der Technik, das rasche Eindringen der neuen multimedialen Informations- und Kommunikationstechnologien in Wirtschaft und Gesellschaft und die große wirtschaftliche Bedeutung stellen an die Wissenschaft hohe Anforderungen. Die Forschung kann die schwierigen, aber lohnenden Herausforderungen nur durch Bündelung der Aktivitäten und mit Bereitschaft zur Kooperation, durch mehr Anwendungsnähe und interdisziplinäres Vorgehen bewältigen. Besondere Bedeutung kommt der internationalen Zusammenarbeit zu. Die weltweite Verknüpfung der Forschungseinrichtungen über das Internet fördert diese Vernetzung; insofern sind die „Datenautobahnen" also zugleich Gegenstand und unentbehrliches Hilfsmittel für die Forschung auf dem Gebiet der Informations- und Kommunikationstechnik.

2.13 Verkehrssysteme und Transporttechnik

Wilhelm Leutzbach und Werner Rothengatter, Universität Karlsruhe

2.13.1 Bedeutung des Verkehrs und des Verkehrssektors

2.13.1.1 Einführung

„Verkehr" ist ein Sammelbegriff für verschiedenste Formen der Interaktionen im Raum. Wegen der Vielschichtigkeit des Begriffsinhaltes und der unterschiedlichen Interpretationen aus der Sicht beteiligter Fachdisziplinen erscheint es angebracht, die im folgenden Text häufig verwendeten Begriffe vorab inhaltlich zu erläutern.

„Verkehr" ist von Carl Pirath (1948) im weitesten Sinne als Gesamtheit von Ortsveränderungen von Personen, Gütern und Nachrichten definiert worden. Ortsveränderungen von Menschen und Gütern werden entsprechend als „physischer Verkehr" und solche von Nachrichten als „virtueller Verkehr" bezeichnet, sofern diese mit Hilfe der Telekommunikation vermittelt werden. Die Telekommunikation hat in den letzten Jahren eine dynamische Entwicklung gezeigt und sich zu einem weitgehend eigenständigen Forschungsbereich entwickelt. Daher geht man heute zunehmend dazu über, „Verkehr" enger zu definieren und darunter nur die *physischen Bewegungen von Personen, Gütern und Nachrichten im Raum* zu fassen.

Ein *„System"* ist die Gesamtheit von Elementen und den sie verbindenden Beziehungen. „Verkehrssysteme" werden dabei üblicherweise durch die Verkehrsträger abgegrenzt. So spricht man von Straßenverkehrs-, Schienenverkehrs-, Luftverkehrs-, Seeverkehrs-, Wasserstraßen- oder Rohrleitungssystemen. Der Verkehrsträger ist dabei durch die *Infrastruktur* charakterisiert, die zumeist netzförmig ausgebildet ist oder zu Netzen verbunden werden kann. Auf den Infrastrukturen, die materiell geschaffen werden (Straßen, Schienen, Kanäle) oder naturbedingt vorhanden sind (Meer, Flüsse, Seen, Luft), bewegen sich Fahrzeuge und werden organisatorische Abläufe realisiert, die in ihrer Gesamtheit mit dem abstrakten Ausdruck der „Superstruktur" charakterisiert werden.

Die *Transporttechnik* schließt alle materiellen Einrichtungen ein, die für Bewegungen im Raum genutzt werden, also geschaffene Infra- und Superstrukturen in Form von Fahrzeugen, Betriebseinrichtungen und Organisationen. Zwischen „Verkehr" im engeren Sinne und „Transport" gibt es keinen begrifflichen Unterschied. Verschiedentlich wird in der Literatur „Verkehr" mit „Personenverkehr" und „Transport" mit „Güterverkehr" gleichgesetzt. Dies erscheint jedoch nicht sinnvoll, da weder der Sprachgebrauch noch die historischen Wurzeln dieser Begriffe eine solche Unterscheidung begründen.

„Verkehrssysteme und Transporttechnik" ist demnach ein Problemfeld, bei dem die Rolle der Technik für die Entwicklung der Verkehrssysteme beleuchtet werden soll. Technik ist also nicht Selbstzweck, sondern hat sich an den Markterfordernissen und an politisch gesetzten Rahmenbedingungen zu orientieren. In einer Zeit, in der die individuellen Wünsche nach Mobilität und flexibler Logistik an Grenzen der gesellschaftlichen Tragbarkeit aus Gründen der Sicherheit und des Umweltschutzes stoßen, kommt der Technikentwicklung eine Schlüsselrolle bei der sozialen Kompromißfindung zu. Denn Technikentwicklung trägt dazu bei, gegenwärtig existierende Schwachstellen bei den Verkehrssystemen zu beheben, ihre Leistungsfähigkeit für die individuellen Bedarfe zu steigern und ihre soziale Akzeptanz zu verbessern.

2.13.1.2 Bedeutung des Verkehrssektors

Die volkswirtschaftliche Bedeutung des Verkehrssektors wird in der amtlichen Statistik nicht ausreichend deutlich. Dies liegt daran, daß die Statistik hier ausschließlich die Wertschöpfungsbeiträge der Verkehrsunternehmen ausweist und somit einen großen Teil der für Verkehrszwecke erbrachten Wirtschaftsleistungen, wie Fahrzeugbau oder Bauleistungen für die Infrastrukturen, anderen Wirtschaftssektoren zuordnet. So ist es zu erklären, daß die statistisch ausgewiesene Bruttowertschöpfung des Verkehrs nur bei rund 3,2 Prozent des Bruttoinlandsprodukts liegt, während nach Schätzungen von Wirtschaftsforschungsinstituten etwa jeder sechste Arbeitsplatz in der Bundesrepublik direkt oder indirekt vom Verkehr abhängig ist. Allein der Fahrzeugbau bietet rund einer Million Menschen Beschäftigung. 84 000 überwiegend mittelständische Unternehmen mit über 1,6 Millionen Beschäftigten sorgen für die Beiträge zu Produktion und Dienstleistungen im Verkehrssektor, in den jährlich rund 50 Milliarden DM an Investitionsmitteln fließen (Stand 1994). Dies entspricht einem Anteil von rund 7,5 Prozent der gesamtwirtschaftlichen Investitionen. Der Bundesminister für Verkehr investierte im Jahr 1996 eine Summe von 23,1 Milliarden DM (einschließlich Investitionshilfen) und stellt damit das investitionsstärkste Bundesressort. Die Bundesverkehrswegeplanung von 1992 umfaßt ein Investitionsvolumen des Bundes für die Fernverkehrswege (Schienen, Straßen, Binnenwasserstraßen) in Höhe von rund 495 Milliarden DM für einen Zeitraum von zwei Jahrzehnten bis zum Jahr 2012.

In der Europäischen Union schätzt man, daß etwa jeder zehnte Arbeitnehmer direkt oder indirekt für die Erfüllung von Verkehrszwecken arbeitet. Die Bedeutung des Güterverkehrs für einen arbeitsteilig funktionierenden europäischen Binnenmarkt und für die Kohäsion von peripher gelegenen Mitgliedsländern ist evident. Die transeuropäischen Netze mit ihren vielfältigen Auswirkungen auf das europäische Gravitationsgefüge sowie der stark steigende Freizeitverkehr als dynamisch expandierender Konsumbereich indizieren die große Bedeutung dieses Sektors und den ökonomisch/gesellschaftlichen Wert von gezielt für diesen Sektor durchzuführenden Forschungen.

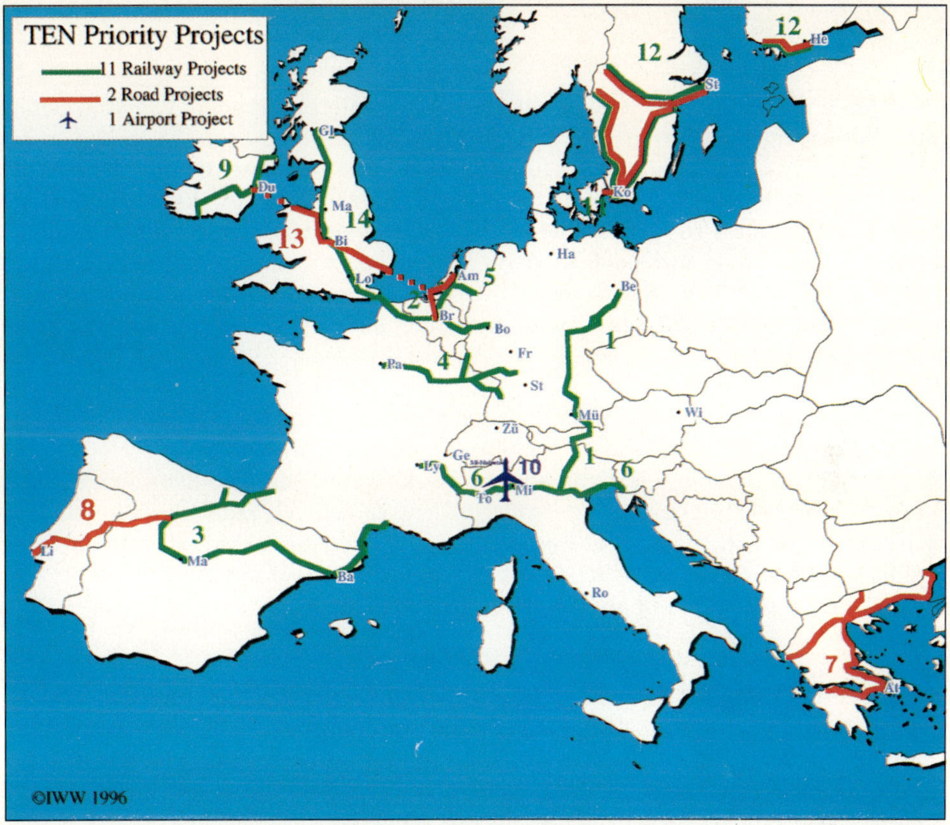

Abb. 2.13.1: Ausbau der europäischen Verkehrsinfrastruktur: 14 prioritäre Strecken der transeuropäischen Netze.

2.13.2 Große Themenfelder

2.13.2.1 Verkehr und Wirtschaft

Die Versuche, die tatsächliche Bedeutung des Verkehrssektors für Sozialprodukt und Wirtschaftswachstum zu quantifizieren, führen zu einer breiten Spannweite von Ergebnissen. Auf der einen Seite zeigen ökonometrische Studien eine starke Korrelation zwischen Wirtschaftswachstum und Verkehrsentwicklung. In manchen Studien wird diese Korrelation kausal interpretiert und gefolgert, daß ein hoher Anteil des Wachstums des Bruttosozialprodukts ursächlich auf die Entwicklung bestimmter Verkehrsmittel zurückzuführen sei. So wird der Zusammenhang zwischen Produktion, räumlicher Standortverteilung und Logistik betont und der Schluß gezogen, daß der Lkw-Verkehr mit seiner hohen Flexibilität und Zeitgenauigkeit „just-in-time"-Transporte ermöglicht habe, die zu neuen Produktionsstrukturen führten und das Wirtschaftswachstum beschleunigten. Daraus wird die Notwendigkeit eines weiter forcierten Ausbaus der Infrastruktur für die expandierenden Straßen- und Luftverkehre zur Stärkung des Standorts Deutschland abgeleitet.

Andere Studien warnen vor kausalen Überinterpretationen von Korrelationen und sehen den Beitrag des Verkehrs zum Wirtschaftswachstum in den Industrieländern mit gut entwickelten Infrastrukturen als abnehmend an. Hauptargument ist der geringe Anteil der Transportkosten an der Bruttowertschöpfung der Produkte, so daß gefolgert wird, ein weiterer Ausbau der Verkehrsinfrastrukturen trage nur noch in geringem Maße zu Transportkostensenkungen und zu Wachstumsimpulsen bei. Diese Meinung wird durch die Tatsache gestützt, daß sich bei privatfinanzierten Großprojekten die Grenzen privater Zahlungsbereitschaft für die Nutzung von Verkehrsanlagen zeigen.

Zwischen diesen beiden Polen stehen differenzierte Meinungen. Weitgehende Übereinstimmung gibt es für die – empirisch gut gesicherte – Hypothese, daß bestimmte Bedingungen vorliegen müssen, wenn Verkehrsinvestitionen stärkere Wachstumsimpulse auslösen sollen. Dazu zählen etwa die Beseitigung von starken Engpässen, deutliche Verbesserungen der Angebotsqualitäten mit der Folge neuer Wirtschaftsaktivitäten oder gemeinsame Realisierung von Verkehrswegen und effektiven regionalen Fördermaßnahmen.

2.13.2.2 Verkehrsinfrastruktur

Die Verkehrsinfrastruktur ist der materielle Unterbau des Verkehrssystems. Eingeschlossen sind alle ortsfesten Anlagen und Einrichtungen, die der Durchführung von Verkehrszwecken dienen. Das öffentliche Interesse an der Verkehrsinfrastruktur ergibt sich aufgrund der folgenden Merkmale:

1. Die Elemente der Verkehrsinfrastruktur bilden ein *Netz*, auf dem sich die Verkehrsaktivitäten gegenseitig beeinflussen. Der Ausbau von Verkehrsinfrastrukturen allein nach Maßgabe der privat geäußerten Bedarfssignale würde somit nicht zu einem Gesamtoptimum führen.
2. Das Verkehrsnetz steht in einem engen Zusammenhang mit Wirtschaftseinrichtungen im Raum und bildet so einen bedeutenden *Standortfaktor* für die regionale Wirtschaft. Die Verkehrsinfrastruktur trägt weiterhin zur Verstärkung des gesamtwirtschaftlichen Wachstums und zur Schaffung gleichwertiger Lebensverhältnisse im Raum bei.
3. Das Angebot an Verkehrsinfrastruktur kann auch zu negativen *externen Effekten* führen. Auf der einen Seite bewirkt die Anlage von Verkehrsinfrastrukturen eine Inanspruchnahme und Versiegelung von Flächen, auf der anderen Seite sorgen die Verkehrsaktivitäten auf der Infrastruktur dafür, daß weitere unerwünschte Folgewirkungen eintreten. Dazu zählen Schadstoffemissionen oder Risiken für Gesundheit und Leben.
4. Die Anlage von Verkehrsinfrastrukturen macht *Eingriffe in individuelle Rechte* bis hin zur Enteignung von Privateigentum gegen Entschädigung notwendig. Diese Möglichkeit hat – unter Wahrung der gesetzlichen Bedingungen – nur der Staat.

Die genannten Gründe bedingen eine starke Beteiligung des Staates am Planungsprozeß. Dies bedeutet aber nicht, daß die Bereitstellung der Verkehrsinfrastruktur eine ausschließliche Staatsaufgabe sein muß. Es gibt in den folgenden Bereichen Beteiligungsmöglichkeiten privater Akteure:

1. Die *baulich-technische Planung und Dimensionierung* (zum Beispiel Tunnel oder Brücke) kann von privaten Institutionen durchgeführt werden, wenn der Staat seine Präferenzen bezüglich der Punkte 1 bis 4 in Form klarer Rahmenbedingungen oder Lastenhefte präzisiert hat.
2. *Betrieb und Management* sind natürliche Aufgabenfelder privater Akteure. Erhaltung der Verkehrsanlagen durch Ersatzinvestitionen, laufender Unterhalt zur Sicherung der Betriebsfähigkeit und Verkehrsmanagement mit dem Ziel einer möglichst guten Auslastung können weitgehend in privater Regie durchgeführt werden.
3. Die *Finanzierung* der Verkehrsinfrastruktur ist in öffentlich/privater Partnerschaft, in manchen Fällen sogar auf rein privater Basis möglich. Eine öffentliche Beteiligung bei der Finanzierung durch Steuermittel oder Kredite ist nur in dem Umfange geboten, wie öffentliche Ziele durch die Infrastrukturbereitstellung gesichert werden sollen.

Da die Verkehrsinfrastruktur sowohl öffentliche wie private Merkmale aufweist, haben sich international je nach politischem Gewicht dieser Merkmale verschiedenartige Organisationsformen herausgebildet. Die Grundausstattung, wie zum Beispiel die Verkehrsverbindungen des Nah- und Regionalverkehrs und ein Basisnetz des Fernverkehrs, wird überwiegend öffentlich bereitgestellt. Bei den Autobahnen gibt es in einigen Ländern Westeuropas, in den Vereinigten Staaten, in Japan und in anderen Ländern teilprivate Organisationen, die entweder das ganze Netz (Japan) oder Teile des Netzes (Frankreich) erstellen, finanzieren und betreiben. Das Eisenbahnwesen ist in den USA und in Japan auf privatwirtschaftlicher Basis organisiert, während in Europa die Staatsgesellschaften vorherrschen. In der Europäischen Union wird angestrebt, die Eisenbahninfrastruktur organisatorisch vom Betrieb zu trennen (EU-Richtlinie 91/440).

2.13.2.3 Verkehrssuperstruktur

Der Betrieb, der auf den Infrastrukturen abläuft, wird durch die Verkehrsmittel und die Organisation ihres Einsatzes geprägt. Beim motorisierten Individualverkehr auf der Straße (Pkw, Bus, Lkw) ist die Organisation weitgehend dezentral angelegt, die Verkehrsteilnehmer wählen Zeitpunkt, Route und Fahrzeuge selbst und haben dabei Verhaltensregeln (zum Beispiel die StVO) zu beachten. Der Verkehrsablauf ergibt sich als Ergebnis von Einzelentscheidungen, die die Individuen für sich so gut wie möglich treffen, ohne daß daraus ein gesamtwirtschaftliches Optimum resultiert. Daher gibt es für den Individualverkehr auf der Straße Verbesserungsmöglichkeiten der Kapazitätsauslastung durch allgemeine Verkehrsinformation, Wegweisungssysteme oder Steuerungsmechanismen über den Preis („Road Pricing").

Beim Schiffsverkehr sind im Vergleich zum Straßenverkehr weitergehende Koordinierungen an Schleusen und in Häfen erforderlich, um Störungen zu vermeiden. Der größte Abstimmungsbedarf ergibt sich an den Umschlaganlagen. Während der Anteil der Binnenschiffahrt in Westdeutschland bei rund 18 Prozent des Güterverkehrsaufkommens liegt, liegt er in Ostdeutschland noch unter vier Prozent. Dies indiziert Entwicklungsmöglichkeiten dieses Verkehrsmittels, wenn die notwendigen Investitionen in die Wasserwege, wie Mittellandkanal, Elbe oder Saale, getätigt werden.

Noch weitergehend ist die Koordinierung der Verkehrsabläufe im Luftverkehr, wo die Flugrouten durch die Flugüberwachung und die Start-/Landezeitfenster („slots") sowie die Anlegestellen („gates") durch die Flughafenkoordinierung festgelegt werden. Der Luftverkehr entwickelt sich in der Bundesrepublik mit unverändert starker Dynamik. Es wird erwartet, daß er sich in den nächsten 20 Jahren mehr als verdoppeln wird. Wegen der möglichen betrieblichen Anpassungen (größere Flugzeuge, bessere Auslastung) bedeutet dies jedoch nicht eine lineare Ausdehnung der Luftverkehrskapazitäten.

Im Eisenbahn- und Rohrleitungsverkehr hat man schließlich weitgehend zentral gesteuerte Betriebsaufläufe. Die Bewegungen der Züge im Netz werden durch eine zentrale Betriebsleitung gesteuert, wobei die Sicherheit des Betriebs gewährleistet sein muß. Das traditionelle Leitsystem der Blocksicherung hat sich dabei in bezug auf die Sicherheitsanforderungen durchaus bewährt, steht aber heute wegen seiner unzureichenden Leistungsfähigkeit unter Innovationsdruck. Während im Straßenverkehr die Kapazitäten durch dezentrale Anpassung (Verbesserung der Fahrzeugtechnik, Veränderung des Fahrverhaltens mit der Folge kürzerer Fahrzeugabstände in Pulks) gestiegen sind und durch Einsatz der Telematik (siehe Abschnitt 2.13.2.4) weiter verbessert werden können, hat die Bahntechnik in dieser Beziehung Nachholbedarf. So betragen die Zugabstände auf einem Gleis seit Jahrzehnten minimal rund fünf Minuten. Die Kapazität der Schienenwege läßt sich durch homogene Auslastung (gleiche Geschwindigkeitsklassen) und neue Zugleitsysteme theoretisch um ein Vielfaches und in praxi in einer Größenordnung von etwa 40 Prozent steigern. Die Größenordnung der Kapazitätserhöhung ist das Ergebnis eines Optimierungsproblems, bei dem Mengen (Anzahl der Züge) und Werte (Deckungsbeitrag je Zug) bestmöglich zu kombinieren sind. Daraus folgt, daß das technisch mögliche Kapazitätsmaximum nicht notwendig mit der wirtschaftlich besten Form der Netzbelegung mit Zügen übereinstimmt.

Im Gegensatz zur Infrastruktur ist bei der Superstruktur das Ausmaß des öffentlichen Interesses weniger stark ausgeprägt. Lkw, Flugzeuge oder Schiffe können in Privatregie auf den Infrastrukturen bewegt und nach privaten Organisationsplänen eingesetzt werden. Bei den Eisenbahnen wird dies unterschiedlich gesehen. In Schweden hat man mit der Trennung von Netz und Betrieb und Schaffung einer privaten Organisationsform die Voraussetzungen für eine Privatisierung des Betriebs geschaffen, während die Infrastruktur nach wie vor staatlich verwaltet wird. In Japan dagegen sind die Eisenbahnen regional untergliedert worden, wobei Netz und Betrieb als Organisationseinheit für die privaten

Regionalgesellschaften erhalten blieben. Auch in den USA sind die privaten Bahngesellschaften Eigentümer ihrer Netze. In der Bundesrepublik sind die Weichen grundsätzlich in Richtung auf die Trennung von Netz und Betrieb gestellt worden. So wurden mit der Bahnreform vom 1.1.1994 die Bereiche Personenfernverkehr, Personennahverkehr, Güterverkehr und Fahrweg geschaffen, die künftig auch unternehmensrechtlich/organisatorisch getrennt werden sollen.

2.13.2.4 Information und Kommunikation, Telematik

Der „virtuelle" Verkehr mit Hilfe der Informations- und Kommunikationstechnik ist wesensverwandt mit dem „physischen" Verkehr, wobei seine Rolle dreifach zu sehen ist. Erstens kann die Entwicklung der Kommunikationstechnik physischen Verkehr *ersetzen*, wie zum Beispiel in folgenden Bereichen:

- Telecommuting („Bildschirmarbeitsplätze"),
- Telecommunicating (etwa: Bildschirmkonferenzen),
- Teleshopping, Telebanking, Telebooking.

Zum zweiten läßt sich der bestehende Verkehr mit Hilfe von *Tele*kommunikation und Anwendung von Instrumenten der Infor*matik* besser organisieren. Die „Telematik", die aus dem vorstehenden Begriffspaar zusammengesetzt wurde, hat im Verkehr ein großes Anwendungspotential, so etwa in den Bereichen:

- Leitsysteme,
- Informationssysteme,
- Verkehrsbeeinflussungssysteme,
- Preiserhebungssysteme.

Das „*Verkehrsmanagement*" ist eng mit den angebotsverbessernden und nachfragebeeinflussenden Instrumenten der Telematik verbunden. Für praktisch alle Verkehrsmittel gibt es Effizienzverbesserungspotentiale durch den gezielten Einsatz der Telematik.

Die neuen „Teleaktivitäten" und der Einsatz der Telematik für Zwecke des Verkehrsmanagements können physische Ortsveränderungen entbehrlich machen. Theoretisch erscheinen diese „Substitutionspotentiale" hoch, so daß manche Studien zu dem Ergebnis kommen, der physische Verkehr lasse sich um Dimensionen verringern, ohne daß die Menschen eine Verschlechterung der Lebensqualität hinnehmen müßten („Ersatz der Autobahnen durch Datenhighways").

Zum dritten ist jedoch zu sehen, daß „physischer" und „virtueller" Verkehr einander auch verstärken können (komplementäre Wirkung). Das Telefon hat nicht zu einer Verringerung der Verkehrsaktivitäten beigetragen, sondern nur deren Ausprägung beeinflußt und die Kommunikationsdichte erhöht. Jede Reise, jeder physische Transport wird heute durch eine Fülle von Informationsaktivitäten vorbereitet, begleitet oder nachbereitet. Solange der physische Verkehr relativ preiswert ist und von den Menschen als relativ stabiler Bestandteil ihres Aktivitätenmusters betrachtet wird (bislang konnte die These, daß die Menschen einen bestimmten Anteil ihrer Zeit mit Verkehrsaktivitäten verbringen möchten, nicht widerlegt werden), sind kaum Gründe zu erkennen, die dafür sprechen, daß das Wachstum des Telematikmarktes für eine nennenswerte Reduktion des physischen Verkehrs sorgen wird.

2.13.2.5 Umwelt und Verkehrssicherheit

Der Verkehr verlangt hohe Opfer an Menschenleben und Umweltqualität. Auf den Straßen im „Europa der 17" (EU einschließlich Schweiz und Norwegen, EUR 17) wurden im Jahr 1991 rund 57 000 Verkehrstote und 1,8 Millionen Schwerverletzte registriert. Die Emissionen des Straßenverkehrs an Kohlen- und Stickoxiden betrugen in diesem Jahr in den EUR-17-Ländern rund fünf Millionen Tonnen, an leichtflüchtigen Kohlenwasserstoffen drei Millionen Tonnen und an Kohlendioxid 580 Millionen Tonnen. Die Anteile der verkehrsbedingten Emissionen an den Gesamtemissionen betragen je nach Schadstoff zwischen etwa einem Fünftel (CO_2) und zwei Dritteln (NO_x, CO).

Immer mehr Menschen leiden unter den Folgen des Verkehrslärms, wobei der Straßenverkehrslärm der Hauptverursacher ist. In den Ländern der EU werden über 20 Prozent der Bevölkerung (80 Millionen Bürger) regelmäßig Verkehrslärmemissionen von mehr als 65 db(A) ausgesetzt; dies verursacht nicht nur

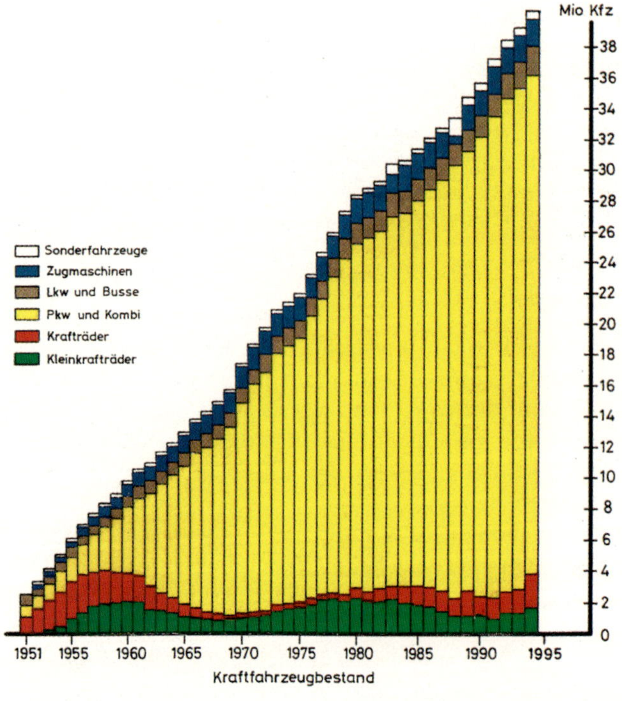

Abb. 2.13.2: Entwicklung des Kraftfahrzeugbestandes von 1951 bis 1995.

Unannehmlichkeiten, sondern liegt an der Schwelle direkter gesundheitlicher Schäden. Weitere 170 Millionen Bürger der EU müssen stark störende Verkehrslärmpegel ertragen (55 bis 65 dB(A)). Gerade der Verkehrslärm führt zu Ausweichreaktionen der Betroffenen, die mit hohen Kosten bezahlt werden müssen. Die für die Länder der EU geschätzten externen Kosten aus Verkehrsunfällen und Umwelteinflüssen summieren sich zu einem Anteil von 4,7 Prozent des Bruttoinlandsprodukts der Gemeinschaft, wobei die Schätzungen moderat und die quantifizierten Effekte nicht vollständig sind. Naturgemäß unterliegen solche Schätzungen hohen Unsicherheiten und sind daher der Kritik ausgesetzt.

Wegen des dynamischen Wachstums der besonders umweltproblematischen Bereiche des Straßen- und des Luftverkehrs hat der Verkehrssektor hohe Priorität in der Umweltschutzpolitik. In der Bundesrepublik ist der Verkehr *Hauptemittent* bei Kohlenmonoxid, Stickoxiden und Kohlenwasserstoffen. Mit einem

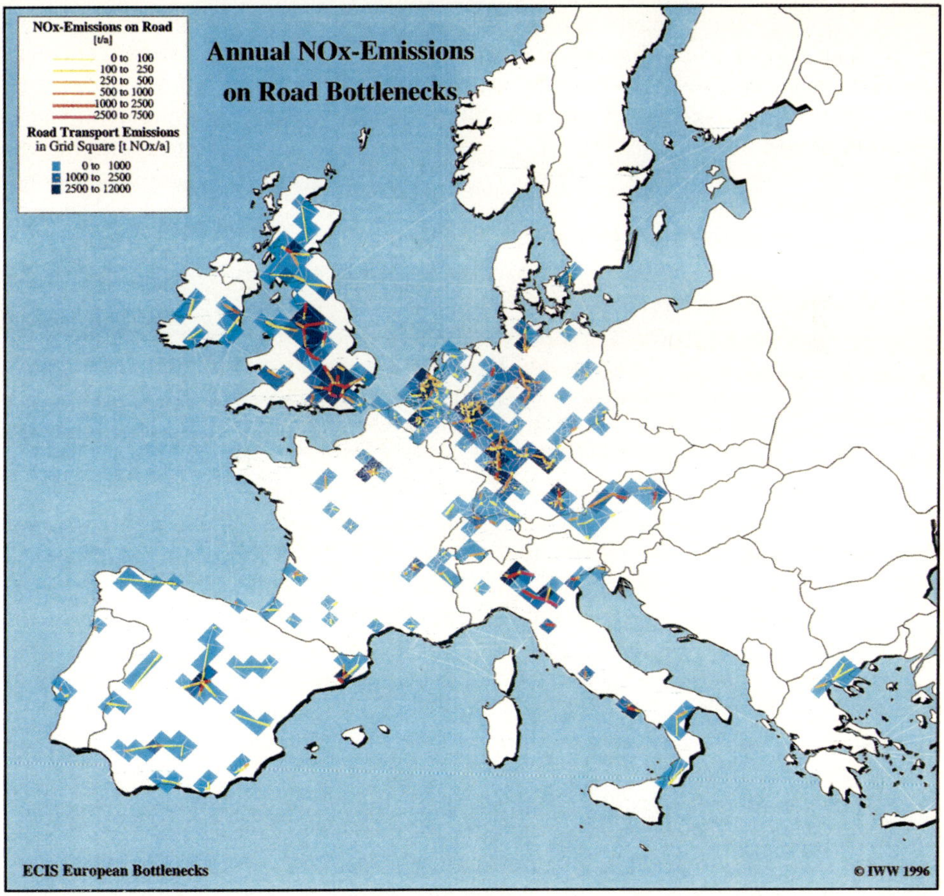

Abb. 2.13.3: Stickoxid-Emissionen des Straßenverkehrs in Europa im Bereich von Verkehrsengpässen.

Anteil von über 21 Prozent an den Kohlendioxidemissionen, der wegen des Verkehrswachstums rasch ansteigt, wird dieser Sektor gleichfalls für langfristige und globale Klimaprobleme verantwortlich gemacht. Daraus folgen hohe Anforderungen an die Entwicklung der Technik im Verkehr, um bedrohliche Entwicklungen für die Umwelt zu korrigieren. Eine *umweltverträglichere Technik* kann aber erst dann wirksam eingesetzt werden, wenn die Marktnachfrage für solche Produkte stark genug ist. Diese kann der Staat mit Hilfe von Regulierungen (Technik: Grenzwerte; Verhalten: Gebote, Verbote) und Preispolitik (ökologisch orientierte Kfz-Steuer, Mineralölsteuer, Bonussysteme) unterstützen.

2.13.2.6 Technische Entwicklungstrends

Die Transporttechnik ist durch bestimmte Entwicklungstrends gekennzeichnet gewesen, von denen einige ohne Anspruch auf Vollständigkeit erwähnt werden sollen.

Globale Entwicklungstrends
In der Vergangenheit haben sich diejenigen Verkehrstechnologien durchgesetzt, die gegenüber ihren Vorgängern signifikante Einsparungen bei den *„generalisierten Kosten“* aufweisen konnten. Unter den generalisierten Kosten versteht man die Summe aus monetär gewichtetem Zeitaufwand und Kosten der Verkehrsdurchführung. Die Eisenbahn hat zum Beispiel gegenüber dem Pferdefuhrwerk die Transportzeiten um Dimensionen gesenkt, was zu einem Sprung bei den generalisierten Kosten führte. Ähnliches gilt für das Kraftfahrzeug, das in der Flächenbedienung große Vorteile gegenüber den spurgeführten Systemen aufweist. Auch der Trend zum Luftverkehr bei den Fernreisen ist durch die hohen Zeitvorteile zu erklären, die wegen der Nutzung von Größenvorteilen bei der Marktausdehnung dieses Verkehrsträgers zusätzlich mit Kostenvorteilen verbunden waren. Die Umsetzung der latent vorhandenen Nachfrage nach Fernreisen mit dem Flugzeug wird mit zunehmenden verfügbaren Einkommen der privaten Haushalte möglich. Der Hang zu weiteren Reisen mit schnelleren Verkehrsmitteln ist im Personenverkehr dominierend. Das vielfach zitierte Mobilitätswachstum vollzieht sich weniger in Form von mehr Reisen je Zeiteinheit als in einer Ausdehnung der Reiseweiten und dem sukzessiven Übergang auf die für die entsprechende Reiseaktivität zeitgünstigsten Verkehrsmittel.

Im Güterverkehr haben sich je nach Segment der Verkehrsnachfrage hochdifferenzierte Qualitätsanforderungsprofile herausgebildet, die bestimmte Verkehrsmittel im Konkurrenzkampf begünstigen. Ein Beispiel ist die „just-in-time“-Bedienungsmöglichkeit, die einen schnelleren Lagerumschlag und bessere Vertaktungen mit den Produktionsprozessen zur Folge hat. Hier ist der Lkw dank seiner Flexibilität und permanenten Verfügbarkeit gegenüber der Eisenbahn und der Binnenschiffahrt im Vorteil. Im Güterverkehr werden Verkehrsmittel mit solchen Qualitäten auch künftig die besten Marktchancen haben, weil die globalen Trends in Richtung auf *„Miniaturisierung“* (abnehmende Partiegrößen), Werterhöhung (steigende wirtschaftliche Werte je Gewichtseinheit) und Differenzierung (räumlich, zeitlich, qualitativ) zeigen. Wenn Güterverkehr von der Straße auf die Schiene und das Binnenschiff verlagert werden soll, wie aus umweltpolitischen Gründen gefordert, so muß die Servicequalität der letztgenannten Verkehrsmittel erheblich verbessert werden.

Einsatz der Telematik
Die Telematik hat viele Produktionsprozesse grundlegend verändert. Im Verkehrsbereich scheint das Potential noch bei weitem nicht ausgeschöpft. Beispiele aus dem Straßenverkehr sind Routenführungssysteme oder Entwicklung des Kfz zum mobilen Informationszentrum. Bei der Bahn ist ein elektronisch gestütztes Informationssystem zur Betriebssteuerung auf den Netzen in Vorbereitung (CIR-Elke), das das alte System der Blocksicherung ablösen soll. Auch die Luftfahrt ist in besonderem Maße von der Leistungsfähigkeit der Flugsicherung abhängig, die im europäischen Bereich durch Einsatz der modernen Informationstechnologie bei internationaler Koordinierung durch EUROCONTROL verbessert werden kann. Bei praktisch allen Verkehrssystemen sorgt der gezielte Einsatz der Telematik für Qualitätssprünge, bessere Information für die Prozeßkoordinierung und günstigere Auslastung der Kapazitäten.

Kraftfahrzeugtechnik
Die Entwicklung der Automobiltechnik war lange Zeit durch Markttrends gekennzeichnet, die in Richtung auf höhere Leistungsklassen und Fahrzeuggrößen beziehungsweise -gewichte führten. Die Erfolge bei der Verbesserung der Verbrauchseffizienz wurden durch diesen „Aufrückeffekt" zum großen Teil aufgezehrt. In neuerer Zeit ist der Markt für kleinere, verbrauchsgünstige Fahrzeuge mit ausgeklügelten Raumkonzepten in Bewegung geraten. Mit einer steuerpolitischen Flankierung dieser Trendwende, wie sie ab Mitte 1997 mit der Reform der Kraftfahrzeugbesteuerung ansteht, der weiteren politischen Propagierung des Dreiliterautos sowie den anstehenden Verschärfungen der EURO-Grenzwerte kann diese Entwicklung beschleunigt werden. Letzteres wird auch die Lkw-Fahrzeugtechnik deutlich beeinflussen. Hier sind im Vergleich zum Pkw noch wesentlich größere Entwicklungssprünge möglich und nötig, um das ökologische Risiko durch den Straßengüterverkehr (hier vor allem die Stickoxid- und Partikelemissionen) zu begrenzen. Auch im Bereich der Verkehrssicherheit zeigen sich noch große Potentiale, die durch Mechanik und Elektronik (zum Beispiel weiche Karosserien, automatische Abstandshaltung, automatisches Abbremsen in Gefahrensituationen) weiter erschlossen werden können.

Bahntechnik
Die Entwicklung von Bahnfahrzeugen steht unter den Vorzeichen verstärkter Spezialisierung mit den Zielen einer besseren Anpassung an die Nachfrage und einer effizienteren Nutzung der Infrastrukturkapazitäten. Zwar ist die Hochgeschwindigkeits-(HGV-)Technik nach wie vor das Spitzenprodukt, doch ist dieses mit so hohen Infrastrukturkosten verbunden, daß es nur begrenzt zum Einsatz kommen kann. Die Vorstellung des europäischen Masterplans der UIC (Union Internationale des Chemins de Fer), in absehbarer Zeit 30000 Kilometer HGV-Strecken in Europa, davon 23000 in Westeuropa, zu realisieren, ist angesichts der finanziellen Situation der Bahnen und ihrer Eigentümer wenig realistisch. Im Zuge der verstärkten Privatisierung und dem Zwang zu verbesserter Wirtschaftlichkeit dürften sich Techniklinien verstärken, die auf intensivere Nutzung einer

graduell verbesserten vorhandenen Infrastruktur abzielen. Ein erstes Beispiel hierfür ist die Neigetechnik, die Geschwindigkeitserhöhungen um 25 Prozent möglich macht, ein zweites die flexible Koppelung und Entkoppelung von Zuggarnituren mit Hilfe von automatischen Kupplungssystemen, um das Wagenangebot an die Nachfrage anzupassen. Im Güterverkehr sind Spezialwaggons und einzeln angetriebene Wagen in der Erprobung. Energiesparende Antriebstechniken, Leichtbaufahrzeuge und lärmreduzierte Scheibenbremsen oder Drehgestellschürzen sollen die Umweltqualität des Schienenverkehrs weiter verbessern. Inwieweit völlig neue spurgeführte Systeme wie die Magnetschnellbahn sich durchsetzen können, ist trotz des deutschen Vorstoßes mit der Entscheidung über eine erste Anwendungsstrecke zwischen Berlin und Hamburg offen. Da das über den Hochgeschwindigkeitsverkehr der Eisenbahnen hinaus zu gewinnende Marktpotential relativ gering ist, kommt es auf die Kosteneffizienz der alternativen Systeme an. Hier verspricht die Industrie für den Betrieb etwas günstigere variable Kosten, aber die festen Infrastrukturkosten können je nach Geländebeschaffenheit auch höher ausfallen als bei der Eisenbahn, so daß eine verläßliche Abschätzung der Nettoeffekte zur Zeit nicht möglich ist.

Flugzeuge
Neben der übergreifenden Durchsetzung der Telematik ist die Technikentwicklung im Luftverkehr durch einen Trend zu nachfragekonformen Flugzeuggrößen gekennzeichnet. Dies führt auf der einen Seite zu Großraumflugzeugen mit mehr als 800 Sitzen, andererseits zu kleinen Turboprop-Maschinen für die Bedienung von Regionalflugverkehren. Die Triebwerkentwicklung geht verstärkt in Richtung Treibstoffeinsparung und Lärmreduzierung, eine Tendenz, die durch die Slotpreispolitik und die emissionsabhängige Regulierung der Start- und Landezeiten an manchen Flughäfen unterstützt wird. Graduelle Verbesserungen sind durch den Einsatz neuer Werkstoffe zu erwarten (zum Beispiel Kohlefaser für Leitwerk, Flügelteile, laminare Flügel). Ob es zu einer Fortsetzung der Bemühungen kommt, eine wirtschaftlich tragfähige Alternative zum Überschalljet Concorde zu entwickeln, ist fraglich. Bei den Frachtflugzeugen geht der Trend in Richtung von Großraumtransportflugzeugen („Megalifter“) und Vergrößerung der Reichweiten.

Schiffahrt
In der Seeschiffahrt ist weiterhin die Vergrößerung der Volumina die beherrschende Entwicklungskomponente. Dies führt zu erhöhten Anforderungen für die Be- und Entladeanlagen in den Häfen. Bei der Küsten- und Fährschifffahrt steht die Erhöhung der Geschwindigkeit im Vordergrund. Ein Beispiel hierzu ist die Katamaran-Fähre von Rostock nach Trelleborg, die neben Personen auch Pkw und Busse befördert. Technische Fortschritte bei der Binnenschiffahrt zielen in Richtung auf Kombinationsschiffe, wie seegehende Binnen- oder binnengehende Seeschiffe. Bei den Containerschiffen hat sich der Trend bereits durchgesetzt, die Schiffsgrößen beziehungsweise Containerlagen an die Bedingungen des jeweiligen Wasserweges anzupassen. In Anbetracht der Probleme beim Ausbau der Wasserwege in Ostdeutschland (Elbe, Saale) dürften Schiffsentwicklungen zu erwarten sein, die mit den verfügbaren Bedingungen der Wasserwege harmonieren.

Infrastrukturen und Umschlaganlagen

Abgesehen von völlig neuen Systemen, wie der Magnetbahn, dürften die Entwicklungsfortschritte bei den Infrastrukturen begrenzt sein. Bei der Straße kann der Flüsterasphalt, bei der Schiene der feste Fahrweg graduelle Vorteile bei Umweltverträglichkeit oder Wirtschaftlichkeit bringen. Offen ist, inwieweit die Tunnelbau- und Brückenbautechnik bei Großprojekten ausgereizt ist. Ein starker Techniksprung dürfte aus heutiger Sicht aber kaum zu erwarten sein. Der größte Fortschritt ist bei den Umschlaganlagen in Sicht. Jeder Bahn- beziehungsweise Schiffsgüterverkehr ist gebrochener Verkehr und verlangt Umschlagprozesse, die derzeit noch sehr kostenaufwendig sind. Drei große Linien sind gegenwärtig erkennbar: Erstens gibt es Vorstellungen von „*Megaumschlaganlagen*", also wenigen großen Umschlagpunkten, an denen Großtechnologie zum effizienten Umschlag von Ladungen mit großem, gebündeltem Gesamtvolumen eingesetzt werden kann. Zweitens sind Veränderungen der Umstellungsprozesse angedacht, wie zum Beispiel die Ablösung der Rangiertechnik durch Linienzüge, bei denen nicht die Wagen, sondern die Container umgestellt werden. Drittens sind alternative Technologien in der Entwicklung, die ein kostengünstiges Umstellen auch bei kleineren Ladungsmengen erlauben. Ein Beispiel dafür ist der mobile Portalkran, der im Zugverband mitgeführt wird und somit keine Installation von Umschlageinrichtungen vor Ort erfordert.

Organisation

Sowohl bei den individuellen wie bei den spurgeführten Verkehrssystemen liegen enorme Verbesserungspotentiale bei der Organisation. Dies betrifft einmal den Einsatz der am besten geeigneten Techniken, zum zweiten aber besonders die Anwendung innovativer Koordinationsinstrumente und Managementtechniken. Nur etwa zehn Prozent der Bahnverbindungen zwischen den bedeutendsten 25 europäischen Großzentren sind auf der Schiene mit einer durchschnittlichen Reisegeschwindigkeit von mehr als 120 Stundenkilometern miteinander verknüpft. Die durchschnittliche Transportgeschwindigkeit im Eisenbahngüterverkehr auf vielen europäischen Relationen liegt unterhalb von 20 Stundenkilometern. Diese Phänomene sind nicht fahrzeug- oder trassenbedingt, sondern resultieren aus der Unfähigkeit der nationalen Gesellschaften, die Betriebsabläufe grenzüberschreitend zeit- und kostengünstig zu koordinieren. Zur Lösung solcher Probleme, die zu einem drastischen Verfall der Marktanteile der Bahnen im europäischen Verkehr auf 6,2 Prozent beim Personenverkehr und 14,9 Prozent beim Güterverkehr (Stand 1994) geführt haben, sind länderübergreifende Reorganisationen der Bahngesellschaften (zum Beispiel Gründung von europäischen Containerverkehrsgesellschaften) erforderlich. Weiterhin ließe sich die Kapazität für den Bahngüterverkehr durch Entmischung der Fahrzeugtrassen, also Einrichtung von Trassen für möglichst geschwindigkeitshomogene Verkehre, erweitern. Das Potential im Bereich der Reorganisation erscheint zur Zeit sehr hoch und verlangt zur vollen Ausschöpfung die Beiträge der Telematik, der Fahrzeugtechnik und der Infrastrukturanpassung.

2.13.3 Eingrenzung des Forschungsbereichs

2.13.3.1 Forschungsinhalte

Wenngleich traditionell jeder einzelne Verkehrsträger als eigenes Verkehrssystem angesehen wird, hat sich in Wissenschaft und Politik inzwischen die Erkenntnis durchgesetzt, daß man den Verkehr als Gesamtsystem zu betrachten hat, was konsequenterweise die Beachtung der verkehrsträgerübergreifenden Effekte mit einschließt. In manchen Forschungsprogrammen steht dieser Aspekt sogar im Vordergrund (zum Beispiel „Intermodalität" als Leitthema für Forschungsprogramme der Europäischen Kommission). Verkehrssysteme umfassen die Angebots- wie auch die Nachfrageseite eines Verkehrsträgers. Auch die Hinzufügung des Begriffs „Transporttechnik" sollte so verstanden werden, daß neue umwelt- und nachfragegerechte Technikentwicklungen im Vordergrund stehen und die Techniklinien anhand eines politischen und nachfrageorientierten Anforderungskatalogs bezüglich ihrer Zukunftschancen geprüft werden.

Die Nachfrageseite ist dabei insofern von Bedeutung, als technische Entwicklungslinien nicht unabhängig von der Nachfrage gesehen werden können. Die Ursache für Mißerfolge mancher neuer Technikentwicklungen ist häufig gerade darin zu sehen, daß diese unabhängig von Nachfragegesichtspunkten und der Produktpositionierung im Markt vorangetrieben wurden. Im Verkehrsbereich läßt sich eine Fülle von Beispielen dafür finden, daß innovative Techniken aufgrund ihrer Marktferne nicht den erhofften Durchbruch geschafft haben. Dies gilt vor allem für innovative spurgeführte Systeme, wie die Kleinkabinenbahnen oder die Einschienenbahnen. Aber auch für den Individualverkehr wurden öffentlich geförderte Forschungen betrieben, die völlig von den Marktbedingungen abstrahierten und deshalb unergiebig waren. Beispiele finden sich im DRIVE-Programm der EU-Kommission mit dem Fahren auf elektronische Sicht oder dem Fahren im elektronisch gesteuerten Autobahnkonvoi. Aus diesem Grunde sollte die Forschung für neue Technikfelder im Bereich des Transports stets auf ihren funktionalen Fortschritt innerhalb eines (Teil-)Verkehrssystems sowie auf ihren Beitrag zu verkehrsträgerübergreifenden integrierten Verkehrsabläufen geprüft werden.

Die Transporttechnik gestaltet die Quantität und Qualität des Verkehrsangebots. Sie umfaßt die Infrastruktur sowie die materiell-organisatorischen Einrichtungen der Superstruktur, die die Verkehrsbetriebe (öffentlicher Verkehr oder private Betreiber) beziehungsweise die individuellen Nutzer (beim Individualverkehr) für ihre Ortsveränderungen benutzen. Entwicklung, Planung und Gestaltung von Infrastrukturnetzen beziehungsweise Umschlaganlagen, von Fahrzeugen und von technischen Einrichtungen für die Einsatzoptimierung (zum Beispiel Betriebsleitsysteme beim spurgeführten Verkehr, Behältersysteme für den Güterverkehr) gehören damit zum Kern der hier denkbaren Forschungsaktivitäten.

2.13.3.2 Beteiligte Disziplinen

Im Gegensatz zu ausländischen Forschungsorganisationen ist in der Bundesrepublik die universitäre Verkehrsforschung nicht in Fakultäten zusammengefaßt, sondern auf die verschiedenen nach Wissenschaftsdisziplinen strukturierten Fakultäten aufgeteilt. Eine Ausnahme bildet die Fakultät für Verkehrswesen „Friedrich List" der Technischen Universität Dresden, die aus der gleichnamigen Hochschule für Verkehr entstanden ist. Verkehr wird also als Anwendungsgebiet und nicht als Wissenschaftsdisziplin verstanden. Daraus folgt, daß die Verkehrsforschung überwiegend *schwach koordiniert* durchgeführt wird. Der höchste Koordinierungsgrad ist im Ingenieurwesen zu finden, wo traditionell das Bauingenieurwesen den Bau und den Betrieb von Verkehrsanlagen mit in die Forschung einschließt und neben Technik und Planung auch Teile der Verkehrsverhaltensforschung und der Verkehrswirtschaft behandelt. Ansonsten forschen Ökonomen an Prognose- und Bewertungsmodellen, Soziologen an Verhaltensmustern, Informatiker an Telematik-Einrichtungen, Maschinenbauingenieure an alternativen Antrieben oder Fördertechniker an neuen Behältertechnologien. Einrichtungen, die diese Forschungen bündeln und für die Anwendung aufbereiten, wie Forschungszentren für Verkehr, sind nicht bekannt. Es wird aber zunehmend angestrebt, Forschungsgruppen an Universitäten aufzubauen, um die Beiträge verschiedener Fachdisziplinen zusammenzuführen.

In einem solchen Forschungsumfeld kommt der Forschungsförderung die Aufgabe zu, die Bildung von Forschungsgruppen oder Forschungsbereichen im Verkehr zu unterstützen und die Beteiligten anzuregen, sich zu Forschungsverbünden innerhalb der Universitäten oder hochschulübergreifend zusammenzufinden.

2.13.4 Bestehende Forschungsförderung

Forschung und Entwicklung im Verkehrssektor werden in Deutschland seit langem durch die öffentliche Hand gefördert. So vergibt das Bundesverkehrsministerium (BMV) Forschungsaufträge zur Unterstützung der verkehrspolitischen Kernziele. Diese BMV-Verkehrsforschung ist keine Grundlagenforschung, sondern anwendungsbezogen und eingebunden in die Vorbereitung, Formulierung und Umsetzung verkehrspolitischer Konzepte und Maßnahmen des Bundes. Dies gilt in geringerem Maße für die BASt (Bundesanstalt für das Straßenwesen), die allerdings primär Probleme der Straßenverkehrsforschung behandelt, wie Verkehrsablauf, Verkehrssicherheit oder Verkehr und Umweltschutz. Verkehrsbezogene Grundlagenforschung und technologische Entwicklung der Verkehrssysteme werden primär in den Forschungsprogrammen des Bundesministeriums für Bildung, Wissenschaft, Forschung und Technologie (BMBF) gefördert. Die wichtigsten BMBF-Forschungsbereiche für Verkehrstechnologien sind Bahnen für den Schienenverkehr, Magnetbahnen, öffentlicher Nahverkehr, Kraftfahrzeuge und Straßenverkehr sowie Transportketten im Güterverkehr.

Abb. 2.13.4: RoRo-Schiffsgüterverkehr.

Da der Verkehr zu einem der großen gesellschaftlichen Konfliktfelder geworden ist, weil von ihm erhebliche Belastungen für Mensch und Umwelt ausgehen, gibt es weitere Forschungsaktivitäten, die vom Bundesumweltministerium (BMU) beziehungsweise dem Umweltbundesamt (UBA), oder dem Bundesbauministerium (BMBau) beziehungsweise der Bundesforschungsanstalt für Landeskunde und Raumforschung (BfLR) finanziert werden. Gerade die Forschungen in den Schnittbereichen zwischen Verkehr, Technik, Wirtschaft, Raumordnung und Umwelt bedingen häufig die Entwicklung neuer oder problemangepaßter methodischer Ansätze. Daraus folgt, daß die Verkehrsforschung zu einem guten Teil der Grundlagenforschung zuzuordnen ist.

Die Europäische Union hat in der Vergangenheit Schwerpunktforschungen auf dem Gebiet der Telematik im Verkehr (DRIVE-Forschungsprogramm) und auf dem Gebiet der Entwicklung der Verkehrstechnik (Antriebssysteme, alternative Kraftstoffe, Energienutzung, Nachfrage im internationalen Verkehr, Niederflurbusse, stadtverträglicher Güterverkehr, Komplementarität zwischen Hochgeschwindigkeits-Eisenbahn und Luftverkehr) im Rahmen des COST-Programms initiiert. Mit dem 1994/95 konzipierten Vierten Rahmenprogramm im Bereich der Forschung und technologischen Entwicklung im Verkehr hat die EU ein Programm aufgelegt, in dem Grundlagenforschung, strategische Forschung, verkehrsträgerübergreifende Schnittstellen und alternative Technikentwicklungen untersucht werden sollen. Das Programm ist für den Zeitraum 1994 bis 1998 ausgelegt und umfaßt ein Budget von 240 Millionen ECU. Zusätzlich sind für Vorhaben auf dem Gebiet der Verkehrstelematik 205 Millionen ECU und für die

Entwicklung neuer Verkehrstechnologien 461 Millionen ECU veranschlagt. Bezieht man auch noch das Teilprogramm für nichtnukleare Energien für die Verkehrsforschung mit einem Volumen von 100 Millionen ECU ein, so ergibt sich für die verkehrsbezogene Forschung in dem Vierjahresprogramm ein Betrag von rund einer Milliarde ECU.

Die DFG unterstützt und koordiniert Forschungsvorhaben primär im Bereich der Grundlagenforschung, aber auch in den Schnittstellen zur Forschungsanwendung. Die Phänomene Mobilität und Gütertransport sind mit ihren verhaltensbezogenen und wirtschaftlichen Ausprägungen sowie den Technikentwicklungen wichtige Felder der Grundlagen- und der angewandten Forschung. Zu fragen ist allerdings, ob angesichts der vielfältigen Forschungsförderung durch andere Stellen die DFG-Forschungsförderung im Verkehr eher flächendeckend oder speziell auf bestimmte Forschungsschwerpunkte ausgerichtet werden soll. Obwohl nicht jede Doppelforschung vermeidbar ist beziehungsweise im Falle der Grundlagenforschung auch nicht vermieden werden sollte, ist doch anzustreben, daß die DFG-Forschungsprojekte auf Bereiche konzentriert sind, die in anderen Forschungsprogrammen unvollständig abgedeckt werden oder zumindest nicht als Schwerpunkte erscheinen. Nicht zuletzt bedarf gerade *die* universitäre Grundlagenforschung der Förderung, die nicht mit staatlicher Unterstützung rechnen kann, weil ihre Thematik (noch) nicht zum Katalog der aktuellen öffentlichen Förderung gehört.

2.13.5 Forschungsschwerpunkte

Im folgenden werden einige Forschungslinien herausgehoben, in denen eine Erhöhung der Forschungsintensität in der Zukunft die Aussicht auf qualifizierte Resultate bietet. Die Aufzählung ist selektiv und erhebt nicht den Anspruch auf Vollständigkeit.

2.13.5.1 Technische Entwicklungslinien angesichts der funktionalen Anforderungen der Märkte

Die bisherigen Forschungen auf dem Gebiet der langfristigen technischen Entwicklungslinien haben entweder den Charakter von Trendverlängerungen aus Vergangenheitsbeobachtungen oder von mehr oder weniger kühnen Spekulationen über künftige Alternativen. Zu kurz kommen dagegen die Funktionen, die die Verkehrssysteme im Rahmen der künftigen Arbeits- und Freizeitwelt, der Globalisierung der Produktion und der Internationalisierung des Kommunikationsverhaltens wahrnehmen können oder sollen. Die Aussichten bestimmter Techniklinien könnten verstärkt aus den langfristigen Entwicklungen der Anforderungsprofile abgeleitet werden. Unter diesem Aspekt wären die Fahrzeug- und Antriebsentwicklung, die Qualitäten von Infrastrukturen und die Techniken für Betrieb und Organisation zu analysieren.

2.13.5.2 Technische Entwicklungen unter Restriktionen

Technikentwicklungen, die von bestehenden Strukturen und Ressourcenengpässen abstrahieren und für eine Welt ohne Lastenhefte konzipiert werden, haben es auch dann schwer, wenn sie funktionale Innovationen bieten. Dies gilt insbesondere, wenn es sich um Innovationen handelt, über die nicht der freie Markt entscheidet, sondern das öffentliche Interesse. Beispiele sind spurgeführte Systeme, wie die Magnetschwebetechnik, oder völlig neue Antriebstechnologien, die neue Versorgungsnetze erfordern. Auch innovative Behältertechniken oder neue Umschlagstechnologien können erhebliche Ressourcen und Flächen erfordern, so daß sie auf Durchsetzungshindernisse stoßen, wenn die Anpassung an die bestehenden Nutzungen und die Verwendung bestehender Einrichtungen (Trassen, Bahnhöfe) nicht gelingt.

2.13.5.3 Technische Entwicklungen unter globalen und regionalen Anforderungen der Umweltpolitik

Die Umweltqualitäten neuer Verkehrstechniken sind mittel- und langfristig nicht nur wegen der nationalen Umweltpolitik zu beachten, sondern bilden auch ein Exportpotential für die Wirtschaft, das im Rahmen der Globalisierungsüberlegungen Standortvorteile für die deutsche Industrie bewirken kann. Die Pkw-Dichte steigt in den Schwellenländern rasant und wird mit Zeitverzögerung auch in den Entwicklungsländern nachziehen. Globale Ziele des Umweltschutzes, wie sie etwa in der Klimakonvention, die von etwa 140 Ländern unterzeichnet wurde, gefordert werden, lassen sich nur mit erheblich verbesserter Umwelttechnik der Fahrzeuge erreichen.

2.13.5.4 Integrierte Transportabläufe

Die Überlegungen zu integrierten Transportabläufen beziehen sich vornehmlich auf den Güterverkehr („Transportketten"), spielen aber auch im Personenverkehr eine Rolle. Primär geht es um die Nutzung systemspezifischer Vorteile durch Verknüpfung von Transportvorgängen auf verschiedenen Verkehrsträgern. Im Mittelpunkt einer solchen Forschung muß im Güterverkehr das Problem der Umschlagseinrichtungen und Umschlagsprozesse stehen, da die Kosten des Güterumschlags bislang eine Entwicklung kombinierter Güterverkehrsformen behindern. Ein Beispiel für integrierte Transportketten ist die künftige Organisation des Seehafenhinterlandverkehrs von Rotterdam, der mit Umladung auf Binnenwasserschiffe und einem weiteren Umschlag entlang einer Binnenwasserstraße, etwa am Rhein, oder künftig über die neu zu bauende Betuwe-Linie per Eisenbahn bis über die Alpen geführt und in der Nähe der Empfangsstandorte auf Lkw verladen werden kann. Ein zweites Beispiel betrifft den Güterverkehr über den Ärmelkanal, der per Schiff zu den Nordseehäfen, per Lkw auf Fähren oder per Eisenbahn durch den Kanaltunnel befördert werden kann, mit jeweils verschiedenen Transportrouten und Umschlagsstellen auf dem Kontinent. Integrierte Verkehrsabläufe sind aber auch im öffentlichen Personenverkehr zu organisieren, indem die Verknüpfungen zwischen den verschiedenen Verkehrsmitteln an den Umsteigepunkten verbessert werden. Da die Vertaktung aus Kundensicht positiv, aus betrieblicher Sicht aber problematisch sein kann (Verschlechterung der Kapazitätsauslastung), folgt eine Optimierungsaufgabe, deren Lösung anspruchsvolle Methoden und Fakteninputs erfordert.

2.13.5.5 Verkehrsablauf und Verkehrssteuerung

Untersuchungen zum Verkehrsablauf auf Straße und Schiene bilden ein Dauerthema der Verkehrsforschung. Technikentwicklung und Verhaltensanpassung haben im Straßenverkehr zu Steigerungen der Kapazitätsbeanspruchung geführt, die vor zehn Jahren noch nicht antizipiert wurden. Dagegen stagniert die Effizienz der Kapazitätsnutzung im Eisenbahnwesen und ist aufgrund der ungünstigeren Nutzungsstrukturen teilweise sogar zurückgegangen. In beiden Bereichen stellen sich Forschungsaufgaben, die auf die Möglichkeiten verbesserter Nutzung der Kapazitäten abzielen. Im Bereich der Wasserstraßen stellt sich eher das Problem einer weitergehenden Standardisierung der Schiffsgefäße für die Hauptbinnenwasserstraßen auf 2000 Tonnen und die Ausgestaltung der Infrastruktur für diese „Europa"-Schiffe. Ein Tiefgang von 2,40 Metern wäre für das Hauptnetz aus Gründen des Landschaftsschutzes einheitlich wünschenswert, wird aber vom Binnenschiffahrtsgewerbe aus betriebswirtschaftlichen Gründen als unzureichend abgelehnt. Der Luftverkehr hat noch Kapazitätsreserven, die durch ein zentrales Flugsicherungssystem mit verbesserter Technik unter Federführung von EUROCONTROL zum großen Teil erschlossen werden können. Kapazitätsbegrenzend sind eher die verfügbaren Start- und Landebahnen sowie die Abfertigungseinrichtungen für die Passagiere. Daher bildet die flächensparende Erweiterung von Start- und Landebahnen, zum Beispiel am Frankfurter Flughafen, mit den dazu erforderlichen innovativen Leitsystemen eine Herausforderung für die Forschung. Auf der Nachfrageseite lassen sich durch marktkonforme Gebühren Verbesserungen der Kapazitätsauslastung über die Zeit erreichen. Forschungen, die die Gebührenerhebung nicht projekt-, sondern netzbezogen und gegebenenfalls verkehrsträgerübergreifend analysieren, sind bislang noch nicht auf dem wünschenswerten Stand.

2.13.5.6 Verkehr und Telekommunikation

Die komplementären und substitutiven Wirkungen der Telekommunikation auf den physischen Verkehr sind in verschiedenen Untersuchungen beschrieben worden, allerdings bislang keineswegs befriedigend geklärt. Veränderungen der Arbeitswelt, der Einkaufsgewohnheiten, der Besorgungen oder Verwaltungskontakte können in der Zukunft erhebliche Veränderungen des physischen Verkehrs bewirken. Dabei geht es weniger um die Erwartung, daß mit Tele-Arbeitsplätzen physischer Verkehr in größerem Umfang eingespart werden könnte, sondern mehr um die Frage, in welche Mobilitätsalternativen die entstehende zusätzliche Dispositionszeit gelenkt werden könnte. So ist die Einrichtung eines Telearbeitsplatzes zwar mit einer Reduktion von Berufsfahrten verbunden, doch können zusätzliche Freizeit- und Besorgungsfahrten diesen Effekt wieder kompensieren.

Abb. 2.13.5: Magnetschnellbahn Transrapid auf der Versuchsanlage in Lathen.

2.13.5.7 Managementsysteme

Telematikeinrichtungen verschaffen vielfältige Möglichkeiten, Informations-, Kommunikations- und Steuerungssysteme im Verkehr anzuwenden. Für diesen Markt werden international erhebliche Potentiale gesehen. Dies ist jedoch nur vorstellbar, wenn die Telematikprodukte für die Verkehrsteilnehmer einen meßbaren Nutzen bewirken, der sich mit vertretbaren Kosten realisieren läßt. Die Kostensituation läßt sich dabei durch Multifunktionalität der Einrichtungen (Stichwort: Nutzung für Verkehrsleitsysteme, Road Pricing und individuelle Kommunikation) attraktiv gestalten. Die Forschung hat sich auf diesem Sektor bislang auf die Angebotsseite konzentriert. Es zeigt sich aber zunehmend, daß die Marktdurchdringung neuer Kommunikations- und Steuerungstechniken ohne politische Unterstützung lange Zeit in Anspruch nehmen wird, so daß die Systemvorteile, etwa in Form höherer Kapazitäten von Infrastrukturanlagen, erst langfristig wirksam werden können. Eine Beschleunigung durch staatliche Subventionierung erscheint in Anbetracht der Herausforderungen für die Rückführung öffentlicher Haushalte schwer durchsetzbar. Daher müssen zusätzliche Wege gefunden werden, um eine schnellere Realisierung der technischen Möglichkeiten durch private Finanzierung zu erreichen.

2.13.5.8 Akzeptanz-Forschung

Die Optimierung von Verkehrssystemen durch Technik, Organisation und Steuerung ist ein traditioneller Gegenstand der Verkehrsforschung. Fraglich ist allerdings, inwieweit Optimierungskonzepte von den betroffenen Verkehrsteilnehmern akzeptiert werden. Dabei geht es um die Fragen,

- ob ein technisch optimiertes System auch jeder Nutzergruppe Vorteile verspricht,
- ob der hohe Informationsanspruch optimierter Systeme erfüllbar ist und möglicherweise Nebenwirkungen (Datenschutzprobleme) hervorruft oder
- ob die Betroffenen Empfehlungen oder Lenkungen als Eingriff in die Individualsphäre betrachten.

Zum Beispiel können zentrale Verkehrsleitsysteme nicht notwendig allen Verkehrsteilnehmern Vorteile bieten. Je größer aber der Anteil der Verkehrsteilnehmer ist, der die Leitempfehlungen nicht annimmt, um so schwächer wird der Nutzeffekt des Systems. Bei Nachfrage-Management-Systemen, wie zum Beispiel dem Road Pricing, gibt es zusätzlich soziale Aspekte, die zu einer Ablehnung optimierter Systeme führen können. Die Bereitschaft der Bürger, zusätzliche finanzielle Beiträge zu leisten, ist begrenzt, solange die zweckbestimmte Verwendung für die Finanzierung von Verkehrsanlagen nicht sichergestellt ist.

2.13.5.9 Systems Dynamics

Philosophie und Instrumente dynamischer Regelkreissysteme sind in einigen Anwendungen überstrapaziert worden (zum Beispiel im Rahmen der Langfristprognosen des Club of Rome). Dennoch ist die Modellierung mit Hilfe der Systems Dynamics Prinzipien, also mit dynamischen Regelkreisen, eine Methode, mit deren Hilfe die Wirkung verkehrspolitischer Strategien oder verkehrstechnischer Zukunftslinien in transparenter Form analysiert werden kann. Wurden früher die dynamischen Beziehungen in diesen Modellen stark intuitiv von den Anwendern eingegeben, so bieten sich heute Möglichkeiten an, immer größere Teile des Systemzusammenhangs quantitativ mit statistisch erforschten Teilmodellen darzustellen. Die Systemmodelle können zum Beispiel dazu dienen, mögliche Pfade einer „nachhaltigen" (sustainable) Entwicklung des Verkehrs aufzuzeigen und Konsequenzen einer linearen Fortsetzung der gegenwärtigen Entwicklungstendenzen, gegebenenfalls mit weltweiten Implikationen, vorzudenken.

2.13.5.10 Schnittstellenbereiche zu Umwelt und Raumordnung

Verkehr hat eine typische Schnittstellenfunktion, da er durch Verknüpfung von Aktivitäten im Raum entsteht. Aus diesem Grunde bietet es sich an, die Entwicklungslinien von Produktion und Dienstleistungen hinsichtlich des Entstehens neuer Verkehrsbedarfe zu untersuchen. Wegen des hohen Konfliktpotentials sind gleichfalls die Schnittstellen zur Umwelt-, Raumordnungs- und Stadtverkehrsforschung ein wichtiges Forschungsfeld, insbesondere im Hinblick auf die wünschenswerte Entkoppelung von Wirtschafts- und Verkehrswachstum.

Ein Beispiel für weitere Forschungen im Schnittstellenbereich zwischen Verkehr und Umwelt ist die im europäischen Bereich zu einem hohen Stand geführte Forschung auf dem Gebiet der Luftschadstoffemissionen und -konzentrationen, die zu einem feinen räumlichen Kataster für die Schadstoffsituation geführt hat (CORINAIR). Hier besteht die Notwendigkeit, eine gemeinsame Modellplattform für die Verknüpfung von Verkehrs- und Schadstoffausbreitungsmodellen herzustellen.

2.13.5.11 Globale Produktion und Logistik

In der jüngeren Vergangenheit sind erhebliche Nachfrageveränderungen im Güterverkehr durch den Wandel von Produktionsstrukturen und der Organisation räumlicher Arbeitsteilung entstanden. Dies konnte von der Güterverkehrsprognostik nicht befriedigend abgebildet werden, weil die Analyse und Prognose im Güterverkehr noch nicht ausreichend auf disaggregierten Abbildungen unternehmerischer Entscheidungen aufbaut. Für Produktbereiche, die einem starken Wandel der räumlichen Produktionsstrukturen unterliegen, wie zum Beispiel Investitionsgüter, unfertige Erzeugnisse oder Konsumgüter, sollte die Forschung zum Zusammenhang von Produktion und Logistik verstärkt werden. Hier besteht ein Bedarf an integrierter Forschung von Verkehr, Produktionstechnologie, Lagerlogistik und Distribution.

2.13.5.12 Wissenschaftstransfer

Die Verkehrsforschung hat in der Vergangenheit sehr stark von Forschungsergebnissen anderer Disziplinen profitiert. Dies gilt zum Beispiel für Forschungsergebnisse aus der Physik, der Soziologie, der Informatik oder des Operations Research. Weiterentwicklungen in der Verkehrsforschung können unter anderem dadurch angeregt werden, daß die im letzten Jahrzehnt erzielten Forschungsergebnisse in den für die Verkehrsforschung wichtigen Nachbardisziplinen systematisch untersucht werden.

Neuere Techniklinien, die noch sehr unvollständig erforscht sind, zum Beispiel neuronale (der Vernetzung im menschlichen Gehirn nachempfundene) Netze im Verkehr und die individuelle Führung von Einzelwagen in spurgeführten Systemen (Stichwort: selbstangetriebene Güterwagen der Eisenbahn), können in Schwerpunktforschungen vertieft analysiert werden. Weitere unerforschte Verbindungslinien zur Informatik sind das Constraint Logic Programming zur Lösung von komplexen Wahlproblemen, wie sie bei verketteten Reiseentscheidungen auftreten, oder Verfahren der Mustererkennung (Pattern Matching).

2.13.6 Forschungsförderung durch die DFG

Die Organisation der Forschungsförderung und -betreuung des Verkehrsbereichs durch die DFG ist traditionell dem Bauingenieurwesen zugeordnet. Dies ist für den Bereich der Ingenieure, die Verkehrswege entwerfen und bauen (Straßenbau, Eisenbahnbau) auch für die Zukunft akzeptabel. Insbesondere aber in der

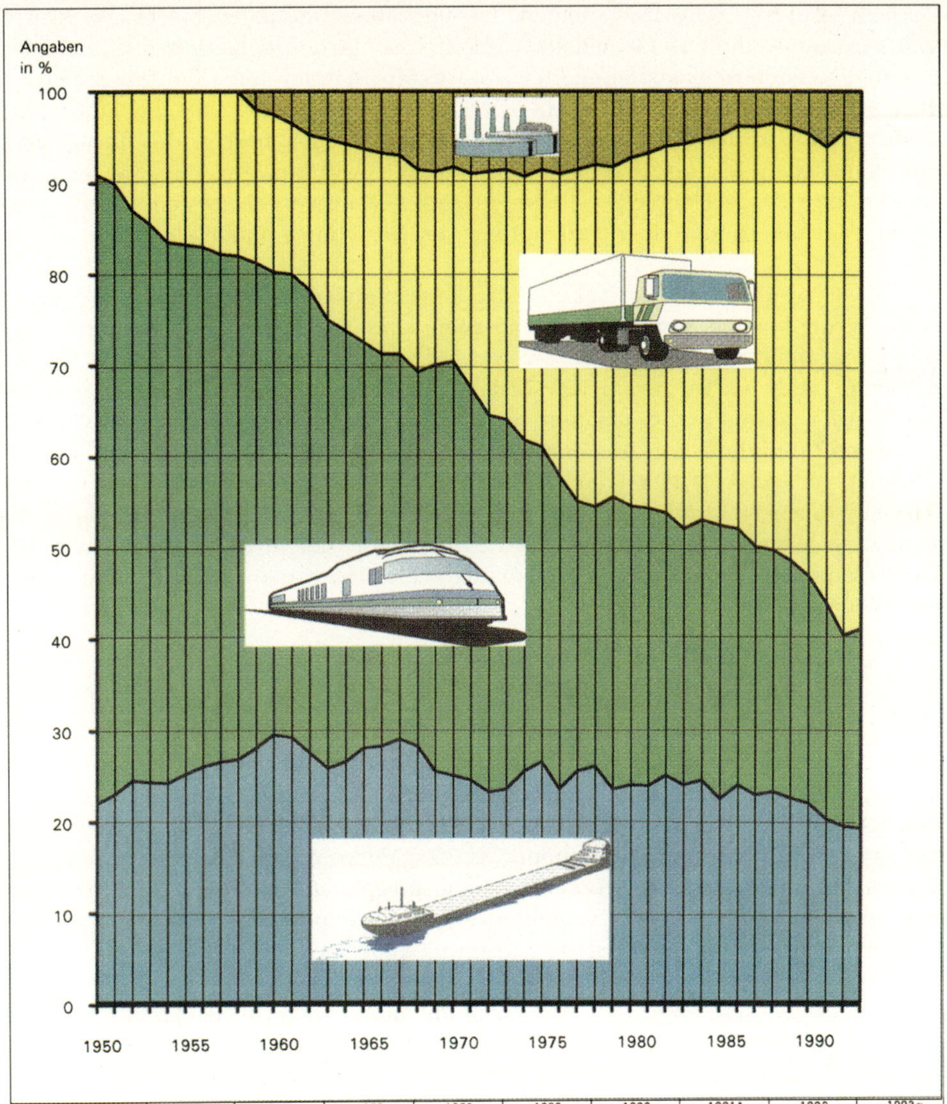

	1985		1986		1987		1988		1989		1990		1991*		1992		1993 3)	
Verkehrsträger	Mrd tkm	%	Mrd tkm	%	Mrd tkm	%	Mrd tkm	%	Mrd tkm	%	Mrd tkm	%	Mrd tkm	%	Mrd tkm	%	Mrd tkm	%
Binnenschiffahrt 1)	48,2	22,7	52,2	24,1	49,7	22,9	52,9	23,3	54,0	22,5	54,8	21,9	54,6	18,6	57,2	19,4	55,5	19,3
Eisenbahn 2)	64,0	30,1	60,6	27,9	59,1	27,1	60,0	26,4	62,1	26,0	61,8	24,7	81,1	27,6	68,4	23,1	62,6	21,8
LKW -Fernverkehr 2)	91,6	43,1	95,9	44,2	99,9	46,0	106,2	46,8	113,4	47,4	120,4	48,1	144,3	49,1	156,1	52,8	155,8	54,1
Rohölfernleitungen 3)	8,7	4,1	8,2	3,8	8,7	4,0	7,9	3,5	9,8	4,1	13,3	5,3	13,9	4,7	13,9	4,7	13,9	4,8
	212,5	100,0	216,9	100,0	217,4	100,0	227,0	100,0	239,3	100,0	250,3	100,0	295,1	100,0	297,4	100	287,8	100

Quelle: Verkehr in Zahlen; KBA/StBA/ifo-Institut

* ab 1991 alte und neue Bundesländer

1) Effektiv-tkm 2) Tarif-tkm 3) Vorläufige Zahlen

Vertrieb: Drucksachenstelle der Wasser- und Schiffahrtsverwaltung des Bundes bei der Wasser- und Schiffahrtsdirektion Mitte, Postfach 6307, 30063 Hannover

BMV BW 27 Bonn, 1994 H 28a

Abb. 2.13.6: Anteil der Hauptverkehrsträger am binnenländischen Güterfernverkehr.

Verkehrsplanung, teilweise auch in der Verkehrs- und Betriebstechnik, weitet sich das sehr komplexe Gebiet des Verkehrs in Nachbargebiete aus (Soziologie, Informatik, Wirtschaftswissenschaften), auf deren Beiträge auch die technisch orientierte Verkehrswissenschaft nicht verzichten kann. Zwar sollte die Forschung in den Teilbereichen des Verkehrs nach den Methoden und in den Kategorien der klassischen Mutterdisziplinen durchgeführt werden. Da sie aber – unter Umständen ganz wesentliche – Beiträge zum Gesamtverkehrssystem leisten soll, ist eine fachübergreifende Koordinierung der Forschung unentbehrlich.

Zwar werden auch in Zukunft die Forschungsanträge im Normalverfahren ihren Weg über die bisherigen Fachgebiete und Fachgutachter gehen müssen. Allerdings sollten zusätzlich zu den gewählten Fachgutachtern (die alle Bauingenieure sind) noch stärker als bisher Sondergutachter aus den berührten Nachbardisziplinen herangezogen werden. Es könnte auch erwogen werden, einen interdisziplinär zusammengesetzten Expertenkreis zu bilden, der in der Lage ist, die verschiedenen fachlichen Aspekte der Forschungsanträge zu prüfen. Aus diesem Grund wird angeregt, eine Senatskommission für Verkehrsforschung zu gründen. Diese sollte die Gewähr dafür bieten, daß der Aspekt einer Verbesserung des Gesamtverkehrssystems als Leitidee der Forschungsförderung beachtet wird.

Die in Zukunft immer wichtigere Forschung zum Gesamtverkehrssystem im interdisziplinären Kontext kann die DFG über ihre Förderungsinstrumente Forschergruppe, Schwerpunktprogramm und Sonderforschungsbereich fördern. Auf Ergebnissen solcher Forschungsarbeiten aufbauend böte sich hier auch ein Feld an für erfolgversprechende Transferförderung, wie sie seit kurzem im Zusammenhang mit geförderten Sonderforschungsbereichen – zunächst probeweise – praktiziert wird. Darüber hinaus wäre zu überlegen, ob die Idee und die Ziele, die dem Förderinstrument der Innovationskollegs zugrunde liegen, nämlich Strukturverbesserung der Hochschulforschung, Förderung der Interdisziplinarität und der Kooperation von Hochschulen und außeruniversitären Forschungseinrichtungen einschließlich der industriellen Forschung, hier zum Tragen kommen können. Gewiß sind die „Innovationskollegs" ausschließlich als Strukturverbesserungsinstrument für die neuen Länder geschaffen worden. Dies sollte jedoch nicht daran hindern, die tragende Idee auch auf anderen Gebieten, wo sie Nutzen bringen kann, umzusetzen. Die Verkehrsforschung wäre ein solches Gebiet.

Von den vorhandenen Förderungsinstrumenten dürfte das Schwerpunktprogramm besonders geeignet sein. Sonderforschungsbereiche auf dem Gebiet des Verkehrs oder des Zusammenhangs zwischen Verkehr und anderen Aspekten wurden bislang von der DFG nicht eingerichtet, obwohl bereits einige Anträge hierzu gestellt wurden. Dies ist unter anderem auch ein Indiz für den interdisziplinären Charakter der Verkehrsforschung, der es den Beteiligten schwer macht, Forschungslinien zu skizzieren, die von vielen Gutachtern aus unterschiedlichen Bereichen, die sonst wenig Forschungskontakt miteinander haben, gemeinsam als innovativ bewertet werden können. Das Konkurrenzdenken in tradierten Teilbereichen der Verkehrsforschung trägt zusätzlich dazu bei,

Anträgen aus Nachbardisziplinen die wissenschaftliche Unterstützung zu verweigern. Dennoch wird empfohlen, die Verkehrswissenschaftler an den Universitäten stärker als bislang zu motivieren, verkehrsträgerübergreifende, systembezogene Forschungsthemen im Verkehr zum Gegenstand einer Antragstellung für einen DFG-Sonderforschungsbereich oder für eine, gegebenenfalls auch ortsverteilte, Forschergruppe zu machen. Weiterhin eignet sich die Einrichtung der Forschergruppen dazu, Einzelthemen der Verkehrsforschung zu vertiefen.

3

ÜBERSICHTEN ZUR KOORDINIERTEN FORSCHUNGSFÖRDERUNG

Schwerpunktprogramme (Stand: 1. Juli 1997)

Nr.	Wissenschaftsbereich Fachgebiet Schwerpunktprogramm	Förderung seit
Geisteswissenschaften		
	Gesellschaftswissenschaften (Rechtswissenschaften, Politologie, Soziologie, Wirtschaftswissenschaften, Geographie)	
185	Sozialer und politischer Wandel im Zuge der Integration der DDR-Gesellschaft	1991
187	Technologischer Wandel und Regionalentwicklung in Europa	1992
192	Die Entstehung des öffentlichen Strafrechts	1993
195	Effiziente Gestaltung von Finanzmärkten und Finanzsituationen	1994
197	Regulierung und Restrukturierung der Arbeit in den Spannungsfeldern von Globalisierung und Dezentralisierung	1995
199	Industrieökonomik und Inputmärkte	1995
1023	Regieren in der Europäischen Union	1997
	Geschichts- und Kunstwissenschaften (Altertumswissenschaften, Kulturen des Orients, Geschichte, Kunstwissenschaften, Völkerkunde)	
181	Historische Grundlagenforschung im antiken Kleinasien	1991
182	Siedlungsprozesse und Staatenbildung im tibetischen Himalaja	1991
186	Transformationen der europäischen Expansion vom 16. bis 20. Jahrhundert	1992
190	Kelten, Germanen, Römer im Mittelgebirgsraum zwischen Luxemburg und Thüringen	1993
1000	Theatralität – Theater als kulturelles Modell in den Kulturwissenschaften	1996
1024	Ideen als gesellschaftliche Gestaltungskraft im Europa der Neuzeit	1997
	Sprach- und Literaturwissenschaften (Neuere Philologie, Literaturwissenschaft und Volkskunde)	
196	Sprachtypologie	1995
1022	Sprachproduktion: Informationsvermittlung durch natürliche Sprache	1997

Schwerpunktprogramme (Stand: 1. Juli 1997)

Nr.	Wissenschaftsbereich Fachgebiet Schwerpunktprogramm	Förderung seit
	Philosophie, Wissenschaftstheorie, Erziehungswissenschaften, Psychologie	
188	Kindheit und Jugend in Deutschland vor und nach der Vereinigung	1992
191	Lehr-Lern-Prozesse in der kaufmännischen Erstausbildung	1993
193	Informationsverarbeitung im sozialen Kontext	1994
194	Globale Umweltveränderungen: sozial- und verhaltenswissenschaftliche Dimensionen	1994
198	Mechanismen des assoziativen Lernens	1995
1001	Sensomotorische Integration	1996
	Biologie/Medizin/Agrar- und Forstwissenschaften	
	Biologie	
281	Neuartige Reaktionen und Katalysemechanismen bei anaeroben Mikroorganismen	1990
284	Molekulare Phytopathologie	1991
285	Molekulare Grundlagen der Evolution bei Pflanzen	1991
288	Eigenschaften und Funktionen von Gliazellen	1991
289	Physiologie und Theorie neuronaler Netzwerke	1991
291	Molekulare Zellbiologie der Hitzestreßantwort	1992
292	Molekulare Grundlagen von Zell-Matrix-Interaktionen in Biologie und Medizin	1992
293	Neue mikroskopische Techniken für Biologie und Medizin	1992
294	Arabidopsis als Modell zur genetischen Analyse pflanzlicher Entwicklung	1993
295	Molekulare Grundlagen der Funktion und enzymatischen Aktivität von Ribonukleinsäuren (RNA-Biochemie)	1993
296	Struktur und Funktionsanalyse natürlicher mikrobieller Lebensgemeinschaften	1993
298	Stoffwechsel und Wachstum der Pflanze unter erhöhter Kohlendioxidkonzentration	1994
299	Genetische Analyse von Sozialsystemen	1994
300	Molekulare Analyse von Regulationsnetzwerken in Bakterien	1994
312	GTPasen als zentrale Regulatoren zellulärer Funktion	1995
314	Kontrolle des Zellzyklus bei Eukaryonten	1995
1002	Funktionelle und adaptive Mechanismen circadianer Systeme	1996
1025	Molekulare Sinnesphysiologie	1997
1027	Evolution entwicklungsbiologischer Prozesse	1997

Schwerpunktprogramme (Stand: 1. Juli 1997)

Nr.	Wissenschaftsbereich Fachgebiet Schwerpunktprogramm	Förderung seit
	Medizin	
286	Virulenzfaktoren und Wirtstropismus animaler Viren	1991
287	Muskelforschung	1991
290	Genetische Faktoren bei psychiatrischen Erkrankungen	1991
297	Auto-/parakrine und nervale Regulation der Hypophysen-Gonaden und -Nebennierenachse	1993
313	Molekulare Dysmorphogenese	1995
1003	Struktur und Funktion ATP-sensitiver und einwärtsgleichrichtender Kaliumkanäle	1996
1004	Voraussetzungen und molekulare Mechanismen der Persistenz von Parasiten im Wirt	1996
1026	Molekulare Physiologie der synaptischen Interaktion: Analyse in definierten Säugetiermutanten	1997
1028	Molekulare Differenzierungsmechanismen von Epithelien	1997
1029	Die Rolle von Mikrogliazellen bei Erkrankungen des Nervensystems	1997
	Agrar- und Forstwissenschaften	
716	Mechanismen der Interaktion im System Pflanze, Schaderreger und Nutzorganismen	1992
717	Der Apoplast der höheren Pflanze: Speicher-, Transport- und Reaktionsraum	1995
1005	Genetische und molekulare Aufklärung von Prozessen der Merkmalsausprägung bei Nutzpflanzen	1996
	Naturwissenschaften	
	Mathematik	
458	Algorithmische Zahlentheorie und Algebra	1991
465	Ergodentheorie, Analysis und effiziente Simulation dynamischer Systeme	1994
469	Echtzeit-Optimierung großer Systeme	1995
1033	Interagierende stochastische Systeme von hoher Komplexität	1997
1035	Analysis und Numerik von Erhaltungsgleichungen	1997
	Physik	
453	II-VI-Halbleiter-Strukturen	1989
459	Dynamische Fermionen	1991
463	Synthese superharter Materialien	1993
468	Quantenkohärenz in Halbleitern	1995
470	Zeitabhängige Phänomene und Methoden in Quantensystemen der Physik und Chemie	1995

Schwerpunktprogramme (Stand: 1. Juli 1997)

Nr.	Wissenschaftsbereich Fachgebiet Schwerpunktprogramm	Förderung seit
471	Physik der Sternentstehung	1995
543	Strukturbildung in dissipativen kontinuierlichen Systemen	1992
1007	Femtosekunden-Spektroskopie elementarer Anregungen in Atomen, Molekülen und Clustern	1996
1031	Quasikristalle: Struktur und physikalische Eigenschaften	1997
1032	Gruppe III-Nitride und ihre Heterostrukturen: Wachstum, materialwissenschaftliche Grundlagen und Anwendungen	1997
1034	Untersuchungen der hadronischen Struktur von Nukleonen und Kernen mit elektromagnetischen Sonden	1997
	Chemie	
460	Schnelle molekulare Prozesse in Flüssigkeiten	1991
461	Molekulare Cluster	1992
462	Peroxidchemie: mechanistische und präparative Aspekte des Sauerstoff-Transfers	1993
464	Theorie relativistischer Effekte in der Chemie und Physik schwerer Elemente	1994
466	Aufbau und Funktionalisierung von Polyeder-Gerüsten aus Hauptgruppenelementen	1994
467	Nanostrukturierte Wirt/Gast-Systeme	1995
472	Spezifische Phänomene in der Silicium-Chemie	1995
1008	Nitridobrücken zwischen Übergangsmetallen und Hauptgruppenelementen	1996
1009	Polyelektrolyte mit definierter Molekülarchitektur	1996
1010	Reaktivität von Festkörpern	1996
1011	Cellulose und Cellulosederivate: molekulares und supramolekulares Strukturdesign	1996
1030	Grundlagen der elektrochemischen Nanotechnologie	1997
	Geowissenschaften	
511	Durchführung von Meteor-Expeditionen	1964
516	Auswertung der Meteor-Expeditionen	1970
527	Ocean Drilling Program/Deep Sea Drilling Project	1976
536	Kontinentales Tiefbohrprogramm der Bundesrepublik Deutschland	1987
540	Experimentelle Studien über Elementverteilungen	1991
541	Pseudosymmetrische Kristalle	1991
544	Orogene Prozesse – ihre Quantifizierung und Simulation am Beispiel der Variszicen	1992
545	Wandel der Geo-Biosphäre während der letzten 15000 Jahre – Kontinentale Sedimente als Ausdruck sich verändernder Umweltbedingungen	1994

Schwerpunktprogramme (Stand: 1. Juli 1997)

Nr.	Wissenschaftsbereich Fachgebiet Schwerpunktprogramm	Förderung seit
546	Geochemische Prozesse mit Langzeitfolgen im anthropogen beeinflußten Sickerwasser und Grundwasser	1995
811	Regionalisierung in der Hydrologie	1992
812	Refraktäre organische Säuren in Gewässern	1994
1006	International Continental Drilling Program (ICDP)/ Kontinentales Tiefbohrprogramm der Bundesrepublik Deutschland (KTB)	1996
	Ingenieurwissenschaften	
	Allgemeine Ingenieurwissenschaften und Maschinenwesen	
677	Ionen- und Plasmaoberflächentechnik	1988
689	Strahl-Stoff-Wechselwirkung bei der Laserstrahlbearbeitung	1991
691	Höchsttemperaturbeständige Leichtbauwerkstoffe, insbesondere keramische Verbundwerkstoffe	1991
692	Mikrostruktur und mechanische Eigenschaften metallischer Hochtemperaturwerkstoffe	1991
695	Feinste feste Partikeln – Erzeugen, Klassieren, Abscheiden und Messen	1991
697	Bearbeitungsbedingte Oberflächenausbildung und tribologische Eigenschaften keramischer Bauteile	1992
725	Transiente Vorgänge in mehrphasigen Systemen mit einer oder mehreren Komponenten	1992
726	Modellierung der Produktion	1993
728	Transportmechanismen über fluide Phasengrenzen	1993
732	Innovative rechnerunterstützte Konstruktionsprozesse	1995
733	Gradientenwerkstoffe	1995
734	Elektronische und mechanische Eigenschaften von Multifunktionswerkstoffen	1995
735	Automatische Sichtprüfung technischer Objekte	1995
736	Stoffeigenschaften komplexer fluider Gemische	1995
1012	Mikromechanische Produktionstechnik	1996
1013	Kurzzeitmetallurgie	1996
1015	Systemdynamik und Langzeitverhalten von Fahrwerk, Gleis und Untergrund	1996
1017	Transition	1996
1018	Analyse, Modellbildung und Berechnung mehrphasiger Strömungen	1996
1019	Überkritische Fluide als Lösungs- und Reaktionsmittel	1996
1036	Mechanismenorientierte Lebensdauervorhersage für zyklisch beanspruchte metallische Werkzeuge	1997
1037	Neue Precursorkeramik aus kondensierten molekularen Vorstufen	1997
1039	Autonomes Laufen	1997

Schwerpunktprogramme (Stand: 1. Juli 1997)

Nr.	Wissenschaftsbereich Fachgebiet Schwerpunktprogramm	Förderung seit
	Architektur, Städtebau und Bauingenieurwesen	
693	Bauphysik der Außenwände	1991
694	Objektorientierte Modellierung in Planung und Konstruktion	1991
1014	Kreislaufgerechtes Bauen mit mineralischen Werkstoffen	1996
	Bergbau und Hüttenwesen	
690	Hochtemperaturkorrosion	1991
700	Verformung und Bruch geordneter Mischkristalle	1992
729	Unterkühlte Metallschmelzen: Phasenselektion und Glasbildung	1994
	Elektrotechnik und Informatik	
687	Elektromagnetische Verträglichkeit moderner energietechnischer Systeme	1991
688	Optische Signalverarbeitung	1991
698	Deduktion	1992
699	System- und Schaltungstechnik für hochgradige Parallelverarbeitung	1992
727	Systemintegration elektrischer Antriebe	1993
730	Mobilkommunikation	1994
731	Effiziente Algorithmen für diskrete Probleme und ihre Anwendungen	1994
1016	Analyse und Synthese kontinuierlich-diskreter technischer Systeme (KONDISK)	1996
1020	Rapid Prototyping für integrierte Steuerungssysteme mit harten Zeitbedingungen	1996
1021	Raumkognition	1996
1038	Halbleiterbauelemente hoher Leistung	1997
1040	Entwurf und Entwurfmethodik eingebetteter Systeme	1997
1041	Verteilte Verarbeitung und Vermittlung digitaler Dokumente	1997

Forschergruppen und Klinische Forschergruppen (Stand: 1. August 1997)

Wissenschaftsbereich Forschergruppe, Ort	Förderung seit
Geistes- und Sozialwissenschaften	
Klinische Psychophysiologie des Schmerzes, Tübingen	1992
Das Bild des Krieges im Wandel vom späten Mittelalter zur frühen Neuzeit, Würzburg	1994
Wissen und Handeln, München/Würzburg	1994
Historisch-sozialwissenschaftlicher Gesellschaftsvergleich. Strukturen und Identitäten im kognitiven und sozialen Wandel, Berlin (HU)	1994
Bildung und Schule im Transformationsprozeß von SBZ, DDR und neuen Bundesländern, Berlin (HU)	1994
Kortikale Plastizität: Psychophysiologische Untersuchungen zur läsions- und verhaltensinduzierten Funktionsveränderung kortikaler Areale, Berlin (HU)	1995
Zum politisch-sozialen Diskurs und Formen des Wissens im Zeitalter des Humanismus, München	1996
Kognitive Entwicklung, Würzburg/Eichstätt	1996
Dynamik kognitiver Repräsentation, Marburg	1996
Streßvulnerabilität und Streßprotektion, Trier	1996
Logik in der Philosophie, Konstanz/Tübingen	1997
Effiziente elektronische Koordination in der Dienstleistungsgesellschaft, Augsburg/Nürnberg	1997
Wahrnehmungsplastizität: Aufgaben und lernabhängige Modulation von Wahrnehmungsprozessen, München (U)	1997
Biologie/Medizin	
Plastizität und Genexpression im Nervensystem unter pathologischen Bedingungen, Heidelberg	1991
Biomechanik und Biologie der operativen Behandlung der Verletzungen des Bewegungsapparates, Ulm	1992
Grundlagen umweltschonender Bodennutzungsstrategien im nordostdeutschen Tiefland, Berlin (HU)	1992
Fokale Hirnischämie und Reperfusion: klinisch und experimentell, Heidelberg	1993
Biochemische Toxikologie, Tübingen	1993
Molekularbiologie neurodegenerativer Erkrankungen, Düsseldorf	1994
Molekulare Mechanismen akuter und chronischer Leberentzündungen, Aachen	1994
Regulation der zellulären Differenzierung durch interzelluläre Kommunikation und intrazelluläre Signale, Ulm	1994
Multiproteinkomplexe in der Regulation der Genexpression und DNA-Replikation, München	1994
Membranproteine in Differenzierung und Tumorprogression, Karlsruhe	1994
Immundysregulation und maligne Lymphone, Köln	1994
Optimierungsstrategien im Organischen Landbau, Bonn	1994
Der männliche Gamet: Produktion, Reifung, Funktion, Münster/Hamburg	1994

Forschergruppen und Klinische Forschergruppen (Stand: 1. August 1997)

Wissenschaftsbereich Forschergruppe, Ort	Förderung seit
Alterungsprozesse bei Pflanzen, Bayreuth	1995
Messung, Modellierung und Minderung von Gasemissionen in landwirtschaftlichen Betriebssystemen, Stuttgart-Hohenheim	1995
Fusarientoxine: Vorkommen, Wirkung und Prophylaxe, Stuttgart-Hohenheim	1995
Integrierte Enzymsysteme in der Peptidbiosynthese, Berlin (TU)	1995
Struktur und Funktionssteuerung an zellulären Oberflächen, Konstanz	1995
Molekulare Grundlagen der Differenzierung und Aktivierung mononukleärer Phagozyten, Regensburg	1995
Mechanismen der Proteinwechselwirkung bei infektiösen Prozessen und deren Modulation, Regensburg	1995
Tumorselektive Therapie und Therapieresistenz: Grundlagen und Klinik, Essen	1995
Regulation, Modifikation und Organisation von Strukturproteinen, Braunschweig	1996
Zell-Zell- und Zellmatrixwechselwirkungen in der Haut. Kontrolle von Barriere- und Abwehrfunktionen, Köln	1996
Genetische und molekulare Modelle zur Pathophysiologie des Zelltodes in neuronalen Systemen, Regensburg	1997
Molekulare Pathomechanismen der Alzheimer-Demenz, Hamburg	1997
Intrazellulärer RNA-Transport, Hamburg	1997
Naturwissenschaften	
Erzeugung, Nachweis und Eigenschaften reaktiver Moleküle, Wuppertal	1990
Hochdruck-Metamorphose in Natur und Experiment, Bochum	1991
Dynamische Systeme, Bremen	1991
Gleichungen der Hydrodynamik, Bayreuth	1991
Nichtlineare Funktionsanalysis und mathematische Methoden der Kontinuumsmechanik, Leipzig	1992
Algorithmische Grundlagen der Simulation von ausgewählten Problemen der Kontinuumsmechanik auf massiv parallelen Rechnern, Chemnitz	1990
Adsorbatwechselwirkungen an Ionenkristallen und Metallen, Hannover	1993
Kinetik und Thermodynamik, Dresden	1994
Geometrische Methoden der Zahlen- und Gruppentheorie (Arithmetik und Geometrie), Essen	1994
Chemie in Interphasen – Synthese, Dynamik und Anwendung von polymerfixierten Reaktionszentren, Tübingen	1994
Identifikation und Optimierung komplexer Modelle auf der Basis analytischer Sensitivitätsberechnungen, Dresden	1994
Molekulare Mustererkennung mit supramolekularen Strukturen und Polymeren, Tübingen	1994
Gewebespezifische Arzneistoffapplikation mit kolloidalen Carriern, Berlin (FU)/MPI Teltow	1994

Forschergruppen und Klinische Forschergruppen (Stand: 1. August 1997)

Wissenschaftsbereich Forschergruppe, Ort	Förderung seit
Neue chemische und physikalische Ansätze für Abscheidung, Wachstum und Lateralstrukturierung von Nanometerschichtsystemen, Bielefeld	1995
Neuroprotektion: Wachstumsfaktoren und Sauerstoffradikalfänger, Marburg	1995
Metall-Isolator-Übergang und Magnetismus in hochkorrelierten Übergangsmetallchalkogeniden, Augsburg	1995
Bildfolgenanalyse zum Studium dynamischer Vorgänge, Heidelberg	1995
Quantenfeldtheorie, Computeralgebra und Monte Carlo Simulation, Karlsruhe	1996
Untersuchung von Vielteilcheneffekten in Atomkernen mit Elektronen und Photonen am S-DALINAC und die damit verbundene Weiterentwicklung des Beschleunigers, Darmstadt	1997
Quantengase, Ulm/Konstanz	1997
Grenzflächendynamik bei Strukturbildungsprozessen, Magdeburg	1997
Ingenieurwissenschaften	
Schadensforschung und Schadensbeseitigung an Stahlkonstruktionen im Wasser, Hamburg-Harburg	1990
Herstellung, Verarbeitung und Prüfung von Superleichtlegierungen auf Magnesium-Lithium-Wasserstoff-Basis, Hannover	1990
Zuverlässigkeit von Modellierung und Berechnung in der angewandten Mechanik, Hannover	1991
Ingenieurbauten – Wege zu einer ganzheitlichen Betrachtung, Stuttgart	1991
Verbundbau – Tragverhalten, Berechnung, Konstruktion, Kaiserslautern	1991
Textur und Anisotropie kristalliner Stoffe, Clausthal-Zellerfeld	1991
Wirbel- und Wärmeübertragung, Bochum	1991
Software- und Kommunikationsstrukturen in technischen Systemen, Aachen	1991
Beeinflussung und Steuerung turbulenter Scherschichten, Berlin (FU)	1992
Multimediale Systementwicklung, Darmstadt	1992
Präzisionsumformung von schrägverzahnten Zahnrädern – Herstellung, Wärmebehandlung und Prüfung, Hannover	1992
Biologische Prozesse mit dispersen Feststoffen, Braunschweig	1994
Materielles Recycling von unverstärkten thermoplastischen Kunststoffen, Aachen	1994
Industrielle Szeneninterpretation durch aktive Exploration mit Hilfe von Sensor-Aktor-Kopplungen, Stuttgart	1994
Visualisierung multimedialer Informationen mit mobilen Computersystemen, Rostock/Darmstadt	1994
Strömungsmechanische Grundlagen der Durchflußmessung, Essen	1994
Struktur und Steuerung schneller Maschinen, Hannover	1995
Baugrund-Tragwerk-Interaktion, Darmstadt	1996
Konzeption, theoretische Fundierung und Validierung einer anwendungsbezogenen Petrinetz-Technologie, Berlin (HU)	1996

Forschergruppen und Klinische Forschergruppen (Stand: 1. August 1997)

Wissenschaftsbereich Forschergruppe, Ort	Förderung seit
Mensch-Maschine-Interaktion in kooperativen Systemen der Flugsicherung und Flugführung, Berlin (TU)/Hannover	1996
Werkstoff- und randschichttechnische Methoden zur Entwicklung von Schneidstoffen für die Mikrozerspanung von Eisenbasiswerkstoffen, Bremen	1996
Reaktionslenkung durch Strömungsführung, Erlangen-Nürnberg	1997
Katalysatorverkapselung im Sprühverfahren, Essen	1997
Untersuchungen des Verformungsverhaltens heterogener Werkstoffe mittels enger Verbindung von Experiment und Rechnung, Braunschweig/Dortmund/Stuttgart	1997
Textile Verstärkungen für Hochleistungsrotoren in komplexen Anwendungen, Dresden	1997
Werkstoffbezogene numerische Simulation thermischer Prozesse in der Produktion, Clausthal-Zellerfeld/Aachen/Hannover	1997
Luftschifftechnologie, Stuttgart (TU)	1997
Spritzprozeßrelevante Pulvercharakterisierung, Dortmund	1997
Vernetzte Arbeitsstationen und Personalcomputer als Plattform für Hochleistungsdatenbanken (Cluster Computing), Karlsruhe	1997
Technik im Haushalt zur Unterstützung der selbständigen Lebensführung älterer Menschen, Berlin (TU)/Cottbus	1997
Klinische Forschergruppen	
Gemeinsame neurobiologische Mechanismen der Abhängigkeit – ein Projekt zur Pathogenese von Alkoholismus und Opioidabhängigkeit und zur Entwicklung neuer Therapiekonzepte, Berlin	1990
Respiratorische Insuffizienz – Störungen des Gasaustausches und der pulmonalen Hämodynamik, Gießen	1991
Pathogenese, Frühdiagnose und Verlaufskontrolle der Glaukome, Erlangen-Nürnberg	1991
Zyklisches Guanosinmonophosphat, München (U)	1991
Klinische Neuroendokrinologie: Alterungsprozesse, Adipositas und Diabetes mellitus, Lübeck	1991
Regulation der Proliferation und Differenzierung hämatopoetischer Stammzellen, Frankfurt	1991
Neuroophthalmologie: Visuelle Sensorik und Sensomotorik, Tübingen	1992
Zelldifferenzierung und lokale Regulationsmechanismen, Würzburg	1992
Die Rolle des Endothels bei der Induktion entzündlicher Reaktionen der Haut, Münster	1992
Molekulare Pathologie der Mukoviszidose, Hannover	1992
Gewebeassoziierte Proteasen und deren Rezeptoren sowie Inhibitoren bei malignen Tumoren und Gestationserkrankungen, München (U)	1992
Grundlagen der normalen und gestörten Funktion der Chochlea (Hörforschung), Tübingen	1992

Forschergruppen und Klinische Forschergruppen (Stand: 1. August 1997)

Wissenschaftsbereich Forschergruppe, Ort	Förderung seit
Zelluläre und molekulare Mechanismen allergischer Krankheiten, Mainz	1992
Molekulare Regulationsmechanismen in glomerulären Zellen der Niere, Erlangen-Nürnberg	1993
Mechanismen der kutanen Entzündung, Kiel	1993
Gastrointestinale Endokrinologie, Marburg	1993
Hypertriglyzeridämie und Arteriosklerose, Hamburg	1993
Schock und Multiorganversagen, Essen	1993
Modulation der Neuroregeneration bei Erkrankungen des motorischen Systems. Neue Therapieansätze für motorische Systemerkrankungen und Neuroregeneration, Würzburg	1994
Immunsuppression und postoperative Sepsis, München (U)	1994
Untersuchungen am GABA-Benzodiazepin-System bei psychopharmaka-induzierten und krankheitsbedingten Verhaltensänderungen, Mainz	1994
Genetische Mechanismen der Gewichtsregulation unter besonderer Berücksichtigung von Eßstörungen und Adipositas, Marburg	1994
Genetisch modifizierte Tumorzellvakzine zur Immuntherapie des Nierenzell- und Prostatakarzinoms: Experimentelle und klinische Grundlagen, München (U)	1995
Vestibuläre Funktion und Okulomotorik. Krankheitsbedingte Fehlfunktion des vestibulären Systems, des Kleinhirns und der Augenbewegung: Grundlagen, Klinik und Therapie, München (U)	1995
Pädiatrische Molekularbiologie, Berlin (HU)	1995
Neue Methoden zur nichtinvasiven Funktionsdiagnostik des ZNS, Berlin (HU)	1996
Tumoren der Haut, Berlin (HU)	1996
Klinische Molekularbiologie genitaler Erkrankungen assoziiert mit humanpathogenen Papillomviren, Jena	1996
Molekulare Pathologie und gentherapeutische Ansätze angeborener Erkrankungen, Dresden	1996

Graduiertenkollegs (Stand: 1. Oktober 1997)

Wissenschaftsbereich Graduiertenkolleg, Ort	Förderung seit
Geistes- und Sozialwissenschaften	
Demokratie in den USA, Berlin	1991
Schriftkultur und Gesellschaft im Mittelalter (Interdisziplinäre Mediävistik), Münster	1990
Religion und Normativität, Heidelberg	1993
Transformationsprozesse in Gesellschaften des Vorderen Orients zwischen Tradition und Erneuerung in fächerübergreifender Forschung, Erlangen-Nürnberg	1990
Theorie der Literatur und Kommunikation, Konstanz	1991
Integrationsforschung, Hamburg	1990
Authentizität als Darstellungsform, Hildesheim	1995
Mittelalterliche und neuzeitliche Staatlichkeit, Gießen	1992
Konflikte im Kontext sozialer und kultureller Diversität, Münster	1991
Didaktik des Fremdverstehens, Gießen	1990
Betriebswirtschaftslehre für Technologie und Innovation, Kiel	1990
Ökonomie und Komplexität in der Sprache, Berlin/Potsdam	1996
Migration im modernen Europa, Osnabrück	1995
Europäisches und internationales Wirtschaftsrecht, Bonn	1990
Klinische Emotionsforschung, Heidelberg	1996
Europäisches Privat- und Wirtschaftsrecht, Berlin	1996
Integrative Umweltbewertung, Kiel	1996
Textkritik als Grundlage und Methode historischer Wissenschaften, München	1996
Der Kommentar in Antike und Mittelalter, Bochum	1996
Vergangenheitsbezug antiker Gegenwarten, Freiburg	1990
Theater als Paradigma der Moderne: Drama und Theater im 20. Jahrhundert (ab 1880), Mainz	1992
Pragmatisierung/Entpragmatisierung: Literatur als Spannungsfeld heteronomer und autonomer Bestimmungen, Tübingen	1996
Sprache, Information, Logik, München	1992
Kognitionswissenschaft, Hamburg	1990
Das neue Europa: Nationale und internationale Dimensionen institutionellen Wandels, Berlin	1995
Griechische und byzantinische Textüberlieferung – Wissenschaftsgeschichte – Humanismusforschung und Neulatein, Hamburg	1991
Identitätsforschung, Halle-Wittenberg	1996
Repräsentation – Rhetorik – Wissen: Grundlagen der Kulturwissenschaften, Frankfurt (Oder)	1996
Bildung in der Frühen Neuzeit, Osnabrück	1993
Phänomenologie und Hermeneutik, Wuppertal	1992
Allokation auf Finanz- und Gütermärkten, Mannheim	1992
Psychische Energien bildender Kunst, Frankfurt/Main	1996

Graduiertenkollegs (Stand: 1. Oktober 1997)

Wissenschaftsbereich Graduiertenkolleg, Ort	Förderung seit
Formierung und Selbstdarstellung von Eliten in den Städten des Römischen Reiches, Köln	1991
Internationalisierung des Privatrechts, Freiburg	1991
Unternehmensorganisation und unternehmerisches Handeln nach deutschem, europäischem und internationalem Recht, Heidelberg	1992
Deutsch-französische Austauschprozesse unter den Bedingungen der sich entwickelnden Mediengesellschaft, Freiburg	1992
Religion in der Lebenswelt der Moderne, Marburg	1992
Gesellschaftsvergleich in historischer, soziologischer und ethnologischer Perspektive, Berlin	1992
Kirchenlied und Geistliches Lied interdisziplinär, Mainz	1996
Allokationstheorie, Wirtschaftspolitik und kollektive Entscheidungen, Dortmund	1996
Interkulturelle Kommunikation in kulturwissenschaftlicher Perspektive, Saarbrücken	1996
Regionale Identität(en) und Politische Integration, Regensburg	1995
Dynamik von Substandardvarietäten – sprachhistorisch, soziolinguistisch, kontakt-linguistisch, dialektologisch, Heidelberg	1994
Schulentwicklungsforschung an Reformschulen, Kassel/Bielefeld	1993
Geschlechterverhältnis und sozialer Wandel. Handlungsspielräume und Definitionsmacht von Frauen, Dortmund	1993
Aufgabenorientierte Kommunikation, Bielefeld	1996
Kirche und Gesellschaft im Hl. Römischen Reich des 15. und 16. Jahrhunderts, Göttingen	1992
Systemeffizienz und Systemdynamik in Entwicklungsländern, Bochum	1995
Sozio-Ökonomie der Waldnutzung in den Tropen und Subtropen, Freiburg/Dresden	1995
Ästhetische Bildung, Hamburg	1994
Sozialgeschichte von Gruppen, Schichten, Klassen und Eliten, Bielefeld	1995
Linguistische Grundlagen für die Sprachverarbeitung, Stuttgart	1990
Intermedialität, Siegen	1992
Mathematische Wirtschaftsforschung, Bielefeld	1990
Europäische mittelalterliche Rechtsgeschichte, neuzeitliche Rechtsgeschichte und juristische Zeitgeschichte, Frankfurt/Main	1993
Nationales und internationales Umweltrecht, Kiel	1992
Geschlechterdifferenz und Literatur, München	1992
Entwicklungssoziologie und Sozialanthropologie: Markt, Staat, Ethnizität, Bielefeld	1991
Westeuropa in vergleichender historischer Perspektive, Trier	1991
Umwelt- und Technikrecht, Trier	1990
Die Renaissance in Italien und ihre europäische Rezeption: Kunst – Geschichte – Literatur, Bonn	1993
Interaktive ökonomische Entscheidungen, Bonn	1991
Menschliche und maschinelle Intelligenz, Freiburg	1993
Interkulturelle Beziehungen in Afrika, Bayreuth	1993

Graduiertenkollegs (Stand: 1. Oktober 1997)

Wissenschaftsbereich Graduiertenkolleg, Ort	Förderung seit
Die Umgestaltungsprozesse der gesellschaftlichen Systeme in Ost- und Südosteuropa und ihre historischen Voraussetzungen, Berlin	1991
Kognitionswissenschaft: Empirie, Modellbildung Implementation, Saarbrücken	1992
Kulturelles Bewußtsein und sozialer Wandel in der russischen und sowjetischen Gesellschaft des 20. Jahrhunderts, Bochum	1996
Interkulturelle religiöse bzw. religionsgeschichtliche Studien, Bonn	1992
Politische Ikonographie, Hamburg	1990
Genese, Strukturen und Folgen von Wissenschaft und Technik, Bielefeld	1993
Ars und scientia im Mittelalter und in der frühen Neuzeit, Tübingen	1996
Ethik in den Wissenschaften, Tübingen	1991
Angewandte Mikroökonomik, Berlin	1995
Kunstwissenschaft – Bauforschung – Denkmalpflege, Berlin/Bamberg	1996
Technisierung und Gesellschaft, Darmstadt	1997
Archäologische Analytik, Frankfurt/Main	1997
Möglichkeiten privatrechtlicher und öffentlich-rechtlicher Steuerung im europäischen und internationalen Wirtschaftsrecht, Jena	1997
Universalität und Diversität: sprachliche Strukturen und Prozesse, Leipzig	1997
Körper-Inszenierungen, Berlin	1997
Die Zukunft des europäischen Sozialmodells, Göttingen	1997
Klassizismus und Romantik im europäischen Kontext, Gießen	1997
Klinische und Kognitive Neurowissenschaften, Berlin	1997
Biologie/Medizin	
Funktions- und Regenerationsanalyse belasteter Ökosysteme, Jena	1992
Biotechnologie, Kaiserslautern	1991
Molekular- und Zellbiologie des Bindegewebes, Leipzig	1992
Mikrobiologie, Tübingen	1991
Interzelluläre Kommunikation und Signaltransduktion bei pathophysiologischen Prozessen, Rostock	1994
Pathobiologie der Schmerzentstehung, Schmerzverarbeitung und Schmerzbekämpfung, Erlangen-Nürnberg	1992
Enzymchemie, Marburg	1990
Sensorische Interaktion in biologischen und technischen Systemen, München	1996
Kontrolle der Genexpression in pathogenen Organismen, Heidelberg	1996
Zelluläre und molekulare Aspekte der Entwicklung, München	1993
Molekulare Zellbiologie, Heidelberg	1996
Zelluläre Grundlagen biotechnischer Prozesse, Bielefeld	1992
Schlachttierbelastung und Produktsicherheit, Leipzig	1995
Kontrolle der Transkription – Vielfalt der Strategien bei Bakterien und Eukaryonten, Erlangen-Nürnberg	1992

Graduiertenkollegs (Stand: 1. Oktober 1997)

Wissenschaftsbereich Graduiertenkolleg, Ort	Förderung seit
Charakterisierung von regulatorischen Peptiden und ihrer Zielproteine, Hannover	1995
Membranproteine: Signalerkennung, Signaltransfer und Stofftransport, Münster	1996
Molekularbiologische Analyse pathophysiologischer Prozesse, Göttingen	1993
Molekulare Physiologie: Stoff- und Energieumwandlung, Düsseldorf	1995
Integrative Analyse gezeitenloser Küstenökosysteme, Rostock	1993
Magnetische Kernresonanz in vivo und in vitro für die biomedizinische Grundlagenforschung, Würzburg	1992
Infektiologie, Würzburg	1991
Schadensmechanismen im Nervensystem – Einsatz von bildgebenden Verfahren, Berlin	1996
Landwirtschaft und Umwelt, Göttingen	1992
Modell-Studien zu Struktur, Eigenschaften und Erkennung biologischer Makromoleküle auf atomarer Ebene, Berlin	1994
Kognition, Gehirn und Neuronale Netze (KOGNET), Bochum	1991
Molekulare und zelluläre Neurobiologie, Heidelberg	1992
Toxikologie und Umwelthygiene, Düsseldorf	1991
Pflanze im Spannungsfeld zwischen Nährstoffangebot, Klimastreß und Schadstoffbelastung, Würzburg	1991
Biotechnologie, Hamburg	1991
Funktionelle Proteindomänen, Bonn	1993
Experimentelle Nieren- und Kreislaufforschung, Heidelberg	1990
Molekulare Biologie und Pharmakologie, Gießen	1992
Zelluläre Grundlagen pathophysiologischer Vorgänge an erregbaren Membranen, Köln	1994
Signalketten in lebenden Systemen, Berlin	1995
Transport von Wirkstoffen in biologischen Systemen, Halle-Wittenberg	1995
Arzneimittel – Entwicklung und Analytik, Frankfurt/Main	1995
Molekulare Pathophysiologie des Zellwachstums, Hannover	1991
Organismische Interaktionen in Waldökosystemen, Tübingen	1992
Molekulare Genetik der Entwicklung, Göttingen	1996
Pathogenese von Krankheiten des Nervensystems, Bonn	1996
Neurowissenschaften in Leipzig: Interzelluläre Kommunikation im normalen und pathologisch veränderten Zentralnervensystem, Leipzig	1996
Biologische Grundlagen von Erkrankungen des Nervensystems, Magdeburg	1996
Immunologische Mechanismen bei Infektion, Entzündung und Autoimmunität, Erlangen-Nürnberg	1990
Zell- und Molekularbiologie in der Tiermedizin, Hannover	1993
Proteinstrukturen, Dynamik und Funktion, Frankfurt/Main	1992
Zell- und Molekularbiologie normaler und maligner Zellsysteme, Essen	1991
Neurale Signaltransduktion und deren pathologische Störungen, Hamburg	1996

Graduiertenkollegs (Stand: 1. Oktober 1997)

Wissenschaftsbereich Graduiertenkolleg, Ort	Förderung seit
Neurobiologie, Tübingen	1992
Molekulare Zellbiologie mit Schwerpunkt Membranbiologie, Osnabrück	1990
Molekulare Mechanismen pflanzlicher Differenzierung, Freiburg	1996
Regulation des Zellwachstums, Würzburg	1993
Biomolekulare Medizin, Ulm	1990
Signalvermittelter Transport von Proteinen und Vesikeln, Göttingen	1990
Biosynthese der Proteine und Regulation ihrer Aktivität, Bayreuth	1991
Molekulare und zelluläre Mechanismen der Pathogenese, Mainz	1993
Grundlagen des Arthropodenverhaltens: Genetik, Neurobiologie, Ökologie, Würzburg	1995
Strukturelle und Funktionelle Charakterisierung von pro- und eukaryotischen Genen, Greifswald	1993
Tumor-Diagnostik und -Therapie unter Einsatz dreidimensionaler radiologischer und lasermedizinischer Verfahren, Heidelberg	1993
Biogenese und Mechanismen komplexer Zellfunktionen, Bochum	1990
Biochemische Pharmakologie, Konstanz	1992
Signalerkennung und -umsetzung, Berlin	1996
Organisation und Dynamik neuronaler Netzwerke, Göttingen	1991
Strategien zur Vermeidung der Emission klimarelevanter Gase und umwelttoxischer Stoffe aus Landwirtschaft und Landschaftsnutzung, Hohenheim	1996
Chemische Aktivitäten von Mikroorganismen, Göttingen	1992
Dynamik und Evolution zellulärer und makromolekularer Systeme, Berlin	1997
Strukturen und Mediatoren der Zellinteraktion, Lübeck	1997
Perspektiven der Primatologie: Integration genetischer, neurobiologischer und ethologischer Forschungsansätze, Göttingen	1997
Genetik zellulärer Systeme, Köln	1997
Infektion und Immunität, München	1997
Molekulare Analyse von Entwicklungsprozessen bei Pflanzen, Köln	1997
Pathologische Prozesse des Nervensystems: vom Gen zum Verhalten, Düsseldorf	1997
Ätiopathogenese und Therapie der Parodontitis, Berlin	1997
Temperaturabhängige Effekte für Therapie und Diagnostik, Berlin	1997
Biologie menschlicher Erkrankung, München	1997
Klinische, zelluläre und molekulare Biologie innerer Organe, Göttingen	1997
Molekulare Endokrinologie – Molekularer Stoffwechsel, Hamburg	1997
Neuronale Plastizität, Moleküle, Strukturen, Funktionen, Frankfurt	1997
Biochemie von Nukleoproteinkomplexen, Gießen	1997
Zellbiologie in der Medizin, Tübingen	1997
Adaptive physiologisch-biochemische Reaktionen auf ökologisch relevante Wirkstoffe, Halle	1997
Molekularbiologische Grundlagen der Therapie, Berlin	1997

Graduiertenkollegs (Stand: 1. Oktober 1997)

Wissenschaftsbereich Graduiertenkolleg, Ort	Förderung seit
Naturwissenschaften	
Algorithmische Diskrete Mathematik, Berlin	1991
Nichtlineare Probleme in Analysis, Geometrie und Physik, Augsburg	1996
Analytische Chemie, Tübingen	1995
Wirkung fluider Phasen auf Locker- und Festgestein, Heidelberg	1996
Starke und elektroschwache Wechselwirkung bei hohen Energien, Aachen	1992
Modellierung und wissenschaftliches Rechnen in Mathematik und Naturwissenschaften, Heidelberg	1992
Algebraische, analytische und geometrische Methoden und ihre Wechselwirkung in der modernen Mathematik, Bonn	1991
Klassifizierung von Phasenumwandlungen kristalliner Stoffe aufgrund struktureller und physikalischer Anomalien, Köln	1991
Oxidische Kristalle: Mikrostruktur und optische Anwendungen, Osnabrück	1991
Algebraische Geometrie und Zahlentheorie, Münster	1991
Kinetik und Selektivität chemischer Prozesse in verdichteter fluider Phase, Göttingen	1990
Laser- und Teilchen-Spektroskopie, Kaiserslautern	1992
Kinetik und Mechanismen von Ionen-Reaktionen, Darmstadt	1996
Interdisziplinäre Strategien zum Schutz der Umwelt, Aachen	1991
Strukturbildungsprozesse, Bielefeld	1996
Chemische und biologische Synthese von Wirkstoffen, Frankfurt/Main	1990
Experimentelle Methoden der Kern- und Elementarteilchenphysik, Heidelberg	1995
Analyse und Konstruktion in der Mathematik, Aachen	1992
Theoretische Elementarteilchenphysik, Hamburg	1990
Geometrie und Nichtlineare Analysis, Berlin	1993
Festkörper-Spektroskopie, Dortmund	1990
Quantenfeldtheorie: Mathematische Struktur und Anwendungen in der Elementarteilchen- und Festkörperphysik, Leipzig	1995
Erzeugung und Zerfälle von Elementarteilchen, Dortmund	1992
Theoretische und experimentelle Schwerionenphysik, Frankfurt/Gießen	1991
Mathematische Optimierung, Trier	1995
Chemische Reaktivität und molekulare Ordnung, Siegen	1990
Nichtlineare Spektroskopie und Dynamik, Bayreuth	1991
Angewandte Statistik, Dortmund	1993
Hochreaktive Mehrfachbindungssysteme, Münster	1993
Selektivität in der Organischen und Metallorganischen Synthese und Katalyse, Heidelberg	1992
Physik nanostrukturierter Festkörper, Hamburg	1996
Polymerwerkstoffe, Berlin	1992
Verbesserung des Wasserkreislaufs urbaner Gebiete zum Schutz von Boden und Grundwasser, Essen	1993

Graduiertenkollegs (Stand: 1. Oktober 1997)

Wissenschaftsbereich Graduiertenkolleg, Ort	Förderung seit
Metallorganische Chemie, Marburg	1992
Methoden und Geräte in der Teilchenphysik und deren Anwendungen, Siegen	1996
Struktur- und Korrelationseffekte in Festkörpern, Dresden	1995
Kreisläufe, Austauschprozesse und Wirkungen von Stoffen in der Umwelt, Mainz	1990
Die Erforschung subnuklearer Strukturen der Materie, Bonn	1990
Das Magellansche System und andere Zwerggalaxien, Untersuchungen zur Astrophysik kleiner Galaxien, Bonn	1993
Elementarteilchenphysik bei mittleren und hohen Energien, Mainz	1990
Nichtlineare Differentialgleichungen: Modellierung, Theorie, Numerik, Visualisierung, Freiburg	1996
Feldtheoretische und numerische Methoden in der Elementarteilchen- und Statistischen Physik, Wuppertal	1992
Elementarteilchenphysik, Karlsruhe	1992
Physik der Starken Wechselwirkung, Erlangen/Regensburg	1991
Strukturuntersuchungen, Präzisionstests und Erweiterungen des Standardmodells der Elementarteilchenphysik, Berlin	1996
Homogener und Heterogener Elektrotransfer, Erlangen	1996
Psychoakustik: Auditorische Verarbeitung, Schallbewertung und Schallwirkung, Oldenburg	1992
Geowissenschaftliche und geotechnische Umweltforschung, Freiberg	1996
Theoretische und experimentelle Methoden der Reinen Mathematik, Essen	1991
Molekulare Organisation und Dynamik an Grenz- und Oberflächen, Ulm	1996
Umweltanalytik, Schadstoffeliminierung und Wertstoffrecycling, Merseburg	1992
Komplexe Dynamische Systeme, Bremen	1992
Struktur und Wechselwirkung von Hadronen und Kernen, Tübingen	1991
Geowissenschaftliche Gemeinschaftsforschung in Afrika, Würzburg	1993
Komplexe Mannigfaltigkeiten, Bayreuth	1990
Ökologische Wasserwirtschaft, Karlsruhe	1992
Nichtlineare kontinuierliche Systeme und deren Untersuchung mit numerischen, qualitativen und experimentellen Methoden, Münster	1996
Physikalische Chemie der Grenzflächen, Leipzig	1993
Dünne Schichten und nichtkristalline Materialien, Chemnitz	1992
Komplexität in Festkörpern: Phononen, Elektronen und Strukturen, Regensburg	1991
Chemische und technische Grundlagen der Naturstofftransformation, Hannover	1991
Phosphorchemie als Bindeglied verschiedener chemischer Disziplinen, Kaiserslautern	1992
Stochastische Prozesse und probabilistische Analysis, Berlin	1996
Metrologie in Physik und Technik, Braunschweig	1992

Graduiertenkollegs (Stand: 1. Oktober 1997)

Wissenschaftsbereich Graduiertenkolleg, Ort	Förderung seit
Physik und Chemie supramolekularer Systeme, Mainz	1991
Dynamik globaler Kreisläufe im System Erde, Kiel	1992
Mathematik im Bereich ihrer Wechselwirkung mit der Physik, München	1993
Geometrie und Mathematische Physik, Bochum	1991
Stoffströme in Wasser und Boden, Hannover	1990
Hochtemperatur-Plasmaphysik, Düsseldorf	1995
Scientific Computing, Köln	1993
Entstehung und Entwicklung des Sonnensystems, Münster	1992
Dynamische Prozesse an Festkörperoberflächen, Bochum	1991
Synthese und Reaktionsverhalten von Organometallverbindungen und Metallkomplexen, Halle-Wittenberg	1993
Räumliche Statistik, Freiberg	1994
Polymerwissenschaften (Heterogene Polymere), Halle-Wittenberg	1992
Strukturbildung in makromolekularen Systemen, Freiburg	1992
Optoelektronik mesoskopischer Halbleiter, Marburg	1993
Photonen, atomare Teilchen und deren Wechselwirkungen, Hannover	1990
Analytische und Stochastische Strukturen und Systeme, Jena	1992
Systeme mit ungepaarten Elektronen in Chemie, Physik und Biologie, Freiburg	1993
Crystal Engineering und Kristallisation, Freiberg	1995
Spektroskopie isolierter und kondensierter Moleküle, Bonn	1991
Physikalische Systeme mit vielen Freiheitsgraden, Heidelberg	1995
Stoff-Flüsse in marinen Geosystemen, Bremen	1990
Struktur-Eigenschafts-Beziehungen bei Heterocyclen, Dresden	1994
Struktur und Dynamik heterogener Systeme, Duisburg	1997
Quantenfeldtheorie der Teilchenphysik, Gravitation und Statistischen Physik, Hannover	1997
Kollektive Phänomene im Festkörper, Karlsruhe	1997
Struktur-Dynamik-Beziehungen in mikrostrukturierten Systemen, Dortmund	1997
Synthetische, mechanistische und reaktionstechnische Aspekte von Metallkatalysatoren, Berlin	1997
Grenzflächenphänomene in aquatischen Systemen und wäßrigen Phasen, Karlsruhe	1997
Mechanistische und Anwendungsaspekte nichtkonventioneller Oxidationsreaktionen, Leipzig	1997
Nanoelektronische, mikromechanische und mikrooptische Systeme: Analyse und Synthese mittels Ionen, Elektronen und Photonen, Bochum	1997
Physik und Technik von Beschleunigern, Darmstadt	1997
Defekturbestimmte physikalische Eigenschaften, Halle	1997
Medienübergreifende Stofftransport- und Stoffumwandlungsprozesse an den Kompartimentgrenzen von Wasser, Dresden	1997

Graduiertenkollegs (Stand: 1. Oktober 1997)

Wissenschaftsbereich Graduiertenkolleg, Ort	Förderung seit
Ingenieurwissenschaften	
Transportvorgänge in Hyperschallströmungen, Aachen	1991
Lokale innovative Energiesysteme, Dresden	1996
Grundlagen und Technologie von neuen Hochleistungswerkstoffen, Saarbrücken	1996
Strömungsinstabilitäten und Turbulenz, Göttingen	1995
Modellierung und modellbasierte Entwicklung komplexer technischer Systeme, Dortmund	1996
Mikrosysteme für medizintechnische Anwendungen und für innovative Produktentwicklung, Rostock	1995
Sensorik, Dresden	1995
Vernetzte Entwicklung umweltgerechter Produkte und Prozesse, Hannover	1996
Dreidimensionale Bildanalyse und -synthese, Erlangen-Nürnberg	1996
Intelligente Systeme für die Informations- und Automatisierungstechnik, Darmstadt	1992
Verteilte Informationssysteme, Berlin	1996
Identifikation von Material- und Systemeigenschaften, Kassel	1993
Kommunikationsbasierte Systeme, Berlin	1991
Modellierung und numerische Beschreibung technischer Strömungen, Darmstadt	1995
Materialien und Komponenten der Mikrosystemtechnik, Kassel	1996
Turbulenz und Verbrennung – Grundlagen zur Emissionsminderung, Aachen	1993
Modellierung und Diskretisierungsmethoden für Kontinua und Strömungen, Stuttgart	1990
Parallele und Verteilte Systeme – Modellierung, Simulation und Entwurf, Stuttgart	1993
Technische Keramik, Karlsruhe	1991
Meerestechnische Konstruktionen, Hamburg	1995
Parallele Rechnernetzwerke in der Produktionstechnik, Paderborn	1993
Werkstoffphysikalische Modellierung, Freiberg	1992
Numerische Feldberechnung, Karlsruhe	1992
Technomathematik, Kaiserslautern	1991
Schmelze, Erstarrung, Grenzflächen, Aachen	1993
Entwurf gemischt analog-digitaler Strukturen am Beispiel neuronaler Netze und Fuzzy-Systeme, Ilmenau	1993
Computational Structural Dynamics, Bochum	1991
Informatik, Saarbrücken	1990
Informatik und Technik, Aachen	1991
Kooperation und Ressourcenmanagement in verteilten Systemen, München	1995
Werkzeuge zum effektiven Einsatz paralleler und verteilter Rechnersysteme, Dresden	1995

Graduiertenkollegs (Stand: 1. Oktober 1997)

Wissenschaftsbereich Graduiertenkolleg, Ort	Förderung seit
Modellierung, Berechnung und Identifikation mechanischer Systeme, Magdeburg	1992
Kontinuumsmechanik inelastischer Festkörper, Dresden	1993
Consumer and Industrial Networks for Electronic Data Transfer and Multi-Media Applications (CINEMA), Essen	1996
Beherrschbarkeit komplexer Systeme, Karlsruhe	1992
Energie- und Umwelttechnik – Maschinen- und systemtechnische Grundlagen umweltgerechter Energieumwandlung, Karlsruhe	1992
Innere Grenzflächen in kristallinen Materialien – Von der atomaren Struktur innerer Grenzflächen zu den Werkstoffeigenschaften, Stuttgart	1997
Logik in der Informatik, München	1997
Anwendung der Supraleitung, Karlsruhe	1997
Spezifikation diskreter Prozesse und Prozeßsysteme durch operationelle Modelle und Logiken, Dresden	1997
Transportvorgänge in porösen Systemen der Verfahrens- und Geotechnik, Freiburg	1997

Sonderforschungsbereiche (Stand: 1. Juli 1997)

Nr.	Wissenschaftsbereich Sonderforschungsbereich	Förderung seit
	Geistes- und Sozialwissenschaften	
177	Sozialgeschichte des neuzeitlichen Bürgertums, Bielefeld	1986
178	Internationalisierung der Wirtschaft, Konstanz	1986
186	Statuspassagen und Risikolagen im Lebensverlauf, Bremen	1988
214	Identität in Afrika, Bayreuth	1984
227	Prävention und Intervention im Kindes- und Jugendalter, Bielefeld	1986
231	Formen pragmatischer Schriftlichkeit, Münster	1986
235	Zwischen Maas und Rhein, Trier	1987
240	Bildschirmmedien, Siegen	1986
268	Westafrikanische Savanne, Frankfurt/Main	1988
282	Theorie des Lexikons, Düsseldorf/Wuppertal	1991
295	Kulturelle und sprachliche Kontakte, Mainz	1997
303	Informationsökonomie, Bonn	1985
340	Sprachtheoretische Grundlagen für die Computerlinguistik, Stuttgart/Tübingen	1989
360	Situierte künstliche Kommunikatoren, Bielefeld	1993
373	Quantifikation und Simulation ökonomischer Prozesse, Berlin (HU)	1994
378	Ressourcenadaptive kognitive Prozesse, Saarbrücken	1996
386	Statistische Analyse diskreter Strukturen, München (U)	1995
389	Kultur- und Landschaftswandel im ariden Afrika, Köln	1995
403	Vernetzung als Wettbewerbsfaktor, Frankfurt	1997
434	Erinnerungskulturen, Gießen	1997
471	Variation und Entwicklung im Lexikon, Konstanz	1997
475	Komplexitätsreduktion in multivariaten Datenstrukturen, Dortmund	1997
504	Rationalitätskonzepte, Entscheidungsverhalten und ökonomische Modellierung, Mannheim	1997
511	Literatur und Anthropologie, Konstanz	1996
529	Internationalität nationaler Literaturen, Göttingen	1997
537	Institutionalität und Geschichtlichkeit, Dresden (TU)	1997
541	Identitäten und Alteritäten, Freiburg	1997
	Biologie/Medizin	
156	Mechanismen zellulärer Kommunikation, Konstanz	1984
165	Genexpression in Vertebraten-Zellen, Würzburg	1984
171	Membrangebundene Transportprozesse, Osnabrück	1984
172	Kanzerogene Primärveränderungen, Würzburg	1985
176	Molekulare Grundlagen der Signalübertragung und des Stofftransports in Membranen, Würzburg	1985
184	Biogenese von Zellorganellen, München (U)	1987
189	Energiewandelnde biologische Systeme, Düsseldorf	1989
190	Mechanismen und Faktoren der Genaktivierung, München (U)	1990

Sonderforschungsbereiche (Stand: 1. Juli 1997)

Nr.	Wissenschaftsbereich Sonderforschungsbereich	Förderung seit
192	Optimierung pflanzenbaulicher Produktionssysteme, Kiel	1991
193	Biologische Behandlung industrieller und gewerblicher Abwässer, Berlin (TU)	1991
194	Strukturveränderung und Dysfunktion im Nervensystem, Düsseldorf	1991
197	Lipidorganisation und Lipid-Protein-Wechselwirkungen in Bio- und Modellmembranen, Jena	1993
199	Molekulare Ökophysiologie der Pflanzen, Darmstadt	1993
204	Hörsystem von Vertebraten, München (TU)	1983
215	Tumor und Endokrinium, Marburg	1984
217	Genetik der humanen Immunantwort, München (U)	1985
229	Genexpression und Differenzierung, Heidelberg	1986
242	Koronare Herzkrankheit, Düsseldorf	1986
243	Molekulare Analyse zellulärer Systeme, Köln	1989
244	Chronische Entzündung, Hannover (TiHo)	1986
246	Proteinphosphorylierung, Saarbrücken	1986
249	Pharmakologie biologischer Moleküle, Gießen	1989
251	Pflanzliche und tierische Leistung unter Streß, Würzburg	1989
258	Entstehung und Verlauf psychischer Störungen, Heidelberg	1987
263	Immunologische Mechanismen bei Infektionen, Entzündungen und Autoimmunität, Erlangen/Nürnberg	1991
265	Immunreaktionen und Pathomechanismen bei Organtransplantation, Hannover (MedHo)	1992
266	Synthetische und biologische Phasengrenzschichten, München (TU)	1988
269	Molekulare und zelluläre Grundlagen neuronaler Organisationsprozesse, Frankfurt/Main	1993
271	Molekulare Genetik morphoregulatorischer Prozesse, Göttingen	1994
273	Hyperthermie: Methodik und Klinik, Berlin (HU)	1994
274	Der modulare Aufbau des genetischen Materials, Köln	1989
280	Gastrointestinale Barriere, Hannover (TiHo)	1991
284	Glykokonjugate und Kontaktstrukturen der Zelloberfläche, Bonn	1991
286	Intrazellulärer Transport und Reifung von Proteinen, Marburg	1991
293	Mechanismen der Entzündung: Interaktionen von Endothel, Epithel und Leukozyten, Münster	1996
297	Mechanismen Neuro-Immun-Endokriner Interaktionen, Marburg	1997
299	Landnutzungskonzepte für periphere Regionen, Gießen	1997
307	Neurobiologische Aspekte des Verhaltens, Tübingen	1985
308	Tropenlandwirtschaft, Hohenheim	1985
310	Zelluläre Erkennungssysteme, Münster	1985
311	Immunpathogenese, Mainz	1985
312	Gerichtete Membranprozesse, Berlin (FU)	1985
317	Neuro-Molekularbiologie, Heidelberg	1985
320	Herzfunktion und ihre Regulation, Heidelberg	1986

Sonderforschungsbereiche (Stand: 1. Juli 1997)

Nr.	Wissenschaftsbereich Sonderforschungsbereich	Förderung seit
322	Lympho-Hämopoese, Ulm	1986
323	Mikrobiologische Grundlagen der Biotechnologie, Tübingen	1986
344	Regulationsstrukturen von Nukleinsäuren und Proteinen, Berlin (FU)	1990
351	Hormonresistenz: Biochemie und Klinik, Düsseldorf	1992
352	Molekulare Mechanismen intrazellulärer Transportprozesse, Heidelberg	1991
353	Pathobiologie der Schmerzentstehung und Schmerzverarbeitung, Erlangen-Nürnberg	1992
355	Pathophysiologie der Herzinsuffizienz, Würzburg	1993
363	Molekulare Zellbiologie pflanzlicher Systeme, Halle/Saale	1993
364	Molekulare und zelluläre Grundlagen der Tumortherapie, Freiburg	1993
366	Signalerkennung und -umsetzung an Zelloberflächen, Berlin (FU)	1994
367	Molekulare Mechanismen entzündlicher und degenerativer Prozesse, Lübeck/Borstel	1993
369	Molekulare und bioorganische Grundlagen des Sekundärstoffwechsels, München (U)	1994
387	Zelluläre Proteasen, Magdeburg	1995
388	Zelluläre Funktionen dynamischer Proteinwechselwirkungen, Freiburg	1995
391	Mechanismen der schnellen Zellaktivierung, München (TU)	1995
394	Strukturelemente und molekulare Mechanismen von Proteinen bei Energieübertragung und Signalvermittlung, Bochum	1996
395	Interaktion, Anpassung und katalytische Fähigkeiten von Bodenmikroorganismen, Marburg	1996
397	Multifaktorielle Nucleoprotein-Komplexe bei der Transkription und RNA-Prozessierung, Marburg	1996
399	Molekularpathologie der Proliferation, Saarbrücken	1996
400	Molekulare Grundlagen zentralnervöser Erkrankungen, Bonn	1994
402	Molekulare und zelluläre Hepatogastroenterologie, Göttingen	1994
405	Immuntoleranz und ihre Störungen, Heidelberg	1997
406	Synaptische Interaktion in neuronalen Zellverbänden, Göttingen	1995
426	Limbische Strukturen und Funktionen, Magdeburg	1997
430	Zelluläre Mechanismen sensorischer Prozesse und neuronaler Interaktionen, Tübingen	1997
432	Mechanismen der Tumorabwehr und ihre therapeutische Beeinflussung, Mainz	1997
444	Grundlagen neuraler Kommunikation und Signalverarbeitung, Hamburg	1997
446	Mechanismen des Zellverhaltens bei Eukaryoten, Tübingen	1997
462	Sensomotorik – Analyse biologischer Systeme, Modellierung und medizinisch-technische Nutzung, München (U)	1996

Sonderforschungsbereiche (Stand: 1. Juli 1997)

Nr.	Wissenschaftsbereich Sonderforschungsbereich	Förderung seit
464	Pathogenese HIV-induzierter Erkrankungen, München (U)	1996
465	Entwicklung und Manipulation pluripotenter Zellen, Würzburg	1996
466	Lymphoproliferation und virale Immundefizienz, Erlangen-Nürnberg	1996
469	Induktion und Inhibition Proteolyse-vermittelter Prozesse bei Entzündungen und Neoplasie, München (U)	1997
470	Glycostrukturen in Biosystemen – Darstellung und Wirkung, Hamburg	1997
472	Molekulare Bioenergetik, Frankfurt	1997
473	Schaltvorgänge der Transkription, Erlangen-Nürnberg	1997
474	Intrazelluläre Organisation von Regulations- und Transportprozessen, Frankfurt	1997
500	Maligne Transformation und Tumorprogression, Göttingen	1996
502	Molekulare Aspekte der Pathogenese, Diagnostik und Therapie des Morbus Hodgkin und verwandter Erkrankungen, Köln	1996
503	Molekulare und zelluläre Mediatoren exogener Noxen, Düsseldorf	1995
505	Neuronale Differenzierung und Neurotransmission, Freiburg	1995
506	Onkotherapeutische Nukleinsäuren, Berlin (FU)	1997
507	Die Bedeutung nicht-neuronaler Zellen bei neurologischen Erkrankungen, Berlin (HU)	1995
509	Neuronale Mechanismen des Sehens – Neurovision –, Bochum	1996
510	Stammzellbiologie und Antiprozessierung, Tübingen	1997
515	Mechanismen entwicklungs- und erfahrungsabhängiger Plastizität des Nervensystems, Berlin (FU)	1996
517	Kognitive Leistungen und ihre neuronalen Grundlagen, Bremen/Oldenburg	1996
519	Organ- und Zelltypspezifität der Tumorentstehung, -entwicklung und -prävention, Mainz	1996
521	Modellhafte Leistungen niederer Eukaryonten, Regensburg	1996
523	Protein- und Membrantransport zwischen zellulären Kompartimenten, Göttingen	1996
533	Lichtinduzierte Dynamik von Biopolymeren, München (U)	1997
535	Invasionsmechanismen und Replikationsstrategien von Krankheitserregern, Gießen	1997
539	Glaukome einschließlich Pseudoexfoliations-Syndrom (PEX), Erlangen-Nürnberg	1997
545	Molekulare Mechanismen genetisch bedingter Erkrankungen, Hamburg	1997
547	Kardiopulmonales Gefäßsystem, Gießen	1997

Sonderforschungsbereiche (Stand: 1. Juli 1997)

Nr.	Wissenschaftsbereich Sonderforschungsbereich	Förderung seit
	Naturwissenschaften	
166	Strukturelle und magnetische Phasenübergänge, Duisburg/Bochum	1984
185	Nichtlineare Dynamik, Frankfurt/Darmstadt	1987
191	Physikalische Grundlagen der Niedertemperaturplasmen, Bochum	1990
195	Lokalisierung von Elektronen in makroskopischen und mikroskopischen Systemen, Karlsruhe	1992
196	Physik und Chemie optischer Schichten, Jena	1993
198	Kinetik partiell ionisierter Plasmen, Greifswald	1993
201	Mittelenergiephysik mit elektromagnetischer Wechselwirkung, Mainz	1982
216	Polarisation und Korrelation in atomaren Stoßkomplexen, Bielefeld/Münster	1983
225	Oxidische Kristalle, Osnabrück	1985
233	Dynamik und Chemie der Hydrometeore, Frankfurt/Main	1986
237	Unordnung und große Fluktuationen, Essen/Bochum/Düsseldorf	1987
239	Organisation von Oligomeren und Polymeren, Ulm	1988
247	π-Systeme, Heidelberg	1989
248	Stoffhaushalt des Bodensees, Konstanz	1986
252	Elektronisch hochkorrelierte metallische Materialien, Darmstadt/Frankfurt/Mainz	1986
256	Nichtlineare partielle Differentialgleichungen, Bonn	1987
260	Metallorganische Verbindungen in der Organischen Chemie, Marburg	1987
261	Der Südatlantik im Spätquartär, Bremen	1989
262	Glaszustand und Glasübergang nichtmetallischer amorpher Materialien, Mainz	1987
267	Deformationsprozesse in den Anden, Berlin (FU)/Potsdam	1993
270	Wasserstoff als Energieträger, Stuttgart	1989
275	Klimagekoppelte Prozesse in meso- und känozoischen Geoökosystemen, Tübingen	1994
276	Korrelierte Dynamik hochangeregter atomarer und molekularer Systeme, Freiburg	1989
277	Grenzflächenbestimmte neue Materialien, Saarbrücken	1994
279	Wechselspiel zwischen Ordnung und Transport in Festkörpern, Bayreuth	1995
287	Reaktive Polymere in nichthomogenen Systemen, in Schmelzen und an Grenzflächen, Dresden (TU)	1996
288	Differentialgeometrie und Quantenphysik, Berlin (TU)	1992
290	Metallische dünne Filme, Berlin (FU)	1993
292	Mehrkomponentige Schichtsysteme, Erlangen/Nürnberg	1993
294	Moleküle in Wechselwirkung mit Grenzflächen, Leipzig	1994

Sonderforschungsbereiche (Stand: 1. Juli 1997)

Nr.	Wissenschaftsbereich Sonderforschungsbereich	Förderung seit
296	Wachstumskorrelierte Eigenschaften niederdimensionaler Halbleiterstrukturen, Berlin (TU)	1994
301	Interstellare Molekülwolken, Köln	1985
313	Veränderungen der Umwelt: Der nördliche Nordatlantik, Kiel	1985
328	Entwicklung von Galaxien, Heidelberg	1987
329	Physikalische und chemische Grundlagen der Molekularelektronik, Stuttgart	1986
334	Wechselwirkungen in Molekülen, Bonn	1989
335	Anisotrope Fluide, Berlin (TU)	1987
337	Energie- und Ladungstransfer in molekularen Aggregaten, Berlin (FU)	1987
338	Adsorption an Festkörperoberflächen, München (U)	1989
341	Physik metallischer Systeme, Köln/Aachen/Jülich	1989
343	Diskrete Strukturen in der Mathematik, Bielefeld	1989
345	Festkörper weit weg vom Gleichgewicht, Göttingen	1990
347	Selektive Reaktionen metallaktivierter Moleküle, Würzburg	1990
348	Nanometer-Halbleiterbauelemente, München (TU)	1991
350	Wechselwirkungen kontinentaler Stoffsysteme und ihre Modellierung, Bonn	1991
357	Molekulare Mechanismen unimolekularer Prozesse, Göttingen	1993
359	Reaktive Strömungen, Diffusion und Transport, Heidelberg	1993
375	Astro-Teilchenphysik, München (TU)	1995
377	Photoionisation und Ladungstrennung in großen Molekülen, Clustern und in kondensierter Phase, München (TU)	1995
380	Asymmetrische Synthesen mit chemischen und biologischen Methoden, Aachen	1994
382	Verfahren und Algorithmen zur Simulation physikalischer Prozesse auf Höchstleistungsrechnern, Tübingen/Stuttgart	1994
383	Unordnung in Festkörpern auf mesoskopischen Skalen, Marburg	1994
393	Numerische Simulation auf massiv parallelen Rechnern, Chemnitz-Zwickau	1996
407	Quantenlimitierte Meßprozesse mit Atomen, Molekülen und Photonen, Hannover (U)	1997
408	Anorganische Festkörper ohne Translationssymmetrie, Bonn	1995
410	II-VI-Halbleiter, Würzburg	1995
416	Chemische und biologische Synthese und Transformation von Naturstoffen und Naturstoff-Analoga, Göttingen	1996
418	Struktur und Dynamik nanoskopischer Inhomogenitäten in kondensierter Materie, Halle	1996
424	Molekulare Orientierung als Funktionskriterium in chemischen Systemen, Münster	1997
428	Strukturierte makromolekulare Netzwerksysteme, Freiburg	1997
436	Metallvermittelte Reaktionen nach dem Vorbild der Natur, Jena	1997

Sonderforschungsbereiche (Stand: 1. Juli 1997)

Nr.	Wissenschaftsbereich Sonderforschungsbereich	Förderung seit
438	Mathematische Modellierung, Simulation und Verifikation in materialorientierten Prozessen und intelligenten Systemen, München (TU)	1997
460	Dynamik thermohaliner Zirkulationsschwankungen, Kiel	1996
461	Starkbeben: Von geowissenschaftlichen Grundlagen zu Ingenieurmaßnahmen, Karlsruhe	1996
463	Seltenerd-Übergangsmetallverbindungen: Struktur, Magnetismus und Transport, Dresden (TU)	1996
468	Wechselwirkungen an geologischen Grenzflächen, Göttingen	1997
508	Quantenmaterialien – laterale und hybride Strukturen, Hamburg	1997
513	Nanostrukturen an Grenzflächen und Oberflächen, Konstanz	1996
	Ingenieurwissenschaften	
124	Very Large Scale Integration (VLSI), Saarbrücken/Kaiserslautern	1983
167	Hochbelastete Brennräume, Karlsruhe	1984
180	Konstruktion verfahrenstechnischer Maschinen, Clausthal	1986
182	Multiprozessor- und Netzwerkkonfigurationen, Erlangen-Nürnberg	1987
188	Reinigung kontaminierter Böden, Hamburg-Harburg	1989
209	Stoff- und Energiehaushalt in Aerosolen, Duisburg	1983
238	Meßtechnik mehrphasiger Systeme, Hamburg-Harburg	1986
241	Integrierte mechanisch-elektronische Systeme, Darmstadt	1988
253	Grundlagen des Entwurfs von Raumflugzeugen, Aachen	1989
254	Schaltungen aus III-V-Halbleitern, Duisburg	1987
255	Transatmosphärische Flugsysteme, München (TU)	1989
259	Hochtemperaturprobleme rückkehrfähiger Raumtransportsysteme, Stuttgart	1990
264	Automatisierte Fertigung unter Wasser, Hannover (U)	1988
281	Demontagefabriken zur Rückgewinnung von Ressourcen in Produkt- und Materialkreisläufen, Berlin (TU)	1995
283	Prozeßketten der Massivumformung unter Aspekten der Produktivität und Umweltverträglichkeit, Chemnitz-Zwickau	1995
285	Partikelwechselwirkung bei Prozessen der Mechanischen Verfahrenstechnik, Freiberg	1995
289	Formgebung metallischer Werkstoffe im teilerstarrten Zustand und deren Eigenschaften, Aachen	1996
291	Elastische Handhabungssysteme für schwere Lasten in komplexen Operationsbereichen, Duisburg	1996
298	Deformation und Versagen bei metallischen und granularen Strukturen, Darmstadt	1994
300	Werkzeuge und Werkzeugsysteme, Hannover (U)	1984
315	Erhalten historisch bedeutsamer Bauwerke, Karlsruhe	1985
316	Metallische und metall-keramische Verbundwerkstoffe, Dortmund	1985

Sonderforschungsbereiche (Stand: 1. Juli 1997)

Nr.	Wissenschaftsbereich Sonderforschungsbereich	Förderung seit
326	Prozeßintegrierte Qualitätsprüfung, Hannover/Braunschweig	1986
331	Informationsverarbeitung in autonomen, mobilen Handhabungssystemen, München (TU)	1986
332	Bauteile aus nichtmetallischen Faserverbundwerkstoffen, Aachen	1987
336	Montageautomatisierung, München (TU)	1989
342	Nutzen paralleler Rechnerarchitekturen, München (TU)	1990
346	Rechnerintegrierte Konstruktion und Fertigung von Bauteilen, Karlsruhe	1990
349	Hochdynamische Strahlführungs- und Strahlformungseinrichtungen, Stuttgart	1990
356	Produktionssysteme in der Elektronik, Erlangen-Nürnberg	1992
358	Automatisierter Systementwurf, Dresden (TU)	1992
361	Modelle und Methoden zur parallelen Produkt- und Prozeßgestaltung, Aachen	1993
362	Fertigen in Feinblech, Clausthal/Hannover	1993
365	Umweltfreundliche Antriebstechnik für Fahrzeuge, München (TU)	1993
368	Autonome Produktionszellen, Aachen	1994
370	Integrative Werkstoffmodellierung, Aachen	1994
371	Mikromechanik mehrphasiger Werkstoffe, Hamburg-Harburg	1994
372	Sprühkompaktieren, Bremen	1994
374	Entwicklung und Erprobung innovativer Produkte – Rapid Prototyping, Stuttgart	1994
376	Massive Parallelität, Paderborn	1995
379	Mikromechanische Sensor- und Aktorarrays, Chemnitz-Zwickau	1995
381	Charakterisierung des Schädigungsverlaufes in Faserverbundwerkstoffen mittels zerstörungsfreier Prüfung, Stuttgart	1994
384	Verfügbarkeitssicherung reaktionsschneller Produktionssysteme, Hannover (U)	1994
385	Baustoffrecycling, Magdeburg	1995
390	Magnesiumtechnologie, Clausthal (TU)	1995
392	Entwicklung umweltgerechter Produkte, Darmstadt	1996
396	Robuste, verkürzte Prozeßketten für flächige Leichtbauteile, Erlangen-Nürnberg	1996
398	Lebensdauerorientierte Entwurfskonzepte unter Schädigungs- und Deteriorationsaspekten, Bochum	1996
401	Strömungsbeeinflussung und Strömungs-Struktur-Wechselwirkung an Tragflügeln, Aachen	1997
404	Mehrfeldprobleme in der Kontinuumsmechanik, Stuttgart	1995
412	Rechnergestützte Modellierung und Simulation zur Analyse, Synthese und Führung verfahrenstechnischer Prozesse, Stuttgart	1996

Sonderforschungsbereiche (Stand: 1. Juli 1997)

Nr.	Wissenschaftsbereich Sonderforschungsbereich	Förderung seit
414	Informationstechnik in der Medizin – Rechner- und sensorgestützte Chirurgie, Karlsruhe	1996
420	Flugmeßtechnik, Braunschweig	1997
422	Strukturbildung und Eigenschaften in Grenzschichten, Dresden (TU)	1997
440	Montage hybrider Mikrosysteme, Aachen	1997
442	Umweltverträgliche Tribosysteme, Aachen	1997
467	Wandlungsfähige Produktionssysteme im turbulenten Umfeld, Stuttgart	1997
476	Informatische Unterstützung übergreifender Entwicklungsprozesse in der Verfahrenstechnik, Aachen	1997
501	Entwicklung großer Systeme mit generischen Methoden, Kaiserslautern	1995
525	Ressourcenorientierte Gesamtbetrachtung von Stoffströmen metallischer Rohstoffe, Aachen	1997
527	Integration symbolischer und subsymbolischer Informationsverarbeitung in adaptiven sensomotorischen Systemen, Ulm	1997
531	Design und Management komplexer technischer Prozesse und Systeme mit Methoden der Computational Intelligence, Dortmund	1997

Geisteswissenschaftliche Zentren

Bezeichnung	Förderung seit
Allgemeine Sprachwissenschaft, Berlin	1995
Literaturwissenschaft, Berlin	1995
Moderner Orient, Berlin	1995
Geschichte und Kultur Ostmitteleuropas, Leipzig	1995
Europäische Aufklärung, Potsdam	1995
Zeithistorische Forschung, Potsdam	1995

Innovationskollegs (Stand: 1. Oktober 1997)

Wissenschaftsbereich Innovationskolleg, Ort	Förderung seit
Geistes- und Sozialwissenschaften	
Formale Modelle kognitiver Komplexität, Potsdam	1994
Die Transformation von Wirtschaftssystemen und die Neuordnung der Gesellschaften Mittel- und Osteuropas, Frankfurt/Oder	1995
Biologie/Medizin	
Analyse und Interpretation von Bildinformationen auf verschiedenen Organisationsebenen biologischer Systeme, Magdeburg	1994
Ökologisches Entwicklungspotential der Bergbaufolgelandschaften im Lausitzer Braunkohlerevier, Cottbus	1994
Theoretische Biologie, Berlin (HU)	1994
Biomolekulare Erkennungssysteme für die biochemische Analytik, Potsdam	1995
Mechanismen der gastrointestinalen Bioaktivierung und -inaktivierung, Potsdam	1995
Komplexe und zelluläre Sensorsysteme, Rostock	1995
Kompensations- und Regenerationsmechanismen nach definierten Veränderungen bzw. Schädigungen an Transmissionssystemen und ihre Bedeutung für Hirnfunktion/Hirnleistung, Berlin (HU)	1995
Zellspezialisierung: Gemeinsamkeiten und Unterschiede bei Signaltransfer, Redoxkontrolle und Streßantwort in Pflanzen, Tier und Mensch, Halle	1995
Bewegungssysteme, Jena/Ilmenau	1995
Naturwissenschaften	
Methoden und Materialsysteme für den Nanometerbereich, Chemnitz-Zwickau	1994
Neue Polymaterialien durch gezielte Modifizierung der Grenzschichtstrukturen/Grenzschichteigenschaften in heterogenen Systemen, Halle	1994
Optische Informationstechnik, Jena	1994
Chemisches Signal und biologische Antwort, Leipzig	1995
Phänomene an den Miniaturisierungsgrenzen, Leipzig	1995
Ingenieurwissenschaften	
Glaskeramik mit neuen Eigenschaften, Jena	1994
Kommunikationssysteme, Dresden	1994
Adaptive mechanische Systeme, Magdeburg	1995
Bildung eines vernetzten Logistik- und Simulationszentrums, Chemnitz-Zwickau	1995
Thermo- und Magnetfluiddynamik elektrisch leitfähiger Flüssigkeiten, Dresden	1995